그리스도인, 이제 어떻게 살 것인가?

찰스 콜슨·낸시 피어시 지음
정영만 옮김

요단

옮긴이 **정영만**

번역가. 서울대학교 전자공학과를 졸업하고
미국 풀러신학대학원에서 신학석사 학위를 받았다.
역서로는 시간의 횡포(요단), 늘 급한 일로 쫓기는 삶(IVP),
돈 교회 권력 그리고 하나님 나라(요단) 등이 있다.

그리스도인, 이제 어떻게 살 것인가?

제1판 1쇄 발행 2002년 8월 10일
제1판 16쇄 발행 2023년 12월 16일

지은이	찰스 콜슨 · 낸시피어시
옮긴이	정영만
펴낸이	김용성
펴낸곳	요단출판사
주소	07238 서울특별시 영등포구 국회대로 76길 10
기획	(02)2643-7390
보급	(02)2643-7290~1
	Fax(02)2643-1877
등록	1973. 8. 23. 제13-10호

ⓒ 도서출판 요단 2002

값 33,000원
ISBN 978-89-350-0666-1 03230

이 책의 한국어판 저작권은 요단이 소유하고 있습니다.
출판사의 사전 승인 없이 책의 내용이나 표지 등을 복제, 인용할 수 없습니다.

HOW NOW SHALL WE LIVE?

CHARLES COLSON AND NANCY PEARCEY

Originally published in the U.S.A.
under the title, How now shall we live?
Copyright © 1999 by Charles Colson
All rights reserved
Published by Tyndale House Publishers, Inc.
Wheaton, Illinois

Korean Edition Copyright © 2002 by Jordan Press

라브리 사역을 통해
낸시를 회심케 했고,
기독교를 총체적 세계관으로
이해할 수 있도록
내게 깊은 영향을 미친
고 프랜시스 쉐퍼를 추억하며
이 책을 바친다.

글머리에 그리스도인, 이제 어떻게 살 것인가? 9
1부 세계관은 왜 중요한가? 19
  1 새로운 피조물 21
  2 기독교는 세계관이다 35
  3 갈등 속의 세계관 43
  4 불신시대 속의 기독교 진리 55
2부 창조: 우리는 어디서 왔으며, 우리는 누구인가? 73
  5 데이브와 캐티의 형이상학적 모험 75
  6 그물망을 부수며 90
  7 처음으로 거슬러 올라가다 99
  8 시험관 속의 생명? 115
  9 피고석의 다윈 132
  10 다윈의 위험한 생각 147

11 생명의 문제 163

12 인간생명의 가치, 어떻게 변해 가고 있는가? 187

13 누구의 형상인가? 204

14 하나님은 실수하지 않으신다 223

3부 타락: 이 세상은 무엇이 잘못된 것인가? 229

15 우리가 당하는 고통 231

16 좀더 나은 삶의 방식? 236

17 시나논과 죄 259

18 우리는 지금 모두 유토피아주의자이다 271

19 악의 얼굴 284

20 동산의 뱀 295

21 고통은 이해될 수 있는가? 310

4부 구속: 세상을 고치기 위해 우리는 무엇을 할 수 있는가? 329

22 선한 의도 331

23 구원을 찾아서 342

24 그것이 해방인가? 352

25 성을 통한 구원? 361

26 과학은 우리의 구세주인가? 372

27 절망의 드라마 382

28 뉴에이지 종교 396

29 진정한 구원 409

5부 회복: 그리스도인, 이제 어떻게 살 것인가? 419

30 케이오 펀치 421

31 무엇을 위한 구원인가? 436

32 염려 말고 믿음을 가져라 455

33 하나님의 훈련장 470

34 아직도 위험한 상태 490

35 이곳에서는 어떤 일도 일어날 수 있다　510

36 지역사회가 되살아난다　534

37 밝은 사회 만들기　551

38 손으로 하는 일　566

39 궁극적인 호소　585

40 진정한 과학의 기초　618

41 축복받은 사람이여　636

42 오직 하나님께만 영광을　648

43 기적의 손길　671

44 악마들만이 좋은 음악을 모두 가지고 있는가?　685

45 이제 우리는 어떻게 살아야 하나?　701

감사를 드리며　717
후주　721
추천도서　811

글머리에
그리스도인, 이제 어떻게 살 것인가?

> 성경적 세계관이 없다면, 어떤 위대한 가르침도 한 귀로 들어와 다른 귀로 나가는 것일 뿐이다. 사람의 마음 속에 이런 진리들을 걸어 둘 만한 지식의 못이 없는 거나 마찬가지이다. 그렇기 때문에 지나가 버리고 만다. 머무르지 못한다. 아무런 의미가 없게 된다.
>
> 조지 바너(George Barna)

구약시대에 포로로 잡혀갔던 유대인들은 절망에 잠겨 이렇게 하나님께 부르짖었다. "우리는 이제 어떻게 살아야 합니까?"[1] 똑같은 질문이 오늘날까지 계속 내려오고 있다. 우리는 이제 어떻게 살 것인가?

21세기, 새로운 천 년의 시작은 기독교 교회에 큰 의미가 있다. 이미 이천 년이 지났지만 하나님 아들의 탄생은 역사의 순간들을 규정짓는 중요한 요소로 남아 있다. 예수는 결코 멸망할 수 없는 교회를 세우셨다. 그의 추종자들이 콜로세움에서 죽었고, 야만인들이 습격하였으며, 강력한 터키 황제의 군대가 쳐들어왔어도, 또 현대의 정교한 이데올로기라고 하는 폭군에 의해서도 교회는 멸망하지 않았다. 이천 년이 지난 오늘, 우리는 예수 그리스도는 진실로 어제나 오늘이나 영원토록 동일하심을 확신할 수 있다. 바로 이 사실만으로도 새천년의 벽두를 기뻐할 만한 충분한 이유가 된다. 이 새천년에는 그리스도인들이 담대하게, 확신을 가지고 이 시대의 문화에 새로운 소망의 비전을 부여해야 하기 때문이다.

그러나 내가 느끼기에, 대부분의 그리스도인들이 별로 기뻐하지 않는 것 같다. 물론 이유는 있다. 우리는 지금 에스겔 시대에 유대인들이 겪었던 것과 비슷한 유배생활을 하고 있다고 느낀다. 기껏해야 기독교에 대해 도덕적인 면에서 무관심한 태도를 취할 뿐인 문화 속에 살고 있다. 우리는 유대-기독교적 가치가 조롱당하며, 고위직 사람들의 부도덕성에 신경 쓰지 않을 뿐 아니라, 심지어는 투표를 통해 그런 부도덕성을 지지하기까지 하는 시대에 살고 있다. 폭력과 진부함, 무의미함이나 부정직한 개인의 행동이 문명성을 파괴시키고, 공동체 자체의 삶을 파괴시키는 그런 시대 말이다. 또 가장 중요한 도덕성의 문제를 공리주의의 차가운 논리로 얘기하는 그런 시대에 살고 있다.

더군다나, 이렇게 야만화되는 것을 막고자 그리스도인들이 선의의 노력을 하는 경우에도 우리는 참을성이 없으며 고집불통인 것으로 매도당하곤 한다. '문화전쟁'은 끝났으며, 기독교가 패배한 것이라고 많은 사람들이 결론을 내리는 것도 별로 놀라운 일이 아니다. 전투에 지친 우리들은 안전한 성전으로 후퇴해서 오늘날의 대형교회들이 제공하는 모든 프로그램에 참여하여 바쁘게 돌아가면서, 앞으로 다가올 비참한 세상으로부터 우리 자신과 우리 자녀들이나 안전하게 보호했으면 하는 유혹을 느낀다.

이 책을 저술하기로 계약을 하고, 그에 대한 후회(과연 이 책을 쓸 필요가 있을까?)가 아직 남아 있을 때 아내 패티와 나는 주말을 이용해 옛 친구를 방문하면서 그 지역의 복음주의 교회에서 예배를 드렸다. 그 교회는 성경적인 설교로 유명한 교회였다. 나는 그 설교가 매우 성경적이고 또 훌륭하게 전달되었다고 생각했다. 적어도 그 목사님이 교회의 사명을 다음과 같이 정의할 때까지는 말이다. 그분은 교회의 임무를 성경연구, 예배, 교제 그리고 복음증거라고 했다. 그 순간 이 책을 과연 써야 하는가에 대한 모든 의문들이 사라져버렸다.

오해하지 않기를 바란다. 우리에게는 기도, 성경연구, 예배, 교제와 증거가 필요하다. 그러나 이런 일들에만 전념한다면, 그리고 그 과정에서 우리 주변의 문화를 구원하는 책임을 무시한다면 우리의 기독교는 사적인 것이 되어 변두리로 밀려나고 말 것이다.

문화에 등을 돌리는 것은 성경의 명령과 우리들이 가지고 있는 유산에 대한 배반이다. 왜냐하면 그것은 삶의 모든 영역에 대한 하나님의 주재권을 부인하는 것이기 때문이다. 교회를 위해서도 이보다 더 치명적인 것은 없다. 지금 전장(戰場)을 포기하는 것은 역사적인 기독교가 새롭게 분출하고자 하는 순간에 그 싹을 잘라버리는 것과 같다. 계몽주의와 함께 시작된 세속화의 과정은 이제 멈춰 서고 있으며, 새천년은 '세계사의 비세속화'(desecularization)²를 특징으로 하게 될 것이라고 많은 사람들이 믿고 있다.

기만하는 것처럼 들리는가? 아니면 폴리애나(Pollyannas, 디즈니에서 제작한 동명 영화의 여주인공 - 역자 주)가 장밋빛 안경을 쓴 것처럼 우스운 꼴이라고 생각되는가? 그렇다면 몇 가지 시대의 징조를 살펴보자.

첫째, 몇 가지 미국의 문화지표들이 마침내 역전되고 있는데 이는 가장 파괴적인 질병의 일부가 쇠퇴하고 있음을 나타낸다. 이혼율은 1981년 이래로 19퍼센트 감소했다. 미혼 십대들의 출산율은 1994년 이래로 7.5퍼센트 감소했다. 또 1993년 이래로 사회복지로 살아가는 사람들이 놀랍게도 37퍼센트나 줄어들었다. 가장 범죄를 많이 저지르는 십대 인구가 증가하고 있음에도 범죄는 오히려 감소하고 있다.³

둘째, 도덕강의가 살아나고 있다. 불과 수년 전만 하더라도 공개된 회의석상에서 도덕적인 문제들에 대해 진지한 토의를 할 수 없었다. 예를 들어, 1997년 나는 워싱턴의 말깨나 하는 사람들이 워싱턴 내부자들의 생각을 일반인들과 나누는 인기 있는 주간 프로그램에 초대된 적이 있었다.

토의 도중 나는 도시 내부의 붕괴에는 도덕적인 요소가 있기 때문에 의심의 눈으로 살펴보아야 한다고 말했다. 잠시 어색한 시간이 흐른 후, 사회자는 재빨리 화제를 바꾸었다. 그러나 일 년도 채 지나지 않아, 모니카 르윈스키와 백악관의 스캔들 때문에 나는 대부분의 주요 방송사로부터 출연해 달라는 요청을 받았다. 주요 의제는 회개의 본질을 토론하는 것이었다. 수년 만에 처음으로 사람들은 개인적인 부도덕이 공적인 결과를 가져온다는 것을 기꺼이 인정하기 시작했다.

문화적인 경향이 왜 변화되고 있는가? 현대성(modernity)은 이제 그 당연한 파괴적 결말을 모두 드러냈기 때문이다. 20세기를 특징짓던 모든 이데올로기와 유토피아에 대한 약속은 완전히 파산한 것으로 결론이 났다. 미국인들은 근대주의가 인생의 가장 찬란한 목표라고 말하는 것, 즉 개인의 자주성과 원하는 것을 할 수 있는 권리를 이미 이루었다. 그러나 약속한 자유는 얻지 못했다. 그 대신 공동체와 문명성을 상실하고, 어린아이가 학교에서 어린아이를 쏴 죽이며, 건물에 철문을 달고 사람들이 지켜야 하는 상태에 이르렀다. 우리 스스로 선택해서 도덕성과 이혼한 결과로 초래된 이 혼란스러운 상태로는 살 수 없음을 알게 되었다.

결과적으로, 미국인들은 이제 가족과 공동체를 이어주던 끈을 회복시키며, 상식적인 삶으로 돌아갈 수 있는 방법을 찾아 헤매고 있다. 교회가 여전히 안으로만 향하고, 우리 자신의 필요에만 초점을 맞춘다면, 사람들이 저 깊은 곳으로부터 의미와 질서를 갈구하게 된 이 때, 그들에게 답변을 전해 줄 기회를 놓치고 말 것이다. 현대생활에서 사람들이 겪고 있는 분명한 문제들에 대해 눈을 감아버리고 단지 영적인 것, 성경공부, 복음전도 등에 집중하는 것만으로는 충분치 않다. 우리는 기독교가 개인적인 신념에 불과한 것이 아니며, 개인의 구원문제만을 다루고 있는 것이 아님을 보여주어야 한다. 기독교야말로 인류가 오랫동안 가져온 질문들, 즉 나는 어디에서 왔는가, 나는 왜 여기에 있는가, 나는 어디로 가고 있는가,

또 인생에는 어떤 의미와 목적이 있는가 하는 질문에 모두 답할 수 있는 총체적인 삶의 체계임을 보여주어야 한다.

우리가 이 책을 통해 밝히려는 것처럼 기독교는 이 질문들에 대한 유일하고도, 이성적으로 변증할 수 있는 대답을 제공하고 있다. 기독교만이 물리적 질서와 도덕적 질서 모두를 이해할 수 있는 길을 제공한다. 기독교만이 삶과 사상의 모든 영역, 피조세계의 모든 영역을 아우르는 종합적인 세계관을 제시한다. 기독교만이 현실세계에 맞추어 살 수 있는 길을 제시하고 있다.

그러나 그리스도인들이 이렇게 생명을 주는 메시지를 이 세상에게 전하고자 할 때 우리는 먼저 복음을 우리 스스로가 이해하고 그것대로 살아야 한다. 우리 자신이 하나님의 계시가 모든 진리의 원천이며 현실의 모든 측면을 이해하는 종합적인 틀이라는 것을 이해해야 한다. 네덜란드의 수상을 지낸 18세기의 위대한 신학자 아브라함 카이퍼(Abraham Kuyper)는 기독교 진리의 지배적인 원칙은 구원론(즉 믿음으로 구원얻는 것)이 아니라, 우주론(즉 보이는 것과 보이지 않는 것을 포함하는 우주의 모든 영역과 나라들에 대한 삼위 하나님의 주재권)이라고 말하고 있다.[4] 우주 전체는 오직 하나님과의 관계를 통해서만 이해될 수 있다.

최근 수십 년간 교회가 저지른 단 하나의 잘못은 기독교가 존재의 모든 영역을 지배하는 삶의 체계, 혹은 세계관이라는 것을 깨닫지 못한 것이다. 그 결과 우리는 여러 영역에서 절름발이가 되고 있다. 우리의 아이들이 학교에서 가지고 오는 질문에 답변하지 못하게 되었다는 것은 자녀들이 겪는 의문들에 대답할 수 있는 능력을 상실했음을 의미한다. 친구들이나 이웃들에게는 우리가 왜 믿는지를 설명할 수 없게 되었고, 우리 신앙을 변호할 수도 없게 되었다. 또 주변세계의 영향을 받아 어떤 일들을 결정하면서도 우리의 삶을 바르게 꾸려나가는 방법은 알지 못한다. 더군다나, 삶의 모든 영역에서 기독교의 진리를 볼 수 있는 능력을 상실했기 때문에 우리는 심오한 아름다움과 의미들을 놓치고 있다. 자연의 미묘함 속에서 하나님의 영광을 바라보는 기쁨이나, 위대한 교향악의 연주 속에서 하나님의 음성을 들을 줄 아는 능력, 또 질서가 잘 잡힌 공동체의 조화 속에서 하나님의 성격을 깨닫는 능력들도 상실한 것이다.

가장 치명적인 것은 기독교를 총체적인 진리의 틀로 이해하지 못했기 때문에 우리를 둘러싸고 있는 문화를 구속하고자 하는 노력을 불구로 만들었다는 사실이다. 가장 근본적인 수준에서 본다면 소위 말하는 문화전쟁은 신념체계 사이의 충돌이다. 카이퍼에 의하면, 그것은 원칙간의 충돌이며, 세계관 사이의 충돌이다. 이것을 깨달아야만 후기 기독교(post-Christian) 문화에서 복음을 효과적으로 전하여 우리 주변의 세상에 하나님의 의를 이룰 수 있게 될 것이다.

복음전도와 문화적 갱신은 모두 하나님께서 부여하신 임무이다. 하나님은 자신의 주재권을 두 가지 방법으로 사용하신다. 하나는 구원하는 은혜이며 다른 하나는 보편적인 은혜이다. 우리 모두는 구원하는 은혜에 대해 잘 알고 있다. 그것은 죄와 허물로 죽었던 사람들을 그리스도 안에 있는 새로운 생명으로 부르시는 하나님의 능력의 통로이다. 하나님의 종 된 우리는 때때로 그의 구원의 은혜의 일꾼들이 되어 사람들에게 복음을 전하고 그들을 그리스도께로 인도한다. 그러나 보편적인 은혜를 진정으로 깨닫는 사람은 별로 없다. 보편적인 은혜란 모든 피조물을 보존하는 하나님의 능력의 통로이며, 그 은혜가 없었다면 인간의 타락에서 비롯된 죄와 허물로 인해 우리는 대홍수 때와 같은 심판을 받았을 것이다. 하나님의 보편적 은혜의 일꾼이 된 우리는 하나님의 피조물을 보존하고 갱신하는 일에 협력하며, 하나님께서 만드신 가족과 사회제도를 유지하고, 과학과 학문을 추구하며, 예술작품과 미를 창조해 나가고, 타락의 결과로 고통받는 사람들을 치료하고 돕는 일을 하도록 부르심을 받았다.

우리가 어떻게 하면 하나님의 보편적 은혜에 협력할 수 있을까 하는 문제를 보다 잘 설명하기 위해 낸시 피어시(Nancy Pearcey)와 나는 이 책을 써야겠다는 결심을 하게 되었다. 우리의 목표는 믿는 이들이 기독교를 완전한 세계관이자 삶의 체계로 제시할 수 있도록 무장시키고, 나아가서 새천년에 새로운 기독교 문화를 건설하는 데 충실한 하나님의 일꾼이 될 기회를 놓치지 않는 것이다.

이런 목적을 이루기 위해 우리는 이 책을 5부로 나누었다. 제1부에서는 세계관이란 무엇이며, 왜 중요하고, 삶의 모든 영역에 있어 '기독교적으로 생각하는' 방법을 어떻게 개발해 나갈 것인가 하는 문제를 다룬다. 2, 3, 4부에서는 여러분을 기독교 세계관으로 안내한다. 첫째는 우주와 인간생활의 창조를 다룬다. 둘째는 인간의 타락과 그것이 하나님의 선한 창조에 어떤 영향을 미쳤는지를 다룬다. 셋째는 하나님이 어떻게 구속의 방법을 제시해 주셨는지를 다룬다.

각각의 범주에서는 오늘날 세계에서 기독교 사상과 충성경쟁을 하고 있는 여러 가지 사상과 철학들을 다뤄 비교해 보고 있다. 이들 범주에는 어떤 세계관이든 제시해야 하는 다음 문제들에 대한 대답을 포함하고 있다.

1. 창조 - 우리는 어디에서 왔으며, 우리는 누구인가?
2. 타락 - 이 세계는 무엇이 잘못된 것인가?
3. 구속 - 이 잘못을 고치기 위해 할 수 있는 일은 무엇인가?

이런 분석의 방법을 통해 우리 각자는 우리가 믿는 진리를 분별하고 옹호할 수 있게 되기 때문에 이런 방법의 선택은 불가피하다. 결국 기독교는 인간의 경험에 굳게 자리잡고 있는 합리적인 신앙이기 때문이다. 기독교는 현실의 구조에 적합한 세계관을 제시하고 있으며, 그 구조와 조화를 이루며 살 수 있도록 해준다.

개인적인 말을 한 마디 덧붙이고 싶다. 구속에 관한 글을 쓴 것은 나의 글쓰기 경력 중에서 가장 보람있고 재미있는 경험이었다. 우리의 관심을 끌고자 하는 구원에 관한 여러 잘못된 주장들을 비교하는 과정은 내 신앙을 깊이 확인하는 과정이 되었다. 또 연구하고 글을 써 가는 과정에서 너무나 분명해진 사실은 기독교만이 인생이 겪고 있는 대부분의 중요한 문제들에 대해 믿을 만하고 합당한 대답을 제시하고 있다는 것이며, 또 기독교만이 현실세계에서 우리가 어떻게 살아야 하는지에 대한 합리적인 전략을 제시하고 있다는 것이다.

이 책의 마지막 부분인 제5부는 창조, 타락, 구속이라고 하는 근본적인 세계관의 원칙들을 어떻게 문화회복에 적용할 것인지를 다루고 있다. 여기에서는 이런 세 가지 원칙들이 오늘날 위력을 발휘하고 있는 잘못된 세계관에 대한 비판의 도구일 뿐 아니라, 새로운 문화를 만들어가는 도구임을 제시하고 있다. 정치, 교육, 예술 등을 살펴봄으로써 기독교 세계관이 보다 일관성 있고 합리적인 세상살이 방법을 제시하고 있는 예를 들어 볼 것이다. 이런 예는 기독교적 세계관에 따라 살기 위한 개략적인 청사진의 역할을 할 것이며, 하나님께서 우리를 삶의 어떤 영역으로 보내셨든지 그곳에서 문화를 갱신하게 하는 청사진 역할도 하게 될 것이다.

이 책은 어렵고 무거운 주제를 다루고 있기는 하지만, 우리들은 평신도들도 쉽게 접근할 수 있도록 썼다. 그래서 이 책에는 실제적인 원칙들을 설명하기 위해 이야기들이 삽입되었다. 만일 당신이 세계관에 대해 보다 학문적이고 깊이 있는 접근을 원한다면, 이 책 마지막 부분에 있는 추천도서 목록을 참고하면 될 것이다.

우리가 많이 참고한 책들을 당신이 읽게 된다면 그것은 매우 기쁜 일이다. 물론 가장 중요한 것은 성경이다. 성경 이외의 책으로는 우리보다 앞서갔으며, 그들의 어깨 위에 우리가 서 있는 사람들, 특히 존 칼빈(John Calvin), 아브라함 카이퍼, C. S. 루이스(C. S. Lewis), 그리고 프랜시스 쉐퍼(Francis Schaeffer) 등의 저서들이다.[5] 우리는 우리의 작업을 새로운 신학적 계시를 만들어내기 위한 개척적인 작업이라거나 숨겨져 있는 철학적 통찰을 찾아내려는 작업이라고 생각하지 않는다. 단지 영원히 계속되는 진리를 새롭게 하려는 의도일 뿐이다. C. S. 루이스는 이렇게 말한 적이 있다. "나는 비록 때때로 창의적인 생각을 제시하기는 했지만, 나의 유일한 목적은 오래 전부터 있던 진리를 오늘날의 사람들이 알아들을 수 있게 제시한 것뿐"이라고. 이는 우리에게도 적용되는 말이다.

세번째 천 년이 시작된 역사적인 순간에 성경에 계시된 영원한 진리를 증거하고 교회가 가지고 있는 희망의 말을 되살릴 시간이 도대체 있기나 한 것일까? 모든 세계가 하나님 나라의 영광과 광채를 볼 수 있도록 문화가 재건설될 수 있는 것일까? 분명히 말하지만 대답은 "그렇다"이다. 교황 요한 바오로 2세는 세계의 모든 그리스도인들을 향해 새천년이 기독교의 '봄날'이 되도록 하자고 촉구하고 있다. 우리는 정말 새천년을 신앙의 새로운 시대가 되도록 할 수 있다.

그러나 그런 일이 일어나기 위해서 우리는 먼저 하나님의 백성들이 하나님께 "우리는 이제 어떻게 살아야 합니까?"라고 부르짖었을 때 그의 백성들에게 주셨던 대답을 들어야 한다. 하나님은 선지자 에스겔을 통해 그의 백성들에게 회개할 것, 즉 그들의 악한 길에서 떠나 그에게로 돌아올 것, 그리고 그들의 이웃들에게 그들의 희망은 단지 하나님의 공평과 정의에 있음을 보여줄 것을 말씀하고 계시다.

오늘날에도 하나님의 말씀은 정확히 이것이다. 말씀에 순종한다는 것이 무엇인지를 밝히기 위해 우리는 낯선 곳, 낯선 사람들이 있는 곳, 처음에는 지옥으로 내려갔다가 나중에 천국의 맛을 보는 그런 곳으로 여행을 시작할 것이다. 처음에 시작하는 이야기는 우리가 우리 주위의 세상을 구속할 수 있는 패턴을 드러내 보여준다.

오직 하나님의 영광을 위해
찰스 콜슨, 낸시 피어시

1부

세계관은 왜 중요한가?

제1장
새로운 피조물

안데스 산맥의 정상, 점점 희박해지는 공기층을 뚫고 해발 약 3,200미터쯤 되는 곳 에콰도르. 분화구가 되어버린 목구멍 안, 앞니처럼 생긴 초록색 산들 속에 키토라고 하는 오래된 식민통치의 센터가 있는데, 화려하게 장식된 스페인풍의 건축물이 콘크리트를 부어 만든 고층건물들 사이에 둘러싸여 있었다. 높은 산까지 끌어올려진 숨가쁜 구름들이 도시 위로 낮게 깔려 떠가고 있었다. 이들 아래로는 분홍색과 흰색의 집들이 산자락 위로 잎사귀처럼 흩어져 있었다.

공중에서 보면 키토는 짙은 수풀 속에서 갑자기 나타난 아주 이국적인 난초와 같았다. 그러나 그 중심부에는 인간의 마음을 앗아가기 위해 두 세력이 서로 경쟁하고 있는 한 장소가 마치 선과 악, 천국과 지옥 같은 비유처럼 아주 분명하게 보여지고 있었다.

1995년 12월, 나는 "교도소선교회"(Prison Fellowship)의 회원들과 함께 상황이 악화되고 있던 가르시아 모레노 교도소를 방문하고자 키토를 여행중이었다. 이 교도소는 두 개 동으로 되어있었는데, 그 중 한 개 동은 이미 "교도소선교회"로 넘어와 있었다. 우리는 공항에서 내가 아는 가장 뛰어난 사람 중 하나인 에콰도르 "교도소선교회"의 회장 호르헤 크레스포(Jorge Crespo) 박사의 환영을 받았다.[1]

키가 크고 귀족풍이며, 은빛 머리와 건강한 아름다움을 가진 크레스포는 75세가 되었지만 아직도 위엄을 갖추고 있었다. 귀족가문에서 태어나 법을 전공한 그는 풍요와 권세를 누리는 삶을 살 것처럼 보였다. 그러나 호르헤 크레스포는 노동 법률가가 되어 가난한 자들의 변호를 맡고, 근로자들을 노예화하고 지배 엘리트들의 주머니만 채우는 독점제도와 싸웠다. 그는 가난한 자들을 변호하는 것으로 너무 유명해져서 어떤 사건에서는 한 소유주가 이렇게 외쳤다. "그래, 크레스포 박사님, 당신이 가난한 사람들의 수호천사라도 된다는 말입니까?" 사실 그랬다. 비록 산업자본가들은 인정하려 하지 않았지만 말이다.

에콰도르가 군정에서 민주주의로 바뀌어 가는 혼란스런 시기에 호르헤 크레스포는 두 번이나 체포되어 투옥되었다. 그러나 결국 민주주의가 승리하였고, 그는 1960년대에 에콰도르 헌법제정위원으로 선출되기도 하였다. 그는 에콰도르의 첫 대통령 선거에 출마하여 3위를 차지하는 강세를 보였다. 크레스포는 이런 와중에서 문학비평뿐 아니라 시도 출판했는데, 이로써 정치가로서의 명성에 덧붙여 작가로서도 유명해지게 되었다.

그러나 내가 에콰도르에 가게 된 것은 그의 문학적 업적이나 정치적 업적 때문이 아니었다. 내가 그를 만났을 때 그는 이미 정치분야에서 손을 떼고 있었으며, 그의 인생에서 가장 중요한 일이라고 생각되는 일을 하고 있었는데, 그것은 에콰도르의 사법제도와 교도소를 개혁하는 것이었다.

* * *

나는 키토 중심부에 있는 가르시아 모레노 교도소에 도착했던 순간을 결코 잊지 못할 것이다. 그때 그 장면과 냄새는 내 기억 속에 지울 수 없도록 각인되어 있다.

교도소에 있는 바로크 양식의 백색 종탑은 악마의 눈처럼 공중에 떠 있었고, 종탑의 묵직한 둥근 돔 지붕은 주욱 펼쳐져 있는 낡은 빌딩들 위로 무너져내릴 것 같았다. 크레스포는 남루한 옷차림을 하고 잠시라도 면회를 할 수 있을까 하여 모여 있던 많은 사람들 사이를 헤치면서 우리를 정문 입구로 인도했다. 그 정문은 몇 개의 계단을 오른 뒤에 나오는 작은 쪽문이었다. 계단 하나하나마다 그 양쪽에서 엄청난 양의 쓰레기가 더위에 썩어 지독한 냄새가 나고 있었다. 계단은 고르지 않았고, 어떤 곳은 미끄럽기도 했으며, 계단 맨 위에는 선혈이 낭자해 있었다.

"누군가가 얻어맞고 저 안으로 끌려 들어간 겁니다." 크레스포가 머리를 흔들며 말했다. 이런 일은 이곳에서 흔한 일이라고 그는 덧붙였다.

우리는 태양이 가득한 거리로부터 교도소의 첫 구간인 미결수 동(棟)으로 알려진 곳에 있는 좁고 어두운 길로 들어섰다. 거기에서 크레스포는 콘크리트벽에 있는 몇몇 개의 검은 독방 같은 구멍들을 지적했다. 바로 이것들이 그 악명 높은 고문실이었다. 이것들은 크레스포의 노력 덕택으로 더 이상 사용되지는 않았지만, 그들이 가지고 있던 피의 역사에 대한 생생한 증거로 거기 그렇게 있었다. 나는 크레스포가 이 감옥에 두 번이나 수감된 사실을 알고 있었기에 이 장면이 그의 마음에 어떤 공포심을 유발하는지 알고 싶어 그를 관찰해 보았다. 그는 우리에게 실제로는 물탱크였던 고문실에 대해 말하는 순간 자제심을 잃는 것 같았다. 죄수들은 이 물탱크에 갇혀 살이 썩어 뼈에서 떨어져 나갈 때까지 감금되어 있었는데, 이는 자백을 받아내기 위한 수단이었다.

이동하다 보니 우리가 어두움 속으로 내려가고 있다는 생각이 들었다. 눈이 아프도록 치켜뜨고서야 좁은 통로의 윤곽을 겨우 알 수 있을 정도였다. 그리고 마침내 아직도 사용되고 있는 여러 개의 감방이 있는 곳에 도달했다. 이곳의 조명은 무시무시하게 느껴졌는데, 빛은 곰팡이로 뒤덮인 회벽의 작은 구멍을 통해서 가느다란 원통처럼 아래로 내려오고 있었다. 각 감방 벽에는 네 개의 침대가 달려 있었는데, 그 침대란 것이 쇳덩어리에 불과한 것이었다. 각 방에는 12명이 수감되어 있었기 때문에, 수감자들은 교대로 자거나 바닥에 누울 수밖에 없었고 바닥에는 때와 오물이 덕지덕지 끼어 있었다. 상하수도 시설도 없었고, 악취가 풍겼다. 물은 양동이에 담아 감방으로 가져오곤 했는데, 다시 그 양동이에 쓰레기를 담아 내가곤 했다.

나는 할 말을 잃었다. 40개국 600여 군데 이상의 감옥을 가 보았지만, 이곳은 내가 본 중에서 가장 최악이었다. 저 악명 높은 구소련의 수용소 군도 영구 캠프 35(Perm Camp 35)보다도 심했다. 인도, 스리랑카, 잠비아의 오지에 있는 감옥보다도 못했다. 더욱 놀라운 사실은 이곳에 있는 수감자들은 아직 형을 선고받지 않은 상태였다. 미결수 동의 감방들은 재판을 기다리고 있는 사람들을 위한 방이었다. 남미 국가들이 대부분 그러한 것처럼 에콰도르에는 무죄추정의 원칙도 없었고, 신속한 재판을 받을 권리도 없었다. 미결수들은 재판을 받는 데만 4-5년 기다리기도 하였다. 외부에 있는 사람이 그의 권리를 주장하며 검사의 방문을 날마다 두드리거나, 일부 관료들에게 뇌물을 주지 않으면 그보다 더 길어질 수도 있었다. 모든 직급마다 뇌물을 주고 기름을 쳐야 했다. 이런 시스템에서 가난하고 권력이 없는 사람들은 지하감옥에 던져져 쉽게 잊혀지곤 했다.

간수들은 우리를 감방에서 안뜰로 내몰았다. 거기에는 수감자들이 야외에서 목적 없이 걷고 있었다. 그 안뜰은 높은 감방의 벽들로 둘러싸여 있었으며, 무장한 간수들이 난간 위에서 감시하며 순찰하고 있었다. 쇠창살이 달린 철문 사이로 그 안뜰을 들여다보면서 나는 그 장면이 너무 생생하여 마치 디킨스 소설에 나오는 인간의 가장 절망적인 장면으로 순간

이동한 듯한 느낌을 받았다. 그 사람들은 남루한 옷을 걸치고 있었고, 그들의 창백하고 찡그린 얼굴에는 공허한 절망의 모습이 서려 있었다.

야하게 차려 입은 일단의 여자들이 벽 한쪽으로 몰려 있는 것이 눈에 띄었다. 나는 크레스포에게 "저 여자들은 저기서 무얼 하고 있습니까?" 하고 물었다.

"가르시아 모레노에는 여자가 없습니다." 그는 대답했다. "우리가 여기서 사역을 시작할 때에는 아버지들이 애들을 돌봐줄 사람이 없어 데리고 들어오는 경우가 있었는데, 심지어 여자아이들도 있었죠. 하지만, 이젠 아이들을 위한 집을 마련했습니다."

그의 대답에 더 많은 의문이 생겼다. 나는 턱을 벽 쪽으로 가리켰다. "저기, 저 여자들 말입니다."

"아, 저 사람들 말이군요." 크레스포가 말했다. "저 사람들은 변태성욕자이거나 남창(男娼)들입니다. 그들은 스스로를 보호하기 위해 저처럼 한곳에 몰려 있곤 하지요."

내 마음은 무거워졌다. 정말 이곳은 악마의 왕국, 지구상의 지옥이었다.

크레스포는 입구에 서 있는 관리와 얘기를 시작했는데, 그와 언쟁을 벌이는 것 같았다. 마침내 그는 내게로 몸을 돌리고서, 어깨를 으쓱하며 말했다. "죄송합니다. 간수의 말이 우리는 그곳으로 들어갈 수 없답니다. 너무 위험하답니다."

"호르헤, 우리는 꼭 들어가야 한다고 말해 주세요. 법무부장관이 어디에나 갈 수 있도록 약속했다고 전해 주세요."

물론 내가 그렇게 강하게 고집한 데에는 약간의 허풍도 있었다. 그러나 나는 하나님께서 어떤 목적이 있어서 우리를 이곳으로 인도하셨다고 확신했다. 크레스포는 다시 언성을 높여 간수와 대화를 시작했고, 마침내 그 간수는 넌더리가 나서 머리를 흔들며 문을 열었다.

신약성서에서 예수는 천국으로 가는 문이 좁은 문이라고 묘사하셨다. 그러나 지옥으로 가는 이 문도 좁은 문이었다. 한 번에 한 사람만 빠져나갈 수 있을 만큼 좁은 문이었다. 크레스포는 내가 미처 생각을 정리하기도 전에 안뜰로 나섰다. 내 가슴은 뛰었고, 나는 그를 뒤따라갔다.

우리가 한가운데로 가자, 대화는 중단되었고, 수감자들은 우리를 보려고 돌아섰다. 나는 하나님의 은혜를 구하는 조용한 기도를 드리면서 말을 하기 시작했다. 내가 그렇게 하자 그들은 내게 어슬렁거리며 다가왔다. 몇몇은 절고 있었고, 한쪽 다리가 없는 어떤 사람은 동료의 부축을 받고 있었다. 바로 내 앞에는 한쪽 눈이 없고, 그 얼굴은 상처로 가득한 한 사람이 서 있었다. 몇몇 사람들은 그들의 얼굴 대부분을 수건으로 덮고 있었는데, 아마 상처를 가리거나 지독한 냄새를 가리기 위해서 그런 것 같았다.

내 눈앞의 참혹한 광경에도 불구하고, 갑자기 나는 과거에 내가 왕궁이나, 대학이나, TV 스튜디오나 어디에 있든지 느끼곤 하던, 특히 교도소에서 느꼈던 자유함을 느꼈다. 그것은 하나님께서 그의 한없는 사랑을 저 가장 불쌍한 사람들에게도 전하라고 주시는 특별한 기름부음이었다. 나는 그중 몇 명이 그때, 혹은 그 이후에라도 예수 그리스도를 영접했는지 알지 못한다. 그러나 많은 이들이 미소를 띠고 있었다. 그리고 당시 그곳에 임하고 계신 것이 느껴졌던 하나님의 임재를, 우리 위에 덮인 침묵을 깨는 사람은 아무도 없었다.

우리 주변에 있는 사람들의 어깨를 두드려 주거나 악수를 하려고 손을 내밀면서, 나는 세(침)례 요한이 예수가 메시야인지를 묻던 때를 생각했다. "가서, 너희가 듣고 본 것을 요한에게 알려라. 눈먼 사람이 보고, 저는 사람이 걷고, … 가난한 사람이 복음을 듣는다"(마 11:4-5, 표준새번역).

* * *

거룩한 침묵이 수호자처럼 우리를 감싸고, 우리가 그 뜰에서 벗어나 육중한 철문을 지나 또 다른 어두운 통로로 향하게 했다. 크레스포는 우리가 이제는 "교도소선교회"가 관할하는 구역으로 접근하고 있다고 말해 주었다. 우리는 넓은 문을 지나 세 층으로 된 커다란 동으로 안내되었다.

갑자기 우리는 어두움으로부터 나와 아주 찬란한 빛으로 들어갔다.

"여기는 C동입니다." 크레스포는 큰 미소를 지으며 자랑스럽게 말했다.

복도의 저쪽 끝에는 제단처럼 보이는 곳이 있었는데, 거기에는 밝은 페인트칠을 한 콘크리트 벽을 배경으로 커다란 십자가가 서 있었다. 제단 앞 넓은 공간에는 200명이 넘는 수감자들이 모여 자리에서 일어나 노래하며 찬양하고 있었다. 기타를 치는 사람도 몇 있었다. 모두가 기쁨과 열성으로 빛나고 있었다. 불과 몇 초만에 그들은 우리를 둘러싸고서, 마치 오랫동안 헤어졌던 형제처럼 우리를 포옹하기 시작했다.

C동에서는 "교도소선교회"의 자원봉사자들과 수감자 대표들이 미결수동을 포함하여 다른 동에서 온 수감자들에게 기독교 신앙과 인격개발에 대한 엄격한 지시를 내리고 있었다. 여러 사제들과 목사들이 정규적인 예배를 인도하고 있었다. 그것은 거룩한 공동체였으며, 내가 한 번도 경험해 보지 못했던 교회였다.

그러나 호르헤 크레스포는 C동은 단지 하나의 준비장소일 뿐이라고 재빨리 말했다. 궁극적인 목적지는 "까사 데 상 빠블로"(Casa de San Pablo, 사도 바울의 집)였는데, 이렇게 이름이 붙은 것은 사도 바울이 빌립보 감옥에 갇혔기 때문이었다(행 16:22-34 참조). 이곳은 그리스도인의 교제 속으로 완전히 받아들여져서 다른 죄수들을 섬기는 사람들을 위한 곳이었다. 크레스포는 우리가 서둘러 그곳으로 가게 했다.

C동처럼 "까사 데 상 빠블로"는 얼룩 하나 없이 깨끗했고, 바닥에는 타일이 깔려 있었으며 별도의 기숙사가 있었고, 수감자들이 만든 나무침대

가 있었다. 계단 아래쪽에 수감자들은 작은 쪽방을 만들어 의자와 십자가를 설치한 뒤 기도실로 사용하고 있었다. 천장이 낮았기 때문에 거기에 들어가려면 머리를 숙이고 들어가 무릎을 꿇고 있어야만 했다. 기도실은 하루 종일 사람들이 사용하곤 했다.

예수의 그림과 그 밖의 다른 종교적 상징들이 어디에나 있었으며, 나는 잠시 우리가 교도소에 들어와 있다는 사실을 잊어버렸다. 사실상 이곳은 교도소라 불리지 않고, "진정한 가정"(The Home)이라 불리고 있었으며, 이곳에 사는 사람들은 수감자들이 아니라, '거주자'라고 불렀다.

"진정한 가정"이 생겨난 것은 정말 기적이었다. 크레스포가 관계 당국과 접촉하여 교도소의 한 동을 맡겠다고 했을 때, 이 시설들은 가르시아 모레노의 자체기준에 비추어 보아도 부족한 것뿐이었다. 우리가 지금 서 있는 밝고 공기가 좋은 이 방이 이전에는 어둡고 조명도 되지 않았으며, 거미줄로 가득찬 동굴에 지나지 않았다고 크레스포는 말했다. 그러나 그가 허가를 받자마자 그리스도인 수감자들과 지역교회의 자원봉사자들이 삽과 연장을 가지고 이곳으로 왔다. 상인들도, 건설업자들도 자원봉사를 했다. 많은 교회들이 헌금을 모금했다. 그리고 이 모든 일들을 감독한 것은 남들이 보지 못하는 비전, 즉 교도소 내의 교회를 볼 수 있는 눈을 가진 꿈꾸는 자, 키 크고 위엄 있는 호르헤 크레스포 그 자신이었다. 수년간의 땀과 희생적인 노력이 필요했으며, 또 크레스포가 관리들을 끊임없이 설득한 후에야 그 꿈은 현실이 되었다.

그날 저녁, 우리가 집회실에서 거주자들과 함께 모였을 때, 나는 창문들이 어느 한쪽만 쇠창살로 되어있다는 것을 알아차렸다. 그것은 교도소 본관 쪽이었다. 길가를 향해 있는 창문들은 열려 있었는데, 그것이야말로 신뢰와 희망에 대한 아주 강력한 상징이었다.

집회실은 수감자들 자신이 커다란 벽에 그린 그림으로 가득 차 있었는데, 그 그림들은 그리스도 안에 있는 삶의 자유를 묘사하고 있었다. 왼쪽에는 한 남루한 사람이 깊은 절망의 그림자를 드리우고 있었고, 그 다음 인물은 떠오르는 태양으로 향하고 있었으며, 그 다음 사람은 그곳을 향해 걸어가고 있었다. 마침내 한 인물은 그의 손을 하늘을 향해 들고, 그의 창조주를 찬양하고 있었다. 이 방에 있는 사람들은 한때 자신들이 미결수동에서 아무런 희망도 없이 쓰레기처럼 썩어가도록 버려진 사람들과 다름이 없었기 때문에, 이 그림이 무엇을 상징하는지 정확하게 알고 있었다. 이제 그들은 그리스도 안에서 새로운 피조물이 되었다.

우리가 예배하는 동안 몇 명의 남자들이 정말 감동적인 간증을 하였다. "내 인생에 일어난 일 중 가장 좋았던 것은 바로 이 교도소로 오게 된 것입니다." 마약조직의 고위직에 있었던 한 사람은 이렇게 말했다. "나는 여기서 예수를 만났고, 언제 나가게 되든 상관없습니다. 난 단지 다른 사람들이 이곳이 마지막이 아니라는 것을 알게 하고 싶습니다. 소망이 있어요. 하나님은 여기에서, 특히 이곳에서 우리를 변화시키실 수 있습니다."

수감자들 중에는 가톨릭 신자도 있었고, 개신교도들도 있었다. 그러나 그런 구분은 전혀 문제가 되지 않았다. 성경공부는 교도소 가톨릭 교회사(教誨師)인 신부 팀(Tim)과 개신교 목사들이 인도하고 있었다. 그들은 동일한 주님을 사랑하고 있었고, 동일한 말씀을 배우고 있었다. 그것은 안락한 북미의 교회들이 갈망하는(그러나 거의 이루어지지 않고 있는) 그런 종류의 교제였다. 아마 절망과 상실의 심연으로 떨어져본 사람만이 그리스도가 없는 인생의 허망함을 깊이 인식하고, 예수께서 명하신 대로 서로 사랑하는 것을 배우게 되는 것인지도 모르겠다.

팀 신부는 그의 매력적인 아일랜드 억양으로 이렇게 묘사했다. "내가 신학교에서 하나님에 관해 배운 것은 하나도 없었습니다." 그가 호르헤 크레스포를 포옹하면서 말했다. "나는 이분을 통해서 하나님을 알게 됐어요."

우리들도 그를 통해서 하나님을 알게 되었고, 그가 이곳을 도와 일으킨 변화에 대해 알게 되었다. 가르시아 모레노에 들어간 때부터 우리가 움직인 거리는 물리적으로 얼마 되지 않는다. 그러나 영적으로 본다면 우리는 굉장한 여행을 한 셈이다. 미결수동이 있는 지옥으로부터, 지구상의 교회가 갈등을 겪으며 존재하고 있는 것과 유사하다고 말할 수 있는 C동을 거쳐, 천국을 미리 맛보고 있는 "진정한 가정"까지 둘러본 것이다. 이 모든 것이 하나의 건물 안에서 이루어지고 있었다. 그것은 기적이 아닐 수 없었다.

* * *

어떻게 그런 기적이 가능했을까? 이 모든 것은 호르헤 크레스포가 정계를 은퇴하던 시절에 시작되었다. 어느 주일날, 그의 부인 로라는 한 목사가 설교에서 한 말에 감동을 받았다.

"우리가 믿는다고 말하는 것에 따라 사는 것이 어떨까요?" 로라는 그의 남편에게 속삭였다.

크레스포는 미소를 지었다. 그도 그즈음 비슷한 문제를 생각하고 있었기 때문이었다. 그리고서 그때 난생 처음, 신앙은 개인적인 문제가 아니며, 인생 모든 것에 대한 골격이라는 생각이 아주 강력하게 그의 마음에 떠올랐다. 문학작품, 정치적인 활동, 가난한 자들을 위해 하는 일 등 그가 하는 모든 것이 하나님의 진리에 따라 이루어져야 하는 것들이었다.

자신의 신념을 실천할 수 있는 기회가 1984년에 왔다. "교도소선교회"의 지역 책임자인 자비에르 부스타멘트(Javier Bustamante)가 키토를 찾아와 죄수들에게 그리스도의 복음을 전하고, 에콰도르의 사법제도를 개혁하는 사역을 시작하자고 크레스포에게 강하게 권면했다. 그는 가르시아 모레노의 미결수동을 한번 둘러보고 나서 결정을 내렸다. 그는 그 더럽고, 비인도적인 상황과, 그 어두움, 절망, 좌절에 경악했다. 당국의 경고를 무릅쓰고, 그는 몇몇 징계감방의 출입을 요청하였는데, 그곳에 있던 수감자들이 크레스포를 재빨리 알아보고서, 그를 둘러싸고 도움을 요청하였다. 대부분이 거기에 여러 달, 심지어는 수년 동안 있었던 사람들이었다.

부스타멘트와 그가 햇빛이 가득한 거리로 나왔을 때, 크레스포는 "그럽시다. 제가 앞장서겠습니다"라고 말했다.

호르헤 크레스포의 위대한 사역은 이렇게 시작되었다. 그는 당시 61세였다.

크레스포는 우선 국회 내에서 사법제도 개혁을 위해 캠페인을 벌였다. 에콰도르에는 "정의의 바퀴는 천천히 굴러간다. 그래서 때로는 기름을 쳐야 한다"는 말이 있는데, 이 말은 사건을 재판에 회부시키려면 대부분의 미결수들이 판사에게 뇌물을 바쳐야 한다는 의미였다. 판사들은 자신들의 월급이 적기 때문에, 그런 보상을 받는 것이 마땅하다고 생각하고 있었다. 한편 국회에서는 이런 부패상황을 알고서, 월급을 올려줄 것을 거부했다. 따라서 체포된 사람들은 이러지도 저러지도 못하는 상황 속에 갇혀 있는 셈이었고, 뇌물을 줄 능력이 없는 사람들은 감옥에서 수년을 보내야 했다.

크레스포가 신속한 재판을 받을 권리는 민주주의의 대표적인 권리라고 주장하면서 끈질기게 요청한 결과, 마침내 모든 미결수들이 3년 이내의 재판을 보장받는 법안이 통과되었다(이 법안은 아직 완전히 지켜지고 있지는 않다. 그러나 이런 법안이 통과된 것 자체가 에콰도르 전역에 있는 죄수들에게 하나의 중요한 법적 승리를 안겨준 셈이다). 그러나 우리가 이미 살펴본 것처럼 그의 진정한 승리는 기독교적 원칙에 입각한 교도소를 만드는 일이었다.

C동은 그 거주자들이 "진정한 가정", 즉 까사 데 상 빠블로에서의 삶을 준비하는 '영적인 신병 훈련소'였다. "진정한 가정"에는 간수가 없었고, 내부 평의회와 외부 평의회만이 보안을 담당하고 있었다. 기결수들은 병

원 약속이나 기타 급한 일이 있으면 잠시 동안 휴가를 갈 수 있었다. 그들은 C동에서의 일을 돕고 있었고, 또 일반 죄수들을 돌보고 있었다. 크레스포는 그리스도의 변화시키는 능력이 범죄자들을 그렇게 바꾸었기 때문에 심지어 그 자신들의 투옥에 대한 책임도 질 수 있을 것이라고 믿었다.

그러나 크레스포의 실험에 반대자가 없었던 것은 아니다. 에콰도르의 재활교육 '전문가들' 중 많은 이들과, 교도소를 운영하고 있던 공무원들은 이제는 명백해져 버렸지만, 그들이 운영하는 교도소와 "교도소선교회"가 운영하는 교도소를 솔직하게 비교하는 것조차 금지시켰다. 게다가 가르시아 모레노의 암시장을 운영하던 간수들은 계속해서 그곳으로 몰려드는 그리스도인 자원봉사자들에게 자신들의 일상활동이 모두 노출되는 것에 반기를 들었다. 언제 그들의 수익성 높은 사업이 생각지도 않았던 감시를 받을지 모르는 일 아닌가? 결과적으로, 간수들은 자원봉사자들을 괴롭히고, 보급품들을 빼앗기 시작했다.

이런 종류의 말썽은 크레스포가 교도소와 관련된 일을 시작하던 때부터 있었다. 그러나 막상 "진정한 가정"이 시작되면서 그 일을 방해하기 위한 노력은 훨씬 더 공격적이 되었다.

1995년 초, "진정한 가정"의 거주자였던 한 사람의 캐나다인과 다른 한 사람의 이스라엘인이 병원약속으로 휴가를 받아 나갔다 오자, 간수들이 그들을 끌고 교도소장에게로 갔다. 거기에서 이들은 "진정한 가정"이 폐쇄되었으며, 따라서 그들은 일반 교도소에 수감될 것이라는 통보를 받았다.

이들 두 사람은 공포에 질렸다. 교도소장은 그들에게 좋게 말할 때 그냥 따라가라고 말했다. 그들은 이를 거부하고, 크레스포를 만나게 해줄 것을 요청했으나, 교도소장은 무작정 서류를 작성하기 시작했다.

"나는 너희들이 탈출했다는 보고서를 쓰고 있다." 그는 그렇게 말하고, 그들 두 사람을 교도소 밖으로 던져버렸다. 이들 두 사람은 '도주하는 것' 외엔 다른 방법이 없었다.

얼마 지나지 않아 추적팀이 출동했다. 캐나다와 이스라엘 대사관이 이 문제에 개입했고, 이 사건이 결코 작은 일이 아님을 명백히했다. 경찰이 이들 두 사람의 탈출을 방조한 사람으로 크레스포를 지명하고, 기결수가 도망하도록 허락한 죄목을 씌울 때, 비로소 교도소장의 의도가 명백히 드러났다. 교도소 내의 사역에 적대적이었던 당국은 사역을 중지시킬 기회로 이를 활용하여, 거주자들을 다시 미결수동으로 보낼 것이라고 위협했다.

교도소장은 자신에게 부여된 임무를 잘 완수했고, 모든 공무원들의 보고서는 일치했다. 그것은 너무나 명백하게 정리된 사건처럼 보였다. 하나님의 섭리로, 크레스포에 의해 그리스도께로 인도된 한 석방된 수감자의 증언이 이 음모를 난파시키고, 크레스포를 교도소에 가두려던 공무원들의 견고한 진지에 최초의 타격을 가하였다. 알고 보니 그 수감자는 고위 공무원의 친구였으며, 크레스포는 거기에 관련되지 않았다는 소문이 이내 퍼졌다. 경찰청장, 담당 장관, 검찰 사이에 협상이 진행되었다. 이 장 서두에 내가 가르시아 모레노를 방문했던 것은 바로 이 협상이 진행되던 때의 일이었다. 그때, 크레스포는 그가 교도소로 보내질 것을 예상하고 있다고 말했다. 그러나 그의 인권운동이나 교도소사역은 결코 약화되지 않을 것이라고 말했다.

"나는 왜 예수님이 가난한 자들 가운데 사셨는지 알고 있습니다." 그는 그렇게 긴장이 감돌던 시기에 "진정한 가정"에서 그 거주자들에게 말했다. "나는 왜 예수께서 인간을 섬기시기 위해 가난해지셨는지 알고 있습니다. 가난한 자들만이 자비를 풍성하게 받습니다. 가난한 자들은 아무것도 소유하지 않습니다. 감사 이외에는 아무것도."

"무슨 일이 일어나든지 간에, 내가 다시 교도소에 가게 되거나, 여러분들처럼 가족들로부터 떨어지게 되거나, 우리의 일이 타격을 받고, 우리가 서로 헤어지게 된다 해도, 우리는 결코 그리스도의 사랑에서 떨어지지 않을 것입니다. 높은 것이나 낮은 것이나, 그 어떤 인간의 권세도 우리를 그 사랑에서 떼어놓을 수 없습니다!"

* * *

마침내 크레스포의 사역을 파괴하고, 그를 교도소에 가두고자 했던 음모가 드러났고, 1997년 5월에는 그에 대한 모든 기소가 취하되었다. 우리가 방문한 이후 가르시아 모레노 교도소는 타락한 세상 속에서 하나님 나라가 역사하는 더욱 놀라운 비유가 되고 있다. 간수들과 정부 관리들이 계속해서 크레스포를 괴롭히고 있지만(그들의 사역은 두 번 정지되기도 했다), 계속 커다란 진전이 이루어지고 있다.

한때 가장 사악한 정원이었던 곳에 정의의 꽃을 키워감으로써, 그리스도 안에 있는 새로운 피조물이라는 현실을 살아감으로써, 호르헤 크레스포는 다른 사람들을 위해 전혀 다른 새로운 세상을 창조해 내는 일을 돕고 있다. 지옥의 권세가 천국의 능력으로 점령당하고 있는 것이다.

제2장

기독교는 세계관이다

> 그리스도의 우주적인 전투가 마침내 끝나게 될 때, 하늘은 흔들리고… 바위는 갈라지며, 온 세계는 마땅히 없어질 것이다… 그때, 주님께서 강림하시면, 주님의 거룩한 영이 흔들리는 이 세상에 생명과 힘을 주신다. 그리고 전 우주는 마치 십자가상에서의 고뇌와 그 발산이 만물에 파고든 것처럼 다시 한 번 제자리를 찾게 된다.
>
> 성 히폴리투스(St. Hippolytus)

우리가 세상을 어떻게 보느냐에 따라 세상은 달라진다. 가르시아 모레노 교도소에서의 호르헤 크레스포와 그의 사역은 생생한 증거가 된다. 미결수동의 지옥과 같은 어두움과 "진정한 가정"의 깨끗한 광채 사이의 놀라운 대비는 우리의 도덕적이고 영적인 선택이 이 세상에서 어떤 식으로 이루어지는지 아주 분명하게 보여주고 있다. 우리가 하는 모든 행동에서 우리는 둘 중 하나를 하고 있다. 즉 지구상에서 지옥을 만드는 데 조력하고 있거나, 아니면 천국을 미리 맛보게 하는 역할을 한다. 우리는 세상이 더 많은 상처를 받는 데 일조할 수도 있고, 하나님의 사역에 참여하여 이 세상을 하나님의 의가 실현되도록 변화시키는 일을 할 수도 있다. 우리는 사탄의 지배를 강화시킬 수도 있고, 하나님의 통치를 이루어갈 수도 있다.

미결수동이라는 지옥을 만들어낸 악의 세력이야말로 가정과 도시, 전 지구상의 문화를 황폐하게 만드는 바로 그 세력이다. 역으로 말하면 낙담한 수감자들에게 새로운 생명을 가져다주었던 신령한 세력은 지구상의 모든 사람들을 새롭게 할 수 있는 세력이기도 하다. 어떻게 이런 일이 일어나는가? 회복은 그리스도인들이 믿음에 따라 살며, 하나님의 눈으로 세상을 바라보고, 하나님의 계시라는 렌즈를 통해 현실을 바라봄으로써 가능해진다. 호르헤 크레스포는 가르시아 모레노의 상처난 수감자들이 하나님 나라의 시민이 될 수 있다고 보았으며, 그래서 비록 어두운 감옥이지만 그 나라의 기초를 놓는 일에 협력했다.

우리가 하는 선택은 우리가 실제적이고 진리인 것, 옳고 그름, 선하고 아름다움이라고 믿는 바에 따라 이루어진다. 우리의 선택은 우리의 세계관에 의해 형성된다.

세계관이라는 용어는 대학에서 파이프 담배를 피우고, 꼭 끼는 조끼를 입은 교수가 말하는 추상적이고 철학적인 주제처럼 생각된다. 그러나 한 개인의 세계관은 아주 실제적인 것이다. 세계관이란 것은 이 세상에 대한 신념의 총합으로, 우리의 일상적인 결정과 행동을 지시하는 '커다란 그림' 이다. 그래서 세계관을 이해하는 것은 매우 중요하다.

인생에 있어 우리의 주된 임무는 진리가 무엇인지를 발견하고 그 진리에 따라 사는 것이다. 우리가 앞에서 살펴본 바대로 모든 세계관은 세 가지 가장 근본적인 질문에 어떻게 답변하느냐에 따라 분석된다. 우리는 어디에서 왔으며, 우리는 누구인가?(창조), 세상은 무엇이 잘못되었는가?(타락), 우리가 어떻게 해야 고칠 수 있는가?(구속) 이 세 가지 질문은 우리가 접하는 모든 신념체계나 철학 - 그것이 교실에서 배우는 교과서에 있는 것이든, 아니면 TV쇼에서 나오는 메시지를 형성하고 있는 알려지지 않은 철학이든 간에 - 의 내부 논리를 분해하는 데 사용할 수 있는 그물망이 된다. 이 책에서 우리는 비성경적인 세계관을 비판하는 데 이 세 질문을 어떻게 사용할 수 있는지를 보여줄 것이며, 그와 동시에 가정생활, 교육, 정치와 과학, 예술과 대중문화 등의 영역에 있어 성경적 세계관이 무엇인지를 보여줄 것이다.

물론 기독교 세계관의 기초는 성경에 나타난 하나님의 계시이다. 그러나 슬프게도 많은 사람들이 성경이 삶의 모든 영역의 기초가 되어야 한다는 사실을 깨닫지 못하고 있다. 지난 세기 동안, 세속적인 세상은 과학과 종교, 사실과 가치, 객관적인 지식과 주관적인 감정의 분리를 주장해 왔다. 그 결과, 그리스도인들은 이러한 잘못된 이분법으로 사고하는 경우가 많았고, 따라서 우리의 신념체계는 단지 개인적인 감정이나 경험일 뿐, 객관적인 사실과는 완전히 동떨어진 것으로 치부되었다.

특히 복음주의자들은 개인적인 헌신을 강조해 왔기 때문에 이런 좁은 견해에 아주 취약하다. 한편에서 생각하면 개인적인 헌신은 복음주의 운동의 가장 큰 힘이 되었기에, 수백만의 사람들을 그리스도와의 관계로 불러올 수 있었다. 우리들 대부분은 영적 여정의 어딘가에 톱날 같은 상처의 흔적들을 가지고 있으며, 나도 마찬가지이다. 나는 워터게이트 사건이 한창이던 1973년의 무더운 여름날을 마치 어제 일처럼 생생하게 기억하고 있다. 그때 나는 전직 해군대위로 '닉슨의 터프가이 중에서 가장 터프'한 '백악관의 돌격대원'이라 불렸지만, 눈물과 함께 무너져내리고, 하나님을 찾게 되었다.[1] 그때 그리스도를 만나 죄사함의 확신을 얻지 않았다면 나는 내 자신의 범죄에서 나는 악취로 인해 이미 질식해 버렸을 것이고, 내 영혼은 결코 안식을 얻지 못했을 것이다.

그러나 이렇게 개인적인 관계를 강조하는 것이 복음주의의 가장 큰 약점인데, 그 이유는 개인의 구원을 뛰어넘어 하나님께서 우리를 위해 준비하신 계획을 볼 수 없게 만들기 때문이다. 진정한 기독교는 개인경건, 교회출석, 성경연구, 자선활동 등으로 나타나는 예수와의 개인적인 관계 그 이상의 것이다. 이는 제자도를 뛰어넘는 것이며, 하나님에 관한 교리의 체계를 믿는 것 이상을 말한다. 진정한 기독교는 모든 현실을 보고 이해하는 하나의 방법이다. 그것은 바로 세계관이다.

이렇게 이해하는 성경적 근거는 창조기사인데, 여기에서 우리는 하나님께서 말씀으로 모든 것을, 무에서부터 창조하셨다(창세기 1장과 요한복음 1:1-14을 보라)는 사실을 듣게 된다. 존재하는 모든 것은 그분의 명령에 따라 존재하게 된 것이며, 따라서 모두 그분에게 속한 것이고, 그분 안에서 목적과 의미를 찾아야 한다. 이것이 의미하는 바는 우리가 탐구하는 윤리학, 경제학, 생태학 등의 모든 주제에 있어 진리는 오직 하나님과 그의 계시에 관련해서만 발견될 수 있다는 것이다. 하나님은 자연세계를 창조하셨고, 자연의 질서를 창조하셨다. 하나님은 우리의 몸과, 우리를 건강하게 유지시켜 주는 도덕법을 창조하셨다. 하나님은 우리의 지성과 논리, 상상력을 창조하셨다. 하나님은 우리를 사회적 존재로 창조하셨고, 사회적 정치적 제도에 대한 원칙들을 주셨다. 하나님은 아름다운 세계를 창조하셨고, 미학의 원리와 예술의 창조 능력을 주셨다. 삶의 모든 영역에 있어, 진정한 지식이란 하나님께서 피조물을 구성하신 법칙과 원칙을 이해하고, 그런 법칙들이 우리의 살아가는 방식을 형성해 가도록 허용하는 것을 의미한다.

교부들이 말했던 것처럼 모든 진리는 하나님의 진리이다.

게다가 이런 종합적인 진리는 그리스도 안에서 구체화되었는데, 그는 우리의 구원자이실 뿐 아니라 그 이상이 되신다. 요한복음 1장에서 그리스도는 로고스(logos, 말씀, 요 1:1)라 불리신다. 헬라어에서 로고스는 문자 그대로 사상, 말씀, 피조물의 합리적인 모양, 우주의 질서 등을 의미한다. 사도 바울은 이에 대해 이렇게 설명하고 있다. "만물이 그의 안에서 창조되었습니다. 하늘에 있는 것들과 땅에 있는 것들, 보이는 것들과 보이지 않는 것들… 모든 것이 그로 말미암아 창조되었고, 그를 위하여 창조되었습니다. 그는 만물보다 먼저 계시고, 만물은 그의 안에서 존속합니다"(골 1:16-17, 표준새번역). 예수 자신이 하나님께서 세상을 창조하실 때 하신 말씀이시다.

아마 예수께서 하신 말씀 중 가장 놀라운 것은 "내가 곧 길이요 진리요 생명이다"(요 14:6)일 것이다. 예수는 모든 것의 근원이시고 마지막이시며, 알파와 오메가이시다. 그를 떠나서는 어떤 것도 의미가 없다. 그를 떠나서는 아무것도 존재하지 않는다. 그분은 창조주이시며, 존재하는 모든 것을 지으신 분이시고, 앞으로 있을 모든 것의 주인이시다. 그리스도는 인간의 영혼으로부터 광대한 우주에 이르기까지 모든 피조물의 주인이 되신다(시 2, 8, 110편; 빌 2:5-11 참조).

우리가 이것을 진정으로 이해하게 될 때, 우리는 기독교 신앙이 어떤 단순한 공식이나 요한복음 3장 16절에 국한될 수 없다는 것을 깨닫는다. 기독교는 우리 삶의 어느 한 부분, 단순한 어떤 종교적인 실천, 혹은 구원의 체험 같은 것에 국한될 수 없다. 우리는 기독교가 모든 것을 포함하는 진리이며 다른 모든 것의 뿌리가 된다고 믿지 않을 수 없다. 그것이 궁극적인 현실이다.

불어오는 바람에 침 뱉지 않는 것

두 가지 이유에서 기독교를 완전한 삶의 체계로 이해하는 것이 아주 중요하다. 첫째는 우리가 사는 세상을 이해할 수 있게 해주며 따라서 우리의 삶에 보다 합리적인 질서를 부여할 수 있게 해준다. 둘째는 우리 신앙에 적대적인 세력을 이해할 수 있게 해주며, 이 문화를 변화시키는 하나님의 도구로서 기독교의 진리를 수호하고, 세상을 복음화할 수 있도록 우리를 무장시켜 준다.

이 세상은 우연히 만들어진 것이 아니라 어떤 지적인 존재에 의해 만들어진 것이기 때문에 거기에는 이해할 수 있는 질서가 있다. 아브라함 카이퍼는 "모든 지음받은 생명체는 하나님이 직접 만들어 놓으신 자신의 존재를 위한 자신만의 법칙을 필연적으로 가지고 있다"[2]고 말한다. 합리적이고 건강한 삶을 살 수 있는 유일한 방법은 이러한 신적 질서와 법칙의 본질을 확신하고, 그 질서와 법칙을 우리 삶의 기초로 사용하는 것이다. 우리는 물리적 질서에 관해서는 이런 원칙을 아주 잘 이해하는 경향이 있다. 물리적인 세계에는 법칙이 존재하며, 이런 법칙을 무시할 때 엄청난 대가를 치르게 된다는 것을 우리는 알고 있다. 중력의 법칙을 무시하고 낭떠러지의 끝에서 바깥으로 걸어나가면 아주 불행한 결과를 가져올 수 있음을 안다. 이미 알려진 물리적 법칙을 거부하며 사는 것은 어리석음의 극치이다.

그러나 인간의 행동을 규정하는 도덕법에 대해서도 마찬가지이다. 어떤 물리적인 행동이 예측할 만한 반응을 불러일으키듯, 어떤 도덕의 행위는 예측할 만한 결과를 가져온다. 할리우드에서는 간음을 멋진 것이라고 말하겠지만, 그것은 필연적으로 분노와 질투, 손상된 관계, 심지어는 폭력까지도 불러온다. 도덕법을 거스르는 것은 결국 죽음을 불러올 수도 있는 것이다. 그것은 슈퍼마켓으로 향하는 자기 어머니를 치어 죽이는 음주운전자나, 에이즈를 퍼뜨리는 마약중독자일 수도 있다. 어떤 도덕법이라도 그것을 어길 때는 고통스런 결과를 초래하기 마련이다.

우리가 건강하고 잘 균형잡힌 생활을 하려고 한다면, 하나님께서 피조물을 만드신 법칙과 질서들을 이해하는 것이 좋다. 이런 것들은 우리에게 고유한 내면의 법칙이기 때문에, 우리는 그것들을 억압적인 외적 제약이 아니라, 우리의 안전을 보장하며 '사막의 길을 인도하는 인도자'로 이해하게 된다고 카이퍼는 말하고 있다.[3]

인생의 법칙에 대한 이러한 이해를 성경은 지혜라고 말한다. '넓게 말해 성경에서의 지혜는 하나님의 세계에 대한 지식과 그것에 자기 자신을 맞추는 재주'라고 칼빈대학교의 코넬리우스 플랜팅어(Cornelius Plantinga) 교수는 말하고 있다. 지혜로운 사람이란 물리적인 세계에서뿐만 아니라 사회적인 세계에서도 피조질서의 한계와 범위, 법칙과 리듬과 계절을 아는 사람이다. "지혜롭다는 것은 현실을 알고, 자기 자신을 거기에 맞추는 것이다." 반면에 삶의 법칙에 따르기를 거절하는 사람들은 그들이 아무리 많은 교육을 받았다 하더라도 부도덕하며 어리석은 사람들일 뿐이다. 이들은 피조세계의 구조를 알지 못하고 있으며, 언제나 현실과 대결하고 있다. "어리석음이란 고집스럽게 우주의 조류를 거슬러 헤엄쳐 가는 것이며… 불어오는 바람에 침을 뱉는 것이고… 정해진 선 밖에 다 색을 칠하는 것이다."4

바로 그것이다. 하나님을 부인하는 것은 현실에 대해 우리 스스로 눈을 가리는 것이며, 그에 따른 불가피한 결과는 마치 눈먼 운전자가 도로 밖으로 튀어나가거나 다른 운전자를 치는 것처럼, 현실과 아주 고통스런 방법으로 충돌하게 된다. 우리가 확실히 주장할 수 있는 것은 진지한 그리스도인들은 어떤 기준으로 보더라도 정말 행복하고, 보다 충만하며, 보다 생산적인 삶을 살고 있다는 것이다(나중에 살펴보겠지만 연구결과는 이것을 뒷받침하고 있다). 정말 그렇다. 물리적, 도덕적 명령의 내용과 한계를 받아들이는 사람은 어리석음에 빠지지 않는다. 낭떠러지 밖으로 걸어 나가지도 않고, 간음을 하지도 않으며, 음주운전을 하지도 않는다.

진정한 문화전쟁

우리의 부르심은 단지 신적 원리에 우리의 삶을 맞추는 것만이 아니라, 크레스포처럼 현실세계에 참여하는 것이다. 우리는 문화명령과 복음명령 모두를 완수해야 한다. 우리는 이 시대라는 독특한 역사적 문화적 상황 속에서 하나님의 진리를 수호하고 그 말씀대로 삶으로 말미암아 복음을 전파하고 또 모든 것을 하나님의 질서에 순복하도록 만들라는 명령을 받았다.

그러나 현실세계에 참여하기 위해서는 사람들의 마음과 생각을 사로잡고자 경쟁하는 거대한 사상들을 이해할 필요가 있다. 철학자 리처드 위버(Richard Weaver)가 그의 저명한 책 제목에 사용한 "사상은 결과를 가져온다"[5]는 말은 정확하다. 생각을 밝히고, 상상력에 불을 지르며, 마음을 감동시키고, 문화를 형성하는 것은 바로 거대한 사상이다. 역사는 우리의 가치관과 행동을 형성하는 거대한 사상, 또는 세계관의 흥망을 기록한 것에 지나지 않는다.

우리를 쇠약하게 했던 현대 복음주의의 약점은 우리가 이 전쟁이 무엇에 대한 것인지도 모른 채 모든 최일에서 전투를 해왔다는 것이다. 우리는 문화충돌의 바닥에 자리하고 있는 세계관을 식별하지 못했으며, 바로 이런 무지가 우리의 최선을 다한 노력이 이런 결과를 낳게 만들었던 것이다.

문화전쟁은 낙태, 동성애자의 인권이나 공교육의 쇠퇴에 관한 것이 아니다. 이것들은 국지전에 불과하다. 진짜 전쟁은 기독교 세계관과 이에 대항하고 있는 여러 가지 세속적 세계관 사이의 우주적인 갈등이다. 오늘날의 세계에 복음을 효과적으로 전하고, 또 이 세상이 창조주의 지혜를 반영할 수 있도록 이 세상을 변화시키고자 한다면 우리는 이것을 잘 이해하지 않으면 안된다.

제3장

갈등 속의 세계관

> 야만에서 문명으로 오는 데는 일 세기가 걸린다. 그러나 문명에서 야만
> 으로 가는 데는 단지 하루밖에 걸리지 않는다.
>
> 윌 듀란트(Will Durant)

    이 세계는 지리적인 경계로 나뉘어진 것이라기보다는 종교적, 문화적 전통, 즉 사람들이 깊이 가지고 있는 신념인 세계관에 의해 나뉘어진 것이다. 저명한 하버드의 학자 새뮤얼 헌팅턴(Samuel Huntington)은 수년 전 한 논문에서 이렇게 주장했다.[1] 그리스도인들도 이에 동의할 것이다. 인간은 종교적인 피조물이므로, 우리가 가진 궁극적인 신념들은 다른 어떤 요소보다도 우리의 삶을 더 잘 규정한다. 거대한 신념체계의 최일선이 썰물이 되기도 하고 흐르기도 하면서 역사의 드라마는 이루어졌다.
    이 말이 맞다면, 오늘날의 세상이 분열되고 있는 것에 대해 이것이 말하고 있는 바는 무엇인가? 문명간의 충돌이 가장 심하게 일어나고 있는 곳은 어디인가?
    헌팅턴은 3대 주요 전통문명들 간의 충돌을 예측하고 있다. 그것은 서

구와 이슬람세계와 유교권인 동양이다. 그러나 한때 그의 밑에서 배웠던 정치학자 제임스 컬스(James Kurth)는 그와 의견을 달리하여 가장 중요한 충돌은 서구문화 자체 내, 즉 유대-기독교적인 틀에 집착하는 사람들과, 포스트모더니즘과 문화다원론을 선호하는 사람들 사이에서 일어날 것이라고 주장하고 있다.[2]

    나는 컬스가 옳다고 생각한다. 서구문화 속에서 이런 갈등이 매우 중요한 것은 서구문화가 곧 세계를 지배할 것이기 때문이다. 정보기술은 전통적인 지리적 경계와 국가간의 경계를 매우 빠르게 건너뛰고 있다. 철의 장막이 붕괴됨으로써 이 세상의 많은 지역들이 서구사상에 노출되었다. 아시아와 이슬람 사회는 서구의 서적, 영화, 텔레비전 프로그램의 유입을 차단할 수 없는 상태이다. 내가 싱가포르에서 만난 그리스도인 각료 한 사람은, 아시아인들은 기독교와 서구를 동일시하기 때문에 서구로부터 찌꺼기 문화가 쏟아져 들어오는 이런 현상은 기독교를 전파하는 데 오히려 방해가 된다고 말했다. 한 프랑스의 정치가가 '미국의 문화 침략'이라고 묘사한 현상에 대해 세계 모든 곳에서 불평하고 있다.[3]

    이런 까닭에, 세계의 모든 사람들은 미국이 겪고 있는 문제와 동일한 문제를 가지고 씨름하고 있다. 아프리카에서 가장 존경받는 기독교 지도자가 내 라디오 프로그램 "브레이크포인트"(Breakpoint)의 원고를 복사해서 사용할 수 있도록 허락해 달라는 요청을 해왔다. 이 프로그램은 미국 청취자들을 위한 것이었지만, 그는 그 내용이 그가 아프리카에서 다루고 있는 문제와 동일한 것이라고 생각했다. 또 다른 아프리카의 기독교 지도자는 내게 문화다원론이라는 서구사상은 종족주의를 정당화하는 데 사용되고 있으며, 지역교회들은 이러한 분열적인 세력에 어떻게 대응해야 할지 몰라 당황해하고 있다고 말한 적이 있다. 파키스탄에 있는 사람들이 펜실베이니아에 있는 사람들과 온라인으로 연결되면서, 미국의 문화전쟁은 점점 더 다른 나라들로 쏟아져 내리고 있다.

분명한 결론은 우리 자신이 진리를 어떻게 효과적으로 수호하고 주장하느냐 하는 것이 지구 전체에 영향을 미친다는 것이다. 미국의 그리스도인들은 성경적인 신앙이 종합적인 세계관임을 이해하고, 그 세계관이 우리 시대의 도전에 어떻게 대응해 나가는지에 대해 좀더 진지해져야 한다.

기독교와 자연주의(Naturalism)

오늘날의 가장 큰 도전은 무엇인가? 가장 넓은 범주에서 말한다면 오늘날의 갈등은 유신론과 자연주의의 갈등이다. 유신론이란 이 우주를 창조한 어떤 초월적인 하나님이 존재한다는 믿음이다. 반면 자연주의는 자연적인 원인만으로도 존재하는 모든 것을 설명할 수 있다고 하는 믿음이다. 가장 근본적인 질문은 다음과 같은 범주를 반영하고 있다. 궁극적인 실재는 하나님인가, 아니면 우주인가? 어떤 초자연적인 세계가 존재하는가, 아니면 오로지 자연만이 존재하는가? 하나님은 그의 진리를 우리에게 말하고 계시하시는가, 아니면 그 진리는 우리 자신이 찾거나 만들어야 하는 것인가? 우리 인생에 어떤 목적이 있는가, 아니면 우리는 진흙에서부터 우주적인 우연에 의해 생겨난 것인가?

이들 두 믿음의 체계는 서로 정반대이며, 우리가 진리를 효과적으로 수호하려 한다면 이것이 의미하는 바가 무엇인지 정확히 알고 있어야 한다. 자연주의란 자연이야말로 존재하는 모든 것이며, 생명은 원자간의 우연한 충돌에 의해 이루어져 오늘날과 같은 모습으로 진화해 왔다고 믿는 것이다. 가장 넓은 의미에서 자연주의는 특정한 형태의 종교를 포함하기도 한다. 예를 들어, 신이교주의(neo-pagan)나 뉴에이지 종교 같은 것은 영적인 것이 원래 자연 안에 완전히 내재되어 있다고 믿는다. 반면 기독교는 이 세상이 존재하기 전부터 존재하고, 다른 모든 것의 궁극적인 기원이 되시는 초월적 하나님이 존재한다고 믿는다. 우주는 항상 그분의 섭리에 따른 다스림과 보호를 받고 있다.

· **도덕적 상대주의**(Moral relativism). 자연주의는 도덕의 문제에 있어 상대주의를 낳는다. 자연이 존재하는 모든 것이라면 도덕적인 진리를 제시하는 초월적 근원이란 존재하지 않으며, 따라서 우리는 우리 자신의 힘으로 도덕률을 세워야 한다. 모든 원리는 개인적인 선호도에 따라 정해진다. 반면, 그리스도인들은 우리에게 말씀하시고, 그 자신의 궁극적인 거룩함에 근거하여 절대적이고 변함없는 옳고 그름의 표준을 계시하신 하나님을 믿는다.

· **문화다원론**(Multiculturalism). 상대주의의 결과, 자연주의자들은 모든 문화를 도덕적으로 동등한 것으로 보며, 각 문화는 그 자신만의 역사와 경험을 반영하는 것이라고 믿는다. 진리나 도덕의 초월적 원천이 없다면 우리의 정체성을 인종이나, 성별 등에서만 찾게 된다는 점에서 포스트모더니즘이나 문화다원론과 같은 현대의 조류는 자연주의에 견고하게 뿌리내리고 있다고 볼 수 있다. 그러나 기독교에서는 결코 어떤 특정 집단의 한정된 시야를 진리와 동일시할 수 없다. 진리란 성경에 계시된 하나님의 관점이다. 따라서 문화적 다양성을 인정하면서도, 특정 문화의 관습들이 도덕적으로 옳은지 그른지를 판단하는 것은 정당한 일이라고 우리는 믿는다. 뿐만 아니라, 그리스도인들은 서구의 전통과 유산이 수호할 가치가 있다고 믿는다. 즉 서구의 문화와 유산들이 성경적 세계관에 의해 형성된 것이라는 의미에서 그렇다.

· **실용주의**(Pragmatism). 자연주의자들은 어떤 초월적 도덕기준을 부인하기 때문에 인생에 대해 실용주의적인 태도를 갖기 쉽다. 실용주의자들은 "가장 효과가 좋은 것이 옳은 것이다"라고 말한다. 어떤 행동이나 정책은 순전히 공리주의적인 요인만 가지고 결정한다. 그와 반대로 그리스도인들은 실제적인 효과 대신, 객관적인 기준에서 무엇을 마땅히 해야 하는가를 기준으로 삼는 이상주의자들이다.

· **유토피아주의**(Utopianism). 자연주의자들은 일반적으로 인간의 본성

은 본래 선하다는 계몽주의자들의 생각을 받아들이고 있기 때문에, 유토피아주의로 흐른다. 유토피아주의는 "올바른 사회 경제적 구조를 만들기만 한다면, 조화와 번영의 시대를 이룰 수 있다"고 말한다. 그러나 그리스도인들은 이런 유토피아 계획에 충성을 바칠 생각이 없다. 우리는 죄가 실제로 존재하며, 죄로 인해 우리 인간성은 크게 왜곡되었고, 따라서 우리들의 노력으로는 이 지구상에 천국을 만들 수 없다는 것을 알고 있다. 천국이란 인류역사의 마지막에 하나님의 개입을 통해서만 이루어질 종말론적 소망이다. 그때까지는 인간이 가진 죄와 무질서의 성향이 법과 전통에 의해서 통제되어야 한다.

· **현세주의**(This-world perspective). 자연주의자들은 이 세상, 이 시대, 현재의 삶에서 일어나는 일에만 관심을 갖는다. 그러나 그리스도인들은 영원의 관점에서 사물을 본다. 우리가 하는 모든 일은 영원한 중요성을 갖는다. 왜냐하면 언젠가는 심판이 있을 것이며, 현세에서 행한 우리의 선택이 영원히 지속되는 결과를 낳을 것이 분명하기 때문이다.

후기 기독교 시대의 기독교

우리가 이 세상에서 뭔가를 변화시키고자 한다면 우리는 정반대되는 현실관을 잘 이해해야만 한다. 왜냐하면 바로 이것이 문화적인 위기의 뿌리이기 때문이다. 오늘날의 지배적인 세계관은 자연주의이고, 이것이 후기 기독교적이고 포스트모던적인 문화를 만들어냈다. 후기 그리스도인이란 더 이상 그리스도인이 아니라고 말하는, 혹은 더 이상 교회에 다니지 않는다고 말하는 미국인들을 말하는 것이 아니다. 사실 대부분의 미국인들은 더 이상 그리스도인이 아니고 교회에도 출석하지 않고 있다. 내가 말하는 후기 그리스도인이란 대부분의 서구문화들에서 그런 것처럼 유대 기독교적인 진리를 그들의 공공철학이나 일치된 도덕관의 근거로 사용하지 않는 미국인들을 말한다.

이것은 매우 중요한 문화적 변화이다. 미국이 탄생할 때는, 심지어 이 신론자들(deists)이나 회의론자들조차도 성경의 기본적인 진리들이 미국의 제도를 뒷받침하고 있으며, 국가의 가치를 형성하고 있다는 것을 의심하지 않았다. 비록 미국 건국의 조상들이 기독교적 전통뿐 아니라 계몽주의 철학에도 큰 영향을 받고는 있었지만, 이들 두 요소간에 모순이 있다고 생각하는 사람은 없었다. 그리고 대부분의 미국 역사상 이런 기본적인 진리들은 사회적 일체감의 기초가 되었다.

이제는 더 이상 그렇지 않다. 대법원의 판례만 보더라도 이런 변화가 얼마나 빨리 왔는지 이해할 수 있다. 1952년까지만 해도 대법관 윌리엄 더글러스(William O. Douglas)는 "우리는 헌법상 절대자를 전제하고 있는 종교적인 국민이다"라고 쓰고 있다.[4] 대법원의 이런 용어 구사는 아무런 반향도 일으키지 않았다. 이는 당시 대부분의 미국인들이 믿던 바를 반영한 것뿐이었다.

그러나 1996년, 불과 한 세대 정도 지나서, 대법관 안토닌 스칼리아(Antonin Scalia)가 한 사람의 그리스도인으로서 자기는 기적과 예수의 부활을 믿는다고 연설하자, 법원 주변의 인사들은 분개했다.[5] 만평가 허블록(Herbloc)은 모든 대법관들이 법률책을 들고 있음에도 스칼리아는 성경을 들고 있는 것으로 묘사했다. "워싱턴 포스트"지의 칼럼니스트 리처드 코엔(Richard Cohen)은 스칼리아가 교회와 국가간의 문제를 다룰 자격을 스스로 상실했다고 말했다(코엔은 무신론자만이 그런 결정을 내릴 수 있다고 믿기라도 한 것일까?). TV 좌담회는 스칼리아의 이런 '편견'을 집중 공격했다.

이것과 비슷한 태도가 사회 모든 계층에서 이루어졌다. 1997년, 스미소니언 소속의 한 국립 동물원은 한 보이스카웃 단원들이 공공시설을 사용하는 것을 거부했다. 왜 그랬을까? 스미소니언 당국은 보이스카웃이라는 단체의 회원이 되려면 하나님을 믿어야 한다는 조항이 '편견'이라고 생각했기 때문이다.[6] 꼭 법원의 판결에 의해서는 아니지만 공공장소에서 종교적인 표현을 하는 것은 사회적인 압력에 의해 점차 금지되어 가고 있다. 한 대도시에서는 크리스마스 휴일을 '빛나는 계절' 이라고 이름을 바꾸었고, 다른 많은 도시들은 공공장소에서 아기 예수를 언급하는 크리스마스 캐롤 부르는 것을 금지시켰다. 심지어 어느 한 교육구에서는 '부활절 계란' 을 '봄의 달걀' 로 이름을 바꾸었다.

포스트모던 사회에서의 기독교

반종교적인 압력보다 더 나쁜 것이 있다. 앞에서 밝힌 대로 오늘날의 문화는 후기 기독교적일 뿐만 아니라, 아주 급속하게 포스트모던적이 되고 있는데, 이는 기독교의 진리를 거부할 뿐만 아니라, 다른 어떤 진리도 다 거부한다. 포스트모더니즘은 보편적이고 근원적인 진리의 개념을 거부하고, 모든 사상은 단지 계급이나 성별, 인종에 따라 만들어진 사회적 구축물이라고 생각한다.

다시 말하거니와 이러한 새로운 철학으로의 변화는 숨가쁠 정도로 급격했다. 1960년대에 젊은이들의 대학 진학률이 급격히 상승하면서 일부 지식 엘리트들만의 태도였던 것이 동전 찍어내듯 흔하게 되었다. 포스트모더니즘의 선구자격인 실존주의 철학이 캠퍼스를 휩쓸면서, 이에 심취한 이들은 인생은 부조리하고, 의미 없으며, 개개인이 자신의 선택에 의해 자신만의 의미를 만들어내야 한다고 목소리를 드높였다. 선택이라는 말이 궁극적인 가치로 격상되면서 어떤 행동을 정당화하는 유일한 근거가 되었다. 미국은 한 신학자가 적절히 지적한 것처럼 '자율적인 자아신(autonomous Self)의 제국주의 공화국' 이 되었다.[7]

실존주의에서 조금만 더 나아가면 포스트모더니즘인데, 여기에서는 그 자아조차도 인종, 계급, 성별의 세력들간의 상호작용으로 용해되어버린다. 문화다원주의는 민속문화의 진가를 인정하는 것에 관한 것이 아니다. 그것은 개인을 종족집단 속으로 용해시켜 버리는 것이다. 포스트모더니즘에 있어서는 객관적이고 보편적인 진리란 존재하지 않는다. 미국 흑인들, 여자들, 동성애자들, 히스패닉(남미계 미국인 - 역자 주) 등 그 어떤 집단이든 그 집단 고유의 관점이 있을 따름이다. 포스트모더니즘은 모든 관점, 모든 생활양식, 모든 신념과 행동이 동일한 가치를 지니고 있다고 본다. 고등교육기관들은 이런 철학을 매우 적극적으로 받아들였기 때문에 정치적 교정을 집행하는 학칙을 채택했다. 관용이 매우 중요해져서 어떤 예외도 허용하게 되었다.

그러나 포스트모더니스트들이 주장하는 것처럼 모든 사상이 동일한 가치를 지니고 있다면, 사실 우리가 그것을 위해 살기도 하고, 죽기도 하며, 논쟁을 벌이기도 할 만큼 중요한 사상이란 없어진다. 그리고 이런 무감각의 분위기는 기독교의 진리를 증거하는 것을 더욱 어렵게 만든다. 과거에는 그리스도인들이 그들의 신앙을 전파하면 신앙의 합리적인 근거가 무엇이냐에 대해 격렬한 논쟁을 접하곤 했지만, 이제는 지루하다는 듯한 무관심에 접하게 된다.

바로 이것이 내가 1996년 예일 법대에서 연설할 때 겪었던 일이다. 몇 명의 겁없는 그리스도인 학생들이 "어떻게 예일대학교가 법의 지배를 약화시키는 데 기여했는가"라는 도발적인 문제에 대한 포럼을 조직했다(법에서 객관적인 의미를 제거하려는 원문분석주의 운동의 하나인 비평적 법률 연구가 생겨난 것이 바로 예일에서였다). 학생들이 나를 연사로 초청했을 때, 나는 혹시 그 모임이 시위로 발전하지나 않을까, 혹은 적어도 불쾌한 대치상태로 끝나게 되지 않을까 염려했다.

강연을 하기 전, 나는 헌신된 그리스도인이며 「불신과 정직성의 문화」(The Culture of Disbelief and Integrity) 등의 베스트셀러 작가이고, 탁월한 예일대 법학자인 스티븐 카터(Stephen Carter) 교수와 식사를 했다. 캠퍼스 주변의 한 작은 식당에서 멕시코 파이 접시를 사이에 두고 나는 내가 우려하는 바를 말했다.

"시위에 대해서는 걱정하지 마십시오." 그는 쿡쿡 웃었다. "그들은 조용히 듣고서 아무 말 없이 나가버리고 말 것입니다."

"그렇지만 나는 기독교적인 바탕, 혹은 적어도 자연법을 인정하지 않고서는 법의 기반이 없다는 말을 할 작정입니다." 나는 말했다.

카터 교수는 참을성 있게 미소를 지었다. "이 학생들이 예일에 올 때, 그들은 법이란 도덕과 아무런 관계가 없다고 배웁니다. 그리고 그들은 그 생각을 받아들이지요. 그렇듯 당신도 당신 의견을 가질 수 있습니다. 그들은 당신의 견해가 흥미로운 것이라고 생각하겠지만, 귀찮게 논쟁하려 들지는 않을 겁니다."

여덟 시 조금 전, 내가 강당에 도착했을 때, 강당은 가득 차 있었다. 강당 아래의 앞쪽에는 약 200명 정도의 대학주변 시민들이 모여 있었는데, 나는 그들이 대부분 그리스도인들일 것이라고 생각했다. 그리고 그 뒤로 학생들이 줄지어 앉았다. 강연을 하면서 나는 그들에게서 반응을 찾고자 그들의 눈을 탐색해 보았다. 없었다. 내가 준비해 간 자료를 제시해 가면서 나는 점점 더 도발적이 되어갔지만, 그들은 냉담하게 앉아 있었다.

논쟁은 때론 불쾌한 것이다. 그러나 논쟁은 수호할 만한 가치가 있는 진리나, 싸울 만한 가치가 있는 사상이 있음을 전제로 한다. 그러나 우리가 살고 있는 포스트모던 시대에서는 당신의 진리는 당신의 것이고, 나의 진리는 나의 것이지, 그것에 대해 열을 낼 만큼 중요한 것은 아무것도 없다. 또 진리가 없다면 우리는 합리적인 논쟁으로 상대방을 설득할 수도 없다. 남는 것은 새로운 형태의 파시즘으로 가는 문을 열고 있는 권력뿐이다.

듀크대학교의 주요 포스트모더니즘 학자이며, "세상에 자유언론보다 좋은 것은 없다. 그것은 선한 일이기도 하다"(There's No Such Thing As Free Speech: and It's a Good Thing, Too)라는 글을 쓴 스탠리 피쉬(Stanley

Fish)는 원리에 대한 서술은 모두 개인적인 선호를 표현하는 것뿐이라고 주장한다. 따라서 원리를 주장하는 것은 '객관적인 진리' 라는 명분하에 개인적인 선호를 다른 사람들에게 강요하려는 권력게임에 불과하다고 말하고 있다. 만일 이 게임이 권력에 관한 문제라면, 당신이 걱정해야 하는 유일한 문제가 전면에 떠오르게 된다. 피쉬의 말에 의하면, 그것은 "다음엔 누군가가 제약을 받을 차례이다. 당신이 주의해야 할 것은 당신이 그 누군가가 되지 않도록 하는 것이다."[8]

진리의 죽음은 예일 법대나 듀크대학교에 국한된 문제가 아니다. 전국적으로 손에는 졸업장, 머리에는 포스트모던 이데올로기를 가진 대학 졸업생 세대가 경영자들이 되고, 정치지도자들이 되며, 주요 신문과 잡지, TV 스튜디오의 언론인이 되고 있다. 그 결과, 주로 말과 생각을 통해 일하는 전문가 집단이 출현하고 있는데, 어떤 사회학자는 이들을 가리켜 '새로운 계급' 이라고도 하고, '지식계급', 또는 좀 경멸적으로 말해서 '재잘거리는 계층' 이라고도 한다. 이들이 공개강좌의 수단을 통제하고 있기 때문에 이들의 철학이 지배적이 되어버린다. 리처드 닉슨(Richard Nixon)이 1970년에 '조용한 다수' 라고 칭했고, 그 몇 년 후 제리 폴웰(Jerry Falwell)이 '도덕적인 다수' 라고 칭했던, 도덕적으로 보수적이며 종교를 가지고 있고 애국적인 미국 중산층이 이제는 더 이상 주류가 아니다. 1960년대에 대학캠퍼스에서 형성된 세계관이 미국생활의 주류를 형성하고 있는 것이다.

"미국인구통계학"(American Demographics)이라는 잡지는 1997년에 행한 인구학 연구를 요약하면서 "가치관, 세계관, 생활방식에 있어 전반적인 변화가 있어왔으며" 그로 인해 미국 성인의 약 4분의 1이 영향을 받고 있다고 기록하고 있다. 이들이 바로 '새로운 계급' 인데, 그 기사에서는 '문화 창조자들'(Cultural Creatives)이라고 칭하고 있다.[9] 이들은 모두 환경보호론, 여성주의, 지구적 문제, 영적 탐색 등과 같은 일련의 초현대주의적(trans-modernist)인 가치들을 포용하고 있다. 이들은 또 사회정의, 민권, 여성주의, 뉴에이지 영성운동 등에 참여한 배경을 가지고 있는 경우가 많다. 철저한 포스트모더니스트인 이들은 절대적인 도덕에 대해 분개하는 정도는 아니더라도, 매우 회의적이다. 이들은 '자연을 신성한 것'으로 보며, 자아실현과 영적 성장을 강조한다. 이들은 계급조직에 반대하며, 지방화, 민주화, 평등주의에 바탕을 둔 공공 철학을 포용하고 있다.

이런 새로운 세계관은 이미 존재하고 있는 두 가지 세계관을 배경으로 등장하고 있다고 이 연구는 밝히고 있다. 첫째는 29퍼센트의 성인들이 가지고 있는 '전통주의'(Traditionalism)이다. '핵심지역인들'(Heartlanders)이라고 불리는 '전통주의자'들은 '작은 마을과 강한 교회에 대한 향수 어린 이미지'를 가지고 있는 '시골 사람들'인 경우가 많다.

또 다른 기존의 세계관은 '현대주의'(Modernism)인데, 47퍼센트의 성인들이 이러한 태도를 견지하고 있다. 이들은 기술적 진보와 물질적 성공을 귀하게 여기며, 정치가나 군대의 지도자, 과학자나 사업가들인 경우가 많다. 이들은 실용주의적이고, 경제적으로 여유가 있어 안정적이며, 이데올로기나 사회적 문제에 대해서는 별로 관심이 없다.

그러나 가장 중요한 것은 인구통계학적인 예측일 것이다. 이 연구에 의하면 전통주의자들과 현대주의자들의 숫자는 줄어들고 있다. 예를 들어 전통주의자들의 평균연령은 53세로 이 부류에 새로 편입되는 숫자보다 훨씬 빠르게 사망하는 숫자가 늘고 있다. 그 반면에 급속히 성장하고 있는 '문화 창조자들' 집단은 보다 젊고, 교육을 많이 받았으며, 풍요롭고, 단호하다(재미있는 것은 10명 중 6명이 여자라는 사실이다). 이들은 사회 변화를 일으키는 주역들이며, 아직 사회의 주류가 아니라면 이제 곧 그렇게 될 사람들이다.

* * *

결론은 세계관의 가장 중요한 충돌은 전통적인 종교나 문화들 사이의 충돌이 아니라, 고전적인 기독교 유신론과, 현대주의적인 자연주의 또는 급속히 성장하고 있는 포스트모던 자연주의와의 충돌이라는 것이다. 기독교 교회의 임무는 쉽지 않아 보인다. 그러나 그렇다고 낙심할 필요는 없다. 우리는 진리가 결국 승리할 것임을 믿고 있기 때문이다. 뒤에서 살펴보겠지만, 포스트모더니스트들도 자연주의가 생성한 사회적 혼란에 직접 맞부딪쳐 보고서야 그들의 신념이 부적절한 것임을 깨닫기 시작하고 있다.

그리스도인들은 미국사회의 면모를 바꾸고 있는 세계관의 충돌을 이해해야 한다. 그리고 사람들이 잘못된 신념과 가치관에 환멸을 느끼며 진정한 대답을 추구하기 시작할 때 우리는 그들에게 대답할 준비를 해야 한다. 우리의 세계관이 무엇인지를 알고 왜 믿고 있는지를 알아야 할 뿐만 아니라, 어떻게 하면 그것을 수호할 수 있는지도 알아야 한다. 우리는 또 반대되는 세계관을 이해하고 왜 사람들이 그것을 믿는지도 이해해야 한다. 그럴 때에만 우리는 매력적이고도 설득력 있게 진리를 수호할 수 있을 것이다.

내가 1996년 가을, 유럽에서 가장 가난한 국가 중 하나인 불가리아의 소피아를 방문했을 때 깨달은 것처럼, 그것은 물질적으로나 영적으로 이루어질 수 있다.

제4장

불신시대 속의 기독교 진리

> 잘못된 사상은 복음을 받아들이는 데 가장 큰 장애가 된다. 만일 우리가 저항할 수 없는 논리로 기독교란 단지 다른 이들에게 해를 끼치지 않는 환상에 불과하다고 믿게 만드는 주장들이 한 국가나 세계의 집단의식을 통제하도록 내버려둔다면, 우리가 아무리 종교개혁가들의 열정을 가지고 복음을 전한다 하더라도, 우리는 결국 여기저기에서 소수의 패잔병 같은 몇 사람만을 구원에 이르게 할 수 있을 것이다.
>
> 그레샴 메이첸(J. Gresham Machen)

내가 1996년에 불가리아를 방문했을 때, 이 나라는 매우 가난한 나라였을 뿐만 아니라, 아직도 공산정권의 통제하에 있는 거의 유일한 동구권 국가였다. 철의 장막은 1989년에 무너졌지만, 불가리아의 공산당 관료들은 당 이름을 새로 바꾸고, 첫번째 자유선거를 치러 승리했다. 대부분은 직책을 바꾸지도 않았다.

비록 정부는 바뀌지 않았지만, 교회는 바뀌었다. 불가리아 출신의 한 젊은 정교회 사제인 니콜라이 신부는 "교도소선교회" 훈련과정에 참가하여 감옥에서 일해야겠다는 비전에 사로잡혔다. 고국에 돌아간 후, 니콜라이 신부는 150명의 자원봉사자들의 도움으로 매우 활발한 사역을 전개했다. 이들은 교회를 재건하고, 소피아에 있는 수백 년 된 교도소와 낡은 병원들을 고쳤다.

나의 방문 목적은 병원을 봉헌하는 것이었는데, 이 행사는 전혀 기대하지 않았던 많은 관심을 불러모았다. 그 지역의 수많은 "교도소선교회" 자원봉사자들뿐만 아니라, 정부 관리들이 검은 리무진을 타고 나타났고, 백 명이 넘는 기자들이 모여들었다. 귀빈들 중에는 불가리아의 법무장관도 있었는데, 그는 철저한 공산주의자였다.

그는 공식연설을 통해 "교도소선교회"가 새로운 침대와 의약품, 수술 장비 등을 제공해 준 것을 아낌없이 치하했다. 그러나 나중에, 봉헌예식을 하면서 니콜라이 신부가 이 일은 하나님께 대한 믿음에서 나온 일이라고 설명하자 그 장관은 담배를 격렬하게 빨아대며 눈에 띌 정도로 불편해했다. 어두운 얼굴로 수심에 잠긴 그 젊은이는 자리를 옮겨 다니며 먼 곳을 쳐다보는 등, 적어도 자기는 병원 계단에 놓여진 밝게 칠한 성상 앞에서 기도를 인도하고 있는 니콜라이 신부와는 아무런 관계가 없다는 것을 '방송'하고 있었다. 이 장관이 그것을 혐오하는 태도가 어찌나 분명했던지 다음날 신문기사에 이에 대한 언급이 실리기도 했다.

봉헌식이 끝난 후 기자회견에서 나는 범죄란 궁극적으로 도덕적인 문제이며, 따라서 그 해결은 도덕의 개혁에 있다고 말했다. 그날 우리가 봉헌한 병원은 육체를 고칠 것이지만, 교회는 영혼을 고칠 것이라고 덧붙였다. 내가 말하는 동안 그 장관은 나를 뚫어지게 쳐다보았고, 그 다음날 그는 나를 자기 집무실로 초대했다.

그래서 그 다음날 아침, 니콜라이 신부와 그의 동료들을 대동하고 나는 법무장관의 집무실에 도착했다. 그는 공산당식의 전형적인, 칙칙한 황록색 벽에 아무것도 걸려 있지 않은 회의실로 우리를 안내했다. 그러나 보통 공산당원들이 머리만 끄떡이는 심복들을 항상 대동하는 것과는 달리, 그는 혼자였다. 그 다음에 이어진 대화는 아주 놀라운 것이었다.

그는 손에 담배를 들고 기다란 회의실 탁자의 수석에 앉더니, 간결하며 사업적인 어투의 흠잡을 데 없는 영어로 질문들을 쏟아냈다. "콜슨 씨, 당신은 어제 범죄가 도덕적인 문제라고 했지요. 그건 무슨 뜻입니까? 사회학적 의미에서 그렇게 말한 겁니까?"

"아닙니다." 나는 말했다. "범죄는 사람들이 잘못을 저지르기로 선택하는 것입니다. 범죄는 개인의 도덕적인 실패입니다."

그는 점잖게 이의를 제기했다. "내가 보기에 범죄는 사회, 경제적 힘에 의해 이루어지며, 사람들은 그런 환경요소에 반응하는 것입니다."

나도 점잖게 응수했다. "도덕적인 차원은 사회적 힘을 초월하는 것입니다. 인간은 진정으로 도덕적인 주체자들이고, 그들은 실제로 도덕적 선택을 하고 있습니다." 나는 미국의 종교 대부흥기에 범죄가 줄어들었음을 나타내는 연구결과와, 범죄란 '잘못된 도덕적 선택'의 결과라고 결론짓는 또 다른 연구결과를 덧붙여 인용했다.[1]

우리의 대화가 진행되는 동안, 그 장관이 가지고 있던 세계관의 윤곽이 분명하게 드러났고, 비로소 나는 그가 왜 내 말을 이해하지 못하는지 알 수 있었다. 공산주의 체제의 교육을 받고 자라난 그는 마르크스주의 철학에 푹 젖어 있었다. 마르크스주의에 의하면, 인간은 단지 복잡한 형태의 물질에 불과하며, 인간의 정체성은 인간이 다른 형태의 물질과 어떻게 관계를 맺는가, 즉 그들이 어떻게 물질적인 사물들, 혹은 그 생산수단을 만들어내는가 하는 데 달려 있다. 따라서 경제가 토대가 되고, 다른 모든 것, 즉 문화, 예술, 도덕이나 종교 등은 단지 지배계급의 경제적 이익을 반영하는 상부구조일 뿐이라고 그들은 말한다. 그렇기 때문에 그 장관은 개인이 도덕적 선택을 한다는 내 말을 전혀 이해할 수 없었던 것이다. 그는 "내가 이해하지 못하는 것은 왜 어떤 사람들은 토지에 관한 법을 잘 알고 있으면서도 그 법을 노골적으로 어기느냐 하는 겁니다" 하고 말했다.

그는 담배갑을 탁자 위에 올려놓고, 그 담배갑을 법이 정한 어떤 행위의 한계를 표시하는 데 사용했다. 그리고서 법을 무시하는 범죄자를 나타내기 위해 담배갑의 이쪽 저쪽으로 손을 옮겼다. "내가 보기엔 두려움만이 사람들로 하여금 죄를 저지르지 않게 할 수 있소." 그리고서 그는 불안정한 군중들이 혁명을 일으키는 것을 막기 위해 밤마다 거리에 시체를 매달았던 19세기 프랑스의 외무상 따예이랑(Talleyrand)의 예를 들었다.

"아닙니다" 하고 나는 대답했다. "두려움은 범죄를 막지 못합니다. 만일 그렇다면 담배를 피우는 사람이 아무도 없겠죠." 장관은 담배갑을 신경질적으로 만지작거렸고, 우리들은 미소를 지었다.

"사랑만이 인간의 행동을 바꿀 수 있습니다." 나는 말했다. "내가 다른 사람을 사랑한다면, 나는 그 상대방을 기쁘게 하려고 합니다. 내가 만일 하나님을 사랑한다면, 나는 하나님을 기쁘시게 하려고 하고, 그분이 원하시는 것을 하려고 할 겁니다. 오직 사랑만이 우리의 죄악된 자기중심적 태도를 극복할 수 있게 합니다."

그 장관에게 성경적 개념을 설명하려고 입을 열기 전에 나는 프랜시스 쉐퍼가 '복음의 전단계' (pre-evangelism)라고 부른 과정을 먼저 거쳐야 한다는 것을 깨달았다. 다시 말해, 그의 세계관과 나의 세계관 사이의 거대한 간격, 그가 죄성이나 범죄, 책임과 용서 등과 같은 개념들을 이해하지 못하도록 우리를 갈라놓고 있는 그 간격에 대해 말해야 했다. 그후 한 시간 동안 나는 그의 사고방식이 지닌 근본적인 가정들에 도전했다.

나는 플라톤에서 시작했다. 그도 이 사람을 잘 알고 있을 것이고, 또 플라톤은 인간의 본성에 영적인 측면이 있다고 말했기 때문이었다. 나는 이렇게 말했다. "문제의 핵심은 인간이 경제적인 힘의 볼모가 아니라, 영적인 존재라는 것입니다." 그가 가지고 있는 가장 근본적인 신념에 도전하자 그는 나를 향해 눈썹을 치켜세웠다.

그리고 나서 나는 그전 모든 세기의 적나라한 죄악들을 능가하는 저

20세기의 공포들을 통해 비극적으로 뚜렷해진 타락과 범죄의 현실에 대해 설명했다. 죄란 마음에서 시작되는데, 마음은 바로 우리의 존재 자체를 통제하기 위한 싸움의 장이라고 나는 말했다. 인간 본성의 어두운 면이 승리할 때 우리는 잘못을 저지르게 된다. 이것이 범죄의 원천이다.

각각의 요점에 이를 때마다 그의 감정을 살피려 애쓰면서 마르크스주의자들이 가지고 있는 근본적인 명제들을 점잖게 반박했다. 그들의 가정이 인간이 실제 경험하는 현실과 어떻게 다른지를 설명하면서, 나는 그의 눈에서 그가 점차 이해하기 시작하고 있음을 알아차렸다. 마치 전혀 새로운 세계, 인간의 본성을 전혀 다른 눈으로 바라보는 새로운 세계가 그의 앞에 점차 열리는 것 같았다.

마침내 그는 내 자신의 삶에 대해 질문을 했으며, 나는 내가 워터게이트라는 가장 어두웠던 시절에 어떻게 예수 그리스도를 만났는지를 이야기하면서 복음을 전해 주었다. 그때 나는 마치 검은 구름이 사라지듯 그의 얼굴이 밝아지는 것을 보았다. 그는 이제 난생 처음으로 분명하게 볼 수 있게 된 것이었다. 우리는 심지어 그 모임이 끝날 즈음에 함께 기도를 하기도 했다.[2]

복음의 전단계

불가리아의 법무부 장관과 나누었던 나의 경험은 세계관 사이의 커다란 간격과, 그 간격을 어떻게 극복해야 하는지에 대해 잘 설명해 주고 있다. 거기에는 죄를 부인하고, 사회경제적 혁명을 통해 유토피아를 이룰 수 있다는 사고에 깊이 배어 있는 한 사람이 있었다. 도대체 누가 구원을 필요로 하겠는가? 뿐만 아니라 생명은 순전히 자연적인 원인에 의해 생겨난 것이라고 말하는 과학은 신이라는 개념을 부정하고 있다. 종교는 꾸며낸 이야기이며, 대중의 마약이라고 믿는다. 그 젊은이의 내면으로 들어가려면 이러한 생각들에 도전할 수밖에 없었다.

교회도 비슷한 도전을 받고 있다. 여러 가지 면에서 오늘날의 교회는 유대인과 헬라인들에 대해 다른 접근방법을 가지고 있었던 1세기의 교회처럼 행해야 한다. 유대인들은 구약성경에 깊이 빠져 있었다. 그들은 오직 한 분이신 하나님이 계시며, 그가 창조주라고 믿었다. 그들은 과실과 죄, 희생에 대해 이해하고 있었다. 그들은 이제 오실 메시야를 기다리고 있었고, 사도들은 그리스도가 사실은 그들이 기다리던 메시야라는 사실에서 출발하여 그런 개념들에 접근했다.

반면에 헬라인들은 성경이나, 죄, 구속 등과 같은 개념에 대해 무지했다. '신'에 대한 그들의 개념은 인간처럼 욕정에 따라 움직이되 보다 큰 규모로 움직이는 신적 존재들을 통칭하는 말이었다. 그런 이유로 사도들은 다른 출발점을 찾아야 했다. 대표적인 예는 사도 바울이 아테네 마르스 언덕에서 한 설교였다. 그는 여기서 "알지 못하는 신에게"(행 17장)라고 새겨진 제단을 보고 그곳의 종교심을 언급하면서 설교를 시작했다. 설교의 후미에 가서 그는 "여러분의 시인 가운데 몇몇도 '우리도 하나님의 자녀다'"(행 17:28)라고 한 것을 인용했다. 다시 말해, 바울은 그들이 복음의 메시지를 이해할 수 있도록 하기 위해 청중들이 가지고 있는 경험과 문학의 세계를 활용했다.

그때에도 바울은 구원으로부터 이야기를 시작하지 않았다. 그는 우선 창조의 교리를 사용하여 기초를 닦았다. "우주와 그 안에 있는 모든 것을 지으신 하나님은 하늘과 땅의 주님이십니다"(행 17:24). 그리고 나서 그는 이 하나님이 금이나 은으로 만든 우상과는 같을 수 없다는 것을 청중들이 이해해야 한다고 주장했다. 왜냐하면 하나님이 그것들을 지으셨다면 하나님은 사람들이 충성을 다해야 하고, 그분에 대해 개인적 의무를 다해야 하는 인격적인 존재일 수밖에 없기 때문이다. 하나님이 어떤 분이시며, 우리가 왜 그분에 대해 도덕적 의무를 다해야 하는지를 밝히고 나서야 바울은 회개와 그리스도의 부활에 대해 이야기했다.

서구문화는 한때 1세기의 유대문화와 유사했다. 비록 성경의 말씀에 항상 순종한 것은 아니었지만, 대부분의 사람들은 성경을 알고 있었다. 마찬가지로, 대부분의 미국인들은 비록 부활절에만 교회를 가는 한이 있더라도, 대개 교회에 소속되어 있었고 기독교의 기본적인 교리들을 알고 있었다. 그러나 이제는 더 이상 그렇지 않다. 오늘날, 많은 사람들은 가장 기본적인 성경의 가르침에 대해서도 잘 알지 못하고 있다. 그렇기 때문에 우리는 유대적이라기보다는 헬라적으로 생각하는 사람들을 끌어들일 방법을 찾아야 한다. 우리는 이방 문명에 대해 복음을 전하기 위해 신약의 예를 따라야 한다.

"왜 단순히 복음을 전하지 않는 거죠?" 어떤 이는 이렇게 말할지 모른다. 그 대답은 이것이다. 하나님은 사람들이 있는 곳 - 물리적인 장소뿐만 아니라, 개념적인 장소를 포함해서 - 으로 가서 그들을 사랑하도록 우리를 부르셨다. 우리는 그들의 질문을 듣고 그들이 이해할 수 있는 대답을 준비해야 한다. 물론 하나님은 절대주권을 가지고 계시며, 그분의 말씀으로 가장 굳어 있는 마음도 녹이실 수 있다. 그러나 그분의 도구인 우리들은 그들 자신의 언어로 그들에게 다가갈 만큼 그들을 사랑하라는 부르심을 받았다. 이것이 바로 선교사들이 하고 있는 일이다. 그리고 오늘날, 우리들은 다른 어느 때보다도 우리 자신의 조국에서 이방인이 되어있으며, 우리가 살고 있는 후기 기독교(post-Christian), 포스트모던 문화 속에서 세계관의 선교사가 되어있다.

변증론(Apologetics)

기독교를 하나의 세계관으로 이해하는 것은 복음의 전단계를 위해서뿐만 아니라, 변증을 위해서도 꼭 필요한 것이다. 사도 베드로는 "여러분이 가진 소망을 설명하여 주기를 바라는 사람에게는, 언제나 누구에게나 답변할 수 있도록 준비하십시오"(벧전 3:15)라고 말한다. '대답'(answer)

이라는 영어단어는 헬라어 '아폴로기아'(apologia)에서 파생되었으며, 이 단어에서 변증론(apologetics)이라는 단어가 나왔는데, 이것이 의미하는 바는 우리가 믿는 것을 변호 또는 옹호한다는 것이다.

헨리 나웬(Henri Nauwen)은 그가 하버드대학교 교수였던 시절, 나에게 왜 강의의 절반을 하나님의 존재를 지지하는 증거를 보여주는 변증학에 사용하고 있느냐고 물은 적이 있었다. 그는 그다운 점잖은 방법으로 "기독교란 결혼과 같은 것입니다"라고 말했다. "당신은 당신의 부인을 사랑하는 것과 마찬가지로 예수를 사랑하고 있다고 말할 수 있습니다."

"네, 교수님, 그렇습니다. 그러나 그들은 내 아내를 '볼 수' 있지 않습니까?"라고 내가 대답했다. "그들에게는 내 아내가 존재한다는 것을 확신시켜 줄 필요가 없습니다. 그러나 하나님이 존재한다는 사실을 믿게 하려면 이유가 필요합니다."

이 세상은 우리가 예수를 사랑한다는 것을 받아들이고, 또 심지어는 종교가 가지고 있는 사회적 유익을 인정하기도 하지만, 그들은 예수가 단지 인간이거나 아니면 신화적 존재일 뿐이라고 생각한다. 그렇기 때문에, 우리는 믿음의 이유를 제시할 필요가 있다. 믿음이 없이는 아무도 하나님께 나아갈 수 없다는 것도 사실이지만, 기독교 신앙은 비이성적인 도약이 아니다. 객관적으로 점검을 해보면, 성경의 주장들은 이성과 증거에 의해 뒷받침되고 있는 합리적인 진술이다. 이 책 전체를 통해 논증하겠지만 다른 모든 주장들은 사실 비합리적이다. 20세기 초 가장 위대한 근본주의 신학자 중 한 사람인 그레샴 메이첸은 변증학의 목표가 '기독교가 논리적으로 어리석은 것이 아님을 받아들일 수 있도록 이 세상의 생각을 형성해 나가는 것'이라고 말했다.[3]

어쩌면 당신은 오늘날과 같이 기독교에 대해 적대적이고 마음이 닫혀 있는 문화 속에서 기독교의 진리로 다른 사람들을 설득하는 것이 가능하냐고 물을지도 모른다. 대답은 "그렇다"는 것이다. 그런 예는 얼마든지 있다. 우리가 그들이 가지고 있는 의문에 진리의 빛을 던져준다면 그들은 충분히 귀를 기울인다.

그리스도인들이 자신의 생각을 다른 사람들에게 강요하고, 다른 사람들의 자유를 제한하고 있다는 가장 흔한 비난에 대해 생각해 보자. 이런 말을 들을 때마다 나는 소련을 붕괴시킨 데 기여한 위대한 순교자들의 이름을 나열하면서, 이들 대부분이 목회자들이었다는 '이상한 우연의 일치'에 대해 말한다. 사실 그리스도인들은 인권이 하나님이 주신 것이라고 믿기 때문에 핍박받는 자들을 적극적으로 옹호한다.

기독교를 변증할 책임은 목사들이나 지성인들만의 몫은 아니다. 내가 사람들에게 자기 신앙을 변호하는 법과 '그리스도인답게 생각하는 법'을 배우라고 말하면 그들은 "오, 난 이런 데 소질이 없어요"라고 하거나 "그건 나한테 너무 어려운 일이에요"라고 말한다. 그러나 하나님은 우리 각자가 공부하고 생각하며 질문을 던질 수 있도록 지성이라는 능력을 주셨다. 모든 분야에 전문가인 사람은 아무도 없다. 하지만, 우리는 우리가 경험을 가지고 있는 주제에 대해서는 전문가가 될 수 있다.

만일 우리가 문화를 바꾸고자 한다면 이는 뒷담 울타리 너머에서, 또는 바베큐 그릴 주위에서 변론을 실천하는 평범한 신자들로부터, 즉 바닥에서 위로 이루어지게 될 것이다. 물론 기독교 학자들이 연구를 하고 학술발표회를 여는 것도 중요하겠지만, 문화를 변화시키는 데 진정한 지렛대 역할을 하는 것은 보통 사람들의 습관과 행동이 바뀌는 데서부터 출발해야 한다.

이제 베드로의 마지막 훈계의 말, 즉 소망에 관한 이유를 말할 때, '온유와 두려움'으로 하라(벧전 3:15)는 말을 항상 기억하도록 하자. 이런 태도의 생생한 예를 론 그리어(Ron Greer)에게서 찾아볼 수 있다. 그는 한때 모든 백인을 미워하던 전과자였는데, 영광스런 회심을 거쳐 지금은 위스콘신 주 매디슨의 한 복음주의 교회의 목사로, 또 "교도소선교회"의 강사로 활동하고 있다. 그리어는 그가 근무하던 소방서에서 동성애를 죄라고 묘사한 소책자를 돌렸다는 이유로 해고당했다. 매디슨의 동성애 행동주의자들은 화가 났고, 그리어가 시무하고 있는 교회로 몰려가 예배를 중단시키고, 강단에 콘돔을 던지며, 외설스런 말을 외쳐댔다. 론 그리어는 점잖게 그들을 예배로 초청하는 것으로 대응했다.

나중에 언론에서 그에게 어떻게 평정을 유지했느냐고 묻자 그는 웃으면서 "눈먼 사람이 내 발을 밟았다고 화를 낼 수 없는 것과 마찬가지로 그들에게 화를 낼 이유가 없습니다"라고 대답했다. 바로 이것이다. 기독교에 반대하는 대부분의 사람들은 그저 영적으로 눈이 먼 것뿐이며, 우리가 할 일은 사랑하는 마음으로 그들을 도와 빛으로 인도하는 것이다.

문화명령(The Cultural Commission)

기독교를 세계관으로 이해하는 것은 복음명령을 수행하기 위해서 뿐만 아니라, 그리스도의 주권 아래 있는 문화를 창조해 내는 문화명령을 수행하는 데에도 꼭 필요하다. 하나님은 영혼을 구원하는 일에만 관심을 가지신 것이 아니라, 그의 피조물을 회복시키는 데에도 관심을 가지고 계신다. 그분은 구원의 은혜뿐만 아니라, 그분의 보편적인 은혜를 위한 대리자로 우리를 부르고 계신다. 우리의 임무는 교회를 세우는 것뿐 아니라, 하나님께 영광이 되는 사회를 건설하는 것이다.

비록 우리가 다원적인 사회에 살고는 있지만, 우리는 모든 것, 즉 개인 생활뿐 아니라 사회생활의 모든 국면, 그분의 뜻이 반영되어야 가장 아름다운 모습을 지니게 될 그 모든 영역을 통치하시는 하나님을 섬기고 있다. 모든 사람들은 현실이 하나님께서 창조하신 질서에 가까워질수록 더욱 나은 삶을 살게 될 것이다. 그런 신중한 논리를 펴는 것이 정치적인 캠페인을 벌이는 것보다 오히려 문화를 개혁하고 재건하는 데 더욱 효과적이다. 법률을 고쳐서 의로움에 대한 성경적 표준에 가깝게 만드는 것도 매우 중요한 일이지만, 법률만으로는 사람의 마음이나 행동을 바꿀 수 없다. 사람들이 살아가는 방식은 그들이 공유하고 있는 가치관에 따라 이루어지는데, 이는 끈기 있는 설득과 실례를 통해서 변화되는 것이다.

공적인 토론에서 성경적인 관점을 개진할 때, 우리는 공익에 호소하는 방식으로 성경을 해석해야 한다. 성경의 계시가 오류가 없는 것이라고 우리가 믿는다고 해서, 성경에서 직접적으로 우리의 모든 주장을 끌어내야만 하는 것은 아니다.

예를 들어, 내가 의회에서 범죄자들은 피해자들에게 변상해야 한다고 주장할 때, 나는 "성경이 그렇게 말했으니까 그래야 한다"고 말하지 않는다. 오히려 나는 그것을 건전한 공공정책의 하나로 제시한다. 빼앗은 것은 돌려주고, 망가뜨린 것은 고쳐주는 것이 당연한 것이다(누군가가 그런 생각이 어디에서 온 것이냐고 내게 물을 때마다, 나는 "집에 가서 성경을 펴보시오. 출애굽기 22장이나 신약의 삭개오 이야기를 읽어보시오"라고 말한다).

그러나 내가 공적인 영역에서 논리적인 주장을 펴야 한다는 글을 쓸 때마다 "성경이 구원에 적합한 것이 아니던가요? 성경이 우리에게 하나님의 말씀은 헛되이 돌아오지 않을 것이라고 말씀하지 않던가요?" 등 놀란 독자들의 질문이 쏟아져 나온다. 그 대답은 물론 하나님의 말씀은 구원, 즉 구원의 은혜로 작용하기에 충분하다는 것이다. 그러나 여기에서 우리는 보편적인 은혜, 즉 의로운 일을 도모하고 악을 멀리함으로써 하나님의 피조물을 유지하는 하나님의 사역을 수행하는 데 필요한 은혜에 대해 말하고 있는 것이다. 그렇게 하기 위해서 우리는 하나님의 계시를 이 세상의 언어로 번역할 필요가 있다. 과학자들에게는 과학자의 언어로 말할 수 있어야 하며, 예술가들에게는 예술가의 언어로, 정치가들에게는 정치가의 언어로 말할 수 있어야 한다.

정신의 제자도

그리스도인의 부르심에는 영혼을 구원하는 것뿐만 아니라, 정신을 구원하는 것도 포함된다. C. S. 루이스의 제자인 해리 블래마이어즈(Harry Blamires)는 "정신을 무시하면 기독교 세계에서 영혼의 문화가 설 자리는 없게 된다"고 말한다.[4] 많은 사람들은 이런 생각을 낯설어하겠지만, 이는 정말 성경적인 말이다. 예수께서 말씀하시는 가장 큰 계명은 "네 마음을 다하고 네 목숨을 다하고, 네 뜻(mind, 정신)을 다하여, 주 너의 하나님을 사랑하라"(마 22:37)이다. 네 뜻을 다해 하나님을 사랑하라는 말은 모든 피조물, 자연세계, 사회, 사업, 학교, 정부, 과학, 예술 등의 모든 분야에 대한 하나님의 명령을 이해하는 것을 의미한다. 사도 바울은 우리에게 "모든 생각(mind)을 사로잡아서, 그리스도께 복종케 합니다"(고후 10:5)라고 말하고 있다. 그는 또 우리 몸을 '거룩한 산 제물'로 드릴 것을 얘기하면서 우리에게 "이 시대의 풍조를 본받지 말고, 마음(mind)을 새롭게 함으로 변화를 받으라"(롬 12:1-2)고 말하고 있다.

불행하게도 많은 그리스도인들은 신앙과 이성의 이분법이 존재한다고 잘못 믿고 있으며, 그 결과 실제로 지적인 추구를 포기하고 있다. 「기독교 정신」(The Christian Mind)에서 블래마이어즈는 그의 글을 다음과 같은 간결한 문구로 시작하면서 이 문제를 다루고 있다. "이제 더 이상 기독교 정신이란 것은 없다."[5] 그가 말하고 있는 것은 복음주의자들이 이제 더 이상 삶에 대한 분명한 기독교적인 관점을 개발하지 못하고 있다는 것이다. 최근 휘튼대학의 역사학자 마크 놀(Mark Noll)은 「복음주의 정신의 오류」(The Scandal of Evangelical Mind)라는 책에서 비슷한 논점을 제시하고 있다.

오늘날 우리들은 신령한 것과 지적인 것 사이의 잘못된 이분법을 깨부수고, 오늘날과 같이 고도의 교육을 받는 사회에서 정신을 구원하는 소명을 회복해야 한다. 한 세대 전과는 달리 오늘날의 교회는 대학 졸업생들로 가득 차 있다. 사실 여론조사 결과를 볼 때 40년 전과 크게 다른 것은 복음주의자들이 일반인들보다 더 많은 교육을 받았다는 사실이다. 목회자들은 지적인 복음전도를 포함하도록 자신의 임무를 다시 규정해야 한다. 목회자들이 정신의 문제를 다루지 못하면, 결국 그들은 자신의 양떼들로부터 점점 더 소외되어갈 것이다.[6]

이는 그다지 버거운 일이 아니다. 우리 자신을 채찍질해서 그렇게 하도록 만드는 일이 하나 더 늘어났을 뿐이다. 나는 기독교 정신을 개발하는 것이 충분히 가치 있는 일이며 제자도를 풍요롭게 하는 일임을 알았다. 대학을 다닐 때, 나는 역사나 정치철학과 같이 적어도 내가 관심 있는 과목에서는 꽤 괜찮은 학생이었다. 그러나 나에게는 공부하는 일이 때로 지겨운 일이었는데, 특히 친목회 파티와 겹칠 때 그랬다. 법대에서 내 성적은 최고 수준이었다. 그렇지만 참된 지적 호기심이 있어서가 아니라, 그저 내 직업에서 최고가 되기를 원했기 때문이었다. 그러나 기독교로 회심하고 난 후에 나는 하나님께서 역사 속에서 어떻게 일하셨는지를 배우고 싶은 강한 욕망을 느꼈다. 고든콘웰신학교의 리처드 러브레이스(Richard Lovelace) 박사는 교회사에 대해 내게 개인지도를 시작하였고, 나는 그것이 그렇게 재미있을 수 없었다. 그건 마치 내 정신이 내 영혼과 함께 다시 태어나는 것과 같았다. 역사, 문학, 과학 등 모든 것이 하나님의 진리를 탐구하는 학문이라고 생각하게 되자 이것들은 아주 새로운 의미를 갖게 되었다. 내가 대학에서 공부한 철학의 주장을 통해 사물을 보는 것이 너무 재미있었다. 마치 동굴에 전조등을 비추어 어두운 구멍들과 갈라진 틈을 밝히 보는 것 같았다.

나의 지적 호기심은 감소되지 않았다. 예를 들어, 근대 자유주의의 역사나 르네상스 예술, 고대의 법 이해 등을 공부하면서 나는 그 자체만을 목적으로 한 지식습득을 하고 있는 것이 아니었다. 나는 하나님의 창조적인 수작업을 이해하고 있었다. 우리가 인류의 역사라고 부르는 하나님이 이루어가시는 도덕의 드라마를 보고 있었다. 그리고 하나님의 진리를 수호할 수 있는 새로운 방법들을 배우고 있었다.

현대문화의 함정을 피하고, 그것의 잘못된 가치를 드러내기 위해서는 정신을 개발하는 것이 특히 중요하다. 우리는 현대생활 속에서, 때로는 교묘하게 위장되어 우상들을 숭배하도록 하는 유혹에 직면하곤 한다. 예를 들면, 2년 전에 한 TV방송은 순전히 가족용으로 크리스마스 드라마를 제작했다. 줄리 앤드루스가 수녀복을 입은 커다란 사진이 신문의 TV란을 장식하고 있었고, 칭찬 일색의 인터뷰 내용이 담겨 있었다. 한 비평가는 '따뜻한 휴일용 드라마이며, 위로를 주는 추억들을 떠올리도록 고안된' 것이라고 떠들어댔다.

수녀에 관한 이야기가 기독교적인 메시지를 전달할 것이라고 생각하고, 또 '위로를 주는 추억들을 떠올리게 할 것'을 바라면서 나는 우리 집안 사람들을 모아 "크리스마스 트리"(Christmas Tree)를 보자고 했다. 그러나 그 이야기는 기독교라기보다는 자연숭배에 관한 것이었다. 그 이야기에서는 심리적으로 불안정한 버려진 한 아이가 아주 신비한 방법으로 어떤 소나무에 이끌리게 된다. 결국 그녀는 그 나무를 평생 돌보며 살아야겠다는 생각을 하고는 수녀원에 들어간다. 이 불안정한 아이가 이제는 기적적으로 변화되어 무엇이 그녀의 인생을 그렇게 바꾸어 놓았는가 하는 질문을 받는데, 그때 그녀는 "바로 저 나무였어요"라고 대답한다.

지루한 두 시간 동안 예수나 하나님에 관한 언급은 전혀 없었다. 그 영화는 순전히 자연주의 영화였던 것이다. '자연'이 우리를 '구원'할 것이며, 우리 인생에 의미를 줄 것이다. 나무는 자연주의자의 메시야였다.

그 메시지가 아주 정교할 때도 있다. 예를 들어, 90년대 중반에 있었던 사브 자동차의 "당신의 길을 찾으십시오"라는 광고를 생각해 보자. "당신은 이제 방금 당신의 상사가 된 사람과 점심을 함께하고 있습니다"라는 광고가 나온다. 그 상사는 당신도 알고 있듯이 잘못된 말을 하고 있다. "당신은 지금 무엇을 하고 있습니까?"라는 질문에 대해 뒤에서 들리는 소리는 두 가지 선택을 제시하고 있다. 하나는 공손하고 점잖은 대답이고, 다른 하나는 "에이 제기랄, 그런 말은 듣지도 마"라고 한다. 그러면서 사브를 사는 사람 다섯 명 중 네 명은 두번째의 대답을 할 것이라고 광고는 말하고 있다. 다시 말해, 케케묵은 구체제는 치워버리고, '당신 자신의 길을 찾아' 당신 자신의 일을 하라는 것이다. 사브는 차를 팔면서 권위에 대한 반항과 자율의 철학을 팔고 있었다(이후에 있었던 일은 그리스도인들이 변화를 일으킬 수 있음을 보여주고 있다. 내가 "브레이크포인트"를 통해 이 광고를 비판하자, 우연히도 아주 진실한 그리스도인이었던 미국 사브 사의 사장이 내게 전화를 걸어 그 광고를 중단하겠다고 말했다).

*　*　*

그레샴 메이첸은 오늘날의 모든 그리스도인들이 마음에 새겨야 할 말을 프린스턴신학교 학생들에게 함으로써 그들에게 도전을 주었다. "당신이 그러기로 선택한다면 (논쟁이 되고 있는 신앙의 문제에 대한) 논쟁을 피할 수 있을 것이다. 그러면 조류에 따라 떠다니기만 하면 된다. 주일날마다 신학교에서 배운 것을 가르치고, 대학에서 공부한 것처럼 공부하면 이런 문제들은 결코 당신을 괴롭히지 않게 될 것이다. 가장 큰 질문은 쉽게 회피할 수 있을 것이다. 많은 설교자들이 그것을 피하고 있다. 그리고 많은 설교자들이 허공에다 대고 설교하고 있다." 그리고 나서 그는 이렇게 덧붙인다. "교회는 이와는 다른 유형의 사람들을 기다리고 있다."[7]

새천년을 시작하는 이 시점에서 그리스도인들의 임무는 바로 "다른 타입의 사람들"이 되는 것이다. 우리는 감히 '요새 안에 갇힌 정신', '불가침의 거룩한 장소' 등과 같은 것에서 자유로워져서 기독교와 씨름하고, 다시 한 번 창조주를 모든 것을 다스리시는 분으로 모시는 삶의 방식과 문화적인 힘을 만들어내는 사람들이 되어야 한다. 우리는 이 임무가 동성애나 낙태문제 등에 대해 하다말다 하는 전투보다 훨씬 더 힘들다는 것을 이해하고 있어야 한다. 우리는 카이퍼가 그러했던 것처럼 이 투쟁은 제일의 원칙에 관한 것임을 알아야 한다. "우리가 명예롭게, 그리고 승리의 희망을 가지고 투쟁을 하려면, 원리에 대해 원리로 대응해야 한다. 우리는 반대되는 관념들이 총체적인 삶의 체계라는 것을 이해하고, 우리의 입장도 그와 똑같이 총체적이고 광범한 힘을 갖는 삶의 체계라는 것을 이해해야 한다."[8]

기독교적인 삶의 체계는 다음의 네 장에서 분명히 밝혀질 것이다. 첫째는 창조인데, 하나님이 말씀으로 천지를 창조하셨으며, 인간을 하나님의 형상으로 만드셨다는 것이다. 둘째는 타락인데, 인간의 존재가 죄에 의해 손상되었다는 것이고, 셋째는 구속인데, 하나님이 은혜 가운데 그분과 화해할 수 있는 길을 열어주셨다는 것이고, 넷째는 회복인데, 우리는 이런 원리들을 삶의 모든 영역에 적용하고 새로운 문화를 창조하도록 부름받았다는 것이다. 이런 것들을 이해하고 나면 우리는 기독교 세계관이 상식과 가장 진보된 과학에 부합되는 최고의 대답을 제시하고 있는 것임을 알게 될 뿐만 아니라, 그리스도인들은 서로 상충하는 세계관 사이에서 벌어지고 있는 커다란 우주적인 투쟁에서 영적인 무기를 집어들었다는 것을 알게 될 것이다.

우리는 감히 기독교가 아직 이길 수 있다고 믿을 수 있을까? 우리는 그것을 믿어야 한다. 우리가 처음에 말한 것처럼 지금은 역사적인 기회이고, 교회가 그 부르심에 충실하기만 하다면 문화의 개혁은 항상 일어나게 되어있다. 교회가 진정한 교회가 되어 말씀에 순종하는 공동체가 되고, 삶의 모든 영역에 있어 신앙을 주장한다면, 교회는 새로운 문화를 창조해내거나 혹은 우리 주변의 문화를 갱신할 수 있게 될 것이다.[9]

종교는 문화를 반영하는 것도 문화의 산물도 아니다. 오히려 정반대이다. 20세기의 위대한 역사학자 크리스토퍼 도슨(Christopher Dawson)이 주장하는 것처럼 문화의 뿌리에는 우상숭배가 있다('우상숭배'라는 말을 종교적인 숭배의 체계라는 가장 근본적인 의미에서 말할 때). 정치철학자 러셀 커크(Russell Kirk)는 "인류 공동체가 성장하는 것은 어떤 우상숭배에 연관된 숭배자의 모임을 통해서이다"라고 말하여 이에 동의하고 있다.[10]

굴은 하나의 좋은 비유가 될 것이다. 굴은 자신의 껍질을 스스로 만든다. 그래서 그 껍질이 잘못 만들어지면, 문제는 껍질에 있지 않고 굴에 있게 된다. 마찬가지로, 문화가 왜곡되고 부패하였을 때, 그 문화에 무엇이 잘못되었는지 물을 필요가 없다. 그 종교의 핵심인 우상에 무슨 문제가 있는지를 알아야 한다. 커크는 "우상에 대한 신앙이 비참하게 약화되면 그 문화는 금방 부패하게 된다"(When belief in the cult has been wretchedly enfeebled, the culture will decay swiftly)고 말하고 있다. "물질적인 질서는 정신적인 질서 위에 서 있다."[11]

오늘날 세계의 희망은 문화를 만들어내는 신앙, 원리에 대해 원리로써 대전투를 벌이려고 하는 '다른 유형의 남녀들'이 만들어내는 갱신되고 역동적인 질서이다. 그 전투는 "태초에…"로 시작된다.

2부

창조
우리는 어디서 왔으며, 우리는 누구인가?

제5장

데이브와 캐티의 형이상학적 모험

　　데이브 멀홀랜드(Dave Mulholland)와 그의 열다섯 살 된 딸 캐티는 일생에 한 번 있을까 말까한 둘만의 여행 마지막날인 넷째 날에는 디즈니월드 도로의 입출구를 모두 외워버렸다. 플레저 아일랜드, 리버 컨트리, 디스커버리 아일랜드, 디즈니 MGM 스튜디오, 그리고 매직 킹덤 등을 말이다. 오늘 그들은 팜플렛에 광고된 대로 '미래의 세계를 둘러보기 위해' 엡콧 센터로 달리고 있었다.[1]

　　디즈니월드 도로는 4번 고속도로만큼 폭이 넓을 뿐 아니라, 성(Castle)이 표시되어 있고 불꽃놀이 그림이 그려져 있는 고유한 도로 표지판이 설치되어 있어서 데이브는 놀랐다. 어딘가 이국적이지만 친숙한 나라에 온 것 같았다. 데이브가 이번 여행을 계획한 것은 딸에게 좀더 가까이 다가가, 지난 몇 년간 그 아이가 쌓아올리고 있던 정서적 벽을 넘어서기 위해서였다. 그리고 이 환상의 룩셈부르크를 함께 다니면서 그는 딸애와 다시 연결되었다는 느낌을 가지게 되었다. 적어도 지금까지는 그랬다. 그리고 주일이 되자, 데이브는 교회에 가자고 딸에게 말했고, 캐티는 이내 기분이 상했다. 딸애가 아무 말도 안하고 있으니, 데이브는 답답해서 숨이 막히는 것 같았다.

갑자기 캐티가 침묵을 깼다. "아빠는 우리가 디즈니월드를 충분히 보았다고 생각하세요?" 토라진 듯한 말투였다. "오늘 '공포의 집'은 줄이 그리 길지 않을 거예요."

"나는 엡콧 센터를 보고 싶단다." 데이브는 말했다. "너도 거기서 하루 종일을 봐야 제대로 보는 것이라고 말하지 않았니?"

"아빠, 그래서 오늘 아침에 말씀드렸잖아요." 딸애는 팔짱을 끼고 문 쪽으로 몸을 깊숙이 쭈그린 채 깊은 한숨을 쉬며 말했다. 데이브는 딸애가 불만이 있다는 것을 알고 있었고, 왜 그런지도 알고 있었다.

"캐티야, 예배는 한 시간밖에 걸리지 않았고, 우리는 문이 열릴 때에 맞춰 지금 가고 있잖니?"

딸애는 창밖을 뚫어져라 쳐다보면서 말했다. "대개 사람들은 휴가 때 교회에 가지 않아요. 난 좀더 자고 싶었단 말이에요, 아빠."

그 휴양지는 초교파적인 예배를 제공하고 있었는데, 그 감상적이고 달콤한 설교를 듣고 있자니 데이브는 마음이 언짢아졌고, 이걸 위해 딸아이를 침대에서 끌어내었나 싶어 죄책감이 들기도 하였다. 그러나 그는 자기가 제일 소중히 여기는 것을 보여주고 있다는 생각이 들었다. 그들은 어쨌든 교회에 간 것이다! 그는 그간 있었던 긴장을 풀어보려고 이곳에 왔던 것인데, 이제 그 긴장이 다시 시작되고 있음을 깨달았다.

그는 엡콧 센터로 향하는 도로의 출구 쪽으로 나와서 주차장으로 향했다.

딸애는 자기 주장을 거둬들이면서 말했다. "그래요, 그렇지만 이게 재미없으면 다른 데로 갈 수 있죠? 모노레일을 타고 가면…."

"만일 재미없으면 밤까지 있을테다." 데이브가 놀리듯 말했다. "애야, 내가 여기에 온 것은 개인적으로 되도록 나쁜 시간을 보내려고 온 것이지. 그래서 이곳 엡콧에 있는 것들이 아주 사람을 고문하는 것이 되기를 바라고 있단다."

"세상에, 아빠." 딸애가 신음소리를 내었다. 그는 딸애의 분노가 조금 누그러진 것을 느낄 수 있었다. 그는 주차요금을 내고 딸애를 돌아보았다. "애야, 이 여행이 아마 네가 아빠랑 지낼 수 있는 마지막 휴가가 될 거야. 나는 네가 함께 와주어서 기쁘단다. 그러니 부디 즐겁게 지내도록 하자. 알겠니?"

그가 주차를 끝내기 전, 그는 딸애가 안전벨트를 푸는 소리를 들었다. 딸애는 가운데 콘솔 박스를 넘어와 그의 뺨에 입을 맞추었다. "최고였어요." 그애는 말했다.

데이브는 생각했다. '아이들의 기분은 너무 쉽게 바뀌는군요. 하나님, 감사합니다.'

"그렇다면 가자." 그가 말했다.

엡콧의 상징인 AT & T 통신사의 '우주전함 지구' 라는 아주 커다란 공이 눈앞에서 빛나고 있었다. 그러나 입장을 위한 줄은 이미 사람들로 가득 차 있었다. 데이브와 캐티는 이럴 때 사람들이 덜 좋아하는 놀이기구를 타거나 전시회를 먼저 보는 것이 좋다는 것을 깨달았다. 대부분의 사람들은 그들이 보려고 하는 목록에서 큰 것부터 지워나갈 결심을 하고 있기 때문이었다. 그래서 그 둘은 '살아있는 바다' (The Living Seas)로 향했다.

그 전시관은 바닷가에 파도가 치는 모습을 본뜬 곡면설계를 한 건물에 있었다. 조명이 어두운 청록색의 방에는 오래된 다이빙 장비와 초기 잠수함과 다이빙 풀 등의 사진이 전시되어 있었다. 데이브와 캐티는 서둘러 전시된 것들을 보고 나서, 바다의 탄생을 보여주는 극장에 들어가라고 재촉하는 방송멘트를 따라 그 안으로 들어갔다.

반원형의 극장에 자리를 잡고 프로그램이 시작되기를 기다리면서 데

이브는 자랑스럽게 딸을 쳐다보았다. 딸애의 예쁘고 소녀다운 얼굴은 여성적인 아름다움을 더해 가고 있었지만, 그 밑에는 두려움과 허세가 아직 혼란스럽게 뒤섞여 있었다.

데이브와 그의 아내 클라우디아는 캐티에게 문제가 있음을 감지하고 있었다. 그 애의 지갑에서 발견한 것은 마리화나뿐만이 아니었다. 물론 그것만으로도 미칠 것 같았지만 말이다. 그보다 더 심각한 것은 그들이 딸애를 세속의 세계에 빼앗기고 있다는 느낌이었다. 그 세속의 세계란 자기 스스로 만족하고 있는 세계였으며 이들 부부의 세계와는 적대적인 세계였다. 가장 깊은 상처는 캐티 자신이 점점 더 그들의 종교적 신념에 대해 적대적이 되어 마침내는 교회의 고등부 활동을 하려 하지 않고, 교회 예배에도 참석하려 하지 않는 것이었다. 아홉 살 때 하나님의 부르심에 응답하여 끝없이 흘러내리는 기쁨의 눈물로 자기 자신을 예수께 드렸던 애가 말이다.

극장이 어두워졌고, 데이브의 관심은 휴대용 마이크를 든 사람에게로 옮겨갔다. "해양탐험은 아주 오랜 역사를 가지고 있습니다." 그는 읊어댔다. "그렇지만 바다란 어떻게 생겨난 것일까요? 바다는 어디에서 왔을까요? 이런 질문들과 그 밖의 여러 질문들에 대한 대답을 이제 이 '바다' 라고 하는 멋진 영화에서 찾아볼 수 있을 것입니다."

음향과 함께 스크린이 모두 환해졌고, 관객들은 선명한 이미지로 둘러싸이게 되었다. 먼저 어둡고 오싹한 외계가 갑자기 무수히 많은 밝게 빛나는 점들로 강조되면서 한 목소리가 흘러나와 관객들에게 '무한히 먼 우주의 어느 곳, 수십억, 수백억 개의 별들로 이루어진 은하계의 바깥쪽 어디'를 상상하도록 하였다. 사람에게 최면을 거는 듯한 그 목소리는 계속 이어졌다. "이 우주의 작은 한 구석, 서서히 형성되어가는 행성들의 성단(Cluster) 깊숙한 곳에 아주 적당한 크기의 한 작은 공, 그 엄마별에서부터 아주 적당한 거리만큼 떨어져 있는 한 작은 공이 있었습니다."

알맞은 크기에 적당한 거리라구? 무엇을 위해서? 데이브는 그의 눈앞에 펼쳐지는 엄청난 장면에 사로잡혔다. 그러나 그 다음에 떠오르는 생각에 주의를 돌렸다. '생명을 위해서'라고 그는 생각했다. 물론 지구는 생명을 위한 조건을 우연히 가지게 된 것이 아니다. 그의 신앙이 그에게 말해 주고 있는 것처럼 하나님이 그것을 그렇게 지으셨다. 그는 디즈니월드가 그 모든 것 뒤에 계시는 하나님께 의례적인 인사라도 하지나 않을까 궁금했다.

그러나 데이브에게는 더 이상 생각할 시간이 없었다. 커다란 스크린은 다시 이미지로 가득 차 있었다. 불타는 듯한 지구는 서서히 식어 가는 어린 별로 등장하고 있었다. 지구는 수천 개의 화산들이 분출하고 있었고, 마침내 구름으로 둘러싸일 때까지 가스와 수증기를 뿜어내고 있었다. 대폭발의 굉음이 방 전체를 흔들어댔다.

마침내 녹음된 목소리가 다시 들려왔다. "그리고 나서 가스와 수증기의 구름은 응축하여 그 행성 위로 비를 내렸습니다." 그때 데이브는 갑자기 비가 쏟아지는 아주 큰 소리를 들었다. 어찌나 크던지 마치 극장의 지붕 위를 강타하는 것 같았다. "비, 비, 비." 그 목소리는 이제 좀더 강하게 말했다. "대홍수였습니다." 거대한 물줄기가 아무 생명도 없는 행성의 삭막한 비탈 위로 굴러 떨어졌다. 마침내 바다가 탄생하였고, 초록의 물은 거품을 내며 거세게 소용돌이치고 있었다. 그 목소리는 여기에서 우주의 가장 위대한 신비가 시작된다고 말하고 있었다. 원시 해양의 화학적인 작용으로 인해 '아주 작고, 단세포인 식물들이 태양의 에너지를 받아' 생겨났고, 보다 정교한 유기체를 탄생시키는 데 필요한 산소를 만들어내기 시작했다고 말했다.

다시 데이브는 뭔가가 불편해졌다. 마치 텔레비전에서 본 과학 프로그램처럼 이것도 하나님은 마치 이런 창조와 아무런 관련이 없고, 자연은 자기 스스로 우주를 창조하며 지구 위에 있는 생명의 신비를 만들어낼 능력이 있는 것처럼 말하고 있었다.

데이브는 캐티가 여기에 어떤 반응을 보일지 궁금하여 곁눈질로 쳐다보았다. 그러나 그 아이의 눈은 스크린에 고정되어 있었고, 들어올린 얼굴은 황홀경에 빠져 있었다. 딸애는 계속 교과서나 교사들, 또 TV의 과학 프로그램을 통해 진화론의 메시지를 들어왔기 때문에 저런 장면에 불편해하지 않을 것이라는 생각이 갑자기 들었다.

영화가 끝나자, 또 다른 전시장으로 안내하는 에스컬레이터 비슷한 장치인 하이드롤레이터에 그들은 서둘러 올라탔다. 거기에서 캐티는 잠수부들이 돌고래들을 훈련시켜 사람과 의사소통하도록 하는 거대한 수족관을 보고서 아주 기뻐했다. 그러나 데이브는 원시생명의 형태를 만들어내는 거대한 청록색 바다의 이미지에 아직도 사로잡혀 있었다. 어쩌면 이것이 그와 캐티 사이에 커져가는 장벽의 한 원인일지도 모른다고 생각했다. 딸애는 하나님이 전혀 필요없는 우주의 이미지에 푹 빠져서 자신의 신앙마저도 회의하게 된 것일까? 혹시 그 아이가 나나 자기 엄마에게 반항하는 것이 성경이 진리라는 것에 대한 깊은 의심에서 비롯된 것은 아닐까?

그들이 '살아있는 바다' 전시관에서 나왔을 때, 데이브는 우스개 소리를 하면서 자신이 사로잡혀 있던 생각에서 벗어나고자 했다. 그는 딸의 팔을 끌어 자신에게 팔짱 끼고는 마치 렉스 해리슨이 두리틀 박사 역을 하면서 그랬던 것처럼 "동물들에게 말할 수 있다면"(If I Could Talk to the Animals)이라는 노래를 불렀다.

"아빠, 두리틀 박사는 디즈니 영화가 아니에요." 캐티가 말했다.

"아무럼 어떠냐? 나랑 같이 노래하자."

딸애는 순순히 응했고, 그들은 나름대로의 자그마한 퍼레이드를 시작하여 아스팔트 길을 지그재그로 걸어내려갔다. 처음에는 작은 소리로 부르다가 나중에 지나가는 사람들이 놀리듯 박수를 치자 점점 더 큰 소리로 노래를 불렀다.

그들이 서로 떨어져 한동안 웃으며 서 있자니 데이브는 미스 디즈니라고 부르던 캐티의 어린시절이 생각났다. 초등학교 시절 딸애는 구피 셔츠를 좋아했고, 다른 애들이 이미 닌자 거북이 도시락통으로 바꾸었을 때에도 미니마우스 도시락통을 가지고 다녔다. 그 모든 것들이 결국 이 순간으로 이끈 것인데, 캐티는 그토록 디즈니월드에 오고 싶어했다. 데이브와 클라우디아 부부는 캐티의 간절한 소망을 잊고 있다가 캐티에게 특별한 느낌을 줄 수 있는 방법을 찾아 기억을 더듬는 과정에서 그애의 소망이 다시 생각났던 것이다.

이런 기억을 떨치며 데이브는 딸애를 '에너지의 세계'(The Universe of Energy)로 데려갔는데 거기에는 공룡처럼 다듬어진 높은 나무가 있었다. 사람들은 거대한 극장 좌석에 잽싸게 앉았고, 과학돌이 마스코트 빌나이(Bill-Nye)는 이내 에너지의 역사라는 가상의 여행으로 관객들을 안내했다. 그는 궁극의 출발점, 즉 빅뱅을 통해 우주가 존재하게 된 그 시점에서부터 이야기를 시작했다. 별들이 폭발하고, 은하계가 형성되면서 하나의 작은 빛이 거대한 폭풍처럼 확대되어 갔다.

다시 한 번 까다로운 질문들이 데이브의 마음에 속삭이기 시작했다. 빅뱅 이전에는 무엇이 있었을까? 매년 엡콧을 방문하는 수백만의 사람들이 마치 하나님은 이 모든 일에 아무 관계도 없고 필요하지도 않다는 듯이 순전히 자연의 용어로만 우주의 역사를 설명하는 것을 들을 때 어떤 영향을 받을까? 더 중요하게는 이런 모든 것이 그의 딸애에게 어떻게 영향을 미칠까?

바로 그때 극장의 좌석이 움직여 좌석의 구간들이 모험열차가 되기 시작하자 캐티는 흥분했다. 빌나이는 그 좌석들을 공룡시대로 되돌려 놓고 화석연료가 지구역사에서 수백만 년 전 이 시대로부터 생겨난 것이라고 말했다. 그때 거대한 유성이 지구와 충돌했고, 그 결과 거대한 먼지 구름이 생겨나면서 공룡의 시대가 끝나게 되었다.

이동좌석은 또 다른 시대로 움직였다. 그곳은 모조 외계 방송국처럼 되어있었고, 거기에서 기자는 적자생존의 싸움에서 포유류가 공룡을 이기는 '중대한 변화'에 대해 묘사하고 있었다. 갑자기 또 다른 기자가 끼여들어 빙하기에 관한 새로운 소식을 전하면서 모든 피조물들이 진화하여 피부가 두꺼워지고 무거운 털을 가져야 할 필요가 있음을 설명했다. 그리고 나서 바로 다른 기자가 그 말을 이었는데, 그는 빙하기의 빙하들이 남극과 북극으로 옮겨가면서 '전혀 새로운 종류의 생물들'이 탄생할 수 있는 최적의 조건을 만들어냈다는 기사를 특종으로 보도했다.

"어떤 생물입니까? 바로 우리들의 초기 조상들입니다"라고 빌나이는 설명했다. 불을 지피면서 원숭이같이 꽥꽥 소리지르는 그런 존재들 말이다.

데이브는 질겁을 했다. 인간이 적자생존의 원리로 이루어진 오랜 진화의 결과로 등장하게 되었다는 그런 사상이 또 나타난 게 아닌가. 거기에 하나님의 자리는 없었다. 마치 자연선택이 우리의 창조주라도 되는 것처럼, 모든 생물들이 우연히 진흙으로부터 생겨났다고 말하는 것이다.

그 후에는 여러 가지 형태의 에너지원, 즉 태양, 바람, 원자력, 석탄, 석유 등을 설명했고, 마지막으로 그 열차같이 생긴 좌석들은 다시 모여서 원래의 모습으로 바뀌었다.

영화가 끝난 것에 안도하면서 데이브는 점심 먹으러 가자고 말했다.

야외식탁에 앉아 샌드위치를 먹으면서, 데이브는 날씨에 관한 얘기를 꺼냈다. "오늘은 더 덥구나." 그렇지만 그건 사실 데이브가 하고 싶은 말이 아니었다. 이번 여행에서 캐티와 나누고 싶었던 마음과 마음의 대화 시간은 점점 사라지고 있었다. 하지만 그는 어떻게 말을 시작해야 할지 알지 못했다. 더위가 그의 감정을 더 자극하는 것 같았다. 그냥 뛰어드는 것이 유일한 방법이라는 것을 그 자신도 잘 알고 있었다.

"얘야, 최소한 한 가지에 대해서만은 우리 사이에 진지한 대화가 필요하다고 말한 것 기억나니?" 잠깐 뜸을 들인 후에 말했다. "지금이 어떠냐?"

캐티는 지겨워하는 듯했다. "아빠와 엄마는 아직도 그 지갑에 있던 것 때문에 염려되세요?"

"그건 좋은 일이 아니지."

"아빠, 제발. 마리화나를 하지 말아야 한다고 말씀하시기 위해 여기까지 오실 필요는 없었어요. 전 딱 한 번 해봤는 걸요."

데이브는 콜라 깡통을 만지작거렸다. "나는 네가 왜 그것을 했는지가 궁금하단다." 그는 마침내 말을 꺼냈다.

"아빠와 엄마는 나를 믿지 않으세요. 나를 마치 열 살짜리처럼 대하시거든요. 아빠는 모르세요… 내 친구들이 어떻게 행동하는지를 아셔야 해요."

"아냐, 조금은 알고 있단다. 내가 고등학교 다닐 때 있었던 일들로 너를 지루하게 하고 싶지는 않아. 그러나 그것이 어떤 것인지는 분명하게 기억하고 있지."

"그냥 휴가를 즐기면 안되나요? 이제 거의 끝나가잖아요." 캐티는 머리를 뒤로 젖히고 입술을 오므렸다.

"캐티야, 내가 왜 걱정을 하는지 정확히 설명할 수가 없구나. 넌 정말 좋은 아이다. 그런데도 나는 걱정이 된단다."

"부모 노릇이란 게 원래 그런 거 아니에요? 무슨 말인가 하면, 아빠는 너무너무 좋은 부모세요. 그리고 저는 아빠를 좋아해요." 캐티는 그를 향해 히죽 웃었다. 캐티는 단번에 아빠를 이긴 것이다.

데이브는 갑자기 이 대화가 어디로 가야 할지 방향감각을 잃었다. 그는 캐티가 마약을 복용하는 것을 본 적이 한 번도 없음을 인정하지 않을 수 없었다. 그러나, 아니었다. 그가 관심이 있는 것은 마리화나 사건이 아니었다. 그를 걱정하게 만드는 것은 또 다른 어떤 것이었으며, 그것이 엡콧에 와서야 초점이 맞춰지기 시작했다. 그는 무엇보다도 캐티의 영적 상태에 대해 염려하고 있었던 것이다.

식당에서 나온 그들은 호수를 빙 돌아 노르웨이 전시관으로 갔는데, 이곳에는 아주 키가 큰 중세 때 것으로 보이는 나무 구조물이 정교하게 박공지붕을 잇댄 모양을 하고 있었다. 그것은 이곳 '미래의 땅' 과는 어울리지 않았다. 데이브는 캐티의 손을 잡고 안으로 들어갔다. 음악이 그들을 반겨주었는데, 보통의 요란한 음악이 아니라, 은은하게 흘러나오는 찬송가였다. 내부는 작고 어두웠으며, 경사가 심한 지붕 높은 곳에서부터 빛이 흘러 들어오고 있었다. 플래카드에 '통나무 교회'(stave kirke)라고 쓰여 있었는데, 이는 노르웨이 12세기의 한 유명한 목조교회를 그대로 본 뜬 것이었다. 진짜 통나무 교회의 사진들이 벽에 걸려 있었다. 한 유리 상자 안에는 정교하게 세공된 금 십자가 위에 푸른 옷을 걸친 그리스도가 새겨져 있었다.

이것은 고대역사의 박물관 전시물의 하나인 역사적인 유품으로 전시되고 있었다. 잠시 머뭇거리는 동안 데이브는 갑자기 그 흐린 빛에 스며 있는 천상의 것에 대해 깨닫기 시작했고, 기독교 신앙이 견고하며, 영웅적이기까지 했던 그 시절의 미묘한 기억들을 떠올렸다.

캐티는 안절부절하기 시작했다. "아빠, 빨리 가요. 여긴 아무것도 없잖아요." 캐티가 속삭였다.

"아무것도 없다구?" 데이브가 돌아보지도 않고 물었다.

"탈 것도 없잖아요. 빨리 가요."

"잠깐만…."

캐티는 무시하며 뻐기듯 밖으로 나가 버렸다. 데이브는 재빨리 기도를 마치고 캐티를 따라 나갔다. 그러나 그의 진지한 분위기는 깨어지지 않았다. 아이스크림을 사서 가까운 벤치로 가는 동안 그는 캐티가 그의 기분을 알아차렸으며, 더 이상 '중요한 얘기'를 늦출 수 없음을 알게 되었다는 것도 깨달았다.

"그래, 왜 요즘에는 우리와 함께 교회에 가려고 하지 않는 거니?" 그는 단도직입적으로 물었다. "기독교에 대해 어떤 적대감을 가지고 있니?"

캐티는 고개를 돌리며 말했다. "적대감 같은 것은 없어요."

"넌 기독교와 관계 있는 것에 가까이 가기만 하면 마치 죽기라도 하는 것처럼 행동하잖니. 방금 전에도 그랬어."

"아빠, 이런 얘기를 꼭 해야만 해요? 우리가 여기에 온 이유는…."

"아니란다." 그는 말을 가로챘다. "우리는 단지 휴가를 보내기 위해 여기에 온 것이 아니란다. 네 엄마와 나는 너와 함께 대화를 나눌 시간을 가지기 위해서 이 여행을 계획한 거야. 그게 숨어 있는 주제지. 자, 그러니 이 공원 벤치를 떠나기 전에 얘기를 하자꾸나."

캐티는 아이스크림을 마구 먹어댔고, 그 아이의 눈은 접시에 고정되어 있었다.

"캐티야, 영적인 것들에 대한 너의 모든 태도가 변했어. 난 네가 무얼 생각하고 있는지 궁금하다."

캐티는 깊은 한숨을 쉬고 나서 말했다. "전 그저 친구들과 다른 사람이 되고 싶지 않아요. 그럴 필요도 없구요." 캐티는 단숨에 말해 버렸다. "전 아빠가 믿는 것을 믿지 않고서도 좋은 사람이 될 수 있어요."

"뭐가 다른데?"

"모든 사람들과 달라요." 캐티는 마치 디즈니월드의 모든 사람들을 품에 안으려는 듯 손을 저었다. "아빠 엄마가 믿는 것을 믿는 사람은 거의 없어요. 신앙이 없어도 좋은 친구들이 제겐 많이 있단 말이에요."

캐티의 말은 날카로운 송곳처럼 그의 가슴을 찔렀다. 그러나 어쨌든 이제 캐티는 말을 하고 있었고, 마침내 그에게 마음을 열고 있었다.

고통스런 순간이 좀 지나고 나서 데이브는 말했다. "난 그것이 사람들이 무엇을 믿느냐의 문제가 아니라고 생각한단다. 엄마 아빠가 믿는 것의 문제도 아니지. 중요한 것은 무엇이 진리냐 하는 것이야."

"무엇이 진리인 줄 사람이 어떻게 알아요?"

"많은 사람들은 진리가 무엇인지 알고 있다고 믿고 있지. 우린 방금까지 수많은 사상들이 마치 진리인 것처럼 제시되는 전시회를 하루 종일 보지 않았니?"

"아빠, 그건 과학이에요." 마치 교사가 어린아이를 가르치듯 캐티는 침착하게 말했다. "과학은 증명된 사실이죠."

"대부분은 그저 철학일 뿐이었단다, 캐티야."

"아녜요, 그렇지 않아요."

"아냐, 그래. 이곳 대부분의 전시관들은 서로 다른 것에 대해 얘기하고 있을 때에도 한 가지 진리만을 말하고 있지. 그건 다음과 같은 이야기일 뿐이야. 우연히 우주가 생겨났고, 우연히 지구는 생명이 존재하기 좋은 상태였으며, 우연히 생명이 생겨나 새와 벌과 나비가 되었고, 우연히 인간이 존재하게 되었으며, 우연히 인간이 머리가 좋아 세계의 모든 문제는 언젠가 인간의 기술적인 재능 앞에 무릎을 꿇게 되리라는 것이지. 그게 이야기의 끝이야. 할렐루야, 아멘."

"하지만 아빠, 과학자들은 모든 것을 증명할 수 있잖아요. 그러나 아무도 하나님에 대해서는 확실하게 알 수 없는 것 아니에요?"

"얘야, 어떻게 사람이 이 우주가 우연히 탄생했다고 증명할 수 있겠니? 내가 이 우주에 대해 알고 있는 모든 것, 그리고 너무나 사랑스런 내 딸을 생각해 보아도 누군가 그것을 설계한 이가 있다는 것을 말해 주고 있지. 누군가가 창조했다고 말이야." '살아있는 바다'에 들어갈 때부터 데이브의 마음을 갉아먹고 있던 모든 의문들이 이제 마침내 그 모습을 드러내기 시작했다.

"우리 생물 선생님이… 그건 우리의 자아가 말하고 있는 것이라고 했어요. 사람들은 자기들이 중요한 존재라고 믿고 싶어하고, 그래서 종교를 만들어냈다고 했어요. 그들을 창조한 하나님이라는 개념을 만들어내고 그걸로 기분 좋아한다는 거죠."

"넌 정말 생명이 우연히 만들어졌다고 생각하니?"

"화학작용일 뿐이에요. 모두 화학작용이죠. 우리는 '살아있는 바다' 전시관에서 그 모든 게 어떻게 이루어졌는지 봤잖아요. 화산이 폭발하고, 그리고 바다가 생기고, 그리고 나서 화학작용이 일어나는 거죠. 과학자들이 시험관에서 그걸 시험해 봤대요. 과학책에서 읽었어요. 시험관 속에서 전기충격을 가해 이런 일들이 일어나는 사진도 보았는걸요. 그러자 분자들이 생겨났어요."

캐티는 몸을 뒤로 젖혀 벤치에 기댔다. 데이브는 손으로 머리를 감쌌다. 그랬다. 그 아이는 세속적인 세계관에 세뇌되었다. '과학'이라는 이름으로 뒷받침되는 세계관 말이다. 그래서 기독교는 더 이상 딸아이에게 의미가 없었다. 이제 그는 그걸 분명히 알았다. 그 아이의 마음을 돌리기 위해 무슨 말을 해야 할까?

"난 이 아름다운 세상이 우연히 생겨났다고는 도저히 믿을 수가 없구나." 그는 반복해서 말했다. 그 말을 듣고 딸애가 변할 것이라는 생각에서보다는 오히려 절망하는 마음에서 그랬다.

"아빠, 아빠가 믿는 것이 진리라면 다른 사람들은 왜 안 믿죠? 보세요. 지난 학기 영어수업 시간에 우린 '바람의 상속자'(Inherit the Wind)라는 영화를 봤어요. 그런데 모든 과학자들은 다윈 편을 들고 있었어요. 그리스도인들은 과학적 사실에 대해 마음을 닫고 있는 거예요."

데이브는 숨을 들이마셨다. 그는 마치 가슴을 얻어맞은 것 같았다. 그는 화가 났다. "자, 캐티야. 우리 조상이 원숭이가 아니란 것은 알지." 그건 참 나약한 대꾸였다. 그러나 그가 그 순간 할 수 있는 최선의 것이었다.

캐티는 대답 없이 시선을 돌렸다.

데이브는 이 문제에 대해 딸의 생각을 공격할 수 있는 시작점도 알지 못한다는 사실을 깨닫고 절망에 빠졌다. 그는 다윈이나 진화론에 대해 별로 아는 것이 없었다. 그가 정말 알고 있는 것, 그가 본능적으로 느끼는 것은 하나님을 창조주로 인정하지 않는 순간, 믿음의 모든 기초가 무너져 내린다는 것이었다. 그는 다른 방법으로 얘기하기로 마음을 바꾸었다.

"교회에 출석하고 그리스도인이 된다는 것이, 캐티야, 네게 이제 아무런 의미가 없다는 말이니?" 그가 물었다.

캐티는 손가락 마디마디를 깨물었다. "전 그 문제에 대해 정말 많이 생각했어요. 그런 상황에서 갖는 느낌을 어떻게 신뢰할 수 있죠? 제 말은 영화를 보면 전 감상적이 되잖아요. 그렇지만 그건 현실이 아니잖아요."

"캐티야, 그 둘은 전혀 다른 것이란다. 네 생명을 그리스도께 드리는 것과 영화를 보는 것은 말이야…."

"제가 아는 것은 아빠 엄마가 믿으시는 것을 저도 믿기를 원하신다는 거예요. 제가 교회에 가고, 그것에 대해 만족해하는 척한다면 우린 잘 지낼 수 있을 거예요. 제가 그렇게 하지 않으면 두 분은 너무 심각해져서 모든 사람들을 비참하게 만드세요. 이번 여행처럼 말이에요. 마치 아빠는 제게 협박을 하고 계신 것 같아요."

"캐티야, 난…."

"아빠, 정말 절 사랑하세요? 지금 아빠와 대화를 나누고 있는 캐티 말이에요. 이게 제 진짜 모습이니까요. 전 아빠 머리 속에 있는 어린 아이가 아니에요."

"잠깐. 아빠가 네 생각에 동의하지 않으면 널 사랑하지 않는다는 비난을 받아야 한다는 말처럼 들리는데? 이 자리에서 협박하고 있는 게 누구냐?"

"아빠, 그건 저만의 생각이 아니에요. 그건 제가 학교에서 배운 것들이에요. 그게 모든 사람들이 믿는 거예요. 오늘 전시관에서 본 것들처럼 말이에요. 아빠 그런 논쟁에서 이길 수 없으세요."

그 점에 있어서는 딸애가 옳다고 그는 냉정하게 생각했다. 그는 그것들과 논쟁을 벌일 수 없었다. 왜냐하면 그는 어떻게 딸애가 말하는 것을 공박할 수 있는지 몰랐기 때문이다. 딸애는 자기의 신앙을 던져버리고 있는데 그는 어떻게 그걸 멈춰야 하는지 알지 못했다. 그러나 그가 다음에 던진 말은 좌절과 무력감에서가 아니라 그보다 더 깊은 곳에서부터 나왔다.

"내가 알아낼 거야."

"무얼요?"

"진화론과 어떻게 논쟁할지를 말이다. 난 오늘 여기서 본 것들이 왜 틀리는지 알아낼 거야."

그녀는 비웃듯이 눈동자를 굴렸다. "아빠, 제발…."

"그렇지 않으면 나도 신앙을 버릴테다." 그가 결론을 내렸다.

딸애는 마치 뺨이라도 얻어맞은 것처럼 소스라치게 놀랐다. 그러자 갑자기 딸애는 조롱하는 듯한 태도를 버렸다. "제발 아빠, 전 모든 것이 바뀌기를 원하지 않아요."

"그렇지만 캐티야, 여기서는 모든 것이 문제란다. 넌 그걸 알아야 해. 모든 것이 위험에 처해 있단다. 봐라. 만일 기독교가 진리라면 그건 네 아빠의 믿음이나 엄마의 믿음이 아니야. 그건 실제에 관한 진리지. 궁극적으로 실제인 것 말이다. 그리고 난 어떻게 하든지 너에게 그것이 진리라는 것을 보여줄 사실들을 찾아내고 말 거야."

제6장

그물망을 부수며

> 외부세계에 대한 탐구의 주된 목적은 하나님께서 그 세계에 부여하신 이성적인 질서와 조화를 발견하는 것이다.
>
> 요하네스 케플러(Johannes Kepler)

딸 캐티와 휴가를 다녀온 후 데이브 멀홀랜드는 딸애가 그와 클라우디아가 가르쳐왔던 모든 것과 정반대되는 사고방식에 완전히 젖어 있음을 발견하고는 충격에 사로잡혔다. 그는 이 사실을 다름아닌 매년 4천만 명의 사람들이 와서 스릴을 느끼고, 놀라며, 또 배우고 가는 디즈니월드에서 알게 되었다. 많은 가족들이 자녀들을 이 미국의 상징인 마술왕국에 데려오기 위해 허리띠를 졸라맨다.

도대체 무엇을 위해서인가? 데이브는 자기 자신에게 냉정하게 물었다. 이 세속주의에 대한 찬가를 체험하고, 인간의 재능과 기술의 권능에 바쳐지는 제단을 보기 위해?

어쨌든 이제 그는 자기 딸에게 무슨 일이 일어났는지는 알게 되었다. 그애는 과학을 진리의 원천으로 삼는 사상을 받아들였고, 종교란 그저 위로가 필요한 약한 사람들이나 믿는 것으로 참아줘야 하는 주관적인 견해라고 생각하게 된 것이다. 이제 난생 처음으로 그는 자신이 어리석게도 과신하고 있었음을 알게 되었다. 그는 딸애가 이런 사상을 학교에서, TV에서, 또 책 속에서, 어떻게 받아들여야 하는지 배우지도 못한 채 그대로 받아들이도록 방치해 두었던 것이다.

어쩜 이것은 놀랄 만한 일이 아닐지도 모른다. 데이브의 세대는 기독교 신앙에 깊숙이 스며드는 이런 도전에 시달릴 필요가 없었다. 그들에게 있어 종교는 존중을 받았으며, 이미 확립된 질서였다. 데이브는 의심이라고 하는 고민을 해본 적이 없었다. 그는 교회에 가고, 인생의 의미를 밝혀주는 신념의 체계를 가지고 사는 것에 항상 만족했다.

그러나 이제 모든 것이 바뀌었다. 이제 그는 자기가 믿는 바를 변호해야만 한다. 자기 자신을 위해서라기보다 딸애를 위해서 말이다.

"아빠, 이것들이 제 생각은 아니에요." 캐티는 디즈니월드에서 그렇게 주장했다. "그것들은 제가 학교에서 배운 것이구요, 모든 사람들이 그렇게 믿고 있어요."

자연은 우리의 창조주인가?

캐티의 말은 옳았다. 오늘날 우리 문화의 지배적인 관점은 지극히 일차원적이다. 이 세상 이후의 삶은 존재하지 않으며, 자연 자체는 존재하는 모든 것에 대해 대답해 준다고 한다. 이것은 본질적으로 자연주의 철학인데, 이런 철학은 교실에서의 교과과정뿐만 아니라, 디즈니월드로부터 TV의 자연관련 프로그램, 심지어 어린이용 도서에 이르기까지 우리 문화 전반에 침투해 있다.

모든 세계관은 우주가 어떻게 창조되었는지에 관한 이론에서부터 출발해야 한다. 자연주의는 자연의 힘만이 존재하는 모든 것을 제대로 설명할 수 있다는 근본적인 가정에서부터 출발한다. 성경은 "태초에 하나님이 천지를 창조하시니라"(창 1:1)라고 말하고 있는 반면, 자연주의는 태초에 입자들과, 맹목적이고 논리도 없는 자연법칙만이 존재했다고 말한다. 자연은 양자(quantum)적인 변이를 통해 무에서 우주를 창조해 내었다. 그 자연이 생명이 살 수 있는 독특한 능력을 갖춘 이 행성을 만들어내었고, 그 자연이 화학물질을 끌어당겨 최초의 생명 세포를 만들어내었다. 자연은 다윈의 메커니즘을 통해 진화하여 복잡한 생명체계를 만들고 마침내 의식과 지능을 갖춘 놀라운 인간을 만들어내었다.

자연주의 과학자들은 그들이 공평한 태도를 가지고 있으며 객관적인 반면, 종교를 가진 사람들은 자기들의 신념을 옹호하는 쪽으로 편견을 가지고 있으며 주관적이라는 인상을 주려고 노력하고 있다. 그러나 이것은 하나의 계략이다. 왜냐하면 자연주의도 다른 종교와 마찬가지로 하나의 세계관이나 철학으로, 개인적인 신념의 체계에 불과하기 때문이다.

자연주의는 경험적으로 증명할 수 없는 전제, 즉 칼 세이건(Carl Sagan)의 유명한 과학 프로그램 "코스모스"에서 표현을 빌자면 자연은 "존재하는 모든 것, 존재했던 모든 것, 존재할 모든 것"(all that is, or ever was, or ever will be)이라는 식의 전제에서부터 출발하고 있다. 이것은 증명할 수 있는 가능한 방법이 없기 때문에 과학적인 서술이 아니다. 이것은 철학이다. 제2부의 나머지 부분에서 살펴보겠지만, 이것은 우주의 탄생, 생명의 탄생과 고등한 생명체 등장 등에 관한 진화론의 입장을 지지하기 위한 철학에 불과하다.

다른 사람들과 마찬가지로 세이건도 자연주의적 세계관을 대중화하여 일반적인 미국인들의 마음에 이것을 강하게 심어 놓았다. 한쪽으로 빗어 올린 검은 머리, 치약선전 같은 미소, TV방송에서 매력을 발산하는 개성 등이 그가 진행하는 PBS방송의 코스모스 프로그램에 채널을 맞춘 수백만의 시청자들에게 아주 강력한 영향을 미쳤다. 그는 매주 폭발하는 별들과 퍼져나가는 성운(nebulae)을 묘사하는 엄청난 이미지를 전국의 가정과 교실에 전달했다.

세이건이 전달해 준 것은 그것만이 아니었다. 그의 매력적인 태도로 인해 그는 종교적인 열정을 가지고 주장하던 자연주의 철학의 TV복음전도자가 되었다. 논리적으로도 그렇지만, 당신이 무엇을 당신 세계관의 출발점으로 삼든지 그것은 결국 당신의 종교가 되어버린다.¹

세이건의 트레이드 마크인 "존재하는 모든 것, 존재했던 모든 것, 존재할 모든 것"(TV시리즈 내용을 책으로 옮긴 그의 책 「코스모스」의 첫 구절)의 예를 들어보자.² 여기에서 세이건은 성례전의 형태를 이용하고 있다. 초대교회 이래로 그리스도인들은 "성부께, 성자께, 성령께 영광을. 태초에도 계셨고, 지금도 계시며, 미래에도 계시고, 영원히 계실 하나님"이라고 하는 "아버지께 영광을"(Gloria Patri)이라는 찬양을 불러왔다. 세이건은 분명 이를 대체하여 우주를 찬양하는 것을 제시하고 있다. 믿는 이들이 하나님을 대문자 '갓'(God)로 표시하는 것과 같이, 그가 '코스모스'(Cosmos)라는 단어의 첫 글자를 대문자로 한 것 자체가 그가 종교적인 열정에 사로잡혔다는 사실을 적나라하게 드러내고 있다.

세이건은 TV프로그램과 책에서, 자신은 성경에 계시된 초월적 창조주를 이용한 바 없음을 분명히 하고 있다. 우주가 그의 신이다. 그가 저술한 베스트셀러 중 한 책에서 그는 기독교의 하나님을 "아주 크고, 밝은 피부를 가지고 있으며 수염이 길고, 저 하늘 어디엔가 보좌에 앉아 떨어지는 참새 숫자를 세기에 바쁜 남자"라고 조롱하고 있다.³ 세이건은 우주가 유일하게 스스로 존재하는 영원한 존재라고 생각한다. "무한히 오래된 우주는 창조주를 필요로 하지 않는다."⁴

세이건은 말할 때마다 전통적인 종교에 대해 자연주의적 대체물을 제시하고 있다. 기독교는 우리가 하나님의 자녀라고 가르치고 있는 반면, 세이건은 다름아닌 우주가 우리를 탄생케 하고 살아가게 한다는 점에서 "우리들은 가장 심오한 의미에서 말한다면 코스모스(우주)의 자녀들이다"라고 말한다.[5] 자서전이라고 생각되는 어떤 글에서 세이건은 우주를 탐험하고자 하는 우주인의 욕구는, 우리 몸 안에 있는 화학물질이 원래 우주에서 만들어졌으며, 그래서 외계는 우리의 기원이자 진정한 고향이라는 신비적인 인식에 따라 동기부여가 되고 있는 것이라고 말하고 있다. "우리 존재의 어떤 부분은 이것이 우리가 떠나온 곳에서부터 비롯되는 것임을 알고 있으며, 우리는 돌아가기를 갈망한다"고 말하고 있다.[6] 우주인들이 갖는 '경외감'은 바로 종교적인 경배이다. "우리의 조상들은 태양을 숭배했다. 그리고 그것은 전혀 어리석은 것이 아니다." 우리가 무엇인가를 경배해야 한다면, "당연히 태양과 별들을 숭배하는 것이 맞지 않는가?"[7]

다른 종교들이 그런 것처럼 세이건의 우주숭배도 그를 따르는 자들에게 도덕적 의무를 지우고 있다. 우주는 자신의 형상을 따라 인간의 생명을 창조했다. '우리의 구성물질, 형태, 우리의 성격 대부분이 생명과 '코스모스'의 깊은 연관에 따라 결정되며', 따라서 우리는 우주에 대해 도덕적 의무를 갖게 된다.[8] 어떤 의무인가? 그것은 '생존해야 하는 의무'로, 우리의 기원이 되는 오래되고 방대한 '코스모스'에 대한 의무이다.[9]

세이건의 우주숭배는 우리가 어떻게 구원받을 수 있는지도 말해 준다. 인간생존에 위협이 되는 것, 예를 들어 공해, 전쟁, 식량부족 등은 도덕적인 실패와 아무런 관련이 없다. 오히려 이것은 기술적인 능력이 부족하기 때문인데, 세이건은 인간이 아직 진화의 단계에서 어린아이라고 믿고 있기 때문에 이는 전혀 놀랄 일이 아니라고 말한다.[10] 따라서 그 해결책은 외계의 어느 곳에선가 더 앞선 문명이 지구로 와서 우리를 구원해 주는 것일 수 있다. 이런 이유로 해서 세이건은 우주 먼 곳으로부터 전파 메시지를 받기 위해 먼 공간을 탐색하는 일을 열렬히 지지한다.[11] 외계로부터 단 하나의 메시지를 받는다 하더라도 이는 보다 진보된 외계인이 우리와 동일한 단계를 거쳐서 성숙에 이르렀다는 것을 증명하는 것이기 때문에,

그러한 기술혁신적 청년기까지 우리도 살아남을 수 있음을 나타내는 것이라고 그는 숨도 쉬지 않고 말한다.[12]

이것이 구원의 비전이 아니라면 무엇이란 말인가? 우주는 우리에게 말할 것이다. 우주는 거기 존재하고 있고, 침묵하고 있지 않다.

모든 인간에게는 우리 본성에 있는 하나님 형상의 일부분으로 의미와 초월성을 깊게, 그리고 지속적으로 추구하는 마음이 있다. 우리가 하나님으로부터 도망하더라도 종교적인 흔적들은 남아 있다. 모든 사람들은 나름대로의 신을 경배하고 있다. 그 신성이 물질, 에너지, 혹은 자연과 같이 비인격적인 것일지라도 나름대로의 신성을 믿고 있다. 바로 이런 이유 때문에 성경은 무신론에 대해서가 아니라, 우상숭배에 대해 말하고 있다. 자연주의는 사실과 상징들을 내세워서 과학인 체하지만 사실은 하나의 종교이다.

이 종교는 오늘날 모든 공공부문에서 가르쳐지고 있다. 당신의 자녀들이 학교에서 읽는 책, 혹은 도서관에서 빌려오는 책에도 있다. 얼마 전 낸시는 어린 아들을 위해 「베렌스타인 곰들」(Berenstein Bears)이라는 책을 샀다. 그 책에서 곰가족은 어린 독자들에게 함께 자연을 산책하자고 제안한다. 우리는 맑은 날 아침에 출발하여 거미줄 몇 개를 지난 후, 일출을 배경으로 햇빛이 찬란하게 장식해 주고 있는 대문자들을 읽게 된다. 자연은 "존재하는 모든 것, 존재했던 모든 것, 존재할 모든 것"(all that IS, or WAS, or EVER WILL BE)[13]이다.

어디서 많이 들어본 얘기가 아닌가? 그렇다. 세이건의 유명한 글이 이제 작은 곰과 벌레와 새들의 예쁜 이미지 속에 들어가 어린아이들에게 자연주의 철학을 퍼뜨리고 있는 것이다. 요점을 더 분명하게 하기 위해 저자들은, 한 곰이 독자, 즉 당신의 너무 예쁜 어린아이들을 가리키면서 "자연은 바로 너야, 자연은 바로 나야"라고 말하게 한다.[14] 사람도 이제 자연의 일부분에 불과할 따름이다.

왜 그리스도인들이 자연주의를 주장하는 사람들과 논쟁할 때 좀더 설득력 있는 방법으로 말하는 법을 배워야 하는지 더 이상 다른 예가 필요할까? 자연주의는 우리 아이들이 이성적이고 비판적인 생각을 할 수 있게 되기 훨씬 전부터 그들의 상상력 속에 각인되어 있다. 자연주의는 어느 곳에서나 과학에 의해 뒷받침되는 유일한 세계관인 것처럼 제시되고 있다. 그리고 이런 세계관은 기독교와 정반대의 입장을 취한다.

그리스도인들은 진정한 과학과 철학을 구분할 준비가 되어있어야 한다. 교과서나 박물관에서 제시되는 진화론은 이 둘을 혼동시켜, 실제로는 자연주의 철학이면서도 '과학'인 것처럼 제시되고 있다. 사실 많은 세속 과학자들은 자연주의적 설명만이 과학으로서의 자격을 가지고 있다고 주장하기도 한다.

우리는 왜 세속주의자들이 이런 규정을 내리도록 허락하고 있는가? 경험주의 과학과 철학 사이의 구분을 명확히 하자. 그리고 과학은 과학으로, 철학은 철학으로 설명하도록 하자.

우리가 무엇을 상대하고 있는지 깨닫게 되면 우리는 당연히 이렇게 해야 한다는 것을 알게 된다. 그리스도인이 진화론에 대해 의문을 제기하는 순간, 그는 성경을 신봉하는 케케묵은 사람에다, 과학의 진보를 정지시키려는 무식한 반동주의자쯤으로 여겨진다. 캐티처럼 오늘날 대부분의 어린 학생들은 "바람의 상속자"(Inherit the Wind)라는 영화를 통해, 똑똑하고 교육받은 도시의 다윈 옹호론자들과 정면으로 대결하는 무식하고 미친 듯이 날뛰는 그리스도인들의 모습을 그들의 머리 속에 가득 채우고 있다. 공개적으로 다윈주의에 대해 의문을 제기하면 사람들은 우리를 이런 영상작품을 통해 형성된 잣대로 평가한다.

그렇다면 우리의 첫째 임무는 그들이 우리 얘기를 들도록 하기 이전에, 먼저 이 잘못된 고정관념의 잣대를 깨부수는 것이라야 한다. 우리는 논쟁의 초점이 성경이냐, 과학이냐가 아니라는 것을 사람들에게 확신시켜줄 필요가 있다. 논쟁의 요점은 과학적 사실들을 아무런 편견 없이 점검하고, 어떤 결과가 나오든 그 결과에 승복하는 것이다.

실제 이루어지는 전투는 세계관끼리의 전투이며, 종교간의 전투이다. 한쪽에는 이 우주가 어떤 맹목적인 힘에 의해 만들어진 것이라고 주장하는 자연주의 세계관이 있다. 다른 한쪽에는 우리를 사랑하시며 우리를 향한 목적을 갖고 계신 초월적인 하나님이 창조하셨다고 말하는 기독교 세계관이 있다. 자연 그 자체는 과학적 탐구의 모든 영역에 있어 하나님의 '지문', 즉 이 세상이 그분의 목적에 따라 이루어진 증거들을 가지고 있다. 우리는 방법만 알게 되면 우리의 입장을 충분히 변론할 수 있다.

기독교 세계관은 영원 전부터 존재하시는 인격적인 존재(Being)의 의도적인 행동인 '창조'에서부터 시작된다. 이런 인격적인 차원은 '창조'를 이해하는 데 매우 중요하다. 이 세계가 존재하도록 하기 이전에 창조주는 선택, 즉 어떤 결정을 내렸다. 그것은 지적인 설계를 가진 계획을 시작하는 것이었다.

사도 바울의 글에 의하면, 이 세계의 모양과 구조를 정한 이 설계는 누구에게나 명백하다. "하나님을 알 만한 일이 사람에게 환히 드러나 있습니다. 하나님께서 그것을 환히 드러내 주셨습니다"(롬 1:19, 표준새번역). 어떻게? 그가 만드신 세계의 모양과 정교함에 드러나 있다. "이 세상 창조 때로부터, 하나님의 보이지 않는 속성, 곧 그분의 영원하신 능력과 신성은, 사람이 그 지으신 만물을 보고서 깨닫게 되어있습니다"(롬 1:20, 표준새번역). 믿지 않는 사람이라도 그 내면 깊숙한 곳에서 하나님이 존재할 수밖에 없다는 것을 안다. "그러므로 사람들은 핑계를 댈 수가 없습니다"(롬 1:20). 다시 말해, 자기 주변의 세계를 정직하게 돌아보는 사람들은 그 세계가 어떤 지적인 존재에 의해 창조되었다고 결론을 내릴 수밖에 없음을 바울은 우리에게 가르치고 있다.

다음 장에서 우리는 데이브 멀홀랜드가 그의 딸에게 줄 대답을 어떻게 탐구했는지 그의 어깨 너머로 살펴보게 될 것이다. 세이건의 말이 옳은 것일까, 아니면 창조의 증거가 모든 사람의 눈에 분명히 보여 알게 된다는 성경의 가르침이 옳은 것일까? 이 우주는 스스로 만들어졌을까? 생명은 화학물질의 바다로부터 생겨난 것일까? 당신은 그 과정을 설명하는 정보가 없이도 식물이나 동물의 정교한 복잡성을 이해할 수 있는가?

우리가 이제 살펴보려고 하는 것은 데이브에게도 그랬던 것처럼 당신에게도 놀라운 것이 될 것이다.

제7장
처음으로 거슬러 올라가다

'설계'(design) 는 우리가 자연질서를 관찰하여 얻은 지식에 기초한, 하나님에 관한 가장 경험적인 논증이다.

프레데릭 페르(Frederick Ferre)

이 모든 것이 어떻게 시작되었는지를 설명하는 것이 모든 세계관이 당면하는 첫째 질문이다. 우주는 어떻게 시작되었는가? 데이브 멀홀랜드는 최근 과학의 연구성과 중에서 가장 흥미있는 새로운 발견에 대해 알아내려 하고 있었다. 수십 년 전부터 과학은 이 우주의 기원에 대한 입장을 완전히 바꾸었다. 지난 수세기 동안 과학은 이 물질세계가 영원하며 따라서 창조주가 필요하지 않다고 주장해 왔지만, 오늘날은 우주에 궁극적인 기원이 있으며, 그것은 과거의 어느 유한한 시점에 시작되었다는, 매우 극적이고 새로운 증거를 찾아냈다. 이는 성경이 말하는 바와 동일한 것이다.

이런 생각이 얼마나 혁명적인가 하는 것을 이해하기 위해서는, 대부분의 고대문화들이 이 우주는 영원하고, 좀더 정확히 말하자면 영원히 존재하는 어떤 종류의 원초적인 물질로 만들어져 있다고 믿었다는 것을 알아야만 한다. 고대 그리스인들은 어떤 궁극적인 시작점이라는 생각은 이성적으로 믿을 수 없는 것이라고 주장하기까지 했다. 중세 후기와 르네상스 시대에 고대문서들이 재발견되면서 이들의 주장은 중세에 다시 살아났다. 그러다가 18세기에 이르러 과학자들은 물질보존의 법칙(물질은 만들어질 수도 없고, 없어질 수도 없다는)을 만들어내었는데, 이는 열렬한 물질론자들이 과학 자체가 궁극적인 창조의 가능성을 배제하고 있다고 주장하게 하는 강력한 무기가 되었다. 19세기의 한 물질론 옹호론자는 "오늘날 물질의 영원성 또는 파괴불가능성은 분명한 사실이 되었다"라고까지 말했다.[1]

그리고 이는 모든 것의 기초가 되었다. 이 우주에 기원이 있다고 하는 생각은 확고하게 확립된 과학에 대항하여 외롭게 서 있는 종교적인 신앙의 문제로 귀착되었다.

그후 20세기 초에 몇 가지 증거들이 기이한 방법으로 모아지기 시작했다. 우주가 팽창하고 있음을 암시하는 일반상대성이론과 별들이 바깥쪽으로 움직이고 있음을 나타내는 별들의 '적색천이'(red shift) 그리고 열역학의 두 법칙 등이 우주에는 기원이 있음을 실제적으로 명백히하고 있다.

엔트로피의 법칙(감쇠의 법칙, the law of decay)이라 할 수 있는 열역학의 제2법칙은 우주는 서서히 붕괴를 향해, 즉 돌이킬 수 없는 어두움과 파괴를 향해 준엄하게 움직여가고 있다는 것을 암시하고 있다. 다시 말해, 우주는 태엽을 감은 시계처럼 풀려가고 있다. 풀려가고 있다는 것은 언젠가 감겼던 적이 있다는 말이다. 링컨 바넷(Lincoln Barnett)이 「우주와 아인슈타인 박사」(The Universe and Dr. Einstein)에서 한 멋진 표현을 빌자면, "여기서 피할 수 없는 결론은 모든 만물에는 시작이 있다는 것이다. 과거의 어느 때, 어떤 방법이었든 우주의 과정은 시작되었고, 별들에는 불이 붙었으며, 광대한 우주의 장엄한 광경이 존재하게 되었다."[2]

더군다나 열역학의 제1법칙(질량보존의 법칙)은 물질이 저절로 생겨날 수 없으며, 물질이 스스로 만들어질 수도 없다는 것을 의미한다. 따라서 만일 우주에 기원이 있다면 우주 밖에 있는, 자연계를 초월하는 어떤 것 혹은 어떤 존재가 이 우주를 존재하도록 만들었음에 틀림없다. 결론적으로 말한다면, 창조사상은 단지 종교적인 신앙의 문제만이 아니다. 그 결론은 과학적인 증거를 문자 그대로 읽은 결과 얻어지는 것이다. 영국의 물리학자 폴 데이비스(Paul Davies)는 그리스도인이 아니지만 다음과 같이 말한다. "이 우주 속에서 빅뱅(big bang, 과거의 어느 시점에 있었던 것으로 추정하는 우주의 대폭발 - 역자 주)만이 유일하게 가장 콧대 높은 물질주의자도 하나님을 인정할 수밖에 없는 여지를 남겨두고 있다."[3]

궁극적인 기원은 존재하는가?

이런 여러 가지 증거들이 1960년대에 합쳐져 우주는 우주폭발에 의해 시작되었다고 주장하는 빅뱅이론을 형성하기에 이르렀다. 이 새로운 이론은 과학계에 청천벽력과 같은 것이었다. 이 이론이 의미하는 바는 궁극적인 기원이라고 하는 사상이 더 이상 종교적인 교리만의 문제가 아니라는 것이었다. 과학 자체가 우주는 먼 과거의 어느 시점에 갑자기 존재하게 되었다는 것을 말하고 있는 셈이었다.

빅뱅이론은 자연주의 철학에 결정적인 타격을 입혔다. 자연주의자들은 실재하는 것은 끊임없이 추적할 수 있는 일련의 원인과 결과의 산물이라고 믿고 있었다. 그러나 빅뱅은 원인과 결과라고 하는 사슬에 갑작스런 어떤 불연속점이 있다는 것을 의미했다. 그것은 과학이 어떤 한계까지, 즉 빅뱅의 대폭발이 일어난 데까지만 추적할 수 있다는 것을 의미했으며, 과학이 어떤 절대적인 장벽에 부딪쳐 갑자기 멈춰 서게 되었다는 것을 의미했다. 사실 처음 이 이론이 제기되었을 때, 많은 과학자들이 바로 이런 이유 때문에 반대했다. 위대한 물리학자인 아서 에딩턴(Arthur Eddington)

이 "기원이 있다는 사상은 철학적으로 '아주 혐오스런 것'"이라고 말한 것은 많은 그의 동료들의 생각을 반영한 것이었다.[4] 알베르트 아인슈타인은 이 우주에 기원이 있다는 결론을 피하기 위해 그가 세운 공식을 헛되이 만지작거리고 있었다. 자신은 불가지론자이면서도 자연주의자인 자기 동료들을 골려주기 좋아했던 천문학자 로버트 재스트로(Robert Jastrow)는 과학은 한계에 도달했으며, 창조를 일으킨 장본인이 "구약의 인격적인 하나님인지, 물리학에 잘 알려진 힘(force)들 중 하나인지"도 결코 알아내지 못할 것이라고 주장했다.[5]

그럼에도 많은 세속주의자들은 이 이론이 명백히 암시하고 있는 것을 회피하기 위해 몸부림치고 있다. 어떤 이는 빅뱅이 오히려 자연주의 철학을 진일보시켰다고 주장한다. 빅뱅은 자연주의적인 설명을 우주의 기원 자체에까지 연장시키고 있다고 말한다. 즉 하나님이 존재하더라도, 그는 사물들을 시작하게는 했지만 그 후에는 아무런 역할을 하지 못하고 있는, 그림자 속의 제1원인(first cause)의 자리로 쫓겨났다는 것이다. 그러나 이는 순전히 허세일 뿐이다. 빅뱅이론은 자연주의를 지지하기는커녕 자연 자체, 즉 시간, 공간과 물질이 유한한 어떤 과거에 생겨났다는 것을 보여줌으로써 자연주의적인 현실이해에 분명한 한계가 있음을 보여주고 있다.

아마 오늘날의 과학자들과 교육가들 사이에 가장 흔한 대응전략은 빅뱅이 암시하는 놀라운 의미를 애써 무시하고, 빅뱅을 그저 하나의 '철학'이나 '종교'로 치부해 버리려는 태도일 것이다. 그들은 과학만을 다룬다고 말한다. 빅뱅이 일어나게 된 궁극적인 이유에 대한 토론은 철학이라 하여 무시해 버리고, 과학수업 시간에는 다루지 않는다. 그 결과 학생들은 얼마나 멋진 장면들이 그들의 시야에서 사라지게 되었는지 꿈도 꾸지 못하게 되었고, 아주 재미있는 질문들을 제기하는 것을 근원적으로 금지당하고 있다. 이것이 바로 데이브 멀홀랜드가 디즈니월드에서 체험한 것이다. 화려한 음악이 울려퍼질 때, 과학돌이 마스코트 빌나이는 관객들의 주의를 돌려 빅뱅을 예술적으로 묘사한 것에만 집중시킨다. 번개가 스크린을 훑고 지나가지만 빅뱅이 일어나게 된 최초의 폭발 전에 어떤 일이 있었는지는 아무런 언급이 없다.

또 어떤 과학자들은 그래도 결국 물질은 영원하다고 주장할 수 있게 하는 방법으로 빅뱅이론을 왜곡하여 우회로를 찾으려고 한다. 예를 들어, 칼 세이건은 우리의 우주를 출범시킨 폭발은 단지 일련의 폭발 중 하나일 뿐이라고 말한다. 즉 우주는 오늘날도 계속 팽창하고 있으나, 어떤 시점에 이르면 그 과정이 반대가 되어 수축되기 시작하고 마침내 작은 점이 되어 다시 폭발하면 모든 과정을 다시 시작하게 된다. 이런 진동운동이 마치 아코디언처럼 무한히 반복된다는 것이다.[6] 그러나 세이건의 추측은 물리학의 근본법칙에 어긋난다. 진동하는 우주라도 각 사이클마다 가용한 에너지를 사용할 것이고, 결국은 에너지가 고갈될 것이다. 감쇠의 법칙인 열역학의 제2법칙은 이런 생각을 부정하고 있다.[7]

또 다른 과학자들은 궁극적인 기원이라고 하는 사실을 받아들이기는 하지만, 창조주라는 개념을 회피하기 위해, 사실상 비논리적인 생각을 고안해 내었다. 어떤 이들은 그런 생각 속에 담긴 명백한 논리적 모순에도 불구하고, 우주가 스스로 만들어졌다고 주장한다(우주가 아직 존재하지 않았다면, 스스로를 만들 어떤 '자아'도 존재하지 않는다). 오늘날 가장 널리 알려진 물리학자 중 한 사람인 케임브리지대학의 스티븐 호킹(Stephen Hawking)은 초기의 우주는 '가상적인 시간'(imaginary time) 속에 존재한다고 주장하는데, 이는 환상에 불과하다. 또 어떤 이들은 우주가 아무런 이유 없이 그냥 무(無)에서부터 튀어나왔다고 주장한다. 예를 들어, 철학교수인 쿠엔틴 스미스(Quentin Smith)는 이 우주가 "무로부터, 무에 의해, 무를 위해" 창조되었다고 주장한다.[8] 그러나 이런 주장은 과학의 영역을 마술의 수준으로 떨어뜨리는 것이다. 가장 널리 인정되는 경험법칙 중 하나는 무로부터는 그 어떤 것도 나올 수 없다는 것이다.

자연주의자들은 스스로를 전혀 불가능한 논리적 왜곡에 몰아넣지 않고서는 빅뱅이 제기하는 도전을 회피할 방법이 없다. 빅뱅은 우주는 영원한 것이 아니며, 스스로 생겨날 수 없다는 것을 명백히 말해 주고 있다. 이것이 의미하는 바는 우주는 시간 속의 어떤 유한한 순간에 빛과 에너지의 번쩍임으로 시작되었다는 것이다. 과학은 이제 무시무시하게도 창세기 1장에 있는 말씀과 비슷한 주장을 하고 있다. "하나님이 가라사대 빛이 있으라 하시니 빛이 있었고"(창 1:3).

이것이 바로 우리가 기독교 신앙에 적대적인 사람들을 만날 때 펼 수 있는 주장들이다. 어느 날 내 아내 패티가 성경공부를 하고 돌아와서는 그 지역에 있는 한 학교에서 일어난 일 때문에 사람들이 얼마나 분노했는지 말해 주었다. 성경공부반의 한 여인에게 팀이라는 열세 살 난 아들이 있는데, 그가 학교 지구과학시험에 잘못 대답했다고 낮은 점수를 받았다는 것이다. 질문은 "지구는 어디에서 생겨났는가?"라는 것이었고, 팀은 "하나님이 창조하셨다"라고 대답했다. 그의 답안지에는 커다란 붉은 X자가 그려져 있었고, 20점이 감점되어 있었다. 선생님에 의하면 '정답'은 지구는 빅뱅의 결과라는 것이다.

패티의 성경공부반원들은 팀의 어머니에게 수업시간에 찾아가서 그 선생에게 성경이 말하는 것을 말해 주자고 했다. "바로 창세기 1장에 기록되어 있습니다. 하나님이 하늘과 땅을 창조하셨다고 말입니다"라고.

패티의 말을 듣자마자 나는 팀의 어머니에게 전화했다. "손에 성경을 들고 선생님을 찾아가진 마세요."

그녀는 깜짝 놀랐다. "그렇지만 성경은 그 선생님이 틀렸다고 말하고 있잖아요."

"우리는 신자이기 때문에 성경이 영감을 받은 것이며, 궁극적인 권위를 가지고 있음을 알고 있습니다. 그러나 팀의 선생님은 성경을 무시해 버릴 것입니다. '그것은 종교에요. 전 과학을 가르칩니다'라고 말할 거에요."

우리는 그런 상황에서 기독교가 과학에 반대하고 있다는 잘못된 생각을 그들에게 주어서는 안된다. 너무 빨리 성경을 인용하게 되면, 우리는 그들이 가지고 있는 "바람의 상속자"에 의해 널리 퍼진 잘못된 고정관념을 결코 깨부술 수 없게 될 것이다. 우리는 종교로 과학을 반대해서는 안된다. 우리는 부적절한(bad) 과학을 더 나은(better) 과학으로 반대해야 한다.

우리는 빅뱅 이전에 어떤 일이 있었는가와 같은 질문을 던져야 한다. 무엇이 빅뱅을 일으켰는가? 만일 빅뱅이 우주 자체의 기원이라면 빅뱅의 원인은 우주 밖에 있는 어떤 것이라야 한다. 이 우주가 궁극적인 기원을 가지고 있어서, 공간, 물질, 시간 그 자체는 유한한 것이라는 성경의 가르침을 빅뱅이론은 놀랍게도 분명하게 지지하고 있다. 빅뱅이론은 팀의 선생님이 생각하고 있는 것처럼 기독교 신앙에 대한 도전이 아니라, 실제적으로 기독교 신앙을 지지하는 증거를 제시하고 있다.

우주의 본질을 살펴보면 창조사실은 더욱 분명해진다. 이 우주는 모든 설계와 그 목적을 통해 더욱 분명하게 말하고 있다.

우리는 우주적인 우연의 산물인가?

디즈니월드에서 캐티와 휴가를 보내고 돌아온 데이브 멀홀랜드는 그 후 마치 CD플레이어에서 나오는 소리처럼 그곳에서 들은 얘기들이 그의 기억 속에서 반복해서 울리는 것 같았다. 그리고 그럴 때마다 그는 점점 더 무력감에 빠지면서 적절한 대답을 갖고 있지 못하다는 생각을 하게 되었다. 그는 아이러니하게도 '살아있는 바다'에서 들은 메시지를 흉내내곤 했다. 한 작은 구(sphere), 지구라는 행성이 '아주 우연히' 적당한 크기가 되어, '아주 우연히' 태양으로부터 적당한 거리에 있게 되었고, 그래서 생명이 '아주 우연히' 생겨나게 되었다. 그리고 나서 무차별적인 돌연변이와 자연도태에 의해 우리 인간이 '아주 우연히' 등장하게 되었다.

"아이들이 이런 메시지를 들어야 하다니… 그 메시지에 의하면 사람은 단지 우주적인 우연일 뿐이다. 시간이 지나면 그들을 지으시고 그들을 사랑하시는 사랑의 하나님에 관한 이야기는 단지 동화같이 들릴 것이 뻔하다." 데이브는 괴로워했다.

그런데 이런 우연들은 정말 우연일 뿐일까? 아니면 누군가가 이 우주를 그런 방법으로 설계한 것일까? 바로 이 질문이 데이브가 씨름해야 할 두번째 질문이었다. 그는 이 주제에 관한 책과 논문을 수집하면서 마치 대학에서처럼 공부하기 시작했다. 그런데 놀랍게도 그가 발견한 것은 최근의 과학사상이 극적으로 다른 방향으로 가고 있다는 것이었다. 과학자들은 이제 궁극적인 기원을 인정하고 있을 뿐만 아니라, 이 우주의 물리적 구조는 목적과 설계에 관한 분명한 증거를 가지고 있다는 것을 인정하고 있었다. 그들은 이제 인류발생원칙(anthropic principle)이란 것을 제안하고 있는데, 이 원칙은 이 우주의 물리적 구조가 생명을 유지하는 데 꼭 필요한 방법으로 되어있다고 말하고 있다.

첫 우주선이 달에 착륙하고 난 후, 모든 미국인들은 입을 다물게 하는 사진 한 장과 친숙하게 되었다. 그 사진은 검고 분화구가 있는 달 표면의 수평선 너머로 보이던 구름으로 둘러싸인 지구였다. 그 대비는 너무 놀라운 것이었다. 생명에 대해 우호적인, 우리가 사는 푸르고 흰 아름다운 행성은 황량하고 메마르며 생명이 없는 달의 풍경과 대비되고 있었다.

그러나 금성에 비하면 달은 오히려 나은 편이다. 금성은 끓는 납처럼 뜨거운 황산비가 표면을 향하여 내리고 있다. 하지만 냉동된 가스의 구름이 표면을 덮고 있어 줄무늬가 있는 것처럼 보이는 목성에 비하면 금성은 훨씬 양호한 편이다. 이 목성도 백만도의 온도를 가지고 있는 별들의 내부나, 그 별들 사이에 있는 방대한 진공상태에 비하면 양호한 편이 된다.

우주시대의 관점에서 본다면 다른 어느 때보다도 이 지구의 독특성이 분명해진다. 지구는 생명을 유지시킬 능력을 부여하는 아주 많은 특성들을 자랑하고 있다. 우리가 아는 한 수도 없이 많은 생명을 위한 전제조건들을 이 지구는 갖추고 있다.

지구는 어떻게 해서 그런 특별한 것이 되었을까? 우연일까? 운이 좋아서일까? 아니면 애초부터 우리를 염두에 두신 사랑의 창조주가 설계하신 것일까?

예를 들어 지구의 궤도를 생각해 보자. '살아있는 바다'에서 지구에 대해 한 얘기, 즉 "지구는 적당한 크기로, 그 어머니 별로부터 적당한 거리에 있다"는 것은 정확한 말이다. 만일 지구가 약간만이라도 태양과 가까웠다면 지구의 모든 물은 증발해 버렸을 것이며, 생명은 존재하지 않았을 것이다. 반면에, 지구가 태양으로부터 약간만 더 떨어져 있었더라면 모든 물은 얼어버렸을 것이고, 지구의 풍경은 버려진 황무지와 다름없었을 것이다.

지구의 위치에 영향받는 것은 풍경만이 아니다. 우리 인체 내의 과정도 이런 우호적인 조건의 영향을 받는다. 생명이 기능하도록 하는 화학작용은 매우 좁은 온도범위에서만 이루어지며, 지구는 이런 작용이 일어날 수 있는 가장 적합한 위치에 놓여 있다. 무엇보다도 이런 모든 일이 일어나려면, 지구는 궤도상에서 태양과 똑같은 거리에 놓여 있어야 한다. 즉 그 궤도는 거의 원에 가까워야 한다. 이는 우리가 속한 태양계의 다른 모든 행성들이 타원궤도를 가지고 있는 것과도 대비된다.

이렇게 정교하게 계산된 거리가 단지 생각지도 않은 우연일까? 아니면 생명을 유지시키기 위해 설계된 것일까?

또 다른 예로 우리가 흔히 당연한 것으로 받아들이는 물의 존재에 대해 생각해 보자. 물은 생명에 절대 없어서는 안될 독특한 성질을 가지고 있다. 예를 들어, 물은 고체상태(얼음)의 밀도가 액체상태의 밀도보다 낮은 유일한 물질이다. 이런 이유 때문에 얼음은 호수나 바다의 표면에 있고, 바닥에 있지 않게 되는데, 이로 말미암아 겨울에도 물고기나 다른 바다 생명체가 생존할 수 있게 된다. 현미경적인 수준에서 말한다면, 물분자는 공수(hydrophobic)효과라 부르는 성질을 가지고 있어서, DNA 안에 핵산과 단백질을 형성할 수 있는 독특한 능력을 갖게 된다. 분자적인 관점에서 말한다면, 마이클 코리(Michael Corey)가 그의 책「하나님과 새로운 우주론」(God and the New Cosmology)에서 말하고 있는 것처럼, "물이 가지고 있는 여러 가지 특성은 기적이며, 물처럼 생명을 유지시켜 주는 많은 특성을 가진 물질은 아직 없었다."[9]

그러나 우주 자체가 적당한 물리적 특성을 가지고 있지 않다면 이 지구는 생명을 유지시킬 수 없다. 인류발생학의 원리에 따르면 엄청나게 많은 '우주적 우연'들이 일치하여야만 생명이 존재할 수 있게 된다. 예를 들어 오늘날과 같은 우주가 형성되려면 빅뱅은 적절한 규모의 힘으로 폭발해야만 한다. 너무 늦은 속도로 일어났다면 그 중력으로 인해 빅뱅이 일어난 후 얼마 지나지 않아 다시 원위치로 돌아갔을 것이다. 또 너무 빠른 속도로 일어났다면 물질들이 너무 빠른 속도로 달려나가 은하계나 태양계가 형성되지 않았을 것이다. 다른 말로 하면 중력이 아주 정교하게 정해져야만 이 우주가 아주 적절한 비율로 팽창하게 된다(그 정확도는 1060분의 1 범위 이내이다). 물리학자 폴 데이비스는 "중력이 그렇게 놀라운 정확도를 가진 알맞은 숫자인 것은 우주론에 있어 가장 신비한 일 중 하나이다"라고 말하고 있다.[10]

이번에는 또 다른 예로 원자의 구조를 살펴보자. 아주 먼 하늘의 별로부터 우리 몸의 세포에 이르기까지 우주의 모든 것은 원자로 되어있다. 그리고 이 원자들도 뜻밖에 '우연'의 덩어리들이다. 원자 안에서 중성자는 양자보다 약간 더 무겁다. 이것은 자유 중성자(원자 안에 갇혀 있지 않은 중성자)가 감쇠하여 양자가 될 수 있음을 의미한다. 만일 반대로 되었다면, 즉 양자가 더 크고 감쇠하는 성향을 가졌다면, 이 우주의 구조는 불가능해진다.

왜 그런가? 자유양자는 바로 수소원자이고, 자유양자가 감쇠하는 경향을 갖는다면 수소로 된 모든 것은 감쇠할 것이기 때문이다. 이렇게 되면 수소로 된 태양은 녹아 없어지게 될 것이다. 액체로 된 산화수소인 물(H_2O)도 존재하지 않게 된다. 우주 자체가 소멸하게 될 것인데, 왜냐하면 관측되는 우주의 74퍼센트는 수소로 되어있기 때문이다.

그렇다면 중성자는 왜 양자보다 큰가? 아무도 모른다. 물리적으로는 왜 중성자가 더 큰지 설명할 수가 없다. 그냥 사실일 뿐이다. 이 차이를 설명하는 아주 분명하고 유일한 '이유'가 있다면 그것은 그렇게 해야 이 우주가 존재하고, 생명이 존재한다는 것이다.

원자의 소립자들은 무게를 가지고 있을 뿐만 아니라, 전하(electrical charge)도 가지고 있다. 어린아이들 치고 카페트를 자기 발로 문질러 정전기가 일어나게 한 다음 사람들을 건드려 놀라게 하지 않는 어린아이가 하나라도 있던가? 이렇게 사람을 짜증나게 만드는 일이 생기는 것은 카페트를 문지르면 전자의 일부가 떨어져나가 어린아이에게 음전하를 띠게 하기 때문이다.

그렇게 되는 것은 정말 좋은 일이다. 만일 전자가 양자보다 더 많은 전기를 띠고 있다면 모든 원자는 음의 전기를 띠게 될 것이다. 그럴 경우, 동일한 전하는 서로 배척하기 때문에 이 우주에 있는 물질을 구성하는 모든 원자들은 파멸적인 폭발을 일으키며 날아가버릴 것이다. 반면 양자가 전자보다 많은 양의 전기를 띠게 되면, 모든 원자는 양의 전기를 띠게 되고, 결과적으로 똑같이 파멸적인 폭발을 일으키게 될 것이다.

양자와 전자가 다른 모든 면, 즉 크기나 무게, 자기적 성질 등에 있어서는 전혀 다르면서도, 전하량에 있어서는 어떻게 이렇게 정확히 균형을 이루고 있는지는 어떤 물리적인 설명도, 자연적인 설명도 할 수가 없다. 이렇게 탁월하고 정확한 구성에 대해 어떤 자연적인 설명도 할 수 없다면, 이런 정교한 구성은 어떤 선택, 계획, 혹은 설계에 의해 이루어진 것이라고 결론짓는 것이 합리적인 것이 아닐까?

'우연'의 목록은 끝없이 이어진다. 물리학의 근본적인 힘, 예를 들어 중력, 전자기력(electromagnetism), 강핵전력과 약핵전력의 값을 아주 조금만 바꾸어도 생명이 전혀 존재할 수 없는 상태가 된다. 인류발생학적인 원리에 따르면 이렇게 겉보기에는 서로 관련이 없어 보이는 물리학의 값이 한 가지 아주 이상한 공통점을 가지고 있는데, 이들 값은 모두 이 우주가 생명을 유지할 수 있게 하는 바로 그 값이라는 것이다.

인류발생학의 원리라는 용어는 사람을 의미하는 헬라어 '안드로포스' (anthropos)에서 나왔는데, 여기에서 물리학의 법칙들은 인간 생명이 창조되던 때부터 아주 정교하게 정해져 있었음이 드러나고 있다. 물론 아직도 많은 과학자들은 이런 결론이 창조주를 전제로 하고 있고, 또 과학에는 그런 개념의 자리가 없다고 믿도록 훈련받았기 때문에 이를 받아들이지 않고 있다. 그렇다면 이들은 우주의 목적과 설계에 대한 이렇게 분명한 증거들에 대해 무엇이라 말하는가? 이들은 당황하여 이 우주가 가지고 있는 설계의 측면을 설계자를 인정하지 않으면서 설명해 보려고 노력하고 있다. 그러나 아이러니하게도, 그들이 이런 설계를 설명해 보려고 노력하는 모든 시도는 정직하게 창조주를 인정하는 것보다 훨씬 비과학적이다.

가장 널리 주장되고 있는 인류발생학의 원리는 '다세계' (many worlds) 가설이다. 이 이론에 따르면 무한한 개수의 우주가 존재하며, 이 우주들은 서로 다른 법칙과 서로 다른 근본값을 갖고 있다. 이들 우주의 대부분은 흑암이며 생명이 없는 장소들이다. 그러나 확률적으로 일부 우주는 생명을 유지하기에 적합한 구조를 가지고 있다. '적합한' 우주는 살아 남고, '부적합' 우주는 잡초처럼 없어진다. 물론 우리가 사는 우주는 우연히 생명에 '적합한' 우주였다.

그렇지만 수없이 많은 다른 우주들이 존재한다는 사실을 우리가 어떻게 알 수 있는가? 그 대답은 우리가 알 수 없다는 것이다. 이런 생각은 과학적 상상력의 결과일 뿐이다. 또 다른 우주가 존재한다 하더라도 과학이 그것을 밝혀내기는 근원적으로 불가능하다. 솔직한 과학자들은 이런 생각이 인류발생의 원리가 내포하고 있는 신학적인 암시를 회피하기 위한 것일 뿐임을 인정하고 있다. 물리학자 하인츠 파겔스(Heinz Pagels)는 "이 우주가 생명을 위해 맞춰진 것으로 보인다면, 가장 적합한 결론은 이 우주가 초월적인 하나님에 의해 창조되어 맞춰진 것이라고 하는 것이다"라고 말한다. 다시 말해, 무신론자들은 명백한 것을 회피하기 위해 모든 방법을 동원해 몸부림치고 있다.[11]

또 다른 주장은 참여적 인류발생학의 원리라는 것이다. 양자역학의 외삽법(extrapolation)을 이용하는 이 주장은 우주가 인간이 등장하여 그것을 관찰하기까지는 완전히 존재했던 것이 아니라고 주장한다. 따라서 완전히 실제적으로 존재하기 위해서, 우주는 인간의 의식을 진화시키기로 결정하였다. 노벨상 수상자인 생물학자 조지 왈드(George Wald)의 말에 의하면, "우주는 알려지기를 원한다"는 것이다.[12]

이는 아주 기묘한 우주의 모습이다. 우주는 마음을 가지고 있어서 알려지기를 원하며, 정신을 가지고 있어서 인류를 진화시키기로 결정하기도 한다. 그런 반면에 물리학자 프리맨 다이슨(Freeman Dyson)은 "이 우주는 어떤 의미에서 우리 인간이 오고 있다는 것을 이미 알고 있었다고 생각되어진다"[13]라고 말한다. 천문학자 조지 그린스타인(George Greenstein)도 이와 비슷한 말을 하고 있다. "만일 이것이 우주를 만드는 가장 좋은 방법이라면, 이 우주는 그것을 어떻게 알아냈을까?"[14]

여기서 우리는 유사지능을 가져서 알기도 하고, 알려지기도 하며, 구성할 줄도 알고, 계획할 줄도 아는 그런 우주개념과 맞닥뜨리게 된다. 과학자들이 창조주라고 하는 생각은 비과학적이라고 하면서, 이를 우회하여 의식을 가진 우주라고 하는 이 기묘하고, 거의 불가사의한 개념을 주장하고 있는 것은 정말 놀라운 일이다.

과학자들은 사실에 입각한 이런 추론적 형태의 인류발생학의 원리가 아니라, 오히려 종교적인 동기, 어떻게 보면 반종교적인 동기를 받아들이도록 강요당하고 있다. 신에 의한 창조라는 결론을 회피하고자 하는 욕구가 너무 강해서 수백만 개의 알 수 없는 우주가 존재한다거나, 인간이 등장하고 있다는 사실을 이미 '알고 있었다'는 범신론적 우주론 등의 불합리한 개념을 주장하고 있다. 조지워싱턴대학의 패트릭 글린(Patrick Glynn)의 말에 의하면, 그렇게 많은 과학자들이 "관측된 증거가 아무것도 없는 보이지 않는 우주에 대한 황당한 추측에 사로잡히는 것을 보면 현대 무신론의 이데올로기와 전문과학자 집단 사이에 흐르는 문화적인 조류의 힘이 얼마나 강한 것"인지를 알 수 있다. 그리고 나서 글린은 다음과 같은 통렬한 기소문을 전하고 있다. "과학자들의 주류는 과학적 방법 자체를 고수하기보다는 무질서한 우주라는 무신론적 이데올로기에 훨씬 더 강하게 집착하고 있음을 드러내고 있다."[15]

바로 그것이다.

인류발생학의 원리는 어떤 설계에 따른 제품을 우리가 알아보며 식별할 수 있음을 인정하고, 이 물리적인 우주의 많은 특징들은 어떤 설계가 있었음을 드러내고 있음을 인정하고 있다. 여러 가지 면에서 과학적 방법이란 상식을 성문화하는 것이며, 설계의 흔적을 찾는 것도 예외는 아니다. 나는 어렸을 때 뉴햄프셔의 화이트마운틴에 있는 관광지 "산 속의 노인"을 방문했던 기억이 있다. 관찰대에 서서 우리 가족은 다른 열성적인 관광객들처럼 바위 속에 노인의 옆모습처럼 보이는 흔적이 있는지를 열심히 찾았다. 물론 우리는 실제로 사람을 조각한 것은 아니라는 것을 알고 있었다. 자연의 기적이라고 명명된 곳은 흔히 그러하듯, 오랜 세월 동안 바람과 비로 인해 사람의 얼굴이나, 혹은 다리, 혹은 다른 잘 알려진 모양이 새겨진 그런 곳이었다.

그러나 만일 당신이 사우스다코타 주를 운전하고 가던 도중, 역사책을 통해 분명하게 기억하고 있는 네 명의 미국 대통령과 너무나 확실하게 닮은 모양을 가진 산과 갑자기 맞닥뜨렸다고 가정해 보자. 당신은 즉시 링컨의 튀어나온 턱과 워싱턴의 높은 앞이마를 알아볼 수 있을 것이다. 당신은 이럴 때 그 모양들이 바람이나, 비 혹은 빙하의 침식에 의해 생겨난 것이라고 결론내릴 수 있을까? 세상에 그런 사람이 있을까? 물론 아닐 것이다. 당신은 끌과 드릴을 가진 예술가가 네 명의 얼굴을 바위 위에 조각해 놓은 것임을 즉시 알아차리게 될 것이다.

우리는 설계에 의한 제품과 자연력에 의한 제품을 직감적으로 구별해 낼 수 있다. 수학자 윌리엄 뎀스키(William Dembski)는 그의 재미있는 새 책 「설계추론」(Design Inference)에서 이런 직관에 논리적인 형태를 부여하는 '설명의 필터'(explanatory filter)를 제시하고 있다. 우리가 자연현상을 설명하고자 할 때, 세 가지 가능성이 존재한다. 우연, 법칙, 설계가 그것이다. 자연현상이 불규칙하고, 오류가 있으며, 규정지을 수 없을 때 우리는 그것을 '임의적'인 사건이라고 결론내린다. 만일 규칙적이고, 반복적이며, 예측가능하다면 우리는 자연력의 결과라고 결론을 내린다. 그러나 만일 예측할 수는 없지만 매우 '구체적'이라면 우리는 설계된 것이라고 결론을 내린다. 러시모어산(Mt. Rushmore)에 있는 네 명의 대통령 얼굴은 불규칙(우리가 일반적으로 알고 있는 침식의 결과와는 다르다)하지만, 매우 구체적이다(미리 선택된 어떤 특정한 모양에 적합하다). 뎀스키의 설명의 필터를 적용하면 이 증거는 그 얼굴들이 분명히 설계되었다는 것을 가리킨다.[16]

인류발생학의 원리에 따르면 설계의 증거는 물리적인 우주의 도처에서 발견된다. 뎀스키의 설명의 필터를 적용한다면 물리적인 우주의 많은 중요한 특징들은 불규칙하면서도(이것들을 설명할 자연법칙이 존재하지 않는다), 매우 구체적이다(이것들은 생명을 유지하기 위해 미리 선정된 것으로 보인다). 간단히 말해, 이런 특징들은 너무나 명백히 설계의 특징을 보여주고 있다.

만일 우주가 설계를 드러내고 있다면, 설계자가 있다고 결론을 내리는 것이 논리적이다. 가장 명백한 추론은 이 우주가 실제로 설계되었기 때문에 설계된 것처럼 보인다는 것이다. 이는 사랑의 하나님이 이 세상을 창조하셨다는 성경의 세계관에 대한 확실한 증거이다.

이것이 이 우주의 궁극적인 기원에 대한 대답이다. 그렇지만 그 다음에 무슨 일이 일어났을까? 생명체는 어디에서 왔을까? 생명은 원시바다에서 분자의 결합으로 진화된 것일까?

데이브는 대답을 향한 그의 탐구가 이제 막 시작되었을 뿐이라는 것을 알고 있었다.

제8장

시험관 속의 생명?

> 약간의 과학이 사람을 하나님으로부터 멀어지게 한다. 더 많은 과학은
> 그를 하나님께 다시 돌아가게 만든다.
>
> 프랜시스 베이컨(Francis Bacon)

아이들을 진화론의 복음으로 세뇌시키기 위해 굳이 디즈니월드에 갈 필요는 없다. 오늘날 "공룡시대"(The Land Before Time) 비디오 시리즈를 모르는 어린아이가 있을까? 작은 공룡들이 사랑스러운 것은 논쟁의 여지가 없지만 그 이야기와 더불어 모든 비디오는 진화론의 이야기 속으로 여행하게 만든다. 아이들은 눈을 크게 뜨고 최초의 단세포 생물이 청록색의 거품 이는 바다에서 생겨나는 것을 본다. 그 생물은 변하고 또 변하여 결국에는 귀엽고 작은 아기공룡이 된다.[1] 이것은 자연주의적인 진화론으로 인도하는 즐거운 동화 이야기의 서론이다. 일단 아이의 상상력이 이러한 선명한 이미지로 채워지면 부모가 이러한 이미지들을 몰아내기란 거의 불가능하게 된다. 나중에 이 상상력이 수업시간의 가르침으로 더욱 보강되면 데이브와 같은 그리스도인 부모들은 힘든 전쟁에 맞닥뜨리게 된다.

생명의 기원에 관해 냉정하고 침착한 진실을 찾기 위해 그 화려한 이미지를 벗겨 보자. 과학자들이 시험관에서 생명을 창조한 적이 있는가? 생명이 원시시대의 걸쭉한 액체에서 생겨난 것을 증명한 적이 있는가?

과학자들이 생명이 최초의 바다에서 생겨났다는 것을 증명하기 위해 하는 일은 실험실에 동일한 조건을 재창조해 놓고는 무슨 일이 일어나는지를 보는 것이다. 가장 유명한 실험 중 하나는 1953년에 이루어졌다. 전국 신문들은 시카고대학의 스탠리 밀러(Stanley Miller)의 사진을 실었는데 그는 하얀 실험실 가운을 걸치고 두꺼운 네모진 안경을 끼고는 시험관에서 생명을 창조할 수 있는 첫 단계를 이루어냈다는, 세상을 깜짝 놀라게 할 주장을 펴는 모습이었다.

밀러는 유리관에 단순한 화학약품과 가스를 혼합한 다음, 화학반응을 일으키게 하려고 전기로 자극을 주었다. 이 아이디어는 초기 지구의 조건을 흉내내어, 단순한 화학물질이 반응하여 생명의 생성단위들을 만들어 내었음을 보여주기 위한 것이었다. 놀랍게도 실험장치의 다른 한쪽 끝에 아미노산이 출현했는데, 이는 생명체의 중요한 구성단위인 단백질을 만드는 기본단위였다. 그 소식은 충격적이었다. 생명세포의 요소가 초기 지구에 존재했던 조건하에서 만들어질 수 있다고 감히 꿈꾸는 사람은 거의 없었다. 밀러의 성공은 생명의 기원에 관한 자연주의적인 설명에 대해 결정적인 증거를 보여주는 것 같았다.

이것으로 인해 비슷한 실험들이 잇달았다. 어떤 이들은 밀러의 전기 대신에 열을 에너지원으로 사용하기도 하고 어떤 이들은 태양광선을 흉내내기 위해 자외선을 사용하기도 했다. 이러한 실험들 대부분은 아미노산을 생산해 내는 데 성공했고 아미노산들은 단백질과 닮은 모습인 사슬 모양으로 이어져 있기까지 했다. 그 결과는 숨가쁜 헤드라인으로 계속 보도되었다.

이 모든 광적인 활동에 있어서 문제가 되는 것은, 이 실험들이 진정으로 증명하는 바가 무엇인지 비판적인 질문을 하는 사람이 아무도 없다는 것이다. 재래식의 설명으로는, 이 실험들이 사십억 년 전 원시 연못 안의 단순한 화학물질로부터 생명이 자발적으로 진화되었다는 이론을 뒷받침한다는 것이다. 그렇지만 과연 그런가?

밀러의 시험관에서 생겨난 아미노산에서부터 시작해 보자. 진실은 이것이 생명체에서 발견되는 것과는 결정적으로 다르다는 점이다. 아미노산은 두 가지 형태로 생긴다. 과학자들이 소위 말하는 왼손잡이와 오른손잡이이다. 생명체는 고도로 선택적이어서 왼손잡이 형태만 사용한다. 그렇지만 밀러와 그의 동료들이 실험실에서 화학물질을 혼합했을 때는 두 종류가 나왔다. 왼손잡이와 오른손잡이가 반반씩 혼합이 되었다. 사실, 이러한 일은 실험실에서 화학물질을 마구잡이로 혼합했을 때 일어나는 일이다. 생명체에서 요구되는 종류인 왼손잡이의 아미노산만을 생산하는 자연적인 과정은 없다. 이 모든 것은 시험관에서 생성된 아미노산은 생명체에는 쓸모없는 것이라는 것을 뜻한다.

이는 단지 첫번째 문제일 뿐이다. '생명을 창조하는' 다음 단계는 아미노산을 연결하여 단백질을 형성하게 하는 것이다. 1958년 마이애미대학의 화학자인 시드니 폭스(Sidney Fox)는 이미 존재하는 아미노산을 물 속에서 끓여서 서로 반응하게 유도하였다. 그 결과 아미노산에 단백질 같은 사슬이 생겼는데, 이로 인해 폭스는 밀러처럼 현대과학영웅관(Modern Hall of Scientific Heroes)으로 재빨리 입성했다.

그렇지만 심각한 문제는 과대선전 밑에 숨겨져 있다. 왜냐하면 생명은 우리가 시험관에서 얻는 그 어느 것보다도 훨씬 더 선택적이기 때문이다. 생명체의 단백질은 아미노산이 펩티드 결합이라고 하는 아주 특별한 화학결합 안에서 갈고리처럼 함께 연결되어져 있다. 그렇지만 아미노산은 조립식 장난감 조각과 같다. 이것들은 다른 방식으로도 연결될 수 있어서 몇 가지 다른 화학결합을 만들어낼 수 있다. 시험관에서 바로 그렇게 된 것이다. 그것들은 다양한 방식으로 연결되었으며, 살아있는 세포에서 기능할 수 있는 진정한 단백질을 결코 생산해 내지 못하였다.

게다가, 단백질이 기능하기 위해서는 아미노산이 특별한 순서로 연결이 되어야 한다. 마치 문장을 이루는 글자의 순서처럼 말이다. 한 문장의 글자들을 뒤섞어버리면 아무 뜻도 없는 말이 되는 것처럼, 단백질 안에 있는 아미노산을 뒤섞어버리면 기능을 하지 못하는 단백질을 얻게 될 것이다. 그렇지만 실험실에서 우리가 얻어낸 것은 뒤섞인 마구잡이 순서로 된 것이다. 올바른 아미노산을 선택하여 올바른 순서로 줄 세울 수 있는 자연적인 힘이란 없다. 그 결과, 시험관에서 나타난 단백질 같은 사슬은 생명에는 쓸모없는 것이다.

대단하다고 칭찬이 자자한 실험들이 사실은 진짜 기능할 수 있는 단백질이 어디서부터 오는지에 대해서는 거의 말해 주지 못한다. 그렇지만 이러한 사실은 과학자들이 생명의 구성단위를 만드는 데 성공했다는 뉴스를 대서특필할 때 좀처럼 언급되지 않는다.

과학자들이 '속일' 때

만일 과학자들이 수십억 년 전 원시시대의 걸쭉한 액체에서 일어났을 일을 정말 복제하기 원한다면, 큰 통에 몇 가지 화학물질을 단순히 섞어서 그것을 에너지 자원(열 혹은 빛)에 노출시켜 어떤 일이 일어나는지 봐야 할 것이다. 그렇지만 아무도 그렇게 하지 않는다. 왜 그렇게 하지 않는가? 왜냐하면 그런 방식으로 어떤 중요한 화학 복합체를 얻기란 불가능하기 때문이다. 그 대신, 쓸모없고 기능하지 못하는 아미노산과 단백질이라도 얻으려면 연구 조사자들은 다양한 방식으로 실험을 통제해야만 한다.

예를 들면, 자연에서 화학물질은 순수한 상태로는 거의 발견되는 일이 없다. 그 결과, 어떤 반응이 일어날지를 자신 있게 예언할 수가 없다. A라는 물질과 B라는 물질이 고립된 순수한 형태로 사용되는 실험실에서는 효율적으로 반응할지 모른다. 그렇지만 자연 속에서는 거의 언제나 다른 화학물질 C와 D가 있으므로, A라는 물질이 B라는 물질과 반응하는 대신 C라는 물질과 반응할 수 있기 때문에, 과학자들이 예상한 바와는 완전히 다른 결과가 나올 수가 있다. 다른 말로 하자면, 자연이라는 외부에서는 온갖 종류의 서로 경쟁하는 반응들이 존재한다.

그러면 과학자들은 경쟁적인 반응의 문제를 어떻게 피할 것인가? 그들은 병뚜껑을 열고 순수하게 고립된 요소들만 쏟아 붓는다. 아미노산에서 단백질로 가는 경우처럼 실험이 한 단계 이상을 포함할 때 연구조사자들은 각 단계마다 신선한 재료를 가지고 시작한다. 이는 분명히 실험을 조작하는 것이다. 자연은 각 단계마다 쏟아부을 순수한 재료의 플라스크를 가지고 있지 않다.

또 하나의 전형적인 실험을 생각해 보자. 화학반응을 일으키기 위해 전기 대신에 자외선을 사용하는 경우이다. 이 아이디어는 초기 지구의 원시연못에 비추어진 태양광선을 흉내내는 것이다. 한 가지 작은 문제가 있다. 자외선의 파장이 길수록 매우 파괴적이어서 과학자들이 얻고자 기대한 아미노산 자체를 파괴할 것이다. 그래서 그들이 뭘 하는가? 긴 파장은 걸러내고 짧은 파장만을 사용한다.

그렇지만 역시 성공은 실험을 조작하는 대가로 얻어진다. 진짜 원시연못은 태양광선의 파괴적인 파장으로부터 아미노산을 보호할 스크린이 없었다. 그 결과, 이러한 실험들은 초기 지구상에 정말로 어떤 일이 일어났었는지를 말해 주지 못하며, 단지 연구조사자들이 조건을 조심스럽게 통제할 때 무슨 일이 일어나는지를 말해 줄 뿐이다.

생명의 기원을 밝히는 모든 실험들이 시도한 또 하나의 장치는 최후의 산물이 형성된 이후에 그것을 보호할 덫을 사용하는 것이다. 아미노산은 섬세하며, 구성요소로 쉽게 쪼개진다. 화학물질이 연결되어 아미노산을 만들도록 전기나 열이 에너지원으로 사용될 때, 그 동일한 에너지가 그것들을 파괴할 수도 있다. 그래서 연구조사자들은 섬세한 화학 복합체를 보호할 방도를 찾아야만 하는 것이다.

해결책은 아미노산이 형성되자마자 반응 사이트로부터 아미노산을 옮겨놓는 것이다. 분해되는 것을 막기 위해서 말이다. 밀러가 사용한 장치는 위에는 스파크 발생용 전극이 곤두선 네모난 유리관과 전구, 아래쪽에는 아미노산을 잡아 가두기 위해 물로 가득 채워진 U자형의 가운데가 불룩한 통모양의 것이었다. 밀러는 반응영역으로부터 아미노산을 제거하기 위해 이 덫의 물을 따라버려 아미노산이 다시 분해되지 않도록 했다.

이것이 왜 중요한가를 이해하기 위해 당신을 알파벳 수프를 먹고 있는 어린아이라고 생각해 보자. 당신이 수프를 저으면 당신은 에너지원이 된다. 천천히 섞으면 몇몇 글자가 줄을 서고, 그래서 "T-O"나 "A-N-D" 같은 간단한 글자가 만들어질 것이다. 그러나 당신이 그 글자들을 숟가락으로 떠서 조심스럽게 따로 접시에 담아 두지 않고 계속 저으면 글자들은 다시 흩어질 것이다. 이것이 덫이 하는 역할이다. 덫은 아미노산이 파괴되지 않을 곳에 두고 그것을 보존한다.

이제 다시 문제는 자연은 이 미묘한 생명의 구성요소들을 그렇게 간편하게 보호할 수 있는 덫을 가지고 있지 않다는 것이다. 자연 속에서 자발적으로 생겨날 수 있는 어떤 아미노산도 생겼던 것만큼이나 빠른 속도로 해체될 것이다. 성공적인 실험을 위해서는 덫이 필수적인데, 이는 이 모든 것이 생명의 기원에 대한 자연주의적인 이론을 확인하는 데는 완전히 부적합한 실험이라는 것을 분명하게 보여주고 있다.

어떤 경우에도, 사람들을 그렇게 흥분시켰던 실험들은 결국 인위적인 것이 되고 만다. 그 결과, 가장 성공적인 생명기원에 관한 실험도 자연적인 환경 아래서 생겨날 수 있는 것에 관해서는 거의 아무것도 말해 주지 못한다. 이런 실험들이 말해 주고 있는 것은 머리 좋은 과학자가 조건들을 조작하여 물질들로 하여금 생명의 구성요소를 만들어내는 데 필요한 화학반응의 길을 가도록 '부추겼을' 때 어떤 일이 일어나는가 하는 것뿐이다.

그렇다면 이런 실험들이 실제로 입증한 것은 무엇인가? 생명은 한 지능을 가진 존재가 그 과정을 지휘하고, 통제하며 조작할 때에만 창조될 수 있다고 하는 사실이다. 최근의 과학적 발견은 성경의 믿음을 부인하지 않고 있다. 오히려 생명의 근원은 어떤 지적인 존재, 즉 창조자를 필요로 한다는 것에 대한 확실한 증거를 제시해 주고 있다.

우연이 아니다

좀더 확실한 증거를 든다면, 그 증거는 놀라운 곳으로부터 온다. 바로 생물학에서 사용하는 컴퓨터이다. 정보시대가 되기 훨씬 전에는 살아있는 세포가 아주 단순한 것이어서 생명이 우연히 생겨날 수 있다는 생각을 하기 쉬웠다. 다윈 자신도 세포는 단순히 원형질의 덩어리라고 생각하여, 생명이 '따뜻한 작은 연못'에서 진화하였다고 추측하였다. 그러나 세포가 놀랍게 복잡한 것임을 과학이 밝혀내면서 우연설을 주장하기가 점점 더 힘들어졌다.

생물학자들은 거의 무한한 시간이라는 생각으로 흔히 도피해 버린다. 이들의 주장은 충분한 시간이 주어진다면 어떤 일이든 일어날 수 있다는 것이다. 수백만 년을 거치다보면 일어날 수 없을 것 같은 일도 일어나고, 생각할 수 없었던 일도 가능한 일이 되고 만다. 한동안 생물학자들은 이런 주장을 하지 않았는데, 그 이유는 수백만 년이라는 시간이 너무 방대하여 아무도 그런 정도의 시간이 의미하는 바가 무엇인지 개념을 잡을 수 없었기 때문이었다.

그러나 컴퓨터 혁명은 생명의 기원에 대한 우연설을 마감하였다. 1960년대에 시작되어 수학자들은 태양 아래 이루어지는 모든 일들을 모의실험하기 위해 컴퓨터 프로그램을 작성했고, 이들은 진화 자체에도 계산적인 눈을 돌렸다. 고속컴퓨터에 빠져서 이들은 신다윈주의 진화론의 과정을 수백만 년에 걸쳐 시행착오 방법으로 모의해 보았다. 그 결과는 충격적이었다. 컴퓨터 계산으로 우연한 과정을 통해 진화가 일어날 확률은 시간을 아무리 길게 잡아도 제로였다.[3]

1966년 필라델피아의 위스타연구소(Wistar Institute)에서 열린 한 역사적인 심포지엄에서 일단의 컴퓨터 전문가들은 미국의 생물학자들에게 그들이 발견한 것을 발표하였다. 이에 대한 반박을 주도한 것은 MIT대학의 머레이 이든(Murray Eden)과 파리대학의 마르셀 슈첸버거(Marcel Schutzenberger)였다. 처음에 생물학자들은 컴퓨터 전문가들이 그들의 영역을 침범한 것에 대해 매우 분노하였다. 그러나 그 숫자는 부인할 수 없었다. 심포지엄이 끝난 이후, 우연설은 조용히 묻혀버렸다.

그 결과, 오늘날 저명한 과학자들이 우연히 생명이 존재하게 되었다는 설에 대해 코웃음을 치는 것은 흔한 일이 되었다. 유명한 천문학자 프레드 호일 경(Sir Fred Hoyle)은 이것을 10^{50}명(1조x1조x1조x1조x100명)이나 되는 시각장애인들을 일렬로 세워놓고, 마구 뒤섞어놓은 루빅 큐브(정육면체의 색 맞추기 퍼즐 장난감 - 편집자 주)를 하나씩 나눠주고 이들 모두가 그 큐브를 동시에 풀어내는 것과 같다고 비유했다.[4]

이 우연의 자리를 대신해 들어간 것은 무엇이었는가? 생명이 자발적으로 진화했다고 가정하는 자연주의자들에게 또 하나의 가능성이 있다. 만일 생명이 우연한 과정에 의해 생겨난 것이 아니라면, 물질 자체가 가지고 있는 힘의 강제력으로부터 생겨난 것일 수밖에 없다. 그리하여 오늘날 이 분야에서 일하는 생물학자들은 그 과정을 이끈 물질 안의 어떤 힘, 즉 생명이 등장하도록 만든 어떤 힘을 찾으려고 노력하고 있다. 이들은 어떤 일정한 조건이 되기만 하면 생명이 불가피하게 생겨나게 될 것이라는 가정을 세우고 있다. 널리 사용되고 있는 대학 교재에는 이런 접근법을 「생화학적인 예정론」(*Biochemical Predestination*)이라는 책 제목으로 요약해

서 말해 주고 있다.[5]

그러나 물질 안의 어떤 힘이 이 일을 맡고 있는지에 관해 합의된 것은 없다. 최초로 이런 주장을 편 사람 중 한 사람이고 「생화학적인 예정론」의 저자 중 한 사람인 샌프란시스코 주립대학의 딘 케니언(Dean Kenyon)은 그 이후 자기 자신의 이론을 반박하고 있다. 케니언은 한 인터뷰에서 다음과 같이 설명하고 있다. "실험들을 자세히 들여다보면 한 가지 분명하게 두드러지는 것이 있는데, 아미노산이 질서정연한 순서로 배열되지 않는다는 것이다… 우리가 만일 자발적으로 질서잡힌 수많은 순서를 보고자 생각했다면 우리 이론은 뭔가 잘못되어 있음이 틀림없다."[6] 케니언은 그 이후 생명의 기원에 대해 '지적인 설계자'의 개념을 받아들이고 있다.

슬프게도 이런 용기를 가진 과학자는 그리 많지 않다. 하지만 이 실험들이 생명의 기원에 대한 자연주의자의 이론을 뒷받침하는 데 실패했다는 것이 점점 더 분명해지고 있다. 이 실험들이 뒷받침하고 있는 것은 지적인 설계라고 하는 개념이다. 이 실험들은 원재료가 어떤 지적인 존재에 의해 아주 조심스럽게 선택되고, 나열되고, 통제되고 조직될 때에만 생명이 발생할 수 있다는 분명한 증거를 보여주고 있다.

과학의 발전은 우리가 흔히 들어온 것처럼 기독교 신앙에 대해 새로운 도전을 던져주고 있는 것이 아니다. 오히려 그리스도인들이 믿는 바가 자연의 세계를 포함한 모든 수준에서 옳다는 보다 강력한 증거를 점점 더 드러내주고 있다. 오늘날 과학자들이 세포 안에 있는 것, 특히 DNA의 구조에 대해 더 많이 알아가게 되면서 그러한 사실은 더욱 분명해지고 있다.

생명의 언어

오늘날은 심슨(O. J. Simpson) 사건 등 논란이 많았던 재판에서 DNA 얘기를 많이 한 덕분에 우리가 이 용어를 많이 듣긴 했지만, 그게 정말 무엇인지 잘 아는 사람은 별로 없다. 간단히 말하면, DNA는 세포 안에 있는 언어이며, 분자가 가진 메시지이고, 단백질이 어떻게 구성되어야 하는지 세포에게 알려주는 명령어 같은 것으로, 컴퓨터를 작동하는 데 필요한 소프트웨어와 유사한 것이다. 게다가 DNA가 가지고 있는 정보의 양은 엄청나다. 사람 신체의 세포 하나에는 모두 30권인 브리태니커 백과사전의 세 배 내지 네 배 정도의 정보가 들어 있다. 따라서 이제 생명의 기원에 관한 질문은 이런 생물학적 정보의 기원이 무엇인가라는 질문으로 대체되어야 한다. 정보가 자연의 힘만으로 생겨날 수 있는가? 아니면 어떤 지적인 존재가 필요한 것인가?

자연주의에 몰두된 과학자들은 단지 물리, 화학의 법칙에만 근거한 생명을 설명하려고 노력해야 한다. 이들은 DNA 안에 있는 정보가 생명체를 구성하는 화학물질에서 작동하고 있는 자연적인 과정의 산물이라는 것을 설명할 수 있어야 한다. 엡콧에서 캐티가 그의 아버지에게 했던 말을 생각해 보자. "화학작용일 뿐이에요. 화학작용 말예요."

DNA가 일상적인 법칙에 따라 반응하는 보통의 화학물질(염기, 당, 인산염)로 구성되어 있는 것은 사실이다. 그러나 DNA가 어떻게 해서 메시지로 작용하는가 하는 것은 화학물질이 아니라, 그 화학물질들의 순서, 또는 패턴이다. DNA 안에 있는 화학물질은 한 메시지 안에서 문자처럼 작용하는 분자(핵산이라 불린다)의 집합으로 나뉘지고, 이들 메시지가 알아들을 수 있는 것이 되려면 특정한 순서를 가져야만 한다. 이 문자들이 뒤섞여버리면 아무 의미도 없게 된다. 따라서 이제 중요한 문제는 이런 화학적인 '문자'의 순서가 자연적인 원인에 의해 생겨난 것인가, 아니면 어떤 지적인 존재를 필요로 하는가이다. 법칙의 산물인가, 아니면 설계된 것인가?

200여 년 전에 영국의 목사 윌리엄 페일리(William Paley)는 살아있는 유기체를 시계에 비유함으로써 설계에 대한 고전적인 논쟁의 틀을 제공했다. 바닷가에 시계가 놓여있는 것을 보고 "아, 바람과 파도가 이런 것을 만들었구나"라고 말할 사람은 아무도 없다. 그 대신 우리는 시계는 지능을 가진 존재만이 만들어낼 수 있는 구조를 갖고 있음을 즉시 알아차린다. 페일리는 이와 마찬가지로 살아있는 것들은 오직 지적인 존재만이 만들어낼 수 있는 그런 종류의 구조를 가지고 있다고 주장한다.[7]

자연주의 과학자들은 과학에서는 지적인 존재라고 하는 생각의 여지가 없다고 주장한다. 그러나 사실은 과학의 다른 분야들에서는 이미 지능의 개념을 사용하고 있고, 이런 지적인 존재의 역할을 검출해 내려는 실험을 고안하기까지 했다. 법학을 생각해 보자. 경찰이 시체를 발견했을 때, 이들이 제기하는 첫째 질문은 이 죽음이 자연적인 것인가, 아니면 피살된 것인가 하는 것이다. 병리학자들은 해답을 얻기 위해 아주 분명한 일련의 실험을 하게 된다.

마찬가지로 고고학자들은 이상하게 생긴 돌을 발견했을 때, 이 돌이 풍화작용에 의해 만들어진 것인지, 아니면 고대의 수렵가가 일부러 쪼개 만든 원시인의 연장이었는지를 밝혀낸다. 이것이 어떤 지적인 활동의 결과인지 아닌지를 알기 위해 어떤 종류의 실험을 하게 된다.

암호해독가에게 난수화된 문자를 한 페이지 제시하면 이들은 이것이 암호인지, 아니면 그저 무질서한 문자들인지 어떻게 결정하는가? 외계로부터 무선신호를 받았을 때 천문학자들은 이것이 또 다른 문명으로부터 온 신호인지 아닌지를 어떻게 구별하는가? 이런 문자들이나 신호들이 언어인지를 결정하는 데 적용되는 규칙들이 있다.

예를 들어, 1967년에 천문학자들은 외계로부터 무선신호가 들어오는 것을 발견하고 깜짝 놀랐다. 이들에게 맨 처음 든 생각은 '이것이 지능을 가진 또 다른 종족이 우리와 교신하기 위해 보낸 것'이라는 것이었고, 이들은 이 신호를 'LGM'(Little Green Men, 작은 초록 우주인)이라고 명명했다. 그러나 좀더 분석해 보니까 이 신호들은 언어로서는 적합치 않은 패턴을 가지고 있었다. 이들이 알아낸 것은 새로운 형태의 생명이 아니라, 라디오 비콘(조난시 자동적으로 무선신호를 보내는 장치 - 역자 주)의 흉내를 내는 자전하는 별이었다.[8]

우리는 일상생활에서 항상 별 생각 없이 자연적인 것과 지능적인 것을 알아낸다. 바닷가 모래에 주름이 잡힌 것을 보면 자연적인 과정에 의해 생긴 것이라고 생각한다. 그러나 그 모래에 "존은 메리를 사랑해"라는 글자가 쓰여 있으면 우리는 다른 종류의 질서라는 것을 즉시 알아차리고, 한 쌍의 연인들이 그곳을 다녀갔다는 것을 알게 된다. 또 아이들이 구름 속에서 모양을 찾아내는 게임을 생각해 보자. 어른인 우리들은 그 모양이 물분자에 작용하는 바람과 온도의 영향으로 생겨난 것임을 알고 있다. 그러나 만일 어떤 메시지를 보내고 있는 '구름들'을 보게 된다면 어떨까? 1940년대 나치 점령하의 파리를 배경으로 하는 "프랑스에서의 재회"(Reunion in France)라는 영화에서 한 용기 있는 비행기 조종사가 그 도시 위를 날면서 하늘에 "용기"라는 단어를 썼다.[9] 만일 당신과 내가 거기 있었다면, 조종사가 쓴 것을 구름일 뿐이라고 잘못 말하지는 않았을 것이다. 그 글자들이 흰색이고 솜털처럼 보풀보풀하더라도 자연의 힘으로 그런 메시지가 생겨났다고 하지는 않았을 것이다.

마찬가지로 과학자들이 세포의 핵을 탐구할 때, 이들은 "존은 메리를 사랑해"나 "용기"와 같은 아주 유사한 것에 맞닥뜨리게 되는데 단지 차이라면 DNA는 아주 광범한 정보를 가지고 있다는 것이다. 이것이 의미하는 바는 이제 우리는 페일리가 살아있는 것과 시계를 비교하는 비유를 통해 설명했던 것보다 훨씬 더 근접한 비유를 사용하여 설계론 주장을 되살릴 수 있게 되었다는 것이다. 새로운 비유는 DNA와 메시지 작성에 관한 것이다. 자연의 힘 중에서 책을 쓰고, 컴퓨터 프로그램을 만들고, 교향곡을 작곡할 능력이 있는 힘이 있던가? 분명히 아니다. DNA의 발견은 생명이 지적인 설계의 산물이라는, 아주 강력하고 새로운 증거이다. 이는 경험에 확고하게 근거하고 있는, 아주 단순하면서도 설명하기 쉬운 논증이다.

분자 안에 있는 메시지

DNA 안에는 정보가 들어 있기 때문에, 이 경우는 정보가 전달되는 방법을 연구하는 정보이론에 따라 설명하는 것이 효과적이다. 이미 밝힌 바와 같이 자연주의 과학자들에게는 생명의 기원을 설명할 수 있는 단 두 가지 방법만이 있다. 하나는 우연이라는 것이고, 다른 하나는 자연법칙이라는 것이다. 그러나 정보이론은 이런 두 가지 설명들을 논박할 수 있는 강력한 도구를 제공하고 있는데, 이는 우연이나 법칙은 낮은 수준의 정보내용을 가진 구조를 만들어내는 반면, DNA는 매우 높은 수준의 정보내용을 가지고 있다는 것이다.[10]

어떤 구조나 메시지가 높은, 혹은 낮은 정보내용을 가지고 있는가 하는 것은 그 정보내용을 구성하는 데 필요한 최소한의 명령어 숫자가 몇 개인가 하는 데 달려 있다. 좀더 자세히 설명하자면, 임의로 배열된 문자는 낮은 정보내용을 가지게 되는데 이는 단지 두 개의 명령어만 필요하기 때문이다. (1)영어 알파벳에서 한 문자를 선택하여 그것을 적는다. (2)그것을 다시 반복한다(또 다른 문자를 선택하여 그것을 적는다). 이와 마찬가지로, 규칙적이고 반복적인 문자배열도 낮은 정보를 가지고 있다. 당신의 컴퓨터를 사용하여 크리스마스 포장지를 만들려면 단지 몇 개의 명령어만 있으면 된다. (1) M-e-r-r-y C-h-r-i-s-t-m-a-s라고 타이프한다. (2) 이것을 반복한다. 반면에 "크리스마스 전날 밤"(The Night before Christmas)이라는 시를 컴퓨터가 프린트하게 하려면, 모든 문자 하나하나를 지정해야 한다. 시를 적어넣는 과정은 많은 명령어를 필요로 하기 때문에 높은 정보내용을 가지고 있다고 말한다.

자연에서도 이와 유사하게 임의의 패턴과 규칙적인 패턴(바닷가의 모래 주름처럼)은 낮은 정보내용을 가지고 있다. 반면에 DNA는 매우 높은 정보내용을 가지고 있다. 화학자들로 하여금 가장 단순한 박테리아의 DNA라도 합성할 수 있게 하는 간단한 명령어 세트를 만들어내는 것은 불가능하다. 모든 화학적인 '문자'들을 지정해 주어야 하는데, 문자 그대로 수백만 개가 필요하다. 그렇기 때문에 DNA는 우연이나 자연법칙의 산물과는 전혀 다른 구조를 가지고 있다. 따라서 정보이론은 생명의 기원을 그렇게 설명하려는 어떤 시도라도 폭로할 수 있는 개념적인 도구를 제공하고 있다.

이미 얘기한 것처럼, 오늘날 대부분의 과학자들은 생명의 기원을 설명하기 위해 물질 안에서 자기 스스로를 조직하는 힘과 같은 것을 찾고 있지만 아직까지 그럴 만한 것은 아무것도 없다. 그 결과, 이 주제는 무생물 구조에서 발견되는 자발적인 질서, 예를 들어 결정(crystals)과 같은 구조와 비유해서 설명하고자 한다. 도서관의 책들을 검색해 보면 결정형성의 비유를 들어 생명이 어떻게 생겨났는지 설명하는 책들이 많음을 알게 될 것이다.

하지만 이런 비유는 적합한 것인가? 전혀 그렇지 않다. 정보이론은 이 주제를 뒤덮고 있는 안개를 시원하게 걷어간다. 보통의 결정(소금이나 설탕 같은)이건, 정교한 결정(루비나 다이아몬드 같은)이건, 모든 결정은 반복적인 질서의 예에 불과하다. 어떤 결정이 독특한 구조를 가지고 있다고 한다면 이는 그 원자들이 어떤 특정한 위치에 끼여들어가 이미 정해진 일정한 모양을 갖도록 하는, 그 원자(또는 이온) 자체의 소위 '모양'으로 인한 것이다. 소금의 경우, 원자는 항상 육면체의 상자를 형성하고 있고, 설탕의 경우 원자는 항상 양쪽 끝으로 기울어진 네모난 결정을 형성한다. 동물학자 리처드 도킨스(Richard Dawkins)는 그의 저서 「눈먼 시계공」(The Blind Watchmaker)에서, "우리가 만일 원자의 수준으로 수축된다면 우리는 마치 기하학적으로 반복되는 회랑(galleries) 같은, 직선으로 수평선까지 뻗친 끝없는 원자의 줄들을 보게 될 것이다"라고 말하고 있다.[11]

'기하학적 반복'이라는 말이 바로 문제이다. 왜냐하면 이는 결정에는 별로 정보가 없다는 것을 의미하기 때문이다. 그것은 마치 어떤 사람이 "한 모양을 선택하라" 그리고 "그것을 반복하라"고 말하는 것과 같다. 만일 DNA분자가 정말 결정과 유사한 것이라면, 마치 크리스마스 포장지처럼 동일한 패턴이 계속해서 반복되는 것이라야 한다. 때문에 결정형성은 DNA의 기원에 대해 아무런 단서도 제공해 주지 못한다.

생명의 기원에 대해 자연주의적인 답변을 하고자 하는 또 다른 시도는 복잡이론(complexity theory)이라고 하는 새로운 분야에서 비롯된다. 연구원들은 그들의 컴퓨터 스크린 위에서 고사리, 수풀, 눈송이 비슷한 모양을 한 놀라운 형상들을 '성장' 시켰다. 그리고 이것이 자발적 질서의 기원에 대한 해답이라고 강변한다.

이 새로운 연구분야가 마침내 자발적 생명의 기원 자체를 설명하는 법칙을 발견하게 해줄 것인가? 그러한 주장은 이미 제기되었지만, 답은 '노'이다. 진실을 말한다면, 복잡이론에 따라 그들의 컴퓨터 스크린상에 만들어진 고사리와 소용돌이는 결정과 똑같은 종류의 질서를 보여줄 뿐이다. 산타페연구소(Santa Fe Institute)의 스튜어트 카우프만(Stuart Kauffman)은 그 모양들이 몇 가지 '아주 단순한 규칙'을 반복 적용해서 얻어진 것이라고 말하고 있다.[12] 다른 말로 하면, 이런 구조들은 마치 결정처럼, 단지 몇 개의 명령어만 주고, "반복하라"고 하면 되는 것이다.[13]

결론은 DNA와 같이 높은 정보내용을 가진 구조를 만들어낼 수 있는 어떤 물리법칙도 알려진 것이 없다는 것이다. 가장 최근의 과학적 지식과 우리의 일상적인 경험에 기초해서 우리는 단 한 가지 원인이 있다는 것을 알 수 있는데, 이는 바로 지적인 존재가 했다는 것이다. 지적인 존재만이 '크리스마스 전날 밤'이라고 타이프할 수 있고, 컴퓨터 프로그램도 만들 수 있으며, 음악을 작곡할 수도 있다. DNA분자 안에 수록된 정보를 만들어낼 수 있는 것은 지능을 가진 존재뿐이다.

* * *

많은 그리스도인들이 과학적인 질문에 대답할 때 생명의 기원에 대해서조차 하나님을 끄집어내기를 힘들어한다. 우리는 하나님을 이용해서 우리의 무지를 덮어버리려는 '틈새를 메우는 하나님' 주장을 한다는 비난을 받기를 두려워해서 결국 자연적인 해석이 등장하게 만들었고, 그로 인해 또 당황하고 있다. 그리스도인들이 천둥을 신들의 분노라고 생각했던 원시인들과 같은 범주로 취급당하는 경우가 자주 있다는 것을 고려할 때, 이런 두려움은 이해할 수 있다. 그러나 그리스도인들이 비판자들에 대해 전세를 역전시켜야 할 때도 있는 법이다. 초자연적인 해석을 받아들이는 것이 더 합리적이며, 자연적인 해석을 주장하는 것이 실제로 불합리한 경우도 있는 법이다.

우리는 과학으로부터 과학이 할 수 없는 것이 있다는 것을 알게 되었다. 우리는 연금술사들이 납을 금으로 바꾸고자 하는 꿈을 결코 이룰 수 없었다는 것을 알고 있다. 우리는 한 종(species)의 조상이 다른 종의 후손을 결코 만들어낼 수 없다는 것도 알고 있다. 이런 경우에 대해 자연법칙을 발견하겠다고 계속 우기는 것은 '천둥치는 신들'이라는 원시신화만큼이나 불합리하다. 과학은 자연력이 할 수 없는 것에 대해 할 수 없다고 말하게 하는 일관된 패턴을 보여주고 있다.

경험적인 증거로도 자연의 힘은 높은 정보내용을 갖는 구조를 만들어낼 수 없음을 분명히 알 수 있다. 이는 나중에 자연적인 해석을 통해 채워질 수 있는 지식의 '갭'인 우리들의 무지를 말하는 것이 아니다. 이는 오히려 자연과정에 대한 일관된 경험에 대해 우리가 아는 것에 관한 서술이다. 오늘날, DNA를 설명해 주는 어떤 자연적인 과정을 발견할 수 있을 것이라는 희망에 집착하는 것은 너무나 불합리한 생각이다. 자연주의자들이 발견하기를 간절히 소망하는 회피과정은 완전히 전례가 없던 일이며, 우리가 현재 알고 있는 어떤 것과도 종류가 다른 것이다. 분명 이는 무지에서 비롯된 논쟁이다.

  생명의 기원에 대해 말한다면 과학은 정확하게 지적인 존재에 의한 창조의 편을 들고 있다. 우리는 과학의 발전에 두려워할 것이 하나도 없다. 데이브와 같은 부모들은 의문이 많은 그들의 십대들에게 분명하게 해줄 대답을 가지고 있다.

제9장
피고석의 다윈

> 다원주의자들이 (과학과 같은) 주요 용어들의 정의를 통제하고 있는 한, 어떤 증거를 대더라도 그들의 체계를 패배시킬 수 없다.
>
> 필립 존슨(Philip Johnson)

디즈니월드에서 돌아온 이후, 데이브 멀홀랜드는 해답을 찾기 위해 세심한 노력을 기울였다. 그가 출석하는 교회의 목사와 몇 명의 친구들의 도움을 받아 그는 이 문제들을 집중적으로 다루는 몇 권의 책을 찾았다. 이제 그는 딸 캐티에게 빅뱅이 정말 의미하는 것이 무엇인지 말할 수 있게 되었다. 빅뱅은 하나님이 천지를 창조하셨다는 사실을 부인하는 것이 아니라, 이 우주에는 궁극적인 기원이 있으며, 어떤 초월적인 존재가 있음을 가리키고 있다는 것을 말이다. 그는 이제 별 어려움 없이, 인류발생학의 원리가 물질세계의 모든 수준에 관통하고 있는 '설계'에 대한 명백한 증거들을 집약하고 있다는 것을 말할 수 있게 되었다. 그는 심지어 생명이 어디서 왔는가에 대한 캐티의 질문들에 재치 있게 대답할 수도 있게 되었다. 너무나 빈약한 결과를 얻기 위해서도 실험실에서는 '속임수'가 있어야만 하고, DNA의 발견이 창조주의 존재를 확실하게 증명하는 것이라는 사실도 말할 수 있게 되었다.

"얘, 캐티야. 네 스스로의 경험을 생각해 보거라. 어떤 자연의 힘으로 하늘이나 바위에 글자가 새겨진 것을 본 적이 있었니?" 그는 딸애에게 물었다.

딸애는 확신 없이 "음…" 하고 대답했다.

데이브는 어지럽혀져 있는 그의 책상에서 아무렇게나 책을 한 권 꺼내 들었고, 글자가 가득 인쇄된 한 페이지를 열었다. "화학물질 안에 있는 어떤 자연의 힘이 DNA부호를 '기록했다' 라고 말하는 것은, 마치 종이와 잉크 안에 있는 화학물질이 이 페이지 위에 글자를 적었다고 말하는 것 같구나."

그는 이제 확신을 갖게 되었고, 캐티는 그가 알아가고 있는 것에 대해 진정한 관심을 갖게 된 것 같았다. 그런데 오늘은 캐티가 예전의 전투적인 태도로 돌아갔다.

그애는 자기 머리를 흔들었다. "하나님이 모든 것의 시작점에 계시다는 것을 저도 인정할 수 있어요." 그애는 허풍을 섞어가며 말하였다. "어쩌면 최초에 하나님이 모든 것을 생겨나게 하셨을지도 모르죠."

데이브는 속으로 미소지었다. 비록 캐티는 그렇게 표현하지는 않았지만 이렇게 인정하는 것도 진전이라고 생각했다.

"그렇지만 일단 생명이 여기에 존재하게 된 이후에는, 다윈이 말한 것처럼 생명체가 진화한 것이라는 사실을 모두 알고 있어요. 학교에서 배우는 교과서에서도 보았어요."

이제 그녀가 책을 집어들 차례였다. 그녀는 자기 가방에서 두꺼운 생물학 교과서를 꺼내 들었다. 한 페이지 가득 눈길을 끄는 사진들로 채워져 있었는데, 여러 종류의 개와 말들, 난초와 장미들의 사진이 있었다. 그림의 제목은 "실제 이루어지고 있는 진화"라고 되어있었다. 진화가 우리

눈 앞에서 이루어지고 있었다.

　데이브는 딸애의 손에서 책을 받아 들면서 가슴이 죄어오는 것을 느꼈다. 그는 아직 이런 문제를 다루지 못했던 것이다. 그리고 그 컬러 사진들은 너무 인상적이었다.

　캐티는 의기양양하게 아버지를 쳐다보았다. "책에 나와 있죠, 아빠."

　데이브는 대답하지 않았다. 그의 눈은 딸애가 학교에서 무엇을 배우는지 알기 위해 교과서를 따라 내려가고 있었다. 캐티는 잠시 기다리다 방에서 나갔다. 데이브는 아직 그 책을 자기 무릎 위에 올려놓고 앉아 있는데도 말이다. 데이브는 손을 모았다. "하나님, 캐티가 나와 싸우고, 또 하나님과 싸우는 것이 놀랄 일이 아닌 것 같습니다. 캐티가 학교에서 배우는 것은 자연이 스스로 그런 일을 할 수 있다는 것입니다. 하나님과 관계없이 말입니다."

＊　＊　＊

　캐티가 배우는 교과서와 같은 곳에서 사용된 전술은 종교에 대해 직접적인 공격을 하는 경우는 거의 없다. 대신, 하나님은 조용히, 그러나 확실하게 관계없음의 위치로 밀려나 이제 더 이상 하나님이 할 수 있는 것은 아무것도 없게 된다. 널리 사용되고 있는 대학 교과서 「진화론적 생물학」(Evolutionary Biology)의 예를 들어보자. "통제되지 않고, 목적이 없는 변종과 자연도태라고 하는 맹목적이며 무작위한 과정을 결합시킴으로써 다윈은 생명과정에 대한 신학적이고 영적인 해석을 쓸모없는 것으로 만들어 버렸다."[1]

　동일한 메시지를 고등학생들에게도 전하고 있다. 1995년의 성명에서 "전국생물교사협회"(National Association of Biology Teachers)는 모든 생명은 "통제되지 않고, 비인격적이며, 예측불가능하고, 자연적인 과정의 산물이다"라고 말하고 있다.[2] "통제되지 않고, 비인격적"이라는 말은 하나님이 진화과정을 지휘하고 안내하는 역할을 했다는 것도 참을 수 없음을 뜻한다. 생명은 우연에 의해 맹목적으로 이루어진 물질적인 과정의 결과라고 선언한다.

캐티의 아버지만이 곤경에 처한 것이 아님은 분명하다. 모든 그리스도인들은 다윈을 추종하는 자연주의자들이 제기하는 도전에 어떻게 응답해야 하는지 알아야 한다. 다행히 몇 가지 기본개념들이 그들의 주장을 꺾고 보다 분명한 생각을 할 수 있게 해준다. 다윈주의에 대한 가장 좋은 논증은 수세기 동안 농부와 교배사들이 알고 있었던 것으로 다음과 같은 단순한 말로 표현할 수 있다. 생명체에 있어 자연적인 변화는 극히 제한적이다. 보다 적극적으로 말한다면, 유기체는 자기의 모양을 유지한다.

캐티의 교과서에 있는 사진을 예로 들어보자. 개와 말과 장미 등을 '진행되고 있는 진화'의 예로 들었다. 다윈주의자들은 개들은 아직도 개이며, 말은 아직도 말이고, 장미는 아직도 장미라는 사실을 간과하고 있는 것 같다. 새로운 종류의 유기체를 만들어낸 변화란 없었다. 개를 혼합교배하면 육중하게 움직이는 그레이트 데인도 나오고, 자그만 치와와도 나온다. 그러나 어떤 변종도 개과(科)를 벗어나는 경향을 보이지는 않는다.

텍사스 타일러에 있는 멋진 타일러 시립 장미원의 전시장에는 거의 모든 종류의 색과 농도를 가진 500여 종의 장미 변종이 있다. 그러나 아무리 교배를 하여도 그것들은 장미일 뿐이다. 생물학 교과서에 인용된 어떤 예도 보다 복잡한 새로운 수준으로 진화한 것이 없다. 이것들은 단지 평균적인 것을 중심으로 한 변종임을 보여 줄 뿐이다.

다윈주의는 모든 관찰된 변화가 제한적이라는 사실을 부인할 수 없다. 다윈주의가 제시하는 바는 이런 변종들이 나중에 중요한 변화를 일으키게 되는데, 말하자면 단세포 유기체가 벌과 나비도 되고 어린 소년도 되는 큰 변화를 일으킨다는 것이다.[3] 이것이 다윈주의의 핵심이다. 그러나 아이러니하게도 이 부분이 가장 부정하기 쉬운 부분이다. 찰스 다윈 자신이 했던 비둘기 교배 실험도 생물학적 변화의 한계를 보여주고 있다.

빅토리아 시대, 영국에서는 비둘기 교배가 유행했었다. 다윈이 저 유명한 갈라파고스 제도(Galapagos Islands)로 바다여행을 하고 돌아온 후, 그는 비둘기 교배를 시작했다. 솜씨 좋은 기술로 교배를 한 결과 비둘기는 중국부채 같은 꼬리를 가진 것이 되었다. 또 부리 앞으로 커다란 멀떠구니가 튀어나온 파우터(멀떠구니를 내밀어 우는 집비둘기의 일종 - 역자 주)가 되기도 하였다. 또 머리의 옆과 뒤쪽에 깃털 '후드'를 달고 있는, 마치 자코뱅 수도승들이 입고 있는 후드를 연상케 하는 자코뱅종이 되기도 했다. 그러나 이렇게 그 범위가 다양함에도 불구하고, 이들은 모두 도시 공원에서 우리에게 가까이 날아오는 회색의 새, 변함없는 비둘기의 후손일 뿐이다. 그리고 꼬리와 날개가 이리저리 멋진 변종을 보여준다 하더라도 다윈이 관찰한 모든 비둘기는 그저 비둘기일 따름이다. 유전자의 주기가 순환적으로 변화하는 것을 보여주기는 하지만 새로운 유전정보를 나타내고 있는 것은 아니다.

다윈은 어떻게 이렇게 제한적인 변화의 예로부터 무한한 변화라는 이론을 생각해 냈을까? 그는 그가 관찰한 변화를 가지고 이를 머나먼 과거로까지 확대했다. 그 과거는 물론 그가 관찰하지 못한 것이었다. 만일 흔한 산비둘기가 사육사의 손에 의해 비교적 짧은 시간 동안 그렇게 많은 변화를 일으킨다면, 자연 속에서 수천, 수백만 년 동안에는 얼마나 많은 변화가 있었을까 하는 의문을 그는 갖게 되었다. 시간이 충분하다면 변화는 거의 무한한 것이며, 비둘기는 전혀 다른 종류의 새가 될 수도 있을 것이다.[4]

그것은 매우 대범한 추론이었다. 그러나 단지 추론일 뿐이라는 것을 잘 이해해야 한다. 다윈이나 그 밖의 누구도 진화가 일어나는 것을 본 적이 없다. 그것은 관찰된 사실을 훨씬 뛰어넘는 외삽법(extrapolatio)이라고 할 수밖에 없는 추측일 뿐이다. 물론 우리가 그것은 관찰할 수 있는 사실이 아니라는 것만 잊지 않는다면 외삽법 자체는 문제일 것이 없다. 또 합리적인 외삽법을 사용하려면 외삽된 과정이 일정한 비율로 계속될 것이라고 믿을 만한 확실한 근거를 가지고 있어야 한다.

여기에 다윈이론의 결정적 결함이 있다. 수세기에 걸친 경험으로 미루어 보아 교배로 생겨난 변화는 세대가 바뀌면서 일정한 비율로 지속되지 않는다. 오히려 변화는 처음에 급격했다가, 줄어들고, 마침내 교배사가 넘어갈 수 없는 한계에 다다르게 된다.

역사적인 예를 들어보자. 1800년부터 시작하여 식물 교배사들은 사탕무의 당도를 증가시키려는 시도를 해왔고, 아주 성공적이었다. 75년간의 선택교배를 통해 사탕무의 설탕함량을 6퍼센트에서 17퍼센트로 높였다. 그러나 더 이상 갈 수는 없었다. 그후 50년 동안 집중적인 교배가 이루어졌지만, 설탕함량은 결코 17퍼센트를 넘어서지 못했다. 생물학적인 변종은 일정한 수준에 도달하면 정지되어 버린다.

왜 그 과정이 멈추게 되는가? 왜냐하면 특정한 특질에 대한 모든 유전자가 선택되고 나면, 더 이상 교배를 할 수 없기 때문이다. 교배는 마치 카드를 섞는 것처럼 유전자의 연못에서 이미 존재하는 유전자들을 섞고 재결합하는 것이다. 그러나 카드를 섞는다고 해서 새로운 카드가 생겨나는 것이 아닌 것처럼, 교배는 새로운 유전자를 만들어내는 것이 아니다. 쥐를 교배한다고 해서 쥐에게서 깃털이 나오는 것이 아니며, 돼지에게서 날개가 나올 수 없다.

게다가 교배사가 선택교배를 계속 하다 보면 그 유기체는 점점 약해져서 마침내 새끼를 낳을 수 없게 되고, 죽어버리고 만다. 이것이 오늘날의 농업에는 재난이다. 고도로 교배된 젖소와 닭들은 우유와 달걀을 더 많이 생산하기는 하지만, 질병에 걸리기 쉽고 불임이 되기 쉽다. 아무리 교배를 많이 해도 넘을 수 없는 자연적인 한계가 있다.

또 어떤 유기체가 더 이상의 도태과정을 거칠 수 없게 될 때 그 유기체는 다시 원래의 형태로 돌아가려는 성질이 있다. 그대로 내버려두면, 다윈을 혹하게 만들었던 멋진 비둘기들은 야생 산비둘기로 돌아가게 된다.

때문에 다윈은 외삽법을 잘못 적용했다는 결론이 나온다. 자연 속에서건 아니면 교배 우리 안에서건 유전자를 뒤섞어 만들어진 사소한 변화는 진화에 필요한 무한한 변화의 원동력이 되지 못한다. 생물이 가진 자연적 경향은 무한히 계속 변화하는 것이 아니라, 원래 형태에 가깝게 남아있으려는 것이다.

다윈은 실제로 무엇을 입증한 것일까?

교배는 기존에 존재하는 유전자를 섞는 역할 이외에는 할 수 없기 때문에, 진화가 보다 높고 새로운 차원에서 일어나려면 새로운 유전물질을 주입해야 한다. 자연 속에서 새로운 유전물질의 유일한 원천은 돌연변이이다. 오늘날의 신다윈주의에 있어 진화의 중심 메커니즘은 임의의 돌연변이와 자연도태이다.

젊은이들에게 돌연변이의 개념을 널리 퍼뜨린 것은 수년 전에 있었던 "틴에이지 돌연변이 닌자 거북"(Teenage Mutant Ninja Turtle)이었고, 오늘날 거의 모든 공상과학 영화는 돌연변이를 다루고 있다. 그렇다면 정확히 무엇이 돌연변이인가? 유전자란 일종의 암호화된 명령어이기 때문에, 돌연변이는 오타와 비슷하다. 글자를 바꿔 찍고, 구두점을 잘못 표시하며, 한 문장을 누락시키고, 어떤 단어는 철자법이 틀리는 것과 같은 경우이다. 이런 타이핑 오류가 유전자 암호에서 새로운 것이 생겨날 수 있는 유일한 원천이 된다.

그런데 여기에 명백한 문제가 있다. 당신이 쓰고 있는 보고서에 타이핑 오류가 있게 되면, 보고서가 더 잘 만들어질 리가 없다. 오류가 있어서 뜻이 더 잘 통하는 경우보다는 말이 안되는 경우가 더 많을 것이다. 유전 정보의 오류도 마찬가지다. 대부분의 돌연변이는 유기체에 해롭고 때로는 치명적이기까지 하여, 돌연변이가 누적되면 진화(evolution)가 되기보다는 퇴화(devolution)가 되기 쉽다.

이런 이론을 입증하려면 신다윈주의자들은 돌연변이가 어디선가 어떤 방법으로든 유익한 것임이 증명되기를 바라야 할 것이다. 또 새로운 하나의 유기체나 구조가 진화되려면 수천 번의 돌연변이가 필요하기 때문에, 신다윈주의자들은 유익한 경우가 별로 없는 돌연변이가 아주 여러 번 하나의 개체 안에서 일어나기를 기대해야만 한다. 이건 엄청나게 가능성이 낮은 것이다.

신다윈주의를 실험실로 끌어들여 실험하려고 하면 어려움은 더욱 가중된다. 돌연변이를 연구하는 가장 간단한 방법은 부엌에서 농익은 바나나 위를 날아다니는 보통의 과일파리의 도움을 받는 것이다. 이 작은 파리는 5일이면 성적으로 성숙되기 때문에, 돌연변이의 효과를 여러 세대에 걸쳐 확인해 볼 수 있다. 과학자들은 돌연변이를 일으키기 위해 화학약품과 방사선을 사용하여 보라색 눈이나 흰색 눈을 가진 파리를 만들어 내었다. 어떤 것은 날개가 아주 큰 것도 있었고, 어떤 것은 날개가 오그라진 것도 있었으며, 어떤 것은 날개가 아예 없었다. 어떤 파리 유충은 등에 누더기 같은 털을 가지고 있었고, 다른 것들은 털이 많아 마치 고슴도치처럼 보였다.[5]

그러나 이런 모든 실험은 진화론에 조금도 도움이 되지 못했다. 이상한 모양의 과일파리가 생겨날 뿐이었다. 이 실험을 통해 새로운 종류의 곤충은 하나도 생겨나지 않았다. 돌연변이는 기존의 구조 안에서 눈의 색깔이나 날개의 크기 등 세부내용을 일부 바꾼다. 그러나 새로운 구조를 만들어내지는 못한다. 과일파리는 계속해서 과일파리일 뿐이다. 교배가 그러했던 것처럼 유전자 돌연변이는 제한된 약간의 변화만을 만들어낼 뿐이다.

더군다나 다윈주의의 핵심원리인 관측된 작은 변화들이 누적되어 큰 변화를 일으키는 경우는 없다. 따라서 돌연변이는 진화론에 필요한 끝없이 제한 없는 변화의 원천이 될 수 없다. 교배실험에서 보거나, 실험실 실험에서 보거나 그 결과는 똑같다. 생물체에 있어 변화는 일정 한도 내에서의 변화이다. 새롭고 보다 복잡한 구조가 태어나는 것을 보지 못한다.

이제 화석의 기록에서 볼 수 있는 것처럼, 이와 동일한 패턴이 과거에도 반복되어 왔다. 화석에서 발견되는 패턴은 유기체가 완전히 형성되어 있었다는 것, 변종은 어떤 중간값을 중심으로 이루어졌다는 것, 그리고 그에 이르는 중간단계는 없었다는 것이다. 사실 전체적으로 보아 화석의 기록은 다윈주의를 반대하는 아주 설득력 있는 증거들이다.[6]

이런 기본적인 사실들을 알고 나면 우리는 진화론을 주장하기 위해 사용되는 전형적인 예에 대해서 비판적으로 생각할 수 있는 도구를 갖게 된 셈이다. 예를 들어 다윈의 저 유명한 되새류를 생각해 보자. 이 새는 부리 크기가 변종이어서 다윈의 초기이론의 근거가 된 새이다. 다윈주의를 지지하기 위해 고안된 최근의 연구에서 되새류의 부리는 건기가 되면 작은 씨앗들을 먹기가 힘들어지기 때문에 길게 자라고, 다시 우기가 되어 씨앗이 많아지면 부리가 작게 자란다는 것을 알게 되었다. 그 연구를 주관한 사람은 이것을 '우리의 바로 눈앞에서' 진화가 이루어지고 있는 것이라고 결론지었다. 그러나 사실은 그 정반대이다. 되새류의 부리 크기가 변하는 것은 되새류가 적응하고 생존하는 데 필요한 주기적인 변화라고 필립 존슨은 「균형잡힌 이성」(*Reason in the Balance*)에서 말하고 있다. 다시 말해 이런 변화는 되새류가 계속해서 되새류로 남아 있게 해주는 사소한 적응현상이다. 이것이 되새류가 새로운 종류의 유기체로 바뀐다거나 되새류가 다른 종류의 유기체로부터 진화되어 왔음을 보여주는 것은 아니다.[7]

이는 흔히 진화의 '확인'으로 인용되곤 하는 것들, 예를 들어 항생제에 내성을 갖게 되는 유기체나 살충제에 내성을 갖게 되는 곤충들의 경우도 마찬가지다. 더 갑갑한 것은 일부 알려진 예들도 사실은 속임수라는 것이다. 가장 최근의 예는 영국에서 있었던 흑백의 후추나방이었다. 표준적인 교과서에는 산업혁명의 시기에 나무 몸통이 검게 그을려 있을 때, 밝은 색을 가진 나방은 새들의 눈에 쉽게 띠어 잡아먹혔고, 반면 검은 나방들은 번성하게 되었다고 나와 있다. 이는 자연도태를 설명하는 아주 전형적인 예로 인용되는데, 자연도태란 자연은 생존경쟁에서 경쟁자보다 기능이 우수한 형태를 보존하게 된다는 이론이다. 그러나 최근에 검은 나무 몸통을 배경으로 한 밝은 나방은 조작된 것임이 판명되었다. 후추나방은 나무의 위쪽 가지에 앉을 뿐, 나무 몸통에는 전혀 앉지 않는다는 것이 밝혀졌다. 더 최근에 이르러 매사추세츠대학의 생물학자인 시어도어 사전트(Theodore Sargent)는 다큐멘터리를 위해 죽은 나방의 표본을 나무 몸통에 풀로 붙였다고 시인했다. 인정받는 잡지 "네이처"(Nature) 지는 한때 자연도태에 의한 진화론을 설명하는 가장 널리 알려졌던 나방의 예를 이제는 던져버려야 한다고 말했다.[8]

생명체의 변화는 제한적이라는 가장 기초적인 원칙을 벗어난 과학적인 발견의 예는 하나도 없었다. 역사상 가장 위대한 교배사였던 루터 버뱅크(Luther Burbank)는 유기체가 자기 자신으로 남아있으려고 하는 경향은 너무나 일정해서 자연법칙이라고 부를 수 있을 정도이며, 그래서 그는 이를 '평균으로의 회귀'(Reversion to the Average)법칙이라 불렀다. 그는 이것이 '모든 생명체를 어느 정도 정해진 범위에 있게 하는' 법칙이라고 말했다.[9]

교과서에 뭐라 써 있든, 다윈은 자연이 이런 '정해진 범위'를 넘어갈 수 있다는 것을 증명하지 못했다. 그는 단지 이론적으로 작은 변화들이 수천 년에 걸쳐 축적되면 어류가 양서류가 되고, 양서류가 파충류로, 파충류가 포유류로 변할 수 있다고 했을 뿐이다. 그후 150년이 지난 오늘날, 교배와 실험실의 실험, 화석의 기록에 나타난 패턴으로 볼 때, 그의 추론은 날아가 버렸다고 하는 것이 옳은 말일 것이다.

창세기의 첫 장에 있는 단순한 말들은 아직 확고부동하다. 하나님이 모든 생물들을 "각기 종류대로" 존재하게 하셨다.(창 1:11-12, 21, 24-25)

환원불가능한 복잡성

작고한 기독교 복음전도자 프랜시스 쉐퍼는 진화론에 대해 단순하면서도 이해하기 쉽고, 통렬한 논거를 제시하곤 했다. 물고기가 허파를 진화시킨다고 가정해 보자. 그러면 무슨 일이 일어나는가? 다음 단계의 진화로 건너가는가?

물론 아니다. 빠져 죽는다.

생물은 여기에 새로운 기관 하나, 저기에 새로운 가지 하나라는 식으로 부분적인 조각으로 변화할 수 없다. 유기체는 종합적인 체계이며, 이 체계에 어떤 변화가 오면 도움이 되기보다는 해로울 가능성이 많다. 만일 물고기의 아가미가 허파로 돌연변이를 일으켰다면 물고기에게 도움이 되는 것이 아니라 재앙이 된다. 물고기가 육상동물이 되려면 서로 관계 있는 여러 가지 변화가 한꺼번에 일어나서 허파뿐만 아니라 근육, 순환기 등도 일시에 변해야 한다.

이런 종류의 상호의존적인 체계를 묘사하는 단어가 환원불가능한 복잡성(irreducible complexity)이다. 유기체가 환원불가능한 복잡성을 가지고 있다는 것은 이들이 다윈이 주장하는 것처럼 한 번에 하나씩 단편적으로 진화할 수 없다는 것을 의미한다. 다윈의 이론은 모든 생물들이 단순한 구조에서부터 조금씩, 단계적으로, 예를 들어 비늘이 깃털로, 앞발이 날개로, 잎에서 꽃 등으로 진화해 왔다고 말한다. 그러나 환원불가능한 복잡성을 가진 어떤 것도 점진적인 단계로 진화할 수는 없으며, 따라서 환원불가능한 복잡성의 존재 자체가 다윈의 이론을 반박하고 있다.

환원불가능한 복잡성의 개념은 리하이대학의 생화학 교수인 마이클

베히(Michael Behe)가 그의 1993년도 책 「다윈의 블랙박스」(*Darwin's Black Box*)에서 발전시킨 개념이다. 베히가 환원불가능한 복잡성의 쉬운 예로 든 것은 쥐덫이었다. 그는 쥐덫은 점차적으로 조립할 수 없음을 지적한다. 나무판에서부터 시작하여 쥐 몇 마리를 잡고, 거기에 스프링을 달고 또 쥐 몇 마리를 잡고, 그 다음에 망치를 달고 또 몇 마리를 잡고 하는 식으로 기능이 추가될 때마다 쥐덫의 기능이 향상되도록 말이다. 그럴 수 없다. 쥐 잡는 것을 시작이라도 하려면 모든 부품이 맨 처음부터 조립되어야 한다. 쥐덫은 모든 부품이 있고 함께 작동할 때에만 쓸모 있게 된다.[10]

많은 생물들이 쥐덫과 같다. 여기에는 모두 함께 작동하여 상호작용하는 부품들로 구성된 전체 시스템이 관련된다. 한 부품이 따로 진화하게 되면 상호작용하는 부품으로 된 전체 시스템은 기능을 정지하게 될 것이고, 다윈주의에 따르면 경쟁자보다 더 잘 기능하는 형태만 자연도태에 의해 살아남는다고 하니, 작동하지 않는 시스템은 자연도태에 의해 제거될 것이다. 마치 허파를 가진 물고기처럼. 따라서 환원불가능한 복잡한 구조와 시스템이 어떻게 존재하게 되었는지를 다윈주의로는 설명할 수가 없다.

흥미 있는 것은 다윈 자신도 문제를 알고 있었으며, 그의 이론이 잘못된 것일 수 있음을 인정했다. "만일 수없이 많은 연속적인 작은 변화들에 의해 생겨날 수 없는 복잡한 기관이 존재한다는 것이 드러난다면, 나의 이론은 완전히 무너지게 될 것이다"라고 그는 기록하고 있다.[11] 오늘날 우리는 그의 이론이 이미 무너져 내렸다고 자신 있게 말할 수 있다. 왜냐하면 이제 우리는 자연이 수많은 작은 변화들로는 만들어질 수 없는 복잡한 기관들, 즉 환원불가능한 복잡성으로 가득 차 있음을 알고 있기 때문이다.

박쥐의 예를 보자. 진화론자들은 박쥐를 앞다리(앞 발가락)가 점차적인 단계를 거쳐 날개가 되어버린 작은 쥐와 같은 동물에서 진화한 것이라고 주장한다. 하지만 그 단계들을 그려보자. '앞 발가락'이 길어져 피부가 그 사이에 자라기 시작한다. 그러나 아직 앞다리는 날개가 될 정도로 길지는 않다. 따라서 이 가상적인 전이단계의 대부분을 이 불쌍한 생물은 뛰기에는 너무 길고, 날기에는 너무 짧은 다리를 가지고 살게 될 것이다. 이놈은 어쩔 줄 모르고 이리저리 뒤뚱거릴 것이고, 마침내 없어지게 될 것이다.

박쥐의 날개가 점진적인 단계를 거쳐 만들어졌다고 볼 수 있는 그런 과정은 존재하지 않는다. 이런 결론은 박쥐로 되어 가는 전이단계의 화석이 전혀 없다는 화석의 기록에 의해서도 뒷받침된다. 화석의 기록에 처음 등장한 박쥐는 이미 완전하게 형성되었고, 오늘날의 박쥐와 거의 동일했다.

환원불가능한 복잡성의 전형적인 예가 인간의 눈이다. 눈의 모든 부분이 완전히 형성되어 함께 작동하지 않으면 눈은 무용지물이다. 현재의 형태에서 약간만 변경시켜도 그 기능이 상실된다. 그렇다면 어떻게 사소한 변화에 의해 진화가 일어날 수 있겠는가? 다윈의 시절에도 눈의 복잡성은 그의 이론에 반하는 증거로 제시되었다. 다윈은 눈을 설명하려고 노력하는 생각만 하여도 '오싹한' 생각이 들었다고 말한다.

만일 다윈이 눈 안에 있는 세포의 구조에 대해 알았더라면 더 오싹한 생각이 들었을 것이다. 리처드 도킨스와 같은 현대 다윈주의자들은 눈의 진화과정을 추적하여 이 문제를 해결하고자 빛을 감지하는 점에서부터 시작하여 빛을 보다 잘 조절하는 컵모양의 일련의 세포들로 옮겨가는 등, 조금씩 향상시켜 진짜 동공을 만들려 했다. 그러나 베히가 지적한 대로 첫 단계인 빛을 감지하는 점 자체가 환원불가능한 복잡성이어서 화학반응의 연쇄반응이 필요하고, 광자가 11-cis-망막이라고 하는 분자와 반응하여 트랜스망막(trans-retinal)으로 변화되고, 이는 다시 로돕신(rhodopsin)

이라고 하는 단백질을 형성하고, 이것이 트랜스듀신(transducin)이라고 하는 또 다른 단백질에 붙게 되고, 이것이 또 다른 분자에 붙어… 등등. 그렇다면 도킨스가 말하는 컵모양의 세포들은 어디에서 온 것인가? 세포 모양을 유지하는 데 수십 가지 복잡한 단백질이 관여하고 있고, 또 다른 수십 가지가 세포의 집단을 통제하고 있다. 도킨스의 각 단계 자체가 복잡체계여서, 이들을 합치는 것은 이들 복잡체계가 어디에서 왔는지 전혀 설명해 주지 못한다. 그것은 마치 스테레오 시스템이 어떻게 만들어지는가라는 질문에, "스피커를 앰프에 꽂고, CD플레이어와 테이프 데크를 연결하면 돼"라고 말하는 것과 같다. 그렇다. 진정한 문제는 우선 스피커는 어떻게 만들며, 앰프는 어떻게 만드느냐 하는 것이다.[12]

컴퓨터와 로봇을 사용하여 모든 것이 정확히 정해진 시간에 따라 움직이는 오늘날의 가장 앞선 자동화 공장도 한 개의 세포 내부에서 이루어지고 있는 것만큼 복잡하지는 않다. 그런 복잡한 시스템이 다윈주의가 말하는 단계적 과정을 거쳐 만들어질 수는 없다. 자연 속에 있는 환원불가능한 복잡체계의 구조에 대한 가장 합당한 해석은 이것이 어떤 지적인 존재에 의한 창조정신의 산물이라는 것이다.

* * *

모든 면에서, 과학자들은 지적인 존재의 증거를 대면하도록 요구받고 있다. 빅뱅이론이 제시된 이래로, 천문학자들은 우주가 절대적인 시작, 따라서 초월적인 창조주가 있다는 암시와 씨름해야만 했다. DNA 안에 정보내용이 들어 있다는 발견은 생물학자들로 하여금 생명의 기원에 대해 어떤 지적인 존재가 있음을 인정하도록 요구하고 있다. 마찬가지로, 축약불가능한 복잡체계의 존재는 생명에 있어 '설계'의 문제를 제기하고 있다.

과학은 물론 이 지적인 존재에 대해 우리가 알고 싶어하는 모든 것을 말해 줄 수 없다. 과학은 하나님의 성격을 자세히 말해 줄 수 없으며, 구원의 계획에 대해서도 말해 줄 수 없다. 이는 신학의 과제이다. 그러나 자연에 있는 설계와 목적에 대한 연구에서 우리는 어떤 초월적인 창조자의 존재를 분명히 확인할 수 있다. 바울이 말한 것처럼 우리는 핑계댈 수 없이 그의 앞에 서 있다(롬 1:20).

과학적인 증거가 이렇게 분명함에도 왜 기존의 과학자들은 그리 끈질기게 다윈의 진화론에 매달리는가? 왜 다윈주의는 아직도 우리 공립학교의 공식적인 신조가 되어야 하는가? 왜냐하면 진짜 문제는 우리가 현미경이나 망원경으로 들여다보는 내용이 아니기 때문이다. 우리의 마음과 생각 속에서 우리가 매달리는 것이 무엇이냐가 문제이다. 다윈주의는 자연주의 세계관을 지탱해 주는 주춧돌의 역할을 한다. 그래서 연구원이 되기 전부터 이미 자연주의에 헌신한 과학자들은 이 이론을 지탱하는 것 같아 보이는 가장 약한 증거라도 받아들일 준비가 되어있다. 생명체에 있는 가장 사소한 변화라도 진화라는 엄청난 주장의 증거로 받아들인다. 때문에 되새류의 부리나 살충제에 대한 내성도, 되새류나 파리가 결국은 맹목적이고 방향 없는 자연의 과정을 통해 진흙으로부터 진화된 증거로 주장하게 된다.

논쟁의 핵심은 과학이 아니다. 이는 서로 대치되는 두 세계관, 즉 자연주의와 유신론간의 거대한 투쟁이다. 우주는 맹목적인 물질의 힘에 의해 지배받고 있는가, 아니면 사랑이 많은 인격적인 존재의 지배를 받고 있는가? 그리스도인들이 이것을 이해할 때, 우리가 연막을 걷어버리고 핵심적인 문제에 도달할 때, 우리는 논쟁에서 더 이상 패배하지 않게 될 것이다. 그래야만 우리는 캐티와 같은 우리의 아이들이 그들의 신앙에 계속 부딪쳐오는 도전에 직면하도록 도울 수 있을 것이다.

제10장
다윈의 위험한 생각

> 굳이 근본주의자가 아니더라도 '진화'라는 용어가 무신론적 암시를 풍긴다고 생각하는 그리스도인 부모의 경우를 생각해 보자. 보다 일관성 있는 다윈주의자들의 주장은 이들 부모가 받고 있는 (무신론적) 암시가 아주 옳은 것이며, 이를 부인하는 과학 교육가들은 뭘 잘 모르거나 거짓말하고 있다는 것이다.
>
> 필립 존슨(Philip Johnson)

진화와 종교는 정말 상충되는가? 대중에게 잘 보이기 위해 다윈주의자들은 종교에 대한 적대감을 감추고 있다. 예를 들어 하버드의 고생물학자 스티븐 굴드(Stephen J. Gould)는 설계론에 대한 저명한 비판론자임에도 불구하고, 자기는 종교에 반대하는 것이 아니라고 말한다. 그는 과학과 종교는 서로 다른 것을 다루고 있기 때문에 상충하는 것이 아니라고 말한다. 과학은 사실에 관한 것이고, 반면 종교는 '인간의 도덕' 문제를 다루고 있다고 말한다.[1]

그리스도인들 중에도 이런 계략에 말려든 사람이 많다. 그리하여 우리가 접하는 세속문화에서 이루어지는 지적인 전쟁에 전혀 준비가 되지 않은 경우가 많다. 다윈주의는 과학이론이어서 과학적인 증거로 답해야만 함에도 불구하고, 다윈주의는 오히려 본질적으로 하나의 세계관이다. 좀 더 정확히 말한다면 자연주의 세계관의 매우 중요한 강령이다. 그래서 그런 수준에서 대응하지 않으면, 우리는 다윈주의의 도전에 제대로 대응하지 못하게 될 것이다.

이런 기저에 깔린 세계관을 가장 대담하게 앞서 주장하는 진화론자 중 한 사람이 코넬대학의 생물학자 윌리엄 프로바인(William Provine)이다. 그는 다윈주의는 돌연변이와 화석에 관한 문제가 아니라고 대놓고 선언한다. 다윈주의는 모든 생명이 임의로 작용하는 자연적인 이유로 설명될 수 있음을 말하는, 즉 창조주가 필요 없음을 말해 주는 종합적인 철학이라고 말한다. 그리고 만일 하나님이 세상을 창조하신 것이 아니라면, 기독교의 모든 신앙의 체계는 붕괴되고 말 것이라고 그는 덧붙인다.

프로바인은 전국의 대학캠퍼스에서 이런 취지의 말을, 일관된 다윈주의가 의미하는 바가 무엇인지 명확히 설명하기 위해 때로는 다음에 이어지는 리스트를 OHP로 보여주면서 설교한다.

죽음 이후에는 생명이 없다.
윤리의 절대적 기준은 없다.
인생에는 절대적인 의미가 없다.
자유의지란 없다.[2]

아직도 사람들이 그런 것을 믿는 유일한 이유는 다윈주의가 의미하는 바를 제대로 알지 못해서 그런 것이라고 프로바인은 말하고 있다.

그의 사상은 좀 과격해 보일지 모른다. 그러나 그는 대단히 솔직한 사람이다. 창조에 관한 성경의 가르침이 신학적인 교리만은 아니라는 것을 그는 알고 있다. 이는 사실 모든 그리스도인이 믿는 것의 근거가 된다.

논쟁의 다른 쪽에 있는 사람인 버클리의 법학 교수 필립 존슨은 다윈주의에 반대하면서 전국을 여행한다. 그러나 그도 다윈주의의 광범위한 의미가 무엇인지에 대해서는 프로바인의 생각에 진심으로 동의하고 있다. 존슨이 세속적인 청중들 앞에서 이야기할 때 이런 의미들이 표출된다. 그는 "진화론의 약점에 대해 현대주의자들과 토론을 하다보면 이내 정치, 특히 성의 정치로 변질되고 만다"라고 기록하고 있다. 왜 그런가? 왜냐하면 현대주의자들은 "자연주의 진화론을 부인하게 되면 여자들은 다시 부엌으로 돌아가야 하고, 동성애자들은 숨어야 하며, 낙태허용론자들은 감옥에 가야 될 것이라는 두려움을 갖고 있기 때문이다."[3]

다시 말해, 대부분의 사람들은 과학이론보다는 훨씬 많은 것이 걸려 있다는 사실, 즉 물질의 질서와 도덕적 질서 사이에 어떤 연결이 존재한다는 것을 본능적으로 알기 때문이다. 존슨이 경험한 사람들의 두려움은 다소 과장된 것이기는 해도 이런 근본적인 직관은 맞다. 우리가 어디서 왔는가 하는 것이 우리가 어디로 갈 것인가를 결정한다. 우리가 누구이며, 우리가 왜 여기에 있으며, 우리가 어떻게 사회 속에서 삶을 영위해 가야 하는지를 말해 준다. 우리의 기원에 대해 어떻게 생각하느냐에 따라 윤리, 법, 교육, 심지어 성을 어떻게 이해하느냐까지도 정해진다. 우리가 인격적인 하나님의 피조물이라는 생각에서 출발하느냐, 아니면 우리는 그저 아무 생각도 없는 자연적인 과정의 산물이라는 생각에서 출발하느냐에 따라 모든 결과가 달라지고, 그 결과는 서로 엄청나게 차이가 난다.

윤리를 예로 들어보자. 초월적인 하나님이 우리를 어떤 목적으로 지으셨다면, 가장 합리적인 접근법은 그 목적이 무엇인가, 우리가 그 목적을 이루기 위해서 어떻게 살아야 하는가라는 질문이 될 것이다. 그 대답은 하나님의 계시 안에 있다. 계시 안에 있는 도덕적인 명령은 우리가 그가 의도하신 하나님의 백성이 되기 위해 어떻게 해야 하는지를 알려준다. 그래서 기독교의 도덕률은 주관적이 아니고, 우리들의 개인적 감정에 기초한 것도 아니다. 이는 객관적이고, 하나님이 인간의 본성을 창조한 방식에 기초해 있다. 회의론자들은 기독교를 '불합리'하다고 폄하하는 경우가 많다. 그러나 우리가 정말 창조된 것이라면, 가장 불합리한 것은 창조주의 도덕법칙을 무시하는 것이 될 것이다.

반면에, 자연주의는 하나님이 창조하시지 않았다고 주장한다. 오히려 하나님이라는 개념을 만들어낸 것은 인간이라고 말한다. 하나님은 그를 믿는 사람들의 마음에만 '존재'한다. 만일 이 주장이 옳다면 가장 합리적인 생각은 종교란 그저 원하는 것을 생각하는 것이고 도덕은 정확히 실제인 것, 즉 과학적인 지식에 근거해야 할 것이다. 그리고 과학은 인간이 진화의 산물이며, 도덕이란 인간이 진화의 어떤 수준에 도달했을 때 인간의 정신 속에 나타난 생각에 불과하다고 말한다. 결과적으로 도덕에 대한 궁극적인 객관적 기초가 없다. 인간 자신이 그 기준을 만들어낼 뿐이다. 객관적으로 존재하는 유일한 현실은 자연세계이기 때문에, 또 이 자연세계는 항상 진화하는 과정을 겪고 있기 때문에, 옳고 그름에 대한 우리의 생각은 그에 따라 끊임없이 변화한다. 그 결과는 급진적인 윤리적 상대주의이다.

혹은 법이라는 주제를 살펴보자. 전통적으로 한 국가의 법률은 초월적인 도덕질서(신의 법에 근거한)에 기초한다고 이해되고 있다. "사람이 법을 만들지 않는다. 그들은 발견할 뿐이다. 법은 의라고 하는 영원한 기초 위에 서 있다"라는 신념이었다. 이 말은 16세기 성직자의 글 같지만, 사실은 20세기 초 미국의 30대 대통령인 캘빈 쿨리지(Calvin Coolidge)가 한 말이다.[4]

만일 다윈주의가 맞다면 어떤 신적인 법이나 초월적인 도덕적 질서도 없고, 법에 대한 최종적이고 권위 있는 근거도 없다. 스스로 다윈주의자라고 말하는 영향력 있는 법이론가 올리버 웬델 홈즈(Oliver Wendell Holmes)는 법이란 단지 사회적으로 또 경제적으로 이롭다고 생각되는 정치적인 정책을 문서화한 것뿐이라고 가르친다. 법이란 사회공학에 대한 서비스의 일환으로 사용되는 관리기술의 위치로 전락하는데, 이것이 오늘날 법률전문가들의 주된 견해이다.

교육에 있어, 다윈주의는 교육내용뿐만 아니라, 교육방법론도 만들어 냈다. 중요 인물은 존 듀이(John Dewey)인데, 그는 다윈주의가 학습과정에 어떤 의미를 갖는지를 알아내려 했다. 만일 인간이 자연의 일부일 뿐이라면 정신이란 마치 날개나 발톱이 진화된 것처럼, 생존경쟁을 위해 낮은 형태로부터 진화해 온 기관일 것이며, 그 가치는 정신이 기능을 하는가, 정신이 그 유기체가 살아남을 수 있도록 하는가에 달려있다고 그는 생각했다. 듀이는 사상이란 옳고 그름의 기준으로 판정되어야 하는 객관적인 실재에 대한 통찰이라는 전통적인 신념을 거부했다. 대신 그는 사상이란 단지 무엇이 우리가 원하는 결과를 얻을 것인가에 대한 가정이며 그 유효성은 그것이 실제로 작동하느냐에 달려있다고 주장했다. 듀이의 실용주의 철학은 오늘날의 학문교육과 도덕교육 모두에 깊이 침투한 상대주의의 주된 기원이 된다.

다윈주의는 심지어 포스트모더니즘의 핵심 근거이기도 한데, 포스트모더니즘은 보편적인 진리라는 생각을 '죽은 백인 남자'가 휘두르는 억압의 수단으로 보고 깨끗이 잊어버린다. 다윈주의는 초월적인 것을 배제하기 때문에 포스트모더니즘은 필연적으로 초월적 진리는 없다고 결론을 내린다. 우리들 각자는 우리 조상, 성별, 종족이라는 제한적인 관점에 사로잡혀 있다. 교육의 동기를 부여하는 것이라고 생각되던 '진리에 대한 탐구'는 미신이다. 오직 흑인의 관점, 여성주의자의 관점, 히스패닉(멕시코계 미국인)의 관점 등이 있을 뿐이다. 보편적인 진리라고 하는 주장은 한 집단의 관점을 다른 모든 사람들에게 부과하려는 시도로 간주된다.

객관적 진리에 대해 이렇게 화려한 회의주의를 가지고 있음에도 불구하고, 아이러니하게도 포스트모더니즘은 어떤 것은 객관적으로 진리라는, 즉 다원주의는 객관적으로 진리라는 가정 위에 서 있다.

다원주의를 포스트모더니즘에 연결하는 것이 너무 과한 것이 아니냐고 한다면, 스탠포드대학에 재직중인 포스트모더니즘의 영향력 있는 지도자 리처드 로티(Richard Rorty)의 개인적인 이야기를 들어보자. 자서전적인 수필에서 그는 한때 기독교에 끌렸었다고 밝히고 있다. 그러나 '기독교가 요구하는 겸손'을 '행할 능력이 없음'을 알고, 그는 하나님으로부터 멀어졌고, 하나님이 없는 세상은 보편적인 진리나 정의의 근거가 없는 세상이라는 것을 알아냈을 뿐이라고 말한다.[5] 그래서 로티는 다원주의와 일치하는 철학을 만들어내야겠다고 결심하였다. 듀이처럼 로티도 사상이란 환경에 적응하기 위한 수단으로 진화된 문제해결의 도구라는 다원주의 사상을 받아들였다. 로티는 "다원을 믿는다는 것은 인류는 '진리를 향해' 있는 것이 아니라, '그 자신의 번영이 증가되는 것'을 향해 있음을 이해하는 것"이라고 말한다.[6] 진리라고 주장하는 것은 '우리가 원하는 것을 얻기 위한' 도구일 뿐이다'(물론 이 말은 로티의 사상 자체도 포스트모더니즘을 포함하여 그가 원하는 무엇인가를 얻기 위한 도구일 뿐이라는 말이다. 그리하여 포스트모더니즘은 포스트모더니즘 자체를 반박하게 된다).

이리하여 다원주의는 거의 모든 영역에서 기독교와 자연주의 간의 근본적인 논쟁에 있어 중심점이 된다. 현대문화는 과학에 '실재하는 세계'를 정의할 수 있는 권한을 부여했기 때문에 다원주의는 모든 분야에서 자연주의적 접근이 과학적으로 정당하다고 규정하고 있다. 영국의 생물학자 리처드 도킨스가 말하는 것처럼 다윈은 "지적으로 충족된 무신론자가 되는 것을 가능하게 만들었다."[8]

많은 그리스도인들은 다원주의와 유신론 사이의 이런 날카로운 대립을 끌어내기를 주저한다. 이들은 다윈의 생물학적 이론과 하나님에 대한 신앙을 조합할 수 있기를 바라고 있다. 말하자면 하나님은 진화를 창조의 방법으로 사용하셨다는 것이다. 그러나 다윈 자신은 이들 두 생각이 서로 배타적이라고 주장하고 있다.⁹ 자연도태란 마치 체와 같아서 해로운 변종은 걸러버리고, 유익한 변종만이 살아남는다. 그러나 만일 하나님이 진화를 이끌고 있다면 그는 모든 변종이 처음부터 유익한 것이 되도록 했을 것이다. 다윈 자신의 말을 빌면 자연도태는 '불필요한 것'이 되고 말 것이다.¹⁰ 그의 이론의 요점은 자연의 진행과정을 어떤 지적인 설계를 닮은 것으로 만들어 외부의 설계라는 것이 사실 불필요하도록 만들자는 데 있다.

다윈은 사실에 입각하여 자연도태라는 이론을 만들어낼 수밖에 없었던 인물로 묘사된다. 그러나 오늘날 역사가들은 그가 자연주의 철학에 몰두한 후, 이를 과학적으로 입증하기 위한 이론을 찾기 시작했음을 알게 되었다. 초기에 그는 이미 창조사상에 반대하는 생각을 갖고 그가 이미 표현한 대로 '자연에 있는 모든 것은 일정한 법칙의 산물'이라는 고정된 확신을 발전시켰다.¹¹ 다시 말해 그는 실제로 어떤 확신을 주는 사실들을 발견하기도 전에 생명에 대해 자연주의적인 해석을 하려는 태도를 가지고 있었다.

사실 다윈에게 있어 자연은 거의 신의 대체품이었다. 그의 아들 윌리엄은 그에 대해 이렇게 쓰고 있다. "자연법칙에 대한 아버지의 존경심은 종교적인 감정까지는 아니라고 하더라도 경외에 가까웠다. 자연의 법칙의 방대함과 불가침성에 대해 아버지처럼 강력하게 느끼는 사람은 없었다."¹² 그의 태도가 종교적인 경배와 비슷한 것을 보면, 찰스 다윈이 결국 자연도태를 신적인 창조능력으로 생각했다는 것은 그리 놀라운 일이 아니니다.

근대 다윈주의자들은 진화가 사실에 입각한 매우 명백한 것이기 때문에 반대하는 사람은 모두 무식하거나 정직하지 못한 사람이라고 주장한다. 그러나 다윈은 좀더 솔직했다. 그는 자신이 자연도태의 이론을 증명하지 못했다는 것을 잘 알고 있었다. 그는 자연도태를 유추에 근거한 추론이라고 말했다. 그는 그것이 얼마나 유용한가, 얼마나 '현상들을 잘 구분하고 설명하는가'에 따라 판단될 수 있다고 말했다.[13]

마찬가지로 다윈을 가장 먼저 열심히 지지했던 사람들은 그의 이론에 과학적인 약점이 있음을 금방 알아차렸으나, 그것이 자연주의 철학을 유포시키는 데 매우 유용한 수단이라는 것을 깨닫고 이를 적극 주장하기 시작했다. 진화론을 윤리학에서 심리학에 이르는 다른 모든 영역으로 확대시킨 사람인 허버트 스펜서(Herbert Spencer)는 창조사상에 대한 자연주의적 대안을 발견하고서는 매우 큰 내면의 압력을 느꼈다고 솔직히 설명하고 있다. "특별한 창조라는 믿음은 수년 전에 내 마음에서 떨어져나갔고, 애매한 상태에서 계속 지낼 수는 없었다. 생각할 수 있는 유일한 대안을 받아들이는 것은 어쩔 수 없는 일이었다"라고 그는 기록하고 있다. 더군다나 일단 자연주의 철학을 용납하게 되면 과학적인 증거에 관계없이 어떤 자연주의적인 진화론이 '불가피한 결론'으로 나오게 된다는 것을 스펜서는 인정하고 있다.[14]

토마스 헉슬리(Thomas Huxley)는 자기 자신을 '다윈의 불독'이라고 명명하고, 이를 위해 맹렬히 싸우기도 했다. 그러나 스스로 받아들였음에도 불구하고, 그는 결코 다윈의 이론이 과학적으로 큰 의미가 있다는 생각은 하지 않았다. 그도 철학적인 이유 때문에 열심을 냈다. 다윈과 만나기 오래 전, 헉슬리는 창조라는 성경의 가르침을 거부하고, 열심히 대안을 찾았다. 헉슬리는 다윈이 "창조가설을 받아들이기를 거부하면, 이성적으로 주의 깊게 생각하는 사람들이 받아들일 만한 대안을 제시해야 하는데 다윈은 그 딜레마로부터 우리들을 영원히 해방시켜 주는 공로를 세웠다"고 표현하고 있다.[15] 분명 헉슬리는 과학적으로 결함이 있다 하더라도 그것이 창조에 대한 대안이 되기만 하면, 어떤 자연주의 이론이라도 주장했을 것이다.

역사적인 자료를 보면 19세기 진화에 대한 논쟁은 철학적인 문제를 가지고 있다. 다윈주의가 승리한 것은 과학적인 증거에 적합해서가 아니라, 자연주의에 대한 과학적인 원리를 제공했기 때문이다. 헉슬리가 말한 대로, 만일 이 세상이 단일한 작동원리에 따라 지배된다면 후세대들은 "점진적인 개선의 방법으로 서로에게서 산출되었음에 틀림없다."[16] 여기에서 중요한 단어는 '틀림없다'이다. 일단 자연주의 철학을 받아들이고 나면, 다윈주의와 아주 유사한 것은 그 사실 여부와 관계없이 진리임에 틀림이 없게 된다.

다윈에 대한 초기 반대자들도 무엇이 문제인지를 이해하고 있었다. 1874년 프린스턴의 신학자 찰스 핫지(Charles Hodge)는 "다윈주의란 무엇인가?"라는 글을 발표했다. 그리고 그는 진화론이 무신론과 동일하다고 단호하게 말했다. "자연도태는 어떤 의도나 설계에 관계없이 자연법칙에 의해 이루어진 선택이다"라고 핫지는 기록하고 있다. 그리고 "자연에 있어 설계를 부인하는 것은 하나님을 부인하는 것과 같다"라고 그는 말했다.[17]

오늘날 다윈주의 뒤에 있는 철학적인 동기를 가장 명백하게 서술하고 있는 말은 놀랍게도 하버드의 유전학자인 리처드 리원틴(Richard Lewontin)에게서 나온다. 종교(UFO나 유체이탈과 같은 부류로 취급한다)에 대한 과학의 우월성을 주장하는 글에서 리원틴은 과학도 고유한 문제를 가지고 있음을 공공연히 인정한다. 오늘날의 많은 사회적 문제(생태재앙 같은)를 낳기도 했고, 많은 과학의 이론들이 "입증되지 않은 그럴 듯한 이야기"이기도 하다고 말한다. 그럼에도 불구하고, "과학과 초자연적인 것 사이의 투쟁에서" 우리들은 "과학의 편에 선다"고 말한다. 왜 그런가? "우리는 물질주의에 우선적으로 헌신되어 있기 때문이다."[18]

마지막 몇 마디를 조심스럽게 살펴보자. 리원틴은 기성과학계에 널리 퍼져 있는 종교에 대한 적대감은 사실 때문이 아니라 물질주의적 철학 때문이라는 것을 인정하고 있다.

그 이상의 것도 있다. 리원틴은 과학의 방법론도 물질주의 철학에 따라 이루어지고 있다고 말한다. 무엇보다도 과학으로서의 자격요건을 판정하는 기준이 물질주의자들에 의해 만들어져서 물질주의적 이론만을 사용할 수밖에 없는 방식으로 이루어지고 있다. 또 리원틴은 "우리들은 물질적인 해석을 낳는 탐구장치나 개념체계를 만들어냄에 있어 선험적으로 물질적인 원인에 집착한다"고 말한다.[19]

이는 놀라운 고백이다. 과학의 권위는 그 이론이 확실한 경험적 사실의 기초 위에 서 있는 것이라는 대중들의 인상에 주로 의존한다. 그러나 리원틴은 마법의 나라 오즈에 있는 커튼을 열어제치고 마법사의 줄과 손잡이를 보여주고 있다. 다윈주의의 대부분은 과학이 아니라 과학인 체하는 자연주의 철학이다. 다윈주의와 기독교가 정직하게 논쟁한다면 이는 사실 대 신앙의 논쟁이 아니라 철학 대 철학의 논쟁이며, 세계관 대 세계관의 논쟁이다.

우리는 여기서 무엇이 진정한 문제인지를 분명히해야 한다. 다윈주의가 우리의 학교와 엘리트 문화를 다스리고 있는 한 기독교 세계관은 이성을 잃고 믿을 수 없는 상태로 다락 속에 갇힌 미친 여자 취급을 받을 것이다. 그렇기 때문에 우리는 자연주의자가 아무런 도전도 받지 않고 그들의 개인적인 철학으로 지배하고 있는 과학을 계속해서 그들의 성지로 활용하도록 용인할 수 없다.

'이 사람' 이 누구지?

어린아이들이 보는 아주 유쾌한 그림책인 윌리엄 스타이그(William Steig)의 「노랑과 분홍」(Yellow & Pink)에는 나무로 된 두 인물이 뜨거운 태양 아래 낡은 신문을 깔고 누워있다가 깨어나는 장면이 나온다. 한 인물은 노랗게 칠해져 있고, 다른 하나는 분홍빛이다.

갑자기 노랑이 일어나 앉으면서 묻는다. "넌 우리가 여기서 무얼 하고 있었는지 아니?"

"아니, 난 어떻게 해서 여기에 오게 되었는지도 모르겠어"라고 분홍이 말한다.

이렇게 해서 두 꼭두각시 간에 그들의 존재기원에 대한 논쟁이 시작된다.

분홍은 자기의 멋진 모습을 살펴보고 나서 "누군가가 우리를 만들었음에 틀림없어"라고 결론을 내린다.

노랑은 이에 동의하지 않는다. "우린 우연일 뿐이야"라고 말하면서, 있었음직한 일에 대한 가상적인 시나리오를 말한다. 나뭇가지가 나무에서 부러져 뾰족한 바위에 떨어졌을지 몰라. 그래서 가지의 한 쪽이 갈라져 다리가 되었을 수도 있어. 그때 바람이 불어와 가지를 언덕 아래로 굴러 떨어뜨리면서 쪼개지고 모양이 잡힌 거야. 어쩌면 번개가 쳐서 나무를 갈라 팔과 손가락을 만들었을 거야. 눈은 어쩌면 나무에 구멍을 뚫는 딱다구리가 만들었을지도 몰라.

"시간만 충분하다면, 예를 들어 천 년, 백만 년, 어쩌면 250만 년이 지나면 별의별 이상한 일들이 다 일어날 수 있을 거야." 노랑이 말했다. "우리라고 아니란 법 있어?"

두 인물은 서로 주거니 받거니 논쟁을 하였다.

결국 가까운 곳에 있던 집에서 나온 한 남자가 등장하면서 논쟁이 중단되었다. 그는 꼭두각시에게로 가서 이들을 집어들고서 페인트 상태를 점검했다. "멋있게 잘 말랐구나"라고 말하면서 그는 이것들을 팔 아래 끼고 집으로 돌아갔다.

남자의 팔 아래에서 고개를 내밀면서 노랑이 분홍의 귀에 대고 속삭였다. "이 사람이 누구지?"[20]

* * *

바로 이것이 우리가 각자 대답해야 할 질문이다. 단지 이야기책 속에만 있는 동화는 아니다. 이것은 아주 심각한 문제이다. 공개적인 논쟁과 화려한 수사적 웅변의 너머에, 나부끼는 플래카드와 정치구호의 저편에, 모든 세계관의 중심에 너무나 개인적인 문제가 존재한다. 누가 우리를 만들었으며, 우리는 여기에 왜 있는가 하는 문제 말이다.

어떤 세계관이든 어디에서부턴가 시작해야 한다. 하나님이든 물질이든 당신이 선택하라. 그 밖의 다른 모든 것은 이 최초의 선택에서 비롯된다. 이런 이유 때문에 창조의 문제가 오늘날 그렇게도 격렬한 싸움의 장이 되었다. 이는 모든 기독교 세계관의 기초이다. 왜냐하면 만일 하나님이 유한한 실재의 모든 것을 창조하셨다면, 이런 실재의 모든 측면은 하나님과 그의 진리에 순종해야 한다. 모든 것은 하나님과 관련해서 의미를 가지며, 해석되어야 한다. 생명의 어떤 부분도 독립적이거나 중립적이지 않고, 어떤 것도 기독교의 진리로부터 따로 떨어져 나와 독립될 수 없다. 창조가 유한한 실재의 모든 범위를 포함하는 것이기 때문에, 기독교 세계관도 우리의 삶, 생각과 우리의 선택을 포함하는 종합적인 것이라야 한다. 기독교의 친구도 적도 창조교리에 따라 서기도 하고, 넘어지기도 한다.

그리스도인들은 흔히 요한복음 3장 16절과 복음의 메시지에서부터 시작하여 다른 사람에게 복음을 전하려고 한다. 이런 접근법은 앞 세대에게 유용했다. 대부분의 사람들이 강한 개인적인 믿음은 가지지 않았더라도 교회에 가본 경험이 있었다. 그러나 오늘날 후기 기독교 시대에는 중요한 성경적 용어의 의미도 알지 못하는 사람이 많다. 예를 들어 '죄'라고 하는 기본적인 용어는 우리를 창조하셨기 때문에 우리에게 어떤 것을 요구할 권한이 있는 거룩한 하나님에 대한 개념이 없는 사람에겐 전혀 의미가 없다. 그리고 만일 사람들이 죄를 이해하지 못한다면, 왜 구원받아야 하는지도 이해하지 못할 것이 뻔하다.

따라서 오늘날의 세계에서는 구원의 메시지에서 시작하여 복음을 전하는 것은 책을 중간에서부터 읽는 것과 마찬가지다. 등장인물도 알지 못하고, 구성도 알 수 없다. 그렇게 하는 대신 우리는 주인공이신 하나님이 자신을 창조주로 선포하시고 인류역사에 가장 중요한 첫째 사건의 '구성'(plot)을 드러내신 창세기에서부터 시작하여야 한다. 그리고 데이브 멀홀랜드가 개인적으로 경험했던 바와 같이 이를 뒷받침하는 과학적인 증거는 아주 강력하다.

첫째, 천문학에서는 자연주의 과학자들이 한때 철석같이 믿었던 바와는 달리 물질은 결코 영원하지 않다는 결정적인 진리가 발견되었다. 우주는 유한한 시기에 시작되었고, 이는 우주 밖에 있는 어떤 존재가 우주가 시작되도록 했음을 의미한다.

둘째, 이 우주가 생명이 살기에 적합하기 위해서는 '우연들'이 엄청나게 많아야 한다. 물의 분자적 성질에서부터 양자와 전자간의 전하량 균형, 물리적인 우주의 전체적인 구조가 지구 위에 생명이 존재할 수 있도록 정교하게 설계되었다.

셋째, 생명이 임의적인 자연의 힘에 의해 자발적으로 생겨날 수 있다는 증거로 주장되는 실험실에서의 실험은 전혀 맞지 않는 종류의 것이었다. 그 실험은 오히려 어떤 지적인 존재가 그 과정을 통제하고, 지휘하며, 조작해야만 만들어질 수 있다는 확실한 증거가 된다. DNA의 발견은 이 세상이 설계된 것이라는 주장에 폭발적인 새로운 힘을 보태고 있다. 우리의 경험으로 보더라도 - 사실 모든 과학은 경험에 기초하도록 되어있다 - 유일하게 알려진 정보원은 지적인 존재이다.

넷째, 다윈은 생명이 아무런 생각도 없고, 통제되지 않은 자연의 힘에 의해 발전되었음을 증명하는 데 실패했다. 교배와 돌연변이 실험을 해본 결과 생명체가 무한히 변할 수 있다고 하는 근본적인 가정은 결정적인 오류를 가진 것임이 입증되었다. 오늘날 세포의 핵심부분에 대한 가장 앞선 연구에 의하면 생명체가 가진 환원불가능한 복잡체계는 오직 지적인 설계에 의해서만 설명이 가능하다는 것을 보여준다.

다윈주의가 계속 지배하고 있는 것은 그것이 과학적 유효성을 가지고 있기 때문이 아니라, 자연주의에 대한 헌신 때문이다. 또 자연주의는 몇 개의 예만 들더라도 윤리학, 법학, 교육, 포스트모더니즘 등 다양한 분야에 독소처럼 퍼져나갔다. 그 결과 다윈주의는 기독교에 완강히 반대하는 종합철학의 주춧돌 역할을 하고 있다.

현실로 가는 지도

모든 세계관은 이 세상을 항해하는 데 안내역할을 하는 현실의 지도이다. 진리라고 주장하는 것에 대한 효과적인 검증방법은 우리가 그 진리로 살아갈 수 있는가 하는 질문을 해보는 것이다. 만일 당신이 지도를 따라갔지만 강물에 빠지고, 낭떠러지를 만난다면 당신은 그 지도가 잘못된 것이라는 확신을 가질 것이다. 마찬가지로 당신이 어떤 세계관으로 살아가는데, 아주 고통스런 방법으로 현실에 부딪히게 된다면 당신의 세계관에 무언가 잘못이 있다고 확신하게 될 것이다. 이 세계관은 현실을 정확하게 반영하고 있지 못한 것이다.

우리가 이 장에서 여러 번 언급한 저명한 대중과학작가 칼 세이건의 자연주의 세계관에 이 시험을 적용해 보자. 세이건은 문자 그대로 우주를 경전화하고 있으며, 그의 인기 있는 TV프로그램에서 자신의 개인적인 철학을 공공연히 소개하기도 한다. 이렇게 과학이 종교로 변신하는 것을 반박하기는커녕, 기성의 과학계는 그에게 여러 차례 상을 주었고, 1994년에는 "국가과학원"(National Academy of Science)이 수여하는 공공복리메달(Public Welfare Medal)을 수여하기까지 했다.

세이건의 우주종교가 낳은 결과 중 하나는 그가 동물의 권리를 옹호하는 일에 적극적으로 헌신하고 있다는 것이다. 논리적으로는 그렇게 되는 것이 당연하다. 만일 사람이 짐승으로부터 진화한 것이라면, 동물과 근본적인 차이가 있을 수 없다. 그래서 소를 죽이는 것도 사람을 죽이는 것이나 마찬가지로 잔인하고 비도덕적인 것이다. 세이건은 "퍼레이드" (Parade) 잡지에 기고한 글에서 "나는 글을 통해 우리가 다른 동물들과 얼마나 근접한 관계를 가지고 있으며, 따라서 동물들에게 불필요한 고통을 가하는 것이 얼마나 잔인한 것인지를 보여주려 노력해 왔다."[21] 그 결과, 그는 동물을 의학적인 목적에 사용하는 것에 강하게 반대했다. 만일 동물이 인간과 동일한 가치를 가진 것이라면, 인간을 살리기 위해 동물을 희생시키는 것이 어떻게 정당화될 수 있겠는가?

그러나 세이건은 이 문제에 대해 매우 고통스런 방법으로 현실에 부딪히게 되었다. 1994년에 그는 희귀한 혈액병에 걸렸다. 잘해야 수개월 살수 있는 상태에서, 유일한 치료방법은 뼈, 즉 골수를 실험적으로 이식하는 것이라는 말을 듣게 되었다. 그런데 걸리는 게 하나 있었다. 그의 생명을 살릴 가능성이 있는 과정들은 세이건이 그렇게도 반대하던 동물실험을 통해 개발된 것이었다.

세이건은 고통스런 딜레마에 직면했다. 그가 가졌던 자연주의 철학을 지키면서 골수이식을 부도덕한 방법으로 얻은 것이라고 해서 거부할 것인가? 아니면 비록 그의 도덕적인 신념과 모순되는 행동이기는 하지만 그의 생명을 구하기 위해 의학적인 치료를 받는 것에 동의할 것인가?

세이건은 오래 지나지 않아 결정을 내렸다. 그는 3회에 걸친 뼈-골수 치료를 받았고, 그 결과 상당 기간 생명을 연장할 수 있었다. 그는 결국 그 질병으로 1996년 사망했다. "퍼레이드" 기사에서 그는 당시에도 그가 해야 했던 선택에 대해 "매우 갈등했다"고 말한다. 그는 치료를 받기로 한 그의 결정이 자신이 가지고 있던 자연주의 세계관을 실질적으로 부인한 것임을 분명히 인정했다. 그가 현실에 부딪혔을 때, 그는 그의 자연주의 지도책을 내버리고, 그가 인정했든 안했든, 암묵적으로는 인간이 식물이나 동물보다 뛰어난 가치를 지닌 존재라고 말하는 성경의 지도를 사용한 것이다.

　기독교는 개인의 경건과 집단적인 예배라는 좁은 개념으로 정의되는 단순한 종교가 아니다. 기독교는 모든 현실에 대한 객관적인 관점이며, 완전한 세계관이기도 하다. 기독교만이 실제적인 삶의 시험을 일관되게 이겨낼 수 있다. 기독교만이 정확한 지도가 된다. 기독교만이 사람이 이 세상에서 인간답게, 그리고 합리적으로 살려고 할 때 우리가 취해야 할 길과 일치한다.

　창조는 기독교 세계관의 첫째 요소로, 그 밖의 모든 것은 이 기초 위에서 있다. 기독교는 인간존엄의 근거가 된다. 왜냐하면 우리가 어디에서 왔는가 하는 것은 우리가 누구이며, 왜 여기에 있으며 우리가 어떻게 서로를 대해야 하는지를 알려주기 때문이다. 인간생명의 문제는 지구 반대편의 한 전쟁터에서 두 사람이 매우 개인적으로 깨닫게 된 사실처럼 오늘날 우리 시대의 가장 중요한 문제가 되었다.

제11장
생명의 문제

1968년, 베트남

지상 450미터 공중정지 위치에서, 야보러 중령의 지휘통제(C & C)헬기 내에 있던 병사들은 긴장된 하루의 막바지에서 감시활동을 하고 있었다. 지난 두 주간, 이들 고스트라이더 사단은 플레이메롱(Plei Merong) 중앙고원에서 대규모 작전을 위해 병력과 보급물자를 보충하고 있었다. 그 지역은 위험한 상태여서 분위기는 한층 긴장되었다. 야보러의 부대원들은 처음으로 그 지역을 공중정찰하면서 현재의 착륙지역으로부터 불과 300미터도 되지 않는 곳에서 빈 로켓상자더미를 발견했다. 적군은 어디에든 있을 수 있었다.

지휘통제헬기가 정글 상공을 천천히 선회하고 있을 때, 승무원들은 또 다른 헬기의 날개가 가파른 언덕의 착륙지점 위에서 자리잡은 것을 보았는데, 그 헬기는 기지로 돌아가는 지원병력을 데려가기 위해 지상 가까이에서 공중정지하고 있었다. 지휘통제헬기에 있던 승무원들은 지상의 병력들이 관목들 사이로 사라졌다 나타났다 하면서 바삐 움직이는 것을 볼 수 있었다. 헬기의 날개가 이리저리 흔들렸다.

쾅!

갑자기 로켓포 폭발로 대기가 흔들렸다. 언덕 너머 수십여 곳의 소화기 총구로부터 흰 연기가 피어올랐다. 지상 가까이 있던 헬기는 마치 옆구리를 찔리기라도 한듯 왼쪽으로 물러났다. 뒷날개 쪽에서 회색 전갈 같은 흰 구름이 말려 올라가며, 헬기가 마구 앞뒤로 흔들리기 시작했다. 연기는 점점 검어지고, 자욱해졌다.

피격된 헬기가 상하 좌우로 움직이는 동안, 켄 맥개러티(Ken McGarity)는 지휘통제헬기 내의 오른쪽 사수 위치에서 이 장면을 지켜보았다. 그는 그 헬기가 추락하여 착륙지점의 바닥에 부딪히고, 날개가 부러지는 것을 보았다. 그는 두 개의 헬멧이 튀어나오는 것도 보았다. 그리고 또 한 명이 뛰쳐 나오는 것도 보았다. 이들 세 사람은 엄호물을 향해 뛰었다. 그들 중 한 사람은 불길에 휩싸여 있었다.

피격된 헬기에서 나온 검은 연기가 버섯처럼 피어올랐고, 켄의 시야를 가리게 되었다. 검은 연기 사이로 로켓포가 계속 발사되었지만 지휘통제헬기까지는 사정거리가 미치지 못하였다.

"우린 내려간다!" 지휘통제헬기의 조종사가 소리질렀다. 그는 켄에게 소리질러 지그재그로 강하하는 동안 측면을 조심하라고 말했다.

켄은 스탠드에서 자기 총을 꺼내들고 낭하에 무릎을 꿇은 채 오른쪽 발은 바깥 활주대에 올려놓았다. 그는 될수록 멀리 몸을 내어 숙이고, 눈을 크게 뜨고 보았다. 집중사격을 가하기 전에 자기 전우들이 어디에 있는지 알아야만 했다.

중령은 불길에 휩싸인 지상의 사병에게 소화기를 던져주기 위해 켄 옆의 열린 문 쪽을 향했다. 이들이 탄 지휘통제헬기는 높이 솟은 대나무 숲을 지나 이제 곧 관목 위를 지나가고 있었는데, 켄은 아직도 전우들이 어디에 숨었는지 찾을 수 없었다. 적도 찾을 수 없었다.

얼마 지나지 않아 이들은 착륙지점 바로 위에 도달했다. 왜 중령은 소화기를 던지지 않았지? 그들은 그 위치에 7초 이상 머무를 수가 없었다. 그들은 여기에 20회 이상 오지 않았던가. 어서 던지세요! 그 순간이었다.

아무도 B-40 로켓포탄이 헬기로 발사된 것을 보지 못했다.

포탄에 명중되자 헬기는 폭발했다. 켄은 공중으로 내던져졌고, 관목의 높이의 공중에서 맨 바닥으로 떨어졌다.

그가 의식을 회복했을 때, 먼저 추락한 헬기의 승무원이었던 오토 머츠가 그를 진흙탕을 지나 안전한 곳으로 끌고 가고 있었다.

"내 다리!" 켄은 비명을 질렀다.

"다리가 부러졌어." 누군가가 말했다.

그의 팔은 그의 가슴에 포개져 있었다. 팔도 부러진 것이 틀림없다고 켄은 생각했다. 마침내 부상자 후송용 헬기에 실려질 때까지 그는 여러 번 의식을 잃었다. 운반용 들것에 고정되었을 때 한 여자 간호병이 물었다. "당신 이름이 뭐죠?"

"맥개러티, 켄 맥개러티입니다. 제가 많이 다쳤습니까?"

"이제 우리가 당신을 돌봐드릴게요." 헬기가 그들을 멀리 운반해 가는 동안 간호사는 소리쳤다.[1]

* * *

1968년 9월 21일, 부상자들이 플레이쿠(Pleiku)에 있는 육군 제71후송병원에 도착했을 때, 담당 외과 의사는 케네스 스완(Kenneth Swan) 박사였다. 서른세 살의 스완 박사는 베트남에 온 지 이제 겨우 한 달 된 사람이었다. 플레이메롱에서는 두 명이 전사했다. 나머지 사람들은 육군 4급 전문요원으로 분류되는 켄 맥개러티를 제외하고는 '걸을 수 있는 부상'으로 분류되는 가벼운 부상을 입은 사람들이었다. 맥개러티는 먼지와 피가 뒤섞인 진흙으로 덮여 있었다. 한쪽 다리는 얼마 남지 않은 살로 지탱

되고 있었고, 다른 쪽 다리는 너무 심하게 부서져 대퇴부가 넓적다리의 남은 부분으로부터 튀어나와 있었다. 정맥에서 흐르는 피는 구두끈으로 지혈되고 있었지만, 상처는 진흙과 막대기로 범벅이 되어있었다. 양쪽 팔은 심하게 조각나고, 유탄에 의한 상처로 패였다. 오른손 새끼손가락은 없어졌고, 고환 한 쪽이 없어져버렸다. 양쪽 눈으로부터 피가 스며나왔는데, 왼쪽 눈동자는 산산조각난 상태였다. 눈에 입은 상처는 유탄에 의한 것이었고, 이는 뇌를 다쳤을지도 모른다는 것을 의미했다.

스완이 그 참상을 보니, 두 가지 방안이 있었다. 이 군인을 '가망 없음'으로 분류하고 약물을 주고, 죽도록 내버려두거나, 아니면 병원이 가지고 있는 모든 자원을 동원하여 그를 치료하는 것이었다. 어느 쪽을 선택해야 하는가?

어떻게 보더라도 이 군인은 이미 죽을 만큼 피를 흘렸다. 헬기로 후송되기 이전 이미 두 시간 가까이 야전에 있었다. 그런데도 그는 살아있을 뿐만 아니라, 의식도 있다.

"나 좀 어때요?" 그가 물었다.

"당신은 병원에 있어요."

"내 다리를 헬기에 두고 내린 것 같아요. 다리가 부러졌죠?"

스완 박사는 이 군인의 농담이 사실에 가깝다고 생각했지만, 이 짧은 대화가 스완의 결심을 쉽게 했다. 그리스도인으로서 어떻게 자기에게 말을 걸고 있는 사람을 치료하지 않을 수 있겠는가?

"우리가 당신을 치료할 겁니다." 그는 약속했다.

엑스레이를 보니 그가 이미 짐작하던 대로였다. 그 군인의 다리를 절단해야 했다. 무릎 위 양쪽 다리를 절단하는 동안 그는 그가 소집한 의사의 팀을 지휘했다. 정형외과 의사는 맥개러티의 팔에 난 유탄에 의한 상처를 치료했다. 안과 의사는 왼쪽 눈을 제거했고, 오른쪽 눈에 있는 상처를 깨끗하게 했다. 한쪽 눈이라도 볼 수 있게 되기를 바라면서. 정형외과 의사가 맥개러티의 팔에 대해 할 수 있는 모든 치료를 마치자, 스완 박사는 그 군인의 오른쪽 새끼손가락의 남은 부분을 절단해 내었다. 비뇨기과 의사는 '유탄에 의한 불임'의 영향을 최소화하는 수술을 했다.

그리고 나서 마지막으로 미묘하고 복잡한 수술을 했다. 신경외과 의사는 그의 이마 윗부분을 절단하여 두개골을 들어내고, 뇌의 전엽부에서 유탄을 제거하는 수술을 실시했다. 잘하면 전엽절단의 결과를 가져올 것이고, 그보다 더 나쁠 수도 있는 수술이었다.

의사들은 여덟 시간 동안 콘크리트 바닥에 진흙 부츠를 신고 맥개러티의 몸을 고치기 위해 최선을 다했다. "부상자 간호대"에서 나온 민간 신분의 사진사가 의사들의 신경을 건드리면서도 연구목적을 위해 이 군인의 상처를 찍어댔다. 인근의 공군기지가 박격포 공격을 받는 소리가 기묘한 리듬과 함께 들려오고 있었다.

수술이 끝난 후, 스완 박사는 자신의 팀이 잘 해냈다는 것을 알았다. 환자는 이제 가망이 있었다.

그러나 다음날 아침, 스완의 상관은 식당에서 그의 옆에 앉아 이 수술에 대해 그를 엄하게 문책하고 있었다. 최근의 그 부상자를 왜 그렇게 적극적으로 치료했는가?

"그를 치료할 수 있는 다른 방법이 없었습니다." 스완은 그의 질문에 놀라면서 대답했다. 그의 상관은 그의 눈을 뚫어지게 쳐다보았다. "왜 눈멀고, 두 다리가 없고, 뇌를 심하게 다친 사람을 다시 부모에게 보내려는 거지? 당신은 대체 무슨 생각을 하고 있는 거야?"

스완은 자신이 본능적으로 대답하고 있음을 알았다. "전 환자를 치료하라고 배웠습니다. 누가 죽고 사느냐 하는 것은 제 소관이 아닙니다. 그건 하나님이 정하실 일입니다."

"당번 의사로서, 당신이 정해야 했던 거야." 그의 상관이 말했다. "다음에 할 때는, 그 사람의 남은 인생에 어떤 저주를 하려는 것인지를 생각해 보도록. 물론 그 사람이 죽을 수도 있겠지만 말야." 그는 냉혹한 희망을 드러내었다.

* * *

며칠 후, 앨라배마에서 온 동료인 징집병 릭 마틴이 중환자병동에 들러 켄 맥개러티를 만났다. 친구의 얼굴은 큰 붕대로 칭칭 감겨 있었다. 부러진 팔은 꽁꽁 묶여 있었지만 상처에 붕대를 쉽게 감을 수 있도록 되어 있었다. 허리만한 굵기로 부어 오른 다리의 절단부위는 붕대로 감겨 있었고, 천으로 덮여 있었다.

"켄, 나 릭이야." 그가 말했다.

"야, 이것 좀 봐. 내 다리는 부러진 것 같고, 내 눈에는 모래를 끼얹은 것 같아."

간호사는 릭에게 켄이 아직 자신이 얼마나 다쳤는지 알지 못한다고 말해 주었다. 하지만 켄이 가지고 있는 생각이 사실과 많이 다르다는 것을 알고서 릭은 아주 혼란스러웠고, 화가 나기까지 했다. 누군가는 진실을 말해주어야 했다.

"아니야, 친구." 릭이 말했다. 그는 잠시 숨을 멈추고, 용기를 내었다. "네 다리는 부러진 게 아니야. 절단되었어."

"정말이야?"

"그래… 다리를 잃었어."

"내 눈은 어때?"

"미안해, 이제 실명하게 될 거야."

"내 팔은 붙어 있는 것 같은데…."

"맞아, 네 팔은 문제 없어. 단지 부러졌을 뿐이야."

켄이 너무 오랫동안 말을 하지 않아 릭은 그가 약기운에 잠이 든 것이 아닌가 생각했다.

"그래, 좋아. 그래…." 마침내 켄이 말했다.

릭은 친구의 말에 무어라 답해야 할지 몰랐다. 아마 친구는 스스로 최면을 걸듯 이야기를 하는 것인지도 몰랐다.

"릭, 한 가지만 부탁할게. 난 네가 정말 이 일을 해주었으면 좋겠어. 우리 부모님께 편지를 써서 내 다리가 부러졌고, 내 눈이 모래에 쓸렸다고 말해 줘. 그렇지만 괜찮을 거라고 말씀드려. 난 부모님이 내가 얼마나 다쳤는지를 모르셨으면 좋겠어. 그렇게 해줄 거지?" 켄이 말했다.

"그래, 그렇게 할게." 릭이 말했다.

"너 담배 가진 거 있니?" 켄이 물었다.

"있지. 그렇지만 주변이 산소 천지인 이곳에서 담배를 피우는 건 좋지 않을 것 같은데… 이곳을 날려버릴지도 몰라."

"그럼 나를 이곳에서 데리고 나가."

"괜찮을까…."

"그냥 나를 휠체어에 싣고 데리고 나가면 돼."

릭은 몸을 숙여 켄을 들어 올렸다. 켄은 릭의 아홉 살 난 동생처럼 가볍고 연약했다.

중환자병동 밖으로 나오자 켄은 머리를 뒤로 젖히고, 깊은 한숨을 쉬었다.

"릭, 너 그거 느끼니? 바람이 느껴져? 무척 상쾌하구나."

릭은 담배에 불을 붙여 켄의 입에 대 주었다. 그가 몇 번 빨고 나자, 릭은 다시 담배를 받았다.

"난 살아있어." 켄이 말했다.

"물론이지." 릭은 이상하게 희미한 열정의 빛을 느끼기 시작하면서 말했다. "넌 담배도 피우고 있잖아."

"바람이 참 좋구나." 켄이 다시 말했다. 그는 계속 깊게 숨을 쉬었다. 그때 그에게 전율이 찾아왔다. "릭, 나 정신을 잃을 것 같아."

"괜찮아. 내가 있잖아."

* * *

한 달 후, 군종병이자, 맥개러티의 고향인 피닉스 출신의 또 다른 젊은 이가 케네스 스완 박사에게 소식을 전해 왔다. "아시고 싶어하실 것 같아서요. 맥개러티는 무사히 귀국했고, 지금 월터리드(Walter Reed) 병원에 있습니다."

케네스 스완은 이 소식을 듣고 기뻐해야 했지만, 그렇지 못했다. 그는 이 상이군인이 재향군인 병원에 살면서 뇌손상에 의해 찾아오는 격렬한 정신적 환각을 막기 위해 많은 약을 복용하며 살아야 하는 것을 생각해 보았다. 그는 이 사람이 휠체어에 앉아 약기운에 기대 분노로 울부짖는 모습을 보았다. 이런 이미지는 이 외과 의사의 상상 속에 생생하게 20년이나 남아 있을 것이다.

* * *

켄 맥개러티가 워싱턴 시에 있는 월터리드 육군병원에 도착했을 때는 그가 다친 지 3주가 지나서였고 그때부터 악몽이 시작되었다. 오른쪽 팔에 있는 인대 부상을 치료하고, 절단된 다리의 상처를 치료하기 위해 추가적인 수술을 하게 되면서, 그의 고통은 완전히 폭발하였다.

그는 꿈속에서 월맹정규군이 기지의 활주로를 달려 내려오는 것을 보았다… 신년휴일(Tet) 이후의 공세였다. 그는 다시 한 번 헬기 밖으로 몸을 내밀어 아군을 필사적으로 찾으려 했다… 그는 총격전이 벌어지고 있는 한가운데를 티셔츠와 작업복, 그리고 군화만 신고 달려가고 있었다. "무기를 가지지 않고는 아무 데도 가지마! 결코 가면 안돼." 상사가 소리 질렀다. 로켓이 터졌다. 그리고 그는 땀으로 흠뻑 젖어 소리지르며 깨어 났다.

간호사가 속삭였다. "지난 번 투약 때 잠을 잘 수 있게 해줬죠. 이번이 마지막이에요." 그녀가 모르핀 주사 한 대를 더 놓아주었다.

그는 그녀에게 잠자는 것이 두렵다는 말을 하고 싶었다. 그때 모르핀이 다시 한 번 그를 잠들게 했다.

맥개러티가 어쩌다 제정신이 들면 또 다른 어떤 것이 그를 두렵게 했다. 악몽과는 완전히 다른 방법으로 악몽만큼이나 그를 두렵게 했다. 그가 베트남에 두번째 가고자 재입대했을 때, 그는 비교적 안전한 75공병대대 임무 말고, 헬기 임무를 맡겨줄 것을 요청하고서, 그 사이 한 달간 고향으로 휴가를 갔었다. 고향에서의 어느 날 저녁 그는 혼자 생각을 하려고 호숫가로 운전하여 갔다.

처음엔 길게 자란 잔디 위에 편안히 누워 별이 뜨는 것을 바라다보았다. 그런데 곧 거대한 하늘이 기울어지는 것 같았고, 그의 위로 쓰러지려고 하는 것 같았다. 갑자기 그는 두려움에 대한 압박으로 숨을 쉴 수가 없었다.

그는 무엇을 두려워하고 있었는가?

죽음이었다.

그것이 바로 그를 숨막히게 하는 생각이었다. 그는 죽고 싶지 않았다. 다른 거라면 뭐든지 해도 좋았다. 그는 이제 막 알기 시작한 세상을 떠나기에는 너무 젊었다.

그는 마치 자기의 관을 밀어 열듯이 일어나 앉아, 하늘로 팔을 들어올렸다. "하나님, 당신이 살아계시고, 나와 함께하신다면, 나에게 말씀해 주십시오." 그는 기도했다. "나에게 징조를 보여주십시오."

어떤 징조를 말하는가?

즉흥적으로 그는 거래를 했다. "당신은 내 눈을 가져가실 수 있습니다. 당신은 내 팔을, 내 다리를, 내 정신을 가져가실 수 있습니다. 그러나 내 생명은 안됩니다." 그는 자신이 무슨 말을 하고 있는지 알고 있었을까?

그는 알고 있다고 생각했다. 고통은 그를 두렵게 하지 않았다. 그러나 죽음은 달랐다.

그래서 릭 마틴이 처음 켄에게 그가 다리와 시력을 잃었다고 말했을 때, 켄의 마음에는 즉시 그가 하나님과 약속한 내용이 스쳐 지나갔다. 그가 릭에게 "그래 좋아"라고 말했을 때, 켄이 말하고 있던 상대는 사실 하나님이었다.

이제 월터리드 육군병원에 누워 있게 되자 하나님은 살아계심이 분명해졌다. 하나님은 그의 기도를 들으시고, 그가 말했던 거의 모든 것을 가져가셨다. 그러나 생명은 남겨 두셨다. 계속되는 악몽 속에서도 켄 맥개러티는 그의 생명이 하나님께서 주신 것임을 깨달았다. 하나님은 그의 생명을 가져가지 않으셨다. 왜인가? 나는 이제부터 어디로 가야 하는가? 하나님은 내게 무엇을 원하시는가?

* * *

켄이 시카고 교외에 있는 하인즈 재향군인 행정병원(Hines Veterans Administration Hospital)의 시각장애자 병동으로 재활훈련을 시작하러 옮겨갈 때, 간호병들은 그의 36킬로그램밖에 안되는 몸을 휠체어에 싣고 갔다. 옮기는 동안 그는 감염된 온 몸 구석구석에서 내뿜을 수 있는 모든 독을 땀으로 내보냈다.

"그는 정말 깨끗해질 필요가 있어요." 그가 옮기는 동안 간호사가 말했다.

"난 도대체 무엇을 해야 하는지 모르겠어. 왜 그런 사람을 죽게 내버려두지 않았지?" 정신과 의사는 불평하였다.

켄은 왜 사람들이 자기의 눈이 멀었기 때문에 귀도 멀었다고 생각하는지 의아했다. 그들은 켄을 사이에 두고 이야기하기도 했고, 그의 생명을 구한 것이 잘못된 것이라는 투로 얘기했다.

그러나 하인즈의 시각장애자 병동에서 켄은 새로운 힘을 발견했다. 그는 그가 원하지 않는 것은 하지 않아도 되었다. 그는 그전에는 극단적으로 항상 독립적이던 사람이었다. 그는 이제 제멋대로 반항할 수 있었다.

의료진들은 그에게 이제 어떻게 새로운 인생을 살 것인지 배워야할 필요가 있다고 말했다. 팔 운동을 하고, 상체를 강화시킬 필요가 있었다. 그러나 켄은 단지 고통이 사라지기만을 원했다. 그래서 그는 침대에 가만히 누워서 고통이 줄어들고 상체운동 같은 것을 생각할 만한 여유가 생길 때까지 그들이 자기를 돌보도록 해야겠다고 결심했다.

그러나 그는 간호사 얼리를 미처 계산에 넣지 못했다. 그녀는 그에게 물컵을 넘겨주는 법이 없었다. 그녀는 물컵을 그의 앞에 고정되어 있는 테이블 위에 올려놓았다. 그녀는 그가 물컵을 쏟지 않고 물컵을 더듬어 찾는 법을 배우길 원했다. 한때 그는 그의 팔을 흔들다가 물컵을 날려버려 컵을 넘어뜨린 것에 심하게 좌절하기도 했다. 그는 물이 쏟아지는 소리를 들었고, 플라스틱 컵이 들으란 듯 요란하게 바닥에 떨어지는 소리를 듣기도 했다.

그러나 간호사 얼리는 매일 다시 왔다. 오전에는 그가 팔을 움직일 수 있게 하기 위한 스트레칭을 해주었고, 나중에는 힘을 기르기 위한 스트레칭을 해주었다. 또 220그램짜리 아령을 사용하도록 했다.

"좀더 무거운 걸로 주세요." 그가 요구했다. 그는 남자답게 운동하고 싶었다. 그러나 얼리는 허락하지 않았다. 그래서 그는 220그램짜리 아령 들어올리는 것을 포기했다.

이들의 싸움은 수주간 계속되었다. 비밀을 말한다면, 켄은 그녀의 향수를 좋아했다. 그냥 여자가 가까이 있는 것, 그녀의 냄새를 맡을 수 있는 것 자체를 그는 좋아했다.

특히 기분이 좋지 않았던 어느 날, 그는 직업교육치료에 참석하기를 거부했다. "난 바구니 짜는 사람이 되지 않을 겁니다." 그는 불평했다.

"아, 그래요?" 얼리가 말했다. 그리고서 그를 세게 휠체어에 내려놓았다. "당신은 이제 직업교육치료에 가는 겁니다." 그녀가 말했다. "그리고 이제부터 그 밖의 어떤 것들을 해야 하는지 내가 말해 줄 겁니다. 군인답게 행동하세요. 당신이 입은 상처가 아무리 커도 미국의회가 그것에 대해 지불하기로 한 돈 이상은 받을 수 없어요. 내가 월급 받고 하는 일은 당신을 동정하는 것이 아니에요!"

그녀는 그를 의자에 앉혀 벨트를 채우고 병동에서 데리고 나가는 동안 이토록 열변을 토했다. 그녀는 자기의 말을 강조하기 위해 문짝도 걷어찼다. 그리고서 새로 세탁한 수건과 침대커버 냄새가 나는 방으로 신속히 데려갔다.

"켄, 우린 지금 세탁실에 있어요." 그녀가 말했다. "우리 둘뿐이에요." 이제 그녀의 목소리는 차분하고, 낮아졌다. "당신에게 할 말이 있어요."

'이미 충분히 말했는걸.' 그는 생각했다.

"당신 아픈 거 알고 있어요." 그녀의 목소리는 동정으로 따뜻해졌다. "그래서 이런 모든 것 하지 않으려는 것도 알고 있어요. 그렇지만 노력해야 해요. 아직 아픈 지금 시도해야 해요. 고통이 사라지면 기회도 사라져요. 더 많은 시간이 지나가면 당신은 다시는 움직일 수 없을지도 몰라요. 켄, 당신의 고집을 유용하게 사용하세요. 당신은 마음만 먹으면 무엇이라도 할 수 있는 사람인 걸 알고 있어요. 이제부터는 엄청나게 노력해야 해요. 살아나가는 방법을 스스로 찾아가야 해요. 당신은 할 수 있어요. 할 거예요. 만일 겁쟁이였다면 벌써 죽었을테죠. 난 당신을 살아있게 한 용기를 내게 보여주기를 바래요."

"얼리 간호사?" 켄이 물었다.

"뭐죠?"

"당신은 어떤 사이즈의 바구니를 원해요?"

*　*　*

켄의 병동에는 최악의 환자들만 모여 있었다. 굳이 보지 않아도 알 수 있었다. 그는 그 방에 있는 여섯 명 중 자기 침대에서 뛰어나와 스스로 휠체어를 탈 수 있는 유일한 사람이었다. 그러나 그와 그의 병동 사람들은 스스로 즐겁게 사는 방법을 찾았다. 금요일 저녁이면 이들은 닭튀김 배달 서비스를 불렀고 맥주를 잔뜩 주문했다.

어느 금요일 오후, 이들은 기분 좋은 상태에서 그날 저녁의 멋진 닭고기와 맥주를 기다리면서 서로 농담을 하고 있었다. 그때 데이브 크롤리가 말했다. "야, 켄, 너 가서 간식거리 좀 사오면 어때? 지금 휠체어에 탈 수 있잖아? PX로 내려가서 통째로 다 사버려."

"맞아, 그것 외에는 우리가 돈 가지고 할 수 있는 게 없어." 또 다른 이가 거들었다.

켄은 자기에게 오는 도전을 결코 거부할 수가 없었다. "그래, 그러지." 그는 말했다.

그가 휠체어에 앉아 간호사 사무실을 거의 지나가고 있을 때, 근무중이던 한 간호사가 그를 불렀다. "켄, 어디로 가는 거예요?"

"PX요. 친구들에게 간식을 좀 사다주려구요."

"그거 좋지요." 그녀는 무심하게 말했다. 마치 달나라에 가겠다고 말하는 세 살짜리 어린이에게 말하듯.

켄은 계속 휠체어를 굴렸다. 그는 뭔가 보여주려 했다.

첫번째 건물의 끝에 도착했을 때, 그는 어떻게 해야 할지 걱정이 되었다. 가만 기다리다 보니 의사들의 수술용 신발이 긁히면서 끌리는 익숙한 소리를 듣게 되었다.

"PX로 가는 길을 좀 알려 주시겠습니까?" 켄이 물었다.

"여기서 왼쪽으로 가서, 이 복도로 주욱 내려가, 다음에서 오른쪽으로,

두 번 더 지나간 후, 또 왼쪽으로, 다시 오른쪽으로, 그리고 나서 다시 사람들에게 물어보세요."

"알겠습니다. 감사합니다."

왼손으로는 휠체어를 돌리고, 오른손으로는 길을 찾기 위해 벽을 더듬으면서, 켄은 문설주, 라디에이터, 정맥주사기 받침대, 세탁물 카트 등을 지나갔다. 몇 번의 가파른 내리막에서 스릴을 느끼며 돌아갈 때는 어떻게 가야 할지 다소 걱정되었다.

그는 한 번에 한두 마디의 길 안내만 기억하였고, 그 다음엔 다시 물어보는 식이었다. 마침내, 넓은 공간으로 들어섰고 햄버거와 감자후라이 냄새를 맡을 수 있었다. 조금 더 가자 그는 테이블과 의자에 부딪혀 이제 다 왔다는 것을 알게 되었다.

그렇지만 판매통로로 어떻게 가야 할 것인가? 앞에 무엇이 있는지 어떻게 알 수 있지? 그는 자기가 사용할 수 있는 감각기관을 될수록 많이 사용하면서 자기 머리를 이리저리 돌렸다. 그때 누군가 가까이서 말하는 게 들렸다.

"군인 양반."

'나에게 말하는 건가?'

"군인 양반."

"네, 말씀하십시오."

"난 맥더모트 중령일세. 자네 여기 소속인가?"

"전 시각장애자 병동에서 재활훈련을 받고 있습니다. 제 동료들이 저더러 PX에 가서 간식거리를 좀 사다달라고 해서 왔습니다. 제가 휠체어에 탈 수 있는 유일한 사람이거든요. 그래서 제가 왔습니다."

"거기는 9호 병동 아닌가?"

"네. 그렇습니다."

"9호 병동이라… 아주 먼 곳인데. 누가 여기까지 데려다 주었지?"

"아닙니다. 저 혼자서 왔습니다."

"자네 이름이 무엇인가?"

"4급 전문요원, 맥개러티입니다. 전 고스트라이더의 측문 사격수였습니다."

"자네가 사려는 걸 내가 좀 도와주어도 되겠나?"

"네, 감사합니다. 어떻게 해야 할지 걱정하고 있었습니다."

"내가 자네를 다시 데려다 주면 어떻겠나?"

"아닙니다. 9호 병동까지는 너무 먼 길입니다."

맥더모트 중령이 켄을 밀어 사탕, 비스켓, 포테이토 칩 등을 지나가는 동안 그 방은 아주 조용해졌다. 그래서 점원이 켄이 산 물건에 대해 계산을 하는 소리가 '짜잔' 하고 울리는 교향악 같았다.

"병사, 자네 그 봉지를 어떻게 9호 병동까지 가져가겠나?" 중령이 물었다.

"쉽습니다." 켄은 잔돈을 환자복의 앞주머니에 넣고, 쇼핑백의 윗부분을 자기 이빨로 물었다. 그는 그것을 무릎 위에 올려놓을 수가 없었는데, 그의 무릎이 너무 짧아, 물건을 균형잡으며 놓을 수가 없었기 때문이었다. 그는 코로 큰 숨을 들이쉬면서 굴러갈 준비를 했다.

"맥개러티 일병!" 중령이 말했다.

켄은 말을 하기 위해 봉지를 느슨하게 했다. "네, 장교님."

"일병, 내가 자네에게 경례를 하고 있네."

"네, 장교님."

갑자기 그의 주변에서 박수소리가 울려나면서 침묵이 깨졌다.

"계속 가게." 중령이 말했다.

PX를 나와서 켄은 첫 오르막을 올라갈 수 있었다. 새로운 에너지가 그의 손과 팔에서 나오고 있었다. 그는 할 수 있었다! 그는 여기까지 올 수 있었고, 이제 삶을 살아갈 방법을 찾아야 했다. 얼리 간호사는 마음먹은 일이면 무엇이든 할 수 있을 거라고 했다. 이제 처음으로 그가 할 수 있다는 것을 알았다. 그는 의심과 두려움이 얼마나 그를 강하게 붙잡고 그의 남은 인생을 숨막히게 하고 있었는지 깨닫지 못하고 있었다.

눈에서 안도의 눈물이 흘렀다. 그는 이제 정말 해낼 것이다!

* * *

20년 후인 1989년, 젊은 프리랜스 저널리스트였던 피터 맥퍼슨(Peter McPherson)은 당시 뉴저지의 치의과대학 외과 교수였던 케네스 스완 박사에게 전화했다. 맥퍼슨은 트로마(trauma, 영구적인 정신장애를 남기는 충격 - 역자 주) 치료에 관해 글을 쓰고 있었고, 스완 박사는 가장 이상적인 인터뷰 대상자였다. 그는 베트남에서의 경험도 있을 뿐만 아니라, 그 대학병원의 트로마 치료를 담당하는 수석 의사였다. 또 그는 아직 예비역 대령으로 남아 있던 상태였다.

"스완 박사님, 당신이 겪은 것 중에서 가장 심했던 것은 어떤 경우였습니까?" 젊은 언론인이 물었다. 오랫동안 억눌려 있던 20년 전의 기억이 스완의 마음에 떠올랐다. 너무 심하게 다쳐 스완의 동료들은 차라리 죽게 내버려두는 것이 낫다고 말했던 군인에 관한 기억이었다.

"그 사람은 어떻게 되었습니까?" 그 이야기를 다 듣고 난 맥퍼슨이 물었다.

"그는 다시 미국으로 돌아왔어요. 제가 아는 것은 그것뿐입니다." 그가 대답했다.

피터 맥퍼슨의 기사가 실리자, 수십 명의 독자가 편집자에게 편지를 보냈고, 그 젊은 군인이 어떻게 되었는지 알고 싶어했다. 맥퍼슨은 케네스 스완에게 전화해서 그를 찾아내는 것이 어떻겠냐고 물었다. 그러나 이들 두 사람은 이들이 알게 될 사실에 대해 그 군인이 좋아할는지 확신이 서지 않았다.

그를 찾는 일은 엄청난 많은 난관과 관료들을 상대해야 하는 어려움이 수반된 일이었다. 그러나 2년 후, 1991년 7월, 스완 박사는 마침내 그의 환자였던 켄 맥개러티가 당시 조지아 주의 콜럼버스에 살고 있음을 알게 되었다. 그에게는 아내와 두 딸도 있었다. 오번대학에서 고등교육도 받았고, 스쿠버 다이빙도 배웠음을 알았다.

"당신이 엉뚱한 사람을 말해 준 것 같습니다." 스완 박사는 재향군인회 담당자에게 말했다. "제 환자는 뇌에 손상을 입었습니다. 양쪽 다리를 절단했구요. 그런 사람이 어떻게 스쿠버 다이빙을 합니까?"

"박사님, 이 사람이 바로 당신의 환자입니다. 그에게 전화하려면 지금 해보세요."

스완 박사가 전화했을 때, 즐거운 남부 사투리의 남자가 받았다. 그가 바로 켄 맥개러티였다.

스완은 피터 맥퍼슨과, 그에 관해 한 이야기, 자기가 찾게 된 경위 등을 이야기했다. "난 당신을 만나보고 싶습니다." 그가 말했다.

"좋습니다." 맥개러티는 말했다. "스완 박사님은 제가 기억하지 못하고 있는 많은 것들을 메워주실 수 있을 겁니다. 사고가 있던 날에 대해 전 알고 싶은 것이 많습니다."

플레이쿠에서 그 운명적인 만남이 있은 지 거의 23년만인 1991년 9월 25일, 스완 박사와 켄 맥개러티는 조지아 콜럼버스에 있는 맥개러티의 집 밖에서, 맥퍼슨과 사진기자를 동반한 채 만났다. 맥개러티가 그를 맞으면서 손을 내밀 때 스완 박사는 자기가 수술했던 오른손 새끼손가락을 알아보았다. 그 순간 그는 이 남자와 연대감을 느꼈다. 그후에 이어진 오랜 대화 동안 그는 근심스러운 여러 가지 관심사에 대해 켄 맥개러티에게 확실한 대답을 줄 수 있었다. 생존자의 죄책감 같은 것 말이다. 어쩌면 그도 사람들이 말하던 것처럼 죽도록 내버려져야 했는지 모른다. 어쩌면 그보다 더 의학적인 관심이 많이 필요한 환자가 있었을지도 모른다.

"아닙니다. 아닙니다." 스완은 그에게 확신을 주었다. 켄을 치료했기 때문에 다른 사람을 치료하지 못한 것은 아니라고 말했다.

그리고 스완 박사는 자기를 괴롭혔던 질문을 그에게 던졌다. 그럴 만한 가치가 있었는가? 켄은 살아있는 것이 기쁜가?

"제가 몇 마디 말씀드리죠." 켄이 의사에게 말했다. "휠체어에 시각장애인으로 앉아있는 것은 문제가 있습니다. 부인하지 않겠습니다. 그러나 사실은 그렇게 나쁘지는 않습니다, 스완 박사님. 당신이 아니었다면 전 죽었을 것입니다."[2]

* * *

피터 맥퍼슨의 글이 "워싱턴포스트"에 실렸고, 곧 이어 ABC의 "20/20", "뉴욕 타임즈", "굿하우스키핑", 심지어 "런던 타임즈" 등도 전화를 걸어왔다.

대중매체는 아주 피상적인 용어들로 이 이야기를 다뤘다. 의사가 자기가 치료했던 최악의 환자가 20년이 지나 아주 행복하고 온전한 삶을 살고 있는 것을 알게 되었다. 불굴의 인간정신에 영감 어린 찬사를 돌린다! 그러나 실제의 삶은 겉으로 드러난 것보다는 복잡하다. 켄 맥개러티의 경우도 마찬가지였다. 스완 박사가 켄을 방문하고 있을 때, 그의 아내 테레사와 딸들은 켄의 치료 중에서 가장 어려운 부분을 삶으로 겪어내고 있었다.

스완 박사가 맥개러티를 방문하기 2년 전인 1989년에 테레사는 신경쇠약에 걸려 입원했었다. 두 딸인 앨리카와 엘리자베스는 외할머니댁으로 갔다. 테레사가 병원에서 퇴원하던 날, 그녀는 켄이 자기와 결혼한 1971년부터 누적되어온 문제, 자기 자신을 병에 걸리게 한 바로 그 문제와 대면하지 않으면 안된다는 것을 알고 있었다. 그렇게 하자면 그녀가 한때 꿈 같은 집이라 생각했던 곳, 지금 켄이 홀로 살고 있는 집, 그녀가 결혼한 그 남자의 구역질나는 유령이 있는 곳으로 돌아가야만 했다.

그녀가 문지방을 넘어설 때, 너무나 친숙한 냄새와 분위기가 마치 큰 묘지에서 나는 죽음의 냄새처럼 그녀를 오싹하게 만들었다. 그녀는 여기서는 단 몇 분도 견딜 수 없을 것이라고 생각했다. 그러나 병원에서 한 얘기는 만일 그녀가 미래에 켄과 조금이라도 관계를 이어가려고 한다면 이 일을 꼭 해야만 한다는 것이었다.

"테레사, 테레사!" 켄이 침실에서 나오려고 여기저기 부딪히면서 그녀의 이름을 불렀다.

"테레사, 당신 왔구료. 이리 와요. 당신에게 입맞추게."

그녀는 몸을 구부렸다. 그러나 입술 대신 뺨을 내밀었다. 그리고 물러섰다. "켄, 전 아직 돌아온 게 아녜요."

"병원에 더 있어야 된대?"

"아니요, 전 나아지고 있어요. 그러나 당신이 당신에게 필요한 도움을 얻을 때까진 완전히 낫지 않을 거래요. 당신에게 필요한 도움을 당신이 얻을 때까지, 우리 결혼은 제대로 지속되지 않을 거예요."

"내게 필요한 도움?"

"켄, 당신은 외상후 스트레스 장애(post-traumatic stress disorder)를 가지고 있어요."

켄도 알고 있었다. 그러나 켄은 재향군인병원에서 진정제를 맞은 망령처럼 되는 것이 두려워서 그 사실을 받아들이지 못하고, 테레사를 집 밖으로 몰아내었다. 그는 자기가 염려하는 것이 아무런 도움이 되지 않음에도 불구하고, 신경안정제와 알콜에 중독되어 있음을 알고 있었다. 그래서 그는 자기의 도피 동굴인 절망적이고, 처참하며 귀신이 나올 것 같은 뒤쪽 침실에서 계속 혼자 살고 있었다.

그의 두려움은 악순환의 고리를 만들고 있었다. 그는 병원에서 망령처럼 지내고 싶지 않았다. 그러나 지금 도움을 구하면 의사들은 그가 원하지 않는 바로 그곳에 집어넣을 것이다. 방법이 없었다. 그래서 지연시켰고, 결정을 미뤄왔고, 행동을 취하지 않았다.

그는 하나님께 구해달라고 소리치면서 기도했다. 다시 한 번, 하나님은 응답하셨다. 그러나 이번에는 그에게 무엇이 필요한지 분명히 보여주셨다.

네 아내가 돌아오기를 원하느냐? 하나님이 물으셨다. 딸들이 돌아오기를 원하느냐?

"제 생명보다도 더 원합니다." 그는 하나님께 말씀드렸다.

그렇다면 켄, 그들을 위해서 싸우도록 해라. 네게 필요한 도움을 얻게 될 것이다.

* * *

켄은 이 모든 일이 어떻게 일어났는지를 기억했다. 그는 비록 자기가 병원에서 집으로 오던 순간 무언가 잘못되었다는 것을 알고 있기는 했지만, 그는 갑자기 중독자와 은둔자가 된 것이 아니었다. 그는 그의 부모님과 열흘을 살고 나서, 이사 나가야겠다는 것을 알게 되었다. 그는 부모님이 그에 대해 속삭이는 소리를 들었고, 그의 등뒤에서 말하는 것도 들었으며, 그가 무엇을 언제 해야 하는지 정하는 것도 들었다. 그래서 그는 자기 처소를 따로 마련하겠다고 말씀드리고, 방 하나짜리 아파트를 얻었다. 그의 남동생이 큰 도움이 되었다. 동생은 친구들과 함께 방문하여 켄을 데리고 나가 드라이브도 하고, 영화도 보았으며, 술집에도 갔다. 그곳에 있으면 누군가는 이 말 많고 술 많이 마시는 상이군인에게서 전쟁에 관한 이야기를 듣고 싶어 했다.

그의 어머니가 가끔 와서 요리를 해주곤 했다. 그렇지 않을 때는, 혼자서 통조림으로 끼니를 해결했다. 그는 자기 스스로 살아갈 수 있었다. 단 하나의 문제는 잠을 자지 못한다는 것이었다. 동료들과 술 없이, 혼자 침실에 있으면 암흑이 빙글빙글 도는 독사처럼 젖어들었다. 그는 모든 소리를 들었다. 차들이 그의 아파트 건물 앞을 지나갔다. 창문 가까이에 있는 조명등에 나방들이 와서 부딪쳤다. 가끔 비행기가 머리 위로 지나가면 그는 갑자기 공포에 사로잡혀 휠체어에서 뛰어내려 바닥으로 떨어졌다.

그는 정신을 차리기 위해서 암흑에 대한 경계선을 설정했다. 그의 침대는 그의 벙커였다. 그리고 그는 소총을 그의 곁에 두었다. 때때로 그는 여러 시간 동안 그 기름진 기구가 정확하고 확실하게 작동하게 하기 위해 장전행동을 반복하곤 했다. 때로는 그런 식으로 자신에게 최면을 걸어 잠이 들곤 했다. 그러나 악몽은 멈추지 않았다.

1971년에 테레사와 만나 결혼한 후, 그는 잠시 좋아졌었다. 그녀는 그가 왜 밤에 자기 옆에 총을 두고 자는지 이해하지 못했다. 처음엔 그 총을 침대에서 옮겨 스탠드 곁에 두었다. 그리고 나서는 침대 밑에 두었고, 나중에는 장롱에 넣어두도록 설득했다.

테레사의 어머니는 독실한 그리스도인이었다. 그녀의 권면에 따라 이들 신혼부부는 정기적으로 교회에 출석하기 시작했다. 결혼생활을 하면서 켄이 술집에서 빈둥거리는 시간이 크게 줄어들었고, 집에서 친구들과 술 마시는 시간도 줄어들었다. 신체적으로, 또 정신적으로 그는 훨씬 나아지기 시작했다. 잠도 잘 수 있었다. 다만 가끔 악몽이 찾아와 테레사의 팔에 안기곤 했다.

결혼한 지 일 년 후, 비록 '파편에 의한 피임수술'을 부분적으로 하긴 했지만, 테레사는 이제 부모가 된다는 소식을 안고 집에 들어왔다. 앨리카가 출생한 후, 완전한 모습으로 태어난 딸아이를 품에 안고, 켄은 가장 깊은 곳에서 우러나오는 기쁨을 맛보았다. 6년 후, 첫애와 똑같이 둘째 아이 엘리자베스가 태어났다.

테레사의 사랑과 그의 딸에 대한 기쁨, 보다 커진 안정감에 힘입어 켄은 열심히 공부했고, 고등학교 졸업 자격시험에 합격하여, 오번대학교에서 강의를 듣기 시작했다. 강사를 믿고서 그와 함께 물 속으로 들어가며 스쿠버 다이빙도 배웠다. 불가능한 것은 없어보였다. 얼리 간호사가 그에게 말한 것처럼, 하는 방식을 나름대로 찾아내기만 하면 되는 것이었다.

그러나 결혼한 지 약 10년 후, 켄은 내리막길을 내려가기 시작했다. 격렬한 분노로 인해 그의 기분은 점차 우울해졌고, 신경질적이 되었다. 그의 부인과 딸들은 그가 그들을 향해 몇 번 주먹을 날리자, 그를 두려워하기 시작했고, 마침내 이사를 나갔다.

그들의 삶이 악몽 같아졌지만 테레사는 켄을 포기하지 않았다. 그녀가 병원에서 집으로 돌아와 그의 외상후 스트레스 장애에 대해 그에게 말한 이후에도, 그녀는 주기적으로 집에 들러 그가 그 치료에 대해 마음을 바꿨는지를 점검하곤 했다.

마침내 그의 가족으로부터 1년간 떨어져 있은 다음, 켄은 꺾였다. "여보, 당신이 돌아왔으면 좋겠소." 그는 말했다. "아이들도 돌아왔으면 좋겠구. 난 이제 하나님이 그걸 원하신다는 걸 알아. 기꺼이 하겠소. 그렇지만 재향군인병원에서만은 하고 싶지 않아."

테레사는 그가 진정으로 말하고 있음을 알았다. 그의 목소리에서 그것을 느낄 수 있었다. 그녀 자신이 대학으로 돌아가 상담을 전공하면서, 가능한 심리적 치료법을 알아보았고, 이내 켄을 외래환자로 받아주겠다는 정신과 의사를 찾아내었다.

"왜 당신은 당신 주변에 안전한 영역이 있어야 한다고 생각합니까?" 켄의 상담자가 물었다. "말하자면, 경계선을 분명히 하려는 것이죠."

치료가 시작된 지 두 달이 지나서야 이들은 이런 질문에 도달했다. 이제 켄은 그 대답을 알고 있었다.

"B-40 로켓포탄이 나를 가격했을 때, 나의 모든 세계는 폭발했습니다. 난 이제 다시는 그런 일이 일어나지 않도록 노력해야만 한다고 생각합니다."

"맞습니다."[3]

* * *

켄이 스완 박사와 만난 것이 언론에 소개되면서 다른 재향군인들이 그와 접촉하게 되었고, 그들은 민간인 신분으로 그 자신의 이야기와 문제들을 나누었다. 켄은 이것이 자기만이 겪고 있는 문제가 아니라는 것을 알게 되었다. 다른 많은 사람들도 외상후 스트레스 장애를 겪고 있었다.

그는 특히 예전에 고스트라이더 헬기를 함께 타고 있던 사람들, 예를 들어 총격전이 벌어지고 있는 가운데서 그를 안전한 곳으로 대피시킨 오토 머츠 같은 사람들로부터 소식을 듣게 되어 아주 기뻤다. 그들과의 우정을 회복하면서 그는 오토가 신실한 그리스도인임을 알게 되었다. 켄은 그가 호숫가에서 하나님께 드린 기도와 그 일이 실제로 일어나 하나님께서 눈과 다리를 가져가셨다는 얘기를 해주었다. 그는 그 이후 하나님으로부터, 하나님의 두려운 능력과 그의 심판의 분노로부터 도망쳤다고 고백하였다.

"왜 하나님이 분노하시는 것으로 보이지?" 오토는 물었다. "자네의 삶과 그 가운데 있었던 놀라운 일들을 돌아보면, 하나님은 사랑이 많으신 분이라고 말해야 되는 것 아닐까?"

켄은 갑자기 정지된 듯했다. 그는 하나님이 자기에게 좋은 아내와 사랑스런 두 딸과, 경제적인 문제로부터의 자유를 주셨음을 인정하지 않을 수 없었다. 하나님은 그의 많은 실패에도 불구하고, 생명을 보존하여 주셨고, 지금까지 지켜주셨다.

그때부터 켄은 사랑이 많으신 하나님을 자기의 주님으로 영접하기 시작했다. 그는 더 이상 하나님으로부터 도망하고 싶지 않았다. 그는 하나님께 달려가 그에게 안기고 싶었다. 켄은 이전에 하나님을 알고 있었지만, 이제야 마침내 하나님과 완전한 평화를 누리게 되었다.

켄은 하나님이 플레이쿠에서 그날 죽도록 내버려두지 않고 스완 박사를 통해 구해 주신 것에 진심으로 감사드렸다.

제12장
인간생명의 가치, 어떻게 변해 가고 있는가?

> 나는 개코원숭이나 모래 한 알보다 인간을 더 중요하게 생각하는 이유를 모르겠다.
>
> 올리버 웬델 홈즈(Oliver Wendell Holms)

생명은 기적이고, 하나님께로부터 받은 신성한 것이다. 켄 맥개러티보다 이것을 더 잘 아는 사람은 없다. 그가 '항상 행복하게' 살았던 것만은 아니다. 그러나 그의 고통과 장애에도 불구하고, 켄은 살아있는 것에 감사한다. 그는 생명이 얼마나 소중한 것인지 안다.

인간의 존재의미는 무엇인가? 우리는 왜 여기에 있는가? 인간생명의 가치는 무엇인가? 오늘날 우리 문화의 가장 까다로운 문제, 즉 낙태, 자살방조, 안락사, 유전공학 등이 모두 인간이란 무엇이며, 인간생명의 가치란 무엇이고, 생명은 어떻게 보호되어야 하는지에 대한 질문을 제기하는 문제들이다. 이는 다시 말하면 우리의 기원에 관한 문제로 귀결된다.

그리스도인들은 하나님이 그의 형상을 따라 인간을 창조하셨다고 믿는다. 인간의 생명은 이런 하나님의 형상을 갖고 있기 때문에, 존엄한 것이고, 창조주로부터 온 선물이다. 오직 하나님만이 우리가 언제 살고, 언제 죽어야 하는지 한계를 정하실 수 있다. 이에 반대하는 것이 우리가 앞에서 살펴본 자연주의적 신념인데, 이 신념을 가진 이들은 생명이 원시바다로부터 화학물질들의 우연한 충돌로 생겨난 것이고, 수십억 년의 세월 동안 우연한 돌연변이를 통해 생물학적 우연들이 최초의 인간을 만들어 내었다고 주장한다. 오늘날에도 수천만의 사람들이 인간은 단지 균이 자라난 것뿐이라는 기본적인 가정을 받아들이고 있다. 마치 데이브와 캐티가 엡콧에서 본 것처럼. 결국 이 말은 올리버 웬델 홈즈가 무뚝뚝하게 표현한 것처럼 인간은 개코원숭이보다 나을 것이 없다는 결론으로 귀결된다.

이들 두 세계관은 서로 상충한다. 오늘날 문화적 위기의 핵심은 이런 상반된 두 견해이다. 생명이 어디에서 왔는가 하는 것은 과학자들이 토론할 학문적 논쟁거리가 아니다. 우리가 생명의 기원을 어떻게 이해하는가 하는 문제는 순전히 개인적인 것이다. 이는 우리가 인간의 정체성에 대해 무엇을 믿으며, 어떤 가치관을 가지고 살 것인가를 정하는 문제이고, 우리가 믿는 바는 우리가 일상을 살아가는 바로 그 이유가 된다. 누가 살고, 누가 죽을 것인지를 결정하는 이유 말이다. 이런 이유 때문에 인간의 생명에 대한 윤리의 문제가 오늘날 '정의'(定義)에 관한 논쟁이 되었다.

그리스도인의 생명에 대한 헌신을, 비판자들이 말하는 것처럼 '태아와의 연애'라고, 또는 억압적인 빅토리아 시대의 도덕률을 부과하려는 욕구라고 매도할 수는 없다.[1] 오히려 그리스도인들은 성경의 계시에 기초하여 인간기원의 본질과 인간생명의 가치에 대한 확신을 가지고 행동한다. 그런 이유 때문에 생명이 스러져가는 극심한 부상을 당한 군인을 보았을 때, 케네스 스완 박사는 윤리책을 들여다보지도 않았고, 추상적인 원칙을 토론하지도 않았다. 인간의 생명은 하나님의 형상을 따라 만들어진 것이기 때문에 본질적인 가치를 가지고 있다는 유대-기독교적인 전통이 뿌리

깊은 문화에서 자라났기 때문에 그는 단지 자연스럽게 행동했을 따름이었다. 한 인간의 생명을 살렸던 것이다.

그러나 한때 생명의 문화였던 것이 오늘날 요한 바오로 2세가 칭한 대로 '죽음의 문화'가 되었다. 자연주의적 윤리가 태어나지 않은 아이부터 늙고 노쇠한 사람에게까지, 불구자로부터 약하고 방어능력이 없는 사람에게까지 미치고 있다. 끊임없이 그 자신의 논리를 추구하는 이런 죽음의 문화는 인간이 다른 모든 종류의 생물보다 뛰어나다는 것을 부인하고 있으며, 이는 어떤 단계에 있는 생명도 다 위협하고 있다. 이제 조력자를 둔 자살(안락사)은 어떤 주에서 헌법적인 권리로 보호받고 주(州) 의료보험에서 지원받고 있으며, 존경받는 교수들과 과학자들이 여론의 충격이나 반대없이 영아살해를 공개적으로 지지할 정도가 되었다.

아마 당신은 이것이 과장이라고 말할 것이다. 인심을 소란케 하는 사람의 말이라고 할 것이다. 그러면 지난 2000년 동안 서구문명을 지탱한 가장 기초적인 확신들이 어떻게 실용주의와 공리주의의 자연주의적 윤리로 대체되었는지 살펴보도록 하자.

내 몸이니 상관 마세요

생명의 문화에서 죽음의 문화로 이행한 것은 오랜 역사적 관점에 비추어보면 마치 지진에 의한 지각변동과 같은 것이었다. 물론 그 단층은 수세기 전 이성과 계몽주의 시대에서 비롯된 것이기는 하지만 주로 이루어진 것은 1960년대의 일이다.

그 시작점은 17세기 프랑스의 수학자였던 르네 데카르트(Rene Descartes)가 의심할 수 있는 것은 모두 의심하기로 결심하던 때이다. 진지한 내면의 질문을 계속하던 결과, 데카르트는 그 자신이 의문을 품었다는 사실 자체만을 빼고, 또 자신이 정신적으로 경험한 것을 제외하고는 모든 것에 의문을 품을 수 있다고 결론내렸다. 이런 결론은 그의 유명한 말, "나는 생각한다. 그러므로 나는 존재한다"(I think, therefore I am)라는 말을 낳게 했다. 데카르트는 이런 결론으로 하나님이 아니라 인간의 정신이 확실성의 원천이 된다, 즉 인간의 경험은 그 밖의 모든 것이 그 주변을 회전하게 되는 고정축이 된다는 혁명적인 생각을 풀어놓았다.[2]

아이러니하게도 데카르트는 죽는 날까지 헌신된 가톨릭 교인으로 진지한 그리스도인이었다. 그러나 그의 철학에는 기독교적인 것이 전혀 없었다. 인간의 정신을 모든 진리의 판단자로 세움으로 말미암아, 그의 철학은 결국 하나님을 별 볼일 없는 존재로 만들었다. 전통적인 도덕과 사회질서의 개념이 주로 기독교에서 나왔기 때문에, 이런 도덕적 전통도 하나님이 더 이상 해당이 없는 존재, 혹은 존재하지 않는 이로 부인되고 있는 상황에서 함께 산산조각이 날 수밖에 없었다.

신의 죽음은 곧 도덕의 죽음이었다. 이런 논리는 20세기 인간의 영혼을 들여다보다 나중엔 미쳐서 세상을 떠난 독일의 철학자 프리드리히 니체(Friedrich Nietzsche)에 의해 발표되었다. "하나님은 어디에 있는가?" 니체는 1889년 이렇게 물었다. "내가 너에게 말해 주마. 우리가 그를 죽였다. 당신과 내가. 우리 모두는 그를 죽인 살해자이다!"[3] 그는 대부분의 서구 사람들이 신의 죽음의 가공할 결과에 대해 생각하지 않는 것에 분개했다. 그는 그들이 하나님에 대한 신앙을 포기한다면 도덕과 의미에 대한 성경의 개념 또한 포기해야 한다는 것을 이해하게 되기를 원했다.

바로 이것이 20세기가 해낸 일이다. 우리가 만일 하나님의 피조물이 아니라면, 그래서 그의 율법에 속박될 필요가 없다면, 만일 우리가 단순히 가장 앞선 영장류에 불과하다면, 왜 우리가 원하는 대로 하면 안되는가? 물병자리(Aquarius)의 시대인 1960년대에 그런 관점들이 금기로부터 자유롭게 해주는 약물의 도움을 받으면서 일반인들의 의식에 폭발적으로 퍼져 나갔다. 성(性)의 해방은 '우리가 우리 몸을 가지고 무슨 일을 하든 아무도 말할 자격이 없는' 새롭고, 열린, 평등사회를 만드는 수단이 되었다. 기독교 변증론자인 피터 크리프트(Peter Kreeft)가 그의 글 「세계의 마지막 밤」(The World's Last Night)에서 날카롭게 지적한 대로 오늘날 우리들은, "유일한 내재적 선, 스스로 정당성을 부여하는 목표, 자명한 가치, 인생의 의미, 그리고 절대절명의 가치를 지닌 것, 그것이 바로 섹스"인 사회에서 살고 있다.[4]

로버트 조지(Robert George) 교수는 이런 관점을 가능하게 한 것은 육체와 영혼이라는 극단적인 이원론이라고 말한다. 그런데 이는 육체가 단지 정신에 의해 움직이는 기계와 다를 바 없다고 말한 데카르트에게 그 기원을 둘 수 있는 이원론이다. 결국 이 말은, 육체는 진정한 '나'가 아니며, 진정한 나와 분리되어 있는 어떤 것, 즉 자동차나 컴퓨터처럼 내가 원하는 목적에 사용할 수 있는 도구라는 말이다. 따라서 내가 내 몸으로 무엇을 하든, 즉 육체적 쾌락의 도구로 삼든 아니면 불편해서 버리든, 이는 도덕적으로 중요하지 않게 된다. 이 말의 논리적인 귀결은 미혼인 남녀간의 성행위나 동성간의 성행위, 또는 전혀 모르는 사람들끼리의 성행위도 도덕적으로 아무런 문제가 없다는 뜻이 된다. 만일 육체가 의식을 가진 자아의 도구일 뿐이라면, 육체는 강제적인 것이 아닌 한, 어떤 쾌락이나 상호간의 만족을 위해서도 사용될 수 있다.[5] 육체의 생명을 버리는 것도 낡아 잘 맞지 않는 옷을 버리는 것과 도덕적으로 별반 다를 것이 없다.

바로 이런 논리로 인해 대법원은 인간의 태아는 인격이 아니기 때문에 합법적으로 죽일 수 있다는 로우 대 웨이드(낙태합법) 판결(Roe v. Wade, 1973)을 결정하게 된다.[6] 다수의견을 기록한 해리 블랙먼(Harry Blackmun)은 태아가 인격이던 시절에는 생명이 제14차 헌법개정안(어느 누구의 생명, 자유, 재산도 빼앗을 수 없다고 하는)에 따라 그 생명이 보장된다는 것을 인정했다. 낙태의 권리를 지지하기 위해서 대법원은 태아가 생물학적으로는 인간이지만, 법적인 인격은 아니라고 주장해야 했다. 게다가 만일 대법원이 태아가 변하여 임신의 어떤 단계에서는 비인격에서 인격으로 바뀐다고 인정하게 되면, 낙태는 불법적인 생명박탈, 즉 살인이 된다. 그래서 대법원은 태아가 임신의 어떤 단계에서든 전혀 권리를 가지고 있지 못한 비인격이라고 판시했다. 어머니만이 '사적 자유권'을 가진 인격이라는 것이다.

로우 대 웨이드, 즉 낙태합법 판결은 억압적인 도덕적 굴레라고 말하는 멍에로부터 개인을 해방시키고자 하는 성 정치학의 영향으로 발생한 강력한 사회운동의 중요한 도구가 되었다. 자기 몸을 가지고 아무것이든 할 수 있는 '선택권'이 1970년대와 1980년대의 중요한 가치가 되었다. 선택 그 자체는 가치가 될 수 없으며, 가치는 무엇을 선택하느냐로 결정된다는 사실은 무시된 채 말이다.

죽음의 문화

낙태는 항상 낙태 이상의 문제였다. 낙태는 역사적으로 인간생명의 존엄성을 주장해 온 서구문명을 갈라놓는 쐐기역할을 하고 있다. 1973년, 낙태반대론자들이 낙태합법판결은 우리를 공포라는 미끄러운 비탈길로 몰아갈 것이라고 하자 사람들은 인심을 소란케 한다고 그들을 조롱했다. 그러나 그후에 되어진 일들은 그들이 선견지명이 있었음을 증명하고 있다.

1982년 인디애나 블루밍턴에서 있었던 "도우 아기"(Baby Doe) 사건과 함께, 선택권에 대한 가차없는 요구는 넘을 수 없는 강을 건너, 즉 자궁 안에 살아있는 태아로부터 자궁 밖에 살아있는 아이로 옮겨갔다. 그리고 미국은 이제 낙태에서 영아살인으로 옮겨갔다. 도우라는 아기는 날 때부터 식도가 기형이어서, 음식을 소화시킬 수 없었다. 의사들은 90퍼센트 이상 성공이 확실한 간단한 수술을 권했다. 그러나 부모들은 그렇게 하지 않으면 이 신생아가 죽을 것이 확실한데도 수술 받기를 거부했다. 의사들도 동의했다. 그 이유는 무엇이었는가? 이 아기는 다운증후군도 가지고 있

었기 때문이었다.[7]

인디애나 법정은 이 일에 간섭하기를 거부했고, 6일 후 도우 아기는 굶어 죽었다. 어릴 때 자신도 다운증후군을 가지고 있던 칼럼니스트 조지 윌(George Will)은 "이 아기는 지진아라 죽인 것이다"라고 단호하게 말했다.

도우 아기에 대한 논쟁의 질풍 속에서 충격적인 일이 드러났다. 장애 아들을 죽도록 내버려두는 일이 자주 발생한다는 것이었다. 이미 1975년에 소아과 의사들을 대상으로 한 여론조사에 따르면 의사들의 77퍼센트가 결함이 있는 아기들에게 영양을 공급하지 않거나 치료를 해주지 않는 쪽을 선호한다고 답했다. 오클라호마의 병원에서는 소아과 의료진이 장애아들을 치료할 것인지 말 것인지를 그 '생명의 질'을 계산해 보고 결정한다는 것이 밝혀졌다. 이들이 고려하는 '질'의 요소는 인종과 가족의 수입이었다.[8]

물론 그 이전에, 결함이 있는 아기들을 제거하는 것에 대한 철학적인 근거는 낙태에 관한 논쟁에서 마련되었다. 1960년대에 미국의학협회(AMA, American Medical Association)는 '중대한 신체적 결함이나 정신적 결함'을 가지고 있을 때 낙태를 허락한다는 결의안을 통과시켰다.[9] 몇몇 주에서는 그 경우 낙태를 허용하는 법률을 이미 통과시켰다. 뉴욕에서 그런 법이 통과되었을 때, WCBS 라디오의 한 논평가는 "낙태는 인구과잉, 불법, 또는 있을지도 모를 기형출산 등에 대한 합리적인 해결책이다"라고 환호하였다.[10]

낙태가 아주 중요한 공공보건정책이라고 선언한 첫 공무원은 아칸소 주의 보건국장이었으며 나중에 미국의 공중위생국장이 된 조이슬린 엘더스(Joycelin Elders)였다. 그녀는 낙태는 중대한 결함을 가진 아이의 숫자를 줄이게 됨으로써 '아주 중요하고 긍정적인 공중보건의 효과'가 있다 말한다.[11] 낙태는 이제 더 이상 고민하며 마지못해 행하는 고통스런 비극이 아니라 오히려 인종을 개선하는 긍정적인 선행이 된 것이다.

자신의 주장을 강화하기 위해, 엘더스는 1976년 워싱턴 주에서 태어난 아이들 중 다운증후군인 아이의 수가 합법적인 낙태가 허용되지 않을 경우 태어났을 수보다 64퍼센트나 적다는 연구결과를 인용했다.[12] 엘더스가 말하지 않은 것은 대부분의 다운증후군 사람들은 발달이 약간 늦어진 것일 뿐이어서 커서는 직업을 가지고 독립적으로 살 수 있는 어른으로 성장한다고 하는 사실이다. 만일 부모가 그런 아이들의 출생을 감당할 수 없다면, 이런 아이들을 입양해 키울 사람도 많이 있을 것이다. 그런데도 오늘날, 이들은 이런 아이들을 제거하는 데에만 초점을 맞추고 있다. 다운증후군의 사람들은 염색체가 더 많기 때문에 양막천자(태아의 성별, 염색체의 이상을 판별하는 방법 - 역자 주)의 방법으로 알아볼 수 있다. 보험회사들은 이 시험에 드는 비용은 지체없이 지불한다. 만일 증세가 있는 것으로 판정되면 낙태비용도 지불한다. 그러나 바로 그 보험회사는 이런 아이가 태어난 다음 첫 해에 사용되는 10만 달러 이상 드는 돈은 지불하지 않는다. 선택의 기로에 있을 때 이런 경제적인 압박을 이겨낼 수 있는 사람이 몇이나 되겠는가? 그다지 많지 않을 것이다. 연구에 의하면 때로는 의사들의 압력에 의해 90퍼센트의 사람들이 낙태를 택한다.[13]

이런 최일선의 방어진을 겨우 통과한 '원하지 않은' 혹은 '결함이 있는' 아기들에 대한 궁극적인 해결책도 항상 있다. 제임스 와트슨(James Watson)과 함께 DNA의 나선 구조를 밝혀내어 노벨상을 공동 수상한 프랜시스 크릭(Francis Crick)은 모든 신생아들을 검사해서 누가 살아남아야 하는지 결정해야 한다고 주장한다. 신생아의 건강도를 결정하는 아프가 테스트(신생아의 심장박동수, 호흡속도, 근 긴장도 등의 항목에 대한 검사 - 역자 주)에서 일정한 수준의 점수를 얻지 못한 아이들은 안락사시켜야 한다는 것이다.[14]

작고한 칼 세이건의 뒤를 이어 미국 과학대중화의 위대한 기수가 된

MIT대학의 스티븐 핑커(Steven Pinker)가 주류 사회에 이런 견해를 주입시키고 있다. 그는 연방정부의 중앙 인력배치부서가 이 일을 위해 선택한 완전한 작품이다. 말 잘하고, 친절하며, 권위가 느껴질 만큼 교수다운 분위기도 있으면서 사람들에게 겁을 주지 않는 그런 사람이다. 핑커는 가장 저명한 진화론적 심리학의 주창자인데, 진화론적 심리학은 생명체를 그들 유전자의 산물로 폄하해 버린 사회생물학의 최종판이다.

핑커는 진화가 인간의 정신을 만들어낸 이유는 유전자를 보호하고 '유전자를 만들어낸 유전자를 최대한 복제하기 위해서' 라고 주장한다. 이런 개념을 영아살해의 문제에 적용하면서, 핑커는 신생아는 기본적으로 유전자 덩어리이며, 부모들은 새로 태어난 어린아이와 결합되기 이전에 항상 어린아이의 건강과 부모 자신이 가진 자원을 바탕으로 '어린아이의 생물학적 가치를 냉정하게 평가' (손자를 낳을 수 있을 만큼 살아남을 확률) 한다고 주장한다. 핑커는 말하기를 엄마들이 신생아를 죽이더라도 우리는 그들의 행동을 '이해해야' 하는데, 그 이유는 '엄마들이 가진 감정의 회로는 진화' 되었으며, 여기에는 엄마가 어린아이를 키울 능력이 없다고 느낄 때 '신생아 살인' 을 할 수 있는 능력도 포함되기 때문이라고 말한다. 간단히 말하면, 그는 자기가 그런 일을 하는 것을 지지하는 것은 아니지만, 영아살해는 우리의 '생물학적 설계' 에 이미 들어가 있는 것이며, 따라서 우리는 그런 일을 하는 사람들을 비난할 수 없다는 것이다.[15]

다시 말해 이 모든 것의 원리는 육체와 인격의 이원론이다. 권리는 인격에만 부여되므로, 만일 어떤 사람이 비인격의 단계로 내려간다면 그는 아무런 권리를 갖지 못한다. 프린스턴대학의 석좌 교수인 피터 싱어(Peter Singer)는 불구인 아기들은 이성과 자의식이 없기 때문에 '비인격' 이며, 따라서 부모가 이런 아기들을 없애는 것을 허용해야 한다고 공공연히 주장한다. 그는 이들이 비인격이기 때문에, 닭이나 다른 가축처럼 '대체할 수 있다' 는 것이다. 싱어는 거기에서 멈추지 않는다. 만일 가족들이 보기에 '살 가치가 없다'고 결정하게 되면 어떤 나이의 무능력한 사람이든 죽이도록 해야 한다고 주장한다.[16] 바로 이것이 오늘날 미국의 가장 유명한 일부 학교에서 학생들이 배우는 말할 수 없이 비인간적인 윤리학이다. 이런 교육을 받은 엘리트 학생들이 권력의 위치에 이를 때 무슨 일이 생기겠는가?

자궁 속의 아기는 비인격의 지위로 떨어져 있기 때문에 낙태를 지지하는 글에서는 이 태아가 어머니를 공격하는 악마로 묘사되고 있고, 낙태는 자기방어라는 식으로 포장되고 있다. 노스이스턴대학의 아일린 맥도너(Eileen McDonaugh) 교수는 태아가 '여성의 신체를 엄청나게 침해하고 있으며, 그녀의 자유를 몰수하고 있기' 때문에, 강간이나, 유괴, 혹은 노예상태의 경우와 마찬가지로 '이를 중단시키기 위한 치명적인 힘의 사용'은 정당하다고 주장한다.[17]

우리의 몸을 가지고 우리가 하고 싶은 것을 하겠다는 간절한 권리를 위협하는 사람은 누구든지 어떤 방법을 사용해서든 막아야 한다는 것은 분명하다. 그러나 태아가 아주 격렬하고 위험한 침입자라고 주장하면서, 이를 쫓아내기 위해 치명적인 방법의 사용을 정당화하는 것은, 희대의 자녀 살해범인 수잔 스미스가 자기 새 애인과 지내는 데 걸리적거리기 때문에 자기 아이들을 물에 빠져 죽게 했다고 자신을 정당화하는 것과 다를 바 없다.

그럼에도 그리스도인들을 포함한 많은 선량한 미국인들은 '선택권' 주장에 빠져 있다. 이들은 낙태와 영아살해와 안락사가 모두 한 바구니 속의 일부분이라는 것을 알지 못한다. 낙태가 '결함 있는' 아이들의 출생을 막는, 혹은 복지비용과 범죄를 줄이기 위한 '유용한 사회정책'이라는 논리는 생명의 모든 단계에 동일하게 적용된다. 만일 육체가 자아의 도구에 불과하고, 내재적인 어떤 존엄성도 가지고 있지 않다면, 우리는 그것을 우리 마음대로 버려도 될 것이다. 혹은 다른 사람들이 우리 대신 자유롭게 버려줘도 될 것이다.

낙태를 위해 로비하는 사람들은 이런 문제들이 서로 연관되어 있음을 잘 이해하고 있다. 그것이 미국의사협회도 허용치 않았고 또 개업의들도 의학적으로 필요하지 않다고 인정한, 야만적이고 잔인한 부분출산 낙태 (partial-birth abortion)권리조차 가차없이 얻어내려 많은 여성주의 단체들이 싸우는 이유이다. 학교에서 어린아이에게 아스피린을 줄 때도 부모의 동의를 얻어야 하는데, 낙태를 위해 로비하는 사람들은 낙태에 부모의 동의를 얻도록 규정한 법률조항을 없애려 이를 악물고 싸운다. 왜 낙태 찬성론자들은 최소한의 제한에도 반대를 하고 있는가? 그들은 낙태는 세계관 사이의 충돌이라는 것을 이해하기 때문이다. 하나님과 생명의 존엄성 대 개인의 도덕적 자율권 문제이다. 그들은 조금도 양보할 수 없다.

그러나 일단 자율과 선택의 원칙이 확립되면, 생명에 대해 높은 가치를 부여하는 것은 불가능하다. 수년 전 내가 제자로 삼았고, 나중에 재능 있는 젊은 목사가 된 한 죄수가 자살을 했다. 나는 그 소식을 듣고 큰 충격을 받았다. 슬픔도 있었지만, 나는 나 자신을 비난했다. 그런 일이 다가오고 있음을 알았어야 했고, 무슨 조치를 취해야만 했다.

내가 비탄에 빠져있는 것을 보고서 한 친구가 나를 위로하러 왔다. "척, 자기 자신을 비난하지는 말아요." 그녀는 따뜻하게 내 팔을 잡으며 말했다. "판단하지 마세요. 결국 그 사람의 인생이잖아요."

'그의' 인생! '그의' 선택! 좋은 의도로 한 그 말이 나를 더 깊은 절망으로 빠뜨렸다. 왜냐하면 이 중년여성의 말은 대다수 미국인들의 신념을 반영하는 것이기 때문이었다.

여론조사를 보면, 환자의 권리와 동정이라는 이름 아래 안락사를 지지하는 사람의 숫자가 점점 늘어나고 있다. 아주 적극적으로 안락사 허용을 위해 노력하는 한 단체의 이름은 "죽을 때 베푸는 사랑"(Compassion in Dying)이다. 심지어 그의 '환자'를 값싼 트레일러나 모텔방에서 죽이고 그 지역 병원 앞에 시체를 던져버린 케보키언(Kevokian) 박사조차 기소되지 않고 번번이 피해나가다가 마침내 기소되어 투옥되었다.

1997년, 오레곤 주는 미국에서 처음으로 주민들의 직접투표에 의해 조력을 받은 자살을 합법화하였다. 지금까지 이 법에 대한 도전은 성공적으로 무산되었다. 워싱턴과 뉴욕 주에서는 안락사를 금지하는 주민투표가 통과되었다. 그러나 하급심에서는 이 법에 대한 이의제기를 이유 있는 것으로 받아들였다. 낙태와 안락사의 관계를 이해하기 위해서는 이들 하급심이 안락사를 지지하는 논거를 살펴볼 필요가 있다.

이들 두 사건에서 판사들은 1992년의 판결, "가족협회" 대 케이시 사건(Planned Parenthood v. Casey)에 논거를 두고 있다. 이 결정에서 대법원은 낙태에 대해 다소간의 제약을 가하면서, 로우 대 웨이드 판결(낙태합법 판결)로 이루어진 소위 낙태와 관련된 헌법적 권한을 보다 확실한 법적 토대 위에 올려놓으려 했다. 판결에 대한 부수의견에 '자유'는 "개인의 존엄성과 자율성에 가장 필요한 친숙하고 인격적인 선택을 할 수 있는 권리로서… 이는 자기 자신의 존재, 의미, 우주 그리고 인간생명의 신비에 대한 자기 나름의 개념을 규정할 수 있는 권리이다"라고 정의하고 있다.[18]

워싱턴에서 있었던 안락사 사건에서 연방지법판사 바바라 롯스타인(Barbara Rothstein)은 케이시 판례에 나타난 자유의 개념을 반영하고 있다. 결국 죽을지 살지를 결정하는 것보다 더 '친숙하고 인격적인' 결정이 어디 있겠는가? 그래서 롯스타인은 조력을 받은 자살은 "개인의 존엄과 자율성에 대한 핵심적인 선택권을 구성한다"고 주장했다.[19] 제9차 순회항소법원은 그녀의 판결을 승인했다(대법원은 결국 이 결정을 보류했지만, 대법원은 조력받은 자살을 허락하지 말아야 하는 실제적인 이유들을 제기했다).[20]

롯스타인의 판결을 승인하는 제9차 순회항소법원의 판결문은 자유주의 행동가인 라인하르트(Reinhardt) 판사가 작성했는데, 그는 109페이지에 이르는 판결문에서 소름끼치는 각주를 달고 있다. 환자가 확실하게 자기 의사를 표시할 수 없을 경우, 대리인을 지명하여 안락사에 동의하도록 할 수 있다고 명시하고 있다.[21] 별 생각없이 펜을 놀림으로써 법원은 넘어서는 안될 선을 넘었다. 자살로부터 안락사로, 자발적인 죽음에서부터 비자발적인 죽음으로. 이는 미국법원이 처음으로 치명적인 힘(낙태의 상황을 제외하고)을 사적으로 사용하는 것을 허용하는 것이며, 개인이 치명적인 힘의 사용을 포기하는 대신 국가가 질서를 유지한다는 미국 사회계약의 본질을 훼손하는 일이었다. 윤리 신학자 러셀 히팅거(Russell Hittinger)가 말한 대로, "이는 더 이상 죽을 권리라고 말할 수 없는 것으로 어떤 미국인이 다른 미국인을 죽일 수 있는 권리를 뜻한다."[22]

조력을 받은 자살과 안락사 사이의 경계선은 법적으로 정해야 하는 문제가 되었다. 그 때문에 입법부나 법원은 여기저기서 그 행진을 다소 늦출지 모른다. 그러나 기차는 이미 역을 떠나서 궤도를 달려 내려가고 있다. 비록 아직은 안락사가 헌법적인 권한(오레곤 주 제외)으로 승인되지 않았지만, 점차 증가하고 있다.

그러나 우리 그리스도인들은 어떤 수단과 비용을 들여서라도 생명을 구할 도덕적 의무가 있는 것은 아님을 분명히 해야겠다. 많은 그리스도인들이 발달된 기술 덕분에 생명을 인위적으로 연장하기만 할 뿐인 경우에는 생명을 유지시켜 주는 도구들을 물리치는 것이 도덕적으로 용납될 수 있다고 믿는다. 또 회복 불가능한 사람을 소생시키려 극단적인 개입이나 영웅적 수단을 사용하는 것을 거절하는 것도 도덕적으로 용납할 수 있다고 믿는다. 그러나 인간의 생명에 대한 기독교적 관점 없이는, 영웅적인 방법들을 거절하는 것과 실제로 빨리 죽도록 돕는 것 사이의 구분은 아주 쉽게 희미해진다.

* * *

결국, 이 모든 문제들은 한 문화가 인간의 생명을 어떻게 보느냐에 달린 문제이다. 만일 인간의 생명이 신적인 창조자의 흔적을 가지고 있다면, 생명은 무한히 귀한 것이다. 그러나 인간의 생명이 생물학이나 자연의 산물일 뿐인 공리적인 단위라면, 공리적인 가치가 가장 중요한 결정인자가 된다. 죽어가는 자, 약한 자, 장애자, 비생산적인 자는 살아있는 자들을 방해하지 말고 없어져야 한다.

미국 대법원에서 두 건의 조력을 받은 자살사건에 대한 청문회가 있었을 때, 항의자들이 그 건물의 앞 계단에 모여 있었다. 이들의 대부분은 장애를 가진 이들로, 많은 사람들이 휠체어에 앉아 있었으며, "우리는 아직 죽지 않았다"라고 선포하는 피켓을 들고 있었다. 이들 항의자들은 만일 대법원이 의사의 조력을 받는 자살을 합법화한다면, 이것이 장애인들에게 이런 방법을 선택해서 더 이상 사회에 짐이 되지 말라는 엄청난 압력으로 작용하리라는 것을 알고 있었다. 엄청나게 많은 인적 자원과 재정지원을 받아야만 하는 사지가 마비된 사람들의 눈으로 생명을 볼 때, 혹은 켄 맥개러티의 눈으로 볼 때, 우리는 생명을 폄하하는 세계관의 치명적인 논리를 아주 정확하게 볼 수 있다.[23]

이 모든 것에서 가장 비극적인 아이러니는 인간의 이성을 찬양한다고 하는 관점이 결국 인간의 생명을 폄하하는 것으로 인도했다는 것이다. 데카르트가 "나는 생각한다. 그러므로 나는 존재한다"라고 선언했을 때, 그는 아마 나는 무엇인가 하는 문제가 다른 사람들이 어떻게 생각하느냐에 따라 결정되는 문화를 만들어낼 줄은 생각도 하지 못했을 것이다.

멋진 새 아이들

데카르트는 이렇게 인간의 생명을 폄하하는 견해가 앞으로 어떤 결과를 가져올지 생각도 못했을 것이다.

올더스 헉슬리(Aldous Huxley)의 예언적 소설 「멋진 신세계」(Brave New World)의 첫 장면은 컨베이어 벨트 위로 선반마다 잔뜩 쌓인 유리병이 달그락거리며 지나가는 연구소를 방문하는 것에서 시작한다. 각 병에는 알파(지식인들)로부터 감마(육체노동자들)에 이르기까지, 미리 정해진 특정한 목적을 위해 조심스럽게 수정된 인간의 난자가 양수에 담겨있다. 결함이 있는 것은 없애버렸고, 대부분의 여자는 수태할 수 없도록 되었다.

이 이야기 속에서 이 놀라운 공정으로 가족이나 자녀양육과 같은 예전의 귀찮은 일들로부터 해방되어 완벽한 조화와 안정 속에서 살아갈 수 있는 이상적인 인종이 태어난다. 자유롭게 행복을 추구할 수 있도록 프리섹스가 권장되고, 소마라고 하는 다목적 약을 언제나 먹을 수 있다. 사는 것은 영원한 기쁨이다. 사는 것이 부담스러워지거나 불편해지면 아주 조용히 그리고 자비롭게 끝을 낼 수 있다.

헉슬리의 생각은 전혀 기괴한 환상이 아니었다. 그는 당시 지식인들 사이에서 실제로 진지하게 논의되던 생각들을 전개시킨 것이다. 선택교배를 통해 인류를 향상시킨다고 하는 우생학은 히틀러의 실험실에서 나온 얘기가 아니다. 이는 1920년대와 1930년대 런던, 필라델피아, 그리고 뉴욕 같은 곳에서 학식 많고 존경받는 사람들에게서 비롯된 것이다.

오늘날의 멋진 세상의 지평선에는 결함이 없는 인간을 만들겠다는 궁극적인 시도를 하고 있는 유전공학의 망령이 흐릿하게 보이고 있다. 인간의 자율성에 대한 이 극적인 표현으로 가는 길에 장애물이란 거의 존재하지 않는다. 1997년 3월, 최초의 복제 양 돌리가 세계에 소개되었을 때, 과학자와 의사들은 이 실험이 커다란 의학적, 상업적 유익을 약속하고 있는 새로운 시대의 등장이라고 찬양했다. 급히 소집된 미국 상원 청문회에서, 과학자들은 아무도 인간을 복제하려는 시도를 하지 않을 것이라고 의회를 안심시켰다. 뻔뻔스럽고 노골적으로 진보적인 상원의원이 "왜 안 한다는 겁니까?"라는 질문을 던질 때까지는 모두들 고개를 끄덕이고 있었다.

정말 왜 안한다는 것인가? 만일 생명이 우연한 자연적 과정의 결과라면 우리 자신의 유전자를 조작해서 새로운 형태의 생명을 만드는 일을 왜 하지 않는다는 것인가? 우린 단지 자연적인 과정을 가장 이롭게 사용할 수 있도록 적응하는 것뿐인데 말이다.

「멋진 신세계」의 기술에 도달하는 것은 단지 시간의 문제일 뿐이다. EG(신체외 배양)라고 하는 연구가 현재 도쿄의 융텐도대학과 필라델피아의 템플대학에서 진행되고 있는데, 이는 너무 일찍 출산한 아기들을 위한 인공자궁을 만드는 것이다.[24] 이 연구가 성공하면 동일한 기술이 더 발전되어 마침내 인공자궁에서 수정란을 키울 수 있게 될 것이다. 무엇인가를 할 수 있다면, 그것을 해야 한다는 기술의 명제를 중단시키기는 거의 불가능하다. 생물학적 부모의 역할이 쓸모없는 것이 되어버린다면, 인간은 완전한 자율의 길로 나가는 또 하나의 중요한 발걸음을 내딛게 된다.

정말 우리의 능력은 우리가 감당할 수 있는 도덕적, 윤리적 한계를 넘어섰다.

대부분의 기독교 윤리학자들은 자연적인 기능을 회복시키는 데에만 사용된다는 조건에서 복제를 지지하고 있지만, 문제는 우리가 자연에서 할 수 없는 일, 예를 들어 자연에서는 불가능한 유전자 조작을 하는 경우이다. 시험관 내 혹은 생체 내의 수정기술도 도덕적으로 애매한 문제들, 예를 들어 의학적인 목적으로 태아의 조직을 떼어내는 문제, 나중에 태아로 자랄 수 있는 수정란을 버리는 문제, 대리모 문제 등 이미 열려버린 판도라의 상자처럼 갖가지 문제를 가져올 수 있다. 우리는 이미 사위에 의해 임신되어 자기 딸의 아이를 출산한 여자의 얘기를 듣고 있다. 감독교회의 한 여자 성직자는 남자 세 명의 정자를 섞은 가운데서(그래서 아버지가 누구인지 모르도록) 한 정자로 임신하여 출산하였다. 남자 동성애자들과 여자 동성애자들도 그들이 "정자-난자 믹서"라고 부르는 모임에서 뒤섞여, 좋은 유전자를 선택하기 위한 목적으로 서로를 살핀다. 두 명의 여자 동성애자가 남자 동성애자 한 사람과 계약하여 인공수정을 위한 정자

를 얻기도 하고, 두 명의 남자 동성애자가 한 명의 여자 동성애자와 계약하여 대리모로 삼기도 한다.[25]

우리 문화 속에서 이런 과정을 늦추거나 억제할 수 있는 방법은 거의 없다.[26] 영국에서는 케임브리지대학의 도덕철학 교수인 메리 워녹(Mary Warnock) 부인이 인도하는 저명인의 위원회가 구성되었는데, 이는 이런 문제들에 대한 도덕적인 길잡이 역할을 하려는 것이다. 그러나 워녹 부인 자신은 이런 문제에 있어 "모든 사람은 자기가 마음대로 판단할 권리를 갖고 있다"고 말한다. 그렇다면 누가 반대할 수 있겠는가?

물론 그 대답은 진정한 인간인 누군가일 것이다. 헉슬리의 「멋진 신세계」에서도 가장 극적인 순간은 구식방법으로 태어나, '야만인'이라고 불리는 주인공이 끝없는 쾌락의 세계를 탈출하여 자신의 생부모를 찾아가는 장면이다.

우리 안에 있는 무엇인가는 끊임없이 의미와 목적과 관계를 추구하게 하고 있다. 그리스도인들은 이것이 영혼과 같은 것, 혹은 우리 안에 있는 이마고 데이(Imago Dei, 하나님의 형상)라는 것을 알고 있다. 창조교리가 있기 때문에 우리는 생명이 귀한 것임을 안다. 우리는 우리 주위의 많은 사람들이 다르게 말한다고 해도 생명은 시험관이나, 서로 충돌하는 원자들 이상의 무엇인가에 뿌리박고 있는 것임을 알고 있다.

제13장
누구의 형상인가?

> 인간이 자연적으로 생겨났다고 보는 것은 무리가 있다. 인간을 하나의 동물로 보는 것은 제대로 보는 것이 아니다. 말도 안되는 소리다. 그것은 빛, 모든 실재의 원리인 균형이라고 하는 밝은 빛에 대해 죄를 범하는 것이다.
>
> 체스터턴(G. K. Chesterton)

인간이 단지 영장류일 뿐이라는 인간생명에 대한 자연주의적 관점을 가지고 제대로 살아갈 수 있을까? 덴마크에 있는 어떤 사람들은 그렇게 생각했다.

1996년, 코펜하겐 동물원은 새로운 전시회 개최를 발표했다. 영장류동(Primate house), 유리로 된 우리 안에 한 쌍의 호모 사피엔스가 전시될 예정이었다. 사람들이 언제, 어디서나 호모 사피엔스를 볼 수 있다는 점으로 미루어 볼 때 이런 전시회를 여는 것은 이상한 일이었다. 그러나 동물원장인 피터 베스터가드(Peter Vestergaard)는 특별한 목적을 가지고 있었다. 그는 이 전시회가 사람들로 하여금 '그들이 어디에서 왔는지를 직면하게 할 것'이고 그 결과 '우리 모두는 영장류'라는 사실을 받아들이게 될 것이라고 말했다. 그는 덧붙이기를 원숭이와 인간은 98.5퍼센트의 염색체를 공유하고 있다고 말했다.[1]

그러나 나머지 1.5퍼센트가 만들어내는 것은 얼마나 큰 차이인가! 털이 많은 이웃 사촌이 천정을 뚫어져라 처다보고, 막대기 사이를 매달려서 다니고, 상대방의 털 사이에서 이를 잡아주고 있는 동안, 우리에 갇힌 호모 사피엔스, 다른 이름으로 하면 헨릭 레만과 말렌 보토프트는 책을 읽고, 오토바이를 고치며, 컴퓨터에서 이메일을 점검하고, 팩스를 주고받으며, 필요할 땐 에어컨을 조절하기도 한다. 또 영화를 보고 싶거나, 멋진 저녁을 먹고 싶거나 혹은 오페라에서 저녁을 보내고 싶은 본능적인 충동을 느끼면 자유롭게 우리를 떠날 수 있다. 이웃 동물과는 달리 전시되고 있는 인간은 사람들이 보는 데서 대소변을 보지 않으며, 사람들이 레만에게 그의 여성 파트너와 관중들이 보는 앞에서 '친밀한 행위'를 해보라고 요청하면 콧방귀를 뀌며 '그건 재미 없어요'라고 말한다.[2]

몇 주 지나지 않아 그 전시회는 끝났고, 두 명의 호모 사피엔스는 영장류 동을 떠났다. 이들은 그 경험을 통해 조금이라도 더 현명해졌을까? 어떤 사람은 그러기를 바랄 것이다. 나는 오히려 이들이 스스로 주위에 있는 원숭이들과는 질적으로 다르다는 것을 인식하게 되지 않았나 생각한다.

이 짧은 실험은 비록 동물원장이 의도한 바는 이루지 못했어도 한 가지만은 분명히했다. 자연주의 철학은 우리가 원숭이 같은 동물의 후손이며, 적어도 지금까지는 진화과정에서 가장 높은 단계인 영장류라고 하는 명제를 흔들림 없이 주장하고 있다는 것이다. 그러나 세계관에 대한 평가는 그 세계관이 현실과 부합하는가, 사물이 실제 존재하는 양식에 부합하는가에 달려있다. 그리고 엄연한 현실은 인간이 동물과는 근본적으로 다르다는 것이다. 진리는 우리 안에 있고, 창조자의 신성한 도장이 우리 안에 찍혀졌으며, 우리가 아무리 거부한다 해도 그것을 벗어버릴 수는 없다. 사실, 우리의 본질에 관한 이 진리를 부인하고자 하는 모든 시도는 불운한 것이다.

오직 유대-기독교적 생명관만이 우리가 실제로 경험하는 인간상황의 본질과 성격의 현실과 일치한다. 성경의 관점만이 인간생명에 대해 지속가능하고 이성적이며 진정으로 자유케 하는 기초를 만들어준다. 기독교와 자연주의를 몇 가지 관점에서 비교해 보면 이는 아주 분명해진다. 과학적인 증거와 일치하는지의 여부, 인간의 존엄성, 생명의 궁극적인 의미, 인간이 가는 길, 다른 사람에 대한 봉사 등이 그것이다.

어떤 세계관이 과학적인 증거와 일치하는가? 어떤 단계에서도 인간 생명을 존중해야 한다는 것은 태아는 출생 전에도 이미 온전한 인간이라고 하는 과학적인 데이터와 일치한다. 초음파 사진은 태아가 분명히 자극에 반응하고 있음을 보여주고 있다. 또 이제 신생아학의 발달로 인해 의사들은 자궁 속에 있는 아기를 실제의 환자로 취급하고 있다. 의학은 태어나지 않은 아기들을 검진하고 수술을 포함한 치료를 하는 놀라운 단계에 와 있다. 마이크 새뮤얼스(Mike Samuels)는 「미국 가정의학」(*American Family Physician*)에서 과학지식의 증가로 인해 "태어나지 않은 아기를 태어나기 훨씬 전부터 진정한 인격으로 보게 되었다"고 말하고 있다.[3] 생명존중의 입장은 모든 사람이 겪을 수 있는 경험적, 이성적 논거에 기초하고 있다.

프린스턴대학의 로버트 조지는 잘 알려진 원전분석가인 듀크대학의 스탠리 피쉬를 포함한 미국의 대표적인 학자들 사이에서 이런 주장을 제기했다. 1998년, 조지는 미국 정치학회 모임에서 피쉬와 토론하라는 요청을 받았다. 이 토론은 낙태를 지지하는 증거와 반대하는 증거의 본질이 과연 무엇이냐에 대한 것이었다. 전에 피쉬는 그가 쓴 글에서 낙태에 반대하는 주장은 단지 '종교적인 확신'만을 가지고 말하는 것이고, 낙태에 찬성하는 주장은 '과학적인 사실'에 근거를 둔 것이라고 말했다. 조지는 그 반대로, 낙태에 반대하는 주장은 태아가 정말 인간이라는 과학적인 데이터에 근거한 것이라고 말했다.

조지는 미리 그의 논문을 피쉬에게 보냈다. 그리고 이들 두 사람은 논쟁을 위해 모인 200여 명의 다른 학자들과 합류했다. 그러나 이 토론은 시작하자마자 끝났다. 왜냐하면 피쉬가 일어나 자기 논문을 테이블 위에 던지면서 "조지 교수가 옳습니다. 그는 내 생각을 바꾸었습니다. 오늘 과학적인 증거는 생명존중의 입장을 지지하고 있습니다"라고 말했기 때문이었다.

참석자들은 놀라 입을 벌리고 아무 말도 하지 못한 채 앉아있었다.[4]

어떤 세계관이 인간존엄에 대한 확실한 근거를 제시해 주고 있는가? 성경은 우리에게 "하나님이 자기 형상, 곧 하나님의 형상대로 사람을 창조하시되 남자와 여자를 창조하시고"(창 1:27)라고 말한다. 이는 정말 흥분되는 주장이다. 인간은 이 우주의 궁극적인 '원천'(Source)이 되는 특성을 지닌다. 인간존엄에 대한 이보다 확실한 근거를 사람이 어떻게 이론적으로 만들어낼 수 있겠는가?

기독교 세계관은 인간이 영원한 미래를 가지고 있다고 말하는데, 이 또한 인간의 존엄성을 강화하고 있다. 인류의 역사를 통해 보면, 대부분의 문화에서 개인은 국가나 부족의 이익에 종속될 뿐, 별로 존중을 받지 못했다. 만일 기독교가 옳지 않다면, 그래도 마땅할 것이다. "개인들이 기껏해야 70년을 사는 반면, 한 국가나 문명은 천여 년을 산다고 볼 때는 국가나 문명이 개인보다 더 중요할 것이다. 그러나 기독교가 옳다고 하면, 개인은 영원히 살고, 국가나 문명의 수명은 이에 비해 한 순간에 불과하기 때문에, 개인은 국가나 문명보다 더 중요할 뿐 아니라, 비교할 수 없을 정도로 중요하다"고 C. S. 루이스는 말한다.[5] 이는 왜 기독교가 항상 인권을 열심히 옹호할 뿐만 아니라, 독재정치에 대해 견고한 방파제 역할을 해왔는지를 설명해 준다.

또 우리 모두는 하나님 앞에서 동등한 자격으로 서기 때문에, 기독교는 사회적 평등과 정치적 평등에 대한 건전한 근거를 제공하고 있다. 아브라함 카이퍼는 각 개인은 창조주 앞에서 직접 책임을 지기 때문에, 하나님과 우리 사이에는 어떤 중재자도 없고, 영적인 계급구조도 없다고 적고 있다. 그렇다면 우리는 '한 사람이 다른 사람 위에 주인 노릇을 할 수 있는 근거도 없고, 모두 동등한 자격으로 하나님과 사람 앞에 서 있다' 는 결론이 나온다. 따라서 기독교 세계관은 '공공연한 노예제도와 카스트제도를 부인할 뿐만 아니라, 여성과 가난한 자를 암암리에 노예로 삼는 모든 관습에 대해서도 반대한다.' [6]

다문화주의자들은 모든 문화가 도덕적으로 동등하다고 주장한다.[7] 그러나 이런 주장은 진정한 차이를 흐리게 만든다. 예를 들어 하나님께서 주신 개인의 존엄성을 진정으로 지키는 문화에서는 남편의 시신을 화장하는 장작 위에 아내들을 태우지 않으며(인도에서는 그렇게 한다), 사람을 팔아 노예로 만들지 않고(수단, 그밖의 다른 나라에서도 그렇게 한다), 화가 난 신을 달래거나 조상을 달래기 위해 산 사람을 희생제물로 바치지도 않는다(어떤 원시문화에서는 아직도 행해지고 있다). 기독교를 추종하는 사람들이 아무리 많은 잘못을 범했더라도 - 그런 일이 많이 있었다 - 기독교만큼 남녀에게 존엄성을 부여하는 신념체계는 이 세상에 없다.

계몽주의 시대 이래로 서구의 세속적 사상가들은 성경의 계시를 무시하고 인간의 본성에서만 인간 권리의 근거를 찾으려는 노력을 해왔다. 프랑스 혁명은 '인간의 권리' 에 관한 웅변에 의해 촉발되었다. 그러나 창조에 관한 기독교의 가르침이 없이는 인간의 본성이 무엇인지 말하는 것이 불가능하다. 누가 정의를 내린단 말인가? 그 문제를 어떻게 다루어야 하는지 누가 말해 줄 수 있단 말인가? 그 결과, 생명은 권력을 잡은 자가 대우해 주는 수준만큼의 가치를 지니게 된다. 프랑스 혁명이 '하나님도 주인도 필요 없다' 는 구호를 내걸고서는 급속히 독재정치와 단두대로 빠져든 것은 별로 놀랄 일도 아니다.

"천국의 문"(Heaven's Gate)이라는 사교집단에 잘못 빠져든 추종자 39명이 집단자살했을 때, 방송왕 테드 터너(Ted Turner)는 이 비극에 대해 다음과 같이 냉소적으로 언급했다. "보잘 것 없는 몇 사람을 없애버리는 좋은 방법이기도 하죠. 아무튼 세상에는 사람들이 너무 많아서 문제입니다."[8] 그의 냉혹하면서도 짧은 이 논평은 오늘날 인간의 생명이라고 해서 특별한 것은 없으며, 다만 우리 모두는 자연의 일부분일 뿐이라는 생각에 굴복해 버린 많은 미국인들의 신념을 요약하고 있다.

자연주의 세계관에 있어서는 인구억제를 인간생명의 존엄성보다 더 우선시하여, '어머니 대지'가 고갈되고 더럽혀지는 것을 막기 위해 어떤 수단을 써서라도 인구를 줄이는 것이 논리적으로 당연한 귀결이 된다. 이런 관점에서 볼 때 인간은 원시자연에 대한 공격자로 인식되는 경우가 많다. 물론 그리스도인들인 우리도 하나님의 피조물을 보호해야 할 책임이 있으며, 선한 청지기가 되고, 다스림을 실행할 책임이 있다고 믿고 있다. 그러나 자연주의자들은 '책임 있는 환경론자'를 넘어서서 자연에 대한 공공연한 경배로 나아갔다. "강"(The River)이라는 영화를 보면 너무나 미국적인 가족이 저녁식사 자리에 둘러앉아 있고, 어린아이들은 축복송을 부르는데, 그 노래는 자연에 대한 기도였다. "지구여, 감사하나이다. 태양이여 감사하나이다. 당신이 하신 일에 대해 감사드리나이다. 아멘."[9]

이와 동일한 논리로 동물권익운동이 이루어지고 있는데, 이는 인간이라고 하는 종족을 다른 모든 종류의 생물들과 동등한 것으로 만들려는 노력을 통해 인간의 생명을 모욕하는 것이다. 이런 운동은 때론 야비해지기도 한다. 동물보호 운동가들은 모피 옷을 입고 있는 여자들에게 페인트를 던지고, 때로는 점박이 올빼미를 구하고자 나무 밑동에 폭발물을 설치하여 벌목꾼들을 날려보내기도 하며, 심지어는 가재를 해방시키기 위해 가재요리 식당을 습격하기도 한다.

동물보호 운동가들이 그들의 신념체계가 원천적으로 가지고 있는 불합리성을 알게 되면, 인간생명에 대한 이런 폄하된 견해는 일종의 정신분열증을 가져올 수 있다. 그런 일들이 실제로 종종 일어나는데 두 가지 유행이 서로 충돌을 일으킨 경우도 그런 예였다. 할리우드 스타들 사이에 인기 있는 PETA(동물을 윤리적으로 대하는 사람들의 모임, People for the Ethical Treatment of Animals)와 같은 동물권익단체는 연구소들을 습격하여 파괴하기도 하고 연구소의 동물들을 납치하기도 할 정도로 과격하게 동물연구를 반대하고 있다.[10] 그러나 소아마비 백신과 그밖의 중요한 여러 의학적 수단들을 개발하는 데 매우 긴요한 동물실험은 다른 할리우드 사람들이 많이 지지하는 에이즈 연구에도 아주 중요하다. 그래서 에이즈 활동가들은 동물실험을 열렬히 지지하고 있는 반면, 그들의 정치적 동맹자들은 연구소들을 때려부수고 있는 것이다.[11]

인간생명에 대한 자연주의적 관점은 이성적으로 볼 때 지속가능하지 않다. 그럼에도 문화 엘리트들은 맹목적인 추종으로 이에 매달리고 있다. 수년 전, "캘리포니아 의학"(California Medicine) 지는 한 사설에서 전통적인 유대-기독교적인 윤리는 "핵심부까지 침식당했으며, 결국 없어지고 말 것이다"라고 했다. 이 익명의 논설위원은 '생명의 존엄' 윤리로부터 '생명의 질' 윤리로 옮겨가는 것을 환영하면서, "인간의 생명, 희소자원의 사용, 우리가 추구해야 할 삶이나 생명의 질을 결정하는 여러 가지 요인들에 대해 절대적인 가치보다는 상대적인 가치를 부여하는 것은 필요하기도 하고 받아들일 만한 일이기도 하다"고 주장했다.[12]

인간의 생명이 물질적인 자원보다 가치 없는 것으로 여겨지는 문화에서 사는 것보다 더 두려운 일도 없을 것이다. 우리가 현실세계에서 목도하고 있는 원리 중 하나는 하나님을 죽인 문화는 결국 다른 어떤 신을 섬기는 것으로 귀결된다는 것이다. 사람들은 이 새로운 신을 섬기기 위해 기꺼이 생명까지 바치게 된다.

어떤 세계관이 의미와 목적을 부여해 주고 있는가? 낙태 찬성론자들이 자주 주장하는 내용 중 하나는 가난과 학대를 당할 것이 뻔한 세상에는 생명이 태어나지 않도록 해야 한다는 것이다. 마찬가지로 안락사를 찬성하는 주장 중 하나는 중병에 걸린 사람은 더 이상 살아갈 목적이 없다는 것이다. 이런 견해는 인생의 목적이 슬프디 슬플 정도로 천박한 어떤 것, 예를 들어 감정적 충족감, 직업적인 성공, 혹은 부와 같은 단순한 행복감인 경우에나 설득력이 있다. 오늘날 많은 미국인들은 보다 고차원적인 목표의식을 상실했다. 그들은 삶의 목적이나 목표가 없다.

그것은 마치 한 친구가 당신의 가족을 승합차에 태우고 여행을 떠나는 것과 같다. 목적지가 없고, 시간제약도 없으며, 즐길 수 있는 오락의 범위도 제한이 없다. 당신의 친구는 이렇게 말한다. "원하는 대로 가져가. 그리고 원할 때 돌아와. 모두 네 거야. 마음대로 해. 그럼 출발!"

당신은 "너 미쳤니? 내가 왜 목적도 없이 내 가족과 여행을 한단 말이야?"라고 말할 것이다.

그런데 이것이 바로 오늘날 현대인들이 듣는 말이다. 우리 인생을 목적이 없는 여행으로 만들라. 변덕과 충동에 따라 하고 싶은 대로 하라. 자연의 소리는 이것을 좀더 그럴듯하게 치장해 주고 있음이 틀림없다. 이들은 자율성의 기쁨, 우리 자신의 생명, 심지어는 우리 자신도 창조할 수 있는 권리, 무한한 선택범위와 편리, 덜 계몽되었던 시대의 이상한 전통과 율법주의로부터의 자유 등을 찬양하고 있다. 이것이 엘리트들이 떠벌리는 소리이든, TV의 주된 흐름이든, 정치가들의 서툰 이야기이든, 우리는 개인의 선택만이 미국 생활에서 가장 성스런 목표인 '행복'을 이룰 수 있는 수단이라는 말을 끊임없이 듣는다. 우리는 목적지 없이 여행을 떠나는 사람처럼 헤매면서 가장 오래된 철학적 질문, 즉 "인생의 목적은 무엇인가?"라는 질문에 아무런 대답도 하지 못한 채 자유롭게 내던져져, 이리저리 표류하고 있는 꼴이다.

나는 여러 곳에서 이런 예를 보아왔다. 나와 내 아내는 수년 전부터 상류층 은퇴자들을 끌어모으고 있는 플로리다의 한 지역에 살고 있다. 자동차회사 사장들, 대기업의 재무담당자들, 월스트리트의 막강한 귀족들이 그들이다. 이들은 그 집 주위로 잘 다듬어진 골프코스가 있고, 멋진 식당이 있으며, 야자나무가 솟아있고 경비원이 있는 호사스런 집에 살고 있다. 이들은 성취된 미국의 꿈을 즐기고 있다. 아무 걱정 없고, 일하지 않아도 되며, 매일 골프를 치는 꿈 말이다.

이들 중 많은 사람들은 정해진 패턴을 따라 살고 있다. 그런 인물을 찰리라고 명명해 보자. 일의 압박감에서 벗어난 찰리는 매일 아침 골프장으로 달려나가, 19번 홀에서 음료를 마시며 쉬고, 제 시간에 집으로 돌아와 "월스트리트 저널"을 읽고, 잠깐 낮잠을 잔다. 다섯 시에 찰리는 그 동네 비싼 남성용품 가게에서 산 연두빛 스포츠 잠바와 그에 맞는 체크무늬 바지를 꺼내 입는다. 이제 찰리는 더 이상 파란색 세로줄무늬 옷은 입지 않는다. 그리고는 이웃이 주최한 칵테일 파티에 달려간다. 이제 그 이웃을 휴이트라 부르자.

이들은 돌아가면서 클럽이나 집에서 밤마다 파티를 연다. 6주쯤 지나니까 다시 휴이트씨 차례가 되었고, 그렇게 계속 돌아갈 것이다.

한두 번 돌고 나니까 찰리는 대화내용이 항상 똑같다는 것을 알게 되었다. 사람들은 세금에 대해 불평하고, 새로 온 이웃에 대한 토막 뉴스를 전해 주며, 정원사나 배관공에 대해 불평하고, 그들의 건물들을 비교하고, 그리고 물론 날씨에 대해서도 이야기한다.

"오늘 날씨 좋았죠, 찰리씨?"

"예, 하지만 좀 무더워지는군요."

찰리는 골프에 대한 열정이 다소 줄어드는 것을 알게 되는데, 이는 찰리가 평생토록 골프를 좋아했던 것을 생각하면 이상한 일이다. 또 "월스트리트 저널"을 훑어보면서 때로는 그 신문을 읽어야만 했던 시절, 또 신문이 자신의 말을 인용하곤 하던 시절을 그리워하게 된다. 그는 새로운 하루를 시작하기 위해 매일 아침 사무실로 성큼성큼 걸어들어가곤 하던 시절을 그리워한다.

환상이 깨지게 되는 것은 대개 6개월, 길면 1년이다. 찰리는 이제 더 이상 책이나 요즘 있었던 일에 대해 말하는 것에 관심이 없다. 칵테일 파티에서 오가는 쓸데없는 얘기는 그의 머리를 텅 비게 만든다. 그는 너무 술을 많이 마시는데다 기억력은 자꾸 감퇴되고 있다. 툭하면 무능한 배관공과 정원사들에게 조급해하며, 쉽게 화를 낸다. 누군가가 자동차 문을 무신경하게 확 열어서 자신의 벤츠 승용차를 건드려 울리게 하면, 그는 우울해지기까지 한다. 죽기 전에 얼마나 골프게임을 칠 수 있는지가 그의 주요 관심사다. 사실 이런 생각들 때문에 한밤중에 그는 자다가도 수시로 잠을 깬다.

슬프게도, 나는 찰리 같은 사람을 아주 많이 알고 있다. 한때 생동감 있고, 생산적이었던 사람이 고주망태 술꾼이 되어버리는 경우 말이다. 이들은 아무리 많은 쾌락으로도 얻을 수 없는 성취감과 위엄을 갈망한다.[13]

문제는 남자건 여자건 목적이 없이는 살 수 없다는 것이다. 웨스트민스터 소요리문답은 다음과 같이 묻고 있다.

"사람의 주된 목적이 무엇입니까?"

"하나님을 영화롭게 하고, 그분을 영원토록 즐겁게 하는 것입니다."

우리가 우리의 삶을 통해 그분의 목적을 성취하면서, 주권자이신 하나님을 알 수 있고 영화롭게 할 수 있으며 누릴 수 있다고 하는 것은 참으로 놀라운 생각이다. 우리의 모든 것을 바칠 수 있는 이런 목표는 어떤 환경에서든 인생에 의미와 목표를 제시하고 있다.

바로 이것이 사지가 마비된 조니 에렉슨 타다(Joni Eareckson Tada)가 휠체어에 갇혀 살면서도 기쁘게 살 수 있는 이유이다. 켄 맥개러티처럼 그녀도 많은 고통과 아픔, 우울을 겪었다. 그러나 그녀는 목적을 가지고 있었고, 그녀가 다른 장애인들에게 한 일은 수백만의 사람들을 감동시켰다. 나는 조니와 여러 차례 함께 있었지만, 예외없이 그녀가 기쁘게 다른 사람들을 격려하고 있는 모습을 지켜보았다. 그녀는 몸이 온전하거나 또는 물질적인 풍요에 둘러싸여 있는 많은 사람들보다 훨씬 더 높은 성취감을 누리고 있었다.

쾌락, 자유, 행복, 번영 - 이런 것들은 인생의 목적이라고 하는 궁극적인 질문에 답할 수 있는 것이 아니기 때문에 그 어떤 것도 궁극적인 성취감을 주지 못한다. 인생의 목적이란 무엇인가? 우리가 하나님의 목적을 성취하고 있다는 사실을 아는 것만이 안식 없는 인간의 마음에 진정한 안식을 준다.

어떤 세계관이 우리가 궁극적으로 갈 바에 대해 확신을 주고 있는가? 모든 인생관은 두 가지 큰 문제로 이루어져 있다. 우리의 기원은 무엇이며, 우리가 갈 바는 무엇인가? 후자는 '현재의 삶이 전부인가?' 라고 묻는다. 죽음은 우리의 가장 깊은 열망과 소원의 끝인가?

실존주의자들은 만일 무덤 이후에 아무것도 없다면 죽음은 우리가 그것을 위해 살아온 모든 것을 조롱하는 것이 된다고 지적했다. 죽음은 인간이 한 모든 일과 꿈을 궁극적인 중요성이 없는, 그저 잠시 즐기는 일 정도로 축소시켜 버린다. 그러나 성경이 말하는 것처럼 우리 영혼이 무덤 이후에도 살아있다면, 현세의 삶은 매우 깊은 의미를 갖는다. 우리가 여기서 하는 모든 일은 영원한 중요성을 갖게 된다. 각자의 삶은, 자궁 안에서건 밖에서건, 건강하건 장애가 있건, 엄청난 존엄성을 갖게 된다.

죽음은 우리에게 인생의 유한함을 상기시켜 주고, 우리로 하여금 인생의 의미라고 하는 까다로운 질문을 대면하게 한다. 그 때문에 죽음에는 의식과 종교적인 예식이 뒤따른다. 1994년 4월, 미국의 37대 대통령이었으며, 그리스도인으로 회심하기 전의 내 인생에 아주 깊은 영향을 미쳤던 리처드 닉슨의 장례식에서 이것이 얼마나 나에게 충격을 주었는지 나는 생생하게 기억한다. 워터게이트 사건이 있고 나서 내가 수감생활을 마친 후에도 나는 자주 그를 방문하곤 했는데, 사실 나는 그를 존경하였다. 퀘이커 교도인 어머니의 아들이었으며 평화를 향한 이상주의자의 열정을 가진 그는 아주 점잖고 남을 배려하는 남자였다. 더 중요한 사실은 그가 내 친구였다는 것이다. 내겐 그 장례식이 아주 마음 아프고 고통스러웠다.

사흘 동안, 무심하고 차가운 빗속에서, 수천 명의 사람들이 캘리포니아 샌클러멘티에 있는 닉슨 도서관을 둘러싸고, 일렬로 서서 그의 관 앞을 지나며 조의를 표했다. 장례식이 있던 날 오후, 세계 각국의 지도자들을 태운 리무진이 지나가는 동안, 주변의 여러 구역의 교통이 차단되었다. 도서관 주차장은 노천 예배당이 되었고, 1,500개의 의자가 열을 지어 놓였으며, 철저하게 의전절차에 따라 표시가 되어있었다. 네 명의 전직 대통령과 현직 대통령, 장관들과 대통령 보좌관, 외교관들과 외국의 고위급 인사, 그리고 미국 국회의원의 대부분이 참석했다.

운구하는 의장대가 리처드 닉슨의 시신을 안치한 관을 안식처로 운반하는 동안, 군중들은 침묵을 지켰고, 이 행렬을 침울하게 지켜봤다. 머리 위로 지나가는 제트기 소리만이 그 침묵을 깰 뿐이었다.

그날 아침은 비가 왔다. 군중들이 기다리는 동안, 약한 빛줄기가 검은 구름 사이를 지나 땅으로 내려왔다. 몇 분이 지났다. 그 고요함은 기묘해졌다. 나는 주위를 둘러보았고, 모든 사람들이 단지 그 관을 뚫어져라 쳐다보고 있음을 알게 되었다. 이 세상의 모든 권력자들이 최면에 걸린 듯, 그들의 권력으로 아무것도 할 수 없는 현실, 그들 자신의 유한함을 대면하도록 강요된 채 거기에 앉아 있었다. 그 장면은 인간이 당황하는 모습을 적나라하게 보여주고 있었다.

그때 수백만의 사람들이 텔레비전으로 시청하고 있는 가운데, 빌리 그레이엄(Billy Graham)이 조문객들 앞에 서서 내가 그에게서 들은 설교 중 가장 뛰어난 설교를 하기 시작했다. 그는 다른 어떤 신념체계도 줄 수 없는 기독교의 희망에 대해 설교했다.

세속주의자들에게 죽음은 그저 낭떠러지에서 무(nothingness)라고 하는 시커먼 구덩이로 떨어지는 것이다. 회교도들은 무서운 심판을 대면한다고 생각하고, 많은 동방종교에서도 이와 비슷한 암울한 전망을 가지고 있다. 카르마(karma)의 법에 의하면, 죽은 후에 이생에서 쌓은 업보대로 벌을 받아야 하며, 그들의 과거 행적에 따라 다시 투옥될 것이다. 그러나 그리스도인들은 주님과 영원히 함께할 것을 확신하면서 "죽는 것도 유익함이라"(빌 1:21)고 말한다.

어떤 인생관이 다른 사람들을 섬기고 돌보도록 확실한 격려를 하고 있는가? 시민 각자가 자기만 돌보는 그런 사회는 오래 지속될 수 없다는 점에서 이 질문은 아주 중요하다. 그런 집단은 사회라고 말할 수조차 없다. 오히려 이런 사회는 그들의 이기주의적인 압력이 일정한 지점에 도달하게 되면 파열하도록 되어있는, 자기중심적인 개인들의 집합체라고 할 수 있는데, 이것이 바로 자기 자신에게만 몰두하고 있는 우리들의 문화가 지향하는 방향이다.

성경은 신자들에게 이웃을 자신과 같이 사랑하라고 명령하며(마 19:19), 고아와 과부들을 돌보고(약 1:27), 선한 이웃이 되며(눅 10:30-37), 주린 자에게 먹이고, 벗은 자에게 입히고, 병든 자와 옥에 갇힌 자를 돌아보라(마 25:36)고 명령하고 있다. 그렇다면 이런 사랑, 다른 사람들을 돌보려는 이런 욕구는 어디에서 오는 것일까?

만일 하나님이 우리를 지으셨다는 것을 안다면, 우리는 항상 하나님께 감사하며 살아야 한다는 것이 그 대답이 될 것이다. 체스터턴은 감사는 모든 덕의 어머니라고 말한다. 우리가 호흡하는 모든 순간에 하나님이 창조하신 것의 경이로움과 우리에게 주신 가족, 일, 휴식 등 모든 것에 감사하는 것이다. 하나님의 아들이 십자가에서 우리의 모든 죄를 지고 대신 죽으신 그 사랑에 감사하는 것이다. 그분께 너무나 감사해서, 우리는 그분을 사랑하고 그가 명령하는 대로 살려고 한다. "하나님을 사랑하는 것은 이것이니 우리가 그의 계명들을 지키는 것이라"(요일 5:3).

사람들은 내게 왜 25년 이상이나 죄수들과 일을 하는지, 왜 다시 질병과 폭력과 엄청난 억압이 있는 교도소에 가서 그들과 일을 하는지 물을 때가 많다. 내 대답은 간단하다. "그리스도께서 내게 하신 일이 감사해서, 이 일을 하지 않을 수 없습니다."

그리스도의 명령에 순종하는 것은 우리의 습관과 기질을 바꾸어놓는다. 이런 이유 때문에 여러 세기 동안 그리스도인들은 위대한 인간애적 운동, 즉 노예제도 폐지, 병원과 학교설립 같은 일들을 무수히 해왔다. 19세기 초 어느 즈음에는 미국에 사회정의를 위해 일하는 기독교 단체가 1,100개가 넘었다. 오늘날 전 세계에서 굶주린 이들을 돕는 가장 큰 민간 단체 두 곳이 기독교 단체이다. "가톨릭 구호단"(Catholic Relief Services)과 "월드 비전"(World Vision)이 그것이다. 또 구세군에서 시작된 집 없는 이들과 버림받은 이들을 위한 사역은 다른 모든 세속단체들이 하는 일을 합한 것보다 많다.

물론 선한 의도를 가진 세속주의자도 사랑을 보일 수 있고, 자선단체에 넉넉하게 기부할 수도 있으며, 억압받는 자와 가난한 자를 돌볼 수 있다. 하나님의 형상을 가진 피조물이기에 인간은 이런 선행을 실천한다. 그러나 중요한 문제는 '그들의 동기가 무엇인가?' 하는 것이다. 사회생물학자들이 이미 설득력 있는 주장을 편 것처럼 만일 인간이 자연도태의 결과로 나타난 종족이라면, 남을 돌보는 행위도 결국 우리의 유전적 이익을 증진시키기 때문인 것이 된다. 친절은 위장된 이기심이다. 이것이 의미하는 바는 가장 양심 있는 세속주의자도 남들에게 사랑을 베풀 이성적인 근거를 가지고 있지 않다는 것이다. 이들은 어느 순간에라도 바뀔 수 있는 주관적인 동기에 의해 행동한다.

물론 그리스도인들도 자신의 신념에 따라 행동하지 못할 때가 있다.

그러나 신자들이 이기적이 될 때에는 자신의 신앙에 반하여 행동하고 있는 것이다. 반면에 세속주의자들이 사랑을 표현할 때, 이들은 그들 자신의 세계관이 지닌 내부논리에 반하여 행동하고 있는 셈이다.

범신론과 같은 동양적 세계관에도 사랑에 대한 근거는 없다. 몇 년 전 인도 트리반드럼(Trivandrum)에 있는 교도소를 방문했을 때, 나는 첫눈에 인도의 카스트 제도가 인간의 존엄성에 어떤 영향을 미치고 있는지 알 수 있었다. 우리 일행은 멋진 옷을 입은 여러 명의 교도관들의 환영을 받으며 식민지 시대의 건물로 안내되었다. 그리고는 바로 여름용 카키색 제복을 입은 인도 경비병들에게 둘러싸였다. 이들은 무릎까지 오는 반바지에, 어깨에는 붉은 견장을 차고 있었고, 단장이 그들의 팔밑에 걸려 있었다. 이들이 우리를 꽃으로 장식된 중앙의 연단으로 인도하는 동안, 나는 거의 "보기 중령의 행진곡"(Colonel Bogey March, 영화 "콰이강의 다리"에 나오는 휘파람으로 시작되는 주제가 - 편집자 주)의 선율을 듣고 있는 듯한 착각에 빠졌다.

우리 앞의 운동장에는 대부분이 "불가촉천민"(untouchables)인 천 명의 수감자들이 있었다. 그들의 땀에 절은 검은 피부는 그들이 입고 있던 유일한 옷인 흰색의 허리덮개와 대조를 이루었다. 그들은 복종하는 태도로 엉덩이를 깔고 앉아 공포에 가득 찬 눈으로 좌우를 살피고 있었다. 이들은 화장실도 없고, 수도도 없는 더러운 구멍 같은 이 무시무시한 기관에 갇혀 지내는 저주를 받았을 뿐 아니라, 완전히 비인간화되어 추방자 취급을 받고 있었다. 자신의 신념에 따라 살아가는 힌두교도라면 그 누구나 이들을 눈꼽만큼도 돌아보지 않았다.

나는 그날 힌두어 통역자를 통해, 나 자신의 간증과 예수 그리스도의 복음에 대해 말하였다. 내가 죄 용서에 대해 말했을 때, 나는 많은 사람들의 눈이 휘둥그레져 놀라는 것을 보았다. 그들에게 이것은 매우 급진적인 생각이었다. 힌두교에서는 용서란 없다. 카르마의 철통 같은 법에 따라

이생에서 어떤 잘못을 범했으면 다음 환생 때 대가를 치러야 한다. 그 결과, 힌두교를 성실하게 믿는 사람이라면 결코 자선을 베풀 수 없다. 왜냐하면 이는 카르마의 법을 범하는 것이 되기 때문이다.

그리스도 안에 있는 새로운 삶이라고? 죄가 씻어진다고? 자유? 수감자들은 이런 생각에 놀라고 있었다. 수천 쌍의 눈동자가 나에게 집중적으로 고정되어 있었고, 그 중 많은 눈들에는 눈물이 고여 있었다.

초청하는 기도를 하고 난 후, 나는 연단에서 뛰어내려 그들 속으로 걸어가서, 내 손이 닿는 제일 가까운 사람에게 손을 내밀었다. 경비병들과 고위관리들은 놀라고 있었다. 그건 순간적인 충동이었다. 나는 내가 그들을 만지길 원한다는 것을 알려야 한다고 생각했다.

갑자기, 새들이 날아오르듯, 사람들이 일어서서 나를 둘러쌌다. 그리고 20분 동안, 나는 될수록 많은 사람들의 손을 잡았다. 그들의 대부분은 그저 손을 내밀고 만졌다. 나는 내 팔 모든 부위와 등과 가슴에 손이 닿는 것을 느낄 수 있었다. 그들은 간절히 '만지길' 원했고, 하나님이 주시는 사랑이 진실한 것임을 알기 원했다. 그들은 거의 모든 사람들이 나와 접촉할 때까지 서로서로 자리를 바꿔가며, 내게 손을 내밀었다.

그후, 이들은 다시 그들의 냉혹한 감방으로 돌아갔다. 그날 밤, 얼마나 많은 사람들이 그리스도께 굴복했는지는 알 수 없다. 그러나 적어도 기독교 안에서 그들이 '불가촉' 의 사람들이 아니라는 메시지만은 전해졌을 것이다.

기독교 세계관은 다른 세계관과는 달리, 서로서로를 돌보도록 요구하고 있다.

* * *

기독교가 제시하는 인간생명에 대한 고상한 견해는 단지 생물학적 생명에 대한 경외는 아니다. 그리스도인들은 우리의 진정한 소망이 영적인 영역에 있으며, 따라서 어떤 것은 생물학적 생명보다 더 중요하다는 것을 이해하고 있다. 하나님께 대한 순종이 그 한 예이다. 이러한 순종은 사자의 우리에서부터 중국의 가정 교회를 거쳐 남부 수단의 황무지 나무 밑에서 드려지는 예배에 이르기까지 한 가닥 붉은 실처럼 이어지고 있다. 의와 진리는 생물학적 생명보다 더 소중한 가치들이다.

자연주의적 세계관은 서구문명의 모든 영역에 침투해 있다. 특히 젊은이들에게 그러하다. 모든 고비마다 젊은이들은 쾌락주의적이고, 자기만족적인 메시지의 폭격을 받는다. 날이면 날마다, 이들은 인생이 장난감과 쾌락의 문제이며, 어떤 호르몬의 충동이든 만족시켜 주어야 한다는 메시지의 공세를 받는다.

그러나 우리 내면 깊숙한 곳에는 그런 끊임없는 공격에도 불구하고 결코 억압될 수 없는 진리가 있다. 그것은 우리가 아무리 억누르려 해도 우리가 창조된 바에 따라, 바로 우리의 본질 속에 들어 있는 것이다. 때때로 이것은 가장 어울리지 않는 장소에서 터져 나온다. 심지어 대통령 기자회견에서도 말이다.

1993년, 빌 클린턴(Bill Clinton)은 대담하게도 MTV 방송망에서 고교생들과 묻고 답하는 프로에 참여함으로써 이 나라의 젊은이들과 일체감을 가질 수 있는 기회를 가졌다. 그 쇼는 학생들이 대통령에게 트렁크 팬티를 입는지 삼각 팬티를 입는지를 물어볼 수 있었던 기회로 사람들에게 기억되고 있다. 그렇지만 모든 질문이 다 사소한 것은 아니었다.

기자회견이 끝나갈 무렵 메릴랜드 주의 베세즈다에서 온 달리아 슈바이처(Dahlia Schweitzer)라는 18살 소녀가 손을 들었다. "대통령님, 커트 코베인(Kurt Cobain)이라는 가수가 최근에 자살한 것은 우리 세대의 많은 사람들이 느끼는 공허감의 예라고 봅니다. 오늘날 우리 젊은이들에게 생명이 소중하다는 것을 어떻게 가르쳐 주시겠습니까?"

클린턴 대통령의 대답은 노련한 정치가나 1960년대의 젊은이들이 답했을 것 같은 내용이었다. 그는 그녀에게 젊은이들은 자존감, 즉 그들이 이 세상에서 누군가에게는 가장 중요한 사람이라는 생각을 높일 필요가 있다고 말했다.

그러나 커트 코베인은 누군가에게 중요한 사람이었다. 수많은 사람들에게 그러했다. 그는 스타였다. 그러나 그는 어린 달리아가 말하고 있는 '공허감'을 느끼고 있었다. 그가 가진 세계관의 어떤 것도 '그의 생명이 얼마나 중요한지' 말해 주지 못했다.

달리아 슈바이처와 대통령 간에 나눈 내용을 보도하면서, "뉴욕 타임즈"는 조롱하는 말투로 대통령은 이 문제에 대한 입법상의 대답을 하지 못한 것 같다고 논평했다.[14] 그렇다. 우리는 작은 것들에 감사해야 한다. 사람들은 어떤 정치가가 "인생의 의미" 법안을 제안하기를 바랄 뿐이다.

이 질문은 정치적인 수단이나, 또는 미국문화의 주된 세계관으로 대답할 수 있는 문제가 아님이 명백하다. 실존주의 철학자 알베르 카뮈(Albert Camus)가 주장하듯, 만일 하나님이 죽었다면 "이제 오직 단 하나의 심각한 철학적 주제가 남게 되는데, 그것은 자살이다. 인생이 살 가치가 있는지 없는지를 판정하는 것은 철학의 근본적인 문제에 답하는 것과 마찬가지가 된다."[15]

어거스틴은 1600년 전이나 지금이나 동일하게 진리인 대답을 제시한다. "당신은 당신 자신을 위해 우리를 만드셨나이다. 그리고 우리 마음은 당신 안에서 안식할 때까지 안식을 누리지 못합니다."[16] 하나님을 알게 될 때 비로소 우리들은 이런 끊임없는 탐색을 멈출 수 있을 것이다. 왜냐하면 인간본질의 핵심은 창조주께서 우리에게 심어주신 하나님의 형상, 즉 '이마고 데이'(Imago Dei)이기 때문이다.

왜 우리는 창조와 기원의 문제를 이렇게 장황하게 다루었는가? 그것은 창조야말로 우리는 누군가에 대한 근원적인 이해를 제공하고 있기 때문이다. 우리의 기원을 어떻게 이해하느냐에 따라 인간의 본성에 대한 이해가 달라진다. 인간생명의 존엄성은 오늘날 아주 중요한 문제일 뿐만 아니라, 개인적으로도 아주 중요하다.

나는 신학적인 논쟁이나, 어떤 이성적인 토론에서도 내가 말하는 의미를 알고, 내 의견을 지킬 수 있다. 이 모든 것을 실천한 다음, 나는 생명의 문제에 대한 궁극적인 해답을 내 손자 맥스의 웃는 얼굴에서 발견한다.

제14장
하나님은 실수하지 않으신다

맥스는 여덟 살 난 잘생긴 사내아이로 파란 눈에 금발 머리다. 우리 집에서 그 애가 제일 좋아하는 장소인 내 사무실 의자에서 펄쩍펄쩍 뛰어오를 때 그 아이의 금발 머리는 찰랑거린다. "할아버지 의자, 할아버지 의자!" 기쁨으로 소리지르는 그애의 얼굴에는 함박 웃음이 가득하다.

우리는 서로 자주 만나는데, 함께하는 시간은, 조심스럽게 표현한다고 해도, 격렬하다. 때때로 우리는 맥도널드에 간다. 그곳에는 미끄럼틀과 플라스틱 공으로 가득한 밝은 색의 상자들이 있는 놀이터가 있다. 아무리 많은 아이들이 미끄럼을 타고 공들 속에서 뛰어들어도 맥스에겐 전혀 문제가 되지 않는다. 맥스는 항상 최고로 신나게 논다. 다른 아이들이 떠난 뒤에도, 그애는 계속 뛰어오르면서 "더 와 봐라, 더 와 봐라" 하고 노래한다.

맥스는 어디에서나 눈에 띈다. 아주 귀엽기도 하지만 남다르기 때문이다. 가끔 보이는 시무룩하고 무감각한 시선, 반응하지 못하는 점 등이 남과 구별된다.

그렇다. 맥스는 자폐아이다.

맥스는 위급하게 제왕절개 수술을 해야 하는 불안하고도 힘든 분만으로 태어났다. 우리 딸 에밀리가 수술을 거쳐 무사히 맥스를 낳았을 때 우리 가족에게는 특별한 기쁨이 넘쳤다. 그러나 얼마 지나지 않아 우리는 맥스가 정상적으로 행동하지 않는다는 사실을 알게 되었다. 맥스는 복통을 잘 일으키고 신경질적이었다. 크게 비명을 지르고 낯선 소음은 아주 귀찮아하는 것처럼 보였다. 기어다닐 때가 되었는데도 기지 않았고 걷는 것도 늦었다. 먼데를 보거나 움츠려 있기 일쑤였다. 우리는 그애가 조만간 그런 상태에서 벗어날 것이라고 서로에게 확신을 주며 버틸 수 있는 한 끝까지 사실을 부인하려 했다.

나는 하나님의 기적적인 개입을 구하면서 열심히 기도했다. 또한 거침없이 따지고 들기도 했다. '하나님이 어떻게 내 사랑하는 딸의 하나뿐인 아이에게 이런 일이 생기게 하신단 말입니까? 이건 공평하지 않습니다.' 나는 하나님께 수없이 말씀드렸다. 곧 나는 다른 손자들과 동일한 방법으로 맥스와 노는 것은 어렵다는 것을 알게 되었다. 내 무릎 위에서 들어올렸다 내렸다 할 수 없었고 나를 쳐다보게도 할 수 없었다. 들어올릴라치면 그애는 자주 비명을 지르곤 했다.

그렇지만 그애가 조금씩 자라는 동안 우리는 뭔가 다른 것을 발견하게 되었다. 맥스는 사랑을 하는 특별한 능력을 가지고 있었다.

아내와 나는 매년 크리스마스에 손자들과 함께 "엔젤 트리"(교도소 수감자의 가족에게 크리스마스 선물을 주는 프로그램 - 편집자 주) 선물을 배달했다. 그래서 우리 집에서 한 시간 가량 떨어진 곳에 살고 있는 어느 가족을 방문하려고 시골로 향하는 길에 두 살밖에 안된 맥스도 함께 데려갔다. 차를 몰고 가면서 에밀리와 우리 부부는 우리가 만나게 될 어린 두 소녀들에 대해 이야기를 나누었다. 아이들의 아버지는 감옥에 있었고 어머니는 멀리 일하러 갔기 때문에 그 소녀들은 할아버지, 할머니와 함께 살고 있었다. 우리는 그곳에 도착하면 그 아이들이 얼마나 사랑을 받고 있는지 알 수 있도록 최선을 다하자고 맹세를 하였다. 가는 동안 맥스는 내내 엄지손가락을 빨며, 먼 곳을 응시하는 표정으로 자기 보조의자에 앉아 있었다.

소녀들의 할아버지, 할머니는 수목이 우거진 터에 있는 그들의 집인 큰 트레일러 세트 앞에 서서 기다리고 있었다. 현관을 걸어 들어가고 있을 때, 낯선 사람들을 보면 대개 수줍어하는 맥스가 갑자기 엄마의 손을 놓고 거실을 가로질러 두 여자아이에게 곧바로 달려갔다. 맥스는 땋아내린 긴 금발의 귀여운 네 살짜리 아이를 어색하게 안고 자기 볼을 그 아이의 볼에 대고 웃었다. 여섯 살 짜리 언니에게도 똑같이 했다. 그리고 나서 여전히 웃는 얼굴로 엄마에게 갔다.

맥스는 그전에 이런 일을 한 적이 없었다. 우리가 차 안에서 이야기하는 것을 알아듣고 우리를 위해 사랑을 전해 주려고 결심했던 것이라고밖에는 설명할 수가 없다.

그리스도인의 삶에 있어서 많은 역설적인 진리 중 하나는, 가장 큰 역경이 가장 큰 복을 가져오는 경우가 자주 있다는 것이다. 나는 나의 삶 속에서 야고보서 1장 2절의 진리를 분명하게 발견하였다. "내 형제들아 너희가 여러 가지 시험을 만나거든 온전히 기쁘게 여기라." 이 진리를 내 딸의 삶에서 보아왔다. 지금 추측해 보건대 맥스는 에밀리가 혼자 부모노릇을 하게 만든 인생의 고난 중 하나였다. 에밀리는 이 모든 것에 분명히 상심했음에도 결코 그것을 내보이지 않았다. 맥스로 인하여 내 딸 에밀리는 사랑스러운 소녀에서 자기 아들을 하나님의 선물로 볼 줄 아는 성숙한 그리스도인 여성으로 변화되었.

맥스의 여섯번째 생일에 에밀리는 나에게 감동적인 편지를 보내왔다. "하나님은 맥스를 그분께서 의도하신 대로 정확히 창조하셨어요. 그애는 실수로 만들어진 것이 아니에요. 하나님은 맥스를 창조하실 때 분명한 목적을 가지고 계셨어요. 하나님이 그분의 목적을 위해 어떠한 생각을 가지고 계셨고 또 지금도 가지고 계신지, 맥스를 향한 하나님의 의도하심을 다 알 수는 없을 거예요. 다만 제가 아는 바는 하나님께서 맥스를 창조한 방식에 있어서 그애는 완벽하다는 사실이에요."

맥스는 다른 사람들과 다르게 듣고, 다르게 보고, 다르게 맛보며, 다르게 삶을 즐긴다. 그렇지만 그 아이의 '즐거운 영혼과 삶에 대한 풍성함'은 대단한 은사이다. "나는 장애를 넘어서 개개인을 볼 수 있게 되었고, 이제 맥스는 나의 가장 큰 복이 되었어요"라고 에밀리는 썼다.

맥스는 다른 사람들에게도 역시 복이다. "맥스는 내가 알고 있는 어떤 사람들보다도 사람들의 삶에 영향을 끼치는 능력을 가지고 있어요"라고 에밀리는 계속 써내려갔다. "맥스가 사람들이 가득한 방에 들어가면 믹서 안에 스푼을 떨어뜨린 것과 같이 모든 사람들이 멈추고 반응하지요. 사람들의 삶이 순조롭게 굴러가고 모든 것이 잘 섞이고 있을 바로 그때, 그들의 조리법에 맞지 않는 사랑스럽고 에너지 넘치며 아름다운 아이 맥스가 들어온 거예요. 모든 사람들은 어떤 식으로든 반응을 하지요, 좋게 혹은 나쁘게 말입니다. 그렇지만 결국 그들은 자신의 행동과 감정을 알아차리게 되고 이것이 그들에게 깊이 영향을 주지요. 맥스를 불편하게 느꼈던 누군가가 위험을 무릅쓰고 그에게 다가가는 것을 보는 건 참 멋진 경험이에요."

에밀리는 다음과 같은 말로 자신의 경험을 요약하였다. "하나님은 맥스를 창조하실 때 그애가 이 세상에서 특별한 도움을 필요로 하리란 걸 아셨어요. 그래서 하나님은 맥스를 그의 손으로 늘 감싸고 계십니다. 하나님은 그 아이를 내버려두지 않으세요. 맥스가 어디를 가든지 하나님께서 그의 손 안에 부드럽게 감싸고 계심을 나는 느낍니다. 하나님께 안겨 있는 아이가 어떻게 선물이 아닐 수 있겠어요?"

사실, 맥스는 내가 알고 있는 어떤 어린아이보다도 많은 사람들을 감동시켰다. 맥스는 현대 우생학자들이 자궁에서부터 무언가 이상이 있음을 알아차릴 수 있는 아이다. 그곳에서 그의 결함이 탐지되지 못했어도 분만실 침대에서는 알아낼 수 있었을 것이다. 혹은 영국의 생물물리학자 프랜시스 크릭의 연구방식을 통해 생후 몇 주 안에는 알아냈을 것이다.

무서운 진실은 죽음의 문화가 인생의 매순간 책임을 져야 할 사람들의 마음과 가슴을 통제한다는 사실이다. 그러나 맥스의 경우에는 먼저 우리 딸을, 그 다음은 나를 넘어뜨려야 했을 것이다. 모든 그리스도인들은 이 세상의 맥스들을 위해 최전방의 방어전선을 쳐야 할 필요가 있다.

* * *

이 세상의 진정한 문제는 신체의 기형이 아니라 영혼의 기형이다. 한마디로 신체의 기형이라는 이유만으로 생명을 다루는 것은 죄다. 인류를 개선시키고자 하는 이상적인 충동을 품고 있는 사람이라면 우생학에 시선을 돌릴 것이 아니라 죄된 마음을 치유할 수 있는 수단을 살펴보아야 한다.

그렇지만 죄라는 개념은 현대인들에게는 입맛에 맞지 않는 것이다. 그 결과 서구의 영리한 사상가들은 죄와 죄책감에 대한 진리를 대면하지 않는 위대한 신화를 만들었다. 그런데 아이러니하게도 이러한 신화는 금세기에 어떤 것보다도 상상할 수 없는 대파괴와 고통을 가져왔다.

3부

타락
이 세상은 무엇이 잘못된 것인가?

제15장

우리가 당하는 고통

> 확실히 이 (원죄라는) 교리보다 우리를 기분 나쁘게 하는 것은 없다. 그렇지만 가장 이해할 수 없는 이 신비가 없이는 우리는 우리 자신에게도 이해될 수 없는 사람이 된다.
>
> 블레즈 파스칼(Blaise Pascal)

모든 세계관의 첫째가는 가장 근본적인 요소는 기원을 묻는 질문 - 우주가 어디에서 왔으며 인간의 생명은 어떻게 시작되었는가? - 에 답하는 방식이다. 둘째 요소는 인간의 딜레마를 설명하는 방식이다. 왜 전쟁과 고통이 있으며 질병과 죽음이 있는가? 이러한 질문들은 기독교 세계관에 있어서 특히 긴급한 질문이다. 왜냐하면 우리들이 '우주가 지혜롭고도 선한 창조자로부터 왔다는 것을 믿는다면 악의 존재를 어떻게 설명할 것인가' 라는 문제 때문이다. 랍비 쿠쉬너(Kushner)의 베스트셀러 제목에 사용된 어법을 빌자면, 선한 사람들에게 왜 악한 일이 생기는가?¹ 하나님이 전적으로 사랑이시고 전능하시다면 왜 고통과 불의를 종식시키기 위해 그의 능력을 사용하시지 않는가?

어떠한 질문도 이 질문보다 기독교 신앙에 만만치 않은 거침돌이 되면서 그리스도인들이 대답하기 어려운 것은 없다.

그렇지만 성경적 세계관은 해답을 가지고 있으며 어떤 다른 믿음체계보다도 보편적인 인간의 경험을 잘 설명해 주고 있다. 성경은 하나님이 우주를 창조하셨으며, 그의 형상으로 우리를 창조하셨고, 우리로 하여금 거룩하게, 그리고 그의 명령에 따라 살도록 만드셨다고 가르친다. 그렇지만 하나님은 우리를 너무나 사랑하셔서 '자유로운 도덕적 주체자' - 선택을 할 수 있는 능력, 선과 악을 선택할 수 있는 능력을 가진 피조물 - 라는 독특한 위엄성을 우리에게 부여하셨다. 그러한 자유를 행사할 활동무대를 허락하시기 위해 하나님은 우리의 첫 조상에게 도덕적 제약을 한 가지 주셨다. 선과 악을 알게 하는 나무를 먹지 말라고 금지하셨던 것이다. 최초의 인간, 아담과 이브는 그들의 자유선택권을 사용하여, 하나님이 하지 말라고 명령하신 것을 하기로 선택했고, 생명과 선이라는 하나님의 길을 거부하여 세상에 죽음과 악의 길을 열어놓았다. 이러한 파국을 신학적인 용어로 '타락'이라고 한다.

간단히 말해서 성경은 인간에게 죄에 대한 책임을 부여하고 있다. 죄는 인류에게 바로 악으로 향한 수문을 열어놓았다. 이것은 아담과 이브로부터 시작되었지만 우리 자신의 도덕적 선택 속에서 지속되는 것이다. 하나님께 불순종한 최초의 선택에 있어 인간의 본성은 도덕적으로 뒤틀리고 구부러지게 되었다. 그때부터 인간성은 잘못을 행하려는 자연적인 성향을 갖게 되었다. 이것이 신학자들이 원죄라고 부르는 교리의 기초이며, 오늘날까지도 인간성의 뒤를 늘 따라다닌다. 인간은 자연에 대한 통치권을 받았으므로 타락도 역시 우주적인 결과를 낳게 되었다. 자연은 '가시와 엉겅퀴'를 내게 되었고 수고와 곤란과 고통의 근원이 되었다. 신학자 에드워드 오크스(Edward Oakes)의 말을 인용하면, 우리는 "하나님에 대한 반역이 이미 일어난 세상에 태어나며 그 대세는 우리를 휩쓸려 가게 만든다."[2]

이러한 답이 갖는 문제는 사람들이 그것을 불분명하다고 생각하는 것이 아니라 입맛에 맞지 않다고 생각한다는 점이다. 이 답은 우리 모두가 꼬이고 깨어진 창조상태에 있다는 것을 함축하고 있다. 그렇지만 한 사람으로 말미암아 죄가 세상에 들어와 결국에는 모든 사람들을 연루시켰듯이, 구원이 한 사람으로 말미암아 모든 사람에게 이르렀다(롬 5:12-21). 의는 그리스도의 속죄의 희생을 믿는 믿음으로 모든 사람에게 영향을 끼치게 되었다.

죄에 대한 기독교적인 관점은 가혹하고, 인간의 존엄성을 낮추는 것처럼 보일지 모른다. 그렇기 때문에 현대의 많은 영향력 있는 사상가들이 죄라는 개념을 억압적이고 계몽되지 않은 것이라고 일소해버렸다. 그 대신에 그들은 유토피아적인 관점, 즉 인간은 본래 선하고 바른 사회적 조건하에서는 선한 본성이 나타날 것이라고 주장하는 관점을 내놓았다. 이 유토피아적인 관점은 계몽주의에 뿌리를 두고 있는데, 계몽주의란 서구의 지성인들이 창조라는 성경적 가르침을 거부하고, 그 대신 자연이 우리의 창조자라는 이론으로 대치한 것이다. 그 이론에서 인류는 원시의 진흙탕 속에서 생겨났으며 진화의 절정에 스스로 올랐다고 주장한다. 죄에 대한 성경적인 교리는 계몽주의 철학자들이 암흑시대(그 시대로부터 계몽주의 시대가 기고만장하게 출현함)라고 경멸적으로 부른 시대의 잔재로 간주되어 버려졌다. 더 이상 사람들은 죄책감과 도덕적 심판의 그늘 아래 살려고 하지 않았다. 제멋대로이고 독재적인 신이 부과한 도덕적 규칙에 의해 억압받고 포위당하려 하지 않았다.

그렇지만 무질서와 고통의 근원이 죄가 아니라면 이러한 문제들은 어디에서 오는 것일까? 계몽주의 사상가들은 이것이 환경의 산물 - 무지, 빈곤, 그 밖의 바람직하지 못한 사회적 조건 - 이라고 결론지었다. 이상적인 사회를 만드는 데 필요한 것은 좀더 나은 환경을 만드는 것이다. 즉 교육을 개선하고 경제조건을 향상시키고 사회구조를 재설계하는 것이다. 바른 조건이 주어지면 인간이 완전하게 되는 데에는 한계가 없다. 현대의 유토피아적인 충동도 그렇게 탄생하였다.

그렇지만 이러한 세계관, 즉 성경적인 세계관과 현대 유토피아적인 세계관 중 어느 것이 현실의 검증과 맞아떨어질까? 어느 것이 우리가 실제로 경험하는 바 세상과 인간 본성과 맞는 것일까?

죄에 대한 성경적인 관점이 사실 비현실적이라고 말할 수 있을 것 같지는 않다. 잘못된 도덕적 선택을 하고 다른 사람들에게 해악과 고통을 주는 인간의 성향을 명백하게 인식한다면 말이다. 오랜 진보의 역사를 볼 때 죄에 대한 성경적인 관점은 비현실적이지 않다. 어떤 사람은 원죄의 교리가 35세기 동안 기록된 인류 역사에 의해 경험적으로 증명된 유일한 철학이라고 빈정대었다.

대조적으로, '계몽주의' 세계관은 아주 비합리적이고 부적합한 것으로 판명되었다. 우리의 죄된 속성을 부인함으로써 생겨나는 유토피아 신화는 좋은 사회를 만들기 위한 실험에 이르는 것이 아니라 독재에 이르게 된다. 인간이 완전해질 수 있다는 확신은 어떤 대가를 치루고서라도 인간을 완전하게 만들려는 노력을 정당화한다. 하나님을 내어쫓음으로써 권력을 가진 자들은 어떤 높은 권위에도 책임을 질 필요가 없게 됐다. 그들은 필요하다면 그 수단이 아무리 잔인하고 강제적인 것이라도 사용할 수 있다. 완전한 사회라는 개념에 맞도록 사람들을 개조하기 위해서 말이다.

계몽주의적 세계관의 승리는, 인간본성에 대한 전제를 근본적으로 바꾸어버렸을 뿐 아니라 여러 가지로 20세기를 규정짓는 사건이며, 이 시대의 역사가 왜 그토록 피로 기록되었는가를 설명해 준다. 윌리엄 버클리(William Buckley)가 날카롭게 지적한 대로 유토피아적 이념은 "불가피하게… 자유를 죽게 만든다."[3]

그 이유는 다음에 이어지는 가슴 조이는 이야기에서 드러날 것이다. 어떤 사람들에게는 적어도 처음에 이것이 잘못 인도된 선행자나 광적인 사교의 이야기처럼 들릴 것이다. 그렇지만 참고 견뎌주길 바란다. 사실 그것보다 훨씬 심하기 때문이다. 이것은 경고의 이야기로 거대한 유토피아 신화에 굴복하는 것이 얼마나 쉬운지 그 소름끼치는 결과를 보여준다.

제16장

좀더 나은 삶의 방식?

1977년, 샌프란시스코, 변호사 사무실

그 날 멕 브로드허스트는 내 변호사 사무실로 걸어 들어와 "내 아이 좀 돌아오게 도와주세요"라고 말하며 내 주의를 사로잡았다.

"남편이 아이를 유괴해 갔습니까?" 나는 물었다.

"아니오, 그것보다 더 복잡해요. 내 아들 제이슨은 시나논(Synanon)에 있어요."

나는 지난 20년간 베이 에어리어에서 살아왔기 때문에 시나논이라는 단체에 대해 들어보았는데 주로 마약 갱생 프로그램으로 알려져 있었다. 그 단체는 1950년대 후반 로스앤젤레스에서 시작되었지만, 지금은 오클랜드에 센터를 두고 있고 그곳에서 북쪽으로 한 시간 반 거리인 토메일즈 베이에도 또 하나의 센터를 두고 있었다.

가정법원 변호사인 나는 평소에 이상한 이야기를 많이 들어왔지만 멕이 해준 이야기는 충격적인 것이었다. 그녀가 알코올과 마약을 남용했던 자신의 과거를 시인하는 것을 듣고 나서, 처음엔 그녀가 혹시 망상에 시달리는 것이 아닐까 의심을 할 정도였다. 이러한 일이 샌프란시스코에서 두 시간도 채 떨어지지 않은 곳에서 정말 일어날 수 있을까?

멕은 숨기려고 애쓰는 만큼 자신에 대해 절망적인 모습이었고, 말하기조차 소름끼치는 암울한 사연을 가지고 있었다. 그녀의 이야기를 해보도록 하자.

멕의 사연

좋아요, 솔직하게 말씀드리죠. 내 가족은 시나논에 연루되어 있어요. 우선 선생님께서는 나와 내 남편 잭에 대해서 조금 이해하실 필요가 있어요.

나는 잭을 말리부에서 열린 부모님의 파티에서 만났어요. 나는 파도타는 사람들과 친하게 지내곤 했는데 그는 그 사람들을 좋아하지 않았어요. 그는 부동산 중개업소에서 일하고 있었고, 그의 머릿속에는 오하우 섬(하와이 섬 중 하나 - 역자 주) 북쪽 해안의 물살을 타는 것보다는 무엇인가 더 중요한 것이 있었어요. 우리가 데이트를 시작했을 때 그는 내가 소다음료를 마신다든가 침낭 안에서 서로를 애무하는 것보다 더 고상한 것들을 추구하는 사람이라고 생각했어요. 그의 그런 태도는 나의 진지한 면을 끌어당겼죠. 그런 진지한 면 때문에 나는 영문학을 공부하러 UCLA(캘리포니아대학 LA 분교 - 역자 주)에 가게 되었어요. 대학은 그 당시 내가 해안에서 어슬렁거리지 않을 때면 가곤 하던 곳이었지요. 야망이 있고 미래를 생각하는 남자와 데이트를 할 수 있다는 생각이 - 나의 부모님을 동시에 기쁘게 해드릴 수 있다는 생각이 - 신의 출현처럼 나에게 떠올랐어요. '나는 잭 버스트와 데이트할 수 있다. 잭 버스트와 결혼할 수도 있다.'

잭은 언제나 내가 얼마나 자유로운지에 대해 이야기했어요. 나는 내 나이에 비해 너무 어렸던 반면 그는 그의 나이에 비해 조숙했는데, 우리가 사랑에 빠지게 되면서 그의 소년 같은 면이 드러났는지도 모르죠. 그는 그런 점에서 내게 감사하는 마음으로 결혼을 한 것 같아요. 나는 그와 결혼하는 것 이외의 다른 삶을 생각할 수 없었기 때문에 그와 결혼했어요. 나와 함께 자란 부잣집 아이들은 인생이란 끝이 없는 여름과 같은 것이라고 생각했지만, 실제로 내겐 그렇지 않을 것이라고 뭔가가 계속해서 말하고 있었지요. 게다가 나는 잭에게 감탄했어요. 그는 양복이 잘 어울렸고, 처세술에 능했으며, 품위있게 행동했지요. 신사처럼 말이에요.

우리는 결혼을 하고 말리부 콜로니에 있는 아름다운 곳으로 이사를 갔어요. 나는 거기서 해안가 저택에 살면서 UCLA 4학년 과정을 공부했고 포르셰(독일제 최고급 스포츠카 - 역자 주)를 몰았지요. 처음 1년은 아주 재미있었어요. 나는 학교 공부를 하고 남편을 위해 식사를 준비하는 일 외에는 별로 할 일이 없었거든요. 그가 퇴근을 하면 우리는 먹고, 마약을 복용하고, 포도주를 마시며 서로 즐겼어요.

내가 졸업한 후에는 잭이 외출을 더 많이 하고 싶어했는데, 특히 할리우드 파티에 가길 원했어요. 그곳에서 그의 부동산 사업에 고객이 될 돈 많은 사람들을 만날 수 있었기 때문이었죠. 나는 그런 파티가 너무 싫었어요. 그래서 그것을 피하기 위한 방법으로 목욕탕에서 코카인을 하고 테킬라를 마셔댔죠. 나는 파도타러 온, 술로 멍해진 여자처럼 행동하였어요. 잭은 한 구석에서 하룻밤을 같이 지낼 여자를 유혹하고 있었죠. 그때까지 잭과 나는 '개방결혼' 상태였기 때문에 잭은 이 여자 저 여자와 잘 수 있었고, 나는 마약을 상용할 수 있었어요.

문제는, 내가 일단 술을 마시면 절제하지 못한다는 거였죠. 충분한 돈과 충분한 술이 있었기 때문에 멈출 필요가 없었어요. 마약을 복용할 때만 제외하고 말예요. 잭이 어떤 집 목욕탕 바닥에 쓰러진 나를 발견하기 전까지는 아무튼 그랬어요.

그때는 우리가 샌프란시스코로 이사 가서 잭이 상업용지를 시내에서 거래하기 시작한 때였어요. 나는 놉 힐에서 나 자신을 어떻게 해야 할지 정말 몰랐지만, 술을 마시거나 마약을 복용할 순 없다는 것을 알았기 때문에, AA 모임(Alcoholics Anonymous: 익명의 알코올 중독자들의 모임으로 알코올 중독 방지회 - 역자 주)에서 시간을 보내며 건강을 회복하기 위해 애썼죠. 그 때 지금 제가 선생님께 되찾아달라고 부탁드린 우리 아들 제이슨이 태어나게 되었고, 나는 모성애를 가진 보통의 엄마가 되고 싶었어요. 아기는 제게 신비스러운 존재이기도 했고, 귀찮은 존재이기도 했죠. 그래서 나는 그 애를 죽도록 사랑하는 마음과 아기 키우는 고역에서 벗어나고픈 욕구 사이에서 왔다갔다했어요.

그러던 차에 게임클럽에 대해서 듣게 되었어요. 시나논이라는 단체에 의해 운영되는 일종의 AA 모임이었지요. AA에 있는 사람들은 알코올과 마약에 동시에 중독된 나 같은 사람에게 어떻게 해주어야 할지 정확히 알지 못했지만 시나논은 알고 있었어요.[1]

시나논의 게임클럽은 하고 싶은 말을 다 할 수 있다는 점을 빼고는 AA 모임과 비슷한 것이었어요. 자기 자신에 대해서 말할 필요가 없었어요. 대신 사람들이 자신의 중독에 대해 거짓말을 하거나 자신의 행동을 합리화하는 것에 대해 공격할 수 있었어요. 이렇게 하는 것을 그들은 '머리깎기'이라고 불렀어요. 어떠한 비평도 그 게임에서는 금지되지 않았어요.

게임클럽에서 말하기 시작한 후부터 나는 입을 다물 수가 없었고, 그러한 모임들은 거칠었죠. 나는 잭을 그곳에 초대해서, 그의 틀에 박힌 사업방식에 대해 사람들이 꼬집는 것을 듣는 것을 좋아했어요. 그런데 그 역시 그것을 매우 좋아하는 것을 보고 저는 놀랐어요. 어쩐 일인지 게임 안에서는 그가 평소엔 말할 수 없었던 우리들의 관계에 대해 이야기할 수 있었지요. 그는 내가 진정으로 그를 사랑한다는 사실을 알 필요가 있었어요. 그때까지 나는 그랬지요.

아기의 존재가 우리 두 사람을 바꿔놓고 있었던 것으로 생각돼요. 나는 우리가 진정한 가족이 되길 원했어요. 서로를 사랑하고 아이에게 좋은 부모가 되는 식으로 말이에요. 내가 잭에게 게임에서 "이제 개방결혼은 그만둬요. 여기저기서 자는 것도 그렇구요. 난 더 이상 그런 것을 원치 않아요"라고 말했던 일이 기억나요. 시나논 게임클럽의 다른 구성원들은 내가 말하는 것을 진정으로 지지해 주었어요. 그들은 내가 얼마나 우리의 결혼생활이 바르게 되어가기를 바라는지 알 수 있었을 거예요.

그 날 밤 집으로 돌아왔을 때, 잭은 나를 제이슨의 방으로 불러들였어요. 평화스럽게 자고 있는 다섯 살배기 아들의 모습을 보며 잭이 내게 속삭였어요. "나는 그대 멕을 나의 법적인 아내로 받아들이고 사랑하며 보살피겠습니다…." 그는 우리가 결혼식에서도 하지 않았던 전통적인 맹세를 했어요.

그 일이 있은 후 잭과 나의 관계는 더욱 견고해졌어요. 다시 한 번 사랑에 빠진 것 같았어요. 다 시나논 덕분이었어요.

그 즈음에 우리는, 시나논이 거주 공동체들을 만들었고 게임클럽에 참가한 우리와 같은 사람들이 그곳으로, 특히 토메일즈 베이 시설로 이사하기 시작했다는 소식을 들었어요. 참 좋은 일이라 여겨졌지만 잭이 그렇게 하리라고는 생각조차 하지 못했어요. 그는 돈밖에 모르는 사람이었거든요. 그가 최고로 생각하는 것은 임대가 잘 되지 않는 빌딩을 사서 일 년 내에 산 값의 두 배로 파는 것이었어요. 그에겐 그게 가능했어요. 그는 기본적으로 어떤 건물이 안전하고 겉모양을 업그레이드할 수 있는지 또 구제할 수 없는 건물이 어떤 것인지를 구별할 줄 아는 안목이 있었거든요. 나는 그 일에 있어서 그가 천재라는 것을 인정할 수밖에 없었어요.

그렇지만 잭은 인생에서 다른 무언가를 찾고 싶어했고, 그러던 어느 날 내게 "시나논으로 이사가고 싶소? 영구히 말이오"라고 말했어요.

나는 그의 말을 믿을 수 없었지만 그는 진지했어요.

샌프란시스코 게임클럽본부에서 행정직에 필요한 게이머를 모집하는데 그에게 관심이 있냐고 물었던 거예요. 그들은 잭과 같은 사람이 자기들의 재산을 늘려주는 것이 필요했지요. 그는 공동체에 새로 들어온 다른 사람들과 똑같이 한 주일 정도는 부엌일을 하겠지만 그 후에는 그가 좋아하는 일을 할 수 있었어요.

"멕, 우리 자신과 제이슨에게 몰두할 수 있는 공동체로 이사가도록 합시다. 정말로 더 나은 삶의 길이 있다면 시도해 보아야 되지 않겠소?"라고 잭은 나에게 말했어요.

나는 그러한 말이 잭의 입에서 나오리라고는 생각해 본 적이 없었어요. 처음엔 새로운 결혼서약으로 나를 놀라게 하더니 이번엔 이런 말을! 나는 동의했고, 3개월 안에 토메일즈 베이로 이사를 갔어요. 그 때가 1973년 3월이었고 본격적인 이야기는 이 때부터 시작됩니다.

처음 토메일즈 베이를 봤을 때 나는 이제 일본 풍경화 같은 곳에서 살겠구나 싶었어요. 아름다웠지요.

그곳 시나논의 대지는 바다를 내려다보고 있었고, 몇 년 전까지만 해도 토메일즈는 그 단체의 중앙본부였어요. 지금은 배저로 옮겨갔지만, 시나논 주사업의 중심에 있는 창고인 ADGAP(Advertising Gifts and Premiums)는 여전히 토메일즈에 있어요. 작은 폐쇄도시 같은 그곳에는 아직도 약 500명 정도의 사람들이 살고 있고, 병원, 이발소, 하수처리장, 영화관, 미술관 등 없는 게 없지요.

잭과 내가 처음 도착했을 때, 나는 시나논의 설립자인 찰스 디더리치(Charles Dederich)를 일종의 대스승이라고 생각했어요. 그는 잭과 나를 불러 사적인 회합을 가졌는데, 우리는 그 노인을 만난다는 사실에 매우 흥분이 되었지요. 물론 전에 게임템플(토메일즈에서 AA 모임과 같은 회기에 바쳐진 특별한 건물)에서 그를 본 적은 있었지만 사적으로 만난 적은 없었어요.

그 첫만남에서 그는 우리를 한방에 날려버렸어요. 그는 잭을 팔로 감으며 말했어요.

"지금 나는 당신이 당신 스스로에게 무엇을 묻고 있는지 알고 있소. 이 술주정뱅이들과 골치아픈 자들과 함께 있으려고 이곳으로 이사한 것이 바른 결정이었는가? 멕은 문제를 가지고 있었다. 하지만 이제는 분명히 잘 해내고 있다. 그래서 당신은 이것이 당신 가족을 위해 올바른 선택이었는가라고 묻고 있소.

"잭, 당신이 왜 이곳에 왔는지를 이야기해 주겠소. 당신에겐 전에 살아보지 않은 방식으로 살고 싶은 욕구가 있고, 시나논 바깥 세상에서는 그렇게 할 수 없다는 것을 당신은 알고 있소. 당신은 게임클럽 바깥에서 경험해 보지 않은 방식으로 게임클럽 안에서는 살고 있다는 것을 알고 있소.

"왜 그런지 말해 주겠소. 그것은 당신 안에 있는 것, 즉 참된 자아가 에너지의 전체이기 때문이오. 그것은 최상의 의미에서 생명을 향하여 달려가지요. 그것은 실현된 것을 알게 되기까지는 쉬는 법이 없지요."

그 때 디더리치는 랠프 왈도 에머슨(Ralph Waldo Emerson)의 말 중 가장 좋아하는 구절을 인용했어요. 그 구절은 우리가 매번 게임을 시작할 때 인용하는 말이기도 하지요. "사람이 자신을 자발적으로 받아들이게 되면, 계속 성장하고 잠재력을 계발하게 되지만 그렇지 않으면, 그 에너지 대부분은 자신을 탐구하고 실현시키는 일보다는 방어하는 데 사용될 것이다."

계속해서 디더리치가 말했어요.

"이곳 시나논에서 당신은 당신 자신을 받아들이고 당신의 에너지를 당신 자신의 성장과 자아실현의 기회에 사용하게 될 거요. 왜 이런 것을 외부에서는 할 수가 없을까요? 우리 사회가 다양한 형태의 인격장애를 양산하고 있기 때문이오. 시나논이 1958년에 오션 파크에서 처음 시작했을 때 나는 중독증이 문제라고 생각했었소. 하지만 진짜 문제는 인격장애고, 모든 사람이 고통받는 것이기도 하지요. 멕만큼 잭, 당신도 그렇소. 물론 멕은 중독증을 갖고 있는 사람이지만 말이오. 그러나 당신은 다른 것들에 중독되어 있소. 돈이나 여자들 같은 것 말이오. 그렇지 않소? 하지만 부끄러워할 것은 없소. 우리가 자라난 사회 때문에 우리는 모두 엉망이 되어 버린 것이오.

"그렇지만 이곳 시나논에서 당신은 완전한 자아실현을 위한 당신의 내적 근원을 열 수가 있소. 왜냐하면 게임 속에서 당신 자신의 가면을 간파할 수 있기 때문이오. 우리는 당신이 그 모든 거리낌, 당신의 내적 자아를 묶고 있는 바르고 그른 것에 대한 굳은 구식 생각으로부터 자유로울 수 있도록 도울 것이오. 우리는 당신을 둘러싸고 있는 시대에 뒤떨어진 규범과 관습으로부터 당신을 자유케 할 것이며, 당신은 마침내 참 자신을 찾게 될 것이오. 당신은 당신의 모든 인격장애로부터 자유로워질 것이며 우리는 함께 건강한 공동체를 만들 수 있고 전세계에 더 나은 삶의 길이 있다는 것을 보여줄 수가 있게 되는 것이오."

나는 그 모임이 끝난 후 잭이 "그분은 천재야. 어떤 사람도 그분처럼 나를 꿰뚫어본 사람은 없었거든" 하고 말했던 것을 기억해요.

한동안 시나논에서의 생활은 모든 것이 우리가 꿈꾸어 왔던 것이었어요. 우리는 10일 교대로 일을 하였지요. '활동중' 이라고 불리는 그 기간이 끝난 다음은 '성장' 을 위한 열흘을 보냈는데, 그 기간에는 승마를 할 수 있었고 시나논의 저수지에서 수영을 하거나 만에서 배를 타거나, 도서관을 이용하고, 비행기 조정도 할 수 있었어요. 우리는 돈이 별로 없었지만, 필요하지도 않았지요.

처음 이곳에 들어올 때 사람들은 자신들의 모든 재산을 이곳에 기부하였어요. 시나논이 하고 있는 일을 얼마나 신뢰하고 있는지를 보여주는 것이지요. 우리 모두는 이 단체로부터 정기적인 수당을 받았어요. 소위 WAM(Walking Around Money)이라고 부르는 '용돈' 이지요. 우린 시나논의 시설을 자유롭게 이용할 수 있었기 때문에 부자처럼 살았어요.

그곳에는 어떠한 범죄도 없었어요. 우리는 소유물을 내놓고 다녔고 문도 잠그지 않았어요. 그곳은 폭력금지와 마약금지(술과 담배를 포함해서)라는 두 가지 규칙으로만 운영되었어요. 그곳 사람들 대부분이 과거에 중독자였고 전과자들 또한 많았지만, 그곳은 평화스러웠어요. 디더리치가 늘 전국에 새로운 '시나논 시'(市)를 시작할 것이라는 말을 하였기 때문에 우리는 이러한 평화로운 삶의 새로운 방식을 누구에게나 전파할 수 있었지요. 우리들은 그토록 고상한 선교에 참여한다는 사실에 흥분하였어요.

잭과 나는 처음에 게임에 있는 사람들이 제이슨을 공동체의 기숙학교에 보내라고 제안했을 때 걱정을 했지요. 그 아이는 겨우 일곱 살이었거든요. 그렇지만 우리는 아이가 생후 6개월이 되면 공동체학교에 보내는 것이 일반적이라는 것을 알게 되었어요. 지도자들은 아이가 공동체의 사랑을 받는 것이 훨씬 더 건강한 것이라고 말했어요. 그곳은 모든 사람들이 대가족처럼 기능을 하기 때문이라는 거지요. 듣기엔 좋은 말이었어요. 어쨌든 우리는 제이슨을 그곳에 보냈고 매일 밤 볼 수 있었어요. 적어도 처음에는 그랬지요. 그들이 야간보육을 시작할 때까지는요. 우리는 제이슨의 옷을 전부 학교에 넘겨주었어요. 왜냐하면 그곳의 어린이들은 자기 옷을 가지고 있지 않았거든요. 공동의 상자에서 꺼내기만 하면 되었지요.

이렇게 다른 사람들이 제이슨을 돌보았기 때문에 잭과 나는 더 많은 시간을 함께 보낼 수 있었어요. 그 점이 정말 내 마음을 사로잡았지요. 잭과 내가 함께 행복할 수 있는 기회 말이에요.

나는 디더리치가 잭의 최근 행각에 대해서 그를 게이밍하기 시작하던 밤에 진정으로 시나논의 광신자가 되었어요. 나는 잭이 결혼서약을 했을 때, 여자를 밝히는 예전의 습관을 버렸다고 생각했지요. 하지만 그렇지 않았어요. 우리는 모두 게임템플에 있었어요. 디더리치는 덧옷과 격자무늬 셔츠를 입고 앞쪽의 큰 의자에 앉아 있었고, 그의 아내 베티는 길게 늘어뜨린 옷을 입고 그 옆에 앉아 있었어요.

"잭 버스트를 소개하고 싶군요." 디더리치는 관람하러 온 손님들에게 말했어요. "잭은 고지식한 사람이에요. 성공적인 부동산 사업을 하다가 우리에게 왔지요. 시나논 가입을 결정한 후 그는 부동산을 팔아 우리 회사에 10만 달러를 투자하였어요. 아내 멕과 아들 제이슨도 함께 데리고 왔지요. 나는 그를 우리 토지개발부의 부장으로 임명했지요." 그런 다음 디더리치는 "새로운 일이 마음에 들지요, 잭?" 하고 물었어요.

"내가 마음에 들어하는 점은 시나논 주식회사의 일부가 되었다는 것입니다. 사람이 할 수 있는 최상의 투자라고 생각합니다. 돈뿐만 아니라 삶까지도요"라고 잭은 말했어요.

디더리치는 잭으로부터 몸을 일으키면서 "저 사람은 정말로 동작이 빠른 사람이에요, 안 그래요? 멕, 잭이 왜 높은 부장이 된 것을 좋아하는지 알아요?" 하고 디더리치가 내게 물었어요.

나는 즉시 디더리치가 어디를 향하고 있는지 알았어요. 다른 사람들도 다 알았지요.

"트리나와 인사했소?" 그는 물었어요.

나는 태연한 척하면서 "잭의 새 비서지요"라고 말했어요.

"트리나, 우리를 위해 서 봐요"라고 디더리치가 말했어요.

나는 트리나가 예쁘다는 것을 인정할 수밖에 없었어요. 트리나는 뚜렷하게 이탈리아 사람의 용모였어요. 달걀꼴의 눈과 도톰한 입술이 매력적이었죠. 그녀는 팔과 등이 드러나는 웃옷과 미니스커트를 입고 있었어요. 한쪽 무릎을 구부리고 마치 보그 잡지 모델처럼 포즈를 취하고 서 있었어요.

"트리나, 얘기해 봐요. 시나논에 오기 전에 뭘 했었소?" 디더리치가 물었어요.

"돌아다녔죠."

"록 그룹을 쫓아다녔단 말이오?"

"사적인 서비스를 제공했어요."

"사적인 서비스? 트리나가 원한다면 우리도 그렇게 부를 수 있소. 하지만 밴드 구성원들이 어떤 '사적 서비스'를 원하든 간에 당신은 거기에 응했고 그 대가로 그 사람들이 당신에게 LSD(환각제), 메탐페타민(각성제), 쿼일루드(수면 진통제인 메타콸론의 상표 이름)를 제공했지요? 안 그렇소?"

그녀가 힘없이 주저앉으며 중얼거렸어요. "나는 내가 살았던 방식을 자랑스럽게 생각지 않아요."

"우리들 다 그렇죠." 디더리치는 말했어요. "다만 내가 알고 싶은 것은 왜 나의 새 토지개발부장이, 당신이 자기 비서로 자질이 있다고 생각했는가 하는 것이오."

"이봐요, 지원자들은 많이 있었어요." 잭이 펄쩍 뛰면서 말했죠.

"이봐요, 부장님! 후보자 중 12년이나 된 경력자도 있었던 것을 난 알아요. 내가 직접 확인했으니까요. 그런데도 당신은 트리나를 고용했어요. 왜 그렇게 했죠?" 디더리치가 빈정대면서 물었어요.

게임템플에 있는 모든 사람들이 야유하며 고함을 쳤어요. 그 사람들이 거기에서 소리치며 하는 외설적인 말들을 당신은 믿을 수가 없을 거예요.

"좋아요, 좋아요." 디더리치는 큰 소리로 사람들을 조용히 시키며 말했어요. "요점은, 잭이 여기서는 중산층 사람들이 비서들에게 하는 짓을 하지 않을 것이라는 말이오. 잭은 책임 있는 지위를 얻었는데, 처음 그가 한 일은 완전히 무책임한 것이었소. 이제 그는 다시 부엌일을 해야 할 것 같습니다."

그 일로 인하여 잭은 나를 더 이상 속이지 않게 되었어요. 그는 마침내 충성파가 되었지요. 적어도 디더리치가 원하는 한 말이죠. 하지만 이에 관한 이야기는 나중에 또 하게 됩니다.

시나논에서 있었던 일 중 또 한 가지 좋은 일은 내가 교사가 된 거예요. 그들은 내가 토메일즈에 있는 기숙학교에서 가르치게 해주었어요. 나는 중고등학교 학생들에게 인문학부 대표가 되기도 했지요. 사람들은 나를 진지하게 받아들였어요. 또 모든 학교가 연합체제로 운영되었기 때문에 제이슨과 좀더 가까이 지낼 수 있어서 그 일이 더욱 좋았어요.

내가 고등학교에 다닐 때 남자친구 하나가 "너는 굉장히 사랑스러워"라고 말했던 것이 기억나요. 바로 그거였어요. '굉장히 사랑스러운' 여자친구이자 기분좋은 아내 - 나는 이 모든 역할을 하였지요. 아무도 내가 UCLA를 우등으로 졸업한 것을 알지 못했어요. 그렇지만 시나논에선 내가 똑똑하지 않은 척하던 것을 마침내 그만두었어요. 그곳에 있는 다른 모든 사람들에 비해서 내가 아주 모범생이었기 때문인 것 같아요. 우선 디더리치의 아내 베티를 포함해서 그곳에 있던 거의 절반의 여자들이 매춘부의 과거를 가지고 있었거든요.

시나논 학교는 서머힐과 같은 1960년대 스타일의 자유학교를 모델로 삼았지만, 내가 가르치기 시작할 그 당시까지는 다소 전통적인 기관이었어요. 한 가지를 제외하고는 말이죠. 우리는 아이들이 자기 나름대로의 방식으로 게임을 하도록 가르쳤어요. 그들은 숙제를 안 했거나 허드렛일을 게을리한 것과 같은 일에 서로 혹평을 하곤 했어요. 나는 이런 일이 아이들을 서로 조화롭게 만든다고 생각했기 때문에 좋게 여겼지요. 그런데 괴로웠던 것은 학교 여기저기에 디더리치 사진이 걸려 있는 것이었어요. 철의 장막 국가에서 레닌 사진이 여기저기 걸려 있었던 것처럼 으시시한 것이었죠. 그리고 얼마 후 우리는 아이들이 전적으로 시나논의 은혜를 입고 살아가고 있음을 가르쳐야 한다는 요구를 받았어요. 아이들이 첫번째로 충성해야 할 대상은 부모가 아니라 조직이라는 말이지요.

사실, 잭과 내가 그곳에서 2년을 지내고 난 후부터는 많은 것들이 변하기 시작했어요. 모두가 법률소송 때문이었지요.

그때쯤 디더리치는 마약중독자들을 돕는 일에 흥미를 잃었어요. 그는 세상에 시나논이 새로운 이상사회라고 선전하는 일에 훨씬 더 관심이 많았지요. 그는 시나논식 삶의 방식을 전하는 전도자가 되었어요. 문제는, 우리가 마약갱생센터라고 해서 많은 회사들이 우리에게 기증한 품목들을 우리가 팔아 많은 돈을 벌고 있다는 것이었어요. 그래서 "샌프란시스코 이그재미너"(San Fracisco Examiner) 지는 시나논을 '부정한 돈벌이 패거리' 라고 지칭하며 비리를 폭로하였어요. 시나논의 변호사들은 공격을 슬쩍 피하여 역으로 그 신문의 모회사인 허스트 사를 고소하였지요. 증거자료 수집에 있어서 공정하지 않은 전략을 사용하면서까지 말이에요. 결국 허스트 사는 많은 벌금을 물어야 했지요.[2]

시나논 역시 부정적인 이미지로 조직이 상처를 입었기 때문에 조직의 임무를 재정의해야 한다고 디더리치는 생각하였지요. 수석 변호사인 댄 개럿이 그들의 입장에서 대단한 아이디어를 제안하였는데, 그것은 시나논을 합법적인 종교로 선언하자는 것이었어요. 그렇게 되면 세금문제도 그렇고 중독자들에 대한 '성공률'을 유지하려고 애쓸 필요도 없기 때문이죠. 이렇듯 그들은 온갖 종류의 이득을 생각했어요. 실제로 중독자들의 성공률은 별로 좋지 않았어요. 대부분의 중독자들은 시나논을 떠나게 되면 스스로 잘해 나가지 못했기 때문에 대부분 그곳에 머물러 있었어요. 하지만 시나논이 하나의 종교가 된다면 그와 같은 일은 더 이상 문제가 되지 않게 되지요. 개럿이 늘 말했듯이, 아무도 종교를 졸업하는 법은 없으니까요. 게다가, 종교가 된다는 것은 모든 사람들의 헌신과 신앙적 교의에 대한 순종이 요구되는 일이지요(개럿은 이 말을 정말로 종이에 적었어요).

게임을 할 때, 우리는 시나논을 종교로 만들자는 것에 대한 토론을 하며 몇 시간씩 보냈는데, 나는 사람들이 하는 말을 믿기가 어려웠지요. 그들은 디더리치가 자기들에게 신과 같은 존재라고 말했고, 그의 아내 베티는 타고난 '고귀한 여성 사제'라고 말했어요. 수년간 신입회원들은 "모든 것을 버리고 디더리치를 따르라"라는 슬로건과 함께 환영을 받았지만, 나는 농담으로 받아들였어요. 이제야 나는 고참회원 중 많은 사람들이 디더리치를 그리스도상으로 우러러보았다는 것을 알겠어요. 심지어는 모든 사람들이 디더리치를 '구세주'라고 부르겠다고 결심하는 게임도 했지요.[3]

솔직히 말해 나는 무엇을 생각해야 하는지 확실히 잘 몰랐어요. 시나논이 여러 가지 면에서 내게 종교와 같았다고는 생각해요. 예를 들어, 게임에서 사람들은 자기가 살아온 세월을 자세히 열거하곤 하였는데, 일명 "너의 썩은 과거 말하기"라는 것으로 시나논에 오기 전의 삶이 얼마나 소망없고 쓸모없는 것이었는지를 말하곤 했지요. 그것은 종교적 간증과도 같았어요. 하지만 내 생각엔 너무 극단으로 흐르는 것 같았어요. 디더리치가 시나논의 신념을 정의하는 「도 여행 설교집」(*The Tao Trip Sermon*)이라는 책을 썼어요. 그는 심지어 우리가 외워서 할 기도도 썼지요. '시나논 기도'라는 것이었어요. 베티도 행동에 돌입하였지요. 그녀는 사람들에게 우리는 신학교와 같고 훈련받는 사제와 같다고 말하며 시나논의 교리를 '어떠한 정신적인 조건 없이' 받아들여야 하고, 디더리치가 지시한 어떤 명령도 '아멘'으로 받아야 한다고 말했어요.

위의 말들은 그녀가 했던 말 그대로에요. 그녀는 대여사제처럼 말하기 시작했어요. 그리고 시나논을 종교로 받아들이지 않는 사람은 즉각 추방되었어요.

게임도 확실히 달라졌어요. 생각하는 바에 대해 솔직하게 진정으로 말하는 대신, '긍정적으로 게임을 하라'는 압력을 받기 시작했어요. 이 말은 디더리치나 베티 혹은 내부 관계자들이 어떤 일에 대해 시나논의 방침을 넌지시 비치면 모든 사람들이 전원 집합하여 그들의 말에 찬성을 해야 된다는 뜻이지요. 만일 우리가 어떤 정책에 대해 비판이라도 할라치면,

사람들은 펄쩍 뛰면서 디더리치가 우리를 위해 해준 일에 대해 우리가 얼마나 감사해야 하는지를 이야기하곤 했어요.

그리곤 사람들의 과거를 끄집어내기 시작했어요. 시나논에 오기 전에 그들의 삶이 얼마나 엉망이었고 디더리치가 어떻게 그들을 구원했는지를 말하면서 말이에요. "그런데 고작 이렇게 하는 것이 그에게 보답하는 겁니까?" 하고 그들은 비난하곤 했지요. 그 압력이 너무 심해서 공격받은 사람들이 오히려 그 비난에 동의하기 시작했어요. 심지어 새로운 잘못을 고백하고 자신을 비난하기도 했지요. 소름끼치는 일이에요. 공산주의자들이 사람들을 길들이기 위해 했던 것처럼 자아비판을 하게 하는 것이지요.

이때쯤 디더리치는 "더 와이어"(the Wire)라고 불리는 구내 무선 네트워크를 구축하였는데, 이것은 모든 건물, 모든 작업실, 심지어 목욕실에까지 방송이 되어 시나논의 모든 구성원들이 디더리치의 생각을 하루 중 어느 때에라도 들을 수 있게 하는 것이었어요. 사람들이 자기 스스로 생각할 수 있는 시간이 거의 없었어요. 사람들은 어떤 일에 대해서든 끊임없이 디더리치의 의견을 들어야만 '올바른' 편에 설 수 있었지요.

그렇지만 그것이 최악은 아니었어요. 그 다음에는 충성도 테스트가 있었지요. 삭발과 같은 것 말이에요. 시나논에는 우리가 규칙을 어겼을 때 내리는 여러 가지 벌이 있었는데, 그 중 하나가 삭발이었어요. 그런데 갑자기, 모든 사람들이 - 영구히 - 삭발을 해야 하는 일이 벌어졌어요. 일종의 헌신의 표로 말이죠. 이것은 1975년의 일이었는데, 그때까지도 난 많은 일에 관여하고 있었고, 별다른 저항의 소리를 듣지 못했어요. 그렇지만 친구들 몇몇은 머리카락을 잃는 데 대해 정말로 화를 냈어요. 그럴 때면 베티가 "당신은 그래도 아름다울 거에요. 당신은 시나논이에요. 당신은 종교의 배지를 달고 있어요"라고 말하면서 그들의 기분을 달래주려고 애썼지요.[4]

그렇지만 시나논에 대한 여론은 여전히 나빴어요. "샌프란시스코 이 그재미너" 기사에서 다른 기자들에게 비밀정보를 주었고, 결국 시나논의 기부금은 말라가기 시작했어요. 그래서 디더리치는 사람들의 수를 줄일 결심을 하게 되었지요. 그에게 절대 충성하는 사람들만 남겨 두고 말이에요. 그래서 또 하나의 충성심 테스트를 하게 되었는데, "작은 정서 수술"이라고 부르는 것이었어요. 그는 자녀들이 있는 부부가 그 공동체에 얼마나 큰 부담이 되는지를 말하기 시작했어요. 그는 아이 하나를 기르는 데 시나논이 20만 달러를 쓴다는 사실과 그 돈을 절약하면 비행 청소년들을 어떻게 도울 수 있는지를 말했지요. 그리곤 늘 "세계는 이미 인구과잉이에요. 이 비참한 세상에 이미 존재해 있는 아이들을 사심 없이 구제할 수 있는데 왜 시나논 사람들은 계속 출산을 해야 하는 거지요?"[5]라고 말하곤 했어요.

그래서 그는 모든 임부들에게 낙태를 지시했어요. 그때부터 난 뒤로 한 발짝 물러서서 시나논에 대해 의심을 하기 시작했어요. 그 당시 다섯 명의 임산부가 있었는데, 그 중 한 사람은 나의 절친한 친구 진이었어요. 그녀는 교사였는데 너무 오랜 세월 동안 아이를 원했고 마흔이 다 되어서야 임신을 하게 되었어요. 그런데 디더리치의 낙태선언이라니…. 당시 임신 5개월이었던 그녀는 정말 낙태를 원치 않았어요. 하지만 모든 사람들이 시나논에 대한 그녀의 충성심에 대해서 그녀를 계속 게이밍하였고, 그녀는 그 압력을 감당할 수 없었지요.[6]

나는 그녀에게 그런 압력에서 벗어날 것을 말했지만, 결국은 그녀가 학교건물에 들어가 낙태를 한 것을 알게 되었어요. 그녀가 하루를 꼬박 외출하고 돌아와서는 나를 쳐다보지 못했을 때 나는 알았지요. 그녀는 시나논 의사에게 갔던 거였어요. 이제 그녀는 아이를 가질 수 없게 되었어요. 무엇 때문에? 왜?

디더리치는 모든 사람들이 낙태에 대해 분노하고 있다는 걸 알고 있으면서도 물러서지 않았어요. 모든 남자가 정관수술을 한다면 더욱 기뻐할 거라고 말했어요. 이 말은 그의 선한 은혜 가운데 머물러 있기를 원하는 사람이면 누구든지 따라야 한다는 것이었어요. 왜냐하면 디더리치의 선한 은혜 속에 머무는 것은 좀더 나은 거처, 좀더 나은 직업, 그리고 그 밖의 특권들을 뜻하는 것이기 때문이었지요. 만일 저항한다면, 지위가 강등되어 쓰레기를 줍거나 잡초를 뽑아야 했지요.

이것이 잭과 나를 갈라놓는 계기가 되었어요. 나는 잭에게 "제발 하지 마세요. 정관수술을 받지 말아요"라고 애걸하였어요. 나는 아기를 또 하나 갖고 싶었거든요.

"늙었다구요? 잭, 당신은 이제 서른 여섯이에요. 잭, 제발 내 말을 들어요. 우리가 실수한 거에요. 여길 오지 말았어야 했어요. 여긴 완전히 미쳤어요. 당장 여기를 떠나야 해요."

내가 그 말을 한 순간 - 시나논을 떠나자고 한 순간 - 그와 나는 끝이나고 말았어요. 그의 얼굴은 굳어졌고, 그는 내 말을 듣지도, 내게 말을 하려고 하지도 않았어요. 그는 자기 인생에서 나를 제외시켜 버렸어요. 참으로 무서운 일이었죠. 우리의 관계를 개선하고자 시나논에 왔는데 이젠 시나논이 우리 둘 사이를 가로막게 된 거예요. 잭은 완전히 그 조직에 의존하고 있었어요. 그것이 그의 삶의 전부였어요. 그는 제이슨을 돌아오게 하는 일로 나와 필사적으로 싸웠어요. 그에게 있어서 제이슨은 그와 나에게 속한 아이가 아니라 시나논에 속한 아이였지요.

어쨌든 그는 정관수술을 하였고 - 그러리라고 이미 예상했지만 - 시나논의 모든 남자들 역시 수술을 하였어요. 물론 디더리치만 빼고요. 너무 우습지 않아요? 자기는 결코 하지 않으면서 다른 모든 사람들에게 강요할 수 있다는 것이 말이에요. 몇몇 부부들이 그것 때문에 시나논을 떠났지요. 하지만 대부분의 사람들은 남아있었고, 자기들이 행한 희생 때문에 더욱 헌신하기까지 했어요.[7]

이 일도 나쁘긴 하지만 최악의 것은 아니에요.

허스트 사를 상대로 소송을 한 후에 디더리치는 복수의 환상을 갖기 시작했어요. 시나논의 시설들은 때때로 침입을 당했는데, 특히 오클랜드에서 그랬어요. 거리의 갱이 실제로 침입하여 아무 이유 없이 이곳 사람들을 때리곤 했지요. 그래서 디더리치는 모든 설비에 안전장치를 하게 하였어요. 처음에는 자원 경비대 같았으나 얼마 지나지 않아 내부 경찰처럼 되었어요. 그리고 나서 디더리치는 일단의 수비대를 발족하였는데 사실은 작은 군대와도 같았지요. 그들은 "제국의 해병대"라고 불렸고, 정부 사회복지기관들이 갱생을 목적으로 이곳에 보낸 비행 청소년들로 구성이 되었어요.[8] 이들은 비열한 아이들이었는데 이 일에 잘 무장이 되었지요.

여기에 한술 더 떠서, 디더리치는 "더 와이어" - 내부 무선 네트워크 - 를 통해 장광설을 늘어놓기 시작했어요. 시나논이 어떻게 해야 그 어떤 것에 의해서도 혼란스러워지지 않을 것인지를 말하는 것이었지요. 그는 1960년대 후반의 도시폭동과 1970년대의 범죄파동에 대해 계속 말했어요. 그는 폭력엔 폭력으로 맞서야 한다고 말했어요. 필요하다면, 시나논은 다리몽둥이도 부러뜨릴 수 있다는 거지요. 실제로 그의 입에서 나온 말이에요. 과거엔 비폭력의 지도자였던 그의 입에서 말이에요.

그는 심지어 이것을 시나논 종교의 일부로 만들었어요. 그는 시나논이 '공격적이고 군사적인' 종교가 될 것이고, 다른 뺨을 돌려대는 일은 하지 않을 것이라고 말하기를 좋아했지요. 대신에, 우리 종교의 규칙은 "우리에게 집적대지 마라. 그러다가는 죽을 수도 있다"라는 것이었지요.

솔직히 말해, 선생님이 나의 사건을 맡는다면 선생님에게 무슨 일이 벌어질지 알 수 없다는 점을 미리 말씀드려야겠어요. 왜냐하면 전에 있던 시나논 회원들이 자녀들을 돌려받게끔 변호사들이 도와줄 때 디더리치가 미쳐 날뛰었기 때문이죠. 나는 그가 "맨 먼저 변호사 다리를 부러뜨리고, 다음에는 그의 아내 다리를 부러뜨리고, 자녀의 팔을 잘라버리겠다"[9]고

좀더 나은 삶의 방식? 253

위협하는 것을 들은 적이 있어요. 그는 진심으로 말한 거예요.

많은 부부들이 저와 잭의 경우 같았어요. 한 쪽은 떠나자고 하고 다른 한 쪽은 그냥 있자고 하고요. 그 때문에 디더리치가 가장 큰 충성심 테스트 생각을 하게 된 것 같아요. 그는 자기에게 온전한 충성을 하는 데 있어서 결혼이 방해가 된다고 생각하고는 결혼을 없애버릴 결심을 했어요. 그리곤 모든 부부를 갈라놓고, 다른 사람 - 그가 소위 말하는 '사랑의 짝' - 과 관계맺기를 강요하였어요. 이런 일이 3년간 지속되는 가운데 모든 사람들이 새로운 사랑의 짝을 받아들여야 했어요. 이 사랑의 짝 또한 대부분 디더리치 자신이 골랐어요.[10]

디더리치는 곧 커다란 이혼식을 거행했고, 이 식에서 모든 부부들은 함께 보낸 시간에 대해 서로에게 감사하고 새로운 사람과 짝을 짓게 되었죠. 그는 본보기로 자기 자녀들부터 시작했어요. 그의 딸 제이디는 자기 남편을 정말로 사랑하였는데도 그를 떠나 다른 사람과 짝을 지었어요. 그의 아들은 더욱 강경했기 때문에 디더리치는 그를 강등시키겠다고 위협할 수밖에 없었지요. 그는 아들에게 "네가 이 운동을 방해할 수 없을 거다"라고 말했어요. 마치 시나논이 세계를 바꾸는 이상적인 운동이나 되는 듯이 말이죠! 모든 것이 디더리치의 독재일 뿐이었어요. 디더리치는 오직 자신에 대한 충성 때문에 우리가 사랑하는 모든 것을 우리에게서 빼앗아갔어요.

그는 잭과 나에게 헤어지라고 말한 후 잭을 트리나와 맺어주었어요. 믿어지시나요? 그는 자기가 원하는 것이면 무엇이든 할 수 있다는 것을 보여주기 위해 그런 것 같아요. 과거의 말과 행동을 번복하면서까지 말이에요. 나에겐 마이클 테니를 골라주었죠.

사실 나는 마이클에게 많은 은혜를 입었어요. 그는 자기 아내 다이안을 아주 많이 사랑했어요. 내가 잭을 사랑하는 것보다 더 말이에요. 많은 사람들이 그들을 시나논의 이상적인 부부라고 존경했었죠. 마이클은 의

사로, 다이안은 간호사로 토메일즈의 모든 사람들을 돌보았지요. 디더리치조차도 마이클과 다이안을 헤어지게 한 것을 후회하는 것 같았어요. 그렇지만 그는 예외를 둘 수 없었지요. 다이안은 너무 화가 나서 시나논을 떠나 다시 돌아오지 않았어요. 디더리치는 방송을 통해 그녀가 어떻게 '분열분자' - 떠난 사람들을 지칭하는 말이지요 - 가 되었는지, 또 얼마나 감사를 모르고 충성심이 없는지 등의 비난을 퍼부으며 고함을 쳤어요.

어쨌든 마이클과 맺어진 첫날 밤, 나는 행동을 취했어요. 나는 잠옷을 입고 마이클이 샤워를 끝내기를 기다렸어요. 그리곤 헉슬리의 「멋진 신세계」(Brave New World)에 나오는 구절을 계속 생각했어요. "국가를 위해 그렇게 합시다!" 그것은 오웰의 「1984년」과도 같았지요. 찰스 디더리치와 대형(Big Brother, 「1984년」에 나오는 독재자의 이름 - 역자 주)이 무슨 차이가 있어요? 디더리치는 완벽한 통제를 향해 나아갔어요.

마이클은 티셔츠와 운동바지를 입은 모습으로 공동 샤워장에서 돌아와 문을 닫았어요. 그토록 슬퍼 보이는 남자는 내 일생에 처음이었어요. 잠자리에 들기를 기다리는 여자와 함께 방으로 들어가면서 말이에요. 그래서 난 막 웃었지요.

"왜 그래요?" 마이클이 물었어요.

"당신 말이에요. 사지가 늘어져 찢길 것 같은 모습이에요."

그가 침대 한 켠에 앉아 이야기하기 시작했어요. "나는 시나논을 떠나기로 마음먹었어요. 물론 당신에게 나쁘게 작용하리라는 것은 알고 있어요. 아마도 저들은 당신이 나를 내쫓았다는 비난을 할 거예요. 그렇지만 나는 이 세상 어느 것보다도 다이안을 사랑하고 있고 그녀를 찾고 싶어요. 내가 일단 나가면 그녀가 내게 다시 돌아올 것이라고 믿어요."

"그녀가 어디에 있는지 알고 있나요?"

"그녀에게 연락해 본 적은 없지만, 월넛 크릭에 사는 그녀 언니와 함께 있을 거예요."

"자, 당신은 그렇게 할 필요가 없어요. 이 방에서 사나흘 정도 자기만 하면 - 저기 소파에서 - 사람들은 우리의 '사랑 짝짓기'가 이루어지고 있다고 생각할 거예요. 그리고 나서 동시에 나가요. 그런 다음 헤어져요"라고 나는 말했어요.

우리 둘 다 시나논을 떠난다는 것이 얼마나 큰 충격이 될지 - 심지어 위험하기까지 한지 - 알고 있었어요. "제국의 해병대"는 어떤 떠나는 사람을 무지막지하게 폭행한 적이 있어요. 그들에게는 거대한 무기 창고가 있고 떠나는 사람은 누구든지 온갖 종류의 위협을 받죠. 디더리치는 방송을 통해 도망자를 비난하며 다쳐도 상관하지 않겠다는 암시를 주지요. 믿기지 않는 이야기라는 것을 알고 있지만 그곳은 무장된 캠프, 작은 독재 국가로 변해 버렸어요. 나는 그들이 사막에서 감옥캠프를 운영하고 있다는 소문도 들은 적이 있어요.[11]

마이클과 나는 우리가 계획한 대로 동시에 헤어졌어요. 마이크와 다이안은 그들의 모든 재산을 시나논에 다 쏟아부었기 때문에 옷꾸러미밖에는 아무것도 없이 떠났지요. 그들은 모든 것을 잃어버렸어요.

나는 지난 달 생각을 정리하면서 말리부에 계신 친정 부모님과 함께 지냈어요. 제이슨에게 전화를 해보았는데, 그들이 제이슨과의 통화는 허락했어요. 그 아이는 이제 열두 살이고 매우 독립적이에요. 그런데 말투가 매우 거친 게 염려가 돼요. 그 애는 "제국 해병대"의 카우보이가 될 거라고 생각하고 있고, 나를 더 이상 보고 싶지 않다고 말해요. 선생님도 그 애 말을 들어봐야 해요. "엄마, 엄마는 나를 소유하지 못해요. 나는 시나논에 속해 있어요. 엄마도 여기 속해 있어야 해요. 여기서 엄마의 행복을 되찾아야 해요"라고 나에게 말했어요. 마치 나치 청년당에 들어간 것 같지요.

그는 아직 어리고 엄마가 필요한 나이예요. 나도 그 애가 필요하구요. 그런 조직의 충성스러운 구성원이 되기 위해 그토록 많은 것을 포기했다는 것이 믿어지지 않아요. 나는 수년간의 삶을 잃었고 남편과 아이를 잃었어요. 잭은 불가능하겠지만 제이슨은 아직 기회가 있어요. 선생님이 그 애를 되찾을 수 있도록 도와주셔야 해요. 꼭 그러서야 해요.

＊　＊　＊

지금까지의 이야기는 각색한 것이며, 멕 브로드허스트는 가공 인물이다. 그렇지만 시나논과 그 지도자 찰스 디더리치 등의 주요인물들은 실제 인물이다. 여기에 묘사된 사건들은 모두 실제로 있었던 일이며, 멕과 그녀의 가족들의 경험은 시나논(디더리치가 '더 나은 삶의 방식'이라고 지칭하기 좋아했던 바로 그것에 헌신된 반문화적인 조직)에 연루된 사람들의 전형적인 운명을 정확하게 보여주고 있다.

멕이 이러한 이야기를 제공한 지 2년 후, 이 극화된 이야기와 비슷한 실제생활 속의 보안다툼이 찰스 디더리치의 폭력을 불러일으켜 시나논이 끝장나는 계기가 되었다. 폴 모랜츠(Paul Morantz)라는 변호사는 아동구류사건을 중재함으로써 시나논에 대해 30만 달러의 판결을 얻어내었다. 그 이후 모랜츠는 익명의 위협을 하도 많이 받아서 온갖 곳에서 덫이 있는지를 점검하기 시작하였다. 어느 날 그는 우편함에 손을 넣었는데, 마치 못총이 손바닥에 꽂히는 것 같았다. 그는 급히 손을 뺐다. 몇 초 후, 4인치 반 정도의 방울뱀이 우편함에서 스르르 미끄러져 나왔는데, 소리가 나지 않게 꼬리는 잘라져 있었다. 이웃 사람들이 그를 급히 병원으로 데려갔다. 항사독소액 11병을 맞고서 그는 살아났지만, 그 일로 영구적인 신경 손상을 입었다.[12]

한 이웃 사람의 증언을 통하여 모랜츠에 대한 습격은 시나논으로 추적되었다. 덫을 놓았던 두 사람은 결국 체포되었고 디더리치도 체포되었다. 세 사람 모두 기소되었다. 디더리치는 단지 벌금형과 집행유예를 받았지만 말이다. 그렇지만 유죄판결이 남으로써 시나논의 공포정치는 종결되었다. 그 공동체는 1980년대 초까지 계속 악전고투하였지만, 시나논이 공동체 구성원들과 외부 사람들에게 폭력적인 대우를 한 것에 대한 소송으로, 그리고 기부금 네트워크가 완전히 붕괴됨으로써, 재산을 매각하여 아무것도 남지 않게 되었다. 먼저 있던 구성원들은 한 사람 한 사람 시나논을 떠났다.

그러나 이는 슬프게도 많은 가족들에게 이미 너무 늦은 때였다. 수백 명의 아이들은 시나논의 공동보육학교에서 어린 시절을 상실하였다. 수백 명의 부모들은 찰스 디더리치의 '좀더 나은 생활'에서 가족을 잃었고 자녀들의 사랑과 애정을 잃었으며, 인생의 긴 세월을 잃었다, 그것은 이상사회에 대한 유토피아적인 꿈이었고, 모든 유토피아적인 꿈이 맞이하는 종말로 향했다… 우리가 앞으로 살펴볼 것처럼.

제17장

시나논과 죄

> 루소로부터 스탈린에 이르는 인류 역사의 경험에 무슨 의미가 있다면, 그것은 우리가 싫든 좋든 현실이 아닌 원죄의 교리에 예속되어 있었다는 것이다.
>
> 에드워드 오크스(Edward T. Oaks)

    시나논은 1960년대 북캘리포니아의 작은 한 구석에서 실패한 이상주의 이야기에 불과한 것이 아니다. 그것은 남성과 여성들이 죄와 악에 대한 성경적 가르침을 거절하고 유토피아주의(인간의 본성은 원래 선하고 완전한 사회의 기초를 형성할 수 있다는 이상주의)의 위대한 현대신화를 받아들일 때 일어날 수 있는 일에 대한 비유이다. 정치 철학자 글렌 틴더(Glenn Tinder)가 말한 대로, 사람이 '인간의 본성에서 거대하고 정복할 수 없는 악'을 인식하지 못한다면, 여기 이 지구상에 하늘나라를 만드는 것이 가능해 보인다.[1]

    이것이 바로 시나논 이면에 있는 철학이었다. 이 작고 강압적인 공동체 사건에서 우리는 그 철학이 얼마나 위험한지를 하나의 축소모델로 알 수가 있다. 왜냐하면 악을 행할 수 있는 인간의 능력에 눈을 감을 때 우리를 악으로부터 방어하기 위해 필요한 도덕적 경계선을 세우는 일에 우리는 실패하기 때문이다.

중독자들을 파괴적인 행동에서 구하려고 한 디더리치의 소망은 분명히 선한 의도로 시작되었다. 그의 접근은 대부분 랠프 왈도 에머슨으로부터 영감을 받았는데, 에머슨은 고립된 자아가 그 자신 안에서 도덕사회에 필요한 모든 선함과 진리를 발견할 수 있다고 믿었던 사람이다. 이것이 바로 에머슨이 '자립'이라는 유명한 개념으로 설명하고자 한 것인데, 즉 자아가 진리를 추구할 때는 모든 외부의 권위(그것이 신의 계시든 교회나 역사, 전통이든 간에)로부터 자유로워야 한다는 것이다. 에머슨은 '모든 사람이 자기 힘으로, 즉 자신 안에서 모든 그의 자원, 희망, 보상, 사회, 신성을 발견하도록 촉구하는' 뉴에이지(New Age)의 여명을 선언하였다.[2]

이러한 뉴에이지의 유토피아적인 미래상이 디더리치의 전략을 형성하였다. 그는 그의 양떼들을 고립되고 에머슨주의적인 개인으로 만들기 위해서 그들의 선입견, 신념체계, 도덕적 충성심 등을 가차없이 공격하였다. 그는 누구나 참가할 수 있는 부도덕한 게임의 교환을 통해 그들의 정서적 보유고를 붕괴시켰다. 또한 그는 외부인들을 '적'으로 만듦으로써 가족과 친구들에 대한 충성심을 단절시켰다. 그리고 "더 와이어"를 통해 마음의 사적인 경계선을 침입하였다. 마침내 그는 공동육아, 낙태, 정관수술, 임시적인 "사랑의 짝짓기"라는 강제적인 정책을 통해 가족을 파괴하였다.

그 생각은 옛 정서적 유대, 옛 충성심, 옛 사고방식이 해체되어 새롭고 긍정적이고 건강한 양식이 나타나도록 길을 비켜주어야 한다는 것이었다. 그렇지만 실제로 나타난 것은 사교(邪敎)적 권위를 가진 자에게 전적으로 의존하는 현상이었다. 도덕적 확신과 개인적인 헌신이 파괴될 때, 그 결과는 인간의 선함이 방출되는 것이 아니다. 그 대신에 각 개인은 가족과 교회와 마을의 자리에 들어선 어떤 사물이나 사람 - 고립된 개인들에게 그의 의지와 확신을 강요할 수 있는 사람 - 에 의해 통제되고 단련될 수 있는 사람이 된다.

그 의도가 아무리 선할지라도 모든 유토피아주의자들은 어떤 형태로든 이 전략을 채택한다. 이들은 개인을 경제적 압박이나 범죄소굴, 고대의 미신과 같은 것에서 해방시킬 것을 약속하며 출발한다. 그리고 협정은 언제나 같은 것이다. 권력을 달라, 그러면 그 권력을 이상사회를 만드는 데 쓰겠다는 것이다. 그러나 이러한 거래는 시나논 이야기에서 보았듯이, 권력을 가진 자들이 구해 주겠다고 약속한 사람들을 노예화하는 악으로 자행된다.

그러면 현대 유토피아주의 세계관은 이성적이고 지속성 있는 삶의 체계를 산출해 내었는가? 단연코 아니다. 그 세계관은 우리에게, 선을 말하지만 최고의 악을 풀어놓는다. 계몽을 약속하지만 어두움 속으로 우리를 밀어넣는다.

우리가 시나논에서 얻을 수 있는 교훈은, 유토피아주의 신화가 받아들여지는 곳에서는 어디서나 동일한 패턴이 뿌리내릴 수 있다는 사실이다. 현대인들이 쉽게 생각하는 것과는 달리, 독재의 위협은 베를린 장벽의 파편 속에서 죽지 않았다. 유토피아주의 신화는 살아 있다. 확실히 전체주의적인 상태와 미국의 민주공화국 사이에는 굉장한 차이가 있지만, 20세기를 가장 파괴적인 전체정치로 이끈 동일가설이 우리 사회에서도 작동하고 있다. 차이가 있다면 이러한 사상이 피할 수 없는 결과를 향하여 돌진하는 속도이다. 전체주의 국가들은 공포 가운데 유토피아주의의 결과를 보여주면서 그 사이클을 완수한 반면에, 대부분의 서구 국가들은 여전히 이상주의적 미래상을 인도주의적인 말로 표현하면서 아직도 초기단계의 어디엔가에 있다.

예를 들어, 죄와 책임을 부인하는 것도 정신치료적인 용어로 표현된다. 최악의 범죄조차도 역기능적인 어린 시절이나 그 밖의 다른 환경에서 온 결과라고 '이해해야' 하는 식으로 말이다. 이혼이나 간음, 낙태와 같은 가족붕괴현상은 개인의 선택의 자유라는 말로 옹호된다. 사회공학적 계획(social engineering schemes)은 공적인 연민으로 옷입는다. 그렇지만 이러한 것들은 모두 겉치레일 뿐이다. 왜냐하면 이 밑에는 시나논 이야기에서 생생하게 살아 움직인 것과 동일한 거짓 유토피아주의 사상이 깔려 있기 때문이다. 이것은 현대 전체주의의 근원과 동일한 세계관이다. 글렌틴더가 말한 대로, "레닌과 같은 극단주의자들 편에서뿐 아니라 자유주의자와 보수주의자의 중도주의 편에서도, 우리 시대에 일어나는 많은 비극적인 어리석은 행동은 우리가 기술적인 오만함이나 이념적인 오만함 속에서 원죄를 잊지 않고 있었다면 일어나지 않았을 것이다."[3]

서구 국가들은 너무 늦기 전에 그들의 망상을 간파하고 진로를 바꿀 것인가? 이것은 다음 장들에서 제기할 긴급한 질문인데, 우리는 다음 장들에서 동구의 전체주의적인 체계나 서구의 복지국가에서 인간이 선하다는 거짓 세계관이 가져온 결과를 탐색할 것이다. 우리는 이 세계관의 치명적인 약점을 폭로하기 위해서 이 세계관이 정치, 심리, 범죄, 복지, 교육에 미친 영향을 살펴볼 것이다. 우리는 유토피아적인 세계관에 대항해서 기독교 세계관을 주장할 것인데, 기독교 세계관은 보편적인 인간의 경험에 맞는 유일한 철학이라는 논증에 기초하여 말하고자 한다.

하지만 먼저 어떻게 유토피아주의 신화가 생겨났고 왜 그토록 현대인의 마음을 사로잡는지를 살펴보아야 한다. 우리는 유토피아적 비전이 16세기 동안 인간의 본성과 사회에 대한 안정된 이해를 어떻게 대치하게 되었는지를 이해해야만 비로소 그 신화에 대항할 수 있다. 바꾸어 말해, 도대체 죄에 대한 성경적 개념은 어찌되었단 말인가?

* * *

"도대체 죄가 어찌되었단 말인가?" 1973년에 정신과 의사인 칼 메닝거(Karl Menninger)가 그의 베스트셀러에서 위와 같은 도발적인 질문을 내놓

앉을 때, 이는 마치 구약시대의 선지자가 우리 시대의 도덕적 상대론에 대해 고함을 치는 것 같았다.[4] 이 시대의 유행언어로 상쾌한 산들바람같이 포장된 안개를 헤쳐가면서, 무엇이 진보적인 것이고 아닌 것인지, 무엇이 적절한 것이고 부적절한 것인지에 대해서는 이야기하지 말자고 그는 말했다. 선과 악, 옳고 그름을 이야기하자.

죄는 어떻게 되었는가? 좋은 질문이다. 그 신비를 풀어내기 위해 우리는 18세기 중반으로 돌아가 젊은 스위스 태생의 철학자 장 자크 루소(Jean-Jacques Rousseau)의 영향력 있는 저작을 살펴보아야 한다. 설득력 있는 사상이란 대개 강력한 추세가 되어가는 사상을 사로잡아 표현한 한 사람의 저작을 통해 시작된다. 루소가 놀라운 주제를 다룬 한 편의 에세이로 즉각적인 평판을 얻으면서 유럽의 지성계에 혜성같이 나타났을 때가 바로 그런 경우였다. 그 주제는, 문명의 진보는 인간에게 유익하지 못하고 해로웠으며, 사람들은 사회에 의해 부패될 때만 악해진다는 것이었다.

아리스토텔레스 시대부터 대부분의 철학자들은, 인간은 본질적으로 사회적이며 가족, 교회, 국가, 사회라는 문명화된 제도에 참여함으로써 진정한 본성을 완수한다고 가르쳤다. 그렇지만 루소는 이러한 고정관념을 돌려놓았다. 그는 인간의 본성은 사회제도보다 앞서며 떨어져 있을 때 가장 좋은 상태에 있다고 주장하였다. 또한 그는, 인간은 본성적으로 사랑스럽고 선하며 이기심이 없고, 사람들을 질투하고 위선적이며 경쟁적으로 만드는 것은 인위적인 규칙과 관습을 가진 사회라고 주장하였다.

문명은 인위적이라는 루소의 개념은, 당시 사회상을 반영한 것이었다. 1700년대 프랑스 귀족사회를 그려보자. 여자들은 분가루 뿌린 가발과 하얗게 바른 화장, 보석과 리본으로 장식한 드레스 뒤에 자신을 감추었다. 남자들은 길고 굽슬거리는 분칠한 가발, 비단 조끼와 주름 장식이 달린 소매, 공단 반바지, 자수장식의 긴 양말, 고리가 달린 굽이 높은 구두로 뽐

내며 말을 달렸다. 루소는 이러한 분칠하고 윤을 낸 사회를 철두철미하게 거짓된 것이라고 비난하며 자연과 가까워질 수 있는 작은 시골집으로 물러가 살았다. 그는 초라하고 나달나달 해어진 옷을 입었지만, 가끔 괴상한 긴 옷과 캐프턴(터키 사람 등이 입는 소매가 긴 옷)을 입고 사람들을 놀라게 하는 것도 좋아하였다. 그는 예의범절이나 사회상례 행하기를 거절하는 대신 매우 정서적이고 자발적인 행동양식을 계발하였다. 그는 친구들에게 야하게 입을 맞추곤 했는데, 어떤 때는 친구들의 목을 껴안고 하기도 했다. 그는 예의없고 상스러운 멍청이처럼 행동하는 것도 즐겼다.

루소의 이상한 옷과 가식없는 태도는 자신의 철학을 신중하게 표현한 것이었다. 인간의 본성이 본질적으로 선하고, 악과 부패가 거짓되고 위선적인 사회에 의해 만들어진다면, 문명의 제약을 벗어던지고 자연스럽고 자발적인 자아를 탐색하라. 사회규범 밑에 놓여 있는 진정한 자아를 말이다. 적응하라는 무의미한 압력으로부터 자아를 해방시켜라.

이와 동일한 사상이 루소의 공적인 철학 저작에 나타난다. 그는 내적 자아의 자유를 제한하는 것은 무엇이든지 거부하였는데, 그는 그 내적 자아를 자연적으로 선하며 정형화되지 않고, 제한 없이 선하게 될 능력이 있는 것으로 보았다. 각 개인은 자유롭게 자신의 선택으로 자신을 창조할 수 있어야 하며, 자유롭게 자신의 정체성을 발견하고 자신의 길을 따라야 한다. 가장 영향력 있는 루소의 책 「사회계약론」(*The Social Contract and Discourses*)은 유명한 말로 시작된다. "사람은 자유롭게 태어났으나 어느 곳에서든지 사슬에 묶여 있다."[5] 그는 개혁자들에게 사람들을 제도와 규칙과 관습과 전통으로부터 해방시키라고 호소하였다.

그런데 아이러니하게도 급진적이고도 제한되지 않은 자유에 대한 루소의 철학은 근대세계의 가장 억압적인 제도를 낳았다. 로베스피에르, 마르크스, 히틀러, 마오 쩌뚱과 같은 혁명가들에게 영감을 주었던 것이다. 심지어는 폴 포트(Pol Pot: 캄보디아의 독재자 - 역자 주)와 파리에서 공부한 그의 테러리스트 장교들조차 그들의 부하들이 캄보디아 인구 사분의 일을 학살하는 동안 루소를 공부하였다고 한다. 어떻게 이런 일이 일어날 수 있을까?

문제는, 루소가 자유를 국가에 대항하여 권리를 주장하는 것으로 정의하지 않았다는 데 있다. 자유는 사회 - 가족, 교회, 계급, 지역사회 - 형식과 제도로부터의 해방을 의미했다. 국가는 해방자가 될 수 있다. 국가는 모든 사회적 유대를 파괴함으로써 국가를 제외한 무엇엔가에 충성하는 것으로부터 개인을 해방시킬 것이다. "모든 시민은 동료들로부터 완전히 독립할 것이며 절대적으로 국가에 의존할 것이다."[6]라고 루소는 천명하였다.

이때 처음으로 국가가 실제 해방자로 그려졌다. 루소에게 있어 국가는 "개인들로 하여금 지금까지 적대적인 사회에 의해 좌절된 선함이라는 잠재성을 개발하도록 해주는 해방의 도구이다."[7] 한 역사학자가 '구속의 정치'라고 말하는 것도 그렇게 해서 생겨났다. 그 사상은, 정치는 좀더 나은 세계를 만들어내는 수단일 뿐 아니라 인간의 본성을 변화시켜 '신인간'을 만들어내는 수단이 될 수 있다는 것이다.[8]

게다가 루소에 의하면 인간의 본성이 본질적으로 제한되어 있지 않기 때문에 국가의 야망을 제한하는 도덕적 원칙이 없다. 기독교 세계관에 있어서 우리는 사물을 그 본성, 즉 존재의 형태에 따라 다루는데, 이는 궁극적으로 하나님이 무엇이 되게 창조하셨는지에 근거를 둔 것이다. 그것이 우리가 아이를 개와 다르게 다루는 이유이다. 그렇지만 인간의 본성과 같은 것이 없다면 사람을 어떤 특정한 방식으로 다루어야 한다고 말할 정당성이 없다. 국가가 시민들을 불공정하게 다루지 않고 공정하게 다루어야 한다고 말할 근거가 없으며, 국가가 권력을 사용하는 데 대한 도덕적 제한도 없다.

이것이 왜 루소의 철학이 혁명이라는 근대적 개념을 낳게 되었는지를 설명한다. 이 혁명이란 특정한 지배자를 전복시키는 정치적 반역만이 아니라, 무(無)에서 새로운 이상사회를 건설하기 위해 기존의 사회를 완전히 파괴하는 것을 포함하는 것이다. 전통적인 사회이론은 과거(하나님이 창조하신 표준적인 인간의 본성)에 호소함으로써 주어진 행동을 정당화하는 반면에 근대 혁명론자들은 미래(그들이 창조할 이상사회)에 호소함으로써 자기들의 행동을 정당화한다. 피비린내 나는 잔인무도한 혁명론자들의 행위가 구체제의 잿더미 위에 완벽한 사회를 세우겠다는 약속으로 정당화되는 것이다.[9] 그래서 근대 혁명론자들은 수백만의 사람들을 학살하면서 무자비하고 잔인하게 움직였다.

왜 루소의 제자들 중 그 어느 누구도 이러한 재난의 결과를 예측하지 못했을까? 왜 어느 누구도 절대권력은 틀림없이 부패한다는 사실을 고려하지 못했을까?

그 이유는, 유토피아주의는 특별한 무지를 만들어내기 때문이다. 루소는 개개인이 본성적으로 선하다고 믿으면서 전능한 국가도 마찬가지로 선할 것이라고 확신하였다. 그의 견해에 따르면, 국가는 개개인의 의지가 '일반의지' 속으로 녹아든 것이기 때문이었다. 루소는 실제로 국가는 언제나 옳고 공공의 선을 향하는 경향이 있다고 믿었다. 즉 "반드시 지속적이고 불변하며 순수하다"[10]고 말이다. 그런데 만일 몇몇의 반항자들이 일반의지에 동의하지 못한다면? 그것은 그들이 부패했음을 증명하는 것이며, 그들의 진정한 자유가 일반의지에 순응하는 데 있다는 사실을 알 수 있도록 그들을 다그쳐야 함을 증명할 뿐이다. 루소가 말한 대로, 각 개인은 "자유하게끔 강요되어야만 한다."[11]

1793년의 프랑스 혁명 후의 공포시대를 이끈 로베스피에르(Robespierre)는 이 논리를 아주 잘 파악하였다. 그와 그의 동료 자코뱅(Jacobins)은 루소의 '강요'에 대한 요구라는 말을, 새로운 질서를 반대하는 사람들은 모두 유죄판결을 내리고 처형하는 것을 포함한다고 이해하였다. 그래서 그 해에 30만 명의 귀족, 사제, 정치적 반대자들이 투옥되었고 17,000명이 죽었다. 물론, 이것은 루소의 철학에서 흘러나온 '피의 강'의 시작일 뿐이었다. 왜냐하면 실제로 새로운 완전사회를 건설한다는 유토피아적 프로그램은 언제나 저항하는 사람들이나 구습에 머물러 있는 사람들, 구제불능으로 부패되었다고 판단되는 계급에 속한 자들(부르주아, 부농들, 유대인들, 그리스도인들)을 멸절해 버린다는 것을 의미하기 때문이다.

이와 동일한 기본패턴은 칼 마르크스(Karl Marx)의 철학에서도 볼 수 있는데, 완전사회에 대한 그의 비전은 실패한 유토피아 실험을 지구상의 국가에 하나씩 이끌어들였다. 국가에 대한 마르크스주의의 유토피아적 전망의 결정적 결함은 타락에 대한 기독교의 기본 가르침을 부인하는 것이다. 만일 죄와 같은 것이 있다고 믿으려면, 하나님이 계시다는 것 또한 믿어야 한다. 그 하나님은 선함에 대한 초월적이고 보편적인 표준의 기초이시다. 이 모든 것을 마르크스는 부인하였다. 그에게 있어서 종교와 도덕은 한 계급의 경제적 이권을 합리화하기 위해 사용된 이데올로기일 뿐이었다. 마르크스주의로 만들어진 전체주의 국가들이 보편적인 도덕적 원리도, 초월적인 정의도, 살인적인 잔인성에 대한 도덕적 한계도 알지 못했다는 것은 놀랄 일이 아니다. 당(party)은 '일반의지'처럼 언제나 옳았다.

이렇듯 죄를 부인하는 것은 파시즘의 뿌리를 설명해 준다. 1964년 "타임"지는 앞표지에 "신은 죽었는가?"라는 물음을 제기하였다. 19세기 독일 철학자 프리드리히 니체는 신의 죽음을 천명하였고, 그 말이 의미하는 바 도덕성의 죽음을 선명하게 그렸다. 그는 죄를 '금욕적인 사제(들)'의 사악한 일당이 만들어낸 책략에 지나지 않는다고 일소해 버렸다(이 사제들은 남녀의 영혼 속에 죄책이라는 '매혹적인 음악'을 연주함으로써 남녀들을 마술적으로 지배했던 구약시대의 무당들, 매혹적인 시대의 무당들이다).[12] 또한 그는 기독교 도덕성을 노예를 위한 도덕이라고 비난하였다. 친절, 용서, 겸손, 순종, 자기부인 - 이러한 것들은 인생의 즐거움을 거부한 약하고 억압된 노예들의 특징이었다. 니체에게 성경적인 윤리는 병리, 즉 삶을 죽이는 얌전빼는 행위에 지나지 않았다. 그는 권력의 윤리에 흠뻑 물든 초인간의 진화를 고대하였다. 한 세기 후 나치는 니체에게서 단서를 얻어 그러한 초인류를 만들어내고자 하였다.

선천적으로 인간은 선하다는 호언장담의 철학으로부터 그러한 공포가 흘러 나왔다는 것은 참으로 역설적이다. 프랑스 풍자가 아나톨 프랑스(Anatole France)는, 인간은 천성적으로 선하다는 원리의 미명하에 살해된 사람들의 수가 다른 어떤 교리의 이름으로 살해된 숫자보다 많다고 말한 바 있다.[13] 만일 우리가 철학을 확립한 사람들의 사적인 삶을 들여다본다면, 우리는 그들의 '이상주의' 중심에 드리운 어두운 그림자를 볼 수 있을 것이다.

루소를 보자. 왜 그는 가족과 같은 사회제도 속에서만 억압을 보았을까? 그리고 왜 국가를 위대한 해방자로 채색하였을까?

역사가 폴 존슨(Paul Johnson)은 흥미로운 가설을 내놓았다. 그는, 루소가 「사회계약론」을 쓰고 있을 무렵에, 커다란 개인적 딜레마에 빠져 있었다고 설명한다. 고질적인 보헤미안이었던 루소는 이 직업에서 저 직업으로 떠돌았으며, 이 여자에서 저 여자에게로 떠돌다가 마침내 떼레즈라는 천한 하녀와 살게 되었다.[14] 떼레즈가 루소에게 아기를 안겨주었을 때, 그는 "굉장히 당황하였다"고 말했다.[15] 그 당시 그는 파리의 상류사회에 진출하려고 애쓰고 있었기에 사생아는 그에게 거추장스러운 것이었다.

친구들은 루소에게 원치 않는 자손은 관습적으로 육아원에 보낸다고 속삭였고, 며칠 뒤 담요에 싸인 작은 보따리가 그 지역의 고아원 계단 위에 버려졌다. 떼레즈와 루소 사이에서는 네 명의 아이가 더 태어났는데 모두 고아원의 계단에 버려졌다.[16]

이 기관에 맡겨진 아이들은 대부분 죽었으며 살아남은 몇몇은 거지가 되었다고 기록되어 있다. 루소는 이 불행한 사실을 잘 알고 있었다. 자기 아이들을 죽음에 내몬 사실을 말이다. 그의 저서와 편지에서 그는 그런 자신의 행동을 정당화하려는 시도를 활발하게 하기도 했다.

우선 그는 "집안일과 아이들의 시끄러운 소리로 가득 찬"[17] 집에서 공부할 수 없었다고 변명하였다. 나중에 그의 태도는 단호하게 독선적이 되었다. 그는 훌륭한 시민을 기르는 데는 부모보다 국가가 더 잘 준비되어 있다고 천명한 플라톤의 가르침을 따랐을 뿐이라고 주장했다.

루소가 정치적 이론을 쓰는 것으로 방향을 바꾸었을 때, 그는 자기의 개인적인 변명을 일반적인 격언으로 승화시키고 있는 것처럼 보인다. 그의 이상적인 국가는 시민들을 고통스러운 개인적 의무로부터 해방시키는 것으로 드러났다. 특히, 그는 아이들을 교육하는 책임을 부모로부터 빼앗아서 국가에게 주어야 한다고 주장했다. 아버지의 의무로부터 도망친 남자 루소와 정치이론가 루소 사이에 어떤 연관이 있었는가?

철학자의 사적 동기를 그의 이론적인 저작에서 알아내려고 하는 것은 물론 위험한 일이다. 그렇지만 우리는 루소가 말년에 자기 아이들에 대한 죄책감으로 고투했다는 것을 안다. 그는 그의 마지막 저서에서 "가족을 부양할 단순한 용기를 결여했었다"[18]고 가슴아파했다.

사상은 지성에서만 나오지 않는다. 사상은 우리의 전인격, 희망과 두려움, 열망과 후회를 반영한다. 특별한 행동과정을 따르는 사람들은 그것에 대한 이론적 해석을 찾으려는 지적 압력을 어쩔 수 없이 받게 된다. 신학자들은 이것을 죄의 '지적'(noetic) 효과라고 부르는데, 죄는 우리의 마음과 사고과정에 영향을 준다는 것이다. 종교개혁자들은 '전적인 타락'이라는 신조어를 만들어냈는데, 그 의미는 우리의 죄된 선택은 우리의 이론적인 사상을 포함하여 우리 존재의 모든 면을 왜곡한다는 것이다.

루소의 이야기는, 개인의 도덕이 대중적인 결과를 가져오지 않는다는 이 시대의 개념을 냉정하게 반박하고 있다. 세계는 아우슈비츠의 가마솥에서부터 시나논의 게임템플에 이르기까지 루소의 개인적인 선택에 대한 막대한 대가를 치렀다. 우리 또한 더 교묘하고 교활한 방식으로 아직도 대가를 치르고 있다.

제18장

우리는 지금 모두 유토피아주의자이다

> 유토피아적인 환상과 현대 자유주의 문화가 보여주는 감상적 일탈은 사실 모두 원죄에 대한 사실을 부정하는 기본적인 잘못에 기인하고 있다.
>
> 라인홀드 니버(Reinhold Niebuhr)

베를린 장벽이 무너졌을 때, 대서양 이쪽 편의 반응은 그것 보라는 식의 기쁨이었다. 서구 민주주의 모델은 20세기를 그토록 오래 지배했던 거대한 독재체제에 대해 단호한 승리를 거두었다. 실로, 공산주의라고 하는 괴물의 붕괴는 매우 의미심장한 정치적 사건이었다. 그러면 처음에 공산주의를 만들어낸 사상은 어떻게 되었는가? 조용하게 소멸되었는가?

전혀 그렇지 않다. 사실 많은 미국인과 그외 서구 사람들은 전체주의 국가에서 쓴 열매를 산출해 낸 것과 동일한 유토피아적 신화를 지금도 소중하게 여기고 있다. 그 신화란 인간의 본성을 근본적으로 선하다고 보는 가설이며, 초월적인 도덕을 제한적이고 억압적인 것으로 거부하는 것이며, 사회공학에 대한 거대한 꿈이다. 또한 우리가 이러한 근본적인 전제를 바꾸지 않는 한, 우리는 전제정치로 향하게 되는데, 그 전제정치란 위대한 프랑스 정치가 알렉시스 드 토크빌(Alexis de Tocqueville)이 '부드러운 전제정부'(시민들에게 강요하지 않고 버릇없이 귀하게 대하여 시민들을 철저히 쇠약하게 만들어 과잉보호하는 유모적인 국가)라고 부른 형태인 것이다.[1]

미국의 유토피아주의는, 인간은 선하다는 루소의 개념에서 유래한 것이지만, 또한 미국인들의 마음을 끄는 과학혁명, '할 수 있다'(can-do)라는 사고방식에 뿌리를 두고 있는 독특한 기술적, 실용적 측면을 가지고 있다. 하늘과 땅의 다양한 현상을 설명해 주는 '만유인력의 법칙'이라는 아이작 뉴턴(Isaac Newton)의 극적인 발견은 우주를 자연법칙에 의해 돌아가는 거대한 기계로 바라보게 했다. 많은 사람들은 이러한 기계 이미지를 사회 자체를 포함한 모든 생활의 영역으로 확대하기 시작하였다.[2]

18, 19세기 사회사상가들은, 과학이 물질적 세계를 설명해 줄 뿐만 아니라 우리 삶을 조화롭게 정돈할 수 있는 방법을 보여줄 것이라고 강하게 믿었다. 그들은 뉴턴의 만유인력의 법칙이 운동을 설명해 주는 것과 같은 방식으로 사회를 설명할 수 있는 원리를 탐색하였는데, 그 원리는 사회를 법이 지배하는 통일된 체계로 축소시킬 수 있는 것이었다. 그들은 무지나 억압, 빈곤, 전쟁 등의 오래된 병을 정복하기 위해 행정학과 정치학을 자유자재로 다룰 수 있는 영혼을 위한 실험 물리학을 추구했다.

물론 그 어느 곳에서도 과학적 유토피아주의에 대한 이러한 비전은 실현되지 못했다. 그리고 계속 실패하는 이유는 과학적 방법 자체의 논리에 있다. 만일 우리가 인간을 과학적 연구의 대상으로 만든다면, 우리는 인간이 과학적 변수처럼 조작되고 통제될 수 있는 대상이라고 암묵적으로 가정하는 것이다. 그것은 영혼이나 양심, 도덕적 사고, 도덕적 책임과 같은 것은 부인해야 함을 뜻한다. 또한 우리가 이러한 가정을 실제 사회문제에 적용할 때 우리는 불가피하게 인간을 비인간화시키고 비도덕적으로 만들며, 기술주의 국가에 고용되어 있는 사회과학자들의 처분에 맡겨놓게 된다. 그 결과는 유토피아가 아니고 또 다른 형태의 전제정부이다.

동물에서 기계로

위 논리는 심리학 분야에서 명확하게 볼 수 있는데, 도덕적 책임이라는 개념의 정체를 폭로한 19세기의 지크문트 프로이트(Sigmund Freud)에서 시작되었다.³ 프로이트는 인간을 복잡한 동물로 낮추었고, 죄나 영혼, 양심과 같은 '구식의' 신학용어들 속에 표현된 행동에 대한 설명을 거부하였으며, 본능이나 충동과 같은 생물학에서 빌려온 과학용어로 대치하였다. 프로이트 이론에 의하면, 사람은 이성적 행위자이기보다는 이해할 수도 없고 통제할 수도 없는 무의식의 힘에 사로잡힌 인질이다. 프로이트는 헌신된 다윈주의자로서 진화적인 틀을 제안하였는데, 그에 의하면 우리의 원시적인 충동(이드)은 인간 뇌의 가장 오래되고 가장 동물적인 부분에 속해 있고, 이성적인 정신(에고)은 좀더 고도로 진화된 대뇌피질로부터 나중에 발달된 것이다. 그러므로 사회가 '나쁘다'고 지칭하는 것들은 정말로 악한 것이 아니며, 단지 좀더 오래되고 동물적인 뇌의 부분을 반영할 뿐이다.

후대의 심리학자들은 인간을 낮추는 과정을 훨씬 더 많이 수행하였다. 그들은 인간의 본성을 동물이 아니라 기계에 빗대었다. 최초의 실험심리학 저서는 「정신물리학 기초」(Elements of Psychophysics)라는 제목인데, 심리학이 마치 물리학의 한 분야인 것처럼 보이는 제목을 붙였다. 이 책의 저자 구스타프 페히너(Gustav Fechner) 역시 급진적인 다윈주의자인데, 그는 인간이 환경의 힘에 의해 형성되는 복잡한 자극-반응 메커니즘이라고 주장했다.

페히너 다음에는 이반 파블로프(Ivan Pavlov)가 등장하였는데, 그의 이름은 종소리에 반응하여 개가 침을 흘리게 한 조건반사 실험 때문에 우리에게 익숙하다. 진화론자요, 물질주의자인 파블로프는 혼이나 영, 양심이라는 개념을 모두 강하게 거부하였다. 모든 정신적 삶은 (침을 흘리는 개나 인간에게 있어서) 자극과 반응이라는 기계적인 용어로 설명할 수 있다고 그는 천명하였다.

1960년대에 스키너(B. F. Skinner)의 「월든 투」(Walden Two)는 수백만의 대학생들에게 행동주의를 소개하였는데, 행동주의는 양심이나 정신적 상태의 실재를 단호하게 부인하는 심리학의 한 학파이다. 그러한 것들은 관찰할 수가 없기 때문에 과학적으로 묘사할 수 없다고 스키너는 주장했다. 그러므로 그러한 것들은 실재하지 않는다는 것이다. 오직 관찰가능한 외면적인 행동만이 실재한다는 것이다.[4]

스키너와 행동주의자들은 정신의 실재를 부인하는 것이 심리학에서 모든 철학적 편견을 깨끗이 씻어주어 심리학을 과학적이고 객관적으로 만들어준다고 믿었다. 물론 실재에 있어서 그들은 자기들의 철학적 편견을 투사하고 있을 뿐이었다. 그들은 '과학적' 유토피아주의라는 새로운 학파를 만들었는데, 인간본성의 결함은 도덕적 부패의 결과가 아니라 학습된 반응의 결과라고 말했다. 반응이란 버릴 수 있는 것이어서 사람들은 유토피아 사회에서 행복하고도 조화롭게 살도록 재프로그램될 수 있다는 것이다.

인간 본성에 새로운 도구 갖추기

이러한 유토피아주의적 사고의 결과 중 하나는 교육의 변화이다. 전통적인 교육은 늘 진리추구와 도덕적 인격훈련에 목표를 두었다. 그렇지만 인간본성이 자극-반응 중심의 메커니즘이라면, 과학이 발견한 법칙으로 조작하거나 만들어낼 수 있다. 그러므로 교육은 아동을 적극적인 도덕적 주체자가 아니라 본질적으로 수동적인 사람으로 취급하는 조건화의 수단이 되었다.

물론, 이처럼 인간을 비인간화하는 철학은 늘 유토피아주의적인 약속의 말로 제시된다. 행동주의 창시자인 와트슨(J. B. Watson)은 이렇게 말했다. "나에게 아기를 달라… 어떻게 만들든 가능성은 거의 무한하다.[5] 종교와 도덕으로 행동을 개혁하려고 하지 말라. 이러한 것들은 억압의 형태일 뿐이다. 세계는 교육을 통하여 전설적인 민속의 쇠고랑에서 풀려날 수 있으며 개인은 팽팽한 강철굴레처럼 둘러싼 어리석은 관습과 관례에서 벗어날 수 있다." 와트슨은 초기의 찰스 디더리치처럼 무시무시하게 말하며, 아이들을 '좀더 나은 삶의 방식'으로 양육할 것을 주장하였다. "그렇게 양육된 아이들은 어른이 되어 자기들의 아이들을 훨씬 더 과학적인 방식으로 양육할 것이며 마침내 세계는 인간이 살기에 적합한 곳이 될 것"이라고 하였다.[6]

같은 생각이 법에도 적용되었다. 전통적으로 서구의 실천법(혹은 human law)은 궁극적으로 하나님의 법에서 나온 초월적인 정의(正義)기준에 기초를 두었다. 그렇지만 19세기 후반의 올리버 웬델 홈즈와 같은 법률사상가들은 다윈이나 사회과학의 대두에 영향을 받아 이러한 기초를 변경하기 시작했다. 그들은 법을 가장 성공적이고 과학적으로 증명된 사회경제정책을 요약한 것으로 폄하하였다. 법은 사회의 조화와 발전을 이루는 데 올바른 요소들을 밝혀내고 조종하는 도구로 재정의되었다.

동일한 과학적 유토피아주의는 복지국가의 발생을 설명해 준다. 법과 정부정책이 사회공학으로 변형되어야 한다는 생각이 1930년대의 뉴딜 정책에서 뿌리를 내리고, 1960년대의 "위대한 사회"(Great Society) 프로그램에서 꽃을 피웠다. 많은 미국의 정치가들은 열광적인 개종자가 되어, 정책이 잘 입안되고, 예산의 뒷받침을 잘 받기만 하면 빈곤과 범죄문제를 해결할 수 있다고 진지하게 믿었다. 이들은 린든 존슨(Lyndon Johnson) 대통령의 "빈곤과의 전쟁"에서 이길 수 있다고 확신하였다.

오늘날 그 전쟁은 끝났고 빈곤이 승리하였다. 복지국가는 기대에 어긋난 결과를 가져왔는데, 거의 영구적으로 의존적인 최하류층을 만들어냈으며, 깨어진 가족과 십대의 임신에서부터 마약남용과 범죄에 이르기까지 수많은 부수적인 사회병리현상을 만들어내었다. 무엇이 잘못되었는가?

소설가 딘 쿤츠(Dean Koontz)는 혹독한 경험을 통해 그 해답을 찾아내었다. 1960년대에 젊고 이상주의적이며 세계를 변화시키는 데 열심이었던 쿤츠는 "애팔래치아 빈곤대책 프로그램"의 제3부 소속 상담자로 등록을 하였다. 그의 일은 문제학생들을 일 대 일로 가르치며, 그 지역의 나쁜 경제상황에서 탈출하게끔 상담을 하는 일이었다. 그렇지만 얼마 되지 않아 쿤츠는, 많은 학생들이 전과자인 것을 알게 되었다. 사실, 쿤츠의 전임자는 자신이 도와주려고 했던 아이들에게 구타를 당하여 병원 신세를 지고 있었다. 쿤츠는 이런 아이들에겐 더 많은 교습이 필요하다는 것을 곧 깨달았다. 그들은 도덕적 지도와 훈련이 필요했는데 그런 것은 집이나 학교에서 받을 수 없는 것이었다. 그 프로그램의 첫 일 년이 끝나갈 무렵, 낙담한 쿤츠는 정부의 프로그램을 통해 사회를 개선한다는 생각 그 자체가 잘못된 인식임을 깨달았다. 그는 실패한 "위대한 사회 프로그램"은 '인류가 정부의 자선을 통하여 유토피아를 절망적으로 추구하는 것의 예' 라고 말하였다.

쿤츠는 '유토피아의 절망적 추구' 라고 문제를 딱 잘라 정확하게 지적하였다. 위대한 사회의 유토피아주의는 도덕의 붕괴라는 딜레마 - 범죄와 사회 무질서 - 에 대해 진정한 해답을 제공하지 못하였는데, 그 이유는 도덕적 병폐를 관료가 해결할 수 있는 기술적인 문제라고 재정의하였기 때문이었다. 위대한 사회는 인간을 의무와 책임의 언어로 불러야 할 도덕적 주체자로 다루지 않고, 조작하고 조종해야 할 대상으로 다루었다. 그 결과 그 프로그램은 실시 대상자들의 도덕적 존엄성을 깎아내리는 경향이 있어서 수백만의 사람들을 의존적이고 비도덕적으로 만들었다.

또다시 우리는 아이러니를 볼 수 있다. 즉 기독교 세계관을 부인하고,

인간 본성에 대한 '계몽주의적'이고 '과학적인' 관점을 선호함으로써 죄와 도덕적 책임감에 대한 기독교 세계관의 가르침을 거부할 때, 우리는 실제로 사람들에게서 존엄성을 빼앗고 인간보다 못하게 취급하는 결과를 낳게 된다는 것이다.

공동주택은 또 다른 예가 된다. 1920년대에 진보주의자들은 도시의 빈민가를 깨끗이 치우고 그곳에 위생적이고 사회학적인 기준에 맞게 주택단지를 조성하였다. 이러한 거대한 구조물은 공리주의적이며 기술주의 국가의 비전을 반영하는 것이었다. 그것들은 강철과 콘크리트로 만들어진, 비인간적이고 기능적이며, 가능하면 많은 사람들이 효율적으로 살 수 있는 인간창고로 설계된 칙칙하고 황량한 탑이었다.

그 결과는? 어느 누구에게도 속하지 않은 벽은 낙서로 더럽혀졌다. 어느 누구에게도 속하지 않은 복도는 금방 범죄자들과 마약상들이 활보하였다. 아무도 책임을 지지 않는 땅은 곧 마르고 먼지가 쌓이고 쓰레기로 어질러졌다. 그토록 과학적 관심을 기울여 설계된 주택단지는 범죄와 불행의 온상이 되었다.

그 중 많은 것들은 헐어야 했다. 뉴저지 주 뉴어크 시의 주택단지가 다이너마이트로 폭파될 때 거주자들은 환호하며 서 있었다. 대조적으로 시장은 '실패한 아메리칸 드림의 종말'을 슬퍼하였다.[8]

그렇지만 그 꿈은 '죽지' 않았다. 주택단지가 산산조각나면서 새로운 사회공학 계획들이 기안되었다. 그리고 이러한 것들도 실패할 것이다. 왜? 복지국가 위기의 근원은 잘못된 몇 가지 정책이 아니라 정책 뒤의 이상주의적 철학이기 때문이다. 그것은 사회계획자의 비전에 맞게 인간을 주조할 수 있고 조종할 수 있으며 수선할 수 있고 재정비할 수 있는 변변치 않은 존재로 인간을 보는 세계관이다.

기술주의적 비전이 갖는 불행은 개개인을 국가의 직무를 수동적으로 받는 사람으로 낮춤으로써 그들의 자유와 주도권을 박탈한다는 점이다.

스키너가 기술주의적 유토피아에 대해 가졌던 비전이 「자유와 위엄을 넘어서」(Beyond Freedom and Dignity)라는 책에 제시된 것은 놀랄 일이 아니다. 그 제목은, 사람들을 사회의 이상적인 청사진에 맞추게끔 강제하는 유일한 길은, 인간의 자유와 존엄성에 대한 전통적인 개념을 내던져버리는 것임을 꼭 집어 말하고 있다.

게다가, 일이 잘못되어서 빈곤과 범죄가 고치기 어려운 것으로 판명될 때 갖는 가설은 국가가 충분히 잘 해내지 못하고 있다는 것이다. 그러므로 '우리는 권리를 가지고 있다'는 정신을 낳게 되었는데, 그것은 사람들이 시민의 기본의무를 다하지 않더라도, 심지어는 해롭고 불법적인 행위에 가담을 한다고 해도 정부는 사람들을 지원할 의무가 있다고 믿는 태도이다.

사람들이 마약을 하는가? 알코올 중독자인가? 신체는 건강하지만 일하려 하지 않는가? 자녀를 부양할 생각이 조금도 없는데도 자녀를 낳고 있는가? 아무 상관없다. 그들 역시 아무것도 묻지 않고 정부혜택을 받을 자격이 있다. 그래서 이러한 역기능적인 패턴은 강화되고 악순환이 계속된다. 시민들은 자신의 삶에 대한 도덕적 책임이나 개인적 책임을 지라는 격려를 받지 못한다. 그러므로 복지제도가, 역기능적이고 불법적인 행위를 일상적으로 하는 최하층을 수두룩하게 양산했다는 것은 놀랄 만한 일이 아니다. 도덕적 차원을 무시하고 사회적 무질서를 과학적 해결책으로 처리할 수 있는 기술적인 문제로 축소시킴으로써 우리는 도덕적 혼란을 초래하였다.

과학적인 유토피아주의는 언제나 실패한다. 그것은 정부의 통제를 확대하면서 동시에 시민들로부터 도덕적 책임이나 경제적인 주도권, 개인적 사려와 분별 등을 점차로 빼앗아간다.

영혼의 문제

그렇지만 복지정책만이 유토피아주의적 신화의 치명적인 영향을 나타내주는 공공정책의 유일한 분야는 아니다. 범죄문제에서 미국의 범죄재판정책은 자유주의적 접근과 보수주의적 접근 사이에서 왔다갔다하고 있다. 갱생과 사회공학을 강조하는 데서부터 더 심한 법과 더 거친 처형을 강조하는 데까지 말이다. 그렇지만 두 가지 접근 모두 동일한 유토피아주의적 세계관을 다른 방식으로 예시하고 있는 것에 불과하다.

전통적인 자유주의는 범죄의 책임을 빈곤과 그 밖의 사회병리에 떠넘긴다. 자유주의자들은, 범죄는 영혼의 문제가 아니라고 말한다. 올바른 사회조건을 잘 처리함으로써 해결될 수 있는 기술적인 문제라고 한다. 올바른 공공정책을 고안한다든가, 올바른 곳에 돈을 분배한다든가, 올바른 물리적 환경을 조성한다든가 하는 것 말이다. 이러한 관점은 위대한 사회가 시작될 무렵 당시 검찰총장이었던 램지 클라크(Ramsey Clark)의 말로 표현되고 있다. 그는 범죄의 원인을 지나칠 정도로 상세히 열거하였다. "다음과 같은 것이 개인을 비인간화시키고 있다. 슬럼, 인종차별주의, 무지, 폭력, 그리고 부패와 권리를 이행하지 못하는 무능력, 빈곤과 실업과 게으름, 영양실조의 세대, 선천적인 뇌 손상과 태아기의 무시, 그리고 질병, 오염, 덜거덕거리고 더럽고 추하고 안전하지 못한 인구과잉의 주택, 그리고 알코올 중독과 마약 중독, 탐욕, 불안, 두려움, 증오, 소망 없음, 불의."

놀랍게도 이토록 끔찍하게 열거하고 난 후에, 클라크는 낙관적으로 결론을 맺었다. "이러한 것들은 통제될 수 있다." 이러한 문제들이 얼마나 보편적인지, 얼마나 고치기 어려운지는 신경쓰지 마라. 이런 것들은 모두 올바른 기술적 해결책을 적용한다면 고칠 수 있는 기술적 기능불량일 뿐이다.[9]

더 나아가서, 자유주의는 범죄를 사회의 비인간적인 힘의 결과로 보기 때문에 범죄의 책임을 범죄자의 외부로 돌린다. 20세기로 바뀔 즈음에 이미 클래런스 대로우(Clarence Darrow)는 스콥스(Scopes) 재판에서 다윈주의를 변호한 일로 악명을 얻은 변호사인데, 그는 범죄자를 환경의 무력한 희생자로 묘사하였다. 1902년 시카고의 쿡 카운티 교도소에서 그는 수감자들에게 이렇게 연설했다. "범죄라는 단어만큼 보편적인 의미로 이해되는 것은 없다… 나는 사람들이 그럴 만해서 감옥에 있는 거라고 생각하지 않는다. 그들은 자기들의 통제를 완전히 벗어난 환경, 그리고 전혀 그들에게 책임이 없는 환경 때문에 감옥에 있는 것이다."[10]

오늘날, 대로우의 후계자들이 전국의 법정을 채우고 있으며, 잘못을 저지른 사람들을 통제 밖의 힘에 의한 희생자로 제시함으로써 배심원단들에게서 연민을 짜내고 있다. 이러한 종류의 변호는 아주 일반적이 되어서 "트윙키 변론"(Twinkie defence)이라는 별명이 붙어 있다. 이 말은 1978년 한 남자가 샌프란시스코의 시청에서 시장과 시 행정집행관에게 총을 쏜 후에 그것은 일시적으로 제정신이 아니었기 때문이었다는 것을 탄원하는 사건에서 붙여진 것이다. 그는 계속해서 인스턴트 식품을 먹어 혈당 치수가 올라가 정신이 혼란스러워졌다고 주장하였다. 트윙키(설탕 과자의 일종)를 많이 먹어 그렇게 된 것이라고.

이러한 자유주의적 접근은 배려 있고 인정 많은 것으로 보일 때가 많지만, 사실 그것은 인간 본성에 대한 열등한 관점에 그 기초를 두고 있다. 마이런 마그넷(Myron Magnet)이 「꿈과 악몽」(*The Dream and the Nightmare*)에서 썼듯이, 자유주의는 사람들을 비와 해에 의존하여 자동적으로 자라거나 시드는 옥수수처럼 환경의 수동적인 산물로 다룬다.[11]

전통적인 보수주의적 접근도 마찬가지로 인간을 비인간화하는 것인데, 이것 역시 범죄를 보상에 대한 냉철한 계산의 결과에 지나지 않는 것으로 취급하기 때문이다. 이 접근은 범죄행위가 주는 혜택이 처벌의 대가보다 더 크면 범죄가 증가한다고 말한다. 그러므로 그 해결책은 더 가혹한 처벌과 더 장기간의 형을 선고하는 것이다. 나는 백악관에 근무할 때

닉슨 대통령의 법과 질서 슬로건 중 많은 것들을 썼기 때문에 이 접근법을 익히 알고 있다. 우리는 이런 강한 연설로 보수주의자들 사이에서 얼마나 많은 박수를 받았는지!

궁극적으로 이 접근법은 세상을 수학적인 관계로, 그리고 진리를 계산으로 폄하하는 기계적인 철학에서 나온 것이다. 이것은 사람들을 죄의 영향을 받기 쉬운 도덕적 주체자로 보지 않고, 보상을 합해 보고 손해되는 점과 경중을 따져 범죄에 가담할지를 결정하는 복잡한 계산기로 본다.

1960년대부터 1980년대에 이르는 기간 동안 미국의 엄청난 범죄률을 보면, 사법적 정의에 대한 자유주의적 접근과 보수주의적 접근 모두가 실패했음을 알 수 있다. 왜 그런가? 둘 다 영혼의 존엄성과 도덕적으로 중요한 선택을 할 수 있는 영혼의 능력을 인식하지 못했기 때문이다. 둘 다 인간을 진정한 선과 진정한 악을 다 행할 수 있는 진정한 도덕적 주체자로 존중하지 않는다. 그리고 둘 다 도덕적 책임과 회개의 필요성을 말하지 않는다.

이렇듯 죄를 부인하고 도덕적 책임감이 결핍된 현상은 우리 문화의 모든 영역에 퍼져 있으며, '면죄의 황금시대'[12]를 열어 주었다. 사람들이 끊임없이 외부의 힘에 의해 통제당한다는 말을 들으면 그 말을 믿게 된다. 일이 잘못될 때는 다른 누군가가 비난받아야만 한다.

앞뒤가 바뀐 예들은 많이 있다. 휴스턴 나이트클럽의 핫도그 먹기 대회에 참가한 여자의 예를 보자. 그녀는 다른 참가자들을 이기려고 서둘러서 너무 빨리 먹어 숨이 막히기 시작했다. 그 여자는 자기가 바보같이 행동했기 때문에 자연스럽게 일어난 결과라고 그 사고를 간과해 버렸는가? 아니다. 그녀는 자기가 희생자라고 결정하였다. 그녀는 그 대회를 후원한 나이트클럽을 고소하였는데, '그와 같은 대회는 열어서는 안되기' 때문에 그 사업체에게 책임이 있다고 주장하였다.[13]

자기를 희생자로 여기는 책략은 잘못을 시인하지 않아도 되기 때문에 매력적이다. 그렇지만 우리의 진정한 존엄성을 발견하려면 죄를 시인해야만 한다. 그렇게 함으로써 인간본성의 도덕적 차원을 확인할 수 있기 때문이다. 수세기 동안 서구의 법전과 사회적 도덕성은 개인의 책임을 높게 생각하는 데 그 기초를 두었다. 인간은 잘잘못을 분별할 수 있는 도덕적 주체이므로 스스로의 행동에 책임이 있다는 이해가 성립되었다.

물론, 책임을 인정한다는 것은 칭찬과 책망을 부여하는 것을 말하는 것이고, 책망은 처벌이 합법적임을 암시한다. 바로 이 점이 도덕적 책임을 그렇게 씁쓸하고도 달게 만드는 점이다. 그렇지만 처벌은 실제로 인간 존재에 대해 높은 관점을 가지고 있다는 것을 표현하는 것이다. 만일 법을 어긴 사람이 환경의 역기능적 희생자라면 구제책은 사법적 정의(正義)가 아니고 상담치료이다. 또한 법을 위반한 사람은 권리를 가지고 있는 사람이 아니라 치료를 받아야 할 환자이다. 문제는 "자기의 의지에 반하여 치료를 받는다는 것은 합리적으로 생각할 나이가 아직 안되었거나 앞으로도 합리적으로 생각할 수 없는 사람들의 수준에 놓이는 것과 같으며, 유아나 저능자, 가축 등과 같은 등급으로 분류되는 것이다. 그렇지만 우리가 처벌을 받아야 마땅하고 좀더 잘 알았어야 하기 때문에 처벌을 받는다는 것은, 아무리 심하게 처벌한다고 해도 인간을 하나님의 형상으로 지어진 존재로 취급하는 것이다"[14]라고 C. S. 루이스는 말했다.

죄를 부인한다는 것은 상냥하고 위안을 주는 교리처럼 보일지 모른다. 그렇지만 우리의 선택과 행동이 중요하다는 사실을 부인하기 때문에 결국에는 품격을 떨어뜨리고 파괴한다. 그것은 우리를 더 큰 힘(인간정신 속의 무의식적인 힘이든지 환경 속의 사회경제적 힘이든지 간에)에 사로잡힌 인질로 폄하시킨다. 사회계획가나 통제자들은 그러한 힘을 통제하고 자기들의 청사진에 따라 인간본성을 개조하고 사회를 재건설하며 그러한 목적을 위해 필요하다면 어떠한 힘이라도 다 사용하는 것을 아주 정당하다고 느낀다.

"모든 전제정치 중에 희생자의 선을 위해 신실하게 행사되는 전제정치가 가장 억압적일 것이다"라고 C. S. 루이스는 썼다. "우리의 선을 위해 우리에게 고통을 주는 사람들은 끝없이 우리에게 고통을 가할 것이다. 왜냐하면 그들은 자기들 양심의 동의를 얻어 그렇게 하는 것이기 때문이다."[15]

유토피아적 이념은 인간의 죄의 실재에 대해 의도적으로 눈을 감음으로써만 유지될 수 있다. 그렇지만 우리가 그러한 맹목에 굴복한다면 우리는 죄를 다룰 능력을 잃게 되고, 결국에는 그 영향을 실제로 더 크게 만드는 것이다. 여기에 타락을 부인하려는 온갖 시도 중 최대의 역설이 놓여 있다. 즉 죄와 악을 부인할 때 우리는 실제로 그 힘을 최악으로 풀어놓는 것이다.

제19장

악의 얼굴

> 죄는 정부가 휘두르는 인간적 장치로는 극복될 수 없다. 다만 고통과 은혜로만 가능하다.
>
> 글렌 틴더(Glenn Tinder)

악의 얼굴은 어떻게 생겼을까?

몇 년 전, 사우스 캐롤라이나 여성 교도소를 방문하였을 때, 수잔 스미스가 나의 강연을 들으려고 신청했다는 사실을 알았다. 스미스는 어린 아들 둘을 안전의자에 묶어놓은 채 차를 호수로 밀어넣은 여자이다. 그 이유는? 데이트중인 남자와 결혼하는 데 아이들이 방해가 된다고 생각했기 때문이다.

그날 나는 강연할 채비를 하면서 이 패륜적인 어머니가 어떻게 생겼을지 궁금하여 청중들을 훑어보았다. 나는 악과 싸운 영혼의 투쟁으로 얼굴에 흠집이 난 도리언 그레이(Dorian Gray, 오스카 와일드의 멜로풍 괴기소설의 주인공 - 편집자 주)의 여성적 초상을 상상하였다. 신문에 난 사진을 떠올리면서 그녀의 얼굴을 찾아보았지만 찾아낼 수가 없었다.

회합이 끝난 후 나는 지역 "교도소선교회" 총무에게 스미스가 참석했느냐고 물었다. "물론이죠." 그는 대답했다. "앞줄에 앉아서 선생님을 계속 쳐다보았는걸요."

악의 얼굴은 놀랍게도 평범했다.

아칸소 주 조네스보로에서는 열한 살과 열세 살짜리 아이가 학교 화재경보를 울린 후, 저격병 포즈를 취하고는 줄지어 나오는 학생들과 교사들에게 총을 쐈다. 결국 그들은 학생 네 명과 교사 한 명을 죽이고 11명에게 부상을 입혔다.[1]

캘리포니아 주 오클랜드 시에서 칼을 가진 십대가 한 여자를 거리에서 쫓고 있었는데, 군중들이 운동경기의 관중처럼 "죽여라! 죽여라!"를 외쳐댔다. 마침내 군중 속의 누군가가 공포에 질린 여자의 발을 걸어 넘어뜨려, 쫓아가던 십대에게 그녀를 찔러 죽일 기회를 제공하였다.[2]

매사추세츠 주 다트머스 시에서는 세 명의 소년이 9학년인 급우를 둘러싸고 칼로 찔러 죽였다. 그리고 나서 그들은 웃으며 농구선수들이 슬램덩크 후 축하하듯이 손바닥을 마주쳤다.[3]

뉴저지 주의 브라이언 피터슨은 여자 친구 에이미 그로스버그를 데리고 주 경계선을 넘어 델라웨어 호텔방으로 갔는데 그곳에서 그녀는 아이를 낳았다. 그들은 신생아를 죽이고 쓰레기통에 던져버렸다.[4]

주근깨 난 살인자들. 운동장의 살인자들. 스포츠하듯 살인하는 살인자들.

악의 얼굴은 어떻게 생겼을까? 이웃집 아이의 모습이다. 우리들과 같은 모습이다.

열한 살 난 아이의 건강해 보이는 웃음 뒤에 잠복해 있는 이러한 대학살, 이러한 말할 수 없는 악을 어떻게 볼 것이며, 인간은 근본적으로 선하다는 신화에 어떻게 매달려 있을 수 있을까?

이런 흉악한 범죄를 다루는 언론은, 전통적이고 뻔한 대답만 되풀이하고 있다. 문제는 빈곤이다(그렇지만 대부분의 이런 살인범들은 중류계층이었다). 우리가 범죄를 인식할 때 말은 안해도 인종차별주의를 갖고 있기 때문에 문제는 인종이다(그렇지만 이 가해자들 중 많은 사람들은 백인이었다). 문제는 오늘날 모든 이상행동에 대한 치료적인 캐치프레이즈이기도 한 역기능적 아동기이다(수백만의 아이들이 역기능적 환경에서 자라지만 그렇다고 다 범죄를 저지르지는 않는다).

제시되지 않은 한 가지 이유는 현대 해설가들이 감히 입 밖에 내지 못하는 것인데, "'ㅈ'으로 시작되는 단어" 바로 죄이다. 노골적으로 악을 행할 능력을 풀어놓는 것이 바로 죄이다. 우리의 이기적인 욕구를 넘어선 무엇인가를 볼 수 없게 만드는 것이 바로 죄이다. 에이미 그로스버그를 판결할 때 판사가 말했던 대로, "당신의 인격을 교란시킨 것이 있다면… 그것은 바로 도움을 구할 필요에 눈을 감게 하고, 아기의 생명 본래의 가치에 눈을 감게 한 자기중심주의이다."[5]

죄는 이미 우리가 잘못된 것이라고 알고 있는 것을 선택하는 것이다. "뉴욕 타임즈"의 기자는 수잔 스미스의 목사와 인터뷰를 한 후, 다음과 같은 분석으로 결론을 지었다. 스미스는 "선과 악에 대한 선택권이 있었다. 그녀는 그 일을 자행할 때 자기가 무엇을 하고 있는지를 알고 있었다."[6] 사람들은 왜 이런 단순한 진리에 동의하지 못하는가? 우리는 선택권을 가지고 있고, 우리가 죄를 짓는 것은 악을 행하기로 선택하는 것이다.

우리는 왜 그렇게 근본적인 진리를 외면하고 살아왔을까? 우선, 오늘날 아이들이 양육되는 방식을 살펴보자. 한 세대 전, 아동들과 청소년들은 도덕적 인격을 학력만큼이나 중요하게 여기는 오래된 전통을 따라 학교에서 도덕적 훈련을 받아야 했다. 교사들은 선을 격려하고 죄와 부도덕의 유혹에서 학생들을 선도하는 것이 자신들의 역할이라고 믿었다. 이러한 전통은 앞치마를 두른 어린 소녀들과 무릎에 천을 댄 어린 소년들이 뉴잉글랜드 입문서로 글읽기를 배웠던 식민지시대로 거슬러 올라간다.

그 책은 암울한 신학적 교훈을 따라가며 알파벳을 가르쳤다.

> A - 아담(Adam)의 타락 안에서
>   우리는 죄를 지었다…
> I - 게으른(idle) 바보는
>   학교에서 매를 맞는다…
> X - 크세르크세스(Xerxes)는 죽었고
>   나도 죽는다.[7]

무엇보다도 먼저 자기 자신을 사랑하라고 가르치는 현대의 교육과 얼마나 다른가. 오늘날의 교육은 빨간 표시를 해주면 학생의 자존감을 손상시킬까봐 문법적인 잘못도 고쳐주지 않는다. '죄책감'은 정신위생상 위험한 것이고, 우리가 해방되어야 할 인위적인 제약이다. 그 결과, 오늘날의 젊은 세대는 도덕적 책임이란 어휘조차 이해하지 못한다. 그렇다면 아이들이 자매의 블라우스를 훔치는 일에서부터 급우를 총살하는 것과 같은 무서운 범죄에 이르기까지 다른 사람의 권리를 침해하고서도 전혀 양심의 가책을 느끼지 못하는 오늘날의 현실이 새삼 놀랄 일인가?

유토피아의 신화는 가정도 장악했다. 동일한 생각들이 잡지나 부모 역할 세미나, 어머니 교실이나 아동발달에 관한 책들을 통하여 제공된다. 1940년대 부모들에게 큰 영향력을 끼쳤던 벤자민 스포크 박사(Dr. Benjamin Spock)는 그의 책에서 아이들을, 악에 빠지기 쉽다는 이유로 교화해야 할 야만인으로 보는 낡은 청교도적 개념은 거부하라고 부모들을 부추겼다. 그 대신에 그는 아이들을, 관심을 필요로 하는 진화하는 정신으로 이해하라고 설득하였다. 예를 들어, 학령기 아동이 도둑질을 하면 부모는 자녀가 '가정에서 더 많은 인정을 필요로 하는 것이 아닌지' 살펴보아야 하며, 용돈을 올려주는 것도 한 방법이라고 제안하였다![8]

1960년대와 1970년대에 가장 인기있던 부모 교육서인 헤임 기노트(Haim Ginott)의 「부모와 자녀 사이」(Between Parent and Child)와 토마스 고든(Thomas Gordon)의 「부모역할훈련」(Parent Effectiveness Training)에서 이와 동일한 메시지가 발전되었다. 이 책들은 부모를 엄격한 도학자(설교자)에서 동정적인 심리치료사로 변화시키는 데 그 목적을 두고 있다. 자녀를 대하는 부모의 태도는 침착하고 판단하지 않으며 전문적이어야 하고, 자녀들이 자신의 가치를 명확하게 알도록 차분하게 이끌어야 하는 것이다.[9]

　그리하여 가정에서조차, 의무감 대신에 우리가 원하는 것에 대해 권리가 있다는 권리감이 들어섰다. 그 권리가 적절한 행동의 기준을 위반하는 것을 의미한다 해도 말이다. 한때는 단호하고 명백한 도덕적 지시를 했던 어른들 - 부모, 교사, 목사 - 도 자녀들을 건강하게 만드는 확실한 길은, 무엇이 옳고 그른가를 말하는 것이 아니라 자기들의 가치를 스스로 발견하게끔 하는 것이라는 생각을 주입받았다. 그 결과, 많은 미국인들은 도덕적 책임이라는 어휘조차 잃어버리고 말았다. 죄와 도덕적 책임은 생소한 개념이 되었다.[10]

　이것이 얼마나 우리에게 큰 영향을 끼쳤는지는 1993년 8월에 방영된 "지옥에 이르는 일곱 가지 죄"에 대한 MTV의 특별 뉴스리포트에서 명백해졌다. 그 프로그램은 일곱 가지 대죄, 즉 정욕, 자만심, 분노, 질투, 게으름, 탐욕, 탐식에 대해 이야기하는 명사들과 평범한 십대들의 인터뷰였다. 여기서도 명확하게 드러난 것은 놀라울 정도로 참가자들이 도덕적으로 무지하다는 것이었다.

　랩 스타(랩송을 부르는 가수 - 역자 주)인 아이스 티(Ice-T)는 카메라를 노려보며 으르렁거렸다. "정욕은 죄가 아니지요. …이건 다 멍청한 짓이에요."

　거리에서 만난 한 젊은이는 게으름을 휴식으로 생각하는 것 같았다.

"게으름… 물러앉아 개인적인 시간을 갖는 것은 가끔 좋은 일이지요."

자만심은 MTV세대가 가장 파악하기 어려워하는 죄였다. "자만심은 죄가 아니지요. 자신을 자랑스럽게 여기는 것이니까요"라고 한 십대가 말했다. 여배우인 커스티 앨리(Kirstie Alley)도 동의하였다. "자만심이 죄라고는 생각지 않아요. 어떤 바보가 지어낸 말이겠죠"라고 날카롭게 말하였다.

그 프로그램은 죄책이나 회개, 도덕적 책임에 대해서는 단 한마디도 언급하지 않았다. 대신에 죄가 마치 질병이나 중독인 것처럼 심리치료적 전문용어들만 난무하였다. 프로그램의 내레이터조차 이구동성으로 이에 가담하였다. "일곱 가지 대죄는 악한 행위가 아니고 오히려 보편적인 인간의 강박현상이다."[11]

유토피아적 사고방식이 만연해 있기 때문에 대부분의 서구 문화권 사람들은 진정한 범죄를 알아내거나 다룰 지적 자산을 가지고 있지 않다. 예를 들어, 한 존경받는 역사가가 히틀러나 스탈린과 같은 대량 학살자에 대해 책을 쓸 때, 그가 말할 수 있는 것은 그들이 '정신장애' 였다는 것뿐이다.[12] 우리 모두 이러한 도덕적 담론의 퇴보에 영향을 받고 있다. 그리스도인들조차 엄격한 도덕적 언어보다는 치료의 어휘를 사용하는 경향이 있을 정도로 말이다.

진정한 악의 문제는 토마스 해리스(Thomas Harris)의 「양들의 침묵」(The Silence of the Lamb)에서 잔인하리만치 적나라하게 나타나고 있다. 이 책은 소름끼치지만 멋진 영화로 만들어진 공포소설이다. 거기에서 수감중인 연쇄 살인범이자, 자기가 죽인 희생자의 고기를 먹는 괴물 한니발 렉터에게 FBI 요원인 젊은 여자가 접근한다. 그녀는 렉터가 잔인한 다른 살인범을 잡을 수 있도록 정보를 줄 수 있을 거라고 기대한다.

"당신에게 협조할 이유가 나에게 있는가?" 렉터가 묻는다.

"호기심이지요." 스탈링은 말한다.

"무엇에 대해?"

"당신이 왜 여기에 있는지에 대해서요. 당신에게 무슨 일이 일어났는지에 대해서도요."

"아무 일도 일어나지 않았소, 스탈링. 그저 우연일 뿐이오. 당신이 나를 영향력 있는 사람 정도로 낮출 수는 없소. 당신은 행동주의를 선택하느라 선과 악을 버린 사람이오. 아무것도 그 어느 누구의 잘못도 아니오. 나를 봐요, 스탈링 요원. 내가 악하다고 말할 수 있소? 내가 악하오, 스탈링?"[13]

한니발 렉터의 조롱섞인 질문은 우리 뇌에 무겁게 축적된 전문용어들을 날려버린다. 우리는 직관이나 경험으로 악의 실재를 알고 있다. 지배하고 파괴하는 세력을 가진 (우리 자신과 타인 안에 있는) 힘을 안다.

인간이 선하다는 신화가 갖는 치명적인 결점은, 우리의 평범한 경험으로 세상에 대해 알고 있는 사실과 일치하지 않는다는 점이다. 또한 세계관이 너무 작을 때, 실재의 어떤 부분의 존재는 부인하게 된다. 그래도 그 부분은 어떤 방식으로든 우리의 관심을 요구하며 거듭 주장할 것이다. 그것은 마치 손 안에 풍선을 넣고 찌부러뜨리려는 것과 같다. 어떤 부분은 언제나 불룩 솟는다. 죄에 대한 감각은 언제나 어떤 형태로든 표현할 길을 찾곤 한다.

미국인들이 공포소설에 대해 갖는 대단한 욕구로 그 예를 들어보자. 이러한 열광을 어떻게 설명할 수 있을까? 이러한 책들이 인간 악의 깊이에 대한 끊임없는 질문을 다루고 있다는 것이 부분적으로 해답이 될 수 있다. 스티븐 킹(Stephen King)의 소설이 베스트셀러가 되는 이유가 여기에 있다. 왜냐하면 킹의 소름끼치는 세계에서 악은 위협적으로 실재하고, 초자연적인 힘은 어느 곳에나 잠복해 있다가 삼킬 자를 찾고 있기 때문이다. 정상적인 사람들은 이런 으스스한 이야기에 끌리게 되는데, 그것은 어린아이들이 수완이 비상한 셋째 돼지가 벽난로에 물을 끓여 못된 큰 늑

대가 굴뚝을 타고 내려오면 데게 만드는 이야기에 매번 즐거워하면서 "아기돼지 삼형제" 이야기를 자꾸자꾸 듣기를 원하는 것과 같은 이유이다.

아이들은 옛날이야기를 좋아하는데, 특히 그림(Grimm) 형제가 기록한 고전적인 이야기들을 좋아한다. 왜냐하면 거기에는 나쁜 새엄마, 사악한 마녀, 못생긴 트롤(지하나 동굴에 사는 초자연적인 괴물로 거인 또는 난쟁이로 묘사됨 - 역자 주) 등 무서운 악한으로 가득 차 있기 때문이다. 아이들은 본능적으로 악이 존재한다는 것을 알고 있으며, 악하고 무서운 것들을 상징하는 환상적인 인물들이 선한 사람들에게 패배하는 것을 보여주는 이야기에 끌린다.

심리학자인 브루노 베텔하임(Bruno Bettelheim)은 좋은 의도에서 이러한 가슴 두근거리는 이야기들을 자녀에게 읽어주지 않는 부모들은 아이들에게 잘해 주는 것이 아니라고 말한다. 그들은 마녀들과 악귀들이 "그 후에 아주 행복하게 살았대요"라는 말과 함께 사라지는 이야기를 통해 안전하게 보호된 환상의 세계 속에서 아주 실제적인 두려움을 직면할 기회를 아이들에게 주지 않는 것이다.[14]

성인들에게도 소설은 현실의 어두운 면을 대면하는 수단이 된다. 소설가 수잔 와이즈 바우어(Susan Wise Bauer)는 비극과 고통의 세계에 사는 어른들도 "악의 존재를 설명할 뿐 아니라 그것에 대한 승리를 보여주는 어른을 위한 그림(Grimm)이 필요하다"고 말한다.[15]

공포 스릴러 작가인 딘 쿤츠는 연쇄 살인범을 다룬 자기 소설이 유행하는 이유는, 독자들이 생생한 도덕적 색조로 채색된 세계의 그림에 목말라하기 때문이라고 믿는다. 심리치료 시대에 살고 있는 우리는 "어떤 형태의 행동이든 다른 형태의 행동만큼이나 정당하다고 배워왔으며, 심지어 살인이나 파괴까지도 유죄선고를 내려서는 안되고 이해해야 한다고 배워왔다고 쿤츠는 말한다. " '계몽주의적' 사고 속에는 진정한 악이 존재하지 않는다." 그렇지만 우리는 일상생활에서 이것이 사실이 아니라는 것을 알고 있다. 그렇기 때문에 "진정한 악이 존재하고 선하게 또는 악하게 사는 방식이 있으며, 도덕적 선택이라고 말하는 소설에 사람들이 끌리게 되는" 것이다. 사람들은 "자기들이 보는 오락물이나 문학작품 속에 반영된 인생에 대해 근본적으로 알고 있는 바를 보고자 하는 내면의 욕구"가 있다.[16]

판사가 용서할 수 없는 사람들을 용서해 주고, 심리학자들이 가장 용서할 수 없는 악을 해명하는 세계 속에서, 사람들은 아이러니하게도 소설에서 발견하는 일종의 리얼리즘을 찾아 헤매고 있다.

* * *

유토피아적 틀은 진정한 악과 효과적으로 씨름하기 위해서 필요한 개념적인 도구를 빼앗아가 버렸다. 우리가 악을 이름붙이거나 확인할 수 없다면, 악을 다룰 능력을 상실하게 되며 결국에는 악의 치명적인 영향력을 더 크게 만들게 된다.

나는 이러한 사실을 몇 년 전 노르웨이를 방문하였을 때 비극적으로 보게 되었다. 그곳의 교도소들은 눈으로 덮인 풍경처럼 하얗고 차가웠다. 교도관들은 최신시설을 갖춘 교도소 체제에 대해 자랑스럽게 여겼다. 그들은 스웨덴과 함께 세계에서 가장 인도적이고 진보적인 치료방법을 채용하고 있다고 자랑했다.

내가 방문한 오슬로 바로 외곽에 있는 교도소는 최고로 안전한 시설이었다. 나는 그곳에서 정신과 의사인 교도소장을 만났는데, 그녀는 냉정하면서도 초연해 보였다. 그녀는 교도소라기보다는 실험실처럼 보이는, 안전유지장치를 한 환경을 보여주면서, 상담자들의 숫자와 수감자들에게 행하는 심리치료 형태에 대해 극찬을 하였다. 사실, 우리는 그곳에서 많은 정신과 의사들을 만났기 때문에 교도소장에게 수감자 중 몇 명이 정신적인 문제를 가졌는지 물어보았다.

"물론, 모두 다 그렇죠"라고 그녀는 눈썹을 치켜올리며 재빨리 대답했다.

"'모두 다' 라니요?"

"죄를 범한 사람은 누구든지 정신적으로 불안정한 상태지요."

아, 네. 사람은 근본적으로 선하기 때문에 그런 끔찍한 일을 하는 사람이라면 정신병자임에 틀림없다. 따라서 해결책은 심리치료이다. 나는 지금 이곳에서 심리치료 모델이 완전하게 실현되는 것을 보고 있는 것이다. 그러나 비극적이게도, 나는 그것의 실패를 곧 보게 된다.

그날 나는 수감자들에게 강연을 하였다. 전형적으로 교도소는 굳이 죄(철창 뒤의 남녀들이 잘 알고 있는 성경적인 진리)에 대해 말할 필요가 없는 곳이다. 그날 그 수감자들은 내가 말하는 것에 아무런 요동 없이 앉아 있었는데, 그리스도를 영접하라는 초대에도 가만히 있었다. 무반응이었다. 흐리멍텅한 표정뿐이었다.

그곳을 떠나려고 할 때, 자신이 그리스도인임을 밝힌 젊고 매력적인 한 교도관이 내게 다가왔다. 완벽한 영어로 내게 감사하면서 "나는 이 사람들이 죄와 구원이라는 확고한 메시지에 직면할 이날을 위해 늘 기도해 왔어요"라고 말했다. 그녀는 개인적인 책임이라는 개념도 없고 개인의 변화를 구할 이유도 없는 이러한 결함이 있는 체제 안에서 일해야 하는 것에 좌절감을 느낀다고 말했다.

며칠 뒤 그 체제에 대한 그녀의 비판이 아주 무서운 형태로 표면화되었다. 그때 나는 스코틀랜드로 여행을 하고 있었는데, 노르웨이 "교도소 선교회" 실무자로부터 긴급전화를 받았다. 그들은 내가 만났던 그 젊은 교도관이 수감자를 데리고 영화를 보러(수감자의 심리치료 중 하나)갈 책임을 맡았는데, 돌아오는 길에 그 수감자가 그녀를 덮쳐 강간을 하고 살해하였다는 소식을 전해 주었다.

정신질환의 표시라고? 사회 경제적 힘의 결과라고? 인간의 잔인성과 폭력의 극악무도함 앞에서 얼마나 무색하고 비효과적인 설명인가? 도덕적 악을 설명함에 있어서 도덕의 범주가 아닌 것을 채택할 때, 우리는 악을 진지하게 생각하지 못하며 그것을 제한하지도 못한다. 영혼의 병에 대한 정확한 진단에 귀기울이지 않는다면, 우리는 진정한 치료법도 발견할 수 없으며, 결국엔 그 병이 우리를 파멸시킬 것이다.

어느 사회에서든지 두 가지 힘만이 죄성을 억제한다. 그 힘은 양심 아니면 칼이다. 시민들이 전자를 적게 가지고 있을수록 국가는 후자를 더 많이 채택해야만 한다. 시민의 의무나 도덕적 책임에 호소함으로써 질서를 유지하는 데 실패한 사회는 강압정치에 의존한다. 전체주의 국가가 시행하는 공개적 강압정치든 시민들이 자발적으로 자기들의 자유를 포기하게 만드는 은밀한 강압정치든 말이다. 이 장의 초두에 인용된 청소년 범죄 사례가 발생했을 때, 미국인들이 결국 자녀들에게 너무 놀라 정부의 강한 통제와 보호를 환영할 것은 쉽게 상상이 되는 일이다. 그것이 바로 유토피아주의가 자유의 상실로 이어지는 이유다.

증가하는 국가통제에 대한 단 한 가지 대안은 죄에 대한 인간의 잠재력을 말하는 성경적 사실주의로 돌아가는 것이다. 움츠리지 않고 똑바로 악을 대면할 마음으로 말이다. 사회학자들은 사회범죄와 역기능의 근본원인을 끊임없이 찾고 있다. 그렇지만 근본원인은 에덴동산에서의 유혹 이래로 바뀌지 않았다. 그것은 바로 죄이다.

인간은 하나님과 그의 창조질서에 반항하였고, 삼라만상을 혼란에 빠뜨렸다. 모든 것은 죄로 인하여 왜곡되었다. 아무것도 이 영향력에서 벗어나지 못하고 있다. 이것은 신앙의 '사적' 영역에 국한되어 있는 단순한 '종교적인' 메시지가 아니다. 이것은 궁극적 실재에 대한 진리이다. 그리고 그 진리를 좀더 자세히 들여다보면, 왜 성경적 세계관이 현실세계에 유일한 이성적 근거를 제공하는지 분명히 알게 될 것이다.

제20장

동산의 뱀

> 하나님은 자유라고 하는 현실을 창조하셨고 우리는 자유의 행동을 수행한다. 그분은 악을 가능케 하셨고, 사람들은 악을 실제화시킨다.
>
> 노만 가이슬러(Norman Geisler)와 론 브룩스(Ron Brooks)

인간조건에 대한 최선의 처방은 "창세기의 처음 몇 페이지에 다 있다"고 신학자 나이절 카메론(Nigel Cameron)은 말한다.[1] 그 페이지에서 우리는, 우리가 어디에서 왔으며, 우리의 목적이 무엇이고, 이 세상에서 무엇이 잘못되었는지를 배울 수 있다.

하나님은 최초의 두 사람 아담과 이브를 창조하셨을 때, 도덕적 제한을 설정하셨다. "동산 각종 나무의 실과는 네가 임의로 먹되 선악을 알게 하는 나무의 실과는 먹지 말라 네가 먹는 날에는 정녕 죽으리라" (창 2:16-17). 아담과 이브가 하나님을 믿고 하나님의 법을 따르든지 아니면 하나님께 불순종하고 그 결과로 고통을 겪든지 그 선택은 자유였다. 역사 속의 모든 사람들은 이와 동일한 선택에 직면해 왔다.

하나님께 대한 순종은 엄한 주인이 제멋대로 부과한 규칙을 지키는 그런 문제가 아니다. 하나님께 대한 순종은 실제의 삶, 의미와 목적으로 풍성한 삶에 들어가는 수단이다. "보라 내가 오늘날 생명과 복과 사망과 화를 네 앞에 두었나니… 너와 네 자손이 살기 위하여 생명을 택하고"(신 30:15, 19).

또한 순종은 단순한 외적 행위에 대한 것이 아니다. 순종은 인격적 존재이신 하나님께 대한 내적 반응이다. 하나님을 알고 "마음을 다하고 성품을 다하고 힘을 다하여 네 하나님 여호와를 사랑"(신 6:5)하기로 선택하는 것이다. 하나님의 명령의 중심에는 일련의 원칙이나 기대가 놓여 있지 않다. 하나님의 명령의 중심에는 관계가 있다. 우리는 우리의 전 존재로 하나님을 사랑해야 한다.

이러한 관계를 맺을 수 있는 인격적 존재를 만들기 위해서 하나님은 선택을 할 수 있는 존재를 만드셔야 했다. 이러한 존재는 하늘의 줄에 달랑달랑 매달린 인간 꼭두각시가 아니라, 자신들의 선택으로 역사의 과정을 변화시킬 수 있는 도덕적으로 중요한 행위자이다.

이것은 성경이, '자동적인 선택'(내가 무엇을 선택하든 내가 선택한다는 바로 그 사실 때문에 나는 올바르다)이라는 오늘날의 개념을 시인하는 것을 뜻하지는 않는다. 성경은 거룩한 하나님이 계시며, 그 하나님의 법은 옳고 그름에 대한 초월적, 보편적 유효기준을 설정한다는 것을 가르쳐준다. 우리의 선택은 이런 기준에 결코 영향을 주지 않는다. 우리의 선택은 단순히 그것을 받아들일 것인가 아니면 거부하여 그 결과로 고통받을 것인가를 결정하는 것이다.

하나님은 선하시고, 본래 그의 창조는 선했다. 하나님은 악의 창시자가 아니다. 이것은 기독교 가르침에서 매우 중요한 요소인데, 그 이유는 하나님이 악을 창조하셨다면, 본질상 그분은 선과 악을 동시에 가지고 있어야 하고 선이 악을 이길 수 있다는 소망이 없기 때문이다.[2] 이렇게 되면 구원에 대한 교리의 근거가 없어지는데, 하나님의 본성에 악이 있다면 하나님이 우리를 악에서 구원하실 수 없기 때문이다. 불의와 억압에, 잔인성과 부패에 대항하여 싸울 근거도 없어진다. 왜냐하면 이러한 것들이 하나님의 본성을 반영한 것이 되므로 하나님의 그 피조물 속에 내재적으로 반영되어 있는 것 또한 당연하기 때문이다.

창조가 원래 선하다는 성경의 가르침은 중요한 두 가지 철학적 문제를 해결해 준다. 즉 악의 근원을 설명해 주고 개인의 구원에 대한 소망의 근거를 제공한다. 만일 우리가 치명적인 결함을 가지고 창조되었다면, 구원은 우리를 파괴하고 다시 시작할 것을 요구하기 때문이다. 그렇지만 우리가 선하게 창조되었기 때문에 구원은, 우리가 창조되었던 본 모습으로 우리를 회복시켜 주는 것을 의미한다. 구속은 하나님의 본래의 목적을 회복하고 성취하는 것을 의미한다.

만일 하나님이 선하시고 그분의 창조가 선하다면 악의 궁극적인 기원은 무엇일까? 다시 한 번 우리는 창세기의 앞부분으로 돌아가야 한다. 뱀의 형상으로 나타나 단순히 질문을 제기함으로써 자신의 파괴적인 생각을 주입한 강력한 영적 존재가 이브를 유혹하는 대목이 있다. "하나님이 참으로 너희더러 동산 모든 나무의 실과를 먹지 말라 하시더냐"라고 뱀이 물었다(창 3:1). 의심을 일으킨 다음에 뱀은 신의 말에 대한 직접적인 모순을 제기하면서 이를 죽이기 위해 움직이기 시작했다. 뱀은 담대하게 선언한다. "너희가 결코 죽지 아니하리라"(창 3:4). 뱀은 뻔뻔스럽게도 거짓말로 진리를 대적하였다.

이 뱀 - 이 사악한 존재 - 은 어디에서 왔는가? 역사를 통해 모든 문화에는 실재적인 존재로서의 악의 개념, 즉 악마나 악한 신이라고 의인화된 힘 혹은 철학자들이 '영적 존재'(presence)라고 부르는 것이 있어 왔다. 우리는 성경을 통해서만 이 악한 세력의 진정한 근원을 알 수 있다. 영적 존재인 선한 천사들과 타락 천사(악마)들의 보이지 않는 영역이 있고, 이 보이지 않는 세계에서 보이는 세계와 마찬가지로 도덕적 전쟁이 지속된다. 때때로 성경은 그러한 보이지 않는 세계를 잠깐 보여주려고 커튼을 치우기도 한다.

이 전쟁의 주인공은 타락 천사이다. 한때는 완전한 존재였는데 하나님을 대적하기로 결심을 한 존재이다. 이 존재는 '고발자' 혹은 '사탄', '악마'라고 불린다.³ 욥기 1장에서 사탄은 타락시킬 사람을 찾으러 "땅에 두루 돌아 여기저기" (욥 1:7) 자유롭게 다닌다고 호언장담한다. 수천 년 후 사도 베드로는 욥기에서 이 이미지를 골라내어 마귀가 "우는 사자같이 두루 다니며 삼킬 자를 찾는다" (벧전 5:8)고 경고한다. 복음서에서 우리는 유다가 예수를 배반할 운명적인 결심을 하고 난 뒤 "사단이 그 속에 들어갔다" (요 13:27)는 것을 알 수 있다. 주님을 배반할 마음만 먹으면 악한 영이 그 사람의 영혼 깊숙이 지배력을 뻗칠 수 있다고 말해 주는 소름끼치는 구절이다. 예수는, 사탄의 제1작동모드는 속임이라고 경고하셨다. "저가 거짓말쟁이요 거짓의 아비가 되었음이라" (요 8:44).

사탄이 은혜에서 타락한 것은 하나님과 같이 되겠다는 의도를 선언하였을 때 시작되었다. "지극히 높은 자와 비기리라" (사 14:14). 그는 이브를 똑같은 시험으로 유혹하였다. 즉 나무에서 열매를 따먹으면 지극히 높은 자와 같이 될 것이고 선과 악을 결정할 수 있게 된다고 말이다. 프랜시스 쉐퍼가 말한 대로, 사탄은 우리가 하나님처럼 선과 악에 대한 우리 자신의 기준을 만들 능력을 가지고 있다는 "거대한 거짓말의 창시자"이다.⁴ 이 거짓말은 너무 자주 반복되어 우리 문화에서 받아들여지는 지혜가 되어버렸다.

우리는, 인간의 역사가 어느 쪽으로 기울지 알지 못하는 불안정한 상태에서 사탄이 이브에게 제안을 할 때, 긴장된 침묵으로 지켜보고 있는 수많은 천사들을 상상해 볼 수 있다. 그리고 이브가 손을 뻗어 열매를 잡을 때 나는 슬픔의 신음소리를 들을 수 있다. 그녀는 거짓말을 믿고 말았다!

"여자가 그 실과를 따먹고 자기와 함께한 남편에게도 주매 그도 먹은 지라"(창 3:6). 이 단순한 말 속에 고통과 아픔의 짐 아래 세대를 걸쳐 굴복한 인간의 딜레마에 대한 설명이 들어있다. 아담과 이브의 죄는 과일 한 조각을 먹은 것이 아니었다. 그들의 죄는 결코 그들의 것이 될 수 없는 것을 갈망하면서 하나님과 같은 권력을 탐한 것이었다. 그들은 피조물의 제한적이고 한정된 존재로서의 본성을 거부하고, 그들이 결코 될 수 없는 것, 즉 하나님과 같이 되려고 노력했다. 그들은 자기 자신의 신이 되고 싶어했다.

하나님의 명령에 불순종한 이 하나의 선택이 하늘의 도덕적 전쟁을 지상으로 가져다 주었고 역사의 종말까지 이르는 결과를 낳았다. 동산에서의 원죄가 모든 인류에 영향을 끼쳐서 모든 인간은 하나님으로부터 분리된 상태에서 태어나게 되었다.

젊은 개심자는 낸시에게 물었다. "아담과 이브는 다만 모든 인류를 상징하는 것이 아닙니까? 타락은 우리 모두를 함정에 빠뜨리고자 하는 죄의 상징일 뿐이지 않습니까?" 아니다. 이것은 신화적인 우화가 아니다. 진짜 인간들의 진짜 선택이었다. 로마서 5장에서 사도 바울이 반복해서 언명하는 대로 아담과 이브의 죄로 인한 타락은 갈보리에서의 그리스도 구속의 사역과 마찬가지로 역사적인 것이었다. 그 역도 마찬가지다. 타락이 정말로 역사적인 것이었기 때문에 삼위일체의 제2위는 구속을 위한 역사적 죽음과 부활을 겪어야만 했다.

악에 대한 성경의 설명은 지적 행사도 아니고, 세상이 무엇이 잘못되었는지를 설명하는 이론적 방식도 아니다. 그 대신에, 피할 수 없는 개인적인 메시지를 준다. 우리 모두는 거룩한 하나님께 죄를 지었다는 메시지이다. 사도 바울이 썼던 대로 "의인은 없나니 하나도 없으며… 다 치우쳐 한가지로 무익하게"(롬 3:10-12) 되었다. 이러한 말씀을 진정으로 이해할 때 우리는 비로소 겸손하게 된다. 우리는 우리 모두가 하나님 앞에서 동등한 도덕적 지위(죄인 된 지위 - 역자 주)로 이 세상에 온다는 것을 깨닫는다. 우리 모두는 하나님만이 주실 수 있는 구속이 필요하다는 것을 말이다.

사실상 다른 모든 세계관은 사람들간에 선과 악을 분리시키는 선을 긋는다. 유대인과 이방인 사이에, 유럽인과 비유럽인 사이에, 브라만과 불가촉천민 사이에, 부르주아와 프롤레타리아 사이에. 그렇지만 성경은 선과 악 사이의 선은 각 사람의 마음을 가르고 있다고 가르친다. 악은 우리 안에 있다. "무엇이든지 밖에서 사람에게로 들어가는 것은 능히 사람을 '더럽게' 하지 못하되 사람 안에서 나오는 것이 사람을 '더럽게' 하는 것이니라"(막 7:15)고 예수께서 말씀하셨다. 우리는 모두 우주의 심판관 앞에서 죄가 있다. 우리는 모두 세상의 깨어짐에 대해 책임이 있다.

게다가, 우리는 모두 동일한 깊은 결과에 개인적으로 또는 우주적으로 직면한다. 많은 사람들은 지옥에 대한 생각이나 영원한 심판에 대한 설교를 싫어한다. 그렇지만 지옥의 교리는 역사적인 기독교 정설이다. 하나님은 사랑의 하나님이시지만 또한 공의의 하나님이시기도 한데, 공의는 하늘(의에 대한 보상)과 지옥(불의에 대한 처벌)을 요구한다. 이 신성한 심판이 거칠고 비인간적으로 들릴지 모르지만, 지옥의 실재는 우리의 선택을 중요하게 만들고 우리에게 완전한 인간적 존엄성을 부여하는 것이다. 만일 우리 행동의 궁극적인 결과가 없다면 아무 의미가 없기 때문이다. 더 나아가서 마지막 도덕적 책임도 없을 것이고 도덕적으로 행동할 이유도 없게 되며, 그렇게 되면 문명화된 사회에 대한 근거도 없게 되는 것이다.

그렇지만 회의론자는, 복음을 전혀 들어보지 못한 사람이 어떠한지를 묻는다. 사도 바울은 모든 사람들은 핑계치 못할 것인데 "이는 하나님을 알 만한 것이 저희 속에 보임이라"(롬 1:19)고 말한다. 우리는 우리가 알고 있는 것에 대해 책임이 있다. 이 말은 우리가 알지 못하는 것에 대해서는 책임이 없다는 말이다. 우리가 바르고 참이라고 알고 있는 것에 대해 반항을 할 때 우리는 결국 그 대가를 치르게 된다.

그렇게 될지라도 하나님은 언제나 우리에게 빠져 나갈 길을 마련해 주신다. 그분은 우리를 용서하시고 회복시켜 주실 준비가 되어있고 의향이 있으시다. 다음에서 살펴보겠지만 완전한 구속은 우리가 마땅히 받아야 할 결과를 면하게 해주시는 하나님의 섭리다.

썩어짐의 종노릇

죄의 결과는 우주 자체의 질서에 영향을 준다. 대부분의 사람들은 죄라는 용어를 좁게 이해한다. 몇 가지 규칙을 위반했거나 몇 가지 실수를 저지른 것으로 생각하는 경향이 있다. 그래서 우리는 사과하고 계속 삶을 살아간다. 그렇지 않은가? 아니다. 죄는 규칙을 어기는 것보다 훨씬 더한 것이다. 하나님은 복잡하면서도 서로 긴밀하게 관련된 우주를 창조하셨는데, 각 부분은 다른 부분들에 의존하고 있고 모든 것이 질서 있고 조화로운 법칙의 지배를 받는다. 죄는 그 질서와 조화의 모든 부분에 영향을 준다. 뒤틀리게 하고 부러뜨리고 왜곡시키고 부패시킨다.

첫째, 죄는 우리와 하나님의 관계를 분열시킨다. 아담과 이브가 금지된 실과를 먹은 뒤 처음 한 일이 무엇이었는가? 하나님으로부터 숨으려고 했다. 죄 때문에 사람은 죄책감을 느끼고 하나님을 두려워하게 된다. 이것은 현대 정신의학이 주장하듯이 신경증이나 거짓 죄책감이나 완전하고 억제되지 않은 삶을 사는 데 있어서의 역기능적 장애가 아니다. 진정한 죄책감은 우리가 잘못된 것을 행했다는 내면의 신호이다. 마치 통증이 신체에 해로운 것을 하였다는 신호인 것처럼 말이다. 우리가 뜨거운 난로에 손을 올려놓았을 때 통증은 우리에게 우리가 하고 있는 일을 바꿀 필요가 있다고 말해 준다(난로에서 손을 치워야 한다!). 죄책감도 같은 식으로 작용한다. 그것은 우리가 우주를 지배하는 법을 위반했고 창조주와의 관계를 깼다는 존재중심에서의 자각이다.

둘째, 죄는 우리로 하여금 서로에게서 멀어지게 한다. 아담은 자기 행동에 대해 즉시 이브를 비난하였다. 이브는 그녀를 유혹한 뱀을 비난하였다(악마가 나로 하여금 그렇게 하게 만들었다!). 회피, 비난, 손가락질, 우월, 비통함, 자만심 등 사회붕괴의 모든 요소가 바로 창세기의 앞장들에 나와 있다.

셋째, 타락은 모든 자연에 영향을 준다. 아담과 이브가 다른 피조물을 지배할 권한을 받았기 때문에 그들의 반역은 모든 피조물에 무질서를 가져왔다. 과학시대를 사는 우리로서는 이해하기 어려운 개념이다. 그렇지만 성경은 죄가 도덕적 질서뿐 아니라 물리적 질서도 파열시켰다고 분명히 가르친다. 하나님은 이브에게 죄의 결과로 해산의 고통을 주시고 가족의 삶에 고통과 슬픔이 수반될 것이라고 경고하셨다(창 3장 참조). 확실히 우리가 가장 비통한 일을 겪는 것은 친밀한 가족관계 안에서이다. 그리고 나서 하나님은 아담에게 농작물을 재배하기 위해 땅을 경작하여도 "가시덤불과 엉겅퀴"를 낼 것이라고 경고하셨다(창 3:17-19). 원래 노동은 창조적이고 성취감을 주는 것이었지만, 고역과 수고가 되었다.

마지막으로, 하나님은 아담과 이브에게 흙 속에서 취함을 입었으니 흙으로 돌아갈 것이라고 말씀하셨다. 다시 말해, 죽음과 죽음의 예비작업 - 질병과 고통 - 이 인간경험의 일부가 되었다. 죽음은 "원래의 창조에서는 있을 자리가 없었다"고 C. S. 루이스는 말한다. 물리적 세계 자체가 - 우리 신체를 포함하여 - 타락에 의해 손상을 입었기 때문에 죽음이 우리 경험 속으로 들어온 것이다. "신체를 떠나는 것은 영혼의 본성이 아니다. 오히려 (타락에 의해 변성된) 신체가 영혼을 황폐화시킨다."[5] 창조 자체는 마지막 구속 때까지 "썩어짐의 종노릇"(롬 8:21)을 한다.

분명히, 타락은 빨리 고쳐질 수 있는 고립된 불순종의 행위에 불과한 것이 아니다. 하나님의 훌륭한 작품의 모든 부분이 인간의 반란으로 훼손되었다. 이것이 바로 종교개혁자들이 인간의 본성을 '전적인 타락'으로 묘사하는 이유이다. 이 말은 인간의 본성이 완전히 부패되었음을 뜻하는 것은 아니다. 왜냐하면 죄 가운데서도 우리는 여전히 하나님의 형상을 지니고 있기 때문이다. 마치 진흙과 먼지 사이로 아이의 귀여운 얼굴이 나타나는 것과 같다. 종교개혁자들에 의하면, 전적인 타락이라는 말은 우리 존재의 모든 부분 - 지성, 의지, 감정, 몸 - 이 죄의 영향을 보여준다는 것을 의미한다. 어떠한 부분도 타락으로 손상되지 않은 부분은 없다.

예를 들어, 성(性)은 하나님이 창조하신 것으로 선하다. 그렇지만 정욕과 불충실함으로 왜곡되는 경우가 종종 있다. 마찬가지로, 정부는 질서를 유지하기 위해 창조되었다. 그렇지만 전제정치나 압정으로 쉽게 변질된다. 예술적 창조성에 대한 인간의 능력은 선하다. 그렇지만 반역과 방종의 메시지로 왜곡될 수가 있다. 타락으로 인해 창조의 모든 부분은 죄의 혼란 속으로 들어갔고, 구속을 기다리며 부르짖는다. 오로지 기독교 세계관만이 이 두 가지 진리(죄로 인한 과격한 파괴와 원래 창조된 선으로의 회복의 소망)의 균형을 잡아줄 수 있다.

대가를 치름

죄와 도덕적 책임에 대한 기독교적 개념만이 우리 삶을 이해하고 정돈할 수 있는 합리적인 길을 제시한다. 낸시의 대학 윤리학 수업에서의 대화가 이것을 잘 예시해 준다. 도덕적 책임의 본질에 대한 토의중에 한 학생이 물었다. "우리가 누구에게 책임이 있죠? 결국 책임이라는 개념은 우리가 누군가에게 책임이 있지 않는 한 아무 의미가 없잖아요."

"우리는 다른 사람에게 책임이 있어요." 다른 한 학생이 자발적으로 말했다. "예를 들어, 아이를 차로 치면 당신은 아이의 부모에게 책임이 있는 거죠."

"그렇지만 누가 그렇게 말하지?" 처음 학생이 다그치듯 말했다. "누가 그 부모에게 내가 책임이 있다고 결정하지?"

"우리는 사회에 책임이 있어." 세번째 학생이 단호하게 말했다. "사회는 우리가 따를 법을 만드니까 우리가 책임이 있다고 결정하지."

"그렇지만 누가 사회에게 그런 권한을 주지?" 처음 학생이 다시 물었다.

많은 학생들의 마음 속에 숨겨진 대답은, 우리의 궁극적 책임은 하나님께 있다는 것이었다. 다른 어떤 권위도 도전받을 수 있다. 절대적인 존재, 완전한 선과 공의의 존재가 있기만 하다면, 우리 모두가 책임이 있는 궁극적인 법정이 있는 것이다. 그렇지만 세속적인 대학 강의실에서는 아무도 감히 그런 말을 하지 못했다. 그래서 학생들은 신의 권위를 몰라도 되는 도덕적 책임의 근거를 찾기 바라면서 앞다투어 논쟁을 하였다.

대학 강의실만이 '하나님 이야기'가 금기시되는 유일한 곳은 아니다. 현대문화의 많은 부분에서 하나님을 믿는 것이 수용되지만, 믿음을 개인의 상자 안에 보관할 경우에만 그렇다. 하지만 기독교는 사적인 것으로만 남아있지는 못할 것이다. 기독교 신앙은 단지 개인적인 믿음이 아니다. 모든 실재에 대한 진리이다. 그리스도인들은 상자를 부수고 나와서, 우리 신앙에 적대감을 갖고 있는 환경을 뚫고, 사람들이 직면하는 딜레마를 보도록 만들며, 그들에게 기독교 세계관이 왜 유일한 합리적 해답인지를 보여주는 방법을 배워야 한다.

비신자들이 견딜 수 없는 딜레마에 빠져 있다는 사실을 알게 해야 한다. 한편으로 우리 모두는 신의 권위가 존중되는 사회, 즉 사기를 당하거나 도둑을 맞거나 살해되는 것을 두려워하지 않아도 되는 사회에 살기를 암암리에 바란다. 그렇지만 동시에 우리 중 많은 사람들은 그 신의 권위에 굴복하고 싶어하지 않는다. 우리의 행동을 제한하는 도덕적 진리의 외부적이고 초월적인 근거를 인식하고 싶어하지도 않는다. 그것은 인간의 자존심과 인간중심주의에 타격이 될 것이고, 선택이 우리의 궁극적 권리이며 우리가 도덕적으로 자율적이라는 것을 부인하는 것이 될 것이다. 더 나쁜 것은, 우리가 그러한 초월적 진리에 맞게 살지 못하면 우리는 신의 법정 앞에서 죄를 시인해야 할 뿐 아니라 그 결과도 받아들여야 하는 불편한 위치에 있게 된다는 것을 의미할 것이다. 이것이 바로 기독교적 해답을 받아들일 때 치러야 할 대가이다.

그렇지만 그것을 거부하는 대가는 훨씬 더 크다. 도덕성이 개인적 선호도로 폄하되고 아무도 도덕적으로 책임을 질 수 없을 때, 사회는 급속도로 무질서해진다. 연예인들은 우리 자녀들의 취향을 저속하게 만드는 시시한 것들을 대량생산하고, 정치가들은 우리 호주머니를 털면서 우리 귀를 기쁘게 하며, 범죄자들은 도시의 거리를 공포의 도가니로 몰아넣고, 부모는 자녀를 소홀히 하며, 자녀들 또한 도덕적 양심 없이 자라난다. 사회의 무정부 상태가 국가에 확산되면, 시민은 전체주의형 지도자(혹은 지도층)가 간섭해서 무엇이든 고쳐주길 바라는 후보 1위가 된다. 슬프게도, 그때쯤이면 많은 사람들이 무정부 상태와 혼란에 너무 지쳐서, 사회질서 회복을 위해 자신들의 자유를 내준다. 철의 주먹 아래에서도 말이다. 히틀러를 환영한 독일인들이 1930년대에 정확히 이런 일을 하였다. 이탈리아인들도 열차가 제 시간에 운행될 것을 약속한 무솔리니를 열심히 따랐다.

우리는 사람들에게 준엄한 선택에 직면할 것을 요구해야 한다. 우리가 원래 선하다는 것을 고수하는 세계관이냐, 아니면 초월적 기준과 거룩한 하나님 앞에서 우리 죄에 대한 책임을 인식하는 세계관이냐 하는 것이다. 첫째 선택은 결국 도덕적 무정부 상태로 가게 되어 독재의 문을 열게 된다. 둘째 선택은 질서있고 도덕적으로 책임있는 사회를 가능케 한다. 유대인 신학자인 데니스 프레이저(Dennis Prager)는 강연을 할 때, 청중들에게 어두운 밤거리를 걷다가 한 떼의 젊은이들이 다가오는 것을 보았을 때를 상상해 보라고 하는 경우가 종종 있다. 프레이저는 묻는다. "그들이 성경을 들고 있고 성경공부를 하고 오는 길이라는 것에 겁을 먹겠습니까?

아니면 안심이 되겠습니까?' 청중들은 늘 웃으며 안심할 것이라고 말한다.[6] 성경적인 진리에 헌신하게 되면 더욱 예의바르게 행동한다.

대조적으로, 금세기의 역사를 본 사람은 그 어느 누구도, 사람들을 억압적인 도덕적 전통과 규칙에서 해방시키면 자발적으로 선하고 관대해질 것이라는 개념을 무턱대고 받아들일 수는 없을 것이다. 초기의 어떤 문명사회도 법이 없는 상태로는 잔인성과 야만성으로 가게 된다. 도덕법은 우리의 진정한 본성을 억압하거나 제한하는 답답한 규칙이 아니다. 오히려 도덕법은 하나님이 우리를 창조하실 때 의도하신 바대로 이끌 방향성을 가지고 있다. 우리가 이것을 이해할 때 도덕적 기준은 생명을 주고, 생명을 고양시키며, 생명을 풍성하게 하는 진리인 것을 알 수 있다.

죄에 대한 현실적이고 성경적인 교리가 찰스 디더리치의 개인적 독재나 위압적인 국가의 비인간적 독재에 대한 유일한 보호수단이라는 실례를 보여주어야 한다. 미국인들에게 오늘날 우리가 향유하고 있는, 역사적으로 전례가 없는 자유를 가져다준 것은 바로 죄에 대한 성경적 교리를 받아들였기 때문이다. 이 나라의 설립자들은 야망과 탐욕을 배제할 수 없다는 것을 알았기 때문에 정부 모든 기관에 견제와 균형을 심어놓았다. 제임스 매디슨(James Madison)이 말한 대로, 이러한 구조들은 "야망과 야망 간에 경쟁을 시켜서 정부의 어떤 요소도 점검되지 않은 권력을 가질 수 없도록 만든다."[7] 그러한 권력의 제한은 인간의 권리를 보증하는 어떠한 문서보다도 훨씬 더 우리를 보호해 준다. 결국, 과거의 소비에트 연방 헌법은 우리의 권리장정보다 훨씬 더 광범위한 권리의 목록을 갖추고 있었지만, 권력제한 없이는 그 문서가 아무런 도움이 되지 못했다.

우리는 우리의 회의적인 이웃들에게 그들이 갖고 있는 세계관이 어떤 결과를 낳게 되는지를 이야기해 보라고 요구해야 한다. 죄의 실재를 부인하는 것은 계몽적이고 사기를 높이는 것처럼 보일 수도 있으나, 궁극적으로는 품위를 떨어뜨리는 것이고 파괴적인 것이다. 또한 우리의 선택과 행동의 중요성을 부인하며 우리의 최악의 충동을 풀어놓는다. 반면에 기독교는 복지나 범죄, 인간의 권리, 교육 등과 같은 사회이슈를 제기할 수 있게 한다. 기독교는 동정적이면서도 도덕적으로 도전적인 복지체계의 기초를 제공하며, 수혜자의 존엄성과 자존감을 강화시킨다. 기독교는 도덕적 주체자로서의 인간을 '희생되었다'고 하는 심리학적 용어로 왜소화하기보다는, 자신의 행동에 스스로 책임을 지게 하여 사법적 정의체계를 뒷받침한다. 기독교는 모든 개인을 하나님이 동등하게 창조하신 존재로, 동시에 똑같이 타락한 것으로 봄으로써 인권에 대한 확고한 이론적 기초를 제공한다. 기독교 교육은 아이들을 하나님의 형상으로 지어진 존엄한 존재로 다룬다. 앞에서 살펴본 대로, 이러한 모든 분야의 단순한 비교를 통해서도 근대적 유토피아주의와 그 중심사상인 인간이 원래 선하다는 교리는 완전히 파산된 것임을 알 수 있다.

판 바꾸기

물론 죄라는 개념은 세계관의 문제일 뿐만 아니라 매우 개인적인 것이기도 하다. 개인적인 차원에서 인간의 타락을 현실적으로 파악하게 되면 개인적인 죄책을 해결하려는 노력으로 하나님께 달려가게 된다. 그러면 심리학적 용어 속에 결코 묻혀 있지 못한다. 그것을 묻어버리는 대신, 하나님께서 길을 제공하셨다는 것을 이해하고, 우리 죄를 정면으로 직면할 수 있게 된다.

우리는 종교가 단지 소원성취에 불과하다는 말을 자주 듣는다. 이것은 프로이트의 주장이었다. 즉 기독교는 여러 가지 개인의 욕구를 충족시키기 위해 고안해 낸 환상이라는 것이다. 하나님을 믿음으로써 얻는 심리학적 혜택이 있는 것은 사실이다. 그렇지만 심리학적 환원주의는 양쪽 편이 다 할 수 있는 게임이다. 왜냐하면 하나님을 믿지 않음으로써 오는 심리학적 혜택도 있다고 말할 수 있기 때문이다. 결국, 하나님이라는 개념은 위안이 되는 것이기도 하고 당황케 하는 것일 수도 있다. 어느 누가 개인적인 선호를 포기하고 모든 생각과 행동에 대해 절대적인 도덕적 기준에 따라 책임을 지길 원하겠는가? 어느 누가 몇 가지 잘못을 인정하는 것에서 더 나아가 거룩한 하나님 앞에서 죄를 지었다고 실제로 고백하고 싶어하겠는가? 어느 누가 자기 재산을 줘버리고 싶겠는가? 어느 누가 다른 사람들을 위하여 고통을 겪고 싶겠는가?

정말로, 우리는 인간이 선하다는 신화는 무신론의 심리학으로 가장 잘 표현된다고 설명할 수 있을 것이다. 무신론의 심리학은 모든 외부의 권위로부터, 혹은 도덕의 초월적인 원천으로부터 자유롭고자 하는 깊은 욕구인 소원성취의 형태를 띠고 있다. 또 자율적인 자기라는 교리를 믿는 것이 훨씬 더 즐거울 수도 있다는 것을 전제로 한다. 그 교리는 우리에게 합법적인 요구를 하는 객관적인 진리가 없고, 옳고 그른 것은 우리 자신의 선택에 달려 있으며, 우리 자신의 결정으로 무에서 가치를 창출한다는 것을 우리에게 확신시켜 주는 것이다. 각 개인은 자기의 사적 세계를 만드는 작은 신이다. 사람들은 루소가 그랬던 것처럼 자기 자녀를 죽음에 내어줄 수도 있다.

하나님도 없고, 죄도 없고, 죄책감도 없다. 인간이 왕좌를 차지하고 있고, 세상의 모든 것은 잘 돌아가고 있다. 유토피아적 신화가 처음에는 아주 매력적일 수 있다는 것이 놀랄 일은 아니다.

이런 식으로 역습함으로써 우리는 단순한 소원성취 게임으로 사람들의 생각을 돌리게 하는 전략은 양쪽 모두를 해치는 것임을 보여줄 수 있다. 그리고 나서 우리는 대화를 진정한 문제로 돌릴 수 있다. 즉 기독교는 진리라는 것이다. 기독교는 다른 어떤 세계관보다도 우리의 경험과 일치하고, 현실에 맞으며, 일리가 있다. 그리고 존재의 문제에 해답을 준다.

그렇지만 예민한 사람들이 제기하는 한 가지 문제가 있다. 어떻게 하나님은 선하시면서 악을 허용하실 수 있는가? 고통의 순간에는 신자나 비

신자나 비슷하게 이러한 외관상의 모순에 직면한다. 사랑의 하나님이 어떻게 피조물을 고통받게 하실 수 있는가? 금세기의 철인도 이 질문엔 난처해했으며, 그의 경우 이 질문은 존재하는 것이 틀림없는 하나님과 사람 사이에 비극적인 장벽이 되었다.

제21장
고통은 이해될 수 있는가?

> 하나님이 고통을 폐지하지 않으신다는 것 – 더 나쁘게는 고통을 통해서
> 만 죄를 폐지하신다는 것 – 때문에 현대 사상가들은 분개한다.
>
> 피터 크리프트(Peter Kreeft)

때는 1942년, 장소는 알버트 아인슈타인의 집, 사람들로 꽉 찬 응접실, 유명한 물리학자가 세 사람의 성직자를 위해 다과회를 열었다. 성직자는 그리스 정교회의 젊은 랍비 돕 헤르첸(Dov Hertzen)과 중년의 가톨릭 사제 브라이언 맥노턴(Brian McNaughton), 그리고 개신교의 자유주의 신학자 마크 하트만(Mark Hartman)이었다.[1]

"헤르첸 랍비께서 이 작은 파티를 열도록 '선동' 하셨습니다." 차와 쿠키를 먹는 사람들을 바라보며 아인슈타인이 말을 꺼냈다. "이분은 내가 정지된 우주에 대한 생각을 넌지시 비추자 나의 열린 사고방식을 칭찬하셨죠. 얼마 전, 나는 혼자 칼 텍(Cal Tech: 캘리포니아 공과대학 - 역자 주)에서 허블망원경을 통해 적색천이를 관찰했습니다."

의자에 기대 앉은 아인슈타인이 턱을 들고 말했다. "물론, 나는 오랫동

안 일반상대성원리가 암시하고 있는 것 중 하나는 우주가 팽창하고 있다는 것이라는 점을 알고 있었습니다. 만일 팽창하고 있다면 과거엔 분명히 작았었겠죠. 과거로 거슬러 올라가면, 우주는 과거의 어떤 한정된 시점에서 초고밀도의 공으로 시작되었다는 결론에 이르게 됩니다."

아인슈타인이 손에 깍지를 끼면서 결론을 짓듯 말했다. "그래서 우주의 시작 시점이 있다는 것을 받아들이게 되었어요. 하지만 이러한 발견의 결과는 뭐죠? 형이상학적으로나 종교적으로 어떤 연관성이 있는 건가요? 이건 헤르첸 랍비께서 내게 질문하셨던 것인데 우리가 함께 그것을 논의할 수 있으리라고 생각했습니다."

그는 짧게 미소지었다. 헝클어진 머리와 덥수룩한 수염, 낡은 스웨터에 바지 차림인 아인슈타인은 점잖고 부드러우면서도 멍해 보이는 전형적인 교수 이미지를 만드는 데 대가였다. 그리고 그는 그 이미지를 사용하여 가차없이 사람들을 무장해제시키고 나서는 그의 날카로운 논리를 휘둘러 그들을 쪼갰다.

그 책략에 즉각 매혹된 헤르첸 랍비는 의자 끝에 걸터앉아 이야기에 빠져들었다. "우주 자체가 시작이 있다면 그 뒤에는 원인이 있어야 한다고 생각지 않으십니까? 대문자로 된 '원인'(Cause) 말입니다."

"그런데 이 결론이 왜 필요한 거죠?" 아인슈타인은 젊은 랍비에게 찻잔 너머로 날카로운 시선을 보내고 나서는 다정한 어조로 덧붙였다. "나는 과학에 대해서 무엇인가 알고 있어요. 그렇지만 우리가 대문자 C에 대해 말하기 시작하면 이미 과학의 범위를 넘어가 버리는 것입니다."

"이 정도는 적어도 과학적입니다." 맥노턴 신부가 침착한 어투로 끼여들었다. "우리가 결과를 관찰한다면, 우리는 원인을 추론할 수 있습니다. 만약 시간적인 면에서 우주의 시작이 있다면 거기엔 반드시 원인이 있어야 합니다. 우주 밖의 원인 말이에요."

"브라보. 신부님이 문제를 단순한 삼단논법으로 축소시키셨네요." 아인슈타인이 장난스럽게 말했다.

"때로 진리는 단순하죠." 맥노턴이 미소를 머금고 대답했다. 사람들은 초조하게 웃었다.

헤르첸 랍비도 자기 주장을 말하였는데, 목소리가 흥분되어 약간 날카로웠다. "천문학자들의 발견은 전능한 존재가 있어야 한다는 과학적 확신을 주고 있어요. 아인슈타인 박사님, 당신은 유대인으로서 이 존재가 모세에게 토라를 주신 분인지 아닌지를 찾아볼 이유를 갖고 계시지 않습니까? 전능하신 분, 그분에게 복이 있기를, 당신의 백성 유대인의 그분." 그는 승리감에 차서 말을 끝냈다.

"전능한 신이 유대인의 하나님이 아닐 수가 있습니까?" 아인슈타인은 냉담하게 물었다.

"그러니까 박사님은 창조자를 믿습니까?" 랍비가 재촉하였다.

"전에도 말한 바 있지만 나는 스피노자(Spinoza)의 하나님을 믿어요. 질서정연한 우주의 조화 속에 계시된 신이지요."[2] 그는 잠시 몸을 앞으로 구부리며 자기가 말하고 있는 주제를 달궜다. "나는 과학자로서 공통점이 없는 사건들을 자연법의 근원적인 통일성으로 축소시키는 방법을 발견할 때마다 실재의 중심에 있는 합리성에 대한 경외심으로 감동을 합니다. 나로서는 이러한 태도가 가장 높은 의미에서 종교인 것 같습니다. 나는 그것을 우주적 종교 감정이라고 부릅니다."[3]

세 손님의 얼굴이 빛났다. 아인슈타인은 파이프를 빨아 당기면서 사람들이 잠깐 동안 희망을 갖게 내버려두었다. "그렇지만 내가 받아들일 수 없는 것은, 사람들을 벌 주거나 상 주는 인격적인 하나님에 대한 생각입니다. 나의 종교에는 교리도 없고 사람의 형상 속에 창조된 인격적인 하나님도 없습니다. 진정한 과학자라면 인과관계의 법칙이 보편적으로 작용한다는 것을 확실하게 믿어야 합니다. 단 한순간도 사건의 과정에 간섭하는 존재에 대한 생각을 가질 수는 없습니다."

아인슈타인의 목소리는 더 커졌다. "여러분, 종교지도자들은 왜 하나님이라는 개념을 과거의 신화에 기초하고 있지요? 여러분은 이러한 원시적 개념을 유지함으로써 종교를 해로운 것으로 만들고 있습니다. 이것이 바로 과학과 종교의 중요한 갈등 요인이지요."

그는 파이프를 톡톡 치며 한 사람 한 사람 살펴보았다. "그것이 무엇인지 알아요. 여러분의 종교는 통제를 위한 도구였어요. 사람들이 공포에 가득 차 사제들의 손에 권력이 집중되도록 하기 위해 종교를 이용하지요. 그것이 바로 여러분이 종교에 매달려 있는 이유예요. 여러분의 권력을 강화시키기 위해서 말이에요."[4]

세 손님은 깜짝 놀랐고, 대답할 말을 찾느라 고심했다. 아인슈타인은 그들의 침묵을 이용했다.

"내가 너무 심하게 말한 것 용서하세요. 여러분은 내 손님입니다. 그렇지만 생각해 보세요. 이 주장은 정말로 간단해요. 이 인격적인 존재가 전능하다면 우주 모든 곳에서의 모든 사건은 그가 한 일이에요. 인간의 모든 행동, 모든 생각, 모든 감정까지도요. 그러니 사람들이 그러한 전능자 앞에서 그들의 행동과 생각에 책임이 있다고 생각하는 것이 어떻게 가능하겠어요?"

그의 목소리는 강해졌다. "여러분은 하나님이 절대적인 선과 의의 존재라고 말합니다. 그렇지만 이걸 생각해 보세요. 만일 그가 우리 행동에 궁극적으로 책임이 있는 존재라면, 그는 우리가 서로에게 저지른 온갖 해악 뒤에 있는 겁니다. 처벌과 보상을 주면서, 그는 어떤 의미에선 자기 자신에게 판결을 내리고 있는 겁니다. 하나님 자신이 자기가 판단하는 악의 근원인 것이죠!"[5]

맥노턴 신부가 제일 먼저 말을 꺼냈다. "그렇지만 우리는 자유의지를 가지고 있지요."

"내가 믿지 못하는 게 바로 그것이에요." 아인슈타인이 가로막았다.

"과학은 우주가 자연법으로 묶여 있다는 것을 드러냅니다. 즉 합리적 우주지요. 다른 자연법칙의 원인들이 있을 여지가 없습니다."

"만일 우리가 자유의지를 가지고 있지 않다면 어떻게 도덕성이 있을 수 있지요?" 헤르첸 랍비가 물었다.

"자유의지, 자유의지. 그것이 환상이라는 것을 모르시나요?" 아인슈타인은 이 열매 없는 대화에 지치기라도 한듯 자기 이마를 쓸며 눈을 잠깐 감았다. "과학이 인간 마음의 깊이를 탐색할 때, 나는 다른 모든 것과 마찬가지로 마음을 지배하는 법칙 또한 발견할 것이라고 확신합니다. 그러므로 하나님에 대한 여러분의 주장에 있어서 자유의지를 근거로 하지는 마시기 바랍니다. 여러분의 종교는 과학의 진보 이전으로 퇴각하도록 끊임없이 강요받고 있습니다."[6]

아인슈타인이 찻잔을 들어올릴 때 하트만 목사가 마침내 할 말을 찾아냈다. 그는 목소리를 누그러뜨리며 말했다. "실제로, 우리가 과학 대 종교를 논할 필요는 없습니다. 종교는 과학이 알아낸 세계에 대해서 아무 주장도 하지 않습니다. 진정한 종교는 절대자에 대한 의존감이지요."

"으음." 아인슈타인은 쿠키를 부스러뜨리며 말했다. "나는 목사님이 진보적인 사고를 가지신 분이라고 알고 있어요. 그러면 하나님이 악을 일으키는 문제에 대해선 어떻게 설명하시겠습니까?" 그의 눈은 반짝였다.

"아, 우리는 자연법이 지배하는 우주의 일부라는 과학의 가르침이나 과학과 다투지 않습니다. 종교는 인간경험의 영역에 속해 있지요. 우리는 하나님의 사랑과 구속을 믿음으로써 고통에 의미를 부여합니다."

"알겠습니다." 아인슈타인은 공평하게 말했다. "우리는 종교가 가짜임을 알고 있어요. 하지만 심리적 욕구를 채우려고 어쨌든 믿지요."

"아닙니다!" 헤르첸 랍비가 소리질렀다. "하나님은 우리가 고통을 통하여 배우기 때문에 고통을 허락하십니다."

아인슈타인은 깊이 숨을 들이쉬고 뭔가 비밀을 가지고 있는 듯 눈썹을 치켜올리며 말했다. "네, 그럴지도 모르죠. 매우 흥미로운 오후였네요. 하지만 나는 머리가 아파서 저녁식사 전에 좀 쉬어야겠어요."

손님들이 떠난 후 아인슈타인은 악보대 쪽으로 가서 천천히 악보들을 챙기기 시작했다. 그는 최근에 자신이 바이올린으로 연주했던 곡의 제목을 바라보았다. 바흐의 "예수, 사람이 원하는 기쁨."

아인슈타인은 한숨을 내쉬며 오후 내내 고조되었던 초조함과 좌절감을 터뜨렸다. 그는 다과회를 열게 된 동기를 잘 알고 있었다. 그는 수세기에 걸친 유대민족의 고통에 대해 마음 가득 쌓인 분노를 오랫동안 다스려왔는데, 이제는 불길한 소문이 독일로부터 나오고 있었다. 그는 그러한 일을 허용하신 하나님을 인격적인 하나님으로 받아들일 수가 없었다. 또한 그날 오후의 대화를 통해서도 그는 해답에 이르지 못했다.

개인 삶의 혼란스런 고통에 대해 질서와 합리성이라는 대안을 제공하는 과학의 세계로 도피하는 것이 그에겐 더 나았다. 그는 바이올린 케이스를 열어 현을 튕겨 보았다. 그러한 문제에 있어서 음악은 도피처나 다름없었다. 음악에서 그는 조화와 근본적인 단순성, 합리적인 완벽함을 발견하였다. 그것은 과학작업에서 발견하는 것과 똑같은 질서로 그가 갈망하는 것이다.[7]

그는 바이올린을 꺼내 조율하기 시작했다. 음악은 답이 없는 이런 골치 아픈 문제에서 다른 데로 관심을 돌려줄 것이었다.

아인슈타인의 딜레마

20세기 최고의 과학자 알버트 아인슈타인에게 있어서 기독교 신앙의 가장 어려운 지적 장애물은, 하나님이 세상을 창조했는지에 대한 문제가 아니었다. 그는 분명히 우주가 설계되었고 질서가 있다는 것을 알고 있었다. 우주는 단순히 끝없이 좌충우돌하는 물질의 결과가 아니라 정신의 결과임에 틀림이 없다고 결론을 지었다. 그가 썼던 대로 그렇게 우월한 지성을 드러내는 우주의 질서는 모든 인간의 지성을 무색케 한다.[8] "하나님은 우주와 주사위놀이를 하시지 않는다"는 그의 유명한 말은, 양자이론을 특별히 겨냥해서 한 말이긴 하지만, 자연이 꼭대기부터 바닥까지 통합되게 만드는 인과관계의 질서에 완전히 헌신하였음을 드러낸다.

아인슈타인을 곤경에 빠뜨린 것은 창조의 교리보다 훨씬 더 어려운 것이었다. 그것은 바로 악과 고통의 문제였다. 그는 설계자가 틀림없이 있다는 것을 알기 때문에 그 설계자의 인격에 대해 고뇌하였다. 사람들에게 끔찍한 일을 허용하시는 하나님이 어떻게 선하실 수 있는가? 아인슈타인은 악과 고통의 문제와 화해할 수 없었기 때문에 성경의 하나님으로부터 돌아섰다.

아인슈타인을 걸려 넘어지게 한 것은, 그가 결정론자라는 사실이었다. 그는 사람을 복잡한 기계로 보았다. 마치 태엽을 감아올려 움직이는 장난감처럼 자연의 힘에 의해 계획된 대로 행하는 기계로 본 것이다. 사실이 그렇다면 도덕성이나 죄 같은 것은 있을 수 없는 것이다. 만일 사람의 행동이 결정되어 있다면 "하나님이 보시기에 사람은 자기 행동에 책임을 질 필요가 없다"고 아인슈타인은 썼다. 마치 누군가가 돌을 던졌을 때 돌에겐 책임이 없는 것과 마찬가지인 것이다.[9]

그러면 누구에게 책임이 있는가? 하나님 자신이라고 아인슈타인은 결론을 내려야 했다. 만일 전능한 하나님이 존재한다면, 틀림없이 그분의 결정론이 있을 것이라고 그는 생각했다. 하나님이 우리의 태엽을 감아올려 우리가 해야 할 일을 하게 만드는 식으로 말이다. 그렇지만 하나님이 우리로 하여금 선한 일뿐 아니라 나쁜 일도 하게 한다면 악에 대한 직접적인 책임은 그에게 있다. 따라서 "처벌과 보상에 있어서 하나님은 일정 범위 안에서는 자기 자신에게 판결을 내릴 것이다"라고 아인슈타인은 썼다. "어떻게 이것이 그의 속성인 선이나 의와 결합될 수가 있는가?"[10] 만일 우리의 행동이 결정되어 있다면 하나님 자신이 악한 것임에 틀림없다.

궁극적인 실재는 악하다는 신념체계에 소망이 없다고 생각한 아인슈타인은 유일한 하나님의 존재는 세상에 합리적 구조를 주는 비인격적 우주정신이라고 결론을 내렸다. 그가 스피노자의 하나님을 믿는다고 말한 것은 우주질서의 원리를 믿는 것을 의미하였다. 아인슈타인에게 있어서 진정한 종교는 우주의 합리적 구조 앞의 황홀경에 지나지 않는 것이었다.[11]

아인슈타인은 논리를 빼면 시체였다. 그렇지만 인간은 본질적으로 로봇이라는 아인슈타인의 전제는 심각한 결함이 있는 것이었다. 그는 그가 태어난 유대주의의 진리와 그가 연구한 기독교의 진리를 놓쳤다. '사실'에 의해 강요받았기 때문이 아니라 특정한 철학에 헌신하였기 때문이다. 바로 그 철학이 고통과 악의 존재를 선하신 하나님의 존재와 화해시키지 못하게 막았던 것이다.

많은 사람들은 악의 문제가 기독교 신앙의 중요한 걸림돌이라는 것을 발견하면서 아인슈타인이 처한 곤경에 똑같이 처해 있다. 여기에 우리는 어떻게 반응할 수 있는가? 성경은 고통의 의미를 이치에 닿게 설명해 주는 바른 해답을 제시하는가? 기독교는 타락한 우주 속에서 정의를 구하는 마음의 요구를 들어줄 수 있는가?

악의 문제

이 문제를 분명하게 보기 위해 단순한 진술로 말해 보자. 만일 하나님이 선하시고 전능하시다면, 그는 악이나 고통이 그의 창조물에 존재하도록 허락하지 않으실 것이다. 그렇지만 악은 존재한다. 그러므로 하나님이 선하지 않으시거나(악을 참으신다), 전능하지 않으신 것이다(원하시기는 하지만 악을 제거하실 수 없다). 역사적으로 사람들은 분명한 이 모순과 씨름하였고 다양한 해결책을 제안하였는데 다 성경적 해결책에는 못미쳤다. 이러한 일들이 반복적으로 행해지기 때문에, 왜 이런 해결책들이 부적합하고 잘못된 것인지를 아는 것은 매우 중요하다. 여기서 가장 일반적인 다섯 가지의 그릇된 해결책들을 검토해 보자.

해결책 1: 하나님이 존재한다는 것을 아예 부인한다. 무신론자들은 단순히 이 첫번째 제안을 던진다. 만일 하나님이 없다면 악은 아무런 문제도 없다. 무엇이 문제가 되겠는가?

우리가 이 제안을 논리적인 결론으로 따라가 보면 악의 문제는 더 나쁜 것으로 변형이 된다. 즉 아무것도 악하지 않다. 확대해석하면 아무것도 선하지 않다. 만일 하나님이 존재하지 않는다면, '선'과 '악'은 문화가 우리에게 동의하거나 동의하지 않도록 가르친 것을 반영하거나, 우리가 개인적으로 좋아하거나 싫어하는 것을 반영하는 주관적인 감정에 지나지 않는 것이다. 무신론자들에게는 악의 문제에 대한 해답이 없다. 왜냐하면 실제로 문제가 없기 때문이다. 객관적인 악과 같은 것은 없다. 우리는 단지 우리의 주관적인 감정을 외부의 사건에 투사할 뿐이다.

그렇지만 이것이 악과 고통에 대한 인간의 분노를 충족시켜 주는가? 물론 아니다. 그 대신에, 그것은 우리의 가장 깊은 도덕적 확신을 우리 마음의 속임수로 대체시킴으로써 우리를 조롱한다. 우리가 강도를 당할지도 모르고, 우리 자녀들이 살해될지도 모르며, 우리가 질질 끄는 죽음을 맞을지도 모르지만 그 어느 것도 진정한 악은 아니다. 이것들은 그저 자연의 일부분일 따름이다. 존재하는 모든 것은 다 자연이기 때문이다. 우리는 밤중에 해답을 구하며 울부짖지만 객관적인 실재는 우리 눈물에 무관심하다. 시인 스티븐 크레인(Stephen Crane)은 이러한 딜레마를 신랄하게 그려내고 있다.

한 사람이 우주에게 말을 걸었다.
"나는 존재합니다."
우주가 대답했다.

"그렇지만 그 사실이 내 속에 의무감을 만들지는 않았다."[12]

무신론은 용어 그 자체가 해답을 가지고 있지 않음을 뜻하며, 고통의 무의미성은 고통을 더욱 고통스럽게 만든다.

그런데 아이러니하게도, 뭔가 일이 크게 잘못되어 가면 완고한 무신론자들도 하늘에 대고 주먹을 휘두른다. 본능적으로 하나님이 존재하지 않는다고 말한 그들도 슬픔에 직면하면 하나님을 비난한다. 속담에도 있듯이 참호 속에는 무신론자가 없다. 그러므로 다양한 종교적 해답으로 옮겨가 보자.

해결책 2: 고통이 존재한다는 것을 부인한다. 어떤 사람들은 악과 고통을 우리 마음이 만들어낸 환상이라고 치부함으로써 문제를 해결하려고 시도한다. 이것이 크리스천 사이언스(Christian Science)나 몇몇 동방종교들이 채택한 전략이다. 물리적 우주는 환상(힌두교의 마야)이며 몸의 고통은 정신의 오해이다. 만일 우리 자신을 올바르게 생각하도록 훈련시킨다면 우리는 고통이 존재하지 않는 것이라고 깨달음으로써 고통을 극복할 수 있다.

그렇지만 어느 누가 그러한 부정의 철학을 가지고 끊임없이 살아갈 수 있을까? 한 소년이 크리스천 사이언스 지도자에게 찾아가서 자기 아버지가 매우 아프니 기도를 해달라고 부탁하였다. 그때 그 지도자는 이렇게 말했다. "너의 아버지는 아프다고 생각할 뿐이야. 그러니 그러한 부정적인 생각을 물리치는 법을 배우고, 실제로는 건강하다는 것을 깨달아야 해." 다음날 그 소년이 다시 왔을 때 그 지도자가 소년에게 아버지가 어떠시냐고 물었다. "오늘 아버지는 자기가 죽었다고 생각하세요"라고 소년은 대답했다. 적극적 사고의 힘이 고통과 죽음이라는 객관적인 현실을 지워버릴 수는 없다.

백악관 시절에 나는 악이 실재가 아닌 척 가장하는 것이 쓸데없는 일임을 직접 목격한 바 있다. 닉슨 대통령의 최고 보좌관 중에는 4명의 크리스천 사이언스 신도가 있었는데, 그 중에 밥 홀드맨(Bob Haldeman)과 존 얼리치맨(John Ehrlichman)이 있었다. 그 두 사람은 워터게이트 사건으로 심각한 몇 개월 동안 대통령과 가장 가까이 지냈다. 그때는 은폐공작을 펴고 있던 시기였다. 그러던 어느 날 저녁, 나는 밥 홀드맨을 만나 아무리 은폐하려 해도 대통령직은 위태로울 것이라고 경고하였다. 완고한 성격의 수석보좌관은 흔들의자에 앉아 나를 쳐다보았다.

"당신 같으면 어떻게 하겠소?" 그가 물었다.

"워터게이트 사무실에 침입한 강도들에게 절대로 돈을 주지는 마십시오. 입 막는 돈으로 여겨질 수가 있습니다"라고 나는 말했다.

홀드맨은 차가운 시선으로 나를 보며 내 말을 무시하였다.

"누구나 변호자금은 가지고 있지요." 그가 말했다.

"밥, 대통령은 조언을 해줄 좋은 형사사건 변호사가 필요합니다."

"아니오. 우린 잘못한 거 없어요. 그에게 필요한 것은 훌륭한 홍보전문가죠."

닉슨의 수석고문이 문제가 되는 것은 공적 이미지일 뿐이라고 확신시켜준 탓에 대통령은 현실과 대면하라는 압력을 받은 적이 없었다. 다윗 왕처럼 잔인하리만치 정직한 나단이 필요했음에도 말이다(내가 그 역할을 했었더라면 하고 얼마나 후회하는지 모른다).

홀드맨과 얼리치맨으로 하여금 잘못한 일을, 단지 그렇게 인식하기 때문이라는 식으로 축소하게 만든 것이 그들의 세계관이었을까? 글렌 틴더는 이렇게 말한다. "논리적인 크리스천 사이언스 신자는 죄의 욕망을 비탄해하거나 없애버리려 하지 않고, 그저 그것을 보지 않으려고만 한다. 심각한 잘못을 저지르고도, 죄책감을 갖지도 않으며 구원을 구하지도 않는다. 오히려 모든 문제는 될 수 있는 한 마음에서 깨끗이 지워버리려 한다."[13] 어쩌면 그것은 국가의 정신에서 나온 건지도 모른다. 훌륭한 홍보전문가를 고용하라.

만일 우리가 악을 믿지 않는다면, 현실이 우리 얼굴을 정면으로 강타할 때 현실에 대처할 수 없다고 역사는 교훈한다. 환상이론(고통은 환상일 뿐이라는 - 역자 주)은 인간경험의 무게에 눌려 지탱할 수가 없다.

해결책 3: 하나님을 선과 악 저편에 두라. 어떤 사람들은, 하나님이 초월적인 분이므로 인간정신의 어떤 개념으로도 정의할 수 없다는 생각을 가지고 있다. 즉 '선과 악을 넘어서 있는 하나님'이라는 것이다. 이 말이 숭고하고 경건하게 들릴지는 모르지만, 선과 악이라는 용어가 궁극적인 실재에 적용이 안된다면 그 용어는 우리의 주관적인 양심에만 국한되는 말일 뿐이다. '전적인 타자'로 하나님을 보는 개념은 하나님을 너무 초월적으로 만들어 우리의 도덕적 분개가 하나님 안에서 메아리쳐지는지 알 수가 없다. 우리는 한밤중에 눈물을 흘리며 홀로 버려진 채 있다.

해결책 4: 하나님의 힘은 제한되어 있다. 여기서의 논리는 전능한 하나님은 나쁜 일이 일어나도록 허용하지 않을 것이기 때문에 나쁜 일이 일어난다면 하나님은 전능한 분이 아님에 틀림없다는 것이다. 이러한 관점은 오늘날 과정신학이라는 학파를 통하여 인기를 얻고 있다. 이 신학은 아직도 되어가고 있는 하나님, 세계와 함께 진화하고 하고 있으며 전능하지 않은 하나님을 제시한다. 하나님은 최상의 의도를 가지고 있지만(그는 진정으로 일을 변화시키고 싶어한다), 제한되어 있어서 창조물을 병들게 하는 악을 제거할 수가 없다. 우리는 하나님과 세계가 진화의 영광스러운 새 단계에 이르고 모든 악이 극복되는 미래에 소망을 두어야 한다.

이것은 랍비 쿠쉬너의 베스트셀러 「왜 착한 사람에게 나쁜 일이 일어날까?」(When Bad Things Happen to Good People)라는 책에서 촉진된 신학이다. 이 책은 하나님의 전능함을 부인함으로써 하나님의 선함을 옹호한다. "하나님은 의로운 자들이 평화롭고 행복한 삶을 살기를 원한다. 그렇지만 때때로 그분조차도 그렇게 할 수 없다"라고 쿠쉬너는 썼다. "하나님조차도 너무 어려워서 잔인함과 혼란이 죄 없는 희생자들을 요구하지 못하도록 하지 못한다."[15] 이것은 혼란의 힘과 고투하며 어떤 전투에서는 이기고 어떤 전투에서는 지는 하나님을 뜻한다.

이러한 신학은 하나님이 마침내 자기의 행위를 통합한 후에 태어난 미래 세대의 고통의 문제는 해결할 수 있을지 모르지만, 지금 여기 우리의 고통과 악의 문제는 해결할 수 없을 것이라고 말한다. 이 신은 여기 지상에서 하늘이 진화되기 전에 고통받고 죽어야 하는 많은 세대들에게 제공할 것이 거의 없는, 친절하기는 하지만 무능한 하늘의 실패자이다.

해결책 5: 하나님은 더 큰 선을 달성하기 위해 악을 만드셨다. 이것은 철학자 존 힉(John Hick)이 「악과 사랑의 하나님」(Evil and the God of Love)이라는 책에서 취한 입장이다. 선을 위해 고투해야 하는 세상에서만 우리가 자유롭게 하나님을 선택할 수 있다고 힉은 주장한다. 고투 그 자체가 영혼을 성숙시키고 우리가 하나님을 영원히 향유할 준비를 갖추게 되는 데 필요하다.[16]

이 입장은 진리의 핵을 가지고 있다. 왜냐하면 선이 때때로 나쁜 일에서 나오기도 하며 고투가 정말로 영혼을 성숙시키기 때문이다. 문제는 우리가 하나님이 선한 이유에서라도 악을 창조했다고 제안한다면, 우리는 아인슈타인의 딜레마로 돌아가게 된다는 것이다. 하나님 자신이 악하니 도피처도 없고 구원도 없다. 왜냐하면 악이 실재의 본래적인 부분이라면 궁극적으로 제거될 수 없기 때문이다. 게다가 하나님이 인간을 그런 식으로 만들어 성숙하게 하기 위해 악을 요구한다면, 창세기 1장에서 "심히 좋았더라"고 하기보다는 결함이 있게 창조하셨다는 결론이 나온다.

시인이자 희곡작가인 아치볼드 매클리쉬(Archibald MacLeish)는 욥의 이야기를 현대에 맞게 각색한 "제이 비"(J. B.)라는 희곡에서 이 점을 주장한다. 한 성직자가 제이 비에게 그의 고통은 그가 인간이라는 단순한 사실에 기인한다고 말한다. 인간에겐 본래 결함이 있다는 것이다. "당신의 죄는 단순합니다. 사람으로 태어난 거지요."

이 말에 제이 비는 이상하리만치 마음이 편치 않았다. "주교님, 위로가 너무 잔인하군요. 우주의 창조주를 인류를 잘못 만든 분으로, 또 그분이 처벌하는 범죄의 공범자로 만드니 말이에요."[17]

아인슈타인처럼 매클리쉬는, 하나님이 죄를 짓도록 인간을 창조하셨다면 그분이 죄를 심판하실 때 자기 자신을 심판하는 것이 된다는 사실을 깨달았다.

게다가 하나님이 더 큰 선을 위해서 악을 창조하셨다는 개념은 명백하게 오류가 있다. 왜냐하면 많은 악한 일들이 선한 결과를 가져오지 않는다는 것은 분명하기 때문이다. 이러한 결함을 가장 매력적으로 표현한 것이 러시아의 위대한 소설가 표도르 도스토예프스키(Fyodor Dostoyevsky)의 「카라마조프 가의 형제들」(The Brothers Karamazov)이라는 소설이다.

그리스도인인 동생에게 도전하기 위해, 이반은 부모에게 고문당한 한 작은 소녀의 이야기를 한다. "다섯 살의 이 불쌍한 아이는 교양이 있어 보이는 부모에게서 가능한 모든 고문을 받았다. 그들은 아무 이유 없이 그녀의 온 몸이 멍들 때까지 그녀를 때리고 채찍질하고 발로 찼다." 이반은 동생에게 이에 대한 답변을 요구하였다. "자기에게 무슨 일이 행해졌는지 이해하지도 못하는 작은 피조물이 어둠 속에서 작은 주먹으로 아픈 가슴을 치면서 하나님께 보호해 주시기를 구하며 왜 눈물을 흘려야 하는지 그 이유를 너는 이해할 수 있니? 왜 이런 파렴치한 행위가 허용되고 또 그래야만 하는지 이해할 수 있느냐 말이야?"

이반은 연약한 아이에게 무의미한 고통을 허락하시는 하나님을 결코 받아들일 수가 없다고 주장한다. "인간에게 평화와 안식을 주고 최종적으로 인간을 행복케 할 목적으로 인간의 운명의 구조를 만들었지만 한 작은 피조물 - 예를 들어 자기 주먹으로 가슴을 치는 아기 - 을 죽기까지 고문하고 그 피조물이 복수의 눈물을 흘리는 것을 보는 것이 어쩔 수 없는 현실임을 상상해 봐라. 그러한 조건을 만든 건축가를 예배할 수 있겠는가?"[19]

그 대답은 틀림없이 '아니오' 이다. 어떤 민감한 사람도 다르게 답할 수는 없을 것이다. 그렇지만 문제는 그 전제에 놓여 있다. 전제는, 하나님은 피조물의 운명을 완전케 하기 위해 일시적인 단계로 악을 요구한다는 가설이다. 성경의 하나님은 하늘나라를 만들기 위해 일시적인 지옥을 만들 필요가 없다. 물론, 악은 일단 존재하며 하나님은 그것으로부터 선을 만들어낼 수 있고 종종 그렇게 하신다. 그렇지만 그것은 아주 다른 문제이다.

세상에 왜 악이 존재하는가? 우리는 우리의 고통에서 어떻게 의미를 찾을 수 있는가? 위에 묘사된 어떤 대안도 인간 마음의 울부짖음을 충족시키지 못한다. 그 모든 대안들은 모두 하나님을 폄하하거나 우리를 폄하한다. 성경적 설명만이 우리의 이성과 실제 경험에 일치한다. 왜냐하면 성경적 설명만이 하나님의 하나님 되심과 - 궁극적인 실재이며 모든 것의 창조자이심과 - 악에 대한 책임이 없음을 말해 주기 때문이다.

선택의 자유

성경은 어떻게 하나님의 선함과 능력을 악의 존재와 조화시키는가? 성경은, 하나님은 선하시고 "보시기에 좋았더라"고 하신 우주를 창조하셨다고 가르친다. 또한 성경은, 우주는 지금 악과 죽음과 고통에 의해 망쳐지고 있다고 가르친다. 논리적으로 이 두 가지 진술을 어느 것 하나도 부인하지 않은 채 조화를 시키려면 한 가지 방법밖에 없다. 즉 하나님 바깥에 죄의 근원이 있다는 것이다. 그것이 바로 성경이 우리에게 말씀하는 바이다.

하나님은 선하시고 완전한 세상을 만드셨다. 그리고 인간에게 자유를 주심으로 지적 존재로 만드셨다. 그들은 하나님께 순종하거나 그분을 외면할 자유를 가지고 있다. 모든 선의 근원인 하나님으로부터 돌아선다는 것은 악을 창조하는 것이다. 악은 독립적인 존재도 아니고 하나님이 창조하신 것도 아니다. 다만 죄로 인해 만들어지는 것이다.

죄에 대한 결정은 영적 영역에서 사탄과 다른 천사들(진정한 도덕적 선택을 할 수 있는 지적인 존재)에 의해 만들어졌다. 죄는 첫사람 아담과 이브가 행한 자유로운 도덕적 선택을 통하여 세상에 들어왔다. 이후 사람들의 계속적인 자유로운 도덕적 선택을 통해 이 전염병은 모든 역사 속에 퍼졌다.

사람들은 때때로 묻는다. 무엇이 아담과 이브를 죄짓게 하였는지를. 자유는 외부적 원인이 없음을 의미하는 것이다. 아인슈타인과 같은 결정론자들이 믿듯이 우리는 원인과 결과의 끝없는 연쇄고리에 갇혀 있지 않다. 그 대신, 우리는 원인과 결과의 새로운 연쇄고리를 시작할 수 있다. 도덕적 선택에 있어서 우리는 진정한 첫 원인이다. 그래서 논리적으로 무엇이 첫 원인을 일으켰는지 물을 수가 없다. 그러므로 우리는 명백한 모순을 풀 수가 있다. 즉 하나님은 온전히 선하시다. 그렇기 때문에 그는 선하고 완전한 세상을 만드셨다. 그가 만든 완전한 것 중 하나가 선택의 자유를 부여받은 인간인데, 인간이 자유롭게 잘못을 하기로 선택한 것이다.

앞에서 말했듯이 우리가 타락의 역사적 확실성을 인식하는 것은 매우 중요하다. 단지 타락은 상징일 뿐이고 죄가 인간본성에 본질적으로 내재하는 것이 현실이라면, 우리는 다시 아인슈타인의 딜레마(하나님은 악을 창조하셨고 우리가 저지르는 잘못에 연루되어 있다)로 돌아가게 된다. 성경은 악의 문제에 진정한 해답을 주는데, 그 이유는 하나님은 원래 세상을 선하게 창조하셨는데 역사의 어느 시점에 죄가 들어왔다고 주장하기 때문이다. 그리고 그 죄는 격변하는 변화를 초래하였다. 결국에는 죽음과 파괴로 이어지는 왜곡되고 손상된 피조세계가 되었다. 그것이 바로 왜 악이 그토록 가증스럽고 불쾌하며 비극적인지에 대한 이유이다. 우리의 반응은 전적으로 적합하며, 하나님이 진실로 우리를 위로할 수 있는 단 하나의 이유는 그가 우리 편이라는 것이다. 그분은 악을 창조하지 않으셨으며, 그분 역시 악이 그의 작품을 손상시키는 것을 미워하신다.

회의주의자는 말한다. 하나님께서 우리가 그러한 실수를 할 것을 미리 아셨다면 왜 그런 일이 일어나도록 허용하셨는가? 왜 그분은 우리에게 죄지을 능력 또한 허락하셨는가? 온당한 질문이다. 그렇지만 그것이 무엇을 의미하는지를 신중하게 생각해 보라. 하나님이 우리로 하여금 죄를 지을 수 없게 하기 위해서는 우리의 자유의지에 간섭하실 수밖에 없었을 것이다. 즉 우리를 완전한 인간이 아닌 그분이 원하는 대로 행하는 인형이나 로봇으로 만드는 것이다. 그렇게 되면 우리는 하나님도 다른 사람도 사랑하지 못했을 것이다. 왜냐하면 진정한 사랑은 강요할 수 없는 것이기 때문이다.[20] 또한 자유의지가 없다면 우리는 도덕적 책임이나 창조성, 순종, 충성, 영웅적 행위의 능력이 없을 것이다. 따라서 하나님이 완전한 인간존재를 창조할 수 있는 단 한 가지 길은 악을 선택할 수 있는 자유의지를 주는 위험을 감수하는 것이었다.

사람이 악을 선택하자, 거룩한 성품을 가지신 하나님은 정의를 요구하셨다. 하나님은 그것을 무시하거나 간과할 수도 없었고, 과거를 청산하고 다시 시작하게 할 수도 없었다. 일단 기울어진 정의의 저울을 바로잡아야 했다. 한번 무너진 도덕체계는 다시 세워야 하는 것이다.

그런 경우, 인류는 아담과 이브와 함께 종말을 맞아야 했다고 회의론자는 말한다. 그들은 반역에 대한 처벌을 받아 지옥에 던져져야 했고, 그렇게 되었다면 인간 역사의 종말이 왔을 것이다. 그렇지만 하나님은 정의로운 만큼 자비로우셔서 깜짝 놀랄 대안을 고안하셨다. 즉 그분 자신이 피조물을 위해 처벌을 받으시는 것이다. 하나님 자신이 죄악된 인간이 마땅히 받아야 할 심판과 죽음을 대신 겪기 위해 인간세상에 찾아오신 것이다. 그것이 예수 그리스도를 통하여 하나님, 그분이 하신 일이다.

이것은 어느 누구도 기대할 수 있는 것이 아니었다. 또한 인간이 고안할 수 있는 어떤 것도 아니었다. 예수는 로마의 십자가 처형을 받아들임으로써 신의 정의의 요구를 충족하셨다. 그는 자신의 경기에서 사탄을 이기셨다. 인간의 죄와 사탄이 엮어낼 수 있는 가장 최악의 것을 사용해서 그것을 구원의 수단으로 바꾸어 놓으셨다. "그가 매를 맞음으로써 우리의 병이 나았다"(사 53:5, 표준새번역)고 이사야는 기록하고 있다. 십자가의 죽음으로 예수는 악을 패배시키고 그것에 대한 궁극적인 승리를 보증하셨다. 마지막에 죄와 고통이 없는 새 하늘과 새 땅이 있을 것이고, 그 곳에서 그는 "모든 눈물을 그 눈에서 씻기실" 것이다(계 21:4).

그때까지 하나님은 우리를 가르치고 벌주고 거룩하게 하고 변화시키기 위해 타락 이후 창조세계에 만연해 있는 '가시덤불과 엉겅퀴'를 사용하셔서 우리를 새 하늘과 새 땅에 적합하도록 준비시키신다. 이것은 내가 잘 이해하고 있는 것이다. 내 생애에서도 가장 큰 축복은 고통에서 나왔으며, 수없이 많은 사람들 또한 동일한 과정이 반복되는 것을 보아왔다. 의사가 부러진 뼈를 맞출 때 아픈 것같이, 하나님이 우리의 인격을 고쳐 놓으실 때도 큰 아픔이 따를 수 있다. 그렇지만 그것만이 완전하고도 건강하게 되는 유일한 길이다.

1세기 교회의 순교자들을 묘사하는 고대문서를 보면, "그들은 영혼의 거대한 힘을 획득하게 되어 어느 한 사람도 울거나 신음소리를 내지 않았다"고 한다.[21] 고통을 통하여 하나님은 그분에게 돌아오는 모든 사람들에게 '영혼의 거대한 힘'을 주신다. 왜냐하면 우리는 타락한 피조물이기 때문에 우리를 잘못된 습관, 개념, 우상으로부터 떼어놓아 우리 마음이 자유롭게 하나님을 사랑하도록 하기 위해서는 고통이 필요할 때가 종종 있다.

프리드리히 니체는 그 자신이 무신론자임에도 불구하고 한번은 심오한 성경적 진리를 말한 적이 있다. "남자와 여자들은 자신들의 존재 이유를 알기만 하면, 어느 정도의 고통은 견딜 수 있다."[22] 성경은 우리에게

'이유들', 의미와 목적을 주는 보다 폭넓은 상황, 즉 영원이라는 전망을 부여한다. 하나님의 목적들은 고통에 의미와 중요성을 부여하는 상황이다.

어거스틴은 '복된 잘못'이라는 유명한 교리에서 고통의 신비를 요약하였다. "하나님은 아무런 악도 겪지 않는 것보다는 악에서 선을 가져오는 것이 더 낫다고 생각하셨다."[23] 죄인을 구원하는 고통을 견디는 것이 인간을 아예 창조하지 않는 것보다는 낫다.

그분은 왜 그렇게 하셨는가? 유일한 답이 있다. 사랑이다. 하나님은 우리를 너무 사랑하셔서 창조물을 어둡게 하고 왜곡시킬 죄와 고통을 예견하셨는데도 우리를 창조하기로 선택하셨다. 이것이 가장 심오한 신비이고 우리 마음을 감동시켜 그분께 예배하도록 이끌어가는 부분이다.

4부

구속
세상을 고치기 위해 우리는 무엇을 할 수 있는가?

제22장
선한 의도

　숙달된 경험을 가진 버나드 네이선슨(Bernard Nathanson) 박사가 예리한 눈초리로 환자를 살펴보고 있는 동안, 수술실의 조명등은 휘황찬란한 빛을 비추고 있었다. 두꺼운 흰 천이 여자환자의 상반신을 덮고 있었고, 그녀의 무릎은 구부러져 있었으며, 그녀의 발은 가죽끈에 묶여 있었다. 40분 전, 그녀는 안정제를 맞고 수술준비를 했다.
　네이선슨은 검경(檢鏡, 입, 코, 자궁, 질 등의 수술에 사용하는 도구 - 역자주)을 사용하여 질의 입구를 열어놓고, 자궁경부에 피하주사를 놓아 국소마취를 했다. 그는 금속막대를 사용하여 자궁경부의 입구를 벌려놓고, 퀴렛(끝부분에 날카로운 금속고리를 가진 기다란 소파 수술용 도구)을 자궁강(子宮腔)으로 집어넣었다. 환자는 대략 임신 9주째였고, 이는 수술하기에 충분했기에 네이선슨은 1, 2분 더 시간을 들여 자궁의 안쪽 벽이 깨끗하게 긁어내고, 분리시킨 태아의 조직들이 제대로 모아졌는지 확인했다.
　10분간의 수술이 끝날 즈음, 네이선슨은 조각난 태아의 모든 부분이 제대로 나왔는지 확인하기 위해 접시 위에 놓인 피묻은 조직 덩어리를 조심스럽게 살펴보았다. 수술이 성공적으로 완료되었음에 흡족해 하면서, 네이선슨은 수술대에서 돌아서서 간호사들에게 고개를 끄덕이고 수술장갑을 벗었다. 장갑을 폐기물통에 버린 후, 그는 경멸스럽지만 만족하는 듯한 태도로 손을 씻었다. 그는 잘해냈다. 일상적인 일이지만, 그래도 사람들은 고도의 수준으로 일을 하고 싶어하는 법이다.

그는 환자에게로 걸어가서 흰 천 아래에 있는 여자의 얼굴을 내려다보며 말했다.

"모든 게 다 좋아요. 회복실에서 잠시 쉬고 있어요. 그러면 내가 체크하러 갈 테니. 당신을 집에 데려다 줄 사람은 있지요?"

그 여자는 바싹 마른 입술을 적시면서 고개를 끄덕였다.

네이선슨은 외과 의사 휴게실로 향했다. 거기서 그는 잠깐 쉬었다가 오후 환자를 수술하러 다시 올 예정이었다. 겁먹은, 때로는 슬픔에 잠긴 여인들의 또 다른 행렬이었다.

이 장면을 보고 있던 수술실의 그 어떤 사람도 수술침대에 누워 있던 그 여자가 네이선슨의 애인이었다는 것, 혹은 그가 그 자신의 아이를 낙태했다는 것을 알지 못했을 것이다.[1]

* * *

1960년대 중반을 살아가는 버나드 네이선슨 박사에게 이런 장면은 생식분야에서 얻은 새로운 자유의 세계를 전형적으로 드러낸다. 그는 낙태를 합법화하기 위해 열심히 운동을 했고, 그의 눈엔 그것이 아주 좋고, 또 합리적이며, 의롭기까지 한 것이었다. 그는 10년 전에 뉴욕 여성병원 산부인과에서 레지던트 생활을 시작했으며, 불법적인 낙태로 인한 수백 건의 응급환자들을 보아 왔다. 그 결과는 그 여성의 사회적, 경제적 상황에 따라 아주 다르게 나타났다.

가난한 여자들은 쇼크상태에서 고열과 함께 피를 많이 흘리며 도착했다. 이들은 조잡한 도구를 사용하여 스스로 낙태를 유도하거나, 아니면 돌팔이 의사한테 난도질을 당하곤 했다. 감염이 심한 경우에는 불임으로 이어졌고, 자궁적출수술로 이어지는 경우도 많았다. 어떤 여자들은 죽기도 했다.

반면에, 부유한 환자들은 쉽게 해결했다. 동정적인 의사와 함께 이들은 유산을 조작하는 방법을 공모했다. 그리고 나면 네이선슨과 다른 레지던트들이 D&C 수술(팽창소파수술, 자궁내벽을 긁어내는 수술)을 하곤 했다. 아니면 여자들은 푸에르토리코, 영국, 혹은 일본으로 날아가서 수술을 하고 오곤 했다.

버나드 네이선슨이 처음 낙태찬성운동을 하게 된 것은 이런 사회적 불평등 때문이었다. 1969년에 그는 로렌스 레이더(Lawrence Lader)와 함께 전국 낙태권행동연맹(National Abortion Rights Action League, 당시는 낙태법 폐기 전국위원회로 알려졌다)을 결성했다. 이 조직은 베티 프리던(Betty Friedan)을 포함한 여성주의자들을 낙태권리주장에 끌어들였다. 그러나 이들의 가장 강력한 반대자들에 대한 운동전략을 세운 것은 네이선슨과 레이더 두 사람이었으며, 이들은 낙태를 오직 여성주의자들만이 의견을 개진할 수 있는 '여성문제'로 규정하는 데 큰 역할을 했다. 또 가톨릭의 계층구조를 여성문제에 무관심한 백인 남성들의 엘리트 클럽이라고 저주한 것도 바로 이 두 사람이었다.

1970년에 뉴욕 주가 낙태법을 자유화하자, 네이선슨은 미국에서 가장 큰 낙태전문병원인 성·생식 건강센터(Center for Reproductive and Sexual Health, CRASH)를 운영하기 시작했다. 맨하탄에 있는 이 병원은 하워드 무디 목사 목회자자문연구소(Reverend Howard Moody's Clergy Consultation Service)에서 낙태추천병원으로 지정하면서 크게 번창하였다. 네이선슨은 이 병원의 높은 전문기술 수준과 외래환자 수술모델에 대해 자부심을 가졌다.

그러나 1973년, 웨이드 판결에 의해 낙태가 전국적으로 합법화되자, 네이선슨은 자신의 경력을 바꾸기로 결심했다. 그는 성 누가병원(St. Luke's Hospital Center)의 산부인과 과장 자리를 수락하고, 엄마들을 돌보는 대신 아기들을 돌보는 역할을 하게 되었다(물론 낙태수술도 계속 하고 있었다). 그의 임무는 아주 정교한 출산의료학 병동을 구성하는 것이었는데, 태아에 대한 전자 모니터장비와 그 밖의 신생아 환자를 치료하기 위한 값비싼 장비들을 갖추고 있었다.

그 당시, 가장 최신의 멋진 장비는 초음파기계였는데, 이는 문자 그대로 태아의 발달을 관찰할 수 있는 창문을 열어 주었다. 네이선슨이 초음파가 작동하는 것을 처음 볼 당시, 그는 어두운 검사실에서 한 임신한 환자 주변에 몰려 있는 레지던트들과 함께, 초음파 기사가 기계를 작동하는 것을 보고 있었다.[2]

그 기사는 전도성 젤을 여인의 복부에 바르고, 휴대형 센서를 그녀의 배 위에서 작동시켰다. 비디오 스크린의 화면이 정리되자 네이선슨은 크게 놀랐다. 그는 고동치는 심장을 볼 수 있었다! 기사가 그 영상에 좀더 자세히 초점을 맞추자, 네이선슨은 심장의 네 개 방 모두가 펌프질하는 것을 볼 수 있었다. 그건 마치 살아 움직이는 꽃 같았는데, 너무나 굵고 선명하여 그는 숨이 멎을 지경이었다. 그는 또 심장으로 드나드는 주요 혈관들을 볼 수 있었다.

기사는 그 다음에 아기의 이마와, 눈, 입에 초점을 맞추었다. 그리고 나서, 화면 크게 보기를 하자 아기가 얼굴 위에 손을 얹고 있는 것이 보였다. 오른손, 왼손. 네이선슨은 다섯 손가락을 보았다.

아기의 정수리쪽에서 바라보자, 첫째 주름이 있는 뇌의 발달을 볼 수 있었다. 그리고 나서 기사는 멋있는 구조를 가지고 있는 등뼈를 보여주었다.

사내일까, 여자아이일까? 궁금해하는 부모들처럼, 둘러선 사람들도 궁금해졌다. 여자아이였다. 그때, 마지막으로 그 기사는 완전한 발가락 다섯 개를 가진 뼈의 구조를 보여주었다.

검사를 해나가는 동안, 네이선슨은 그의 마음 속에서 태아라는 말이 사라지고, 아기라는 말로 바뀌게 되었음을 깨달았다. 갑자기 그가 출산의료학 분야에 입문한 이래로 자궁 속의 아기에 대해 배워 온 모든 것이, 뚜렷이 떠올랐다. 예를 들어, 수정된 인간의 난자는 세포가 단지 4개만 되어도 아주 초기에서부터 스스로 방향을 잡아가는 실체가 된다는 것, 임신 18일이 되면 심장이 박동한다는 것, 6주가 되면 주요기관이 형성된다는 것 등이다. 사실, 12주가 지나면 더 이상 아무런 해부학적 발달은 이루어지지 않는다. 다만 이후에는 점점 더 커져서 자궁 밖으로 나가도 충분히 살 수 있을 능력을 갖추는 것뿐이다.

이런 모든 것들은 단지 의학적인 사실이었지만, 이런 사실들이 이제 스크린상의 모래알 같은 이미지와 합쳐지면서 네이선슨의 의식에 와 박혔다. 그는 등줄기가 서늘해지는 것을 느꼈다. 그는 방 안의 공기가 무겁게 느껴졌으며, 숨조차 쉬기 어려웠다. 이제 그의 기분은 다음과 같은 질문이 떠오르면서 새로운 지식에 대한 기쁨에서 이마에 땀이 나는 공포로 바뀌었다. '얼마나 많은 아이들을 내가 조각내버린 것일까? 내가 얼마나 많은 사람의 목숨을 빼앗은 것일까?

* * *

곧이어 버나드 네이선슨은, 인간의 생명은 임신이 되자마자 자궁 안에 존재하게 되는 것이라고 확신했다. "뉴잉글랜드 의학저널"(New England Journal of Medicine)에 실은 글에서 그는 성-생식 건강센터(CRASH)에서 자기가 적어도 '6만 명'의 죽음을 집도했다고 고백했다. 그는 "낙태를 통해서 우리는 생명을 빼앗고 있으며, 어떤 특수한 환경에서든 이렇게 고의적으로 생명을 빼앗는 것은 정말이지 너무 심각한 문제다"라고 쓰고 있다. 그는 비록 낙태가 잘못된 것이라고 결론내리지는 않았지만, 의사들은 "낙태에 대해 충분한 도덕적 분위기를 함께 만들어야 하며, 또 아주 깊은 상실감을 수용할 만큼 생명에 대해 민감해야 한다"[3]고 말하고 있다.

네이선슨의 글은 열띤 논쟁을 불러일으켰고, 일반인들의 관심이 높아지자 그는 낙태의 도덕성에 대해 더 심각하게 생각할 수밖에 없었다.

또한 그의 글은 놀랍게도 새로운 양상으로 전개되었다.

그는 주로 가톨릭, 개신교, 정통유대교 등 경건한 종교인들로 구성된 생명존중모임에 와서 연설해 달라는 초청을 받기 시작했다. 그는 초청을 수락하기는 했지만, 자신이 낙태를 반대하는 것은 어떤 종교적 신념에서 나온 것이 아니며, 다만 과학적 사실과 순수하게 인도적인 결론을 가지고 말하는 것이라는 점을 분명히 했다. 1979년에 그의 첫번째 책 「미국을 낙태시키기」(*Aborting America*)가 출간되었을 때, 그는 심지어 일부 생명존중운동가들이 사용하던 잘못된 논리와 겉모양만 그럴 듯한 주장까지도 비판했다.

그러나 이 책이 나올 때쯤에는 오직 임산부의 생명이 위협받을 때에만 낙태가 정당화될 수 있다고 결정을 내렸다. 「미국을 낙태시키기」가 발간된 그 해, 네이선슨은 낙태수술을 그만두었다. 그는 항상 한 사회의 도덕성은 약한 자와 소외된 자를 어떻게 대하느냐에 따라 판단된다고 믿어 왔고, 그가 초기에 낙태개혁을 위해 일했던 것도 가난한 자들에 대한 관심에서 비롯된 것이었다. 그러나 초음파 기술은 그로 하여금 이들보다도 더 연약한 계층, 즉 태어나지 않은 이들에 대해 알게 했다.

*　　*　　*

어느 날 네이선슨은 브레인스토밍(아이디어를 짜내기 위한 소규모 회의 - 역자 주)을 하고 있었다. 초음파는 자궁 내의 아기들을 보여주기 때문에, 이것을 낙태에 대한 증언자료로도 사용할 수 있을 것이다. 그는 하루에 몇 차례 낙태를 시술하는 동료 의사에게 부탁하여, 몇몇 환자들의 사전 허락을 받고, 낙태시 초음파 장치를 설치하고 이를 녹화하도록 했다.

네이선슨은 낙태를 할 때 무슨 일이 일어나는지 잘 알고 있었다. 그러나 추상적인 개념이 생생한 이미지로 바뀌는 것을 보았을 때, 실제로 태아의 사지가 작은 몸에서 잘려나가는 것을 보았을 때, 그는 너무 놀라 비위가 상했다. 더욱더 구역질나는 것은 그 아기들이 흡입장치로부터 도망가려고 필사적으로 꿈틀거리는 모습이었다. 12주 된 한 태아는 아주 심하게 사지가 잘린 후에도 공포와 고통의 비명을 지르는 것처럼 입을 벌리고 계속해서 발버둥쳤다.[4]

네이선슨은 12주 된 태아의 낙태장면 필름으로 테이프를 만들어 "조용한 비명"(The Silent Scream)이라고 명명했다.[5] 1985년 이 테이프가 공개되었을 때, 이것은 즉시 낙태문제에 대한 토론의 본질을 바꾸어버렸다. 낙태찬성론자들은 분노하여 네이선슨과 프로듀서들이 테이프를 조작했다고 비난했다. 그러나 테이프가 진짜임이 판명되면서, 그들은 낙태수술을 할 때, 필름에서 분명하게 보이는 것처럼, 태아가 고통을 느낄 수 있느냐의 문제로 토론의 방향을 슬쩍 바꾸었다. 네이선슨은 아무런 신학적 입장을 내세우지 않고서도, 낙태찬성론자들로 하여금 낙태는 인간의 생명을 빼앗는 것임을 인정할 수밖에 없도록 만들었다.

* * *

그와 동시에, 내면의 '조용한 비명'이 버나드 네이선슨 자신의 삶을 지배하기 시작했다. 고통스런 질문들이 그의 내면에서 계속 반복되었다. '난 어찌 그다지도 낙태의 진정한 본질에 대해 눈을 감고 있었을까? 내가 어쩌다 대량학살을 주도하게 되었을까? 어쩌면 그렇게 어리석은 공리주의적 태도를 가지고 그것이 단지 직업적인 능력의 문제라고만 생각하고 있었을까?'

그는 자신의 과거 속에서 그렇게 왜곡된 생각을 갖게 된 원천을 찾아보면서, 자신의 양심을 깊이 있게 점검하기 시작했다. 그의 아버지 요셉 네이선슨은 부유한 의사였는데, 유대인 학교에서 가르치는 영적인 교훈들을 무시하면서도 그를 그곳으로 보냈다. 또 유대교의 종교적 주장들을 미신이라고 무시하면서도, 그의 아들이 유대주의를 받아들여 자기 인종에 대한 정체성을 갖길 원했다. 그가 자라났던 가난한 환경을 벗어난 요셉 네이선슨은 물질주의에 따라 살았다. 버나드 네이선슨은 그의 아버지로부터 엄청난 한 가지 교훈을 물려받았음을 깨닫게 되었다. 그것은 "아무도 너의 길을 방해하지 못하게 하라"는 것이었다.

그는 이 교훈을 아주 잘 받아들였다. 그는 심지어 자기 아이 두 명을 죽음에 이르게 했다. 의대에 다닐 때, 그는 원하지 않는 첫 임신이 그를 '방해하려' 고 위협하자, 자기 애인에게 돈을 주어 불법적인 낙태를 하게 했다. 두번째는 60년대 중반이었는데, 그가 이혼한 후, 그의 바람기로 또 원하지 않는 임신을 하게 된 때였다. 이때는 그 자신이 낙태를 시술했다.

그의 아버지처럼 버나드 네이선슨은 물질주의자가 되어갔고, 무모할 정도로 야망이 컸다. 그의 첫 결혼은 멋있긴 했지만, 실속이 없었다. 그는 두번째 결혼에서 아들 조이를 얻었지만, 광적으로 직업활동과 약속들에 파묻혀 살면서 이 아이를 돌보지 않았다. 그가 생각하는 부모 역할은 아들을 비싼 사립학교에 보내는 것이었다. 그 결혼생활이 끝난 후, 그는 자유분방한 독신으로 지냈다. 결국 그는 세번째 결혼도 망가뜨렸다.

그의 나중 표현에 의하면, 그는 '말할 수 없이 천박한' 생활을 하였다. 비싼 집, 최신 유행의 자동차, 정부(情婦), 포도주 저장고, 그리고 말을 사들였다. 그러다 나이가 들자 그는 미용수술, 보디빌딩, 대학생들을 위해 디자인된 패션 등으로 그의 젊음을 되찾으러 필사적으로 노력했다. "난 다른 모든 것을 잊고, 끝이 없을 것 같았던 육체적인 쾌락, 결코 끝나지 않을 것 같았던(아니면 악마들이 그렇게 믿도록 만들었던) 파티에 빠져서 악마

의 보호 아래 살고 있었다"고 그는 적고 있다.⁶

그러나 네이선슨이 지고 가야 했던 가장 무거운 짐은 낙태였다. 낙태, 낙태, 낙태. 그가 가장 위대한 인도주의적 목적으로 행해왔다고 생각했던 것이 결국 대량학살이었다니 얼마나 아이러니한 일인가! 네이선슨은 죄에 직면했다. 진정한 죄책감이었다. 그저 지나가는 수치심이나 혼란스러워 당황하는 것이 아니라, 그 자신의 악에 대한 냉엄하고, 압도적이며, 끈질긴 자각이었다. 그는 새카맣게 파멸되고 있었다.

1980년대에 네이선슨은 간헐적으로 자살을 생각했다. 그는 새벽 네다섯 시면 어떤 이름모를 공포에 목졸리는 것을 느끼며 잠에서 깨곤 했다. 그의 할아버지와 여동생이 자살을 했었고, 이제 그는 "나와 가장 가까운 사람들이 나의 죽음을 구원이라고 생각할까?"라고 스스로에게 묻고 있었다.

그는 자신이 '죄악의 문학'이라고 말하는 것들을 읽기 시작했다. 그는 어거스틴의 「참회록」(*Confession*)을 반복해서 읽었고, 키에르케고르(Kierkegaard), 틸리히(Tillich), 니버, 그리고 도스토예프스키의 책 등, 죄악에 대한 대답을 고통스럽게 탐구하는 책들을 탐독하기 시작했다. "당신의 아름다움이 나를 당신에게 이끄나이다." 어거스틴은 그렇게 적고 있다. "당신만이 내가 매달려야 할 분이라는 것에는 의심의 여지가 없었습니다. 다만 나의 내면의 자아는 상반되는 둘로 나뉜 집이었습니다."⁷ 어거스틴은 하나님께 의지하고자 했다. 그러나 자기 자신을 그분께로 가게 할 수가 없었다. 네이선슨 자신의 울부짖음도 어거스틴의 고통스런 명상을 반영하고 있었다.

그렇지만 어거스틴이 가졌던 궁극적인 해결이 네이선슨에게도 해당될까? 네이선슨은 기독교를 받아들일 수 있을까? 어린 시절 이래로, 그에게 있어 예수 그리스도라는 이름은 유대인들에 대한 그리스도인들의 오랜 핍박과 연결되어 있었다. 그래서 그는 기독교로 가는 대신, 심리치료, 자조적인 책, 우울증 방지약, 카운슬링, 신지학(神智學)에서부터 스웨덴보리주의(Swedenborgianism 스웨덴보리의 가르침을 따르는 종교 - 역자 주)에 이르는 잡다한 심령치료 등에 의지하였다. 그러나 아무 소용이 없었다.

* * *

낙태병원의 윤리성에 이의를 제기하는 글을 쓰고자 했던 네이선슨은 1989년 뉴욕 시에서 열린 생명존중대회에 참석하여 글의 자료를 수집하려고 했다. 그는 전에 열렸던 항의집회에서 있었던 일 때문에(그는 경찰 저지선을 넘었기 때문에 유죄판결을 받았다) 참석할 수 없었기에, 객관적인 관찰자로 조금 떨어져 있었다. 그가 거기서 본 장면은 마침내 그의 마음의 저지선을 뚫고 나왔다.

생명존중운동가들은 다른 세계에 속한 평화를 누리고 있는 것처럼 보였다. "낙태찬성론자들이 그들에게 험한 형용사를 갖다 붙이고, 경찰이 에워싸고 있으며, 언론이 이들의 주장에 대해 공개적으로 냉담한 태도를 취하고, 연방법원이 이들에게 벌금을 물리고 감옥에 가두고, 시 공무원들이 이들을 위협하는 그런 와중에도 그들은 미소지으며, 조용히 기도하고 노래하며, 확신을 가지고 앉아 있었다"고 네이선슨은 기록하고 있다. 또 "그들은 아주 깊은 사랑과 기도를 보여주어 나를 깜짝 놀라게 했다"고 기록하고 있다.

바로 그때, 이런 생생한 사랑의 이미지가 그에게 각인되면서 네이선슨은 "어른이 된 이후 생애 처음으로 하나님에 대한 생각을 호의적으로 하게 되었다."[9]

그는 거의 즉각적으로 죄의 문학으로부터 회심의 문학, 특히 네이선슨의 과거 선생 중 한 사람이었던 칼 스턴(Karl Stern)의 회심 이야기를 다룬 자서전 「불의 기둥」(Pillar of Fire)을 읽게 되었다. 의대생 시절, 네이선슨은 맥길대학 정신의학과 지도 교수였던 스턴을 아주 좋아했다. 스턴은 그의 책에서 명목뿐인 유대주의로부터 매우 지적이고 헌신적인 기독교로의 오랜 지적 여행에 대해 자세하게 묘사했다. 돌이켜보건대, 네이선슨은 스턴의 종교적 신념이 단순한 의학적 기술을 의학적 보살핌(care)으로 바꾸었음을 깨달았다. 네이선슨은 그것이 주는 영감은 이해하지 못한 채, 스턴의 방법에 끌렸던 것이다.

그는 그런 종류의 변화가 자신이 삶에서 진정 원하던 것이었다고 생각했다.

1993년, 네이선슨은 의사를 그만두고, 조지타운대학과 밴더빌트대학에서 생명윤리를 좀더 공부하였는데, 밴더빌트대학은 그들의 프로그램 속에 종교연구를 포함하는 것을 허락하고 있었다. 또 그는 자기도 언젠가는 창조주를 만나게 될 것이라 믿었기 때문에, 랍비들로부터 상담도 받았다. '어떻게 의로운 하나님의 존전에 들어갈 수 있을까?' 그는 생각했다. 랍비들은 선한 일을 하고, 속죄일에 선포되는 이스라엘 하나님의 용서의 선언을 들음으로써 속죄받을 수 있다고 가르쳤다. 그러나 네이선슨은 어떻게 사람이 개인적으로 또 인격적으로 용서받은 것을 알 수 있을까 하는 의구심이 들었다. 어떻게 하면 그 자신의 죽음과 그가 죽인 수많은 생명들의 죽음으로부터 구원받을 수 있을까?

어두운 새벽이면 그는 때때로 자신이 이미 '출구 없음'이라고 적힌 지옥에 들어와 있으며, '선한 의도'로 했던 일들이 그를 '지옥의 시장'(市長)이 되게 만들었음을 느꼈다.[10] 정의감이 그를 사로잡았다. 그는 자신이 보기에도 저주받은 사람이었다. 그에게 무슨 희망이 있겠는가?

제23장

구원을 찾아서

그가 우리를 흑암의 권세에서 건져내사 그의 사랑의 아들의 나라로 옮기셨으니 그 아들 안에서 우리가 구속 곧 죄 사함을 얻었도다.

골로새서 1:13

1996년 늦은 어느 가을날, 비서가 놀라운 전화를 받았다고 전해 주었다. 버나드 네이선슨 박사가 우리 부부를 성 패트릭 성당에서 존 오코너(John O'Connor) 추기경이 집례하는 자기의 세례식에 초대한다는 것이었다.

어리벙벙해진 나는 "이름이 확실해요? 버나드 네이선슨이 맞냐구요?" 하고 물었다.

"그렇습니다." 그녀가 웃으며 대답했다.

난 네이선슨이 기독교에 관심이 있다는 것을 알고 있었다. 사실 우리 두 사람은 언젠가 한번 만나려고 노력했지만, 서로의 스케줄을 맞출 수가 없었고, 나는 그가 이렇게까지 된 줄 몰랐다. 솔직히 말해, 그에게 침례교를 소개할 수 없었던 것이 다소 실망스러웠지만, 그래도 한때 미국의 대표적인 낙태지지론자였던 그가 이제 그리스도인이 되었다는 사실을 알고서는 너무 기뻤다. 그 초대는 내가 결코 거절할 수 없는 것이었다.

몇 주 후, 어느 차가운 12월의 아침, 아내와 나는 7시 30분 예배에 참석하기 위해 우리가 머물던 맨하탄호텔에서 성 패트릭성당에 이르는 몇 블록을 활기차게 걸었다. 우리는 그 거대한 성당의 뒤쪽 입구로 오라는 말을 들었는데, 거기서 검은 코트와 챙이 넓은 검은 모자를 쓴 젊은 남자의 영접을 받았다. 그는 자기를 존 맥클로스키(John McCloskey) 신부라고 소개하고, 우리를 지하실 입구로 몇 걸음 인도해 갔다.

나는 프린스턴대학에서 강력한 학생사역을 하고 있고 카리스마가 있는 젊은 사제인 맥클로스키에 대해 익히 들어 알고 있었다. 그는 네이선슨이 그토록 갈망하던 용서의 복음을 전하고 그가 기독교 신앙을 갖도록 인도했다.

맥클로스키 신부는 우리를 작은 지하 예배실로 인도했는데, 거기는 차갑고 축축했으며, 약 50여 명이 접의자에 앉아 있었다. 화려한 행렬도 의식도 없었고, 작은 제단을 한 무리의 신자들이 둘러싸고 있었다. 우리는 1세기 교회 때 카타콤에 모여 새로운 신자가 부활하신 그리스도의 이름으로 세(침)례를 받는 일에 증인이 되었던 것과 같은 자격으로 참여하고 있는 것인지도 몰랐다.

제단 앞에 서서, 오코너 추기경은 짧은 환영의 설교를 했다. 그리고 나서 네이선슨이 한 젊은 여자에게 인도되어 앞으로 나왔는데, 나는 즉시 그녀가 조운 앤드루스(Joan Andrews)라는 것을 알아차렸다. 아이러니하다는 생각이 들었지만 하나님은 이런 가운데서 기뻐하신다는 생각이 들었다. 앤드루스는 낙태 전문병원에서 비폭력 저항운동을 한 혐의로 플로리다 교도소에서 5년을 보낸 전직 수녀였다. 조운의 가석방은 완고한 판사에 의해 계속 거부되었는데, 도둑과 살인자들이 교도소를 드나드는 동안, 그녀는 감방에 앉아 기도하면서 보냈다. 마침내 대부분의 사람들은 조운 앤드루스가 누구인지 잊게 되었다. 그녀는 자기가 과연 그럴 만한 가치가 있는 행동을 한 것일까 하는 의구심을 가졌을지도 모른다. 그러나 하나님은 그녀의 충성스런 순종의 행위를 통하여 세계적인 낙태찬성론자 한 사람을 여기 세례단으로 인도하셨다.

이는 엄청난 영적 승리의 순간이었다. 대개 우리 그리스도인들은 주변에서 피흘리는 영적 전쟁을 보면서도, 참호 속에서만 싸운다. 그러나 하나님은 가끔 진정한 승리가 무엇인지를 보여주신다. 태생으로 말하면 유대인이요, 확신을 가진 무신론자였으며, 비도덕적이긴 하지만 잘나가는 의사였던 버나드 네이선슨이 그리스도의 십자가 앞에 무릎을 꿇고 있는 이 순간은 바로 그런 보기 드문 멋진 순간의 하나였다.

그때 3개월 전 일단의 종교지도자들과 함께 클린턴이 부분출산낙태를 금지하는 법안에 대해 거부권을 행사한 것을 번복케 하기 위해 상원의원들에게 청원을 하러 간 일이 생각났다. 투표를 위한 출석점검을 하는 동안, 나는 방청석에 앉아 기도를 하고 있었다. 그날의 분위기는 매우 엄숙했다. 상원의원들은 느린 동작으로 의사당을 걸어다니고 있는 것처럼 보였다. 들리는 소리라곤 비서가 출석을 부르고, 이어서 들리는 '예,' '아니오' 하는 반응뿐이었다.

갑자기 한 아기의 날카로운 울음소리가 기괴한 정적을 깨뜨렸다. 아마 의사당 건물을 방문하고 있던 관광객의 아이였던 것 같다. 나의 상상이었을까, 아니면 일부 상원의원들의 얼굴이 정말 잿빛이 되었던 것일까? 의사당 안에서의 아기 울음소리는 이 중요한 투표에서 무엇이 정말 문제인지를 생생하게 기억케 해주는 것이었다.

그렇지만 별 차이는 없었다. 거부권을 번복시키기 위한 투표는 패배하였다.

내 나라에 대한 수치와 실망 속에서, 나는 사람들 사이를 지나 아래층으로 내려가 상원의원 회의장 바로 곁의 대리석 리셉션 룸으로 갔다. 거기에서 나는 낙태찬성론자들의 지도자인 케이트 미첼만(Kate Michelman)과 그녀의 동료들이 기뻐서 손뼉을 치며, 껴안는 모습을 보았다. 그 장면은 내게 무시무시한 것이었다. 여기에 옷을 잘 차려입은 전문직 여성들이 너무나 야만적인 시술을 계속할 권리를 갖게 된 것을 축하하고 있는 것이다. 이 수술은 출산관을 통해 아기 머리만 제외하고 아기를 거꾸로 끄집어내어, 두개골 밑에 구멍을 뚫고 아기의 뇌조직을 빨아내는 것이다.

그날, 낙태찬성론자들은 아주 중요한 정치적 승리를 얻었다. 그러나 3개월 후, 버나드 네이선슨이 세례받고 있는 모습을 패티와 내가 지금 지켜보고 있는 것에 비하면 그건 별것 아니었다. 우리 눈앞에선 진정한 승리가 이루어지고 있었다. 그 승리는 그리스도의 십자가 희생을 통한, 우리의 죄악에 대한 하나님의 궁극적인 승리였다.

세례를 받은 후, 우리 몇 명은 2번가에 있는 아일랜드 식당으로 갔다. 버나드 네이선슨, 맥클로스키 신부, 조운 앤드루스, 몇 명의 사제들(이들 대부분은 낙태에 반대하는 비폭력 데모에 참가하여 수감된 적이 있었던 사람들이었다), 그리고 그 밖의 생명권(Right for Life) 운동가들이 6개 정도의 탁자를 채웠고, 베이글과 스크램블드 에그로 된 늦은 아침식사를 주문하였다. 부드럽게, 그러나 깊은 감사의 마음으로 네이선슨은 모두에게 와줘서 고맙다는 인사를 하였다.

"제단에 무릎 꿇고 있으면서 내가 생각한 것은 오직 바미츠바(bar mitzvah, 유대교의 13세 남자 성인식 - 역자 주)뿐이었습니다." 그가 말했다. "그날 저는 두려웠습니다." 그는 주춤하더니 위를 올려다보았다. "오늘 난 그 두려움이 떨어져 나가는 것을 느꼈습니다. 나는 순전한 은혜를 경험했습니다."

* * *

버나드 네이선슨은 구원을 얻었다. 그는 이제 새로운 사람이 되었다.

두려움에서 해방되고, 고통받던 영혼이 변화되었으며, 그를 가장 괴롭히던 질문에 대한 답을 가지고, 믿음과 소망의 세계로 모험의 첫발을 내디뎠다. 그의 말을 듣고 있는 동안, 나는 한 인간의 영혼에 일어날 수 있는 변화에 대해 놀라움으로 전율이 일었다. 미스테리 작가이며 C. S. 루이스의 친구였던 도로시 세이어즈(Dorothy Sayers)가 "교리는 드라마이다"라는 말을 했는데, 그 의미는 구원에 관한 기독교의 가르침은 위대한 이야기가 가진 모든 예술적 요소를 가지고 있다는 것이었다.[1] 사실 이것은 우리가 듣던 그 어떤 이야기보다 뛰어난 이야기이다. 어떤 소설가도, 어떤 극작가도, 어떤 시나리오 작가도 그렇게 강렬한 구성을 보여준 적이 없다. 이 장면은 한 개인이 "천국의 사냥개"(Hound of Heaven, 프랜시스 톰슨의 시에서 하나님의 사랑을 나타내는 상징)로부터 도망하기를 멈추고, 사랑에 대한 끊임없는 추구에 굴복할 때마다 다시 전개된다.

물론 모든 사람이 네이선슨이 경험한 깊은 절망까지 경험하는 것은 아니다. 그러나 모든 인간들은 그 마음 깊은 곳에서 죄와 죄책으로부터의 구원을 갈망하고 있다. 많은 사람들의 경우 부분적인 해답을 가지고 그런 열망을 억누르려 하고, 합리화하여 멀리하려 하며, 입을 다물려 한다. 그러나 결국, 피하는 것은 불가능하다. 이것이 인간이 처한 커다란 곤경이다. 머지않아 우리 중 가장 잘난 사람도 우리 마음 중심에 부패한 것이 있음을 알게 된다. 우리 모두는 죄책과 실패로부터 자유를 얻기를 갈망한다. 인생의 더 큰 의미와 목적을 알기 원하고, 삶에 소망이 있음을 알기 원한다.

이러한 구원의 필요성은 이 세상의 첫 부부가 에덴동산에서 빗나가던 순간부터 우리 영혼에 깊이 각인되어 있다. 이런 욕구는 보편적이어서, 모든 종교와 세계관은 어떤 형태이든 구원의 방법을 제공해 주고 있다. 예를 들어, 불교의 경우에는 열반이다. 유대인들에게는 선행을 통한 구원이다. 회교도들에게는 심판의 칼 위로 위험한 걸음걸이를 한 다음에 천국에 들어가는 것이다.

그러나 종교와 철학만이 구원을 제시하는 것은 아니다. 사상(思想)의 시장(市場)에 나도는 신념체계, 추종자를 끌어 모으는 운동, 사람들의 마음을 사로잡아 그들의 충성을 이끌어내는 힘을 가진 모든 것은 인간의 가장 깊은 열망을 건드리면서 구원을 제시한다. 이런 열망들은 궁극적으로 종교적일 수밖에 없다.

어떤 세계관이든 '우리가 어떻게 여기에 있게 되었는가?' 하는 문제(창조), 인간이 처한 기본적인 딜레마에 대한 분석(타락) 등에 대한 해답을 제시하고 있기 때문에, 모든 세계관은 이에 대한 해답도 제시하고 있다(구원). 그러나 어떤 구원의 방법이 옳은 것인가? 인간이 처한 딜레마에 참된 대답을 제시하는 것은 무엇인가? 그리고 어떤 것이 가짜인가?

오늘날의 도덕극

오늘날 많은 사람들을 부르고 있는 사이렌(그리고 신화에 나오는 반은 여자이고, 반은 새인 요정으로 아름다운 노랫소리로 지나가는 뱃사공을 꾀어들여 죽였다고 함 - 편집자 주)의 소리는 버나드 네이선슨의 마음과 영혼을 그토록 오랫동안 사로잡았던 것이다. 즉 인생의 목적은 물질적인 이득을 얻는 것이며, 성취와 진급, 육신적인 쾌락 등이 '모든 것'이라는 믿음이다. 미국은 고도의 기술 발달로 진보된 산업사회이다. 물질주의와 상업주의를 통하여 구원을 얻을 수 있다는 약속으로 우리를 유혹하는 광고산업 사회이기도 하다.

텔레비전을 켜고 잡지나 신문을 펼치면, 우리는 상업주의의 폭탄세례를 받는다. 뭔가 필요할 때, 뭔가 불안할 때, 뭔가 걱정될 때, 우리의 필요를 채워주고, 우리의 자존감을 높여주며, 우리의 염려를 덜어주는 제품들이 언제든지 판매되고 있다. 광고업자들은 심리학자들을 고용하여 인간의 마음을 탐구하고, 우리 내면의 가장 깊은 욕구와 갈망을 집어내기 위해 엄청난 예산을 퍼붓는다. 그리고 나서 우리를 낚아채어, 그 제품을 사기만 하면 그런 근본적인 필요들이 채워질 것이라고 생각하도록 현혹시키는 유혹적인 이미지와 문구들을 만들어낸다.

그런 깊숙한 필요들은 사실 종교적인 것이기 때문에, 이런 광고들이 실제로 거래하고 있는 것은 구원을 바라는 보편적인 갈망이다.

이것은 결코 우연이 아니다. 사회학자 제임스 트위첼(James Twitchell)은 그의 책 「성인 미국」(Adult U.S.A.)에서 미국 초기 광고업자들의 대다수가 그리스도인들이었으며, 목회자의 아들들인 경우도 많았다고 말하고 있다. 이들은 현대 광고기법을 개발하면서, 자신들이 영적 필요에 대해 이해하고 있는 것들을 상업적인 영역으로 전환시켰다. 죄 - 죄책 - 구원이라는 영적인 순서는 문제 - 염려 - 해결이라는 심리적인 순서가 되었다. 트위첼의 말에 의하면, 바로 이런 이유 때문에 전형적인 TV광고는 '이 시대의 도덕극' 이다.[2] 한 남자나 여자가 고통에 싸여 있다. 그는 두통을 앓고 있다. 감기에 걸린 것이다. 다음 사람이 스크린에 나타나 광고되고 있는 제품의 능력을 증언하면서 구원을 약속한다. 구도자는 그 제품을 사용해 본다. 그런데 할렐루야, 문제가 해결되었다. 인생은 다시 없는 기쁨이다. 높은 곳으로부터 육체에서 분리된 아나운서의 목소리가 들리며 제품의 장점을 소개한다.

트위첼은 "종교가 주는 강력한 유혹과 광고의 유혹은 같다"고 결론을 내린다. 둘 다 '우리는 구원받을 것' 이라고 확신시켜 준다.[3]

이런 메시지는 여러 형태를 띠게 된다. 때로 광고는 "나는 찾았네!", "그것이 옳은 것입니다", "믿을 만한 어떤 것" 등의 멘트로 개인적인 신앙의 주제를 다루기도 한다. 다른 경우, 신과의 인격적 관계에 대한 애매한 대체물을 제시하기도 한다. "나와 나의 RC", "당신은 선한 이의 손에 있습니다" 등이 그렇다. 또 다른 경우엔 약속된 땅의 축복을 제시하기도 한다. "우리는 당신의 삶에 좋은 것을 가져다줍니다." "당신이 될 수 있는 무엇이라도 되십시오." 심지어 어떤 광고는 종교적인 감사의 표시를 이용하기도 한다. "감사합니다, 테이스티케이크(TastyKakes)." "감사합니다, 델코(Delco)." "당신이 해주시는 일을 전 사랑해요."⁴

최근에는 심지어 종교 자체가 광고에 등장하기도 한다. 결국 하나님을 필요로 하는 욕구보다 더 깊은 것이 어디 있겠는가? 지위나 쾌락에 대한 소구(訴求)를 종교에 대한 소구와 결합하거나, 아니면 쾌락 자체를 종교로 바꿔놓으면 이 유혹은 거부하기 힘들게 된다.

한번 상상해 보라. 홍수가 나서 어떤 집을 덮치려 하자 한 가족이 무진 애를 쓰고 있다. 집이 붕괴되려 하자 아버지는 구조를 요청하며 소리지른다. 그런데 보라. 하늘이 열리고 커다란 손이 그 가족을 재앙으로부터 구하기 위해 내려온다.

하나님이 구원하시는 것이라고? 아니다. 올스테이트 보험회사가 구원하고 있다. 이 광고는, 그 핵심이 종교적 갈망인 안정감에 대한 보편적인 갈망을 채용하고 있다. 이런 구원에 그 가족이 드리게 될 기도를 쉽게 상상할 수 있다. "올스테이트여, 우리를 적절한 때에 구해 주신 당신께 감사합니다."

또 이런 광고도 있다. 한 젊은 여자가 교회에서 그녀의 인색한 삶에 대해 '고백'을 하는 장면이 나온다. "검소한 것은 죄가 아닙니다"라고 설교가는 그녀에게 확신을 심어준다. 그러자 젊은 여인은 죄책감에서 해방되어 스포티하지만 저가인 그녀의 신형 셰비 캐벌리어를 즐겨 탄다.

IBM의 한 광고에서는 가톨릭 수녀들이 저녁예배로 향하면서 넷 서핑에 대해 속삭이고 있다. 또 다른 IBM 광고에서는 불교의 중들이 로터스 노츠(Lotus Notes, 업무관리에 사용하는 솔루션 프로그램의 일종)에 대해 텔레파시를 이용하여 명상하고 있다. 게토레이 광고에서는 마이클 조던(Michael Jordan)이 티베트에서 달려가다 동방의 현자를 만나게 되는데, 그 현자는 "인생은 스포츠다. 마셔버리거라"라는 말을 읊는다. 스니커즈 광고는 한 축구팀이 가톨릭 사제, 유대교 랍비, 미국 원주민, 불교도, 그 밖의 많은 종교지도자들을 초청하여 그 팀을 축복하도록 한다. 축복을 받기 위해 길게 늘어선 선수들 모습 위로 자막이 흐른다. "잠시 기다리는 동안 스니커즈를 드십시오." 볼보 광고에서는 한 남자가 맑고 깨끗한 흐르는 물에 목욕을 하고 있다. 그가 하늘을 쳐다보자 위로하는 듯한 하늘의 소리가 들린다. "볼보는 너의 영혼을 구원하는 데 도움을 줄 것이다."[5]

광고업자들이 구원에 대한 인간의 욕구에 초점을 맞추고 있는 것은 너무도 분명하다. 그리고 이들은 이런 욕구를 이용하는 데 열심이다. 소설가 존 업다이크(John Updike)는 광고를 만들기 위해 쏟아붓는 노력을 중세의 수도승들이 성경의 필사본을 장식하기 위해 쏟아붓던 열렬한 관심에 비유하고 있다. 이런 모든 광고작품들의 목표는 '특정한 맥주, 과자, 또는 보험회사, 또는 석유회사 재벌이 십자가에 달린 그리스도 같으며… 좋은 삶으로 이르는 길이라고 우리를 설득하는 것'이다. 현대의 광고는 '모든 거실을 교회로' 만들고 있으며, 그 안에 약 6분에 하나씩, 현대문화의 성상(聖像)들을 놓아두고 있다 - 그뤼네발트(Grünewald, 종교적 작품을 주로 그린 16세기 독일화가)의 사치스럽고 멋진 십자가나 미켈란젤로의 피에타(성모 마리아가 그리스도의 시체를 무릎에 안고 슬퍼하고 있는 그림 - 역자 주) 등과 같은 봉헌물을 말이다.[6]

미국의 13대 대통령이었던 캘빈 쿨리지는 미국 광고기관협회에서 "광고는 거래의 영적인 측면에 봉사하는 것"이라고 말한 적이 있다. 광고는 "인류의 거듭남과 구원이라고 하는 보다 큰 일"의 일부이다.[7] 거듭남? 구원? 자아만족과 욕망의 '종교'는 광고를 통하여 인간이 처한 딜레마의 해결책, 불안감에서 탈피하게 해주는 안락함, 또 구원의 방법으로 우리에게 제시된다. 가장 앞선 통신과 설득의 수단을 사용하여 미국에서 가장 인기 있는 신(神)인 소비주의의 우상에게 절하도록 강요하고 있는 것이다.

그러나 버나드 네이선슨이 이제 증명해 주겠지만, 물질적인 재화와 소비재는, 한 인간이 영혼의 어두운 밤에 들어갔을 때, 아무런 위로가 되지 않는다. 어떤 사람이 말한 것처럼 가난한 사람은 돈이 행복을 사줄 수 있을 것이라고 믿고 있는 반면, 부자는 그렇지 않다는 것을 알고 있기 때문에 가난한 사람이 부자보다 더 잘 산다.

소비주의라는 종교를 실천하는 것은 짠물을 마시는 것과 같다. 많이 마시면 마실수록 점점 더 목마르게 되는 것이다. 아무리 돈과 권력이 많아도 만족함이 없고, 아무리 소유가 많다 해도 죄책감을 없애진 못한다. 또 그런 것들이 짧은 현세에서의 우리 삶에 큰 기쁨을 주고 매력 있는 것처럼 보여도, 그것들이 우리를 그 다음 세상으로 데려가지는 못한다. 죽을 때는 빈손으로 떠난다는 옛 격언이 적절한 말이다.

소비주의는, 미국인들이 좋아하는 대체종교이긴 하지만 그것만 있는 것은 아니다. 다른 것들도 마찬가지로 유혹적이라는 것이 드러났다. 어쩌면 더 파괴적일지도 모른다.

제24장

그것이 해방인가?

> 19세기의 점진적 낙관주의가 우리에게 남겨준 가장 위험한 잘못은, 문명이 자동적으로 발달되어 퍼져나간다는 생각이다. 그러나 역사의 교훈을 보면 그 반대이다.
>
> 루이스(C. S. Lewis)

1967년에 다이앤이 대학으로 떠난 후 그녀는 깊은 수렁에 빠져들었다. 몇 주 지나지 않아 그녀는 마리화나를 피우고, 어릴 적 신앙을 조롱하며, 여성해방에 관한 표어들을 입에 달고 다녔다.

오늘날 다이앤은 자신의 기독교 신앙으로 돌아왔고, 자기 스스로를 더 이상 페미니스트라고 부르지 않는다. "전 희생물이 되는 것에 싫증이 났어요"라고 그녀는 말한다. "전 페미니즘 책들을 한 아름씩 읽곤 했지요. 그런데 어느 날, 그것이 나에게 충격을 안겨다 주었어요. 다른 모든 책들도 마찬가지였죠! 여성들이 가진 문제는 누군가, 어디에선가 여성에게 잘못한 것이 있기 때문이라고 다들 설명하지요. 마치 여성은 약하고, 수동적인 피조물인 것처럼 말이에요. 그것은 병적일 정도였어요."

다이앤은 마음을 고쳐먹었지만, 아직도 수백만의 사람들이 다른 해방

이데올로기와 어깨를 나란히 하며, 여성해방을 부르짖고 있다. 전국적으로 사람들은 성(性), 인종, 성적 취향에 따라 모여들고 있고, 그들이 이런저런 종류의 억압이라고 말하는 것에 대해 분노로 들끓고 있다.

이 사람들이 내세우는 주장을 이해하기 위해서는 이들이 가진 세계관을 이해하는 것이 필요하다. 이들 집단이 주장하는 인간의 딜레마는 무엇이며, 고통과 불의의 근원은 무엇인가? 백인들, 남자들, 이성애(異性愛)자들, 혹은 그 밖의 다른 집단이다. 그 해결책, 정의와 평화를 위한 해결책은 무엇인가? 우리의 의식수준을 높이는 것이며, 압제자들에게 대항하여 일어나는 것이다. 따라서 해방의 약속은 궁극적으로 구원의 약속이기도 하다.

오늘날 사상의 시장에 나와 있는 모든 해방 이데올로기는 19세기 이래로 서구사상에 스며 있는 단 하나의 주제를 변형한 것이다. 역사는 영광된 완성을 향해 움직이고 있다는 생각이다. 이것을 흔히 '진보의 신화'라 하기도 하고, 영국의 철학자 메리 미즐리(Mary Midgley)의 말에 의하면, '에스컬레이터 신화'라고도 할 수 있는데, 이는 신의 섭리에 대한 기독교의 가르침을 세속화한 것이다. 기독교는, 역사가 하나님 나라를 향하여 움직이고 있다고 가르치는 반면, '에스컬레이터 신화'는 우리가 인간의 노력과 재능의 결과로 이 땅에서의 유토피아를 향하여 진화하고 있다는 확신을 주고 있다.[1]

원죄를 부인함과 동시에 진보가 불가피하다는 사상은 앞장에서 살펴본 대로 거대한 유토피아 운동에 불을 당겼다. 이 사상은 19세기 독일 철학자 게오르그 프리드리히 헤겔(Georg Friedrich Hegel)의 저작을 통하여 확고하게 뿌리내렸다. 당시까지만 해도, 이 세계는 정적인 생명의 사다리로 묘사되었다. 모든 것은 이 거대한 사다리의 가로대 중 어느 한 곳에 자기 자리를 가지고 있었다. 돌로부터 시작하여 식물, 동물, 인간, 천사 그리고 하나님 순이었다. 그러나 헤겔은 아주 새로운 일, 정말 숨막히게 하는 일을 시작했다. 그는 생명의 사다리를 한쪽으로 기울여, 어떤 시점에서 이 세상에 존재하는 모든 사물들의 목록이 되게 하는 대신에, 이 사다리가 역사의 과정 속에서 이 세계가 지나가야 하는 일련의 단계들인 것으로 바꾸었다. 그래서 이제 사다리는 역동적인 일련의 계단들이 되었다. 모든 것은 완전을 향하여 하나의 가로대에서 다음의 가로대로 끊임없이 진보해 간다.[2]

헤겔의 영향으로 인해, 모든 것은 진화에 예속되었다. 생명체뿐만 아니라 습관, 문화, 개념들까지도 그렇게 되었다. 이 우주는 원시적인 초기 단계로부터 어떤 높은 수준의 미래에 이르기까지 끊임없이 변화해 가는 과정으로 이해되었다. 생물학에서부터 인류학까지, 법학에서 사회학에 이르기까지, 역사의 패턴과 진화의 방향을 밝혀줄 '발전의 법칙'을 찾으려는 열렬한 노력이 계속되었다. 이런 법칙은 보다 나은 세계를 향한 위대한 움직임에 사람들이 어떻게 맞추어 살아야 할지를 알려주는 안내자 역할을 할 것으로 기대되었다. 인간의 최고지성은 발전의 법칙을 발견해 내고, 천국의 대용 비전인 유토피아로 우리를 인도해 줄 것이라는 거대한 낙관론이 팽배했다. 철학자와 사상가들은 구원의 수단이 되는 이 땅에서의 천국을 이루기 위해 서로 경쟁하며 그런 법칙을 찾아내려 애썼다.

'에스컬레이터 신화'는 다양한 형태를 띤다. 그 중 일부는 우리가 구원이라는 주제를 논의할 다음 장들에서 살펴볼 것이다.

신마르크스주의는 아직도 살아있다

가장 널리 알려진 헤겔의 제자는 칼 마르크스이고, 마르크스주의는 '에스컬레이터 신화'의 대표적인 예로 이해할 수 있다. '에스컬레이터 신화'란 하나님 나라를 세속화하고, 이 땅에서 순전히 인간에 의한 천국을 건설하려는 현대인들의 노력이다. 마르크스주의는 오늘날 세계의 대부분 지역에서 정치이론으로 나쁜 평판을 받고 있지만, 이 장을 시작하면서 언급한 대로 아직 여러 가지 다양한 해방운동이라는 형태를 통해 생생하게 살아있다. 배역은 바뀌었지만, 구성은 아직도 동일하다.

고전적인 마르크스주의 역사 드라마에 의하면, 억압받는 사람들은 프롤레타리아(도시공장 노동자)였다. 그러나 새로운 다문화 이데올로기 사회에서 억압받는 사람들은 여자들, 흑인들, 혹은 동성애자들이다. 고전적인 마르크스주의에서 억압받는 자들은 그들의 압제자인 자본가들에 대항하여 봉기한다. 새로운 형태에 있어서는 여러 색깔과 성을 가진 사람들이 과거와 마찬가지로 그들의 분노를 모아 압제자 - 주로 백인, 남자, 이성애자 - 들과 싸운다.

오늘날 정치적으로 중립인 대학들은 마르크스주의라는 주제를 여러 가지로 변형한 강좌를 개설하고 있는데, 이런 변종들의 공통적인 핵심은 서로 겹치는 부분과 서로 보완하는 면에서 두드러지게 나타난다. 예를 들어, 산타바바라에 있는 캘리포니아대학은 마르크스주의와 흑인해방을 연관시키는 "흑인 마르크스주의"(Black Marxism)라는 강좌를 제공하고 있다. 브라운대학에서는 흑인과 동성애 해방주의를 연결한 "검은 라벤더"(Black Lavender)라는 강좌를 제공하고 있다. 이 강좌는 흑인 동성애자 관련 희곡을 다루고 있다. UCLA에서는 "치카나 레즈비언 문학"(Chicana Lesbian Literature)이라는 강좌를 통해 남미계 민족성을 동성애와 연결시키고 있다. 빌라노바대학에서는 "생태 페미니즘"(Eco-feminism)이라는 강좌를 통해 페미니즘과 환경주의(environmentalism)를 결합시키고 있다. 스탠포드대학에서는 "유색인종여인"(Women of Color)이라는 과목에 다음과 같은 여러 가지를 다 포함시키고 있다. 인종, 민족성, 계급, 성(性) 등이 그것이다. 이런 대대적인 교육 정치화의 결과, 대학생들은 마르크스주의를 법학, 정치학, 교육학, 가족연구, 그 밖의 많은 다른 분야에 적용하도록 교육받고 있다.

이것들이 의미하는 바는 비록 마르크스주의가 정치 이데올로기로서는 대부분 실패했지만, 아직도 서구 지식인들 사이에서는 살아있다고 하는 것이다. 문화다원론과 정치적 적합성이라는 명목으로 되살아난 마르크스주의는 오늘날 가장 널리 확산되고 영향력 있는 가짜 구원을 제공하고 있다. 정부명령에 의한 집단권리와 문화다원론의 부수물들이 이제는 미국 헌법의 해석에까지 영향을 미치고 있다. 비록 원래의 마르크스주의는 미국을 정복하지 못했지만, 새로 거듭난 마르크스주의는 미국을 정복할 수도 있을 것이다.

결국에는 수용소 군도가 된다

칼 마르크스가 19세기 중엽 영국 박물관에서 그의 열광적인 철학으로 책을 저술한 결과 나온 것은 완전한 대체종교였다. 태초에 창조주가 있었다. 물질 자체였다. 마르크스주의에서 우주는 스스로 생겨나서 스스로 작동하고 있는 기계로, 마지막 목표 즉 계급이 없는 공산사회를 향해 자기 스스로의 내적인 힘에 의해 운영되고 그 힘을 스스로 창출해 내며 전진하는 기계이다. 마르크스의 제자 레닌은 이런 교리를 아주 분명한 종교적 언어로 묘사하고 있다. "우리는 물질과 우주적 세계를 최상의 존재, 모든 원인의 근본 원인, 땅과 하늘의 창조자라고 생각할 수 있다."[3]

마르크스주의에 있어 에덴동산에 대응하는 것은 원시 공산주의 상태이다. 사유재산이 생겨나고 노동이 분리된 것이 원죄인데, 이로 말미암아 초기의 무죄한 상태로부터 노예와 압제의 상태로 들어가게 되었다. 여기에서부터 그 다음의 모든 악과 착취, 그리고 계급투쟁이 생겨난다.

이 드라마에 있어서 구원이란 원죄 이전 상태로 되돌리는 것이다. 생산수단의 사적 소유를 파괴하는 것 말이다. 그 구속자는 프롤레타리아인데, 이들은 자본주의 압제자들에 대항하여 봉기할 것이다. 역사가 로버트 웨슨(Robert Wesson)은 "구원자 프롤레타리아는 그가 당한 고난으로 말미암아 인류를 구속하고, 하늘나라를 이 땅에 건설하게 될 것이다"라고 말

한다.[4]

마르크스주의 신학에 의하면, 심판의 날은 악한 부르주아들이 저주받는 혁명의 날이다.[5] 마르크스가 회개를 요구하지 않고, 혁명을 요구하고 있는 것은 매우 중요한 부분이다. 왜 그런가? 그도 루소처럼 인간이 본질적으로 선하다고 보기 때문이다. 그는 악과 탐욕은 사회가 가지고 있는 경제구조(사적 소유) 때문에 생겨나는 것이므로 구 경제체제를 무너뜨리고, 새로운 제도를 만들어내면 이런 악들은 제거될 수 있다고 믿었다.

마지막으로, 다른 모든 종교들처럼 마르크스주의도 종말론을 가지고 있다. 기독교에서 시간의 끝은, 하나님께서 창조하신 것들이 원래의 완전함을 회복하고, 죄와 고통이 더 이상 존재하지 않게 되는 때이다. 마르크스주의에 있어 역사의 끝은 원시 공산주의가 회복되고, 계급투쟁이 더 이상 존재하지 않게 되는 때이다. 천국은 고양된 의식(意識)을 가진 사람들에 의해 그 길이 안내될 것이다. 마르크스는 마치 그리스도인들이 예수의 재림을 간절히 사모하듯, 이런 역사의 불가피한 절정을 기대한다.

"마르크스주의는 하나님 나라에 대한 세속화된 비전이다"라고 신학교 교수인 클라우스 보크멜(Klaus Bockmuehl)은 말한다. "그것은 인간의 나라이다. 인류는 마침내 자기 자신을 위해 '의가 지배하는 새로운 땅'을 건설하게 될 것이다."[6] 마르크스주의는 인간의 딜레마를 해결하고, 이상적인 사회 속에 사는 새로운 인간을 창조하게 될 것임을 약속한다.

이런 종교적인 요소들이 마르크스주의가 가진 놀랄 정도의 강인한 힘을 설명해 준다. 마르크스의 특정 이론 대부분은 엄청난 실패를 했고, 전 세계에서 무수히 많은 마르크스주의 혁명이 일어났음에도 불구하고 계급 없는 사회라는 약속은 이루어진 적이 없다.

그런데 마르크스주의는 왜 아직도 그렇게 인기가 많은가? 왜 오늘날의 그 많은 해방운동들이 마르크스주의의 범주와 분석을 원용하고 있는가? 왜 문화다원주의와 정치적 공정성이 대학 캠퍼스에서 다이앤과 같은 학생을 휩쓸어 그들로 하여금 이 세계를 '고통받은 자기 의(義)'라는 렌즈를 통해 바라보도록 가르치며, 그리도 많은 희생자들을 남겨놓았는가? 정확하게 말해, 마르크스주의는 본질적으로 종교적인 욕구를 목표로 하고 있어 인간구원에 대한 열망을 건드리고 있기 때문이다.

마르크스 자신도 그가 기독교에 대해 호전적인 무신론적 대안을 제시하고 있는 것임을 잘 알고 있었다. "마르크스는 15세에 입교했으며, 한동안 아주 열심 있는 그리스도인인 것처럼 보였다"고 역사가 폴 존슨은 기록하고 있다. 그러나 결국 그는 성경의 하나님을 거부하고 그 종교를 "환상 속의 태양 주위를 회전하는 인간, 그리고 마침내는 인간 스스로를 중심으로 돌아가는 것"이라고 폄하했다.[8]

마르크스의 궁극적인 목표는 자율이었다. 그는 "한 존재는 자신의 발로 설 수 있을 때에만, 스스로를 독립적이라고 생각한다. 또 인간은 자기 자신에 의해서만 자신의 실존이 이루어질 때 스스로 서 있는 것이다"라고 말한다. 그러나 그가 인격적인 하나님의 피조물일 경우 그는 독립적이지 않다. 왜냐하면 "그는 다른 이의 은혜로 살기 때문이다."[9] 따라서 마르크스는 자기 자신의 주인, 자기 자신의 신이 되기로 결심하였다.

이것이 마르크스주의의 뿌리이다. 바로 이 점이 우리의 비판의 대상이 되는 것이다. 이러한 절대자율에 대한 주장은 얼마나 그럴싸한가? 아이러니하게도, 마르크스 자신은 이것이 별로 그럴듯하지 않다는 것을 인정했다. 그는 창조주에 대한 신앙은 '대중의 의식 속에서 몰아내기가 아주 어렵다'는 것을 인정했다. 그와 동시에, 대부분의 사람들에게 절대자율이라는 개념이 '이해할 수 없는 것'임을 인정했다. 왜 그런가? 이는 '실생활에서 접할 수 있는 모든 것과 모순되기 때문'이다. 다시 말해, 실생활에 있어 우리는 완전히 자율적이지 않다는 것이 분명하다.[10] 우리는 우리 자신을 창조할 수도 없으며, 완전히 독립적으로 존재할 수도 없다. 우리는 유한하고, 종속적이며, 다른 요소들의 지배를 받는, 방대한 우주 속의 작은 점, 항상 흐르는 역사의 흐름 속에 아주 작은 소용돌이 같은 그런 존재이다.

결론은, 마르크스주의 세계관은 너무 결함이 많다는 것이다. 이는 현실과 부합하지 않는다. 마르크스 자신도 그의 철학이 '실생활'에 있어 '모든 것과 모순된다'고 인정한 바 있다. 마르크스는 사도 바울이 불신자들에 대해 묘사한 전형적인 예이다. 그들은 진리를 알면서도 아직도 진리를 억압하고 있다(롬 1:18-32).

젊은 시절, 마르크스는 주로 분노, 파괴, 야만을 주제로 하는 시를 썼다. 전해지는 그의 시 중에 다음과 같은 것이 있다.

> 그러면 나는 하나님처럼 뻐기면서 다니겠네.
> 이 세계의 황무지 사이로
> 내가 하는 말에 강력한 힘을 부여하면
> 창조주와 똑같은 기분이겠지.[11]

여기에서 그는 그의 철학 뒤에 숨어 있는 궁극적인 종교적 동기를 드러낸다. 그 자신이 창조주와 동일하기를 원하며, 그의 말이 하나님의 창조의 말씀처럼 강력한 힘을 갖기를 원한다.

마르크스의 신격화는 수백만의 사람들을 전쟁, 학살, 강제수용소로 이끌어가는 처참한 결과를 가져왔다. "마르크스주의를 당신이 원하는 어떤 나라에 도입해 보시오. 그 결과는 언제나 수용소 군도일 것입니다"라고 마르크스주의자였던 프랑스 철학자 베르나르 앙리 레비(Bernard-Henri Levi)는 말하고 있다.[12] 혁명가들은, 역사의 다음 단계는 자동적으로 진보를 드러내며, 어떤 변화든 더 좋은 결과를 위한 것이라고 믿기 때문에 기존의 질서를 무너뜨리고 파괴하는 데 조금도 주저함이 없다. 역사적으로 볼 때, 이는 지배자로부터 농부에 이르기까지 이에 저항하는 이들을 마구 죽이는 것을 의미했다. 게다가 마르크스주의는 사회경제제도를 재건하기만 하면 평화와 조화를 이룰 것이라고 생각하기 때문에, 새로운 질서 속에서는 지도자들에 대해 어떤 도덕적 제한도 가하지 않는다. 마르크스주의는 인간본성에 속한 악을 부인하기 때문에, 권력을 가진 개인에 대해 견제와 균형을 가할 필요가 없다고 생각하여, 결과적으로 절대권력이 생기도록 한다. 우리 모두는 절대권력이 어떻게 되는지 너무나 잘 알고 있다.

마르크스주의는 파괴와 죽음을 가져오는 대체종교이다. 오늘날 마르크스주의에 크게 의존하고 있는 해방운동 역시 그 본질상 종교적이다. 이들은 마르크스가 경제문제에 초점을 맞춘 것 대신 인종이나 성, 민족문제에 초점을 맞춘다. 그러나 기본적인 사고는 동일하다. 그리고 마르크스주의처럼 결함이 많고 위험하다.

'에스컬레이터 신화'를 통한 구원을 진정으로 믿는 사람에게 있어서 가장 멋진 형태의 해방은 바로 성 그 자체이다.

제25장

성을 통한 구원?

> 현대의 모든 지적인 그리고 문화적인 탈출구는 그의 선조들이 불법이라고 했지만 그럼에도 선택했던 성적인 욕구와 직간접적으로 관련되어 있다. 그들의 이론은 결국 그들이 잘못된 것이라고 알고 있음에도 그 선택을 합리화하는 것이다.
>
> 마이클 존스(E. Michael Jones)

매디슨 존스(Madison Jones)는 1967년에 쓴 그의 소설 「어떤 망명」(*An Exile*)에서 한 젊은 여자와 간음을 하고서 어떤 초자연적인 경험을 한 보안관의 얘기를 다루고 있다. 이들은 함께 침대에 누워 그들 위에 있는 작은 탑 위의 색깔 있는 유리창에 달빛이 내려앉는 것을 본다. 이때 이 보안관은 그가 어릴 적 다니던 교회의 스테인드 글라스 유리창을 떠올린다.

"그 유리창에 흐린 파랑, 노랑, 빨강으로 새겨 있던 그림은 예수가 어린아이들을 축복하는 것이었는데, 그 창문으로부터 그에게 빛이 내리쬐었다. 그 빛은 그들 위에 있는 창문을 통해 내려오는 하나님의 은혜 그 자체인, 그런 은혜로운 빛이었다"고 작가는 적고 있다.

보안관은 자기 옆에서 자고 있는 젊은 여자를 쳐다보면서 곰곰이 생각한다. "그래, 죄 있는 사람을 죄 없게 만드는 것이 은혜라고 그때 그 목사가 설교했었어. 그는 거기서 은혜의 세례를 받으며 앉아 있었지. 은혜로 새로 태어나서. 그런데 이제, 죄악의 땀이 채 마르기도 전에, 그가 그때 느꼈던 것과 같은 느낌을 갖다니 이상하지 않은가?"

정말 이상하다. 이 보안관과 젊은 여자의 관계는 순전히 성적인 것이기 때문이다. 그는 그녀를 사랑하지 않았고, 그녀도 그를 사랑하지 않았다. 나중에 알게 되겠지만, 그녀는 범죄활동에 개입하고 있어 이 보안관의 꼬투리를 잡기 원하는 그녀 아버지의 강요로 이런 관계를 갖게 된 것이다. 그런데 사랑도 없고, 공리주의적이며, 순전히 육체적인 이 만남이 종교적 경험의 통로로 묘사되고 있는 것이다.

"(보안관은) 새로워졌다는 생각이 들었다. 낡은 몸과 낡은 정신을 씻어낸 듯했다. 그것은 은혜였다."[1] 사랑이 없는 부정한 관계에서 순전히 육체적으로 이루어지는 성교행위가 역설적으로 구원의 수단으로 묘사되고 있다.

중세의 신비주의자들은 초월적인 상태에 이르고 거룩한 이와 교제하기 위해 자기부인과 명상을 사용했으나, 오늘날에는 성(性)을 사용한다.

성은 하나님의 창조질서의 중요한 부분이고, 혼인언약에 있어 거룩한 부분이다. 우리의 성적 본능은 하나님으로부터 받은 좋은 선물이다. 그런데 많은 현대 사상가들은 성을 세계관의 기초로, 치료의 수단으로, 구원의 방법으로 생각한다. 성은 우리를 다음 단계의 진화수준으로 끌어올려, 새로운 인간의 본성과 진보된 문명을 만들어내는 수단의 자리에까지 오르게 되었다. 다시 말해, 성은 또 다른 '에스컬레이터 신화'로 변환되었다.

성에 대한 거의 신비적 수준의 이런 생각은 어디서 온 것일까? 크게 보면 이는, 인간의 본성은 선하며, 악은 문명이 가지고 있는 도덕법과 관습으로 억압된 결과라고 가르친 루소로부터 온 것이다. 19세기에 프로이트는 신경증의 원인을 도덕법의 억압과 이것이 만들어내는 죄책감의 탓으로 돌렸다. 그리고 나서 내분비선 등, 과학이 성의 생리학을 더 많이 밝혀내게 됨에 따라, 이런 사상들은 과학이라는 옷으로 치장되었다.

예를 들어, 20세기 초 흔히 산아제한을 처음 주장한 사람으로 기억되고 있는 마거릿 생어(Margaret Sanger)는 성에 대한 보다 광범한 철학을 가르쳤는데, 이 철학은 과학으로 뒷받침된 것이다. 그녀는 성적 억압이 성선(性腺)의 활동을 제한하고, 그 결과 건강을 해치며, 지능을 떨어뜨린다고 주장했다. 따라서 과학 자체가 성의 해방을 지지하고 있다고 그녀는 주장했다.

생어의 주장에 의한 역사의 드라마는 우리 몸과 정신을 인간본성을 왜곡하고 빈곤하게 만드는 도덕적 제한으로부터 해방시키려는 노력으로 구성되어 있다. 그녀는 "절제와 자기부인, 억압을 가르치는 '도덕론자들'"을 격렬하게 반대하며, 기독교 윤리를 "자기부인과 '죄'의 잔인한 도덕률"이라고 묘사한다. 그녀는 도덕률을 성 해방의 도덕으로 대체하기를 원하는데, 그녀에 의하면, 성 해방은 성적 에너지의 분출을 통하여 인간이 '내면의 평화, 안정감과 아름다움'을 획득할 수 있는 '유일한 방법'이다.[2] 뿐만 아니라, 사회적 병리를 고칠 수 있는 유일한 방법이기도 하다. "내면의 에너지를 방해하고 있는 제약과 금지를 제거하면, 대부분의 큰 사회악은 없어질 것"이라고 말한다.[3]

생어가 말하고 있는 것은, 도덕이 모든 악의 근원이고, 자유로운 성적 표현은 구원에 이르는 길이라고 하는 구원의 교리와 조금도 다름없다. 그녀는 심지어 성적인 엘리트들에게 "현재 인간의 몸과 영혼을 구속하고 있는 도덕적 터부를 제거하고, 특히 자기자발성과 구원을 가능케 만드는 지식에 대한 끊임없는 욕구에 대답해야 한다"면서 종교적인 언어를 구사하기도 한다.[4] 구원이라니? 또 다른 글에서 그녀는 남자와 여자들은 "생리적인 그리고 심리적인 금기와 제약을 제거하여, 인간 내면의 원초적 에너지를 발산하고 전달하여 완전한 신적 표현의 경지에까지 이르게 하는 것"을 통해 문자 그대로 천재들이 될 것이라고 약속하고 있다.[5] 신적이라고? 여기에 에덴에서 뱀이 약속했던 것과 비슷한 또 하나의 왜곡이 드러난다. 우리를 하나님과 같이 되게 하는 것은 동산에 있는 나무의 실과를 먹음으로써가 아니라, 성적 에너지의 분출로 이루어진다는 것이다.

생어의 철학은 성적 자유를 통해서 인간의 본성을 변화시키고, 신인류를 만든다고 하는 또 다른 형태의 '에스컬레이터 신화'일 뿐이다. 그녀는 행복에 도취하여 우리의 힘으로 "인류를 다시 고치고, 진정한 문명을 창조해 내며, 일상의 세계를 변화시키고 승화시켜, 아름다움과 기쁨의 영역으로 만들 수 있다"고 말한다. 그녀는 다시 종교적인 언어를 구사한다. "성을 통해, 인간은 이 세계를 변화시키고, 이 지구상에 천국을 가져올 수 있는 유일한 길을 비추는 위대한 영적 조명등을 얻게 될 것이다."[6]

생어와 동시대 사람인 알프레드 킨지(Alfred Kinsey)는, 특히 1940년대에 발간된 그의 책 「인간 남성과 여성의 성적인 행동」(*Sexual Behavior of Human Male and Sexual Behavior of Human Female*)을 통해 성 관습과 성교육이론에 생어 못지않은 영향을 미쳤다.[7] 그것은 미국인들이 침실에서 하는 일들을 도표화하여 그가 과학자로서 취한 객관적인 태도의 영향이기도 했다. 그러나 사실, 그는 객관적이지도, 과학적이지도 못했다. 생어와 마찬가지로, 그는 도덕이 유해한 세력이므로 반대해야 하는 것으로 규정하고, 성을 고양시키는 것이 구원에 이르는 수단이라고 규정하는 이데올로기에 헌신하고 있었다.

성을 도덕으로부터 해방시키기 위해, 킨지는 성을 순전히 신체적 오르가즘을 위한 생물학적 행동으로 격하시켰다. 그리고 나서 그는, 오르가즘은 도덕적으로 중립이라고 주장했다. 결혼한 관계든, 혼외정사든, 동성간이든, 이성간이든, 어른과 아이 사이든, 인간과 동물 사이든 관계없이 말이다. 그가 모델로 삼은 것은 동물이었다. 열렬한 다윈주의자였던 킨지는 인간이 동물에서 진화되었기 때문에, 인간과 동물 사이엔 아무 차이도 없다고 주장하였다. 그는 '인간은 동물'이라는 표현을 즐겨 사용했는데, 어떤 특정한 행동이 동물 가운데서 발견되면 이것이 인간에게도 규범이 된다고 생각했다. 예를 들어, 포유류에서는 수컷끼리 성적 접촉을 갖는 일이 발견되는데, 심지어 다른 동물과도 이런 성적 접촉이 이뤄지는 것이 발견된다. 따라서 동성애나 수간(獸姦, 짐승과 하는 성 행위 - 역자 주)도 '정상적인 포유류의 한 모습'이므로 인간의 행동으로 받아들일 수 있는 것이라고 그는 결론을 내렸다.[8]

킨지는 그의 철학을 확실히 하려는 열망 때문에 성범죄자와 변태자들을 과다포함하는 대표성이 전혀 없는 표본에 의존하는 등, 매우 비과학적인 연구 방법을 채택하였다. '정상적'인 성을 규정하기 위해, 그렇게 왜곡된 표본을 사용하는 것은 과학적이라 보기 힘들며, 전기작가 제임스 존스(James Jones)가 기록하고 있듯이, 킨지는 성적인 행동을 조사함에 있어 경계선에 있는 사람, 심지어는 경계 밖에 있는 사람, 예를 들어 동성애자, 가학/피학성 변태성욕자, 관음증자, 노출증 환자, 소아(小兒)기호증자, 성전환자, 페티시즘(fetishism, 물체에 의해 성적으로 흥분되는 성욕도착증 - 역자 주) 도착자 등에 대해 끈질긴 연구를 수행했다.[9]

그러나 킨지는 그의 성에 관한 견해가 결국 과학에 근거한 것이 아니라, 아주 강한 개인의 신념체계에 따른 것이라는 비판에도 거리낌이 없었다. 킨지에 대해 동정적 입장을 취하고 있는 스탠포드 교수 폴 로빈슨(Paul Robinson)에 의하면, 킨지는 역사를 "과학의 힘이 인간의 마음과 정신을 얻으려고 미신의 힘과 겨루는 거대한 도덕의 드라마"라고 생각했다.[10] 킨지가 말하는 '미신'이란 종교와 종교가 처방한 도덕이었다. 킨지는 가끔 성경에 기초한 성 도덕의 도입 자체가 인간역사의 분기점으로, 우리가 구원받아야 할 일종의 '타락'과 같은 것처럼 말하곤 했다. 킨지에게 있어서 성적 표현은 인간의 본성을 종교와 도덕의 억압으로부터 구원하는 수단이었다.

　미국인들의 성적 태도에 영향을 미친 또 한 사람은 1960년대에 일종의 우상처럼 되어버린 오스트리아의 심리학자 빌헬름 라이히(Wilhelm Reich)다. 그가 기여한 바는 '궁극적인 오르가즘'을 위한 탐구였는데, 이는 즉각 인간 잠재력 운동의 유행 중 하나가 되었다. 라이히는 거의 모든 사람들이 다소간의 신경증을 앓고 있으며, 모든 신경증은 성적 불만족의 증세라고 가르쳤다. 따라서 모든 인간의 역기능에 대한 해답은 "아무런 거리낌없이 생물학적 에너지의 흐름에 굴복할 수 있는 능력과, 불수의(不隨意)적으로 신체를 즐겁게 수축하여 댐에 막혀 있는 성적인 흥분을 완전히 쏟아낼 수 있는 능력"이라고 말했다.[11] 라이히는 인간은 생물학적 피조물에 불과하며, 구원은 성적인 반사작용에 완전히 빠짐으로써 가능하다고 믿었다.

　라이히의 성적 이상향의 적은 여지없이 또 전통적인 종교와 도덕과 '살인적인 철학'들이다. 이것들은 죄책감을 만들어내며, 우리의 충동을 왜곡시키고, 인격적인 장애를 가져온다.[12] 자연에는 도덕이 없으므로, 성적 충동에 대한 도덕적 제한은 전체 인격에 서서히 작용하는 독이라고 그는 주장한다. 「성을 통한 구원」(Salvation through Sex)이라는 책에서 정신과 의사인 유스터스 체서(Eustace Chesser)는 라이히에게 있어 오르가즘은 "이 땅 위에서 하늘나라에 이르는, 남자의 유일한 구원방법"이라고 말한다.[13]

　라이히의 사상은 1966년 로버트 리머(Robert Rimmer)의 도발적인 소설 「해러드 실험」(The Harrad Experiment)에 잘 용해되어 있다. 이 소설은 300만 부나 팔리면서 성의 혁명에 불을 지르게 되었다. 이 책은 결혼과 가족에 관한 미국의 대학강좌에서 추천도서가 되었고, 많은 사람들은 이 책이 미국의 많은 남자대학과 여자대학이 갑자기 합병하게 된 것과, 남녀공용 기숙사가 등장하게 된 데 중요한 역할을 했다고 믿고 있다.

이 소설은 학생들이 성에 대해 자유롭고 아무런 제약이 없는 접근을 할 수 있도록 여러 가지 방법으로 짝을 짓는 실험적인 대학을 묘사하고 있다. 이러한 성의 유토피아 뒤에 있는 철학은 이 대학을 설립한 교수의 입을 통해 나오고 있다. "그 전제는, 인간은 원래 선하며, 자기 자신의 능력으로 무한히 더 나은 세계로 자신을 고양시킬 수 있다는 것이다." 어떻게 한다는 말인가? 성의 해방을 통해서이다. 성의 해방은 "진화의 사다리에서 한 단계 더 올라가는 것이며, 새로운 형태의 남자와 여자로 진화해 가는" 수단이다.[14]

리머의 성 관념은 솔직히 종교적이다. 그리고 그는 공개적으로 성교는 '하나의 예배의식'이라고 말한다. 혹은 그의 또 다른 등장인물이 말하는 것처럼(철학자 앨런 와츠[Alan Watts]를 인용하면서), "이 순간에 연인들이 서로 느끼는 것은 완전한 종교적 의미에서의 경배와 다름없다. 이런 경배는 원래 하나님께 바쳐야 하는 것으로, 만일 그 순간에 사랑이 망상을 쫓아내며 사랑받는 자에게 그가 또는 그녀가 자연적으로 신적 존재라는 진리를 보여주는 일이 없다면 이는 실로 우상숭배가 될 수밖에 없다." 성이 신성(神性)에 이르는 길로 묘사되고 있다.[15]

이 소설의 1990년판 후기(後記)에서, 리머는 그의 종교를 명료하게 요약하고 있다. "우리는 우리 자신의 힘으로 스스로를 고양시켜 인간의 성과 인체와 인간정신의 모든 경이가 새로운 종교 - 인간적인 종교, 서로 돌보며 반응할 수 있는 당신과 나, 그리고 수십억의 사람들이 우리가 필요로 하는 유일한 신(神)인, 그래서 다른 신이 필요없는 종교 - 가 되는 새로운 사회를 창조해 낼 수 있을까? 나는 그럴 수 있다고 생각한다."[16]

성이 관능적인 만족이나 기분 좋은 자극 이상의 것으로 제시되고 있는 것은 분명하다. 이는 일종의 구원이며, 인간본성의 근본적인 결함을 치료하는 수단이다. 이렇게 성의 이데올로기를 하나의 종교적 열정을 가진 완전한 세계관으로 볼 때야 비로소 우리는 그리스도인들과 도덕적 보수주의자들이 공립학교에서 성교육 과정을 개혁하기가 왜 그렇게 힘든지 이해할 수 있게 될 것이다. 오늘날의 성교육 강사가 구원이란 단어를 사용하는 것을 발견하기는 쉽지 않을 것이다. 그러나 많은 사람들은 자유로운 성적 표현이 온전하고 건강한 생활의 수단이라고 생각한다.

예를 들어, 현대 성교육을 입안하였고, 미국 성 정보와 교육위원회 (SIECUS, Sex Information and Education Council of the United States) 집행이사를 역임했던 메리 캘더론(Mary Calderone)은 1968년의 논문에서 실수로 자기 생각을 드러내었다. 그녀는 이 글에서 성교육자가 직면하고 있는 '진정한 문제'는 다음과 같은 것이라고 말한다. 그것은 오늘날 우리가 알고 있는 인간의 본성을 대체하기 위해 "우리는 어떤 종류의 인간을 생산해 내기를 원하는가?" 하는 것이며, 이런 진보된 생물을 창조해 내기 위해 "생산라인을 어떻게 설계할 것인가" 하는 문제이다.[17]

문제는 캘더론도 간파했듯이, 인간의 본성이 기술처럼 빨리 진화하지 않는다는 것이다. 따라서 우리는 인간의 본성 자체를 개조하여 항상 변화하는 현대에 적응할 수 있도록 해야 한다는 것이다. 그녀는 새로운 진화의 단계가 동트고 있으며, 교육자의 임무는 어린이들이 이 새로운 세계에 들어갈 수 있도록 준비시키는 것이라고 쓰고 있다. 그러기 위해서는 어린이들이 낡은 관점과 가치, 특히 성경과 기타 전통적인 성도덕으로부터 벗어나도록 해야 한다. 왜냐하면 "성에 관한 종교적 규범이나 규칙은 무지를 근거로 만들어진 것이기 때문"이다.[18]

이 새로운 단계의 진화에서 현재 주장되고 있는 모든 가치들은 떨어져 나갈 것이며, 과학에 근거한 새로운 가치에 길을 내줄 것이다. 따라서 우리가 어린이들을 위해 할 수 있는 가장 좋은 것은, 모든 잘잘못에 대한 개념은 잠정적인 것이며, 변화하는 것이고, 상대적인 것이라고 생각하도록 준비시키는 것이다. 그렇게 되면 어린이들이 낡은 가치로부터 해방되어, 인간이 진정으로 건강해지는 방법을 알고 있는 과학적으로 훈련받은 엘리트(물론 그녀 자신과 같은 전문인들로 구성된)들이 제시하는 가치로 설득될 수 있을 것이라고 캘더론은 쓰고 있다. 그녀는 학교와 교회가 성교육을 이용하여 "그 사회의 최고 지성들이 만든 청사진에 따라 의식적으로 엔지니어링이 된 공정을 통해 질이 높은 인간을 만들어내야 한다"고 요구하고 있다.[19] 여기에서 성적 유토피아주의는 매우 놀라운 어조를 띠고 있다. 성교육과 과학 엘리트들이 그려낸 '청사진'에 따른 사회공학을 결부시키고 있다는 점에서 그러하다.

* * *

성에 관한 사상의 역사를 조사해 보면, 성교육을 처음 입안한 사람들은 우리 몸이 어떻게 작용하는지에 대한 사실들을 모아 전달하려 했던 것만은 아님을 이내 알 수 있다. 이들은 오히려 성에 대한 '과학적인' 이해가 도덕적 제약에서 사람들을 자유케 하고, 새로운 이상사회를 가져옴으로 말미암아 인간의 본성을 바꾸는 수단이 된다고 하는 새로운 종교, 유토피아적인 세계관을 전파하는 전도자들이다. 이는 '에스컬레이터 신화'의 또 다른 형태이다.

그러나 예언자로 자처하는 이들의 삶을 살펴보면, 그들의 멋진 약속을 믿을 수 있는 근거는 희박해진다. 마거릿 생어는 두 번 결혼했고, 수많은 연인들, 즉 그녀 자신의 표현에 의하면, '자발적인 동무들'을 가지고 있었다. 그녀는 진통제 데메롤(Demerol)에 중독되어 있었고, 수점(數占), 점성술, 심령술에 사로잡혀 있었다. 그녀의 삶에 있어, 성의 해방은 그녀가 자신의 글에서 약속했던 구원에 이르는 고속도로가 아니었다.[20]

킨지도 우리가 거의 알지 못하는 비밀스런 생활을 하고 있었다. 전기작가 제임스 존스는 '그 자신만의 성적 유토피아'를 만드는 게 목표였고, 킨지는 완전한 성적 자유라고 하는 그의 철학에 헌신할 수 있는 친구와 동료들을 엄선하여 모임을 만들었다. 그 결과가 자주 영화에서 다뤄졌기 때문에, 우리는 킨지와 그의 아내가 각각 여러 남녀 간부들 및 다른 사람들과 성관계를 가졌다는 것을 알고 있다. 킨지는 또 피학증 환자였는데, 때로는 아주 기괴하고 고통스런 일에 가담하였다고 전해진다.[21]

그러나 킨지에게는 더 어두운 비밀이 있었다. 「킨지, 섹스, 사기」(Kinsey, Sex, and Fraud)에서 저자 주디스 라이스만(Judith Reisman)은, 아동의 성적 반응에 대한 킨지의 연구는 그나 그의 동료가 실제로 어린이 성학대에 관여해서 얻어낸 것이라는 그럴듯한 주장을 하고 있다. 그렇지 않다면 두 달에서 열다섯 살 난 아이들의 성적 반응을 어떻게 '실제로 관측'할 수 있었겠는가?[22] 그런데 이런 사람의 사상이 미국 성교육을 형성하는 데 큰 영향을 미친 것이다.

빌헬름 라이히의 삶도 이와 마찬가지로 그 자신의 철학과 맞지 않는 결함을 가지고 있다. 라이히는 자신에게 있어서만큼은 완전한 성적 자유를 요구했고, 실제로 많은 이들과 관계를 맺었다. 그러나 자기 부인이 자신과 동일한 성의 철학으로 살아간다는 것은 생각할 수도 없었다. 그의 세번째 부인은 그가 아주 질투가 심했으며, 그녀가 그처럼 살아가는 것을 결코 용납하지 않았다고 기록하고 있다.[23] 어떤 세계관이 옳으냐의 여부는 그것이 현실에 부합하느냐에 달려 있다. 우리는 그 세계관에 따라 살 수 있는가? 라이히는 분명 그렇게 할 수 없었다.

성해방이 그의 성지에서 성(性)을 높이 경배하는 자들에게 구원에 이르는 대로가 되지 못했음은 분명한 사실이다. 오히려 성적 방종이라는 비극적인 결과가 전국적으로 확산되었고, 그 결과 낙태, 성병(네 명 중 한 명의 여자가 앓고 있었다), 혼외출산, 이에 따른 사회적 병리현상, 예를 들어 학교문제, 약물남용, 알코올 중독, 범죄 등이 만연하게 되었다. 그럼에도 많은 미국인들에게 있어 성적 자유는 아직도 소중하게 생각하는 권리이고, 생어, 킨지, 라이히, 칼데론 등이 심어놓은 유토피아적인 비전은 계속해서 번창하고 있다. 이들의 사상은 전국 공립학교에서 사용되는 성교육

과정에서 무언의 전제가 되고 있다.

* * *

　우리는 모두 개인적 실존에 의미를 부여하는 궁극적 실재의 비전을 우리 삶의 기초로 삼는다. 우리가 만일 하나님을 거부한다면, 우리는 그 대신 어떤 것을 끌어온다. 우리는 피조물의 어떤 것을 절대화한다. 이것이 바로 성적 유토피아를 통하여 완성과 구원을 얻고자 하는 사람들에게 일어난 일이다. 하나님을 대신하여 생물학이 궁극적 실재의 자리를 차지하고, 성(性)이 신성에 이르는 길이 된다.

　아이러니한 것은 종교를 가장 강력하게 부인하는 사람들, 그리고 자신들이 '과학적'이라고 큰소리치는 사람들이 결국엔 종교라고 말할 수밖에 없는 것을 선전하는 것으로 끝난다는 것이다. 사실 이런 현상은 자기 스스로가 과학적임에 긍지를 갖는 사람들에게서 흔히 발견되는 질병이다. 과거 이성의 시대에 과학은 종교의 대체물로 제시되었다. 그러나 그 과정에서 과학이 종교의 기능을 하게 될 것임을 예견한 사람은 별로 없었다. 그리고 오늘날, 이제 살펴보겠지만 과학 자체가 가장 인기 있는 형태의 구원이 되었다.

제26장
과학은 우리의 구세주인가?

'이타주의자'의 껍질을 벗겨보아라. '위선자'가 피를 흘릴 것이다.

기셀린(M. T. Ghiselin)

"인디펜던스 데이"(Independence Day)라는 영화가 1990년대 후반 영화관에 등장했을 때, 많은 사람들은 전에 어디선가 들어본 것 같은 이야기라고 생각했다.[1] 사실이 그랬다. 이 영화는 1953년의 공상과학소설 「우주전쟁」(War of the Worlds)을 리메이크한 것인데, 중요한 한 가지 점이 다르다.

둘 다 외계인이 지구를 침공하는 내용인데, 1953년의 영화에서는 과학자들이 결국엔 파괴되고 마는 무기들을 들고 나온다. 사색이 된 사람들은 하나님께 의지하게 되고, 교회는 기도하는 사람들로 가득 찬다. 게다가 그들의 기도는 응답을 받는다. 외계인들이 지구의 박테리아에 감염되어, 갑자기 죽어버리는 것이다. "결국 인간이 할 수 있는 모든 것은 실패했다"고 마지막으로 해설자가 말한다. 구원은 하나님의 손에 의해서만 이루어졌다. 그 영화는 사람들이 언덕에 서서, 하나님께 찬양하는 장면으로

끝을 맺는다.[2]

현대판은 전혀 다르다. 불과 수십 년 만에 미국문화가 극적으로 변화되었음을 말하는 것 같다. "인디펜던스 데이"는 하나님께 도움을 구하며 기도하는 모습을 보여줌으로써 하나님께로 향한 방향에 고개를 끄덕여주고 있기는 하다. 그러나 진정한 구원은 고도로 발달된 군사기술을 배치하면서 이루어진다. 전략적인 위치에서 폭탄 몇 개가 터짐으로 외계인들을 날려보내고 세계를 구한다. "인디펜던스 데이"는 구원의 방편으로서의 과학기술에 대한 널리 퍼진 믿음을 투명하게 보여주고 있다.

이런 신앙의 개요는 대니얼 퀸(Daniel Quinn)의 베스트셀러 「이스마엘」(*Ishmael*)에 잘 요약되어 있는데, 여기에는 정부에 불만을 품은 1960년대의 이상주의자와, 이 세계가 무엇이 잘못되었는지를 설명해 주는, 모든 것을 아는 고릴라 사이의 일련의 대화가 등장한다. 문제는, 서구문화가 과학을 구원자로 받아들이는 신화를 사들인 것이라고 고릴라는 말했다. 그 신화는 다음과 같이 계속된다. 우주는 대략 150억 년 전에 빅뱅에 의해 탄생했다. 우리의 태양계는 약 70억 년 전에 탄생했다. 고대 해양의 걸쭉한 화학액체로부터 생명이 생겨났으며, 처음에는 단순한 미생물에서 시작하여, 보다 높은 단계, 보다 복잡한 형태로 진화했고, 마침내 인간으로 진화했다. 우리 인간은 진화의 정점으로서 자연을 통제하고 자연을 우리 목적에 맞게 사용할 수 있는 지능을 가지고 있다. 따라서 우리의 사회적 문제해결은 우리 손에 달려 있으며, 인간의 지능과 재능을 사용함으로써 가능하다. 항상 진보하고 있는 과학기술로 인해, 우리는 우리 자신을 구원하게 될 것이다.[3]

구원자 과학

퀸은 대부분의 서구 사람들, 심지어는 자기가 그런 세계관을 가지고 있다는 사실조차도 알지 못하는 기본적인 세계관을 가지고 있는 사람들

가운데 팽배해 있는 생각들을 정확하게 집어내고 있다. 세계관에는 이름도 없고, 딱지도 붙어있지 않고, 교회도, 의식(儀式)도 없기 때문에, 대부분의 사람들은 그것을 종교 또는 분명한 신앙의 체계라고 생각지 못하고 있다. 그저 단순히 서구정신의 일부일 뿐이라고 생각한다. 그러나 이는 과학을 유토피아로 가는 길이라고 여기는 구원의 비전이며, 대리구원이기도 하고, 하나님 나라의 대체물이기도 하다.

역사적으로 볼 때, 이런 사고를 가졌던 그 첫번째 사람으로는 16세기의 과학자 프랜시스 베이컨을 꼽을 수 있다. 그는 「새로운 아틀란티스」 (*New Atlantis*)라 이름 붙인 한 이야기에서, 과학을 통해 영원히 진보하는, 혹은 그의 이상한 표현을 빌자면, '모든 것을 가능하게 만드는' 거대한 연구소를 중심으로 한 가상의 문명을 묘사하고 있다.[4]

더 큰 영향력을 끼쳤던 사람은 19세기의 철학자 오귀스트 콩트 (Auguste Comte)인데, 그는 오늘날 사회학의 수립자라고 불린다. 그는, 모든 사회는 세 가지의 사회적 진화단계를 거친다고 주장했다. 가장 원시적인 것이 신학적 단계인데, 이 단계의 사람들은 어떤 일에 대해 초자연적인 해결을 찾는다고 한다. 두번째는 형이상학적 단계로, 이 단계에서는 세상을 추상적인 철학적 관념으로 설명한다. 가장 높은 단계인 과학적 단계에서는 사람들이 과학적 실험을 통해 진리를 발견하게 된다. 그의 동시대인들과는 달리, 콩트는 자신이 제시하고 있는 것이 본질적으로 종교라는 것을 인정했다. 그는 실제로 교회와 찬송가를 가지고 있고, 과학과 철학의 '성자'들을 위한 특별한 날들이 포함된 달력을 가지고 있는 인도교 (人道敎, Religion of Humanity, 초자연적인 것을 배척하고 인간의 행복과 안녕을 위하는 종교 - 역자 주)를 창시했으며, 그 자신이 최고 제사장이 되었다.[5]

그러나 과학을 통한 진보라는 종교는 실제로 찰스 다윈이 자연도태에 의한 진화론을 발표하고 나서부터 생겨났다. 다윈의 이론은 진화에 과학적 인가를 제공해 줌으로써, 무한하고 보편적인 진보라는 사상에 거대한 추진력을 부여해 주었다.[6] 영국의 철학자 허버트 스펜서(Herbert Spencer)는 진화론을 우주에서부터 사회에 이르는 모든 실재를 포함하는 종합적인 철학으로 확대시켰다. 그의 체계에서 진화적 과정의 목표는 인간의 등장이며, 인간은 다음 단계의 진화를 위해 새롭고 보다 나은 무엇인가를 생산해 낼 것이다. 스펜서가 말하는 진화의 복음은 기독교적 소망의 세속적 대용품이 되었다. 이안 바버(Ian Barbour)가 「과학과 종교의 문제들」(Issues in Science and Religion)에서 지적하고 있는 것처럼, "진보에 대한 신앙은 이 우주가 목적이 없는 것이 아니라는 확신을 주면서 창조와 섭리의 교리를 대체했다."[7]

마르크스주의의 어떤 일파는 심지어 혁명이 아니라 과학이 구원의 원천이라고까지 말한다. 20세기 초 물리학자 버날(J. D. Bernal)은 프롤레타리아가 승리하고 계급 없는 사회가 등장하고 난 다음에도 진정한 유토피아가 되려면 한 단계를 더 거쳐야 하는데, '과학적 정보를 가진 새로운 귀족정치'가 등장하여 과학 전문가에 의해 다스려지는 세계를 창조하는 단계라고 예측했다. 열정으로 가득 찬 버날은, 과학자들은 결국 '인류를 뒤로 하고 새로운 인종으로 판명될' 새로운 초인(超人)의 종족으로 진화해 나갈 것이라고 예측했다.[8]

개선된 새로운 종족을 만들어낸다는 사상은 여러 가지 형태의 과학적 유토피아주의의 핵심요소이다. 20세기 초, 그레고어 멘델(Gregor Mendel)의 유전자에 대한 획기적인 연구가 재발견되었을 때, 많은 과학자들은 유전공학을 통해 '신인류'(New Man)를 창조한다는 비전에 그들의 희망을 걸었다. 1930년대에 위대한 유전학자 멀러(H. J. Muller)는 생명의 역사를 세 단계로 나누었다. 첫단계에서는 생명이 완전히 환경의 손에 달려 있다. 둘째 단계에서는, 인간이 어떻게 접근하여 환경을 통제할지를 알게 되면서 그 순서를 바꾸었다. 이제 동트고 있는 셋째 단계에서는, 인간이 그 내면에 접근하여 그 자신의 본성을 통제할 수 있게 될 것이다. 인간은

"과거에 가졌던 신화적인 신성(神性)을 점점 더 어리석은 생각으로 보이게 하면서 자기 자신을 좀더 고상한 피조물로 만들어 갈 것"이라고 멀러는 적고 있다. 이런 신 같은 존재는 전체 우주를 탐사하며 "태양과 행성이라는 야만적인 골리앗에 대항하여 이들과 경쟁하는 경이적인 내면의 힘을 부여하게 될 것"이라고 말한다.[9]

멀러는 뛰어난 과학자였다. 그러나 그가 여기에서 묘사하고 있는 것은 과학이 아니다. 구원의 신화가 되어버린 과학인 것이다.

이와 동일한 신화가 오늘날의 많은 유전공학 연구에서도 그 동기가 되고 있다. DNA를 공동 발견한 노벨상 수상자 프랜시스 크릭은 다음과 같이 적고 있다. "우리는 앞으로 만 년 안에 인간의 본성 자체를 개선하려는 중요한 노력들을 볼 수 있을 것이다."[10] 어떤 사람들은, 유전과학이 결국 '초(超)유전자'를 개발해 내어 초지능이나 초능력을 가진 사람을 만들어 낼 수 있을 것이라고 믿고 있다. 이는 유전학에 의한 구원, 즉 유전자 조작에 의한 신인류의 창조이다.

현실성 테스트

그러나 그런 것들이 정말 우리를 구원할 것인가? 이런 구원의 비전이 실제에 대한 실험에서 어떻게 나타날 것인가? 잘 맞지 않는다.

과학 자체는 우리의 유전적 실험에 대한 도덕적 지침을 제시하지 않는다. 우리가 어떤 기질을 원하는지 어떻게 결정할 것인가? 우리는 수퍼 아인슈타인을 원하는 것인가, 아니면 수퍼 테레사 수녀를 원하는 것인가, 아니면 우리의 귀찮은 일들을 하기 위한 인간 이하의 노예들을 원하는 것인가? 이런 질문들은 어떤 가치 표준을 전제로 하고 있는데, 과학 자체는 이에 답할 수 없다.

더욱 중요한 것은, 인간의 본성을 유전학적으로 다시 만들려는 그 어떤 시도도 인간 자신의 존엄성을 훼손하고, 인간을 상품으로 전락시키고 말 것이다. 기술의 발달로 태아의 기질에 대한 선택과 통제의 범위가 넓어지면 자녀를 갖는 것이 소비제품을 구입하는 것과 마찬가지가 된다. 그렇게 되면 자녀들조차도 품질관리 표준에 따라 우리가 계획하고, 만들며, 교정하고, 개선하고, 평가할 수 있는 제품으로 간주될지도 모른다. 만일 이 '제품'이 부모의 표준에 미치지 못할 때 예를 들어, 부모가 투자한 돈만큼의 가치가 되지 않는다고 생각할 때 어떤 일이 일어날 것인가? 고장 난 가전제품처럼 내던져버릴 것인가? 한 신학자가 주장하는 것처럼 인간은 "만들어지는 것이 아니라, 태어나는 것"(begotten, not made)이며, 만일 우리가 이것을 바꿔버리면, 즉 어린아이들이 우리가 만드는 제품이 된다면, 우리는 인간의 존엄성을 말할 수 없이 손상시키게 될 것이다.[11]

불행하게도 이런 반대의 목소리는, 과학자들이 불가피한 진보의 신앙을 가지고 있는 분위기에서는 잘 들려오지 않는다. '에스컬레이터 신화'는 어떤 변화든 좋은 방향으로 가고 있는 것이라는 기대감을 만들어주고 있기 때문이다. 그렇기 때문에 어떤 과학자들은 유전공학에 대해 불안할 정도로 무비판적인 수용을 주장하고 있다. 그러나 변화는 개선하는 것일 수도 있고, 나쁘게 하는 것일 수도 있음이 분명하다. 새로운 형태의 기술은 선한 일에도 사용될 수 있고, 나쁜 일에도 사용될 수 있다. 우리가 과학을 통해 우리 자신을 구원할 수 있다는 믿음은 인간이 아주 야만적이 될 수 있는 능력을 가지고 있음에 대해 눈을 감을 경우에만 유지될 수 있다.[12]

많은 사려깊은 과학자들은 그런 맹목적인 신앙과 동행하는 것이 어렵다는 것을 알게 된다. 그러나 다른 형태의 구원을 탐색하기보다는 '에스컬레이터 신화'를 다른 종류의 은하계에 단순히 옮겨놓는다. 이 지구라는 행성은 공해, 전쟁, 그 밖의 많은 질병으로 멍들어 있기 때문에, 우리가 보다 높은 단계로 진화하기도 전에 우리 자신을 멸망시켜 버릴 것이라고 이들은 말한다. 예를 들어, 베스트셀러 「시간의 역사」(*A Brief History of*

Time)의 저자인 스티븐 호킹은 우리의 공격성을 통제하고 멸종위기를 피할 수 있을 만큼 진화가 빨리 일어나 인간을 바꾸지 못할 가능성을 경고하고 있다.[13] 그렇다면 우리의 유일한 희망은 우주의 다른 곳에 있는 존재들, 우리보다 더 높은 단계로 성공적으로 진화하여 우리를 도울 수 있는 외계문명과 연계하는 것이다.

이는 순진한 UFO 열광분자들의 떠들썩한 소리가 아니다. 연방정부와 사설 재단들은 "외계지능탐지"(SETI, Search for Extra-Terrestrial Intelligence) 프로젝트에 엄청난 예산을 투입하여 외계에서 오는 신호를 포착하겠다는 희망을 가지고 강력한 전파 망원경으로 하늘을 탐색하고 있다. SETI 연구소 소장인 프랭크 드레이크(Frank Drake)는 만일 우리가 우주 속에서 다른 문명을 발견한다면, "그 문명은 우리가 어떤 존재로 진화해 갈 것인지, 그리고 어디까지 진화해 갈 것인지"를 말해 줄 수 있을 것이라고 말하고 있다. 이 우호적인 외계인들은 그들의 기술지식을 넘겨주고, "그렇지 않으면 수백 년의 시간과 방대한 자원이 들었을 과학적인 데이터"를 넘겨 줄 것이다.[14]

SETI에 대한 묘사에 자주 동반되곤 하는 숨막히는 열정은 외계로부터의 해결을 위한 이러한 탐사가 그 핵심에 있어서는 종교적이라는 것을 적나라하게 드러내는 것이다. 이에 대해서는 칼 세이건보다 더 열렬한 지지자가 없었다. 그에게 있어 SETI는 단순한 과학 프로젝트가 아니었다. 그것은 문자 그대로 세계의 구원을 위한 원천이 될 것이었다. 그의 논리는 다음과 같았다. 우리에게 메시지를 보낼 수 있다면, 그것이 어떤 사회라도 우리 자신보다는 기술적으로 훨씬 더 정교해져 있을 것이다. 따라서 우주로부터 신호를 받는다면, 우리는 '무한한 가치의 지식'을 얻게 될 것이며, 그 신호는 우리에게 현재 우리가 지나가고 있는 "기술적인 사춘기를 지나서 살아남을 수 있음"을 말해 주게 될 것이다.[15]

물론 지금까지 그런 신호를 받은 적은 없다. 그럼에도 세이건은 그 신호를 해석하게 될 때 우리가 배울 놀라운 비밀들에 대해 자세히 묘사하고 있다. "그런 메시지의 처음 내용 중에는 사춘기에서 성인으로 가게 하기 위해 기술적인 재앙을 피하도록 하는 자세한 처방이 들어있을지도 모른다"고 말하고 있다. 세이건은 지구와 한 번도 접촉을 가져보지 않은 외계인, 화학적인 구성과 언어, 뇌가 전혀 다른 외계인이 어떻게 해서 우리의 문제가 무엇인지 알며, 그 문제를 해결하기 위한 '구체적인 처방'을 줄 수 있을지에 대해서는 결코 설명하지 않는다. 그럼에도 그는 "식량부족, 인구증가, 에너지 공급, 감소되는 자원, 공해와 전쟁 등의 문제에 대해 지구상에선 아직 알려지지 않은 명쾌한 해답"을 줄 수 있을 것이라고 확신하고 있다.[16]

비록 과학이라는 가면을 쓰고는 있지만, 이는 미지의 세계로부터 천상의 외계인들이 우리를 재앙으로부터 구해 주러 온다고 하는 마술적인 환상에 불과하다. 오랫동안 SETI를 비판해 온 한 비평가는 "이는 신앙에 기초한 꿈이며, 하나님을 과학적으로 탐구하겠다는 것"이라고 냉정하게 비판했다.[17]

이것이 과학기술의 위대한 약속이 우리를 이끌어가고 있는 곳이다. 지구상에서의 영광스런 유토피아가 아니라, 바로 그 기술이 만들어낸 공포로부터 그리고 이 지구로부터 환상의 세계로 탈출하는 것 말이다. 이런 구원관은 고등교육을 받은 서른아홉 명의 사람들이 그들의 몸은 이 땅에 남겨둔 채, 그들의 영혼이 혜성을 만나 '인간 이상의 단계'로 이사하겠다는 생각으로 알코올과 마약의 칵테일을 마신 "헤븐스 게이트"(Heaven's Gate) 신도들의 미치광이 꿈이나 다름없이 비이성적인 것이다. 그들의 경우, '에스컬레이터 신화'는 치명적인 것이 되었다.

이런 과학적 낙관주의의 어느 것도 마음의 변화에 대해 언급하지 않고 있음을 주의할 필요가 있다. 그들은 인간의 문제는 잘못된 도덕적 선택 때문이 아니라, 지식의 부족 때문이라고 생각한다. 예를 들어, 세이건은 우리가 갈망하는 외계로부터의 메시지는 마치 우리가 물리화학의 법칙을 알게 되면서 자연을 통제하게 된 것처럼 이 사회를 통제할 수 있게 해주는 '문명발달의 법칙'을 우리에게 가르쳐 줄 것이라고 약속하고 있다. 만일 '문화적 진화'의 불가침의 법칙을 통해 우리가 이 사회를 통제할 수 있다면, 도덕률과 같은 귀찮고 말썽 많은 것이 왜 필요하겠는가?[18]

그러나 역사는 지식만으로 인간사회를 구원할 수 있다는 증거를 제시하지 못하고 있다. 그 반대로 이 세계의 수많은 히틀러나 스탈린의 문제는 이들이 문화진화의 법칙을 몰랐다거나 무지해서가 아니라, 이들이 악했다는 데 있다. 거대기술, 보다 나은 기술은 사람들에게 선을 행하거나 악을 행할 수 있는 거대한 수단, 또는 보다 나은 수단을 제공하고 있을 따름이다.

기술에 대해 확신을 갖는 것은 오도된 형태의 구원이다. 어떤 것들은 기술적으로 쉽게 고칠 수 있는 것이 아니다. 우리가 가진 기계를 어떻게 사용할 것인가, 그것으로 검을 만들 것인가, 쟁기를 만들 것인가 하는 것은 우리의 마음이 결정한다. 다른 은하계로부터 오는 신호를 포착하기 위해 하늘을 탐색하는 것보다는 그 하늘을 만드시고 우리와 함께하심으로 그 진리를 알리러 오신 분을 믿는 것이 훨씬 현실적이다. 우리에게는 외계인으로부터 오는 신호가 필요한 것이 아니다. 우리에게는 이미 하나님 자신으로부터 온 메시지가 있다. 그리고 그 메시지는 천문학자들이 그런 질문에 대해 생각에 잠기기 훨씬 전에 이 우주를 창조하셨다고 선포하는 고대의 책 속에 들어있다. 그 메시지는 이렇게 시작한다. "태초에 하나님이 천지를 창조하시니라"(창 1:1).

바르게 이해하기만 하면, 과학은 하나님의 세계를 탐구하는 놀라운 도구이다. 그러나 과학이 인간의 딜레마를 해결할 수는 없으며, 의미와 소망을 주는 것도 아니다. 궁극적으로 과학을 종교적 차원으로 생각하는 사람들은 이것을 발견하게 된다. 왜 그들이 아주 깊은 염세주의에 빠져, 지구라고 불리는 우주 정거장에서 떠돌며, 외계로부터 우리를 구원해 줄 신호를 기다리며 사는지를 말이다.

그러나 환상에 젖지 않은 사람들은 하나님이 없는 세상은 절망뿐이라는 두려운 자각으로부터 도망칠 수 없다.

제27장

절망의 드라마

> 과학의 눈으로 보는 한, 그 자신의 모습 자체가 일종의 우주적인 우연인
> 그런 우주 속에서 인간은 외롭다. 절대적으로 외롭다.
>
> 존 허먼 랜들(John Herman Randall)

"우주를 이해하려고 하면 할수록, 우주는 점점 더 적합성이 없는 것처럼 보인다." 노벨상 수상자인 물리학자 스티븐 와인버그(Steven Weinberg)는 우주의 기원에 관한 그의 책 「최초의 3분」(The First Three Minutes)에서 이와 같은 결론을 내리고 있다.[1]

과학은 우리가 '너무나 적대적인 우주' 속에 살고 있음을 드러낸다고 와인버그는 설명하고 있다. 우주는 인류가 존재하기 훨씬 전부터 존재해 왔으며, 영원히 우리가 거주할 수 있도록 남아있지 않을 것이다. 현재의 예측에 의하면, 이 우주는 불 같은 죽음을 향해 가고 있으며, 우리도 거기에 포함될 것이다. 우리가 하는 어떤 일도 이 지구상에서의 삶을 잠시라도 연장시킬 수 없다. 삶은 의미가 없고, 목적이 없으며 '적합성도 없다'.[2]

현대의 많은 사상가들에게 있어 기독교 구원의 메시지에 대한 대안은 위에서 살펴본 대용품 구원이 아니라 염세주의와 절망으로 자유낙하하는 것이다. 이들은 초월적인 목적이란 없으며, 구원의 희망도 없고, 인생의 가장 곤혹스런 딜레마에 대한 해답도 없다고 포기한 사람들이다. 가장 용감한 사람은 현실을 냉정하게 직시하고 모든 환상적인 희망을 떨쳐버리는 사람이다. 그런데 아이러니하게도 이런 염세주의조차도 신앙과 같은 열성으로 지지되고 있다. 마치 문학작품에서 주인공이지만 주인공답지 않은 주인공처럼, 이는 신앙처럼 행세하는 반(反)신앙이다.

지난 2세기 동안의 유토피아적인 꿈, 즉 무한한 상향진보의 꿈에 무슨 일이 생긴 것일까? 많은 사람들에게 있어 이 꿈은 두 차례의 세계대전이라는 소용돌이 속에서 산산이 부서졌다. 이 두 차례의 전쟁은 아르곤의 피에 절은 참호에서부터 아우슈비츠의 잿더미에 이르기까지 공포의 흔적들을 남겼다. 1918년에서 1945년까지의 4반세기 동안 이 세계는 자족적인 낙관론에서 깨어나, 피할 수 없는 적나라한 악의 현실에 충격을 받게 되었다.

자기의 땅에서 일어난 이런 광기에 처음 접한 유럽의 지성인들은 절망의 철학을 설교하는 처음 사람들이 되었다. 프랑스의 철학자 장 폴 사르트르(Jean-Paul Sartre)는 "신적인 재판관이나 통제자는 없다"고 설파했다. 또 그는 "우리 앞에 있는 것들이 세상의 전부이며, 우리의 실존은 우리가 가진 모든 것이다"라고 말한다. 그래서 실존주의라는 말이 생겨났다. 사르트르의 연극 "출구 없음"(No Exit)에서 한 등장인물은 실존주의의 신조를 다음과 같은 표어에 녹여내고 있다. "당신은 당신의 인생입니다. 그것이 당신의 모든 것입니다."[3] 인생에서 그 이상의 목적이나 목표, 또는 다른 인생의 의미는 없다.

제2차 세계 대전 이후의 또 다른 실존주의자 알베르 카뮈는 시지프스가 신들의 벌을 받아 돌을 산꼭대기로 굴려 올리지만 결국 다시 굴러 떨어지는 고대신화에 바탕을 둔 「시지프스의 신화」(The Myth of Sisyphus)에서 의미 없음의 문제를 탐구하고 있다. 카뮈에게 있어 이 신화의 인물은 실존의 부조리함을 깨닫고 그에 대해 저항하는 '부조리한 주인공' 을 나타낸다. 카뮈는, 이 우주에는 '주인이 없기 때문' 에 부조리한 주인공에게 남겨진 것이라곤 자유로운 선택과 반항을 행사하는 것이며, 그렇게 함으로써 그 자신의 주인이 되는 것이라고 말하고 있다.[4]

1960년대에 사르트르와 카뮈의 작품은 미국 지성인들 사이에 널리 유행했는데, 이는 베트남 시대의 반체제 분위기와 결합되었다. 만일 자연주의 과학이 인생에는 궁극적인 의미가 없다, 즉 인생은 부조리한 것이다 라는 결론을 내렸다면, 왜 관능적인 쾌락과 정신을 바꿔주는 마약체험 등을 통해 대안적인 의미의 원천을 추구하지 않았던 것일까?

1960년대는 장발(長髮)과 나팔바지의 시대만은 아니다. 이 시기는 근대의 낙관론이 끝나고 절망의 세계관이 광범위하게 도입되던, 지적, 문화적 격변의 시기였다. 순화된 학문세계의 영역에서 만들어진 사상들이 젊은 한 세대 전체를 형성하게 되었다. 이런 사상들의 논리적인 귀결은 다시 포스트모더니즘에서 새로운 사상들을 만들어내게 되는데, 그 결론은 바로 이성과 객관적인 진리라는 개념 자체에 대한 의심이었다.

물론 근대성은 항상 어두운 이면을 가지고 있다. 이미 19세기에, 예민한 사람들은 과학이 인간의 가치에 대해 적대적인 우주의 이미지를 만들어내고 있음을 깨달았다. 과학으로 발견한 우주는 수학적인 실체의 세계라고 생각되었다. 질량, 전충성(填充性, 물체가 공간을 차지하는 성질 - 역자 주), 속도 등이 그것이다. 인간에게 가장 중요한 문제들, 예를 들어 목적, 의미, 사랑과 아름다움 등이 정신이라는 주관적 영역으로 격하됨에 따라 인간은 생각도 없고, 감정도 없으며, 아무 목적도 없이 공간 속에서 돌고 있는 질량의 세계 속에 존재하는, 전혀 중요하지 않은 존재로 격하되었다. 과학은 인간이 더 이상 '하늘에서 내려온 모든 시대의 상속자' 가 아님을 가르치고 있다고 영국의 철학자 밸포경(Lord Balfour)은 말한다. "인간 존재 자체가 우연이며, 행성 중에서 가장 초라한 행성의 일생에 비추어 볼 때, 인간의 이야기는 아주 짧고 일시적인 것이다."[5]

이는 아주 우울한 그림이다. 그러나 역사학자 존 허먼 랜들이 말하는 것처럼 많은 사람들은 바로 이런 우울함 때문에 이것을 더 매력 있게 생각한다. 그 앞에서 그 '달콤한 두려움'에 떨면서. 사실 19세기에 접어들면서 "많은 사람들은 그것이 그토록 두려웠기 때문에 믿었으며, 그들은 자기네들이 사실을 대면할 수 있는 용기를 가졌다는 것에 자부심을 느꼈다."[6]

가장 널리 인용되는 예는 영국의 철학자 버트런드 러셀(Bertrand Russell)의 「자유인의 예배」(*A Free Man's Worship*)이다(이 제목만으로도 러셀은 그가 새로운 대체종교를 제안하고 있음을 잘 알고 있었을 것이다). "인간은 그 나중이 어떻게 될지 예견할 수 없는 원인들로 만들어진 제품이다… 인간의 기원, 성장, 희망과 두려움, 사랑, 믿음 등은 다만 원자들의 우연한 배열의 결과이다." 그리고 마지막에는 다음과 같이 자부심 있는, 그러나 절망적인 단어들이 나온다. "이러한 진리들로 비계(건축장의 발판 - 역자주)를 세울 때에만, 이런 절망의 견고한 기초 위에서만, 인간의 영혼을 위한 집이 안전하게 세워질 수 있다."[7] 대체로 러셀은 우락부락한 바위 위에 서서 피흘리며, 그러나 굽히지 않고, 턱은 비인격적인 하늘을 향해 있으면서, 아무런 관심도 없는 원소들을 향해 그의 신조를 선포하는 모습으로 묘사되곤 한다.

보다 최근의 예는 노벨상 수상자인 생화학자 자크 모노(Jacques Monod)의 작품이다. 그는 그의 유명한 수필 「우연과 필연」(*Chance and Necessity*)에서 기독교 신앙을 거부하고, 과학자들을 외로운 주인공으로 삼아 이를 낯설고 의미 없는 우주에 대항하는 드라마로 대체하고 있다. "인간은 마침내 천년왕국의 꿈에서 깨어나 그의 완전한 고독, 근본적인 고립을 깨달아야만 한다. 인간은 마치 집시처럼 낯선 세계의 경계에 살고 있음을 깨달아야 한다. 인간의 음악에 귀를 닫고 있고, 인간의 희망, 범죄, 고통에 무관심한 세계 말이다."[8] 이런 멜로드라마 같은 초상화는 과학이라고 불릴 수 있는 범위를 훨씬 넘어가고 있다. 이는 분명히 신앙, 아니 좀더 정확히 말하면, 반(反)신앙을 표현하고 있다. 즉 이 세계는 우리를 인간으로 만드는 모든 것에 적대적이지만, 우리는 이 우주적 외로움을 영웅적인 도전으로 이겨낼 것이라는 것이다.

염세주의 신조는 분명히 다윈적인 냄새를 풍기는 경우가 많다. 다윈의 이론은 인간이 생존을 위한 투쟁에서 동물들과 경쟁하는 고등동물일 뿐이라고 말한다. 그 본성은 알프레드 테니슨 경(Lord, Alfred Tennyson)의 말에 의하면, "이빨과 발톱이 붉다." 모든 형태의 생명은 진화의 사다리에서 다음 단계의 계단으로 오르려고 경쟁하고 있으며, 약한 자들은 뒤처지게 된다. 19세기 말에서 20세기 초, 이런 사상은 사회적 다윈주의 안에 견고히 자리를 잡았는데, 사회적 다윈주의란 부유하고 부패한 자들이 권력을 가지고 있는 것은 이들이 생존을 위한 투쟁에서 가장 '적자'(適者)임이 증명되었기 때문이고, 이는 자연의 법칙이기 때문에 이에 대해 아무것도 할 수 있는 것이 없다는 사상이다. 따라서 우리는 맨 꼭대기에 오르려는 무한한 투쟁 속에 사로잡혀 있기 때문에 도덕적인 설득이나 영적인 구원은 적합하지 않다는 것이다.

유전자 기계

다윈주의의 이런 어두운 면은 그 동안 잠복되어 있으면서, 압도적인 진보의 신화에 가려 그저 몇몇 작은 파란을 일으킬 뿐이었는데, 최근 수십 년 사이에는 오늘날 흔히 진화론적 심리학(12장에서 간단히 다루었다)이라고 불리기도 하는 사회생물학의 등장과 함께 폭발적으로 나타났다. 사회생물학은 진화가 인간의 가치에 미치는 영향을 설명하기 위한 것이다.

따라서 사회생물학은 종교의 기능을 대신하려는 경향이 있는데, 가장 근본적인 종교적 질문에 답하지 않고서는 가치를 논의할 수 없기 때문이다.

사회생물학은 가장 경쟁력이 있는 자가 가장 앞선다는 다윈주의의 가정에서 시작하여 진화엔 무모한 이기적 행동이 필요하다고 결론을 내리고 있다. 다른 이들의 이익을 목표로 하는 것처럼 보이는 행동도 내면의 이기심에 바탕을 두고 있다. 우리는 다른 사람들이 내게 잘 대할 때에만 다른 사람들에게 잘 대한다. 사랑과 이타주의는 저변에 깔린 자기 이익을 은폐하는 환상일 뿐이다. 한 사회생물학자의 말을 빌리면, 인간이나 다른 어떤 유기체에서도 '진정한 자비의 흔적'은 발견할 수 없다고 말한다. 때로 유기체 자신이 다른 개체에게 유익을 주는 방식으로 행동하도록 자기 스스로를 강요하는 경우에도, "자기 자신의 이익을 위해 행동할 수 있는 완전한 기회가 주어진다면, 자기 형제나 친구, 부모, 자기 자녀들을 불구로 만들거나 죽이는 등의 잔인한 행동을 억제하게 되는 이유는 바로 다름 아닌 사리(私利)추구 때문이다."[9] 과학이라는 냉정한 빛 속에서 우리는 속속들이 이기적임이 판명된다.

인생에 대한 얼마나 잔인한 묘사인가! 이대로라면 삶은 참으로 어처구니없는 것이다. 이타주의, 자선, 협력 없이 존재하는 인간사회는 없다. 그래도 사회생물학자들은 이것에 대해서 충분히 설명할 수 있다고 말한다. 그 이론에 의하면, 진화의 진정한 안내자는 유전자이며, 유전자의 유일한 관심은 생존하는 것과 다음 세대로 이어지는 것이다. 우리가 분명히 이타적인 행동을 하고 있을 때에도 사실 우리는 우리 유전자에게 속고 있는 것이며, 유전자는 자신을 위해 부지런히 창고에 쌓아두고 있는 것이다. 어머니가 자식을 위해 자신을 희생하는 것도 그녀의 유전자 스스로가 미래에도 살아남기 위하여 그녀로 하여금 아이를 돌보도록 강요하기 때문이다.

이제 우리는 우리 자신의 가족을 돌보는 것이 다소 이기적인 것임에 동의할 수 있을 것이다. 그러나 가족이나 친척의 범위를 벗어난 협동과 이타심은 어떻게 된 것일까? 물에 빠져 죽어가는 아이를 구출한 행인의 영웅적인 행동은 뭐라 설명할 수 있는가? 과학작가 마크 리들리(Mark Ridley)는 그의 책 「덕의 기원」(The Origins of Virtue)에서 이것조차도 유전자의 이기심 때문이라고 말한다. 개체들을 기억하고 그것에 꼬리표를 달아놓을 수 있는 지능을 가진 유기체라면 다른 이들을 돕는 것이 때로는 우리의 이익이 된다는 것을 알게 된다는 것이다. 언젠가 그들이 다시 우리를 도울 것이기 때문이다. 만일 그것이 우리에게 이익이 된다면, 이는 자연도태에 의해 보존될 것이다. 가장 이타적인 행동도 이기적인 유전자에 의해 설명될 수 있다.[10]

하지만 어떻게 사회생물학자들의 주장이 과학에서 훨씬 벗어나 신화의 영역으로 이동하게 되었는지 주목해 보라. 유전자는 이 이야기구조에서 주인공으로 인격화되고 있다. 예를 들어, 리들리의 설명 속에서 유전자는 마치 컴퓨터 전문가의 논리능력을 가지고 있는 것처럼 협동적인 행동에 대한 찬성과 반대를 살펴보고, 그에 따라 우리를 '프로그램' 한다.[11] 영국의 과학작가 리처드 도킨스는, 인간은 다만 '우리 유전자가 만들어낸 기계'에 불과하다고 말한다. 마치 유전자가 복잡한 메커니즘을 설계하고 제작할 수 있는 능력을 가진 엔지니어이기라도 한 것처럼 말이다.[12] 또 사회생물학의 창시자인 에드워드 윌슨(Edward Wilson)의 유명한 글을 인용해 보자. "유기체란 단지 DNA가 보다 많은 DNA를 만들어내는 방식이다"라고 그는 말한다. 마치 유전자가 물건을 설계하고 만들 수 있기라도 한 것처럼 말이다. 윌슨은 심지어 인간 도덕성의 궁극적인 원천은 "유전자의 도덕성" 이라고 말함으로써 유전자를 도덕적 사유와 선택을 할 수 있는 것으로 보고 있다.[13]

다시 말해, 사회생물학은 의식, 의지, 선택과 같은 것들을 유전자의 일이라고 주장하며, 인간을 유전자의 명령을 수행하는 기계로 축소시키고 있다. 이는 유전자가 신이 되는 세계관이다. 유전자가 인생의 궁극적인 창조주이며, 통제자가 되는 것이다.

물론 사회생물학자들은 공개적으로는 이것은 은유적인 것이므로 문자 그대로 받아들여서는 안된다고 말할 것이다. 그러나 일관성 있고, 광범위하게 적용되는 은유는 결국 우리의 사고방식을 형성하게 된다. 과학자들조차도 때로는 이기적인 유전자를 문자 그대로 받아들이며 말하는 등 오락가락한다. "나는 성공적인 유전자에게서 기대되는 주된 성품은 무모한 이기심이라고 주장할 것이다"라고 도킨스는 적고 있다. "우리는 이기적으로 태어났으니, 이제 관용과 이타심을 가르칩시다."[14] 그가 '이기적'이라는 말이 가지고 있는 모든 도덕적 함축을 그대로 포함한 '이기적'이라는 단어를 유전자로부터 인간에게 똑같은 뜻으로 사용하고 있는 것을 보라. '유전자의 종교'에서 이기심은 원죄이다.

도킨스는 다채로운 이야기들을 죽 늘어놓으면서 "성공한 시카고의 갱들처럼, 우리의 유전자는 때론 수백만 년을 매우 경쟁적인 세계에서 살아남았으며" 우리의 유전자를 보존하는 것은 "인간실존의 궁극적인 원리"라고 적고 있다. 또한 도킨스는 "생존기계(바로 우리들)와 신경계가 어떻게 지어질지를 명령함으로써 유전자는 행동에 대해 궁극적인 힘을 구사하고 있다"고 주장한다. 마지막에 도킨스는 아주 서정적이 되어버린다. 유전자는 "늙지 않는다. 세대를 걸쳐 한 몸에서 다른 몸으로 도약하며, 그 나름의 방법과 목적에 따라 한 몸 한 몸을 조작하면서, 노쇠하여 죽기 전에 죽을 몸에서 탈출한다. 유전자는 영원불멸하다."[15]

영원불멸이라고? 도킨스는 이것을 진지한 과학이라고 말한다. 그러나 우리 삶에 대한 '궁극적인 능력'을 가지고, 우리에게 '궁극적인 삶의 원리'를 제시하는 영원한 힘에 대해 말하는 것은 분명히 종교적인 이야기다.

사실 사회생물학은 종교의 기본요소들을 갖추고 있다. 이는 우리가 어디서 왔는지 말해 주고 있다. 즉 무작위적인 화학물질이 초기 DNA를 만들었고, 마침내 어떤 DNA가 자기 자신을 위해 어떻게 신체를 구성해야 할지를 알게 되었다는 것이다. 사회생물학은 우리에게 무엇이 문제인지를 말해 주고 있다. 즉 인간본성에서 결정적인 결함은 우리가 이기적이라는 것이다. 이 이기심은 우리의 의식적인 도덕적 선택보다 훨씬 밑바탕에 있으며, 우리 유전자에 깊이 각인되어 있다. 그러나 일반적으로 세계관은 인간본성에 들어있는 근본적인 결함에 대한 치료법을 제시하지만 사회생물학은 아무런 치료법을 제시하지 않고 있다. 사회생물학은 인간을 비도덕적이고 계획적인 유전자가 통제하는 꼭두각시로, 여기에서 도망칠 소망이 하나도 없는 것으로 묘사한다. 사회생물학은 구원의 희망이 없는 종교이다. 인생은 끊임없는 전쟁에 지나지 않으며 그 과정에서 유전자는 생존경쟁에서 모든 경쟁자를 물리치려는 파괴적인 악마로 변해 간다.

따라서 사회생물학은 인간이 권력, 죽음, 그리고 파괴에 몰두하고 있는 것을 설명하는 운명론적 종교의 현대적 형태를 가지고 있는 것으로 이해할 수 있다. 사실 그리스인들과 로마인들은 죽음의 신(플루토)과 전쟁의 신(마르스)을 섬겼다. 바빌로니아 사람들은 죽음과 역병(疫病)의 신 네르갈을 섬겼다. 힌두의 신 시바와 그의 아내 칼리는 각각 죽음과 파괴를 상징한다. 이와 마찬가지로 사회생물학에 있어 "숭배되고 있는 신은 권력"이라고 영국의 철학자 메리 미즐리는 적고 있다. 그 신자들은 유전자 안에 있는 "신비의 능력을 우리에게 제공"하고 있다.[16]

이런 부정적인 신앙이 우리 마음을 끄는 것은 무엇 때문일까? 염세주의에도 불구하고 그것은 한 가지 보상을 해주고 있다. 즉 그것은 그 추종자들에게 전통적인 종교와 도덕을 무시할 수 있는 길을 열어준다. 부정적인 신앙은, 우리를 사랑하시는 전능자 하나님이 계시다는 사실과, 인간은 진정한 도덕 행위자로서의 위엄과 중요성을 가지고 있다는 사실을 '환상'이라고 내쳐버린다.

우리가 사회생물학의 관점에 얼마나 영향을 받고 있는지 알려면, 이 운동의 창시자인 에드워드 윌슨(Edward Wilson)의 글을 읽어보라. 윌슨은 15세 때 침례교 신앙을 버리고, 그의 종교적인 열망을 다른 곳으로 돌렸다고 말한다. "내 마음은 빛과 길을 계속 믿고 있었고… 다른 곳에서 은혜를 찾고 있었다." 그 은혜는 결국 과학이었다. '과학의 성전'에 들어가고 나서, 윌슨은 그의 신앙을 과학적 물질주의의 '신화'로 바꾸었으며, 그리고 나서 모든 것을 "바닥부터 꼭대기까지, 원자에서 유전자를 거쳐 인간 정신에 이르기까지의 모든 것을 물질적인 과정"으로 설명할 수 있는 '단 하나의 거대한 자연주의적 인간관'을 탐색했다.[17]

윌슨은 '종교의 힘을 바꾸어' 물질주의나 자연주의를 섬기는 쪽으로 그의 목표를 바꾸었다고 아주 솔직히 말하고 있다. 그는 이렇게 경고한다. "과학적 물질주의의 힘을 과소평가하지 말라." 이는 "전통적인 종교를 여러 번 패배시킨 대안적 신화"를 대변하는 철학이다.[18]

그러나 이것이 과연 전통적인 종교를 패배시켰는가? 전혀 그렇지 않다. 사회생물학이나 진화론적 심리학은 진리라고 주장하기 위해 거쳐야 할 기본적인 시험을 통과하지 못하고 있기 때문이다. 이는 인간의 본성이나 인간사회를 정확히 표현했다고 볼 수 없다. 사회학이나 인류학의 확인을 받고 있는 상식이나 상식적인 경험은 무제한적인 경쟁과 이기적인 유전자가 지닌 힘의 노예가 되는 지나치게 어두운 면을 쉽게 폭로해 버린다.

'이기적'(selfish)이라는 단어를 자아(self)가 없는 물체, 즉 유전자에게 적용하는 것은 아주 잘못된 것이다. 유전자 주기의 변화에 대해 얘기하는 것은 과학이다. 그러나 인간이 계산에 빠른 유전자의 손아귀에 잡혀 있는 나약한 꼭두각시라고 말하는 것은 신화이다. 인간이 유전자의 영향을 받는다고 말하는 것은 과학이다. 그러나 유전자가 '이기적'이며, 우리로 하여금 그들을 '섬기도록 계획한 숨겨진 주인들'이라고 말하는 것은 신화이다.

과학은 구속의 현실을 부인하고 자연을 극화하여 영원한 갈등의 무대로 생각하는 사회생물학이나 그 밖의 염세적 세계관을 채택하라고 우리에게 강요하지 않는다. 사실 많은 염세주의자들은 순환추론을 하고 있다. 우선 그들은 하나님을 추방하고 나서 이 우주는 의미가 없는 것이라고 말한다. 그리고 나서 이들은 우주가 의미 없기 때문에, 하나님이 있을 수 없다고 말한다. 하나님이 없다고 하는 무신론이 그들의 숨겨진 '전제' 이면서도 마치 그것이 결론인 것처럼 말한다.

만일 그 전제가 성경의 하나님을 배척하는 것이라면, 당신의 이론이 아무리 정교한 것이라 하더라도 결국은 절망에서 끝날 것이다. 이런 염세주의적 신화는 한 가지 점에서는 옳다. 하나님이 없는 우주는 정말 비인격적이고, 의미가 없으며, 목적도 없다는 점이다. 와인버그의 말을 빌리면 이 우주는 무의미하다.

죽음에 대한 도전

슈윈 자전거를 선전하는 전면광고를 보면 한 젊은이가 슈윈 자전거를 타고 하늘로 높이 뛰어오르고 있다. 그 페이지의 밑바닥에는 땅 속으로 내려가는 관(棺)의 그림이 있다. 광고의 카피는 독자를 비웃고 있다. "그까짓 죽음이 두려운가?" 슈윈은 자전거 광고 이상의 것을 팔고 있다. 즉 아이들에게 죽음을 사랑하는 것은 멋진 것이라고 말하고 있다.

언제부터 죽음을 가지고 노는 것이 유행이 되었나? 많은 사람들이 무의미함에 널리 감염되어 지쳐 있기 때문에 어떤 궁극적인 느낌을 회복하려면 웬만한 위험으로는 불가능하다. 그러니 죽음과 직접 대면하는 것보다 더 강렬하고, 궁극적인 것이 어디 있겠는가?

이러한 마음상태는 행글라이딩, 암벽등반, 번지점프, 스카이다이빙 등 고위험도 스포츠가 인기를 더해 가는 이유를 설명해 준다. "유 에스 뉴스

앤 월드 리포트"가 고위험 스포츠를 커버스토리로 다루었을 때, 그 중 한 소제목은 다음과 같았다. "위험, 짜릿함, 반항의 모든 것."[19] 카뮈의 부조리한 주인공처럼 이는 우리가 사랑하는 것 또는 우리의 모든 삶의 대상이 죽음으로 끝나는, 부조리하고 허무한 인생에 대한 반항이다. 불모의 세속주의에 빠진 사회에서의 유일한 반응은 죽음을 정면으로 대면하고… 거기에 침을 뱉는 것이다. 이것이 궁극적이고, 영웅적이며 실존주의적인 반응이다.

'극단 스포츠' 광(狂)들의 우상인 크리스텐 울머(Kristen Ulmer)는 지루함과 싸우기 위해서 "무모한 스키 타기"(일부러 사람을 위험에 노출시키는 스키 타기)를 한다고 했다. 그녀는 어떤 종류의 위험에서도 스릴을 느낀다고 주장하며, 전통적인 스포츠에도 좀더 위험을 가미할 것을 주문하고 있다. "정말 뛰어난 농구선수가 되는 것은 별개의 문제이다. 만일 당신이 슛에 실패할 때마다 누군가가 당신의 머리통에 총을 쏜다고 상상해 보라. 그것이 훨씬 더 재미있지 않겠는가?"[20]

미국 중서부의 몇몇 회사는 관광객들에게 토네이도(미국 중서부에 많이 부는 소용돌이 바람 - 역자 주) 따라가기를 제안했다. 무슨 재미가 있어서일까? 죽음을 스치는 재미이다. 어떤 이는 NBC뉴스에서 토네이도에 가까이 가본 것은 '종교적인 경험'이었다고 말했다.[21] 이것이 부조리의 수렁에 빠진 문화의 모든 것이다. 죽음을 앞에 두고 무모하게 덤비는 익살꾼들 말이다.

이런 익살꾼들이 자라나면 죽음 자체밖에 남는 것이 없다. 미국의 위대한 소설가 중 한 사람인 어니스트 헤밍웨이(Ernest Hemingway)는 인생은 '무(無)로부터 무(無)에 이르는 짧은 날의 여행'이라는 실존주의 신조에 빠져 있었다.[22] 이런 무(無)에 의미를 주기 위해 헤밍웨이는 자신만의 방법을 개발했다. 그는 인생을 온전히 경험하고자 했다. 모든 것을 경험하고, 모든 것을 느끼며, 모든 것을 해보자는 것이다. 그는 모든 경험 중에서 가장 흥분되고 재미있는 경험으로 죽음을 대한다면 죽음조차도 극복할 수 있는 것이라고 생각했다.

그래서 큰 사냥감을 찾는 사냥꾼으로, 모험가로, 바람둥이로 악명을 떨친 후 61세의 나이에 그는 일부러 죽음을 껴안았다. 그는 많은 무모한 모험을 통해서도 자기가 자기 운명의 주인임을 증명할 수 없게 되자, 그 자신의 죽음의 시기와 때를 스스로 통제함으로써 그것을 증명하려 했다.

1961년 7월 2일, 주일 아침, 헤밍웨이는 그가 좋아하는 총에 실탄을 장전하고 아이다호에 있는 자신의 집 로비에 앉은 후, 총의 개머리판을 바닥에 받치고, 총구를 입 속에 넣은 후, 방아쇠를 당겼다.

정신병자인가? 환자인가? 그의 세계관에 비추어볼 때, 헤밍웨이의 행동은 아주 논리적이다. 결국, 인생이 의미가 없고 절망이 사자처럼 문가에서 웅크리고 있다면, 가장 좋은 선택은 자기 자신의 방법으로 영웅답게 탈출하는 것이다. 어니스트 헤밍웨이는 마지막 순간에 그 자신의 죽음을 통제함으로써 절망을 향해 그의 주먹을 휘둘렀다.[23]

* * *

결국 성경과 역사의 하나님을 부인하는 사람, 진보의 신화가 공허하다는 것을 아는 사람은 오직 두 가지 선택밖에 없다. 죽음에 도전함으로써 죽음을 우습게 보거나, 아니면 자기 나름의 방법으로 죽음을 수용하여 죽음을 통제하는 것이다. 따라서 헤밍웨이는 서구과학과 철학의 실패를 대변하는 완벽한 상징이다. 계몽주의가 하나님을 부인한 논리적인 결과에 따라 살아온 많은 사람들은 어떤 초월적인 진리나 의미에 대해서도 완전한 절망에 이르게 되었다. 인간은 항상 위로, 앞으로 전진해 나가며 새로운 진화단계로 대담하게 전진한다고 하는 불꽃 같은 낙관론은 씁쓸한 냉소주의로 바뀌었다. 현실의 바위 위에 고립된 과학은 이제 외계로부터 외계인이 와서 인간을 구해 줄 것이라는, 거의 희극적인 환상을 약속하고 있다.

 절망의 막다른 길에 부딪히고서야 사람들은 창조주께로 돌아가게 된다. 더욱 아쉬운 것은 '인간이 하나님 안에 안식할 때에야 비로소 진정한 평안을 얻게 됨'에도 불구하고, 인간의 기본적인 본능은 하나님으로부터 도망하는 것이다.[24] 왜냐하면 하나님을 찾게 되면 우리가 그렇게도 바라는 자율성을 잃게 될 것이니까.

 그래서 사람들은 어디로 가고 있는 것일까? 동방으로 가고 있다.

제28장
뉴에이지 종교

> 사람의 궁극적인 시작점은 아메바이고, 궁극적으로 가는 길은 신을 향한 것이다.
>
> 켄 윌버(Ken Wilber)

과학과 진보의 밝은 이미지가 퇴색하고, 낙관론이 환멸과 절망에 자리를 내주게 되면서 많은 사람들은 다른 문화에서 해답을 찾고자 하였다. 아시아 종교, 특히 힌두교와 불교는 서구문화의 사람들을 상당히 매혹시켰으며, 오늘날 이런 종교들은 서구의 주류 세계관에 대한 가장 인기 있는 대안이 되고 있다.

그 매력은 매우 강력하다. 서구 세속주의는 물질주의적이고, 과학적으로 실험할 수 있는 것만 실재로 인정한다. 동양 신비주의는 영적이고, 때로는 의식의 수준을 새로운 단계로 끌어올리기도 한다. 서구사상은 분석적이어서 분열과 소외로 이어진다. 동양사상은 전체적이고, 치료와 완전함을 약속한다. 서구과학은 환경을 파괴하고 대기를 오염시킨 반면 동양의 범신론은 자연에 대한 새로운 경의를 제안하고 있다.

1960년대에 많은 젊은이들이 영적 공허감을 채우기 위해 동양종교에 빠져들었고, 뉴에이지 운동이 탄생하게 되었다. 오늘날엔 이 운동이 이 사회의 주류가 되어 요가, 태극권, 점성술, 치료안마술 등이 2년제 지역사회대학의 과목으로 개설되어 있다. 뉴에이지 운동은 상업적으로도 큰 성공을 거두었다. 지역의 슈퍼마켓들은 전인치료에서부터 전생요법에 이르기까지 뉴에이지의 모든 것들을 광고하는 멋진 출판물을 무료로 제공하고 있다. 불교는 "쿤둔"(Kundun, '임재'를 뜻하는 티베트어)과 "티베트에서의 7년"(Seven Years in Tibet)으로 은막을 휩쓸었다. 이 영화에서 브래드 피트는 주인공 하인리히 해러 역을 하기 위해 흰 사리를 입고, 머리를 박박 깎았다. 해러는 인도에 있던 2차 대전 포로수용소를 탈출하여 라사로 가게 되었는데, 거기서 어린 달라이 라마의 영향을 받게 된다. 피트는 그 자신이 종교적인 체험을 하기 위해 이 역할을 원했다고 알려지고 있다. 매일매일의 촬영이 끝난 후, 불교의 스님들이 세트를 위해 빌고, 출연자들을 초대해 함께 노래부르곤 했다. 피트는 자주 눈물을 흘리곤 했다.[1]

리처드 기어는 더 열성적이다. 1984년에 그는 티베트 불교로 개종하여, 지금은 일 년에 수개월을 달라이 라마를 대신하여 여행하며 설교하는 데 보내고 있다. 스티븐 시걸은 티베트에 본부를 둔 닝마(Nyingma, 티베트 4대 불교학파의 하나)파의 최고 수장으로부터 툴쿠(tulku, 성육화된 라마)로 뿐만 아니라, 테르톤(terton, 진리를 밝히는 사람)으로도 인정받았다. 시걸이 영화 속에서 적군의 목을 부러뜨리는 장면을 보게 되면 이것을 한번 생각해 보라.[2]

기독교 후기문화에 있어 동방종교가 왜 그리 매력적인 구원의 형태가 되는지를 이해하는 것은 어렵지 않다. 동방종교는 개인이 신성하다고 말함으로써 자아에 만족감을 주고, 교리에 대한 헌신이나 윤리적 생활에 대한 요구를 하지 않으면서도 만족스런 '영성'의 느낌을 주고 있다. 동방종교가 특히 입맛에 맞는 것은 뉴에이지 운동이 동방사상을 상향진보에 굶주려 있는 서구인들의 정신에 적합하도록 재구성했기 때문이다.

동양사상은 운명론적이고 염세적이지만 - 업보의 순환은 '고통의 수레바퀴'라고 불린다 - 뉴에이지는 이를 낙관적이고 유토피아적인 것으로 바꾸었다. 동방종교는 우리 모두가 그 일부를 구성하고 있는 '우주의 정신'과 접하게 되면, 새로운 의식(意識)과 새로운 세계를 창조할 수 있다고 약속하고 있다. 뉴에이지 운동은 우리가 문자 그대로 새로운 시대, 뮤지컬 "헤어"(Hair)를 인용하자면 "조화와 이해, 동정과 신뢰가 넘쳐나는" 시대로 대약진할 지점에 와 있다는 약속을 전제로 하고 있다.[3] 지난 수십 년 간의 거대한 사회적 변동은 임박한 재앙에 대한 경고가 아니라, 진화론적 변화의 전주곡이다. 뉴에이지 작가 켄 윌버는 "사람의 궁극적인 시작점은 아메바이고, 궁극적으로 가는 길은 신을 향한 것이다"라고 말하고 있다.[4] 윌버가 말하는 바는 신이 되는 것을 뜻한다. 그는 인간이 양자(量子)적 도약을 함으로 전혀 새로운 피조물이 되어 신적 존재가 되려 하고 있다고 주장한다. 이는 영적인 형태의 '에스컬레이터 신화'에 불과하다.

뉴에이지 운동은 1960년대에 난데없이 등장한 것으로 생각되기 쉽지만, 사실 19세기부터 그 시대에는 일종의 반문화였던 낭만주의 운동에 의해 준비되어 왔다. 지난 장에서 살펴본 바와 같이, 그 당시 이미 예민한 사람들은 과학이 이 세계가 가진 매력을 냉혹하게 파괴시켜 아름다움이나 의미 또는 목적의 여지를 남겨두지 않는 하나의 거대한 기계로 만들고 있음을 깨닫고 있었다. 낭만주의자들은 1960년대의 아이들이 그러했던 것처럼 대안을 찾아나섰고, 이들은 그리스사상과 동방 신비주의를 혼합한 신플라톤주의라는 고대철학을 재생시켰다. 그들은 이 우주를 기계로 보는 비유를 '생명의 힘'(Life Force)에 의해 생기가 불어넣어진 살아있는 하나의 유기체로 보는 비유로 대체하였다.

낭만주의자들은 모든 것이 살아있다고 말한다. 물질 그 자체도 기초적인 생명이나 의식의 모양을 가지고 있다고 말한다. 생명의 주요 특징은 무엇인가? 성장한다는 것이다. 그리고 발달한다는 것이다. 낭만주의자들은 각각의 유기체가 발달의 내적 법칙에 따라 어떤 단계가 되면 그 모습을 드러내는 것처럼, 생명 자체도 '생명의 힘'의 지시에 따라, 어떤 단계가 되면 단순한 단계에서 복잡한 단계로 발달되어 간다고 말한다. '생명의 힘'은 내재하는 신이라는 장식을 달고 있는 경우가 많다. 그래서 하나님은 초월적인 창조주가 아니라, 자연에 가득 찬 영으로 간주된다. "이 세계는 기계가 아니다. 세계는 살아있다. 그리고 하나님은 창조자라기보다는 세계의 영혼, 즉 생명 그 자체이다"라고 역사가 존 허먼 랜들은 말한다.[5]

다윈의 「종의 기원」(Origin of Species) 출간은 영적 진화라는 생각에 큰 힘을 실어주었다. 다윈의 진화론을 받아들이는 대부분의 사람들은 무신론자가 아니었다. 오히려 이들은 하나님을, 진화에 목적과 방향을 설정해주는 능력을 가진 분으로 묘사함으로써 진화론과 종교를 어떤 방법으로든 합쳐보려 했다. 그러나 그 결과는 정통 기독교보다는 범신론에 가깝게 되었다. 이 하나님은 완전히 이 세계에 내재하며, 진화가 최고로 높은 단계에 이르도록 강제하고, 인류를 아주 아득한 신적 완전성에 이르도록 하는 존재이다. 알프레드 테니슨 경이 말한 것처럼 "한 분 하나님, 하나의 법칙, 하나의 요소 그리고 모든 피조물이 그리로 향하여 움직이는 멀리 있는 하나의 신적 사건"만이 존재한다.[6]

영적 진화는 하나님을 이 과정의 참여자로 만들어, 이 세계와 함께 완전한 신성으로 점진적으로 진화되는 '과정중인 하나님'(God-in-the-making)으로 만드는 경우가 많다. 20세기 초 철학자 앙리 베르그송(Henri Bergson)은 하나님을, 모든 생명에게 생명을 주고 진화되어가도록 해주는 생명력일 뿐이라고 평가절하했다. 위대한 철학자 알프레드 노스 화이트헤드(Alfred North Whitehead)는 하나님을, 이 세상이 변함에 따라 함께 변하여 힘써서 완전을 향해 나아가고 있는 이 세계의 영혼으로 묘사했다.

그리고 인간의 역할은 하나님이 자신을 완성할 수 있도록 돕는 것이다. 신학자 찰스 하트숀(Charles Hartshorne)이 말한 것처럼, 우리는 이 세상을 만들어가는 일에서뿐만 아니라, 하나님 자신을 만들어감에 있어 하나님과 함께 일하는 '공동의 창조자'이다.[7] 우리는 21장에 있는 '오늘날 미국에서 가장 급속하게 성장하는 과정신학'이라는 제목의 글에서 이런 사상을 잠깐 살펴보았다.

우리가 알 수 있는 것은 철학, 예술, 심지어는 신학에서조차 서구사회가 오랫동안 동방의 범신론과 일치하는 사상들을 받아들이고 있다는 것이다. 이 모든 것들은 서구문화에 대한 환멸을 가져오고, 이런 사상들을 서구문화의 주류에 편입시켰다.

교실에서의 뉴에이지

오늘날 뉴에이지 사고방식은 의학, 기업경영, 교육, 군사, 심지어는 교회에까지 침투하면서 서구사회에 영향을 끼치고 있다. 여러 가지 명상방법이 갈등을 해소하고, 긴장이완, 창조성, 자존감, 심지어는 신체적 건강을 증진시키는 수단으로 판매되고 있다. 예를 들어, 스탠포드대학 경영대학원에서는 '사업에서의 창조성'이라는 과목에 명상, 영창(詠唱), '꿈 작업'(dream work), 타로 카드(22매 한 벌로 점치기에 사용 - 역자 주), 그리고 '뉴에이지 자본주의'에 대한 토론 등을 포함시키고 있다.[8] 민간기업뿐 아니라 정부기관도 경영관리훈련에 뉴에이지 기법을 채택한 컨설팅 회사와의 계약에 수백만 달러를 지출하고 있다.[9]

물론 이런 프로그램들이 명백하게 종교적인 언어를 사용하는 경우는 드물다. 예를 들어, '우주의 영'(Universal Spirit, 힌두사상에서는 브라마)은 '높은 수준의 자아'(Higher Self)나 이와 비슷한 용어로 불릴 때가 많다. 그러나 이 프로그램들은 이런 세속적 용어를 겉으로 내세우고서 사실상 힌두의 기본교리를 채택하고 있다. 그 교리는, 개개의 인간정신이나 영혼은 우주의 영이나 우주정신의 일부분으로, 긴장이완과 이미지훈련을 통해 우리의 지혜와 창조의 원천인 우주정신에 접속할 수 있다는 것이다.[10]

뉴에이지 프로그램은 미국의 초중등학교에도 침투해 있다. 조지아 주 애틀랜타의 한 어머니는 함께 차를 타고 있던 2학년짜리 딸애가 그녀가 불러도 대답을 하지 않자 걱정이 되었다. 딸의 이름을 여러 번 불렀으나 대답이 없자, 어머니는 뒷자리에 앉아 있던 딸애를 돌아보았다. 딸애의 눈은 감겨져 있었고, 머리는 앞으로 숙여져 있었다. 놀란 어머니는 차를 세우고, 뒷문을 연 뒤 딸애의 팔을 흔들었다. 딸은 황홀경에 빠져 있다가 깨어난 것 같았다.

"무슨 일이냐?" 어머니가 걱정이 되어 물었다. "내가 불러도 대답을 안하더구나."

"걱정마세요, 엄마. 전 제 친구 펌시와 함께 있었어요" 라고 딸이 대답했다.

딸에게 좀더 자세히 물어보고 난 후 어머니는 이 아이가 "탁월성을 추구하는 펌시" (PUMSY in Pursuit of Excellence)라는 수업을 통해 학교의 안내 상담가에게서 명상기법을 배우고 있다는 사실을 알게 되었다. 펌시는 귀여운 동화 속의 용인데, 프렌드라고 하는 현명한 안내자를 만나고, 그로부터 그 프로그램 내의 다른 아이들과 함께 동양 세계관의 기본개념들을 배우게 된다. 예를 들어, 프렌드는 펌시에게, 펌시의 정신은 마치 물로 찬 웅덩이와 같다고 말한다. 부정적인 생각을 하게 되면, 그녀의 정신은 진흙탕이 된다. 그러나 긍정적인 생각을 하게 되면, '맑은 정신' (Clear Mind)에 연결되고, 이 '맑은 정신'은 그녀가 문제를 해결할 수 있도록 돕게 된다.[11]

'맑은 정신' 이라는 단어를 강조한 이유가 있다. 이는 힌두교의 신인 브라마를 은폐하는 또 하나의 용어이기 때문이다. 그런 단서 중 하나는 이것을 묘사하는 유사종교적인 언어이다. 예를 들어, 프렌드는 펌시에게

"너의 '맑은 정신'은 너에게 제일 좋은 친구이지… 언제나 너와 가까이 있고, 결코 너를 떠나지 않을 거야"라고 말한다. 이 말이 성경의 언어와 매우 유사하다는 의심을 갖지 않을 수 없다. "내가 너를 떠나지 아니하며, 버리지 아니하리니"(수 1:5). 이 이야기에서 몇 페이지 더 나가면 이런 글이 있다. "너는 너의 '맑은 정신'을 믿어야 해. 그리고 '맑은 정신'이 너를 위해 좋은 일을 하도록 해야 해."[12] 본질적으로 말하면, 아이들은 이 프로그램을 통해 '우주정신'이라는 힌두적 신 개념에 대해 종교적 신뢰를 갖도록 가르침을 받고 있다.

물론 이런 뉴에이지 기법이 교사들에게 종교로 제공되고 있는 것은 아니다. 이 기법들은 창조성을 증가시키고, 자존감을 증진시키는 방법으로 제시되고 있다. 펌시는 어린이들에게 "난 그 문제를 해결할 수 있어", "난 그 일을 해낼 수 있어", "나는 나야, 나인 것으로 충분해" 등과 같은 구호를 외치도록 가르친다. 다시 말하거니와, 우리는 성경의 주제를 메아리처럼 듣고 있다. "나는 곧 나다"(출 3:14, 공동번역). 이 프로그램은 자존감(self-esteem)이 아니라 자기 숭배(self-worship)를 가르치고 있다. 이 가르침은 우리가 은혜 가운데 내려오신 초월자 하나님에 의해 구원받는 것이 아니라, 하나님이 우리 안에 있다는 것, 즉 우리가 하나님이라는 사실을 깨달음으로써 구원받는다고 가르친다. 구원은 우리가 죄인이라는 사실을 깨닫는 것이 아니다. 구원은 우리의 의식수준을 높여서 우리 내면에 있는 신성(神性)을 깨닫는 데 있다.[13]

교육은 뉴에이지 사상을 퍼는 여러 길 중에 하나일 뿐이다. 이들은 대중문화의 모든 출구에 등장하고 있다. 예를 들어, 뉴에이지에 대한 서적은 책방 서가에 중요한 부분을 차지하고 있고, 어떨 때는 전통 종교서적 코너보다 훨씬 사람들로 붐빈다. 당신이 어떤 책을 펴서 읽는데 "내가 새 하늘과 새 땅을 보았다"라는 글귀가 나오면 성경의 요한계시록을 보고 있다고 생각할 것이다. 그러나 사실은 제임스 레드필드(James Redfield)의

대히트작 「열번째의 통찰력」(The Tenth Insight) 서두에 나오는 부분이다. 이 말은 실제로 요한계시록에서 나온 것이지만, 오직 이것만이 유일하게 성경과 가까운 것이다. 이야기가 전개되면서 작가는 자기 나름의 뉴에이지 철학을 줄거리 속에 포함시키고 있다. 우리는 태어나기도 전부터 우리가 우주를 관통하는 거대한 영적 힘의 일부임을 배운다. 우리는 우리가 태어나기 전 우리가 하나님의 일부였던 그 상태를 회상함으로써 이런 힘과 연결, 즉 '하나님과의 연합을 달성' 할 수 있게 된다. 이러한 지식은 우리 안에 남아 있는 '우주적 영' 의 일부분인 '우리 안에 있는 영' 에 주파수를 맞춤으로써 다시 획득할 수 있다. 충분한 수의 사람들이 이런 접속을 성취하게 되면 사회는 변할 것이라고 레드필드는 말하고 있다. 악과 범죄가 사라질 것이고 가난과 질병이 없어질 것이다. 우리는 요한계시록에 묘사되고 있는 것과 같은 완전한 조화 속에 살게 될 것이다.[14]

그리스도인들도 이 교묘한 뉴에이지에 무장해제당할 수 있다. "당신도 이 책을 읽어야 해요." 열성적인 한 친구가 낸시에게 1911년 처음 발간된 프랜시스 호지슨 버넷(Frances Hodgson Burnett)의 「비밀의 화원」(The Secret Garden)을 건네주면서 말했다. 그 친구는 생각이 깊은 그리스도인 주부였고, 그 책은 어린이들의 고전이었다. 그러나 낸시는 이 책이 어린이용 이야기로 재미있게 꾸며진 힌두 철학책이라는 것을 알고서는 깜짝 놀랐다.

이 책의 주요 등장인물인 열 살난 콜린(Colin)의 말에 의하면, 이 세계는 단 하나의 영적 실체로 만들어져 있는데, 그는 이것을 마법(Magic, 항상 대문자 M을 사용한다)이라고 부른다. "나뭇잎에서 나무에 이르기까지, 꽃에서 새에 이르기까지, 오소리, 여우, 다람쥐 사람 등 모든 것은 마법으로부터 만들어진 것" 이라고 콜린은 말하고 있다.[15] "마법은 내 안에 있어… 우리 모두 안에 있어."[16] 이것은 전형적인 범신론인데, 버넷은 이 범신론을 기독교 신앙에 나오는 언어와 뒤섞어놓았다. "마법은 항상… 무에서

유를 창조한다"고 콜린은 말한다.[17]

이런 범신론적인 신과 성경의 신의 차이점은, 범신론의 신은 마치 전기처럼 연결해서 쓸 수 있는 비인격적 힘이라는 것이다. 콜린이 말하고 있는 것처럼, 우리는 "마치 전기나 말(馬), 혹은 스팀처럼, 어떻게 하면 매직을 붙잡아 우리를 위해 유용하게 사용할 수 있는가" 하는 것을 배울 필요가 있다.[18] 이것은 우리가 순종해야 할 주님이 아니라, 조작해야 할 힘이다. 그리고 이것을 이루는 방법은 주문과 마법을 통해서이다. 그래서 콜린은 주문을 외운다. "마법이 내 안에 있다… 마법! 마법! 와서 도우라!"[19]

아이러니하게도 낸시가 「비밀의 화원」을 읽고 이 책의 뉴에이지 성향을 분석한 지 몇 년 후, 그녀의 아들이 다니고 있던 기독교 학교에서 이 책을 읽으라는 숙제를 받았다. 우리는 우리 아이들이 학교에서 무엇을 읽고 있는지 잘 살펴볼 필요가 있다.

원초적인 유혹

뉴에이지가 어리석은 유행이라고 비웃어버릴 만한 것이 아님은 분명하다. 이는 중요한 인생의 질문에 대한 대답을 제시하고 있는 완전한 세계관을 유포하는 도구이다. '우리는 어디에서 왔으며, 우리는 누구인가?' 어찌하다 보니 우리는 '우주적 영'에서 떨어져 나온 조각이 되었다. '이 세상의 문제는 무엇인가?' 우리는 우리의 진정한 본질, 우리가 하나님의 일부라는 것을 잊어버렸다. '우리의 구원은 어떻게 이루어지는가?' 우리는 우리의 본질을 재발견하여 우리 안에 있는 하나님과 연결되어야 한다.

모든 '에스컬레이터 신화'와 마찬가지로 이것도 유토피아적인 전제를 두고 있다. 진정한 악은 없으며, 오직 무지만 있을 뿐이다. 우리는 우리가 누구인지 잊고 있다. 이와 마찬가지로 진정한 구원이란 없으며, 오직 계몽만이 있을 뿐이다. 우리는 우리 내면에 있는 신성(神性)에 대한 신비한 지식을 회복해야 한다. 우리는 명상, 긴장이완훈련, 이미지훈련, 시각화훈련, 수정의 사용 등을 통해 자아의 경계가 없어지고, 신적인 것과의 일치감을 얻는 의식상태에 도달함으로써 이를 달성할 수 있다. 이런 고도화된 의식을 통하여 사람은 신적인 능력과 연결되어 보다 창조적이고, 보다 에너지가 넘치며, 심지어는 정신력으로 질병을 고칠 수도 있다.

그러나 다른 모든 종류의 유토피아 사상과 마찬가지로 이런 구원은 공허하다. 죄의 실재를 부인함으로써, 인간실존의 가장 중요한 문제, 즉 우리는 악을 행하기 쉬운 타락한 피조물이라는 사실에 대해서는 언급하지 않는다. 뉴에이지 찬성론자들은, 소외와 투쟁은 실존의 표면적 수준에서만 존재하며, 가장 깊은 곳에서는 우리가 하나님 안에서 하나라고 말한다. 이런 일치성을 알게 되면 우리가 서로를 친절과 자비로 대하게 될 것이라고 이들은 주장하고 있다.

그러나 인간본성에 대한 이런 견해는 현실과 부합하지 않는다. 지식이 있다고 해서 인간의 마음 속에 있는 악을 없앨 수는 없다. 무엇이 옳은지 안다고 해서 옳은 일만 하는 것은 아니다.[20] 바로 이것이 사도 바울이 씨름했던 딜레마였다. "내가 원하는 바 선은 하지 아니하고"(롬 7:14-25). 우리는 의식수준을 높일 것이 아니라, 구원을 받아야 한다.

뉴에이지의 신은 우리를 구원할 수 없다. 그것은 모든 사물의 기초를 이루고 있는 에너지라는 비인격적 영적 하부구조이다. 이것은 인간의 존엄성과 의미에 대해 어떤 기초도 제시해 주지 못한다. 오히려 모든 명상기법의 목표는 개인의 자아를 버리고 마치 한 방울의 물이 바다에 녹아 없어지듯 '우주적 영'에 녹아드는 것이다. 우리를 각기 다르게 만드시고 우리 각자를 감찰하시며 "우리 머리털까지도 다 세시는"(마 10:30) 성경의 하나님과 얼마나 다른가?

더군다나 뉴에이지 철학은 도덕의 근거를 전혀 제시해 주지 못하고 있다. 하나님이 모든 것 안에 존재한다면, 하나님은 선에도 악에도 존재한다. 따라서 선과 악은 아무런 차이도 없다. 도덕은 마치 불교의 8정도(正道)처럼 단지 영혼을 욕망으로부터 정결케 하여 신비적인 의식에 도달하려는 수단에 불과한 것이 된다.[21]

그러나 뉴에이지 사상의 궁극적인 실패는 그것이 전혀 그럴듯하지 않다는 데 있다. 우리 중 몇 명이나 얼굴을 똑바로 들고서 우리가 완전하다고 주장할 수 있겠는가? 그러나 뉴에이지의 주창자들은 실제로 "있는 그대로가 완전한 것이다. 그리고 우리가 그 사실을 받아들일 때 인생은 제대로 돌아간다"고 주장한다.[22] 이를 받아들일 수 있는 사람들은 의도적으로 그들의 실패와 단점, 그리고 죄를 망각할 수 있어야 할 것이다.

또 우리 중 얼마나 많은 사람들이, 정신병자같이 보이지 않으면서, 우리가 궁극적인 실재이며 절대적인 영인 하나님 자신이라고 주장할 수 있겠는가? 셜리 맥클레인(Shirley MacLaine)의 텔레비전 미니시리즈 "궁지에 빠져서"(Out on a Limb)에서 주인공은, 자기가 뉴에이지 상담가로부터 "나는 신이다"라고 확신을 가지고 말할 수 있을 때까지 반복해서 외치도록 명령받은 과정을 보여준다.[23] 우리가 하나님이라는 많은 증거에도 불구하고 우리가 하나님이라는 확신을 가지려면 무엇인가를 해야 한다. 그런 무엇인가를 하는 데 성공한 사람들은 인류역사의 가장 오래된 유혹에 항복한 것이 된다. 즉 인간의 원초적 유혹인 자기 신격화의 충동인 것이다. "당신은 죽지 않을 것이다"라고 뱀은 약속한다. "당신은 하나님같이 될 것이다"(창 3:4-5).

간단히 말해, 영적인 진화론은 실수나 잘못된 생각이 아니다. 이는 하나님이 창조주이시고 우리는 그의 피조물이라는 엄연한 사실에 대한 종교적 반항이다. 이는 토기장이 없이 스스로 토기를 만들었다고 주장하는 토기의 공허한 자랑일 뿐이다.

우리의 형상을 가진 하나님

뉴에이지 사상에 깔린 범신론은 역사상 무수히 많은 시기에 무수히 많은 가면을 쓰고 등장했기에 C. S. 루이스는 이것이 신적 계시와 관계없이 우리가 자연적으로 빠져드는 종교라고 생각했다. "인간의 정신이 가지고 있는 자연적인 성향은… 인간을 혼자 내버려둘 때 저절로 빠져드는 태도이다"라고 말한다. 따라서 범신론은 기독교에 대해 "진정으로 유일한 반대자"라고 C. S. 루이스는 말하고 있다.[24]

오늘날 뉴에이지는 기독교 기관에까지 침투하고 있다. 주류 교회들은 가부장적인 성경적 하나님을 버리고 '우리의 어머니 소피아'(헬라어로 지혜의 어머니)에게 경배하는 '재이미지화' 회의를 개최한다.[25] 기독교 변증학자 피터 크리프트는 그가 가르치는 보스턴대학에서 대부분의 학생들이 범신론자로 입학한다고 말한다. "내가 속한 가톨릭대학 학생들의 대부분은 우리가 하나님의 일부이며, 하나님은 그 누구 안에도 계신다고 믿고 있다." 그 결과, 이들은 구원의 필요성을 느끼지 않으며, "우리는 다만 우리의 내적 가치를 깨닫고 우리를 있는 그대로 받아들이기만 하면 된다"고 생각한다.[26] 21세기에 뉴에이지 운동과 (복음주의, 보수적인 로마 가톨릭, 그리고 정교회로 대변되는) 정통 기독교 간에 가장 심한 대립이 있을 것이라고 예상하는 사람들이 많은 것은 놀랄 일이 아니다.

점점 더 많은 그리스도인들이 종교를 치료법의 하나로 받아들이게 되면, 우리에게 아무것도 요구하지 않으면서 주로 우리의 감정에 호소하는 세계관에 대한 우리의 변론의 수준이 점점 더 낮아지게 된다. 뉴에이지는 공허함을 채우기를 갈망하는 심리치료적 사고방식을 가진 문화에서는 완전한 종교적 대안이 된다. 뉴에이지는 그 추종자들이 고대의 지혜를 이용하고 그것을 그 당시의 유행에 맞도록 개조하는 것을 허용하고 있다.

반면 기독교는 그 추종자들에게 엄격한 도덕을 요구하고 있다. 비평가들은 흔히 기독교를 단순히 소원을 들어주고 고대인들이 꿈꾸던 위로를 주는 환상이라고 평가절하한다. 그러나 이러한 성격규정은 아주 어리석은 것이다. 도대체 누가 서로를 위하여 자기 목숨을 버리고, 선으로 악을 이기며, 원수를 사랑하여 다른 뺨도 돌려대고, 가진 것을 가난한 자들에게 주며, 의롭고 자비로우라고 우리에게 명령하는 종교를 만들어내겠는가? 의와 순종을 요구하는 전지전능하고 절대적인 하나님께 헌신된 종교를 정말 만들어낼 사람이 있겠는가? 엄격한 심판을 내리시는 하나님을 말이다.

사람이 자신의 종교를 만들 때는 사람의 형상을 따라 남신과 여신을 만든다. 신화 속에 나오는 고대 신들은 제한된 힘만 가지고 있고, 인간의 간섭을 받으며, 인간의 약점과 악함을 보여주고 있다. 내면의 따뜻한 감정과 별로 다르지 않고, 또 가장 나쁘게 말한다면 신비한 능력의 물장난 같은 뉴에이지의 신은 다만 인간의 자아가 원하는 것을 형상화한 것뿐이다.

마지막 분석, 어떤 종교적 세계관도 통과해야 하는 가장 중요한 시험이 남아 있다. 인간이 처한 곤경에 대한 납득할 만한 설명이 되는가 하는 문제이다. 진정한 구원을 제시하고 있는가? 이 시험을 뉴에이지에 적용하면, 우리는 뉴에이지의 치명적인 약점을 알게 된다. 우리가 실제로 경험하듯 뉴에이지는 실재에 부합하지 않는다.

서양에서도 동양에서도 해답이 없다면, 우리는 어디로 가야 할까?

제29장

진정한 구원

> 성경은 고고학적인 증거로 계속 뒷받침되고 있다. 성경의 기록이 고고학의 자료에 의해 설명되고 이해되는 경우가 그토록 많다는 것은, 성경이 고대생활이 만들어낼 수 있는 유일하고도 진정한 역사의 틀에 적합하다는 것을 보여준다.
>
> 밀러 버로우즈(Millar Burrows)

오늘날의 다원주의적 사회는 우리에게 충성을 요구하는 잡다한 세계관과 신념체계를 공급해 주고 있다. 이들의 장식물이 세속적인 것이든 종교적인 것이든, 이것은 모두 본질적으로 구원의 수단, 즉 인간의 딜레마를 해결하고 이 세계를 새롭게 하고자 하는 희망을 제공하는 시도이다. 오늘날 가장 인기 있는 해답들은 우리가 종말론적 희망을 걸 수 있는 하나님 나라는 없다고 전제하며, 따라서 이 땅에서 천국을 만들어야 한다는 약속을 제시하고 있는데, 이는 다양한 형태의 '에스컬레이터 신화'로 나타난다. 아울러 우리로 하여금 인생의 무의미함에 용기 있게 대면하도록 도전을 주는 처절한 절망의 메시지도 등장하고 있다.

오늘날 사상(思想)의 시장에서 이런 다양한 해답에 당황하여, 손을 들어버리고서 이것들 모두가 다 유효한 선택이라고 선언하기는 참 쉬운 일이다. 그래서 다원주의는 상대주의, 즉 근원적이고 객관적인 진리는 없으며, 다만 주관적인 신념만 있을 따름이라는 사상으로 이어지기 쉽다. 가톨릭 학자 로날드 녹스(Ronald Knox)가 말한 바와 같이, "비교종교연구는 상대적인 종교가 되는 지름길"이다.[1] 슬프게도, 이런 격언은 진실일 때가 많다.

그러나 서로 경쟁관계에 있는 세계관을 조심스럽게 비교해 보면 실제로는 정반대의 효과가 나온다. 앞장에서 이미 살펴본 대로, 기독교 신앙을 다른 세계관이나 종교와 비교해 보면, 우리는 기독교가 인생의 대부분의 질문에 대해, 또 우리가 어떻게 하면 구원을 얻을 수 있을까 하는 문제에 대해 유일하고 실제적인 해답을 제시하고 있음을 놀라울 정도로 분명하게 알 수 있다.

우선 '기독교는 인간의 딜레마에 대한 정확한 진단에서 시작한다.' 근본적인 문제는 도덕적인 것이다. 즉 거룩한 하나님 앞에서의 죄책감이다. 하나님은 우리를 창조하셨고, 우리 인생에 도덕적인 차원을 설정하셨다. 그러나 우리는 죄를 범함으로 그것을 어겼다. 따라서 우리 모두는 하나님의 완전한 기준에 미치지 못하게 되었다(롬 3:23). 우리는 이 우주의 도덕적 질서를 무시해 버렸다. 그 결과 우리는 하나님으로부터 소외되었다.

우리는 죄책감이 단지 주관적인 감정일 뿐이며 고쳐야 할 정신병이라는 신념으로 교리화되었고, 우리는 우리 자신에 대해 좋게 생각해야 된다고 세뇌되었기 때문에, 사람들이 하나님 앞에서 죄책감을 느끼지 않는 경우가 많음을 인정해야 한다. 그 결과, 많은 사람들이 죄책감이 아닌 다른 이유로 기독교로 오게 된다. 예를 들어, 내적 평안이나 목적의식을 얻기 위해, 지역교회에서 이루어지는 사랑의 내용에 끌려, 혹은 어떤 인생의 위기를 해결하기 위해서 등이다. 그러나 처음에 무엇 때문에 기독교에 끌렸든지 간에 어떤 시점에 이르면, 우리는 우리 자신의 도덕적 상태에 대한 진실을 대면하지 않을 수 없게 된다. 죄는 객관적으로도 실재하는 것이며, '우리는' 죄인이다. 우리는 의로운 하나님의 손 안에 있는 죄인들이다. 성령은 가장 완고한 마음 속에도 파고들어오셔서 우리의 죄성을 확인시켜 주신다. 성령께서 바로 내게 하신 일이기 때문에 나는 이를 잘 알고 있다.

둘째로, '기독교는 죄 문제에 대해 유일하게 해답을 제시하고 있다.' 하나님 자신이 우리를 다시 그에게로 이끌기 위해 우리와 하나님을 갈라놓았던 도덕적인 수렁을 건너오셨다. 삼위 하나님의 제2위(位)가 인간이 되셨고, 도덕적 질서에 순종하는 완전한 삶을 사셨으며, 그가 죽으심으로 우리가 범한 도덕적 죄값을 치르셔서, 하나님의 정의가 요구하는 바를 만족시키셨다. 하나님의 해법은 놀라운 섭리를 드러낸다. 왜냐하면 대속적 구원은, 하나님이 "의로우실 뿐만 아니라 의롭게 하시는 분"(롬 3:26)임을 드러내기 때문이다. 하나님 자신의 거룩하신 성품에서 흘러나온 도덕법을 인간이 어긴 것에 대해 눈을 감지 않으셨다는 의미에서 하나님은 '의로우시다.' 그러나 동시에, 그리스도께서 십자가에서 고통당하심으로 말미암아 율법의 요구를 충족하셨기 때문에, 그 법을 어긴 사람들을 '의롭다 하실' 수 있다.

죄를 범한 것은 인간이기 때문에, 인간만이 그에 대한 대가를 치를 수 있다. 그런데 죄는 무한하신 존재(Being)를 배반한 것이기 때문에, 그 대가는 무한하다. 오직 하나님만이 그 대가를 치르실 수 있다. 따라서 성육신만이 합리적이고 알맞은 유일한 해답이 된다. 하나님이 인간이 되셔서, 우리 죄의 대가를 치르셨다.

그러나 하나님이면서 동시에 인간이신 그분의 죽음으로 이야기가 끝나는 것은 아니다. 예수는 죽은 자 가운데서 부활하셨고, 영원히 사신다. 그분은 죽음을 이기셔서 죄와 사망으로부터 우리를 자유롭게 하셨고, 악과 파괴로부터도 자유롭게 하셨다. 우리는 그의 구원을 받아들임으로써 새로운 피조물이 되고 새로운 백성이 된다. 이것이 바로 기독교가 제시하는 '좋은 소식'(복음)이다. 이것은 지적인 대답이기도 하지만 더 나아가서는 우리 삶을 변화시킨다. 나 역시 1973년 어느 날 밤, 친구 집 진입로에 있던 내 차 안에서, 하나님께서 나를 위해 돌아가셨음을 확신한 경험이 없었다면 나 자신의 힘만으론 살아갈 수 없었을 것이다. 눈물이 폭포수같이 쏟아지면서 나는 나를 압박하던 죄책감에서 해방되는 것을 느꼈고, 새로운 목적의식과 의미를 가진 인생으로 거듭났다. 그때 처음으로 나는 진정한 삶의 이유를 갖게 되었다.

우리가 이 부(部)에서 검토한 모든 이데올로기는 기독교의 복음을 희미하게 모방한 것이다. 이들은 사람들을 압제로부터(혹은 신경증, 혹은 그 문제를 달리 어떻게 부르든지 간에) 해방시켜 주고, 새로운 인간을 창조하며, 새로운 사회를 건설하고, 새로운 시대를 가져올 것이라고 약속한다. 이들은 복음이 제시하는 소망의 아름다움에는 매달리면서 복음이 요구하는 바는 원치 않고, 복음을 '에스컬레이터 신화'로 바꾸어 정치, 섹스, 과학, 혹은 동양종교를 통해 새로운 인생을 만들어낼 수 있다고 약속하며 잘못된 진보를 말하고 있다. 그러나 이 모든 세계관들은 실제의 사람들을 실제로 구원하기 위한 실제적 필요의 차원에서는 결함이 있고 부적합한 대안일 뿐이다.

셋째, 기독교가 제시하는 구원은 역사적 진리에 기초하고 있다. 기독교를 다른 종교나 세계관과 구분짓는 결정적인 요소는 기독교가 미래 수백만 년에 대한 진화론적 예측에 근거한 것도 아니고, 외계에 대한 환상에 근거한 것도 아니며, 특정한 시간과 장소 가운데 있었던 역사적 사건에 근거하고 있다는 것이다. 즉 주후 30년에 예루살렘에서 유대인들의 유월절 기간에 있었던 그리스도의 십자가사건과 3일 후의 부활사건에 근거하고 있는 것이다.[2]

그리스도께서 부활하신 이래 2000년 동안, 이 사건의 역사적 사실성에 대해 상상할 수 있는 모든 공격들, 예를 들어 '은폐'(예수 당시의 종교지도자들에 의한)였다거나, 오늘날의 주장처럼 '부활절 연극'이었다거나, '뼈를 가지고 마술을 부렸다'는 등 많은 반론들이 제기되어 왔다. 회의론자들이 간과하고 있는 것은, 빈 무덤이 다른 역사적 사건과 마찬가지로 보통 사람들의 관찰에 의해 증명될 수 있는 역사적 사실이라는 점이다. 이는 무덤을 지키고 있던 군인들도 인정했다(그렇지 않다면 이들이 말을 꾸며낼 필요가 과연 있었을까?). 부활하신 그리스도는 500명의 증인들에게도 나타났는데, 이는 집단 히스테리나 암시효과로 설명하기에는 너무 많은 숫자이다(고전 15:3-6).

더군다나 처음 제자들은 핍박을 받고, 고문당하고, 순교를 당하면서도 예수를 부인하지 않았다. 만일 이들이 부활하신 예수의 몸을 보지 못했고, 그가 살아 계신 하나님이라는 사실을 알지 못했다면, 집으로 돌아가 낚시그물과 배를 잡았던 사람들이 담대한 복음의 설교가와 신앙의 옹호자로 변신할 수 있었겠는가? 만일 이들이 유월절 연극을 꾸민 것이라면 이들은 결코 이 비밀을 지킬 수 없었을 것이다. 사람들은 자신이 진리라고 믿는 것을 위해서는 목숨도 바치지만, 거짓이라고 '알고' 있는 것에는 절대로 그러지 않는다.

나는 이 세상에서 아무리 강한 집단일지라도 거짓말을 은폐하는 것은 불가능하다는 것을 알고 있다. 워터게이트 사건은 불과 몇 주가 지나지 않아 처음 공모자 중 한 사람에 의해 그 전모가 드러났고, 정부의 증거들을 뒤엎었다.[3]

특히 신학적으로 자유주의자들이 공통적으로 취하는 입장은, 예수 부활의 역사성은 중요하지 않으며, 부활이 없었다고 하더라도, 예수는 여전히 중요한 도덕교사라는 것이다. 인도의 전 수상이었던 마하트마 간디(Mahatma Gandhi)는 이런 태도를 표명하고 있다. "나는 역사적 예수에 대해 전혀 관심이 없다고 말할 수 있다. 누군가가 예수라 불린 사람이 전혀 존재하지 않았으며, 복음서에 설명된 것은 작가의 상상력으로 꾸며낸 것이라고 입증하더라도 난 관심이 없다. 그렇더라도 산상수훈은 내게 진리일 것이다."[4]

그러나 역사적 진리는 정말 중요하다. 예수의 죽음과 부활을 다른 사람들에게는 아닐지라도 '나에게는 진리'인 상징, 비유, 신화, 혹은 순전히 주관적인 생각이라고 보는 것으로는 충분치 않다. 기독교의 메시지는 하나님께서 하신 일에 대한 좋은 소식이다. 그러므로 만일 '복음이 신화라면, 하나님은 아무 일도 하지 않으신 게 된다.' 위대한 기독교 학자 그레샴 메이첸은 "종교가 역사로부터 독립적이라면 복음과 같은 것은 없다"고 말하고 있다. "왜냐하면 '복음'은 무엇인가 일어났던 일에 대한 '좋은 소식', 뉴스, 정보를 뜻하기 때문이다. 역사와 관계없는 복음은 용어 자체에 모순이 있다."[5]

예수의 부활은 물론 역사적 사실 이상의 것이다. 그러나 역사적 사실 이하는 아니다. 그리고 그 사실들은 분명히 복음의 주장을 뒷받침하고 있다. 비평가들은, 신약성경이 수많은 신화와 전설이 생겨나서 원래의 사건이 왜곡되어 가던 예수 사후 수백 년에 걸쳐 기록된 것이라고 주장하곤 했다. 그러나 우리는 신약성경이 전설이 생겨나기에는 너무 짧은, 예수 사후 불과 수십 년만에 기록된 것임을 알고 있다. 이제 많은 자유주의 신학자들도 예수를 아는 사람들이 아직 살아있어서 잘못된 주장을 반박할 수 있는 시기, 즉 사건이 있은 지 얼마 되지 않아 신약성경이 기록되었음을 인정하고 있다. 윌리엄 올브라이트(William F. Albright)는 "신약성경의 모든 책들은 1세기의 40년대에서 80년대 사이에 세(침)례받은 유대인들에 의해 기록되었다"고 말하고 있다.[6]

더군다나 우리는 아주 오래된 수천 권의 신약성경 사본을 가지고 있다(일반적으로 말해 오래될수록 원래의 것에 가깝고, 보다 신뢰성이 있다고 믿어진다). 대부분의 신약성경은 원본이 작성된 지 약 백 년 정도밖에 지나지 않아 필사본으로 보존되어 왔다(어떤 조각들은 더 오래된 것도 있다). 반면에, 우리는 로마의 작가 타키투스(Tacitus)의 작품 사본을 20권 정도 가지고 있는데, 그 중 가장 오래된 것도 그의 사후 약 1000년의 것이다. 아리스토텔레스의 저작 중 가장 오래된 것은 그의 사후 약 1400년의 것이다. 시저(Caesar)의 작품「갈리아 전쟁」(Gallic Wars)의 최고(最古)본은 그의 사후 1000년이 지난 것이다. 그렇지만 아무도 타키투스나 아리스토텔레스, 혹은 시저의 작품인지 아닌지, 혹은 진본인지 아닌지에 대해 의문을 제기하지 않는다.[7] 결론을 말하자면, 오늘날 예수의 삶은 다른 어떤 고대인물보다 더 엄밀하게 검증되었다는 것이다.

신약성경에서 증거되고 있는 구원 역시 고고학의 발견을 통해 계속 입증되어 역사적으로 믿을 수 있는 구약성경에 나타난 오랜 준비과정의 정점(頂點)이다. 예를 들어, 비평가들은 아직 문자가 만들어지지 않았었기 때문에 모세가 모세오경을 썼을 리 없다고 말한 적이 있다. 그러나 고고학자들이 모세 시대 수천 년 전에 이미 문자가 발전되어 있었음을 발견했다. 이집트와 바빌로니아 문화가 고도로 발달된 문자문화를 가지고 있었고, 사전, 학교, 도서관들도 가지고 있었다.[8]

비평가들은 한때 족장들의 이야기를 전설이라고 단정하면서 창세기의 첫 몇 장에 대해 아주 맹렬한 비판을 가했다. 그러나 최근의 고고학적 발견을 통해 창세기는 족장시대의 이름, 장소, 무역로, 관습 등에 대해 아주 정확한 묘사를 하고 있다는 것이 반복해서 확인되고 있다. 고고학자들은 아브라함이나 그 형제 나홀과 하란 등의 이름이 기록되어 있는 설형문자 판을 발견했다. 이 판은 아브라함이나 야곱이 하녀를 통해 아이를 얻는 이상한 관습에 대해서도 설명해 주고 있다. 이것은 당시 이런 일이 흔한 일이었음을 보여주고 있다. 그러나 족장시대 이후 불과 수백 년 만에 이들의 이름과 관습들, 심지어는 도시들도 완전히 사라져버렸다. 비평가들이 한때 주장했던 것과는 달리, 성경의 저자들이 이 이야기들을 나중에 꾸며내기는 불가능했을 것이다. 만일 그랬다면 이들은 아마 순전히 우연에 의지해서 이미 잊혀진 장소와 관습들과 일치하는 사건들을 만들어내야만 했을 것이다.

사해문서의 발견도 이와 마찬가지로 구약의 많은 부분, 심지어는 구약의 초자연적 성격까지 확인해 주고 있다. 예를 들어, 시편 22편을 보라. 그리스도의 십자가형을 섬뜩할 정도로 묘사하고 있다. 하나님의 감동으로 된 예언임을 거부하는 회의론자들은 이 시편이 그리스도 탄생 직전인 마카비시대에 지어졌을 것으로 추정하는데, 그 이유는 그 이전 로마시대에는 십자가형이 없었기 때문이다. 그러나 그후 발견된 사해문서에 의하면, 마카비시대 수세기 전에 이미 이 시편이 기록되어 있었다.

증거들은 계속 쌓여가고 있다. 1970년대엔 고고학적 발굴을 통해 블레셋 사원의 독특한 설계, 즉 서로 1.8미터 정도 떨어진 두 개의 주 기둥이 지붕을 받치고 있는 구조가 확인되었다. 이 발견은 블레셋 사원에서 두 개의 기둥을 잡아 무너뜨린 삼손의 이야기가 역사적으로 허구가 아님을 말해 주고 있다.

고고학자들은 여리고의 고대도시 잔해도 발굴했는데, 이 도시의 벽이 이상한 방법으로 무너졌던 증거도 발견했다. 그것은 공격해 오는 군대에게 완전한 경사로가 되도록 바깥쪽으로 평평하게 무너져 있었다.[9] 1993년, 이스라엘에서 고고학자들은 '다윗의 집'을 지칭하는 고대문서가 기록된 바위조각을 발견했는데, 이는 성경을 제외하고는 다윗과 그 왕족을 기록한 첫 참고물이었다.[10]

역사적 자료에 의해서도 구약과 신약의 이야기들이 꾸며낸 것이 아니라는 결론은 분명해진다. 이들은 실제로 존재했던 사람과 사건에 대한 기록이다. 영국의 언론인이자 역사가인 폴 존슨은 "이제 고고학적인 발견의 과정에 대해 두려움을 가질 사람은 믿음의 사람들이 아니라, 회의론자들이다"라고 결론을 내리고 있다.[11]

신화가 사실이 되다

옛 이교도의 세계는 죽었다가 다시 살아나는 신들에 대한 신화로 어지럽혀져 있지만, 기독교에서는 신화가 사실이 되고 있다고 C. S. 루이스는 말한다. "죽어가는 신이 역사적인 인격으로, 구체적인 시대와 장소에서 살아가는 실제의 인물로 나타난다."[12] 복음도 신화처럼 우리의 상상력을 자극하는 화려한 이야기이다. 그러나 동시에 이는 실제세계에서 일어난 엄연한 현실이다. 예수의 이야기는 "도덕주의자, 학자나 철학자뿐만 아니라 우리 안에 있는 야만인, 어린이, 시인들에게도 얘기하면서 우리의 사랑과 순종뿐 아니라 경이와 기쁨을 요구하는 완전한 신화인 동시에 완전한 사실이다"라고 C. S. 루이스는 결론을 내리고 있다.[13]

그러나 그리스도의 부활은 구속 이야기의 시작일 뿐이다. 오순절에 부활하신 그리스도는 신자들의 삶 속에 성령을 보내셔서 그분의 목적을 이루도록 하셨다. 오늘날에도 모든 신자들은 하나님의 자녀가 되는 권세를 받았고, 하나님의 형상으로 창조된 사람이라고 하는 진정한 본성으로 회복되고 변화할 수 있는 능력을 받았다. 그리고 우리는 그리스도께서 다시 오셔서 모든 것을 다스릴 것을 알면서, 종말론적 기대감 속에 소망의 공동체를 이루고 산다.

하나님의 구원은 우리가 원래 창조되었던 모습으로 회복되는 것이지 다른 어떤 것이 되는 것은 아니다. 구원을 나타내는 성경의 언어들은 원래 존재하던 어떤 것으로 돌아가는 것을 암시하고 있다. 대속(redeem)한다는 말은 '다시 사들인다'는 의미인데, 이 말은 납치의 경우를 연상시킨다. 누군가가 인질로 잡힌 자들을 위해 몸값을 지불하고, 그들을 원래의 자유한 상태로 되돌리는 것 말이다. 화해(Reconciliation)는 갈등으로 상처 난 관계가 원래의 우정의 관계로 다시 돌아가는 것을 뜻한다. 신약성경은 갱신(renewal)에 대해 말하고 있는데, 이는 난타당하고 찢겨진 뭔가가 원래의 상태로 되돌려지는 것을 의미한다. 거듭남(regeneration)은 죽었던 것이 다시 살아남을 의미한다. 앨 월터스(Al Walters)는 "이 모든 용어는 망가지고 버려졌던 어떤 좋은 것이 회복되는 것을 뜻한다"고 말하고 있다.[14]

하나님 앞에서 의롭다 함을 얻는 것은 놀라운 선물이다. 그러나 이는 단지 시작일 뿐이다. 구원은 창조시에 첫 인류에게 주어진 임무를 수행할 수 있는 능력을 부여한다. 즉 그 일은 이 땅을 다스리고 모든 만물에 대한 창조주의 다스림을 나타내는 일이다.

* * *

오직 기독교만이 진정한 구원, 즉 원래의 창조상태로의 회복과 하나님과의 영원한 화해의 소망을 준다. 다른 어떤 세계관도 우리 영혼에 묻은 죄의 흔적이라는 실제 문제를 깨닫지 못하고 있다. 다른 어떤 세계관도 버나드 네이선슨이나 혹은 이 글을 읽는 독자나 나같이 고통당하는 영혼들을 자유롭게 하지 못한다.

이제 죄에서 해방된 우리는 모든 피조질서에 그리스도의 회복을 이루는 능력을 부여받고 있다.

5부

회복
그리스도인, 이제 어떻게 살 것인가?

제30장

케이오 펀치

플리머스 카운티 교정시설에 수감된 처음 며칠 밤, 대니 크로스는 잠을 이룰 수 없었다. 잠 근처에도 가지 못했다. 그는 동료 죄수들이 중얼거리는 소리, 건물의 낡은 파이프가 내는 소리를 유심히 들었다. 교도소 자체가 불안정해 보였다. 수증기 속 그림자들이 복도의 희미한 조명을 받아 콘크리트 천정 위에서 춤을 추었다.

대니는 멀쩡한 정신으로 자기 침대에 누워 이곳에 수감되던 날 밤을 되새기면서 깊은 그림자 속으로 내려가고 있었다. 유명한 미들급 복서 마빈 해글러의 고향이기도 한 매사추세츠 브록턴 출신의 '시골소년'이었던 대니 역시 직업 권투선수였다. 그날 밤의 장면이 그에게 타격을 입힌 수많은 쇼트 펀치처럼 되살아났다. 그가 방어할 수 없는 충격으로.

또다시 그는 그 버스가 상향등을 켜고 비 사이를 비추면서 자기 차선으로 들어오는 것을 보았다. 그는 오른쪽 차선으로 벗어났다. 그의 차가 갑자기 공중으로 튀어올랐고, 타이어가 공회전하는 사이 엔진은 맹렬한 소리를 냈다. 찢어지는 금속성 소리에 그 밤의 정적이 깨졌다. 대니는 나갈 길을 찾으면서 갑작스럽게 밀려드는 어두움을 응시했다. '내 시야를 가리고 있는 것이 뭐지?' 마침내 셰비 노바(GM사의 차종 - 역자 주)의 바퀴가 부드러운 흙으로 박히면서 내려앉았다. 핸들이 제멋대로 돌아갔다. 그래도 그는 볼 수가 없었다. '이게 뭐지?' 그는 차 내부의 조명등을 켰다. 그러자 앞 유리창을 가로지르고 있는 아주 검은 물체가 더 가까이 보였다. 앞 유리창이 깨끗해지고 차가 미끄러지면서 정지될 때까지 마치 영원한 공포의 시간처럼 앞을 볼 수 없는 상태가 계속되었다.

비틀거리며 차에서 나온 그는 산산조각 난 경찰 저지대와 땅 위에 늘어져 있는 한 사람을 보았다. 그는 행인들에게 누가 그 남자를 그 지경으로 만들었는지 물었다.

"당신이 그랬소." 그들이 대답했다.

그는 다시 쳐다보았고, 두려운 마음으로 상황을 인식하기 시작했다. 땅에 쓰러져 있던 사람은 존 길버트 경찰관이었다. 그 사람은 술집에서 대니와 카드놀이를 하던 사람이었고, 링에서 연습할 때마다 짓궂은 장난을 치던 사람이었다.

대니의 차가 길버트를 30미터나 끌고 갔다고 사람들은 말했다. 그가 검은색 방수 우비를 입고서 앞 유리창을 가로질러 누워 있었기 때문에 대니의 시야가 가려져 앞을 볼 수 없었던 것이다.

이 사건을 기억하면서 대니는 마치 휘장처럼 그 우비가 자기 얼굴을 덮고 있으며, 후회의 눈물처럼 비가 흘러내린다고 느꼈다. 매일 밤 이 장면은 마치 악마가 테이프를 끝없이 돌아가도록 틀어놓은 것처럼 대니의 머리 속에서 떠나질 않았다. 지옥 같았지만 그는 자신이 그런 대가를 치러 마땅하다고 생각했다. 그리고 지옥 속에서 '만일'이란 말을 끝없이 반복했다.

'만일' 그가 처음 가자고 고개를 끄덕였을 때 술집에서 나오기만 했더라면. '만일' 철공일을 하는 그의 친구 설리가 그전처럼 술에 취하지만 않았더라면… 그래서 그가 운전할 수만 있었더라면. '만일' 그날 비가 오지 않아 그와 설리가 일하던 8층 작업을 마저 할 수 있었더라면. '만일' 철공일을 하는 사람들의 좌우명을 지킬 수만 있었더라면. 즉 '누울 자리 보고 발을 뻗으라'는 말 말이다. 그 결과를 알 수 있었더라면 그는 결코 그날 갔던 길을 가지 않았을 것이다. 그러나 그는 아무것도 알지 못했다.

대니는 코카인이 이 모든 사건의 시작점이 아니었나 하는 생각을 자주 하게 되었다. 그것은 그가 어둠 속에서 본 또 다른 것이었다. 에틸 에테르가 증발하고 난 후 그는 아주 하얀 코카인 결정이 남는 것을 보았다. 이것이 바로 잘못된 첫번째 선택으로, 길버트가 대니의 앞 유리창에 팔을 쭉 뻗고 퍼지게 만들었다.

대니가 그의 침대에서 돌아누워 반대편 벽을 바라보자, 길버트의 아내와 두 아이들, 그리고 식탁의 빈 자리가 보였다. 그는 판결이 있기 전에 지니 길버트에게 천 번이라도 사죄하고 싶었다. 그러나 변호사는 그렇게 하지 말라고 했다. 그래서 그는 그들에게 악마가 되었고, 그들은 그에게 악몽인 채로 남아 있었다.

끔찍한 영상은 다시 반복되었다. 12시에…, 새벽 2시에…, 새벽 4시 반에. 때론 마치 대니 자신이 그 장면을 다시 연출하여 다른 결론에 이르는 발견되지 않은 다리를 찾으려는 것 같기도 했다. 때로는 그가 양 손목을 자기 이마에 대고서 자신을 방어하고 있는 것 같은 생각도 들었다. 많은 기억들이 그를 후려치고 있었다 - 큰 훅, 내리치는 주먹, 어퍼커트 등으로.

설리가 전화해서 존 길버트의 상태를 말해 주기 전부터 그는 나쁜 소식을 예감하고 있었다. 그가 토미 로즈와 한판 붙었을 때 그 결과가 어떨지를 미리 알고 있었던 것처럼. 토미는 당시 밴텀급 랭킹 14위였고, 그 경기는 대니의 권투경력에서 화려한 순간을 장식할 참이었다. 토미 로즈는 떠돌이 복서였다.

처음엔 대니가 토미를 코너로 몰았다고 생각하고선 그를 넘어뜨리려 했다. 그는 토미에게 그의 오른손이 매우 강하다는 걸 보여주고 싶었다. 그러면 토미는 약하게 카운터할 것이고, 이를 틈타 대니는 폭탄 같은 레프트 훅을 날릴 것이었다. 몇 방을 날리고서 그렇게 되어갔다. 그러나 3회전 끝무렵, 아니 2회전이던가, 대니의 팔과 다리가 풀려버렸다. 서 있긴 했지만, 그는 마치 도살장에서 한 방 맞고도 쓰러질 줄 모르는 미련한 소 같았다. 그때 토미가 그의 인생에서 가장 아픈 일격을 가했다.

설리의 전화도 그랬다. 무엇이 올지를 이미 알고 있어서 그의 다리는 힘이 빠져 있었다.

"나쁜 소식이야." 설리가 말했다.

"죽었구나, 그렇지?"

"그래, 죽었어."

한 가지 차이는 있었다. 대니는 그의 정신을 잃게 한 펀치를 기억할 수 없었지만, 설리가 "죽었어"라고 말하는 조급한 어투, 마치 대니의 인생을 쓸어버리기까지 기다릴 수 없다는 듯한 어투는 결코 잊혀지지 않았다.[1]

*   *   *

교도소에 머물던 첫 주 동안, 대니는 야외에서 하는 사소한 일을 할당받았는데, 4월에도 아직 얼어있는 뉴잉글랜드의 흙을 경작하는 일이었다. 작업이 끝난 어느 날, 사람들이 점호를 받고 경호를 받으며 다시 감방으로 가기 위해 물탱크 쪽으로 가고 있는데, 누군가가 대니를 불렀다.

"헤이, 크로스! 이리 와봐!" 목초 수레 곁에 있는 사람이었다. 대니는 그를 몰랐기 때문에 물탱크 쪽으로 계속 걸어가고 있었다. 그러자 그가 대니를 막아섰다. 그의 팔뚝은 매우 굵었으며, 몸집이 상당히 컸다. 대니는 다른 수감자들이 어깨 너머로 멀리 서 있는 경비병들을 쳐다보고 나서 그들 두 사람에게 모여드는 것을 보았다.

"그래, 크로스, 난 네가 토미 로즈와 붙었다고 들었지. 넌 대단한 녀석이라더군. 근데 말이야, 내 기억으론 크로스란 자가 로즈와 싸운 기억이 없거든."

"그 경기 땐 내 프로모터가 내 이름을 리바로라고 불렀지."

"왜? 넌 네 이름이 창피한 모양이지? 네 이탈리아식 이름 크로체 말이야. 그래서 네 가족들이 널 크로스라고 부르는 게 틀림없어. 네 가족들이 부끄러워할 거야. 너 같은 살인자와 한 가족인 걸 말이야." 그 자는 구경꾼들에게 히죽 웃기 위해 돌아보았다. "살인자가 링만 빼고는 아무 데나 다 있군."

대니는 그가 교도소에서 주먹을 쓰게 될 때가 있을 거라는 사실을 알고 있었다. 그러나 그때가 이렇게 빨리 올 줄은 몰랐다. "난 그 경기를 잘 알고 있어. 그러니 비켜 주었으면 좋겠군."

"난 네 길을 막고 있는 거야, 이 더러운 놈아. 넌 살인자야. 운전만 하면 넌 살인자란 말이야."

그들을 둘러싼 사람들이 웃고 있었다. 그리고 그 남자는 마치 골리앗처럼 자신의 몸을 흔들어댔다. 그리고는 대니에게 달려들어 그의 관자놀이를 향해 라이트 훅을 날렸다.

그는 마치 자기 손에 렌치 하나는 들려 있는 것처럼 주먹을 날렸기 때문에, 대니에겐 반대공격을 할 수 있는 시간적 여유가 있었다. 그는 자신의 형기가 길어지는 것을 원치 않았으므로, 이 친구에게 많은 흔적을 남기지 않고 다운시키고 싶었다. 그는 그 친구의 복부를 세 번 가격했다. 퍽, 퍽, 퍽. 그러자 그 친구의 얼굴이 창백해졌다.

하지만 그는 다시 대니에게 덤볐다. 이번엔 잽이었다. 하지만 잽을 먹이는 것인지 가격을 하는 것인지 너무 약해서 구분이 되질 않았다.

대니는 오른손으로 그의 옆머리를 가격했고, 왼손 훅으로 잽을 날려 그 멍청이를 벌렁 나가자빠지게 했다. 그는 미동도 하지 않은 채 콘크리트처럼 쭉 뻗었다.

링에서든 술집에서든 보통 싸움이 끝나면 박수치고 소리치는 소리가 들리곤 했다. 그러나 대니의 동료 수감자들은 조용했다. 그때 아주 이상한 일이 일어났다. 관객들이 가까이 오기 시작했다. 잠깐 동안 대니는 이들 모두와 싸워야 한다고 생각했다. 그런데 그들이 대니를 보호하면서 데리고 가는 것이었다.

"물탱크에 수도꼭지가 달려 있어." 누군가가 말했다. 그들은 그가 피묻은 손을 씻는 동안 그가 보이지 않도록 시야를 가리고 있었다. 그리고 나서 모두 점호를 받기 위해 줄을 섰다.

"오브라이언!" 간수가 불렀다.

"그는 넘어졌어요." 누군가가 말했다. "건초 수레 옆에서요."

"그 아일랜드 놈은 항상 잠만 자지." 간수가 말했다.

모든 사람들이 큰 소리로 가짜 웃음을 웃었다.

'적어도 당분간은 싸우지 않아도 될 거야'라고 대니는 생각했다.

* * *

밤에 잠을 자지 못해서 대니는 낮 시간 동안 내내 그로기 상태였다. 그는 쉴 수 있는 방법을 찾아야만 했다. 그렇지 않으면 새로 오는 신참이 그에게 도전할 것이고, 그렇게 되면 자신의 명성을 잃을 것이다. 그는 간수의 입실신호가 무서웠다. 독방 문을 끌어당기고, 닫는 소리는 끔찍했으며, 차 안에서 있었던 어두움의 순간처럼 더디 가는 시간은 진땀을 빼게 했다.

대니의 형기가 석 달 정도 지난 어느 날 밤, 존 던이라는 수감자가 대니의 독방 문이 닫히기 직전에 자기 머리를 대니의 방으로 들이밀었다. 대니는 그가 그다지 반갑지 않았다. 그는 던이 자기 자신을 영적인 존재라고 생각하는 것을 알고 있었다.

"우린 지금 차사고-사망 모임을 시작하려고 해." 던이 말했다.

"AA 모임처럼 말이야?" 대니가 물었다.

던이 고개를 끄덕였다. "아마 '좋은 시간'을 보낼 수 있을 거야. 남은 형기 동안 말이야." 그가 덧붙였다. "하루 한 시간씩이지."

대니는 아직도 18개월이나 남아 있는 형기를 생각했다. "거기서 만나자." 그가 말했다.

결국 대니는 자신의 이야기를 그룹 사람들에게 말했다. 그가 말을 마치자, 몇 사람이 대략 다음과 같은 말을 해주었다. "그가 갈 때가 되었던 거야. 누구나 가는 거 아니겠어?"

그 과정이 사람들에게 다소의 위로를 줄지는 모르겠지만, 대니는 전혀 그렇지 못했다. 존 길버트의 때가 아니었다. 그게 핵심이었다.

끝나고 나서, 머리를 길게 기른 히피형의 사람이 그에게 다가왔다. "당신, 기도해 본 적 있어요?"

대니는 어린 시절 이래로 기도해 본 적이 없었다. 그는 종교에 대해 별로 생각해 보지도 않았다. 그러나 그날 밤늦게, 그는 자신의 감방에서 깊은 절망으로 인해 자기도 모르게 기도하고 있었다. "오, 하나님, 제발 잠 좀 자게 해주세요."

이 말 한마디가 그가 기억하는 마지막 말이었다. 아침이 되었고, 수개월 만에 처음으로 그는 아침에 식욕을 느꼈다.

그러나 불면증이 다시 찾아왔다. 며칠 밤을 불면증이 사라지기를 기다렸다. 그러다가 단순한 기도를 했다. "제발, 하나님, 잠 좀 자게 해주세요."

또다시 그가 기억하는 것은 아침이 되었다는 사실이다.

이것이 너무 신기해서 그는 그 머리 긴 남자에게 얘기하지 않을 수 없다고 느꼈다. 대니는 종교에 대해 거의 아무것도 모르고 있었다. 그가 알고 있는 것이라곤 가톨릭이든 여호와의 증인이든, 아니면 사방(Four

Square) 교회든 간에 누군가 그에게 와서 말을 하고 소책자를 나눠줄 때는 반드시 '그 책'을 들고 있다는 사실이었다. 그래서 그는 그 히피에게 성경을 가지고 있냐고 물었고, 그는 대니에게 자신의 신약성경을 빌려주었다.

대니는 복음서를 읽으면서 예수에게 매력을 느꼈다. 예수는 누구에게나 거침이 없었고, 항상 추커세움을 받았지만 중심을 잃는 법이 없었다. 그는 사람들의 마음 속에 있는 것을 분명하게 드러냈기 때문에, 가족이 브록턴으로 이사한 이래 항상 싸우기만 했던 대니와는 달리 주먹을 날리지 않고도 말로써 사람들을 굴복시켰다. "그래, 넌 제법 잘하고 있다고 생각하는 모양인데" 큰 아이들 중 하나가 소리지르곤 했다. 아니면 그들은 대니의 어머니에 대해 더러운 말을 외쳐대곤 했다. 싸움을 거는 것이었다. 처음에는 싸움하기를 거절했다. 그랬더니 그들이 그를 쓰레기통에 처박았다. 그래서 그는 주먹 쓰는 법을 배우게 되었다. 성경을 읽으면서 그는 자기가 왜 그렇게 거친 소년이 되었는지 회상해 보았다. 어처구니없는 일이었다.

예수에게 끌리면 끌릴수록 대니는 자기 자신을 새로운 각도에서 조명해 보게 되었다. 대니는 술집에서 술을 마실 때면 옆자리에 앉은 사람과 자신을 비교하기를 즐겨했는데, 그 이유는 자신이 꽤 괜찮아 보였기 때문이었다. 그런데 지금 예수와 자신을 비교해 보면서 그는 두려움을 느끼기 시작했다. 주먹 한 번 들어올리지 않은 이 사람이 아무도 하지 않았던 방식으로 그를 두렵게 하고 있었다.

그는 또 사람들이 "바깥 어두움에 내던져져 슬피 울며 이를 가는" 구절도 읽었다. 대니는 어두움에 대해선 좀 알고 있었다. 그 어둠 속에서 그는 앞을 볼 수도, 방향을 바꿀 수도 없었으며, 존 길버트의 죽음뿐만 아니라 자신의 죽음까지도 차에 싣고 차 안에 갇혀 있었던 것이다.

침대에 누워 대니는 자신의 지난 삶을 되돌아보면서 자신이 왜 이런 사람이 되었는지를 생각했다. 그는 자신이 한 잔의 술과 마약파티를 위해 살았고, 여자들을 이용하기만 했다는 것을 알게 되었다. 그의 마지막 여자친구도 그를 잘 대해 주었지만, 마약 7그램을 위해서라면 아마 그녀도 차버렸을 것이다. 이미 그랬는지도 모른다.

그 다음 일요일, 간수가 예배에 참석할 사람들을 부를 때, 대니는 소리를 질렀다. "16번 감방이요." 그러나 그는 예배시간 동안 거의 듣지 않고 돌처럼 앉아 있었다. 그는 질문을 하기 위해 거기에 갔던 것이다. 나중에 그는 밥 핸슨 목사에게 다가가 그가 읽은 '바깥 어두움'에 관한 구절이 정말 지옥에 관한 것이냐고 물었다.

"그렇습니다." 목사가 말했다.

"그렇다면 전 곤경에 처해 있군요." 대니가 말했다.

"감방으로 돌아가거든 침대 옆에서 무릎을 꿇으세요. 그리고 당신의 죄를 하나님께 고백하고, 예수 그리스도께서 당신 마음에 들어오시기를 기도하십시오."

대니는 그대로 했다. 그는 감방에서 무릎을 꿇고, 자신이 죄인임을 고백한 후, 그리스도가 자신의 주님이 되어 달라고 기도했다. 그런 가운데 그는 자신이 행한 무서운 일들을 계속 떠올렸고, 그 기억은 고통과 함께 용서받고 싶다는 간절한 소망을 가져다주었다. 하나님께 말하는 것은 마치 그가 오랫동안 그리워하던 누군가와 말하는 것 같았다. 그는 하나님께서 그의 슬픔의 반향(反響)을 감싸안는 침묵을 통해 대답하고 계심을 느끼고 있었다. 대니는 그의 기도를 하나님께서 들으셨음을 느꼈을 뿐만 아니라, 그가 이해받고 용납되고 있음도 느꼈다.

그날 밤 그는 잠을 잤다. 그리고 매일 밤 잠을 잘 수 있었다.

* * *

대니는 십자가를 지기 시작했다. 그는 영적 자부심을 가지고 감방 안을 걸어다녔으며, 그가 발견한 진리를 호전적으로 증거하기 시작했다. 새로운 확신으로 가득 찬 그는 만나는 사람마다 예배에 참석할 것을 권했다. 심지어 어떤 죄수들은 그가 지나가면 한 걸음 뒤로 물러서곤 했는데, 만일 자신들이 그리스도인이 되지 않겠다고 말하면 그가 그들을 벽으로 밀어버릴 것 같아서였다.

마음 속으로 대니는 자신이 가진 새로운 확신을 남용하지 않겠다고 결심했다. 그들은 그를 예수광이라고 부를지도 모른다. 그러나 그의 면전에서 그러지는 않을 것이다. 그는 아무도 자신을 건드리지 않게 해달라고 기도했다. 그는 사람들이 자신을 내버려두면 스스로를 통제할 수 있었다.

유일한 싸움은 그의 내면에서 일어났는데, 그것은 그의 새로운 확신과 옛 습관 사이의 싸움이었다.

어느 날 대니는 탁구를 치면서 습관적으로 담배를 꺼내 입에 물고 라이터를 켰다. 그때 갑자기 누군가 "그만둬"라고 말하는 소리가 들렸다. 필터 맛이 예전처럼 깨끗하지가 않았다. 그는 담배를 도로 담배갑에 넣은 후, 무슨 일인가 궁금해졌다.

한센 목사는 해답을 찾고 싶으면 성경을 보라고 항상 말하곤 했다. 그래서 대니는 그날 밤 실제로 성구들을 찾아보았다. 담배와 관련된 구절은 딱 한 군데였는데, 이사야서의 '아마(亞麻)를 태우는 것'에 관한 구절이었다. 그러나 그가 "그만둬"라는 소리를 들은 것은 의심할 수 없는 사실이었다.

결국 그는 고린도전서를 읽으면서 자신의 몸이 하나님의 성전이라는 것을 이해하게 되었다. 따라서 고의적으로 해쳐서는 안될 것이었다. 그래서 그는 담배를 끊을 수 있는 강한 의지를 달라고 기도했다. 첫 날은 스무 번이나 기도했다. 식당에서 커피를 마시면서, 야외에서 일하면서, 마당에서 카드놀이를 하면서, 담배를 피우고 싶게 만드는 모든 곳에서 그는 기도를 했다.

다음 날은 열아홉 번을 기도했다. 그는 담배와의 전쟁으로 인해 여러 주 동안 무릎을 꿇었다.

대니는 곧 똑같은 그 목소리가 대부분의 그의 평생 습관을 물리치고 있음을 깨달았다. 인내심이 많은 목소리였고, 한 번에 한 가지에 대해서만 '그만둬'라고 말하고 있었다. 처음엔 담배 피우는 것부터 시작해서 술 마시는 것, 마약복용, 나중엔 맹세하는 것에 이르기까지 그 목록은 매우 길었다. 그는 또한 언어 정화에 노력을 기울인 결과 자신이 사용하는 어휘수가 절반이나 줄어들었음을 알게 되었다. 또 처음 몇 번의 승리가 영적 자부심에서 비롯된 온전한 확신을 만들어내고 있음을 알게 되었다.

어느 날 그는 카드놀이를 하면서 다른 그리스도인 수감자에게 말했다. "형제, 무엇 때문에 담배를 입에 물고 있나? 형제가 구하기만 하면 하나님께서 담배로부터 형제를 구원하실 것을 모르는가?"

"글쎄, 믿긴 하지, 대니. 그렇지만 난 아직 거기에 이르지 않았어." 그 친구가 말했다.

얼마 후 대니가 지저분한 녀석들이 모여 있는 으슥한 장소를 지나가게 되었는데, 대낮임에도 불구하고 그들은 거기서 마약을 하고 있었다. 그 달고 진한 향이 대니의 코끝을 스쳤다. 순간 마약에 대한 욕구가 그를 조롱했다. '마약을 조금만 더 하면 어때?' 그는 도저히 거부할 수가 없었다.

대니가 그리로 갔을 때, 만난 첫사람은 방금 담배문제로 말을 걸었던 그 친구였다. "어이, 대니." 그는 담배를 가지고 제스처를 쓰면서 히죽 웃었다. "너도 완전하지는 않지, 그렇지?"

대니는 자기 침대로 가서 하나님께 힘을 달라고 울부짖었다. 자기 자신과의 이런 내면의 전쟁은 링에서 그가 접한 어떤 상대보다 더 힘들었다.

수없이 이런 일이 반복된 후, 대니의 옛 습관은 점차 사라져갔고, 대니는 성경에서 말하는 '새로운 피조물'이라는 느낌을 갖기 시작했다.

그러던 어느 날, 교회에 가려다가 잠시 뜰에 서 있던 대니는 새로운 수감자 한 사람이 스퀴키(Squeaky, '찍찍 소리 내는' 이라는 뜻 - 역자 주)라 불리는 열아홉 살 된 청년을 놀려대는 것을 보았다. 그 청년에겐 그 별명이 아주 적절해 보였다. 그는 부정수표를 발행한 혐의로 이 아편소굴에 와 있었는데, 검은 머리에 납작 달라붙은 귀가 그냥 보기에도 정말 쥐새끼 같았다.

반면에 그 새로운 수감자는 진짜 나쁜 녀석 같아 보였다. 날씬한 근육질 몸매가 뭔가를 보여줄 듯했다. 아니나다를까 그가 스퀴키의 어깨를 손바닥으로 세게 밀었다.

스퀴키는 아무런 반격도 하지 못한 채 아픈 곳만을 움켜쥐고 있었다.

"넌 상당히 거칠구나." 대니가 끼여들면서 말했다.

"이 조무래기 같은 놈이 날 이상한 놈 보듯 쳐다보잖아."

"그 앤 널 쳐다보지 않았어. 항상 땅만 쳐다보지."

"내가 거짓말하고 있다는 거야?"

"싸움을 하고 싶거든 나같이 싸움을 좀 할 줄 아는 사람하고 해."

"이놈이 네 깔치야?"

대니는 대꾸하지 않았다.

"좋아, 내가 싸우겠어. 이상한 변태놈아. 너 말이야…." 그는 저주의 말을 내뱉으면서 전의를 다지고 있었다.

그가 날린 첫번 잽은 대니가 기대했던 것보다 기술이 좋았다. 대니의 방이에도 불구하고 주먹이 머리 옆으로 날라왔다. 잠시 대니는 그 녀석이 멋대로 휘두를 레프트, 라이트를 기대하고 있었다.

그러나 그 신참은 한 방만 날리고 뒤로 물러섰다. 그리고 한 방 더 날리더니 또 물러섰다. 대니는 막으면서 위장행동을 했다.

그러다가 그 신참이 다시 공격해 올 때, 대니는 재빨리 앞으로 다가서서 머리에다 세 번의 근접가격을 하였다. 퍽, 퍽, 퍽. 그 녀석의 얼굴은 멍해졌고, 이마에선 피가 뚝뚝 떨어졌다. 그래도 잊고 있던 분노가 다시 솟구쳐 올라 대니는 오른손 가격으로 그를 완전히 뻗게 했다. 완벽했다. 그 녀석은 털썩 주저앉았고, 입에선 많은 피가 흘렀다. 그는 일어나지도 못했다.

"스퀴키는 이제 대니 거야." 누군가가 말했다. "스퀴키, 이제 다시 태어나는 거야."

"스퀴키, 넌 내게 빚진 것이 아무것도 없어." 대니가 말했다. 갑자기 대니는 자신이 그 싸움에서 졌다는 느낌이 들었다.

부저가 울렸다. 예배드릴 시간이었다.

대니는 예배시간 내내 자기 생각에 사로잡혀 있었다. 나중에 그는 한센 목사에게 가서 어떻게 해야 하느냐고 물었다.

"당신은 이미 잘 알고 있어요. 형제에게 죄를 지었으면, 용서를 빌어야지요." 한센 목사가 말했다.

대니가 그 신참의 감방에 나타나자, 그가 대니에게 으르렁거렸다. 다시 주먹이 나가려는 것을 대니는 겨우 참아내고 있었다. "난 네가 어떤지 보러 왔어. 널 때려눕힌 것은 미안해. 그렇게까지 하는 게 아니었는데."

"네가 이겼어." 그 신참이 말했다. 그의 입은 부어있었고, 일그러져 있었다.

"스퀴키 같은 친구한테 그렇게 폼잡을 필요없잖아. 네가 나하고 싸웠으니 다른 녀석들이 건드리진 않을 거야. 어쨌든 네가 날 먼저 한 방 먹였으니까."

"별로 세지도 않았어."

"방금 말했지만, 난 내가 한 일을 알고 있어. 공평하지?"

"공평해." 신참이 말했다. 그는 일어서서 대니와 재빨리 악수를 하고는 그의 침대로 기어들어갔다.

대니는 그에게 교회에 가자고 말해 보고 싶었으나, 적당한 때가 아님을 알고 있었다. '그가 나에 대해 물어볼 때가 있을 거야. 또 기회가 있겠지.' 대니는 이렇게 생각했다.

대니는 기숙사로 돌아와 창문 밖을 내다보았다. 물탱크와 그 너머로 밭이 보였다. 밭이랑은 상치 싹으로 가득 차 있었고, 그 뒤의 밭은 허리까지 오는 옥수수로 차 있었다. 물빛으로 푸른 하늘에 밤이 찾아오면서 구름이 붉게 물들었고, 날은 저물고 있었다.

갑자기, 대니는 자유스러움을 느꼈다. 아직 복역기간은 몇 달 남았지만 밖에서는 결코 가져보지 못한 자유함이었다. 밖에 있을 때도 그는 자기 세계를 감옥으로 만들었다. 여기 감옥 안에서는 하나님이 그를 자유케 하셨다. "네가 가고 싶은 곳을 보아라. 그리고 네 발걸음이 그곳을 향하게 하라." 그는 이제 과거의 생활이 그를 어디로 이끌어가는지 알게 되었고, 그것이 아직 그를 부르고 있을지라도 좋은 것을 선택할 자유가 있는 길로 갈 수 있게 되었다.

물탱크를 처다보면서 그는 여기서 오브라이언을 때려눕힌 후 피묻은 손을 씻던 일을 기억했다. 그러나 존 길버트의 피를 그의 손에서 씻어내는 데는 물탱크 전체보다도 더 많은 것이 필요했다. 생수이신 그리스도의 피가 필요했던 것이다.

* * *

석방되고 10년이 지난 후 대니 크로스는 다시 한 번 플리머스 교정시설에 들어갔다. 정부는 옛 건물을 폐쇄하고 새 건물을 지었지만, 플리머스 시설은 기본적으로 예나 다름이 없었다.

그는 보안요원이 작동하는 이중문의 잠금장치 앞에 서 있었다. 첫번째 문을 지나자 곧 닫혔다. 두번째는 열리지 않았다. 그는 다시 부저를 눌렀다.

"누구십니까?" 인터폰을 통해 목소리가 들렸다.

잠시 머뭇거리는 동안 그 옛날 이곳에서 지내던 때가 기억났다. 존 길버트를 죽인 사람 맞아? 그렇다.

그리고 또 누구인가? 마치 비디오가 빨리감기를 하는 것처럼 얼굴과 사건들이 눈앞을 스쳐 지나갔다. 그가 교도소에서 나오던 날. 결혼. 그의 다섯 아이들. 보스턴에서 말썽꾸러기 아이들과 지내던 일. 그리고 나서 있었던 커다란 변화, 즉 휘튼대학에 입학해서 전과자를 위한 찰스 콜슨 장학금을 받았던 일. 졸업. 목사안수. 그렇다. 그는 기억했다. 그가 어떤 사람이었으며, 이제 어떤 사람이 되었는지를.

"누구십니까?" 목소리가 되풀이되었다.

"난 새로 부임한 교도소 목사입니다." 대니는 대답했다.

제31장
무엇을 위한 구원인가?

> 가장 넓은 의미에서 문화는 하나님이 자신의 형상으로 인간을 지으신 목적이다… (여기에는) 사냥이나 고기잡이, 농업, 목축 같은 가장 오래된 직업뿐만 아니라, 상업과 무역, 과학과 예술이 포함된다.
>
> 헤르만 바빙크(Herman Bavinck)

    대니 크로스의 "케이오 펀치"는 이 책의 가장 핵심적인 주제를 담고 있다. 마음을 따뜻하게 하는 회심의 이야기 때문이 아니라, 대니의 망가진 인생이 구원받은 후 대니 자신이 한 일 때문이다. 이것은 이 책의 나머지 부분에서 주제로 다룰 내용의 아주 적절한 비유일 뿐만 아니라, 현대 그리스도인들에게 모두 필요한 '영혼을 깨우는 펀치'다.
    대니는 그리스도인이 된 후 세상을 바꾸기 위한 모험에 나섰다. 그의 삶 또한 완전히 바뀌었다. 교도소에서 출소한 후, 그는 과거를 깨끗이 청산하고 결혼을 했다. 그리고 존경받을 만한 생활을 했으며, 학사 학위도 받았다. 그러나 그것이 대니의 삶의 최종목표는 아니었다. 졸업을 하고 나서, 대니는 휘튼대학 졸업장을 옆구리에 끼고, 그것으로 인해 누릴 수도 있을 안락한 생활을 찾아나서지는 않았다. 오히려 그는 세상을 바꾸기 위해 교도소로 돌아갔다.

그는 실제로 교도소를 바꾸었다. 플리머스 카운티 교정시설은 22개 동에 1,400명을 수감하고 있었으며, 22개 동 중 4개 동은 공포의 독방과 보호관찰 동이었던 '지옥구덩이들' 이었다. 대니는 각 동에 신앙에 불붙은 그리스도인들을 배치했고, 마땅한 사람이 없을 때는 하나님이 누군가를 그렇게 변화시킬 때까지 자신이 직접 설교하고 간증하고 다녔다. 그리고 나서 대니는 이들이 다른 사람들을 인도하는 안내자 역할을 하도록 했다. 그들을 준비시키기 위해 대니는 계속해서 제자훈련을 하고 성경을 가르쳤으며, 신학과 교리강의를 했고, 때로는 신학대학원 수준의 자료를 사용하기도 했다. 그는 또 "교도소선교회" 자원봉사자들의 도움을 받아 매주 교도소 전체에서 성경공부를 개최했다. 그리고 매일 수감자들과 일 대 일로 얘기하면서, 가르치고, 격려하며, 개인적인 문제를 해결하도록 도와주었다.

그가 도와준 수감자들 중에 피터라는 사람이 있는데, 그는 아내로부터 이혼소송을 하는 중이라는 편지를 받았다. 대니는 피터와 함께 기도했고, 95킬로미터를 운전하고 가서 멀리 떨어져 사는 그의 아내를 만났다. 여러 번의 만남 끝에, 피터와 그의 아내는 다시 화해했고, 이들은 함께 그리스도 안에서 성장하고 있다.

하나님께서 우리를 새로운 피조물로 만드셨을 때, 우리는 우리 주변에 새로운 세계를 만드는 일에 협력하도록 부르심을 받은 것이다. 대니 크로스가 플리머스 교도소에서 하는 일이나, 호르헤 크레스포가 가르시아 모레나에서 하는 일 등이 뚜렷한 예가 될 것이다. 나는 썩어져 가는 교도소 문화 속에 이런 변화가 계속해서 일어나는 것을 보아왔으며, 그 결과는 징계문제나 재범의 비율이 줄어드는 것에서 가시적으로 나타난다.[1]

그렇다. 가장 부패하고 고치기 힘든 문화라고 하더라도 새로워질 수 있다. 그러나 우리가 이 세계를 회복시키려면, 우리는 먼저 기독교가 개인생활에만 적용되는 사적 경험이라고 하는 안일한 생각을 떨쳐버려야 한다. 기독교 시인 존 단(John Donne)은 "인간은 그 누구도 섬이 아니다"라고 말한다. 그러나 오늘날 가장 거대한 신화 중 하나는, 우리가 고립된 섬들이라는 것, 즉 우리가 내리는 결정은 개인적인 것이고, 따라서 아무도 우리의 사생활에 이래라 저래라 할 권리가 없다는 것이다. 우리가 내리는 모든 개인적인 결정이 마치 파문처럼 우리 개인과 가정생활에서부터 사회 전체로 점차 퍼져나가서 우리가 살고 있는 도덕적, 문화적 분위기 형성에 영향을 미친다는 사실을 우리는 너무 쉽게 잊는다.

그것은 우리가 내리는 모든 결정이 우리의 세계관을 반영하기 때문이다. 우리가 내리는 모든 결정, 모든 행동은 잘못된 세계관을 반영함으로써 이 세계를 더욱 무질서하고 파괴된 것으로 만들든가, 아니면 하나님의 진리를 나타내어 하나님의 창조질서를 반영하는 세계를 건설하는 데 도움을 준다. 이 책의 마지막 제5부의 목표는 당신이 삶의 모든 영역에서 어떻게 진정으로 성경적인 선택을 할 것인지를 보여주는 것이다. 앞부분에서 검토한 세계관의 세 가지 범주, 즉 '창조, 타락, 구속'은 비기독교적 사고방식의 문제점을 보여주고 모든 주제에 대한 기독교적 관점을 형성하는 개념적인 틀을 제시하고 있다.

그렇다면 첫째 과제는 다른 세계관들이 인생의 근본적인 문제에 대해 얼마나 잘 대답하고 있는지 여타의 세계관들을 검토하고 식별하는 일이 될 것이다. '창조' - 우리는 어디에서 왔으며, 누구인가? '타락' - 이 세상은 무엇이 잘못되었는가? '구속' - 이런 세상을 고치기 위해 우리는 무엇을 할 수 있는가? 어떤 세계관이든 이 질문에 대한 그들의 대답을 살펴보면, 비성경적 견해들이 얼마나 현실과 부합하지 않는지 알 수 있을 것이다. 이와는 대조적으로 성경적인 세계관은 내면적으로 일관성이 있고, 실제로도 적절한 대답을 제시하고 있다.

마지막으로, 우리가 이런 3단계 분석을 적용할 때, 우리는 삶의 모든 영역에서 성경적인 원칙들을 어떻게 적용할지를 배운다. 대니 크로스와 호르헤 크레스포의 경우에서 본 것처럼, '변화된 사람들이 문화를 변화시킨다.' 바로 이것이 성경이 분명히 말하고 있는 것처럼, 모든 신자를 부르신 목적이다.

문화명령

문화건설에 대한 성경의 근거는 창세기에서 시작한다. 창조의 여명기에, 땅은 혼돈하고, 공허했으며, 흑암에 덮여있었고, 누구의 손길도 닿지 않았다. 그때, 하나님은 차례로 창조의 핵심이 되는 기초요소들을 빚어내셨다. 빛과 어두움, '궁창 위의 것' 과 '궁창 아래의 것' , 바다와 땅 같은 것들이다. 그리고 나서 하나님은 전략을 바꾸셨다.

엿새째 되는 날까지, 하나님은 직접 창조의 일을 하셨다. 그러나 첫 인류를 만드신 후에는 그들에게 하나님이 맡긴 일을 계속하라고 명령하셨다. 그들은 하나님의 형상을 드러내고 다스리도록 되어있었다(창 1:26). 그때부터 피조물에 대한 개발은 주로 사회적이고 문화적인 것이 되었다. 즉 땅에 충만하고 땅을 정복하라는 하나님의 명령에 순종하는 인간의 일이 되는 것이었다(창 1:28).

'문화위임' (cultural commission) 혹은 '문화명령' (cultural mandate)이라고 하는 하나님의 이 명령은 그분이 하신 창조사역의 정점이다. 무대 위에서 막이 올려졌으며, 감독은 출연자들에게 역사 드라마의 시작을 알리는 첫 사인을 보낸다.[2] 비록 피조물 자체가 '아주 좋았던' 것이긴 하지만 그 능력과 잠재력을 탐색하고 개발하는 일, 문명을 건설하는 일은 하나님께서 그의 형상을 지닌 사람들에게 넘겨주셨다. 앨 월터스는 「회복된 피조물」(Creation Regained)에서 "열매를 많이 맺음으로써 그들은 더 많이 채워야 한다. 땅을 정복함으로써 그들은 더 많이 형성해 나가야 한다"고 말하고 있다.[3]

바로 이 명령은 오늘날 우리에게도 해당된다. 비록 타락이 죄와 악을 인류역사 속으로 끌어들였지만, 그렇다고 해서 문화명령까지 지워버린 것은 아니다. 아담과 하와 이래의 세대들은 자녀들을 출산하고, 가정을 구성하며, 땅 위에 퍼져나가고 있다. 그들은 아직도 동물들과 식물들을 돌보고 있다. 아직도 도시와 정부를 건설하며 음악과 예술작품을 창작하고 있다.

죄는 하나님의 창조질서에 파괴적인 힘을 들여왔다. 그러나 그렇다고 창조질서를 완전히 무효화한 것은 아니다. 우리가 구원받았을 때, 우리는 우리를 몰아가는 죄악된 동기로부터 해방될 뿐 아니라, 우리가 원래 하도록 되어있는 일을 할 수 있는 능력을 받아 우리의 원래의 목적을 수행할 수 있도록 회복된 것이다. 사회를 건설하고 문화를 창조함으로써 창조질서를 회복하도록 부름받은 것이다.

이 책에서 우리가 말하고자 하는 것은 주님의 문화명령은 지상명령(Great Commission)과 불가분의 관계라는 것이다. 20세기 전반에 걸쳐 문화를 개혁한다는 개념을 자유주의적 사회복음 개념과 연결시키면서 이를 멀리해 온 보수적인 그리스도인들에게는 상당히 거슬리는 명제로 들릴지 모르겠다. 많은 근본주의자와 복음주의자들은 교회의 유일한 임무가 잃어버린 영혼을 그야말로 지옥으로 향하고 있는 이 세상으로부터 되도록 많이 구해 내는 것이라고 믿고 있다. 그러나 이렇게 암암리에 기독교 세계관을 부인하는 것은 비성경적이며 또 이로 인해 우리는 세상 속에서 영향력을 많이 잃게 된다. 구속은 단지 죄로부터 해방되는 것만은 아니다. 구속에는 그것과 함께 우리에게 처음에 주어진 일, 즉 문화를 창조하고 회복시키는 일도 포함된다.

신약성경으로 돌아가면, 구체적으로 신자들에게 정치나 법, 혹은 교육이나 예술활동을 하라는 명령을 찾아볼 수 없다. 그것은 아담에게 하신 명령이 아직도 유효하기 때문이다. 피조물의 모든 부분이 하나님의 손에서 나온 것이며, 모두가 인류의 반역과 하나님을 향한 적대감에 말려들었지만, 모든 것이 언젠가는 구원될 것이다. 이것은 사도 바울이 로마교회에 보낸 메시지로, 여기에서 바울은 "피조물도 썩어짐의 종 노릇한 데서 해방된다"는 것을 약속하고 있다(롬 8:21). 구원은 인간들만을 위한 것이 아니다. 하나님의 모든 피조물을 위한 것이기도 하다.

바울은 이 점을 특히 골로새서 1장 15-20절에서 강조하고 있다. 여기에서 그는 그리스도의 주 되심을 세 가지 면에서 묘사하고 있다. (1) '모든 만물은 그리스도에 의해서, 그리스도를 위해서 지어졌다.' - "하늘과 땅에서 보이는 것들과 보이지 않는 것들과… 만물이 다 그로 말미암고 그를 위하여 창조되었고." (2) '만물이 그 안에 함께 서 있다.' - "그가 만물보다 먼저 계시고 만물이 그 안에 함께 섰느니라." (3) '모든 것들은 그리스도로 인해 화해를 이루게 될 것이다.' - "아버지께서는 모든 충만으로 예수 안에 거하게 하시고 그의 십자가의 피로 화평을 이루사 만물 곧 땅에 있는 것들이나 하늘에 있는 것들을 그로 말미암아 자기와 화목케 되기를 기뻐하심이라." 구원은 피조물의 모든 부분을 포함하는 것이며, 시대의 끝은 피조물의 끝이 아니라, 새 하늘과 새 땅의 시작이 될 것이다 - 하나님은 모든 것을 새롭게 하실 것이다(계 21:5).

여기서의 교훈은 분명하다. 그리스도인들은 '무엇인가로부터'(죄) 구원받았을 뿐만 아니라, '무엇인가를 위해'(인생의 모든 부분에서 그리스도의 주 되심) 구원받았다. 그리스도인의 생활은 개교회에서 이루어지는 말씀의 선포, 기도, 성례전, 예배와 영적 은사의 사용을 통해 하나님께서 이루시는 영적 회복으로부터 시작된다. 이는 필수불가결한 시작점이다. 왜냐하면 구속받은 사람만이 하나님의 영으로 채워질 수 있으며, 하나님의 계획을 진정으로 알고 성취할 수 있기 때문이다. 그리고 나서 우리는 하나님의 모든 피조물의 회복을 향해 나아가게 되는데 여기에는 개인적인 것과 공적인 것들, 개인생활과 가정생활, 교육과 공동체, 일, 정치와 법,

과학과 의학, 문학, 예술, 그리고 음악 등이 다 그 대상에 포함된다. 거룩한 것과 세속적인 것 사이에는 뚜렷한 구분이 없기 때문에, 이러한 구원의 목표는 우리가 하는 모든 것에 스며든다. 우리는 가정에서나 학교에서나, 작업현장에서나 회사 중역회의에서나, 영화 스크린에서나 콘서트 무대에서나, 시의회에서나 국회에서나, '모든 것'을 그리스도의 주재권 아래 두도록 해야 한다.

이것이 바로 그리스도인들은 종합적인 세계관을 가져야 한다는 말의 의미이다. 세계관이란 이 '세계'의 모든 면을 포함하는 '관점'이나 전망을 말한다. 왜냐하면 이 세계의 모든 측면들은 어떤 구조나 특성, 원칙에 따라 지어졌기 때문이다. 이렇게 바탕에 깔려 있는 원칙들이 하나님의 '법칙들' - 하나님의 창조의 목적과 설계 - 이고, 이는 '특별계시'(성경에 나타난 하나님의 말씀)와 '일반계시'(그가 만드신 이 세계의 구조)에 의해 알 수 있다. 여기에는 자연의 법칙과 인간생활의 규준도 포함된다.

이 점은 특별히 강조되어야 하겠다. 왜냐하면 오늘날 대부분의 사람들은 사실과 가치를 구분하고 있는데, 과학은 그들이 믿을 만하고 진실이라고 믿는 '사실들'을 발견해 내고 있고, 도덕과 종교는 개인에 따라 상대적이고 주관적이라고 믿고 있는 '가치들'에 기초하고 있다고 한다. 불행하게도 그리스도인들조차 이런 세속적인 태도를 받아들이는 경우가 많다. 우리들은 중력의 법칙, 운동의 법칙이나, 유전의 법칙 등 자연에 대한 하나님의 법칙에 대해서는 확신을 갖지만, 가족이나, 교육 혹은 국가에 대한 하나님의 법칙에 관해서는 그다지 확신을 갖지 못하는 경우가 많다. 그러나 진정한 기독교 세계관은 그런 구분을 짓지 않는다. 기독교 세계관은 하나님의 법칙이 모든 것을 다스린다고 주장한다. 그리고 마치 우리가 만유인력의 법칙에 따라 살아가는 것처럼, 사회에 대한 하나님의 법칙에 따라 살아가는 것을 배워야 한다.

이 두 종류의 법칙이 아주 다른 것으로 느껴지는 이유는 사회의 법칙은 선택적으로 복종할 수 있기 때문이다. 물리적인 세계에서 돌은 낙하하고, 행성은 궤도를 따라 돌며, 계절은 오고가며, 전자는 원자핵 주위를 따라 돈다. 물질에는 선택의 여지가 없다. 하나님이 직접 다스리시기 때문이다. 그러나 문화와 사회 속에서, 하나님은 인간에게 도구를 만들고, 공의를 행하며, 예술과 음악을 창작하고, 자녀를 교육하며, 건물을 짓는 일을 위임하셔서 간접적으로 다스리신다. 돌은 하나님이 세우신 만유인력의 법칙을 거스를 수 없지만, 인간은 하나님의 창조질서를 거스를 수 있으며, 자주 그렇게 한다. 그러나 그렇다고 해서 자연과 인간의 본성 모두를 포함하는 단 하나의 객관적이고 보편적인 목적이 있다는 사실에 눈을 감아서는 안된다.

역사가 시작된 이래, 모든 주요 문화들은 이러한 보편적 질서라는 개념을 이해하고 있었다. 모든 문화, 다시 말해 포스트모던의 서구문화를 제외하고 말이다. 이 문화들 사이의 차이에도 불구하고 모든 주요 문명들은 자연의 영역과 인간의 영역을 모두 아우르는 법칙의 기초가 되는 신적 질서가 있다고 믿어 왔다. 극동에서는 이것을 '도'(道)라고 불렀다. 고대 이집트에서는 이것을 '마아트'(Ma' at)라고 불렀고, 그리스 철학에서는 이것을 '로고스'(Logos)라고 불렀다.[4]

이와 마찬가지로 구약에서도 시편기자는 하나님께서 눈을 양털같이 뿌리시면서 아울러 하나님의 법칙과 명령을 야곱에게 드러내심을 단번에 말하고 있는데, 이는 자연에 대한 하나님의 법칙과 인간에 대한 법칙에 본질적인 차이가 없음을 암시하고 있다(시 147:16-19). 이 두 법칙 모두 하나의 보편적 질서의 일부이다. 요한복음은 이런 보편적인 창조계획을 설명하기 위해 헬라어 단어(로고스)를 차용했으며, 놀랍게도 이 로고스를 예수 그리스도라는 인격적인 존재로 설명하고 있다. "태초에 말씀(로고스)이 계시니라"(요 1:1). 이 로고스가 창조의 근원이었다. "만물이 그로 말미암아 지은 바 되었으니 지은 것이 하나도 그가 없이는 된 것이 없느니라"(요 1:3). 다시 말해, 예수 그분이 창조의 종합적인 계획, 또는 창조 설계의 근원이시라는 것이다.

따라서 그리스도께 순종한다는 것은 삶의 모든 면에서 그 계획에 따라 살아간다는 것을 의미한다. 가정과 교회, 사업과 무역, 예술과 교육, 정치와 법은 하나님의 창조질서에 근거한 기구들이며, 임의로 구성된 것이 아니다. 학교는 사업체가 아니므로, 사업체처럼 운영되어서는 안된다. 가정은 국가가 아니므로 국가처럼 경영해서는 안된다. 각 기구는 하나님께서 부여하신 자체의 규범적 구조를 가지고 있고, 각각은 하나님의 주권 아래서 자체의 주권 영역을 가지고 있다.[5] 하나님의 창조질서에서 벗어나 있는 것은 아무것도 없기 때문에 그리스도인들에게 있어 성과 속의 구분은 있을 수 없다. 우리의 임무는 창조된 모든 질서에 하나님의 다스림을 회복하는 것이다.[6]

이 세계는 두 세력이 같은 땅을 놓고 싸우고 있는 영적 전쟁터이다. 사탄은 창조세계로 침투하여 이제 이 세계를 점령지로 삼으려는 시도를 하고 있다. 예수 그리스도의 죽음과 부활을 통해, 하나님은 당연히 당신께 속한 영토를 회복하기 위한 반격을 시작하셨고, 우리들은 이 계속되는 전쟁에 임한 하나님의 군사들이다. "그가 우리를 흑암의 권세에서 건져내사 그의 사랑의 아들의 나라로 옮기셨으니"(골 1:13). 이제 구속받은 우리는 하나님의 나라를 확장하고 사탄의 세력을 물리치기 위한 싸움을 하기 위해 무장한다. 이 싸움은 격렬할 수도 있다. 그러나 이 싸움은 본질적으로 소탕작전이기 때문에 회망을 잃어서는 안된다. 그리스도의 부활로 인해 우리는 이미 승리했다. 승리는 확실하다.[7]

기독교의 역사는 복음의 진리와 능력을 영광되게 보여주는 사건들로 가득 차 있다. 수십 세기 동안 그리스도인들이 문화명령과 지상명령을 모두 실천하여 자신들의 믿음을 나타내고자 했을 때, 이들은 문화를 새롭게 하고, 회복하며, 때로는 아주 새로운 문화를 창조하기도 했다. 이들은 문자 그대로 이 세상을 뒤집어놓았다.

모든 진리는 하나님의 진리이다

1세기에, 유대의 소규모 이단자 집단이 처형되었다가 죽음에서 다시 살아났다는 한 죄인에 대한 앞뒤가 맞지 않는 메시지를 전하고 다녔다. 이렇게 시작은 별 볼일 없었지만 기독교는 서구문화, 마침내는 세계문화를 지배하는 세력으로 성장했다. 어떻게 그리 되었는가? 핍박 중에서도 신자들이 극적인 증언을 했기 때문이다. 스스로가 지닌 확신 때문에 처형 당했던 평범한 남자와 여자들의 얼굴에서 빛나는 평안과 기쁨을 보게 되자, 이교도들은 그리스도와 그의 교회에 끌리게 되었다.

2세기에 교부 터툴리안(Tertullian)은 세속 권력층의 엄격한 탄압책이 실패했음을 이렇게 비꼬아 질책한다. "(우리들에 대한) 당신들의 잔인함은, 그것이 아무리 정교한 것이라 할지라도 당신에게 도움이 되지 않는다. 오히려 사람들이 더욱 우리들에게 오도록 만들고 있다. 당신이 우리를 핍박하면 할수록, 우리는 그만큼 숫자가 늘어날 것이다. 그리스도인들의 피는 (교회의) 씨앗이기 때문이다." 그리스도인들의 놀라운 증언은 결과적으로, 그리스도인들이 이내 고대사회 각 부분의 중요한 위치를 차지하게 만들었다. "우리들은 당신이 가진 모든 것을 점령했다. 도시들, 섬들, 요새들, 마을들, 회당, 심지어는 군대, 소수민족, 시의회, 왕궁, 원로원과 법정까지"라고 터툴리안은 로마인들을 조롱하면서 말하고 있다. "당신들이 가진 것이라곤 사원밖에 없다."⁸

이렇게 그리스도인들의 수가 증가되고 있었던 한편, 이들은 문화를 내부로부터 변화시키려는 작업을 하고 있었다. 또 다른 2세기 교부였던 순교자 저스틴(Justin)이 그 길을 보여주고 있다.

젊은 시절, 저스틴은 철학자가 되기로 결심하고 스토아 학파와 아리스토텔레스, 플라톤에 이르기까지 여러 철학 아카데미의 선생들에게서 학문을 배웠다. 마침내 그는 자신이 찾던 진리가 성경 안에 있음을 발견하고, 신자가 되었지만, 철학을 버리지는 않았다. 그는 자신이 그리스도인이 됨으로써 '좀더 훌륭한' 철학자가 되었다고 주장한다. 그는 이제 여러 철학자가 발견한 개개의 진리들을 한데 모아 하나님께서 계시하신 유일하고 완전한 진리의 틀에 비추어 이들을 이해할 수 있게 되었다. "인간이 한 옳은 것은 모두 그리스도인들에게 속하는 것이다"라고 그는 적고 있다.[9]

저스틴의 말은 마치 모든 길이 하나님께 이르는 것처럼 이야기하는 자기만족적인 상대주의자가 되라는 것이 아니다. 그는 당대의 이교도에 결연하게 저항했고, 심지어 그리스도인이라는 이유로 재판을 받기도 했는데, 여기에서 그는 그의 신앙을 포기하기를 거부하고 처형당했다. 그는 결코 기독교의 진리를 타협하는 사람이 아니었다. 그러나 그는 이교도들이 실재를 부분적으로 이해하고 있다고 믿었으며, 그리스도는 이교도 철학과 문화 안에 있는 모든 부분적인 진리를 완성하셨다고 가르쳤다.

저스틴의 가르침에 따라, 초대교회는 지상명령과 문화명령을 성취하여 영혼과 사회를 모두 구원하려고 노력했다. 로마제국이 무너졌을 때, 서구역사에서 가장 멋진 장을 기록한 이 문명을 구원해 낸 것은 바로 그리스도인들이었다.

* * *

암흑시대는 갑작스런 추위와 함께 시작되었다. 주후 406년에 라인강이 얼어붙었고, 그 결과 얼음다리를 넘어 일단의 야만인들이 게르만영토에서부터 로마영토로 넘어 왔다. 그 이후 수년 동안 반달족, 서고트족, 수에브족과 알란족이 로마영토와 유럽을 짓밟았고, 도시들을 박살내고, 많은 사람을 죽였다. 로마문명의 모든 하부구조가 파괴되었으며, 무식하고 야만적인 무사 출신 왕들이 지배하는 작은 왕국들로 대체되었다.

암흑시대의 그림자가 서부유럽을 덮게 되었을 때, 이 폐허에서 나타난 것은 누구였는가? 누가 서구문명을 다시 건설했겠는가? 바로 기독교 교회였다.[10]

주후 401년, 패트리시어스(Patricius)라고 하는 영국의 어떤 16세 소년이 당시 그곳을 침략한 아일랜드 전투대에 납치되어 로마 지배지였던 자신의 고향을 떠나 밀루치(Miliucc)라는 한 아일랜드의 추장에게 팔렸는데, 이 추장은 그에게 자신의 양떼를 지키는 일을 맡겼다. 언덕에서 홀로 수개월을 지내는 동안, 내장을 갉아먹는 듯한 굶주림과, 끈적하게 사지를 물어뜯는 추위에 시달린 그는 마침내 남아 있는 유일한 자원에서 도움을 구하기 시작했는데, 그것은 바로 기도였다.

이 일이 있기 전에 그는 그리스도인인 자기 부모가 자기에게 가르쳐준 하나님을 진정으로 믿지 않았으며, 성직자들은 모두 바보들이라고 생각했었다. 그러나 그는 후에 하나님 안에서 힘의 원천을 발견하고, 처절한 고독과 상실 가운데서 6년을 견뎌냈다. "가축을 돌보는 것이 나의 일과였으며, 나는 해가 있는 동안 끊임없이 기도하곤 하였다." 그는 후에 이렇게 적고 있다. "하나님의 사랑과 하나님에 대한 두려움이 점점 더 나를 둘러쌌으며, 믿음이 자라났고, 성령께서 나를 일깨우셨다."[11]

그러던 어느 날, 패트리시어스는 그가 집으로 돌아갈 것이라고 말하는 이상한 목소리에 잠을 깨었다. "보라, 네 배가 준비되었다"고 그 목소리는 말하고 있었다. 방향이나 거리도 잘 몰랐지만, 그는 무작정 바다로 나갔다. 300킬로미터도 넘는 거리를 가서야 그는 영국으로 가는 배를 발견했다.

그러나 그가 고향에 도착했을 때, 그는 자신이 더 이상 그 고향 사람들과 어울리지 않는다는 사실을 알게 되었다. "그는 그들과 함께 경험을 나눌 수 없어 신체적으로나 심리적으로 경직되어 있었고, 자기 동기들에 비해 교육이 너무 뒤떨어져 있었기에 정착할 수가 없었다"고 역사가 토마스 카힐(Thomas Cahill)이 전한다.¹² 그러던 어느 날, 이 과거의 노예 소년은 다시 그리스도의 목소리를 듣는데, 이번에는 아일랜드로 돌아가라는 소리를 들었다. 그래서 그는 신학훈련을 받았고, 마침내 선교사 패트릭(Patrick)이 되어 아일랜드로 다시 돌아간다.

이 이야기는 아일랜드 발라드풍에 맞춘 낭만적인 귀향이 아니었다. 성 패트릭이 선교를 시작할 당시, 이교도인 아일랜드 드루이드교 사제들은 그들의 괴물 같은 켈트 신들(사람을 먹는 것으로 자주 묘사된다)에게 그때까지도 인간을 희생제물로 바치고 있었다. 맹렬한 아일랜드 전사들은 인간의 머리를 영혼의 처소로 믿었기 때문에, 적들의 해골을 허리춤에 트로피처럼 차고 다녔다.

패트릭은 사랑과 용서의 메시지를 가지고 피에 굶주린 문화 속으로 들어갔고, 곳곳에 수도원을 건설하였다. 아일랜드의 수도원운동은 세상을 혁명적으로 바꾸어 전사(戰士) 사회의 옛 가치를 기독교의 새로운 가치로 대체했다. 성 패트릭이 살아있는 동안, 전사들은 전쟁을 위한 칼을 던져 버렸고, 부족간의 전쟁은 급격하게 줄어들었으며, 노예무역은 중지되었다. 전쟁과 야만적 권력의 문화가 육체노동, 가난과 섬김을 통해 거룩하게 되는 윤리로 바뀌었다. 문맹과 무지의 문화는 학습의 문화로 바뀌었다.

더군다나 로마가 멸망한 다음, 아일랜드의 수도원은 야만인들로부터 도망한 기독교 학자들이나 사제들이 유럽 전역, 심지어는 이집트, 아르메니아와 시리아로부터 몰려들어 이들의 피난처가 되었다. 그 결과는 역사가 케네스 클라크(Kenneth Clark)가 말하는 것처럼 "거의 백 년에 가까운 오랜 기간 동안 서구 기독교는 아일랜드 해안에서 30킬로미터 떨어진 바위 뾰족탑인 스켈릭 마이클과 같은 곳에서 살아남게 되었다."¹³ 그리고 마침내는 선교사들이 아일랜드로부터 스코틀랜드, 잉글랜드, 그리고 유럽 대륙으로까지 물밀듯이 퍼져나갔다. 그 노정에서 수도사들은 수도원을 세웠고, 성경을 필사하고 보존하는 것은 물론, 그리스와 로마의 위대한 고전작품들을 포함하여 그들의 손길이 닿는 다른 책들도 그리하였는데, 이들 중 어떤 것들은 수세기 동안 유럽에서 볼 수 없는 희귀본들이었다. 또 이들은 회심자들에게 라틴어, 음악과 미술을 가르쳤다.

이들이 어느 정도 성공을 거두었느냐 하면 7세기 초에 스코틀랜드의 험한 해안과 산악에만 거의 700개의 수도원 공동체가 설립되어 있었으며, 650년과 850년 사이에는 당시 알려진 성경주석의 반 이상이 아일랜드 사람들 저작이었다. 아일랜드 수도사들은 한때 아일랜드 이교도들이 적의 해골을 허리에 차고 다녔던 것처럼, 그들이 가는 곳마다 성경과 책을 허리에 차고 갔다.

카힐의 표현을 빌리자면, "이것이 아일랜드인이 문명을 보존한 방식이었다." 유럽 전역에 걸친 야만의 물결을 멈춘 것은 이 훈련된 수도사들의 노고였는데, 이들은 그리스-로마 문명의 가장 좋은 것들을 보존하였으며, 부패해 가는 대륙의 수도원에 새생명을 불어넣었다. 수도원은 문화의 중심지로 죽어가는 도시를 대체하였고, 수도사, 노동자, 하인들, 그리고 가족들이 함께 사는 방대한 복합도시가 되었다. 점차 "나무가 많은 늪은 암자, 종교시설, 농장, 대수도원, 마을, 신학교, 학술학교, 그리고 도시가 되어갔다"고 존 헨리 뉴먼(John Henry Newman)은 적고 있다.[14]

더구나 이 놀라운 업적은 암흑시대 내내 계속 이루어졌다. 북쪽에서는 바이킹들이 해안을 급습하거나 강을 타고 내륙 깊숙이 들어와 유럽 전역에서 약탈과 파괴를 일삼고, 사람들을 죽이고, 밭을 망치며, 물건들을 약탈해 가고, 도시에 불을 질렀다. 동쪽에서는 마자르인, 아바르인, 훈족과 몽골족들이 연이어서 대초원 지역을 휩쓸고 지나갔으며, 그들의 발흥기에 저질렀던 것과 유사한 살상과 약탈의 자취를 남겼다. 그러나 그때마다 기독교는 영적 부활이라는, 억누를 수 없는 초자연적인 능력을 보여주었고, 수도원 공동체는 폐허에서 일어나 평화와 영적 질서의 섬이 되었다.

물론 수도사들의 주된 관심은 신앙의 내면세계에 영양분을 주는 일이었다. 그러나 영적인 개혁은 그들이 억눌린 자를 돌보고 공공장소에서 악에 대해 담대하게 성토하라고 한 부르심을 성취함에 따라 불가피하게 사회개혁으로 이어지게 되었다. 역사가 크리스토퍼 도슨은 수도사들 안에 "도덕이나 법 따위에는 아무 관심도 없는 무법자 봉건귀족들도 야만적인 힘보다 더 강한 어떤 존재, 그들이 감히 무시할 수 없었던 신비한 초자연적인 힘의 존재를 인정했다"고 말한다.[15]

그러나 지속적인 평화는 야만인 자신들이 복음화되고서야 이루어졌다. 기독교 교회사에서 가장 흥미있는 장(章)은 피에 굶주린 전사(戰士)였던 야만인들이 도적질과 약탈을 포기하고 제 손으로 일하여 먹고 살기로 결단한 후 평화를 사랑하는 농부로 바뀐 것이다.[16] 야만인들이 개심하고, 파괴적인 침략이 중단되자, 유럽사회는 번영하기 시작했다. 도시들이 번성하였고, 수공업자들과 전문직업인들이 자신의 이익을 지키기 위해 조직한 길드가 등장하였으며, 대의(代議)정치라고 하는 사상이 뿌리를 내리기 시작했다.

이런 환경에서 기독교는 대학이라고 하는 새로운 기관을 탄생시켰는데, 이는 파리나 볼로냐 등의 대형교회에 부속되어 있던 학교로부터 발전한 것으로, 결국 지식과 문화의 중심이었던 수도원을 대체하게 되었다. 나중에 종교개혁은 문화형성기에 비약적인 발전을 이루는 계기가 되었는데, 산업혁명을 촉진시키고 자유민주주의가 가능한 정치적인 풍토를 생산하는 직업윤리를 고취시켰다.

이것이 바로 기독교가 사회 속에서 어떻게 기능하는가를 나타내는 것으로 기독교 신앙은 단지 개인적인 차원에서뿐 아니라 문화 속에서도 창조적인 힘이 되어야 한다. 신앙의 내면생활은 세상 속에서 나타나는 행동으로 형상화되어야 한다. 우리가 하는 선택과 결정 속에서 우리는 중세 때이건 현대이건, 야만적인 세력을 극복하도록 도울 수도 있고, 아니면 그들 세력에 굴복하도록 할 수도 있다. 생명을 주고, 평화를 사랑하는 정신을 형성할 수도 있고, 이기주의와 파괴의 불길에 부채질할 수도 있다.

새 밀레니엄

새로운 천년의 입구에서 우리는 초대교회와 중세의 수도사들이 직면했던 것과 동일한 도전과 기회에 직면하고 있다. 그것은 곧 성경적 세계관에 기초한 문화를 창조하는 것이다. 교황 요한 바오로 2세는 전세계의 가톨릭 신자들이 새천년을, 복음을 위한 '새로운 봄'으로 만들 것을 촉구하고 있다.[17] 이것이 잘못된 낙관론일까? 나는 사방에서 전투에 지친 복음주의자들이 이제 우리는 문화전쟁에서 패배했으며, 차라리 돌아가 교회를 건설하는 것이 낫겠다고 말하는 것을 많이 듣는다. 그러나 역사적 유산에 비추어볼 때, 우리는 감히 포기하거나 절망할 수 없다. 그것은 죄악일 뿐 아니라(하나님의 통치를 신뢰하지 못하는 것이므로), 이 시대를 잘못 읽고 있는 것이기도 하다. 문화의 전쟁터를 지금 떠나는 것은 우리가 잡을 수 있는 거대한 기회의 문턱에서 그 목적을 버리는 것이나 마찬가지다.

최근 들어, 지난 세기 동안 제시된 거대 제안들이 하나씩 하나씩, 마치 장난감 병정처럼 쓰러져가고 있다. 20세기는 이데올로기의 시대, 위대한 '주의'(ism)의 시대였다. 공산주의, 사회주의, 나치주의, 자유주의, 그리고 과학주의 등 어느 곳에서나 이데올로기는 어떤 유토피아적인 계획에 따라 이상사회를 건설하는 비전을 제시하고 있다. 그러나 오늘날 거의 모든 주요 이데올로기적 구조들은 모두 역사의 쓰레기더미로 던져졌다. 남아 있는 것이라고는 포스트모더니즘의 냉소주의뿐인데, 진리의 파산이나 다름없는 그 주장들은 이런 것이다. 즉 객관적 진리나 의미는 '없으며', 진리는 단지 주관적인 꿈이요, 위로를 받기 위한 환상일 뿐이라는 사실을 이해하고 있는 한, 우리는 자유롭게 우리 자신의 진리를 창조해 낼 수 있다는 것이다.

지배적인 이데올로기들이 무너지면서 사람들은 막다른 골목에 부딪혔다. 개인의 자율성이 우리를 해방으로 이끄는 성배(聖杯)라고 믿어왔던 그들은 이제 이런 생각이 다만 도덕적인 혼란과 국가에 의한 강제만을 초래했음을 알고 있다. 사람들이 진정으로 갈망하는 사회적 평화와 개인적인 성취는 오직 기독교 안에서만 가능하다는 메시지를 전할 시기가 무르익은 것이다. 교회는 이천 년 동안의 조류에도 흔들리지 않고 서 있었다. 처음 수세기 동안의 박해와, 중세의 야만인 침략, 현대의 지적 공격을 견뎌왔다. 교회의 견고한 벽은 지성의 풍경화 곳곳에 널려있는 폐허들 위에 우뚝 솟아있다. 하나님은 성인들과 순교자들의 후사인 우리가 이런 중요한 시기에 머뭇거리는 것을 허락치 않으신다.

새천년은 우리 그리스도인들이 축하하고, 확신을 드높이며, 승리의 트럼펫을 불고, 깃발을 높이 날려야 할 때다. 지금 이때는 기독교가 개인적인 구원과 사회갱신에 있어 가장 합리적이고 현실적인 소망을 제시하고 있음을 확실하게 보여줄 때이다.

그러나 우리가 이 사회에 영향을 미치고자 한다면, 그 출발점은 모든 진정한 신자들이 인종과 직업을 초월하여 함께 모이는 의식적인 노력을 통해 그리스도 안에서 하나가 되는 것에서 시작되어야 한다. 대제사장이신 예수께서 드리는 기도 속에 그분은 자신이 아버지와 하나이신 것같이 우리가 모두 하나가 될 것을 간절히 간구하신다. 이유가 무엇인가? 그로 말미암아 '이 세상이 그가 그리스도이신 것을 알게 하기 위해서이다' (요 17:20-23). 예수님의 말씀에서 숨길 수 없는 분명한 사실은 그리스도인의 연합이 복음과 문화갱신을 위한 핵심이라는 것이다. 교회가 가지고 있는 약점의 많은 부분은 그리스도 안에서의 연합을 위해 힘쓰라는 명령을 순종하려 들지 않거나, 그럴 능력이 없는 데서 비롯된다.

많은 복음주의자들이(가톨릭과 정교회도 마찬가지다) 이를 받아들이기 어려워한다는 사실은 이해할 만하다. 종교개혁과 반종교개혁 당시의 피 흘린 상처들이 여전히 생생하고도 고통스럽게 남아있으며, 커다란 교리적 차이가 신자들을 더욱 갈라놓고 있다. 보수적인 신자들은 교파간의 차이점들을 대충 얼버무릴까 하는 염려에서 교회일치운동을 불신한다.

그러나 세계관에 초점을 맞추면 이런 차이를 극복할 방안을 찾을 수 있다. 낙태반대운동에 함께 참여했던 개신교와 가톨릭 신도들은 그들이 마음의 심층에서는 세계관의 신념을 공유하고 있음을 발견하였다. 이들은 한 학자가 '최전방에서의 교회일치'라고 부르는 것을 발견했다.[18] 1992년에 리처드 노이하우스(Richard Neuhaus) 신부와 내가 복음주의-가톨릭 연대(ECT, Evangelicals and Catholic Together), 즉 기독교의 진리를 이 세상에 증거하고 옹호하는 데 공통의 기반을 찾으려는 비공식적인 모임을 만든 것도 바로 우리가 공통의 세계관을 가지고 있다는 인식에서였다. 복음주의-가톨릭 연대의 공동선언문은 현존하는 실제적 교리의 차이에 대해 타협하지 않으면서도 우리가 공통으로 가지고 있는 위대한 신앙의 진리들을 강조하고 있다.

우리의 노력이 지금까지는 논쟁을 불러일으킨 면이 없잖으나, 그래서는 안될 것이다. 헌신적인 칼빈주의자였던 아브라함 카이퍼는 다른 어떤 현대인들보다도 먼저 우리 시대의 싸움은 세계관 대 세계관, 원리 대 원리의 싸움이며, 따라서 근대성의 세력과의 싸움에서 가톨릭과 개신교는 한 편에 서야 한다는 것을 분명히 알고 있었다. 이미 100여 년 전에 프린스턴에서 한 저 유명한 스톤 강좌(Stone Lecture)에서 카이퍼는 우리가 기독교를 세계관으로 이해할 때 우리는 '다시 한 번 가톨릭과 함께 손잡고 근대의 범신론과 맞서 싸울 수 있게 될 것'이라고 주장했다. 왜냐하면 '우리와 가톨릭의 공통부분이야말로 근대성의 정신이 가장 심하게 공격하는 기독교 신조의 근본'이기 때문이다. 만일 로마 가톨릭이 "이 원수와 용감하게 싸우기 위해 칼을 잡는다면, 이들의 가치 있는 도움을 받아들이

는 것이 지혜로운 것이 아닌가?'라고 그는 결론을 내리고 있다.[19]

그런데 카이퍼는 사실 1541년에 발표된 주제를 되풀이하고 있는 것이다. 종교개혁전쟁이 한창 일어나고 있을 때, 바티칸에서 온 추기경을 포함한 일단의 가톨릭과 개신교 지도자들이 독일의 레겐스부르크에서 만나 라티스본 회담(Colloquy of Ratisbon)을 가졌다. 이 회담은 종교개혁의 문을 여는 실마리가 되었던 칭의(稱義)의 교리 부분에서 합의에 도달했다(비록 미사와 같은 다른 항목에 대해서는 실패했지만). 한 개신교측 참석자는 친구에게 편지하기를, "우리의 적들이 그렇게 많은 양보를 했다는 사실에 자넨 아마 놀랄 걸세…. 이렇게 해서 진정한 교리의 핵심을 유지하게 되었네."[20] 이 편지를 쓴 사람은 개신교 협상대표의 젊은 보좌관이었던 존 칼빈이었다.

오늘날 우리들은 칼빈이 추구했고, 카이퍼가 그렇게 강력히 촉구했던 것과 같은 입장을 가질 필요가 있다. 우리에겐 C. S. 루이스가 '단순한 기독교'(Mere Christianity)라고 말한 것, 즉 신자들이 함께 서서 성경의 위대한 진리와 오랜 신조를 중심으로 다시 모이는 것이 필요하다. 그러한 단결이 이 세상 속에서 분명히 보여질 때에야 우리는 진정으로 복음의 능력을 경험할 수 있게 될 것이다.

그렇게 되면, 하나님의 백성으로 함께 선 우리는 위대한 두 가지 명령에 순종해야 한다. 첫째는 잃어버린 자를 찾는 것이고, 다음에는 문화를 재건하는 것이다. 이제 그리스도인들이 이 기회를 붙들어, 수세기 전 아일랜드인들이 그랬던 것처럼, 기독교는 진리일 뿐 아니라… 인류의 유일한 희망이라는 것을 세상에 보여주어야 할 때다.

제32장

염려 말고 믿음을 가져라

> 그리스도인들과 물질주의자들은 우주에 대해 서로 다른 견해를 가지고 있다. 둘 다 옳을 수는 없다. 틀린 사람은 실제의 우주에 전혀 적합하지 않은 방법으로 행동하고 있을 것이다.
>
> 루이스(C. S. Lewis)

문화구원은 어떻게 이루어지는가? 새천년이 시작되는 이때에, 어떻게 하면 우리 앞에 놓인 기회를 잡을 수 있을까?

그 대답은 간단하다. 안에서부터 밖으로 가는 것이다. 개인에서부터 가족과 공동체로, 그리고서 점점 더 넓게 파장을 그려가는 것이다. 우리는 우리 행동과 선택에 있어 기독교적 세계관의 원리에 따라 사는 것이 무엇을 의미하는지 이해하는 데서부터 출발해야 한다. 그렇게 하지 않으면, 우리는 성경을 이 시대의 정신에 따라 해석하게 되고, 따라서 하나님의 말씀에 따라 살기보다는 이 시대에 맞추어 살게 된다.

수년 전, 교리에 관해 토론하던 중 한 젊은이가 고린도전서 1장에서 바울이 말하는 바에 대해 이 책의 공동저자인 낸시와 견해를 달리했다.

"저는 당신에게 동의할 수 없습니다." 그가 말했다.

"아니오. 당신은 내가 아니라 바울과 견해를 달리하고 있는 것입니다." 낸시는 점잖게 그의 생각을 고쳐주었다.

"좋습니다. 그렇다면 나는 바울과 견해를 달리합니다." 그는 어깨를 으쓱했다.

그리고 나서 그는 자신의 견해를 말했는데, 성경은 오래 전 다른 시대에 기록되었으며, 오늘날 성령께서는 전혀 새로운 진리, 심지어는 성경이 말하고 있는 것과 모순될 수도 있는 진리를 계시할 수 있을 것이라고 했다. 이 젊은이는 신실한 그리스도인이었다. 캠퍼스 내 그리스도인 모임의 회장이었으며, 동료 그리스도인들의 리더였다. 그러나 그는 세속문화의 사고방식을 받아들이고 있었으며, 그런 사고방식 아래서 성경을 재해석하고 있었다. 그는 진리와 계시에 대한 이해, 또 궁극적인 실재이신 하나님 안에서 성경에 뿌리를 두는 세계관에 대한 이해를 상실하고 있었다. 이는 그의 개인적 선택에도 반영이 되고 있었는데, 그가 자신의 여자친구와 동거하고 있었다는 사실에서 알 수 있었다. 그는 성경의 윤리를 배우지 않은 것이 아니었다. 또 일부러 타락하고 있는 것도 아니었다. 다만 그는, 성경은 인간이 기록한 문서를 포함하고 있을 뿐이며, 따라서 그의 삶에 규범이 될 수는 없다고 확신하고 있었다. 성경을 읽을 때마다, 그는 비기독교도가 만들어낸 세계관이라는 그물망으로 성경을 걸러낸 후 이해했으며, 그 결과 교리와 개인윤리에 대해 왜곡된 이해를 갖게 되었다.

중세 때 수도사들이 그러했던 것처럼 이런 이교적인 문화를 변화시키려면 우리는 우리 자신에게서부터, 즉 기독교 세계관이 우리 자신의 도덕적 선택과 생활양식의 선택에서 무엇을 의미하는지를 이해하면서 출발하여야 한다. 개인의 도덕적 선택은 전체 사회의 건전성을 결정한다는 의미에서 이는 오늘날 매우 중요한 과제이다. 여론조사를 해보면 오늘날 미국인들은 사회의 부패와 도덕의 부패, 즉 범죄, 가정붕괴, 약물남용, 오락매체에서 난무하는 섹스와 폭력 등을 가장 염려하는데, 이 모든 것들은 결

국 개인의 도덕적 선택의 결과이다.[1]

　이런 사실들을 놓고 볼 때, 전국적으로 유명한 강사들은 사람들에게 자신의 삶에 대해 책임을 지고, 자신의 행동을 변화시키는 데 필요한 자기 훈련을 하라고 말하는 데 인색하지 말아야 할 것이라고 생각한다. 그런데, 지난 수십 년간 주류 문화의 풍토는, 개인들은 그들이 원하는 대로 할 수 있는 권리가 있으며, 그 결과로 생겨난 부정적인 문제들은 '사회'가 책임져야 한다는 것이었다.

　이런 태도는 1993년의 의료서비스 논쟁기간에 나온 시사만화 "시골"(Outland)에서 아주 잘 묘사되고 있다. 첫 장면에서 펭귄 오퍼스와 그의 친구들이 낭떠러지 옆 세발자전거에 위험하게 앉아있다. 주위에는 온통 경고판이 세워져 있다. 위험, 정지! 낭떠러지로 떨어지는 것은 건강에 치명적일 수 있습니다! 그러나 등장인물들은 경고판을 무시하고 달려 내려간다. 물론 세발자전거는 전복되고, 그들 모두 낭떠러지로 떨어진다. 진흙탕 속에서 오퍼스는 손을 내밀고 요청한다. "빨리! 무제한 공짜 의료서비스 불러요!"[2]

　슬프게도, 이것은 바로 오늘날 우리 개인생활이나 사회 전반에 퍼지고 있는 병리현상에 대해 많은 미국인들이 취하는 태도이다. 우리의 행동은 우리 자신의 문제이며, 우리가 자율적으로 한 선택에 따른 부정적인 결과에 대해서는 사회가 이를 보상할 의무가 있다는 것이다.

　성적인 행동이 대표적인 예이다. 혼외정사는 성관계를 통해 감염되는 질병(STDs, Sexually Transmitted Diseases), 대부분의 낙태, 편모가정, 만성적인 복지의존의 주요원인이다. 그러나 이렇게 사회적인 파산상태라 해서 성교육 강사들이 젊은이들에게 혼외정사를 하지 말라고 가르쳤는가? 거의 그렇지 않다. 1960년대부터 1980년대에 이르기까지, 공립학교의 성교육 프로그램들과 그 옹호자들은, 성 행위가 순전히 학생 개인의 선택적 문제라고만 완강하게 주장해 왔다. 불가피하게 부정적인 결과가 뒤따르게 되자, 이들 강사들은 결과에 대해 반창고를 붙이라고 정부에 압력을 가해 왔다. 성관계 감염 질병을 방지하기 위해 정부는 학교에 콘돔을 제공한다. 난잡한 동성애가 치명적인 질병으로 이어지자, 정부가 연구를 위해 더 많은 비용을 지불하지 않는다고 비난하는 소리가 높아졌다. 성관계로 임신이 되면, 정부는 낙태비용을 지불하고, 편모가정에 복지혜택을 주어야 한다.

이런 태도는 공중도덕에 대한 새로운 개념이 자리잡기 시작한 1960년대에 시작되었는데, 사회학자 크리스토퍼 젱크스(Christopher Jencks)의 대담한 말로 표현되었다. 젱크스는 편모가정에 대해 말하면서 "만일 사람들이 엄마와 아이, 그리고 뜨내기 남자로 구성된 가정을 원한다면, 이런 선택을 바꾸는 것은 연방정부가 할 일이 아니다"라고 주장하고 있다. 그렇다면 무엇이 연방정부의 할 일인가? "다른 일반가정에서 공급되고 있는 물리적이고 심리적인 필요를 편부모 가정에도 공급해 주는 방법을 찾아내는 것"이라고 그는 말한다.[3]

젱크스가 말하고 있는 것을 잘 살펴보기 바란다. 정부는 국가의 도덕적인 분위기를 만들려고 하거나 무책임한 행동을 말리지 말아야 한다. 그 대신 정부는 사람들의 잘못된 선택에 따른 불이익을 보상해 줄 '방법을 만들어내는 것'을 임무로 한다. 정신과 의사인 데이비드 라슨(David Larson)이 말한 것처럼 정부는 국민들이 자기 몫의 케이크를 챙길 뿐만 아니라 먹도록까지 해야 한다![4]

이런 태도는 정부에만 국한되지 않는다. 얼마나 많은 미국인들이 자기의 무책임으로 인한 잘못을 다른 사람이 갚아주기를 기대하는 그런 덫에 걸려 있는지를 생각하면 놀랄 일이다. 미국의학협회는 오늘날 의료보호 비용의 증가는 주로 '생활양식 요소와 사회적 문제'의 책임이라고 말하고 있다. 어떤 연구결과에 의하면, 모든 질병의 약 70퍼센트는 생활양식 선택의 결과라고 한다.[5] 사람들은 자기가 담배를 끊어야 하고, 인스턴트 음식을 줄여야 하며, 규칙적으로 운동해야 한다는 것을 알고 있다. 그러나 질병을 예방하기 위해 이런 일을 하는 사람이 얼마나 되는가? 건강치 못한 습관으로 인해 심장병이나 폐암에 걸리면, 그들은 의료보호제도가 자신들을 자신들의 잘못된 습관의 결과로부터 보호해 줄 것을 기대한다.[6] 오퍼스 만화는 안타깝게도 진실에 가깝다.

어디서 이런 가치중립적인 생활양식이 나온 것일까? 그런 세계관의 뿌리는 무엇일까? '창조, 타락, 그리고 구속'이라고 하는 범주를 알고 있는 것이 이런 지배적인 세속적 관점의 문제를 진단하는 데 어떤 도움을 줄 것인가, 또 기독교 세계관은 어떻게 해서 보다 나은, 보다 건강한, 그리고 보다 합리적인 생활방식으로 이끌 수 있는 것일까?

간단히 말해, 만일 우리가 창조에 관한 성경의 가르침을 거부한다면 자연이 우리의 창조자가 된다. 도덕성은 어떤 수준에까지 진화해 온, 인간이 만든 어떤 것이 되고 만다. 우리가 어떻게 살아야 하는지 말해 주는 아무런 초월적인 도덕적 기준이 없게 된다. 각 개인은 자기 자신의 삶을 마음대로 꾸릴 권리를 갖는다. 만일 죄와 타락이라는 개념을 거부하면 객관적으로 잘못된 것은 아무것도 없고, 진정한 죄책감이라는 것도 없다. 사회적으로 승인되지 않기 때문에 생겨나는 잘못된 죄책감만 존재할 뿐이다. 이런 사고방식의 논리적 귀결은 구원이란 잘못된 죄책감으로부터 우리를 해방시켜 주는 것이며, 모든 생활양식에서 그 오점을 제거함으로써 우리의 천부적인 자율성을 회복시키는 것이다. 정부기구의 역할은 개인의 선택에 따라 부정적인 결과가 생겨나지 않도록 자원을 동원하는 것이다. 만일 모든 선택이 도덕적으로 동등하다면, 선택의 결과에 대해 아무도 고통받아서는 안된다.

이와는 대조적으로, 기독교는 하나님이 구체적인 구조, 즉 물질적 질서와 도덕적인 질서를 가진 우주를 창조하셨다고 주장한다. 우리가 만일 이 질서에 반하여 생활한다면, 우리는 하나님께 죄를 짓는 것이고, 그 결과는 개인적 수준에서나 사회적 수준에서 틀림없이 해롭고 고통스러운 것이 될 것이다. 반면, 우리가 그 질서에 순복하여 그 질서와 조화되어 산다면 우리의 삶은 보다 행복하고 건강해질 것이다. 정부기구의 역할은 사람들로 하여금 사회적 건강과 조화를 이루는 원리에 따라 살도록 격려하는 일이 될 것이다.

지난 40년간, 우리의 공공정책은 가치중립적인 모델의 지배를 받아 왔다. 그렇게 된 오늘날, 그 가공할 결과들이 너무나 분명해지고 있다. 단호한 세속주의자들조차도 사회가 개인의 도덕적 무책임의 대가를 더 이상 지불해서는 안된다는 사실을 인식하기 시작했다. 그 40년 동안 낙태와 십대 임신은 급증했고 복지체계는 과부하가 걸렸다. 범죄률, 특히 십대의 범죄률이 급증했고, 의료보호비용은 너무 급격히 증가하여 정부는 계속 직접 떠맡겠다고 나서고 있다(심지어 노인의료보험제도도 수년 내에 파산할 것을 예상하고 있다). 젱크스의 표현을 빌면, 이 복지국가는 편모가정에도 '일반가정에서 공급받는 것과 동일한 물리적, 심리적인 필요를 공급해 주는 방법을 찾아내는 것'에 실패했음이 점점 더 분명해지고 있다.[7] 오히려 복지급여는 무질서해지고 비도덕화된 영구 하층민을 만들어내었다. 무책임한 행동을 보상해 줌으로 말미암아 정부는 사실상 이를 더 조장해 왔고, 점점 더 많이 생겨나도록 하고 있다.

미국인들은 '근대주의의 막다른 골목'에 도달했다. 그들은 도덕과 종교의 제약으로부터 자유로울 권리가 있다고 들어왔지만, 무제한의 선택권이 결과적으로 사회의 붕괴를 가져오게 되자, 이제는 한때 도덕률이 제공해 주던 보호벽을 갈망하게 되었다. 미국인들이 대체로 성경적 도덕관을 받아들이던 때는 범죄나, 붕괴된 가정, 성적으로 전염되는 질병 등이 만연하지 않았다. 많은 사람들이 이제 도덕률은 개인의 선택에 대한 자의적인 제약이 아니라, 사회의 붕괴를 막는 보호장치라는 것을 이해하기 시작했다.

그런 이유 때문에, 수십 년간 개인의 권리에 관해 공개적인 주장을 하던 문화 지도자들이 이제 시민의 의무와 덕을 되살리기 위한 공통의 세속 언어를 찾아내기 위해 애쓰는 것을 들을 수 있게 되었다. 데이비드 블랙큰혼(David Blackenhorn)이 주도하는 "전국아버지운동"(NFI, National Fatherhood Initiative) 같은 단체가 가정의 붕괴를 막기 위해 등장하고 있다. 성교육 강사들은 어린이들에게 성 경험을 늦추도록(결혼까지는 아니더라도 어른이 될 때까지) 가르치기 시작했다. 교실에서는 인성교육이 이루어지기 시작했다.

도덕적 주장에 대한 이런 새로운 열린 태도는 성경의 도덕질서에 따라 살아가는 것이 개인이나 사회 모두를 위해 보다 건강한 것이라는 우리의 주장을 밝힐 수 있는 아주 좋은 기회이다. 또 우리의 주장을 뒷받침할 수 있는 과학적 증거들이 점점 더 증가하고 있다. 의학연구에 따르면, 교회를 정기적으로 출석하고 신앙에 따라 일관성 있게 행동하는 사람들이 정신적으로나 육체적으로 더 잘 산다는 것이 확인되고 있다. 최근의 몇몇 사례들을 생각해 보기로 하자.[8]

알코올남용: 알코올남용은 종교를 가지고 있지 않거나 종교에 대한 헌신이 낮은 사람들에게서 가장 많다.[9] 한 연구에 따르면, 알코올 중독자들 중 89퍼센트가 어린시절에 이미 종교에 대한 관심을 잃었다고 말하고 있다.[10]

약물남용: 많은 연구서들이 종교적 헌신과 약물남용 사이의 반비례적 상관관계를 지적하고 있다. 젊은이들이 종교를 얼마나 중요하게 생각하느냐 하는 것은 그가 약물남용을 하고 있는지의 여부를 알 수 있는 가장 좋은 지표가 된다. 전 보건사회복지부 장관이며 린든 존슨 대통령의 "위대한 사회" 정책의 입안자였던 조셉 캘리파노(Joseph Califano)는 콜럼비아대학의 "중독과 약물남용센터"(Center for Addiction and Substance Abuse)의 소장이 되고 나서 놀랍게도 180도로 입장을 전환했다. 1998년,

그는 클린턴의 마약대책 책임자였던 맥카프리 의무국장(General McAffrey)과 나를 약물남용과 범죄의 관계를 보여주는 3년간의 연구결과를 언론에 발표하는 자리에 초대했다. 그 통계는 놀라운 것이었다. 범죄의 80퍼센트는 알코올이나 약물이 관련되어 있었다.[11] 그리고 나서 캘리파노는 나를 가리키면서 모여있는 기자들에게 "그에게 해답이 있습니다. 내가 만나 본 이들 중에 성공적으로 마약이나 알코올을 끊은 사람들은 모두 재활의 핵심요소로 종교를 받아들였습니다"라고 했다. 캘리파노는 이제 '영적인 필요를 공급해 주는' 마약치료 프로그램에 열심히 자금을 지원해 주고 있다.[12]

범죄: 종교활동에 참여하는 것과 범죄를 피하는 것 사이에는 아주 강력한 상관관계가 있다. 하버드의 교수 리처드 프리맨(Richard Freeman)은 도시의 젊은 흑인들이 교회에 정기적으로 출석하는 것이 마약이나 범죄에 빠지는 것을 예방하는 아주 중요한 요소임을 발견했다.[13] 또 다른 연구에 의하면, "교도소선교회"의 성경공부에 정기적으로 참석한 사람들의 재범률이 3분의 2나 줄어들었음을 보여주고 있다.[14]

우울과 스트레스: 여러 연구에 의하면, 종교에 대한 헌신도가 높을수록 우울증이나 스트레스의 수준이 낮아진다.[15] 한 갤럽 조사에 의하면, 종교에 대한 헌신도가 높은 사람들은 그렇지 않은 사람들보다 '아주 행복하다'고 응답한 사람이 두 배나 많았다.[16] 하버드 의과대학의 정신과 교수이며, 헌신적인 그리스도인인 아만드 니콜라이(Armand Nicholi)는 그의 평생의 경험을 통해 보건대, 그리스도인들이 정신적인 문제를 경험할 확률은 비신앙인들에 비해 훨씬 적다고 주장한다. 왜 그런가? '모든 종류의 우울증을 특징짓는 아주 중요한 요소는 소망 없음과 무력감'인데, 그리스도인들은 소망이 없을 수가 없기 때문이다.[17]

자살: 교회에 가지 않는 사람들은 교회에 자주 가는 사람들에 비해 자살을 기도할 확률이 네 배나 높다. 사실, 교회에 출석하지 않는 것은 실직

을 포함한 다른 어떤 위험요소보다도 자살과의 상관관계가 높다.[18]

가정의 안정성: 많은 연구 결과 교회출석과 이혼율은 반비례하는 것으로 밝혀졌으며, 한 연구에선 교회출석이 결혼의 안정성을 예측할 수 있는 가장 중요한 요소라고 밝히고 있다.[19] 또 종교는 그 자체가 십대의 성관계, 혼외출산, 부모와 자식간의 불화, 그밖의 가정파괴 요소들을 예방하는 데 아주 중요한 해결책임을 보여주고 있다.

전통적인 사회학적 연구 프로젝트인 "미들타운"(Middletown)은 전형적인 미국 도시 거주자를 세 차례 연구했는데, 처음은 1920년대였고, 세 번째는 1980년대였다. 이 오랜 기간에 걸친 데이터는 '가정의 연대감 - 말하자면 가정의 건강 - 과 교회출석, 교회활동 사이의 분명한 관계'를 보여주고 있다.[20] 건강한 가정을 이루는 요소들에 대한 연구에서, 건강한 가정의 84퍼센트가 그들 가정이 건강한 이유를 종교로 꼽았다. 또 다른 연구에서도 미국 흑인 부모들은 자녀들을 양육하고 도덕적인 지침을 주는 데 있어 교회의 영향은 아주 중요한 것이라고 말했다.[21]

결혼생활, 성생활의 만족도: 종교를 가진 사람들은 의무감에서 불행한 결혼을 참고 산다는 오해를 받지 않기 위해 다음과 같은 통계를 살펴볼 필요가 있을 것이다. 교회에 출석하는 사람들은 다시 태어나도 같은 배우자와 결혼하겠다는 사람이 더 많은데, 이는 결혼생활의 만족도를 측정하는 매우 중요한 요소이다. 1978년의 한 연구는, 교회출석이 다른 어떤 단일 변수보다도 결혼생활의 만족도를 잘 예측할 수 있는 요소임을 밝히고 있다.[22] 1994년의 "미국의 성"(Sex in America) 연구를 보면, 종교를 가진 여자들이 종교를 갖지 않은 여자들에 비해 높은 성적 만족도를 누리며 살고 있음을 알 수 있다.[23]

신체적 건강: 산모가 종교를 가지고 있을 경우, 산모와 그들의 신생아들이 의학적인 문제를 가지고 있을 가능성이 훨씬 적다는 연구보고서들이 나와 있다. 종교집단에 소속되어 있음으로 해서 혈압이 낮아지고, 스트레

스를 덜 받으며, 심장마비가 온 이후에도 살아남을 확률이 높게 된다. 강한 종교적 신념을 가지고 있는 사람들은 심장수술을 받고 난 후 살아남을 확률이 높다. 예배에 참석하는 남녀 노인들은 종교를 갖지 않은 동년배의 노인들보다 덜 우울해하며 신체적으로도 더 건강하다. 이들은 집에서 TV로 예배를 지켜보는 사람들보다도 더 건강하다. 교회에 가는 사람들은 심지어 흡연과 같은 위험요소가 있는 경우에도 혈압이 더 낮다.[24]

교회출석은 심지어 사망률에도 영향을 미친다. 교회에 자주 출석하는 사람들은 교회에 잘 출석하지 않는 사람들에 비해 동맥경화증으로 죽을 확률이 60퍼센트 수준이다. 교회에 가는 사람들이 폐기종으로 죽을 확률은 그렇지 않은 사람의 50퍼센트 이하이며, 간경화로 죽을 확률은 그렇지 않은 사람에 비해 25퍼센트 수준이다.[25] 과학은 잠언에 있는 말씀을 확인시켜 주는 듯하다. "여호와를 경외하면 장수하느니라"(잠 10:27).

* * *

신앙을 가진 사람이 모두 건강하고 행복하다는 뜻은 아니다. 그러나 이 통계는 "전형적인 인간의 상태를 아주 분명하게 서술해 주고 있다"고 패트릭 글린은 「하나님: 그 증거」(*God: The Evidence*)에서 말하고 있다. 임상경험과 연구결과도 '인간의 행복과 복지에 가장 중요한 결정인자들은 우리의 영적인 신념과 도덕적인 선택' 임을 말해 주고 있다.[26]

이 통계는 너무 분명한 것이어서 확실한 세속주의자도 종교가 사회에 좋은 것임을 확신할 수밖에 없다. 이것이 바로 귄터 루이(Guenter Lewy)가 그의 최근 저서 「왜 미국에는 종교가 필요한가」(*Why America Needs Religion*)에서 내리고 있는 결론이다. 루이는 원래 세속주의를 옹호하는 책을 쓰려고 했으나 자료들을 조사하고 난 후, 그 자신 놀랍게도, 하나님께 대한 믿음은 사람들을 보다 행복하고 보다 온전하게 만든다고 주장하게 되었다. "청소년 비행, 성인범죄, 편견, 혼외임신, 결혼생활의 갈등과 이혼 등 모든 문제에 있어 믿음을 가진 그리스도인들 사이에서는 이런 도덕적 실패나 사회적 병리현상이 현저히 적었다."[27] 간단히 말해, 사람이 하나님 없이 도덕적이고 건강하게 '살 수 있을지'는 모르나, 통계를 기준으로 말한다면 그 확률은 정반대라는 것이다.

더군다나 기독교가 주는 유익은 태도나 생활양식만의 문제가 아니다. 초자연적인 것들 또한 부인할 수 없다. 데일 매튜(Dale Matthew) 박사는 자원봉사자들을 뽑아 류마티스성 관절염을 앓고 있는 특정한 환자들을 위해 기도하는 실험을 했다. 자기를 위해 기도하고 있다는 사실을 알게 되면 위약효과(Placebo effect)가 생길 것을 염려하여, 환자들에게는 누가 이 실험에 참여하고 있는지 말해 주지 않았다. 그런데 기도를 받고 있는 환자들의 회복률이 기도를 받고 있지 않은 환자들보다 훨씬 높았다.[28]

하버드대학의 허버트 벤슨(Herbert Benson) 교수는 의사들이 영적 차원의 잠재된 치유력을 인식할 때가 되었다고 말한다. 비록 벤슨 자신은 그리스도인이 아니지만, 그는 인간이 "종교적인 신앙을 위해 만들어졌다"고 말한다. 우리들은 "하나님께 맞추어져 있다… 우리의 유전자 청사진은 무한한 절대자를 믿는 것을 우리 본성의 일부로 만들어두었다"고 말한다.[29] 이는 인간의 영혼이 하나님과의 교통 속에서 살도록 만들어졌다고 하는 성경의 주장을 확언하는, 비신자로서는 가장 성경에 가까이 가는 주장이다.

그러나 이러한 발견이 모든 종류의 종교가 다 도움이 된다는 것을 의미하지는 않는다. 위대한 종교심리학자 고든 올포트(Gordon Allport)는 '내재적 신앙'과 '외재적 신앙'을 구분한다. 외재적 신앙을 가진 사람들은 종교를 외부목적을 위해 이용한다. 예를 들어, 존경을 받기 위해 교회에 출석하는 정치가나 물질적인 이익만을 위해 기도하는 사람 등이 이에 해당된다. 내재적 신앙을 가진 사람들은 다른 동기 없이 하나님을 섬긴다. 그들은 하나님과 교통하고 그분의 진리를 이해하기 위해 기도한다.

어떤 계산을 하지 않고도 베풀 수 있다. 올포트의 직업적인 경험에 의하면, 정신건강이 더 좋아지는 것은 다만 내재적 신앙을 가진 사람들과 상호 관련된다. 그 유익은 진정으로 믿는 사람들에게 돌아가는 것이지, 다른 목적이 있어서 종교를 갖는 사람들에게는 가지 않는다.[30] 이러한 발견은 종교가 소원성취, 또는 어떤 유익을 얻기 위한 것이라고 하는 프로이트의 종교유형설을 깨뜨리는 것이다. 만일 우리가 외적인 목적을 위해 신앙이 있는 척한다면 우리는 전보다 더 비참해질 것이다.

이와 마찬가지로, 신앙의 유익은 신앙을 실천하는 사람들에게 주어지는 것이지, 말로만 신앙을 고백하는 사람에게 주어지는 것이 아니다. 실제로 라슨의 연구에 의하면, 강한 종교적 신념을 가지고 있으면서 실천하지 않는 것은 대단히 불건전하다. 하나님을 믿으면서 교회출석을 무시하거나, 성경을 읽고 묵상하는 일을 하지 않고, 식사 전 기도도 무시하고, 죄에 빠지게 되는 사람들은 오히려 아주 높은 수준의 스트레스를 보여준다. 만성 알코올 중독자에 대한 연구에서 보면, 아주 놀랄 정도로 많은 숫자가 보수적인 종교적 신념을 가지고 있으면서 실천하지 않는 사람들이다. 라슨의 연구팀은 신앙과 실천 사이의 이러한 모순이 알코올 중독의 한 요인이 될 수 있음을 보여주고 있다.[31]

다시 말해, 일관성이 없는 그리스도인들은 일관성이 있는 무신론자들보다 더 많은 고통을 받는다. 모든 사람들 중 가장 비참한 사람은 진리를 알면서도 그에 복종하지 않는 사람들이다.

*　*　*

기독교 세계관을 입증하는 과학적 증거들이 크게 늘어난 데는 국립보건연구원(National Institute for Healthcare Research) 원장인 데이비드 라슨의 공이 크다. 라슨의 이야기는 그리스도인들이 어떻게 자신의 확신을 유지해야 하는가뿐만 아니라, 우리가 행동할 때 어떤 일을 이룰 수 있는지를 보여준다.

라슨이 정신과 훈련을 받기 시작했을 때, 그의 교수 중 한 사람이 그의 기를 꺾으려 했다. "이보게, 데이브. 자네한테는 신앙이 중요한 문제지, 안 그런가?" 그 교수가 말했다.

"그렇습니다." 라슨이 말했다.

"그렇다면 정신과 의사가 되려는 생각은 집어치우는 게 좋겠군. 정신과 환자들에게 종교는 해로울 뿐이거든."

라슨의 동료 교수는 정신과 의사와 심리학자들 사이에 전해 오는 전통적인 교훈을 말하고 있었던 것인데, 이는 정신분석의 창시자인 지크문트 프로이트로부터 내려온 것으로, 그는 종교를 "보편적인 강박신경증", "유아적 무기력증" 그리고 "원시적인 자기도취로의 회귀"라고 정의했던 사람이다. 프로이트 이후 용어는 바뀌었지만, 대부분의 심리학자들과 정신과 의사들은 종교가 정신적 건강에는 부정적인 요소이며, 정신질환의 병증과도 관계가 있다는 가설을 믿고 있었다.[32]

그러나 라슨은 중도하차를 거부했다. 연구를 해나가면서 라슨은 매우 재미있는 패턴을 발견했다. 종교는 결코 정신질환과 관계가 없다는 것이다. 사실은 그 반대였다. 종교는 실제로 정신질환으로부터 사람들을 지켜주었다.

이런 통찰로 인해 라슨은 자신만의 연구를 시작하게 되었고, 오늘날 그의 업적은 관련분야 전체에 영향을 미치고 있다. "점점 더 많은 심리학자들이 그들의 개인생활 속에서는 아닐지라도 적어도 그들의 데이터에서는 종교를 많이 찾고 있다"고 "뉴욕 타임즈"는 기록하고 있다. "한때 심리학에서 좋게 말해 주어도 인기없는 주제였던 것이 이제는 다시 태어나 과학적 탐구의 주요 주제가 되고 있다."[33] 데이터에 의하면, 종교는 정신병과는 거리가 멀고, 오히려 정신건강, 신체건강, 가정결속, 그리고 사회질서에 유익하다.

이런 새로운 과학적 증거들은 우리에게 아주 좋은 변증의 자료를 제공해 주고 있다. 왜냐하면 이런 자료들은 우리가 성경의 원리를 무시하고, 우리 존재의 근본에 거스르는 방식으로 살 때 스트레스, 우울증, 가족간의 갈등, 심지어는 신체적인 질병까지 앓아야 한다는 것을 분명히 보여주고 있기 때문이다. 기독교는 우리의 진정한 본성을 왜곡시키고 억압하는 임의적인 일련의 제약과 규칙이 아니라, 우리의 진정한 본성과 어떻게 그 본성에 따라 살아야 할지를 자세히 보여주는 것이다. 그렇게 할 때 우리는 그 길로 행하여 주어지는 열매를 누리며 살게 될 것이다. "여호와를 경외하는 것이 지혜의 근본이요… 지혜로 말미암아 네 날이 많아질 것이요 네 생명의 해가 더하리라"(잠 9:10-11). 그 증거들은 잠언을 아주 분명하게 뒷받침해 주고 있다. 인간본성에 관한 성경의 견해는 실제와 완전히 일치한다는 것을 말이다.

신앙이 주는 이런 구체적인 유익을 인식하고서, 많은 그리스도인들은 보다 광범위한 문화에 효과적으로 증거하기 위해서, 또한 그들 자신의 재정적, 영적, 그리고 감정적 유익을 위해 연합하고 있다. 예를 들어, 플로리다에 있는 "기독교 의료분담 프로그램"(Christian Care Medi-Share Program)은 그 회원들에게 다른 어떤 종래의 보험 프로그램보다도 저렴한 가격에 100퍼센트 보장되는 보험을 제공하고 있다. 보험료는 한 가족당 한 달에 200달러 이하이다. 그 대신 회원들은 금연, 불법약물 사용 금지, 혼외정사 금지, 알코올 사용 절제 등 건강한 생활양식에 따라 살기로 약속해야 한다. 이들은 서로를 위해서도 기도한다. 그룹의 회원이 병들거나 다치게 되면 다른 사람들은 기도하고 격려편지를 써준다. "기독교 의료분담 프로그램"의 창시자이자 회장인 존 라인홀드(John Reinhold)는 "우리 회원들은 나눔과 돌봄을 믿습니다. 그러나 결국 정신과 육체가 조기에 망가질 그런 생활방식을 선택하는 사람들을 지원하고 싶지는 않습니다"라고 말한다.[34]

우리는 우리 선택의 결과로부터 도망할 수 없다. 우리 몸 속에서 우리는 성경적 세계관이 아니면 성경에 반대되는 세계관 둘 중 하나를 살찌우고 있다. 우리가 하나님의 진리를 우리 삶과 가족 안에서 체화(體化)할 때, 우리는 우리 이웃과 교회에, 우리가 속한 도시와 나라에, 점점 더 넓은 범위에서 새로운 삶을 전하게 될 것이다.

제33장

하나님의 훈련장

> 최근 수십 년간 있었던 가족관계의 경향이 장래에도 계속된다면 그 결과는 결혼 내의 불확실성이 증가할 뿐만 아니라, 결혼이 점차 감소하고 성적 표현과 자기성취를 위한 즉흥적인 관계가 증가할 것이다. 이런 시나리오는 아이들이 상처를 입고, 어른들도 행복하지 않을 것이며, 사회질서가 붕괴될 것이라는 문제점을 안고 있다.
>
> 데이비드 파피누(David Popenoe)

당신의 아이가 도서관에서 책을 빌려 왔는데 이혼이란 아무것도 아니며, 단지 어떤 가정들이 겪을 수 있는 과도기적인 것이라고 말하고 있다고 생각해 보자. 아니, 아예 생각하지 말고 당신이 직접 도서관에 가보라. 거기에서 때묻지 않은 결혼의 중요성을 깔보는 총천연색의 어린이 책들을 직접 찾아보라.

"다양한 종류의 아빠가 있습니다." 취학 전 아동을 위한 어떤 책은 이렇게 확신을 주고 있다. "때로 아빠들은 여러분의 아빠처럼 가버립니다. 그는 자기 아이들을 다시는 보지 않을 수도 있습니다." 또 다른 책에는 "어떤 어린이들은 엄마와 아빠 모두를 알고 지냅니다. 그런데 어떤 아이들은 모르고 지냅니다"라고 적혀 있다. 또 다른 책은 이혼을, 몇 가지 실제적인 힌트를 알고 있으면 쉽게 극복할 수 있는 어색한 순간이라고 말하고 있다. "한쪽 부모와 산다는 것은 틀림없이 돈이 적어질 것임을 의미한다. 어떤 것들은 포기할 준비를 해야 한다."[1]

무슨 말인가? 떠나지 않은 아빠들이나 떠나는 아빠들이나 단지 '다른 종류의 아빠들'이며, 이혼은 도덕적으로 아무런 중요성이 없다는 말이다.

이 메시지는 어린이들을 위한 그림책으로 끝나지 않는다. "미국 가치연구소"(Institute for American Values)가 대학 학부과정에서 결혼과 가족에 관한 교과서로 가장 널리 사용되는 책 20권을 조사해 본 결과, 이 주제에 대해 충격적으로 부정적인 전망을 하고 있음을 발견했다.[2] 이들 교과서는 결혼의 유익은 무시하고 가정폭력과 같은 문제들만 강조하고 있었다. 이 책들은 여자들에게 결혼은 심리적으로 답답하게 만들고 육체적으로도 위협이 될 수 있음을 경고하고 있다. 한 교과서에는 "우리들은… 결혼이 여자들의 정신건강에 악영향을 미치고 있음을 분명히 알고 있다"라고 적혀 있는데, 이는 경험적인 증거자료가 전혀 뒷받침되지 않은 주장이다. 사실, 대부분의 연구를 보면 결혼한 남녀 모두 결혼하고 나서 더 높은 수준의 행복감을 느낀다고 한다.[3] 그런데도 이런 책들은 이혼이 아이들에게 미치는 너무나 잘 알려진 부정적 효과를 무시하고 있으며, 다만 그 중 절반 정도만이 가정의 붕괴가 청소년 비행의 증가와 아주 밀접한 관련이 있음을 언급하고 있다.

만일 "미국 가치연구소"가 일부의 책에서만 이데올로기적으로 편향된 내용을 찾아냈다면 별로 놀랄 일도 아니었을 것이다. 문제는 전국적으로 학생들이 사용하는 교과서들 대부분이 급진적 페미니즘과 성 혁명의 관점을 우리 미래의 교사들, 카운슬러, 사회복지사들에게 가르치고 있다는 사실이다.

다른 이유가 없다 해도 순전히 자기 자신의 유익을 위해서 거의 모든 문명은 법적으로나 사회적으로 가정을 보호해 왔는데, 그 이유는 가정이 인류를 전파하고 자녀들을 문명화시키는 기관이기 때문이다. 그러나 포스트모던의 미국에서 가정은 다방면으로부터 공격을 당하고 있다. 책과 대중잡지, 텔레비전과 영화, 또 주정부나 연방정부의 정책으로 공격을 받고 있다. 가장 오래되고 가장 기초적인 사회기구인 가정에 대한 이러한 조직적인 해체작업은 최근 수십 년간 미국사회에 혼란을 가져온 가장 중요한 원인이다.

개인과 개인의 선택이라는 범위를 벗어나면 제일 먼저 영향을 받는 곳은 가정이라는 친밀한 관계이다. 가정보다 세계관의 충돌이 분명하게 나타나는 곳은 없다. 가정보다 그 효과가 더 파괴적인 곳은 없다. 모든 문명의 기저에 깔려 있는 자연질서에 대해 세계관이 가정보다 더 크게 영향을 미치는 곳은 없다. 그리스도인인 우리가 뭔가 다른 일을 하고자 한다면 가정이야말로 세계관적인 접근이 필요한 곳이다. 많은 신자들이 가정에 관련된 문제들에 대해 정치적으로 활발한 움직임을 보이고 있지만, 우리가 그 밑에 깔린 세계관에 대항하지 못했기 때문에, 우리의 노력은 대개 예방적이지 못하고, 반동적이 되었다.

머피 브라운 시대의 가정

가정에 대한 상충된 세계관이 가장 극명하게 드러난 것은 1992년 당시 부통령이었던 댄 퀘일(Dan Quayle)이 "머피 브라운"(Murphy Brown, 캔디스 버겐이 주연을 맡은 TV시리즈 제목에서 따온 것)이라는 악명높은 연설을 할 때였다. 이 연설은 전국 곳곳에서 조롱거리가 되었다. 많은 미국인들은 캔디스 버겐(Candice Bergen)의 반응을 듣기 위해 다음 시즌의 개막쇼에 채널을 고정했다. 이 스타는 팬들을 실망시키지 않았다. 머피 브라운처럼 그녀는 카메라를 뚫어지게 응시하면서 시청자들에게 '가정에 대한 어떤 규범적 정의도 없다'고 말했다. 그녀는 중요한 것은 '헌신, 사랑, 그리고 돌봄'이라고 강조했다.

그러나 잠시 후 버겐은 "TV가이드"와 인터뷰를 했는데, 그녀는 여기서 전혀 다른 입장을 밝혔다. "우리 가족의 가치에 관해 말한다면, 우리 아이와 가족은 항상 내게 최우선순위를 차지하고 있다"고 그녀는 말했다. 버겐은 심지어 자기가 댄 퀘일보다 한 발 먼저 와 그 쇼의 연출자에게 '특히 젊은 여성들에게 우리가 그녀들에게 미혼모가 되기를 권하고 있다는 메시지를 내보내지 말도록' 경고했다고 말했다. 또한 그녀는 "가장 이상적인 가정은 부모가 있는 가정이며, 아버지가 필요없다는 생각은 꿈에도 해보지 않았다"고 자신의 말을 마무리지었다.[4] 그녀는 문화적 우상인 머피 브라운으로서 말할 때는, 어떤 규범적인 가정구조가 있는 것은 아니라고 말했다. 그러나 아내이자 어머니인 캔디스 버겐으로 말할 때는 헌신된 정상적 가정을 열렬하게 지지했다.

우리가 현대의 도덕적 자유주의를 이해하고자 한다면, 우리는 이런 곤혹스런 불일치를 분석할 수 있어야 한다. 우리는 자유란 절대적인 자유선택이라고 정의하는 시대에 살고 있다. 우리가 '무엇을' 선택하든 상관없다. 인간의 존엄성은 선택할 수 있는 능력에 달려있다. 따라서 우리는 결혼이나 전통적인 가치를 선호할 완전한 자유가 있으며, 다른 사람들이 다른 가치를 선택할 권리가 있음도 부인하지 않는다. 다시 말해, 우리의 선택이 모든 사람에게 적용될 수 있는 객관적이고 규범적인 진리의 기준에 기초한 것이라고 주장하지 않기만 하면 된다는 것이다.

따라서 버겐은 가정에 대한 전통적 가치를 고수하고 있음을 자유스럽게 밝힐 수 있다. 왜냐하면 그녀는 자신의 개인적이고, 주관적인 견해를 밝히고 있는 것이기 때문이다. 그러나 댄 퀘일이 같은 생각을 밝힐 때, 그는 언론을 통해 맹렬한 비난을 받았고 심야 코메디 프로그램에서도 조롱을 받았다. 버겐조차 자기도 같은 생각을 가지고 있음에도 불구하고 댄 퀘일을 '거만하고', '공격적이며', '무례하다'고 비난했다.⁵ 왜 그런가? 퀘일은 개인적으로 이런 견해를 선호한다고 말하지 않고, 객관적인 도덕적 진리라고 말했기 때문이다.

오늘날 미국사회를 분열시키는 도덕적 갈등의 중심에는 이런 미묘한 구분이 있다. 그 결과, 우리는 사람들이 어떤 특정한 도덕의 문제에 대해 어떤 입장을 취하고 있는가 하는 것으로는 그 사람의 세계관을 알 수 없다. 당신은 낙태를 찬성하는가, 반대하는가, 당신은 동성애자들의 결혼을 찬성하는가, 반대하는가 등의 문제 말이다. 그 대신 우리는 사람들이 자신의 견해를 어떻게 '정당화' 시키고 있는가를 물어보아야 한다. 많은 미국인들은 전통적인 생각을 가지고 있으면서도 이것들이 개인적인 선택의 문제라 하여 객관적이고 보편적인 규범이라고 주장하기를 거부하고 있다. 가장 대표적인 예가 낙태에 대해 '개인적으로 반대'하지만 다른 사람들이 스스로 선택할 수 있는 권리는 옹호하는 태도이다. 많은 미국인들이 그들의 삶 속에서 모범적인 윤리적 행동을 하지만, 자신의 행동을 설명할 수 있는 객관적인 원리들을 물어볼 때는 "그냥 저에게 맞는 것 같아서요" 하는 그 이상의 대답은 하지 못한다.⁶

이것은 가정과 성에 대해서도 마찬가지다. 사람들은 '결혼'이나 '가족'이라고 하는 전통적인 단어들을 사용하지만 이 단어들이 더 이상 객관적인 의무감을 부여하지는 못한다. 많은 미국인들은 어떤 것을 원하는가에 관계없이 더 이상 결혼을 나름대로의 정의와 본질을 가지고 있는 도덕적인 헌신, 서로에게 객관적으로 요구할 수 있는 헌신이라고 생각하지 않는다. 대신 결혼이란 자신의 기호에 따라 정의할 수 있는 사회적 구조라고 생각한다. 도덕적 보수주의의 망토를 걸치고 있는 사람들 중에도 이런 덫에 걸려 있는 사람들이 있다. 1992년의 공화당 전당대회에서 전 퍼스트 레이디였던 바바라 부시(Barbara Bush) 여사는 다음과 같은 애매한 소리를 하였다. "당신이 가족을 어떻게 정의하든, 그것은 우리가 의미하

는 가족의 가치입니다."⁷

이런 번지르르한 말들의 포장을 벗겨 갈등의 뿌리를 점검해 보는 것이 중요하다. 이는 다시 한 번 '창조, 타락 그리고 구속'에 관한 우리들의 생각을 축으로 전개된다. 기독교 세계관은, 태초에 하나님이 인간을 관계 속에서 창조하셨다고 가르친다. 하나님은 사람을 남자와 여자로 만드심으로 인간이 성적으로 긴밀한 관계가 되도록 하셨으며, 결혼관계나 가족제도 등을 하나님으로부터 부여된 도덕적 규범을 가진 것으로 만드셨다. 문화에 따라 다양한 변형이 있기는 하겠지만 우리가 결혼과 가정이라는 언약관계로 들어갈 때, 우리는 하나님께서 부여하신 객관적인 구조에 복종한다.

그러나 계몽주의시대에 철학자들은 창조의 교리를 부인하기 시작했고, 이를 가설적인 사회 이전의, 정치 이전의 가설적 '자연상태'로 대체하였다. 이런 원시상태에서는 개인들만이 궁극적인 실재이며, 사회적 결속은 개인들의 선택에 따라 만들어진 것이 된다. 이런 이유 때문에 프랑스 철학자 피에르 마넹(Pierre Manent)은 근대 자유주의의 기본적인 신조는 "자신이 동의하지 않고서는 어떤 의무도 지지 않는다"는 것이라고 말한다.⁸

이러한 생각으로 결혼관은 급변하게 되는데, 그 이유는 결혼은 원래 우리가 창조된 방식에 기초하는 것이 아니라, 개인의 선택에 기초하는 것이므로, 그 선택은 다른 선택에 따라 '바뀔 수 있다는' 것이다. 더군다나 모든 선택들이 도덕적으로 동등하고, 어떤 하나보다 다른 것이 더 낫다고 입증할 수도 없다. 전통적인 결혼을 원하는 사람이 있다면, 그것도 좋다. 동성간에 결혼하고 싶다거나 또 다른 변형의 결혼을 하고 싶은 사람이 있다면 그것도 좋다.

이런 도덕적 동등성은 일탈행위를 열렬하게 옹호하기에 이르렀다. 예를 들어, 할리우드에서는 혼외정사로 태어난 아이도, 여러 상대에게서 난 아이들로 구성된 가족관계도 정상으로 받아들여지고 있다. 이런 사람들에게 앞서 말한 결혼은 단순히 억제되지 않은 성 충동의 문제가 아니라, 동거도 도덕적으로 결혼만큼이나 용납할 만한 것이라고 믿는 확신의 표현인 것이다.

영화비평가 마이클 메드베드(Michael Medved)가 어떤 할리우드 커플의 영화제작작업을 칭찬하면서 이들을 '결혼한 사이'라고 이야기하는 바람에 알게 된 사실이 있다. 그 두 사람은 15년 이상이나 함께 지냈고, 두 명의 아이까지 낳았기 때문에 그들을 '결혼한 사이'라고 말하는 것은 자연스러운 일이었다. 그렇지만 이제 더 이상 그렇게 생각할 수 없는 것이 메드베드가 이 사람들의 절친한 친구로부터 분노에 찬 편지를 받았는데, 거기에는 이 두 사람은 분명히 결혼하지 '않았으며', 자신들을 그렇게 묘사하는 것을 들으면 아주 '화를 낼 것'이라고 씌어 있었기 때문이었다.[9]

화를 낸다? 누군가를 결혼했다고 생각하는 것이 모욕이라니? 이것은 전통 도덕률에 대한 도전 자체가 도덕적인 십자군 전쟁으로 받아들여지고 있는 현상이다. 어떤 선택도 잘못이 없다면 어떤 생활양식도 비판할 수 없으며, 또 죄책감을 가질 필요도 없다. 실상, 그런 마음을 갖는 것은 아주 잘못된 일이다. 세계관의 용어로 말한다면, 근대 자유주의에서 유일한 '죄'는 다른 사람들을 억압적이고 인위적인 도덕률로 가둬버리는 것이며, '구속'은 최초의 자연상태에서 누리던 자유를 회복하는 것이다. 정치철학자 존 스튜어트 밀(John Stuart Mill)은 "불일치를 보여주는 것, 관습에 무릎꿇기를 거부하는 것 지체기 봉사이다"라고 말한 적이 있다.[10] '이제' 부도덕조차 좋게 받아들여지고 있다. 당신이 고의적으로 도덕과 사회규칙을 거부한다면, 당신은 사람들이 억압적인 도덕의 전통으로부터 해방되도록 봉사를 하고 있는 셈이다.

이것은 '방해받지 않은 자아'의 철학이라고 하버드 정치철학자 마이클 샌들(Michael Sandel)은 말하고 있다. 이 세계관은 고립된 자아가 모든 헌신과 도덕적 의무보다 앞선다고 묘사하고 있다. 전통사회에서 개인의 정체성은 가정, 교회, 마을, 거래, 종족, 인종집단 내에서의 사회적 역할에 따라 정해지고 표현되었다. 그러나 오늘날, 역할과 책임은 한 개인의 본질적인 정체성, 그의 핵심적인 자아와 구분되며, 심지어 모순되는 것으로 받아들여지고 있다. 자아는 자기 자신을 규정하는 과정에서 이것들을 받아들일 수도, 거부할 수도 있다.[11]

이런 말은 매우 추상적인 것 같다. 그러나 그 결과는 매우 구체적이다. 급진적 페미니스트운동의 주요 주제 중 하나는, 여자들이 아내와 어머니 역할에 질식되어 있는데 이런 관계들과 '별도로' 진정한 자기 자신을 발견해야 한다는 것이다. 그 결과, 많은 여성들이 '결혼'이나 '가정'보다 개인적 성취를 더 중요시하게 됨에 따라 지난 수십 년 동안 여성들의 사회진출이 눈에 띄게 늘어났다. 또 급격한 낙태 증가는 자녀양육에 대한 관심이 줄어들고 있음을 강하게 반영하고 있다. 마찬가지로, 탁아시설 이용이 늘어나는 것은 자기 자녀들에 대한 돌봄의 헌신이 줄어들고 있음을 나타낸다. 조지 워싱턴 의대의 소아과 교수인 스탠리 그린스펀(Stanley Greenspan) 박사는 이는 역사상 처음으로 중산층 가정에서 '자녀 돌보는 일을 외부에서 해결하려는' 경향이 증가하고 있음을 나타낸다고 말한다.[12]

그러나 페미니즘에만 그 원인이 있는 것은 아니다. 여성들이 자율성이라는 주제를 그렇게 설득력 있는 것으로 받아들이는 또 다른 이유는 50여 년 전에 이미 '남성들'이 이를 받아들였기 때문이다. 식민지시대의 남자다움이란 가족과 공익에 대한 책임이라고 생각했다. 오늘날 '진정한' 남자다움은 개인주의적이고, 공격적이며, 자기 주장이 강한 것이다. 이런 새로운 이미지는 19세기 말 카우보이들과 '가정의 울타리를 벗어난 사람을 칭찬하는' 모험소설로 인해 생겨났다.[13] 1950년대에는 "플레이보이" 지가 등장하여 결혼은 '남자의 모험심과 자유를 사랑하는 정신을 파괴하는' 덫이라고 경고했다.¹⁴ 그 결과 남편과 아버지로서의 역할은 남자의 본질적인 본성을 표현하는 하나님께서 주신 책임이 아니라, 남자의 진정한 자아와 모순되는 억압적인 전통이 되어버렸다. 남자들이 가정에 대한 의무를 저버리는 것은 아주 치명적인 결과를 낳았다. 오늘날 미국의 중요한 사회문제는 남자들이 가정으로부터 도망하는 것이다.¹⁵

'방해받지 않은 자아'라는 개념은 남자와 여자 모두에게 결혼관계는 임의적이고 복잡한 역할이라는 생각을 심어주었다. 그렇기 때문에 성 연구가 셰어 하이트(Shere Hite) 같은 이는 '가정의 붕괴'는 우리들을 제한된 역할과 규칙으로부터 해방시켜 주기 때문에 좋은 일이라고 주장한다.¹⁶

결혼에 대한 이런 부정적인 생각은 문화 전체에 영향을 미쳤다. 감히 결혼은 다른 어떤 약속보다도 중요한 것이라고 말하는 사람들은 '차별'이라는 비난을 받기 십상이다. 소녀들에게 고등학교를 졸업한 이후에 성 관계를 맺도록 촉구하는 프로그램인 "베스트 프렌드"의 설립자 엘레인 베네트(Elayne Bennett)에게 왜 소녀들에게 결혼 이후로 성관계를 미루라고 말하지는 않느냐고 어떤 이가 물었다. 그녀는 "만일 우리가 결혼에 관해 말하게 되면, 그들은 우리를 학교에 들여보내지 않아요"라고 말했다.¹⁷ 이 문제는 잠시 접어두자. 오늘날 많은 학교들은 결혼을 이상적으로 유지시키려는 프로그램은 '생각도 하지 않고' 있다. 뿐만 아니라, 많은 공공정책도 더 이상 결혼을 유일성을 지닌 사회적 선으로 보호하고 있지 않다. 세법에 따르면, 결혼한 사람이 손해를 본다. 기업에서는 결혼하지 않은 사람에게도 배우자 수당을 준다. 법원은 동성애자들간의 결합도 결혼과 동등한 수준으로 판결하고 있다.¹⁸ 가정은 이제 사람들이 자신의 유익을 위해 선택한 방식으로 상호 연관되는, 권리주체인 개인들의 느슨한 결합으로 취급받고 있다.

대중문화도 이런 메시지를 반영하고 있다. 마음을 훈훈하게 해주는 홀

마크(미국의 팬시카드회사 이름 - 역자 주) 가족영화를 만든 사람들도 "영원을 약속할 순 없어요. 그러나 오늘은 약속할 수 있어요"라고 적힌 결혼카드를 만들어내고 있다. 마찬가지로 주요 잡지의 만화에서도 젊은 남자가 자신의 여자친구에게 "내가 제안하고 있는 것은 그냥 결혼이지, 평생 약속은 아니에요"라고 말하는 것을 묘사하고 있다. 저명한 소설가 토니 모리슨(Toni Morrison)은, 핵가족은 "제대로 돌아가지 않는 패러다임이다… 왜 우리가 거기에 매달려 있는지, 난 잘 모르겠다"라고 말한다.[19] 대중오락 분야에서는 이혼과 간음을 해방의 한 형태로 묘사하고 있다. 흥행영화 "미세스 다웃파이어"의 마지막 장면에서 한 주요 등장인물은, 어린 소녀의 부모가 이혼한 후 그 어린 소녀에게 "어떤 부모들은 이혼한 후에 더 잘 지내지… 더 좋은 사람들이 되고 더 좋은 아빠 엄마가 될 수 있단다"라고 말한다.[20]

현실은 어떨까? 사회과학적 통계를 보면, 이혼한 부모들은 일반적으로 '더 좋은 엄마 아빠'가 되지 '못한다.' 자기 자녀들을 정기적으로 만나는 아빠는 드물고, 엄마들도 그들이 겪는 정서적 황폐함과 과도한 책임감 때문에 자녀들과 함께 보내는 시간이 줄어든다. 사실, 이혼이 가져오는 부정적인 결과는 여러 번 측정되었지만, 그 결과는 항상 냉혹한 것이다.[21]

이런 통계를 생각해 보라. 편부모 가정의 아이들이 가난해질 확률은 그렇지 않은 아이들에 비해 6배나 높고, 미국 편모가정의 절반은 극빈생활을 하고 있다. 이혼가정의 자녀들은 수년간이나 지속되는 깊은 슬픔으로 고통받는다. 청년이 되어서도 심리치료적 도움을 필요로 할 확률이 두 배나 된다. 붕괴된 가정의 자녀들은 학교의 학업이나 행동 면에서 문제를 일으킬 확률이 높으며, 고등학교를 중퇴할 확률이 2배나 된다.[22] 편부모 가정에서 자라난 소녀들은 너무 일찍 성관계를 가질 확률이 아주 높으며, 미혼모가 될 확률이 3배나 높다.[23]

범죄와 약물남용은 아버지가 없는 가정에서 더 심하다. 사실 강간범의

60퍼센트, 살인범의 72퍼센트, 모든 장기수의 70퍼센트가 아버지가 없는 가정에서 자라난 사람들이다. 따라서 오늘날 미국인의 삶을 붕괴시키는 대부분의 병리현상은 아버지 없음에 기인한다고 볼 수 있다.[24]

놀랍게도, 이혼한 부모가 다시 결혼한다고 자녀들이 더 나아지지는 않으며, 오히려 병리현상이 증가한다는 연구보고도 있다. 예를 들어, 의붓가정의 취학 전 아동들은 신체적, 성적 학대를 당할 가능성이 40배나 높다.[25]

어른들도 이혼에 큰 영향을 받는다. 이혼한 지 10년이 지난 사람들을 대상으로 이혼의 영향을 조사한 한 연구에서 이혼한 부부의 3분의 2는 어느 한쪽이 아직 우울에 시달리고 있으며, 경제적으로도 불확실한 상태에 있다. 그리고 모든 이혼부부의 4분의 1은 '양쪽 모두' 상황이 더 나빠져서 고독과 우울로 고통받고 있다.[26]

이혼은 신체적 건강에도 영향을 미친다. 이혼가정의 자녀들은 질병, 사고, 자살에 노출될 확률이 더 높다. 이혼한 남자들은 그렇지 않은 남자들에 비해 심장병, 중풍, 고혈압과 암으로 사망할 확률이 2배나 높다. 자동차사고나 자살로 죽을 확률은 4배나 높고, 폐렴이나 간경화에 걸릴 확률은 7배나 높다. 이혼한 여자들은 그렇지 않은 여자들에 비해 50퍼센트나 많은 시간을 질병과 부상으로 시달리고 있고, 암으로 죽을 확률도 2-3배나 높다. 이혼한 남녀는 약물중독에 걸릴 확률이 거의 5배나 높다.[27]

국립보건연구원장인 데이비드 라슨은, 이혼이 건강에 미치는 영향은 "하루에 담배 한 갑을 피우기 시작하는 것과 같다"고 말한다.[28]

그리고 그 영향은 직접 관련된 가족에게만 미치는 것이 아니다. 가정의 붕괴가 만연할수록 이웃 전체가 악영향을 받는다. 아버지가 없는 이웃들은 범죄나 비행에 연루되는 경우가 많다. 비행을 저지르는 아이들은 수업을 방해하기 때문에 교사들이 가르칠 수 없는 환경을 만들기도 한다. 더군다나 이혼가정의 아이들은 그들 자신이 어른이 되어서도 이혼할 확률이 훨씬 높기 때문에 그 부정적인 영향이 다음 세대에도 전해진다. 이렇게 하여 가정의 붕괴는 사회 전체에 영향을 미친다.[29]

X세대들은 그들의 부모세대인 베이비붐 세대보다 이런 진리를 더 잘 깨닫고 있다. 많은 이들이 그들 부모의 이혼으로 고통을 받아왔기 때문에, 결혼에 대해 매우 비관적이면서도 동시에 오래 지속되는 결혼을 아주 갈망하는 일반적인 태도를 보인다. 별로 인기없던 록 스타 커트 코베인이 자살했을 때, 기자들이 그의 사생활을 취재한 결과, 그의 부모가 여덟 살 때 이혼한 사실이 그를 낭떠러지로 굴러떨어지게 했음을 알게 되었다. 그의 어머니 웬디 코베인(Wendy Cobain)은 "부모의 이혼이 그를 망쳤다"고 말하고 있다. "그는 완전히 변했다." 그 경험은 너무나 고통스러운 것이어서 코베인이 처음 자살시도를 하던 1994년, 그의 주머니에는 "이혼을 하느니 차라리 죽겠다"라는 쪽지가 들어 있었다.[30]

이제 그리스도인들은 이러한 통계를 사용하여 사람들은 안정된 가정에서 더 행복하고 건강하게 지낸다는 성경적인 결혼관과 가족관을 설득력 있게 제시해야 할 시점이 되었다. 그렇게 하자면 우리를 지켜보고 있는 이 세상에서 성경적인 세계관을 어떻게 모델로 제시해야 할지를 배워야 한다.

결혼, 신비의 거울

가족에 대해 기독교 세계관은 무엇이라 말하고 있는가? 창조의 교리는, 하나님께서 우리를 특정한 본성(하나님의 형상)과 임무를 가진 존재로 만드셨다고 말하고 있다. 그 임무란 자연의 힘(땅에 충만하고 땅을 다스리는 것)을 키우고 개발하며, 가정을 구성하고 사회를 만드는(생육하고 번성함) 것이다. 하나님의 형상은, 사람을 남성과 여성으로 만든 것에서도 부분적으로 나타난다. "하나님이 자기 형상 곧 하나님의 형상대로 사람을 창조하시되 남자와 여자를 창조하시고"(창 1:27). 이것이 의미하는 바는 남편이나 아내가 되는 것, 혹은 아버지나 엄마가 되는 것은 '진정한' 자아로부터 인위적이고 인공적으로 역할을 분리하는, 진정한 인격에 대한 위협이 아니라는 것이다. 오히려 이런 관계는 우리의 근본적인 정체성의 본질적인 부분을 구성하는 것으로, 우리를 온전한 인간이 되게 만든다. 자유로움은 이런 역할로부터 도망함으로써 얻어지는 것이 아니라, 이런 역할을 수용하고 하나님께서 원하시는 바에 충실한 방법으로 우리 책임을 수행해 나갈 때 얻게 되는 것이다.

성경의 다른 부분에서, 결혼은 아주 풍부한 영적인 상징과 의미, 즉 하나님과 그의 백성들간의 관계를 반영하는 신비의 거울임을 발견하게 된다. 고대의 다산(多産)종교는 신이 양성(兩性)을 다 가지고 있는 것으로 묘사하는데, 이런 이교도 신학은 사원(寺院) 매춘에서 벌어지는 의식(儀式)적인 음란 등을 통해 다산의 축제를 벌이는 것으로 나타나기도 한다. 바로 이런 이유 때문에 구약에서는 우상숭배를 음란이라고 말하는 경우가 많다. 그러나 성서신학은 자기 백성에 대한 하나님의 변함없는 사랑의 이미지를 남편과 아내 사이의 변함없는 사랑으로 이루어진 결혼을 통해 표현하고 있다. 신약에서 바울은 남편과 아내의 관계를 그리스도가 그의 신부인 교회와 연합하는 '심오한 신비'에 비유하고 있다(엡 5장).

남편과 아내가 함께하게 되면서 인간사회의 핵심기관인 가정을 형성하게 되는데, 가정은 사실 다른 모든 사회기관을 위한 훈련장소가 된다. 인간의 성은 쾌락을 맛보거나 사랑을 표현하는 수단으로만 만들어진 것이 아니다. 성은 연약한 어린이들이 성인이 되기까지 안정되고 안전하게 자랄 수 있는 환경을 형성할 수 있도록 남편과 아내가 강력하게 결합하기 위해 만들어진 것이다. 가정생활은 우리가 종교생활, 시민생활, 정치생활에 참여할 수 있도록 준비시켜 주는 '첫 학교'이며, 우리의 개인목표보다 공익을 추구하는 덕성을 쌓도록 훈련시켜 주는 곳이다. 혼외정사에 대해 '아니오'라고 말하는 것은 개인적인 욕구를 충족시켜 줄 뿐 아니라, 상호

의무와 유익을 통해 보다 넓은 공동체로 우리를 결속시켜 주는 지속적인 기관의 토대인 결혼, 그 결혼의 보다 넓은 비전에 대해 '예'라고 긍정하는 것이 된다.

혼외정사는 죄악이고, 동성애는 잘못된 것이라고 말하는 것만으로는 부족하다. 이런 도덕의 원리가 합리적인 것임을 알려주는 성경의 세계관 전체를 긍정적인 방법으로 분명히 말하는 법을 배워야 한다. 우리는 자율적인 자아라고 하는 혼란스런 굴레가 지속되도록 방치하는 대신, 하나님께서 부여하신 객관적인 도덕에 따라 사는 것이 의미하는 바가 무엇인지 설명할 수 있어야 한다.

결혼의 구원자가 될 수 있는 방법

교회는 이런 성경의 모델을 얼마나 잘 가르쳐 왔으며, 신자들이 이에 따라 살도록 얼마나 잘 가르쳐 왔을까? 가장 뛰어난 활동은 제임스 돕슨(James Dobson)의 "포커스 온 더 패밀리"(Focus on the Family) 같은 초교파 조직에 의해 이루어졌다. 돕슨의 책, 논문, 그리고 라디오 프로그램들은 매우 효과적이었고, 가정을 강화시켜 주며 성경의 원리에 따라 사는 일에 헌신하도록 해주었다.

하지만 개교회들에서는 그다지 효과적이지 못했다. 결혼이 붕괴하는 것에 대한 이들의 반응은 고통스런 마음에 무력하게 손을 쥐어짜고 있거나, 퇴폐적인 문화를 비난하는 열변을 토하는 것 정도이다. 결혼을 산산조각내는 이런 파괴적인 경향이 점점 증가하고 있지만 여기에 브레이크를 걸 준비가 되어있는 목회자는 거의 없다. 심지어 자신의 목회현장에서도.

교회가 각 가정에 가르칠 수 있는 가장 중요한 원리들은 무엇인가? 처음 시작하는 사람들, 특히 그리스도인들은 목회, 즉 주변문화에 대한 선교차원에서 자신의 가정을 생각하도록 하는 격려가 필요하다. 내 친구들 중 많은 이들이 가정에 대해 이런 비전을 가지고 있었는데, 특히 한 가정이 놀라운 성공을 거두었다. 젊은 부부였던 잭과 로도라 도나휴는 그리스도인으로서 자신들이 해야 할 일은 강한 가정을 만드는 것이라고 결단을 내렸다. 그리고 그들은 13명의 자녀와 75명의 손자들을 두었는데, 모두 헌신된 그리스도인들이다. 이들 중 어떤 이들은 목사이고, 어떤 이들은 기독교 학교를 시작했으며, 대부분은 "영 라이프"(Young Life)나 "교도소 선교회"와 같은 평신도 목회에 열심이다. 도나휴 씨 부부는 자녀들과 손자들을 계속 교육시키고 있는데, 디너 파티를 자주 열고 강사를 초빙하여 특정 주제에 대한 강연을 듣고, 그날 저녁에는 이와 관련된 신학적, 철학적, 도덕적 문제들을 토론하곤 한다.

아주 감동적인 역사 속의 모델로 회중교회 목사이고, 학자이며, 제1차 영적 대각성운동의 지도자였던 조나단 에드워즈(Jonathan Edwards)를 생각해 보자. 그와 그의 부인 사라는 11명의 아이들을 길렀고, 1900년까지 에드워즈 일가는 1,400명의 후손을 갖게 되었다. 이들 중 대학총장이 13명, 교수가 65명, 변호사가 100명, 판사가 30명, 의사가 66명이었고, 고위 공무원이 80명이었는데, 이 중 주지사가 3명, 상원의원이 3명, 미국 부통령이 1명이었다.[31] 뛰어난 학식과 분별력이 있는 가정들을 통해 청교도들이 미국의 정신과 성격을 형성하는 데 큰 기여를 했다는 것은 그리 놀랄 일이 아니다. 오늘날의 복음주의자들이 이와 같이 강력한 유산 남기기를 원한다면, 우리는 문화형성의 과업이 장기간의 헌신을 요구한다는 것과, 미래세대에 영향을 끼칠 경건한 가족을 만들어내는 일에 초점을 모아야 한다는 사실을 명심해야 한다.

대가족이든 아니든, 당신에게 있는 자원이 많든 적든, 모든 그리스도인 부모들은 가정의 사역자로 부름받았다. 이는 자녀들을 성경적 세계관으로 교육하고 이 세상에 영향을 미치도록 훈련시키는 것을 의미한다. 장기적으로 볼 때 이것은 그리스도인들이 주변문화를 회복하고 구원하는 가장 좋은 방법이 될 것이다.

교회가 어떻게 이런 가정들을 길러낼 수 있을 것인가? 워싱턴에 사는 저널리스트 마이클 맥매너스(Michael McManus)는 약혼한 젊은이들을 위해, 결혼생활을 풍성하게 하고, 심각한 문제를 안고 있는 가정을 구출해내는 가장 좋은 프로그램이 무엇인지 조사한 적이 있다. 칼럼을 쓰기 위해 조사를 시작했던 것이 나중에는 그의 사역이 되었다. 마이클은 "결혼구원"(Marriage Savers)이라고 하는 종합적인 전략을 조직하게 되었는데, 성경에 기초한 이 적극적인 접근방법은 전국적으로 효과를 발휘하였다. 몇몇 지역교회가 "결혼구원" 전략을 채택하고 난 뒤에, 그 지역의 이혼율이 떨어졌으며, 결혼관계는 더 강해졌다.[32]

"결혼구원"에서 제시하는 효과적인 프로그램들을 살펴보도록 하자.

멋진 데이트: 서로 관계를 맺은 커플들의 습관은 결혼해서 함께 교회 계단을 내려오기 훨씬 전에 이미 형성된다. 이것이 의미하는 바는, 교회가 서로 교제하고 있는 이들에게 좋은 결혼을 원한다면, 혼전 성관계를 피할 것을 조언해 주어야 한다는 것이다. "가정현황 전국조사"(The National Survey of Family Growth)에 의하면, 결혼 당시 순결을 지키지 못했던 여성들은 그랬던 사람들보다 이혼율이 71퍼센트나 높았다. 혼전 성관계에 대해 '아니오'라고 말하는 것은 견고한 혼인에 대해 '네'라고 말하는 것이다.[33]

시험삼아 관계를 맺는 것은 실수다: 많은 커플들이 보다 나은 결혼생활을 하기 위한 일종의 시험으로 동거를 생각한다. 그러나 현실은 정반대이다. 동거는 좋은 결혼생활을 할 수 있는 기회를 확실히 망쳐버린다. 동거하고 있는 커플의 90퍼센트는 그들이 결혼하기를 원한다고 말한다. 그러나 "가정현황 전국조사"에 의하면, 이들 중 절반은 결혼서약에 서명하기도 전에 갈라선다. 결혼에 성공한 50퍼센트도 이혼할 가능성이 많다. 동거는 결혼을 위한 준비가 아니다. 이는 문자 그대로 결혼이 실패할 조건을

준비하는 것이다.[34]

약혼한 커플들: 많은 교회들이 좋은 결혼을 위한 훈련도 시키지 않고서, 결혼하겠다고 문을 두드리는 사람들을 무조건 결혼시키는 '축복기계'가 되어버렸다. 사실 모든 결혼의 4분의 3은 교회나 회당에서 축복받으며 이루어지고 있다. 이것은 미국의 이혼율이 높은 것에 대해 교회에도 책임이 있다는 말이다. 사실 교회는 "준비"(PREPARE, 결혼 전 인격관계 평가, Premarital Personal and Relationship Evaluation의 약자) 프로그램 같은 것을 활용할 수 있는데, 이는 커플들이 자신의 약점과 장점을 미리 알고서, 결혼식장에서 "그렇게 하겠습니다"라고 말하기 전에 주요 갈등의 원인들을 배제할 수 있게 하는 프로그램이다. 효과적인 또 다른 프로그램은 "약혼자들의 만남"(Engaged Encounter)인데, 이는 주말집중 프로그램으로 커플들이 어떻게 하면 좀더 관계를 잘 맺을 수 있는가를 가르친다. 둘 다 가장 훌륭한 결혼조차도 어렵게 만드는 문제들을 잘 대처할 수 있도록 미리 준비시킨다.[35]

결혼의 충격: 낭만적인 매력이 차츰 사라지고 난 다음, 많은 커플들은 결혼생활에서 가장 위험한 시기를 맞게 되는데, 이는 대부분의 이혼을 추적해 보면 이 초기 몇 년간 형성된 습관에 의해 이혼이 결정된다는 것을 알 수 있기 때문이다. "비옥"(Enrich) 프로그램은 갓 결혼한 커플들이 자신들의 강점과 약점, 문제가 생길 수 있는 주요소들을 미리 점검해 봄으로써, 결혼을 지지해 주는 프로그램이다.[36] 구약법에 의하면, 갓 결혼한 남자들은 병역의무나 기타 의무를 면제받고, "집에 한가히 거하여 그 취한 아내를 즐겁게" 하도록 되어있다(신 24:5). 이 성경의 원칙은 젊은 부부를 보호하고 양육하려는 취지임이 분명하다.

이혼보험: 교회 내의 커플이 갈라지게 될 때, 팔짱끼고 서 있어야 하는 교회는 없다. 이런 커플들을 도울 수 있는 가장 좋은 프로그램 중 하나는 "결혼의 만남"(Marriage Encounter)인데, 주말을 이용해서 하는 집중적인

수련회로 결혼관계 강화에 90퍼센트 이상의 성공률을 보여주고 있다. 심각한 수준에 있는 결혼의 경우에는 "레투르바이유"(Retrouvaille, '회복'을 뜻하는 불어) 프로그램이 있는데, 이는 AA(익명의 알코올 중독자들 모임) 모임을 본뜬 것으로 심각한 결혼생활의 문제를 겪은 커플들이 직접 상담도 해주고 있다. "레투르바이유"에 참석한 커플 중 거의 절반은 이미 이혼했거나 별거한 상태였는데, 참석자들의 80퍼센트 이상이 그후 재결합하여 함께 살고 있다.[37]

사실 모든 "결혼구원" 프로그램은 나이 든 부부들을 멘토로 삼고 있다. 그 대상이 약혼한 커플이든, 신혼이든, 아니면 아주 심각한 결혼생활을 하고 있든, 가장 효과적인 상담자는 자신들의 어려움을 성공적으로 잘 극복한 부부들이다.

목회자들은 문제가 있는 부부들이 다른 교회로 갈까봐 상담을 받으라고 말하기를 주저할 때가 많다. 이런 일을 방지하기 위해, 맥매너스는 "지역사회 결혼정책"(Community Marriage Policies)을 수립하여, 한 도시의 여러 교회들이 결혼하고자 하는 남녀 누구에게나 동일한 최소한의 요구를 하도록 정해 두었다. 그 결과는 매우 놀라운 것이었다. 이런 정책을 처음 채택한 도시는 캘리포니아의 모데스토로, 95개 교회의 목회자들이 결혼하려는 커플들에게 4개월간의 준비기간을 가지고, 결혼 전에 성품조사를 하며, 멘토 커플을 의무적으로 만나도록 하는 것을 그 내용으로 결정했다. 10년 후, 그 도시의 이혼율은 인구가 크게 증가하였음에도 불구하고 40퍼센트나 줄어들었다. 캔자스 시 부근의 한 교외에서도 이 프로그램을 도입한 결과, 이혼율이 3분의 1이나 줄어들었다(반면 이런 프로그램을 채택하지 않은 미주리 주의 비슷한 교외도시에서는 이혼율이 증가하였다). 1998년 말 현재, 100개의 도시가 "지역사회 결혼정책"을 채택했으며, 이중 9개 도시는 이혼율의 감소를 가시적으로 알 수 있을 만큼 오래 지속해 오고 있다.[38]

"지역사회 결혼정책"이 아주 성공적이었기 때문에 어떤 지역에서는 교회 밖에서도 이 프로그램에 대해 관심을 갖게 되었다. 미시간 주 그랜드래피즈의 가장 큰 교외도시인 켄트우드의 시장은 그 지역의 사업체, 대학, 행정기관에 재직하는 2천 명이 넘는 지도자들을 설득하여 모이게 한 후, '현재의 정책들이 어떻게 해서 결혼을 손상시키고 있는지' 검토해 볼 것을 권했다. 그 결과 '결혼과 안정된 가정을 발전시키는 데 필요한' 변화들을 추출해 내었다. 빌 하디맨(Bill Hardiman) 시장은 종교에 근거해서 자기 주장을 편 것이 아니라 '자녀들의 복지를 중진시킬' 필요성에 근거해서 호소했다.[39]

미시간 주의 또 다른 지역에서는 주 법원의 주심판사 제임스 셰리단(James Sheridan)이 60개 교회의 목회자들을 "지역사회 결혼정책"에 서명하도록 설득했다. 뿐만 아니라 셰리단은 법적인 결혼을 주재하는 모든 판사, 치안판사와 시장들이 결혼을 원하는 커플들에게 결혼 전 상담을 받도록 요구하도록 하는 자발적인 협의문에 서명할 것을 유도해 내는 놀라운 일도 해냈다. "이혼은 종교적인 문제일 뿐만 아니라, 지역사회의 문제이기도 합니다"라고 셰리단은 말하고 있는데, 이는 아주 옳은 말이다. "이혼은 판사로서의 내 업무량에 영향을 미치고, 미국의 모든 판사들에게도 영향을 미친다." 그는 통계를 인용하고 있다. "결혼상태에서 이혼상태로 가면 알코올 관련 문제가 2배로 늘어난다. 남자든 여자든 이혼하면 사망률이 훨씬 높아진다. 사람들은 결국 지역사회의 부담이 될 사고나 질병에 걸리기 쉽게 된다." 그렇게 되면 이혼한 엄마들은 정부의 도움을 받게 된다. "아이들의 복지에 쓸 돈은 어디서 나오는가? 세금에서 나온다." 결혼의 붕괴에 대한 대가는 지역사회 전체가 지게 된다. 따라서 모든 지역사회는 결혼을 견고하게 만드는 프로그램에 대해 관심을 가지게 된다.[40]

이러한 새로운 노력의 대부분은 마이클 맥매너스의 노력의 결과이다. 그는 그리스도인이 어떻게 세상을 변화시킬 수 있는지를 보여주는 좋은 예이다. 상냥한 거인 맥매너스와, 남편의 열정을 그대로 반영하고 있는 그의 작은 아내 해리어트(Harriet)는 결혼한 부부들에 대한 교회의 목회방법을 바꾸고 있다. 또한 주변문화도 결국 교회가 말하고 있는 바를 들으려는 태세가 되어있는 듯하다.

1970년대에는 이혼을 해방이라고 찬양했다. 「창조적인 이혼」(*Creative Divorce*), 「이혼」(*Divorce*), 「새로운 자유」(*The New Freedom*) 등의 책들이 쏟아져 나왔다.[41] 이들은 이혼은 단지 일시적인 고통만을 안겨줄 뿐이며, 사람들은 이내 회복되어 보다 새롭고 의미 있는 관계를 맺어가게 된다고 생각했다. 심지어 이혼을 내적인 성장과 자아실현의 기회로 묘사하기도 한다. 그러나 이제 도덕의 조류는 방향을 돌리고 있고 사람들은 가정파괴의 사회적 비용에 점점 더 관심을 갖게 되었다. 다이앤 메드베드(Diane Medved)의 「이혼에 반대하는 주장」(*The Case Against Divorce*), 미셸 와이너 데이비스(Michele Weiner-Davis)의 「이혼의 파산」(*Divorce Busting*), 윌리엄 갤스턴(William Galston)의 「이혼을 다시 생각한다」(*Rethinking Divorce*) 등은 이런 조류를 반영하고 있다.[42] 심지어 가정에 대한 헌신으로부터 도망가버리는 사람들에게 법적인 권리를 부여하고 있는 '무책(無責)이혼'을 제거하려는 노력도 계속되고 있다. 그리스도인들은 가족법에 이런 도덕적인 책임감을 부여하기 위한 노력에 동참해야 할 것이다.

가정은 우리 그리스도인들이 구원의 세력이 될 수 있게 하고, 또 되어야 하는 경기장이다. 그러나 우리가 성경의 원리들을 우리 가정에 적용하고자 할 때 불가피하게 닥치는 문제가 공공교육의 반작용이다. 미국의 학교들보다 더 강하게 세속적인 세계관이 뿌리를 내린 곳은 없으며, 우리 자녀들의 교육이 미래를 결정한다고 볼 때, 우리가 구원의 메시지를 들고 가야 할 곳은 바로 교실 안이다.

제34장

아직도 위험한 상태

> 내가 당신의 관심을 붙들어매고 싶은 부분은 모든 종류의 인간의 우수성(도덕적, 문화적, 사회적, 혹은 지적인)을 불신하고 결국에는 제거하는 방향으로 나아가는 거대하고도 총체적인 운동이다. 가장 오래된 독재정권이 행했던 일을 '민주주의'(주술적인 의미에서)가 우리에게 하고 있다는 것을 알아채는 것은 재미있지 않은가?
>
> 스크루테이프(C. S. 루이스의 「스크루테이프의 편지」에 나오는 악마)

1983년 교육의 수월성(Excellence)에 관한 국가위원회는 "위험에 처한 국가"라는 미국교육에 대한 충격적인 평가서를 발표하였다. 오늘날 그 위험은 훨씬 더 크다. 미국 고등학교 최고학년 학생들은 세계에서 가장 교육을 잘 받지 못하는 층에 속해 있다. 21개 국가를 상대로 한 어떤 연구에서는 미국 학생들이 수학과 과학에서 19위를 차지하였고 물리에서는 꼴찌였다.[1] 유수한 아이비리그 대학의 학생들조차도 미국역사와 윤리에 대한 지식이 놀랄 정도로 결핍되어 있음을 보여준다. 예를 들어, 네 명 중 세 명은 게티스버그 연설문을 누가 썼는지조차도 알지 못한다. 모든 이민자들이 미국 시민권을 취득하기 위해 다 알아야 하는 사실들을 막상 미국

의 차세대 지도자들이 될 젊은이들은 알지 못하고 있는 것 같다.[2]

더욱 혼란스러운 것은 도덕교육이 쇠퇴하고 있다는 점이다. 조셉슨 윤리학 연구소(Josephson Institute of Ethics)의 연구를 보면, 조사대상이었던 고등학생의 3분의 2가 지난 1년간 시험중에 커닝한 적이 있음을 시인하였고, 3분의 1은 물건을 훔친 적이 있다고 말했으며, 3분의 1이 넘는 학생들이 입사원서에 거짓을 쓰겠다고 말했다.[3] 확실히 미국 공교육은 두 가지 역사적 과제인 지식훈련과 도덕교육에 있어 더 이상 성공적이지 못한 것이다.

이렇듯 절망적으로 쇠퇴하는 이유는 무엇인가? 학교가 오랜 세월 검증되어 온 교수방법 대신에 유행하는 기법들을 사용하고, 명확한 가치 대신 다문화주의로 향하고 있다는 것은 잘 알려진 사실이다. 그렇지만 근본적인 문제는 '왜 그런가' 하는 것이다. 무엇보다도 왜 교육자들이 이러한 방법론들을 채택하는가? 또한 그것들이 효과가 없음이 분명한데도 왜 그것들에 매달려 있는가?

미국의 교사들과 행정가들을 훈련하는 학교를 우선 살펴보기로 하자. 교육대학의 전형적인 커리큘럼은 "인종과 문화와 성(gender, 사회적인 성 - 역자 주)의 영향력에 대한 존경으로 가득 찬 잡동사니 봉지인 경우가 많다"고 「교육대학의 오류」(*Ed School Follies*)의 저자 리타 크레이머(Lita Kramer)는 말하고 있다. 장래에 교사가 될 사람들이 앞으로 자신들이 가르칠 과목에 대한 것을 수강하는 것이 아니라, 자존감과 사회적 공정성에 초점을 맞춘 과목들로 스케줄을 꽉 채운다. 한 교수는 장래 어학분야의 교사가 될 사람들에게 다음과 같이 말했다. "내용이나 사고보다 더 중요한 것은 학생들의 감정입니다. 여러분은 그들에게 지식을 주입하기 위해서가 아니라 자존감을 긍정적으로 강화하기 원하는 그들의 욕구에 민감하게 반응하기 위해 그곳에 있는 것입니다." 한 UCLA 교수는 젊은 교사들에게 강의하면서 아이들의 철자나 구두법을 고쳐주지 않도록 주의시켰다. "아이들로 하여금 규칙을 따르게 하는 것보다 창조하게 하는 것이 더욱 중요합니다."[4]

미국 아이들이 기술에 있어서는 점수가 바닥이고 자존감에 있어서는 점수가 꼭대기인 것이 놀랄 만한 일은 아니다. 우리는 그들이 서투르게 하는 일에 대해서도 기분좋게 느끼도록 만들었다.

교육에 대한 이러한 생각은 어디에서 온 것인가? 다시 한 번 말하지만, 그 대답은 세계관의 변동에 있다. 모든 교육방법은 근본적인 질문을 다루는 좀더 포괄적인 철학에서 파생되어 나온다. 즉 우리는 누구인가? 인생에서 우리의 과업은 무엇인가? 그 과업을 수행하기 위해 우리는 스스로 어떻게 준비할 수 있는가? 하는 것들이다. 요즈음의 교육을 비평하는 가장 좋은 방법은 이러한 근본적인 질문들에 주어졌던 대답들을 창조, 타락, 구속이라는 틀을 사용하여 검토해 보는 것이다.

창조에 대해 말한 앞의 장들에서, 우리는 미국의 가장 영향력 있는 교육이론가인 존 듀이가 어떻게 찰스 다윈의 사상을 교육에 적용하였는지를 살펴보았다. 듀이는 아동을 하나님의 창조물로 보는 성경적 관점을 거부하였다. 그 대신 그는 아동이 생물학적인 유기체에 지나지 않는다고 주장하였다. 그러므로 정신은 환경에 적응함으로써 발달해 가며, 여러 가지 다른 반응을 시도해 보다가 마침내 효과적인 것을 발견해 내는 복잡한 기관일 뿐이다. 이러한 가설이 실용주의를 낳게 되었는데, 실용주의는 초월적인 불변의 진리는 없으며 원하는 바를 얻는 실용주의적인 전략만이 있다고 말하는 철학이다. 이 철학을 적용하면서 듀이는 내용보다는 과정을 강조하는 교육이론에까지 도달하였다. 그의 이론에 의하면, 아동들에게 사실과 진리를 가르쳐서는 안되고, 탐구의 과정을 어떻게 해나갈지를 가르쳐야 한다.[5]

이 철학은 요즈음 '구성주의자' 교육이라는 것으로 통용되고 있는데, 이것은 오늘날 가장 인기있는 교수법이다. 이것은 지식이란 객관적인 것이 아니라 사회적 구성물이라는 생각에 기초하고 있다. 그러므로 아동들에게 '올바른' 해답을 주어서는 안되고, 그룹 내의 상호작용을 통하여 자신의 해결책을 구성하도록 가르쳐야 한다는 것이다. 교육이론가인 캐서린 포스놋(Catherine Fosnot)의 말을 빌리자면, "구성주의는 학습자에게 드러나는 외부의 객관적인 실재가 존재한다고 생각하지 않으며, 학습자가 과정을 통하여 실재와 자기 자신을 변형시켜 가면서 적극적으로 자신의 실재를 구성한다고 생각한다."[6] 아동은 자신의 수학규칙을 구성하고 철자체계를 구성하며 구두법을 구성하도록 배운다. 교사들은 학생들에게 그들의 대답이 바른지 그른지를 말해 주지 말라는 권유를 받는다.

듀이는 지식에 대한 과정적 관점을 윤리에도 적용하였다. 만일 우리가 특정조건에 대해 여러 가지 다른 반응을 선택하는 실험을 한다면, 시간이 지날수록 즐겁고 만족스러운 결과를 얻을 수 있는 행동을 알게 되어 윤리의 '과학' 을 발달시킬 것이라고 그는 말했다. 물론 문제는 나를 만족시키는 것이 다른 사람을 만족시키지 못할 수도 있다는 것이다. 그래서 듀이의 철학은 오늘날 교실에서 유행하는 상대주의적 도덕교육방법에 영감을 주었다. 시드니 사이먼(Sidney Simon)의 "가치명료화"와 그에 따른 가치를 선택하는 7단계 과정에 뒤이어 등장한 로렌스 콜버그(Lawrence Kohlberg)의 "도덕적 추론"과 클라이브 벡(Clive Beck)의 "반성적인 접근" 등 많은 것들이 그러한 방법에 속한다. 그러한 방법들의 공통점은, 교사들이 어떤 식으로든 지시하지 말고, 학생들이 대안을 재어보고 결심하는 과정에서 코치만 하라고 엄격하게 배운다는 것이다. 학생들의 선택이 수용할 만한 것으로 여겨지는데 그 이유는, 그 선택이 초월적인 기준에 맞기 때문이 아니라 그 결과야 어쨌든 학생들이 필요한 과정을 통과하였기 때문이다.[7]

창조에 대한 그릇된 관점은 근대 공교육에 만연해 있는 개념적이고도 도덕적인 상대주의로 곧장 나아갔다. 죄와 타락에 대한 성경의 가르침이

상실된 것 또한 큰 재난이었다. 우리가 앞에서 살펴본 바와 같이 장 자크 루소는, 인간의 본성이 자연적인 상태에서는 순수한데, 문명이 가하는 제약으로 인해 사악하게 된다고 선언함으로써 세상을 놀라게 하였다. 그는 '규칙과 금지로 망쳐지기 이전에 가졌던 자발적이고 자연적인 상태의 인간 본성을 어디에서 볼 수 있는가' 라는 질문을 던졌다. 물론 아이들에게서다. 아이들은 인간 잠재력의 전 국면에서, 자아의 광채를 드러내며 불확실한 모든 가능성에 열려져 있다.

아이들에 대한 유토피아적 관점도 그렇게 해서 생겨났다. "낮게 깔린 영광의 구름, 하나님으로부터 오네. 우리들의 고향이신 그분, 천국은 우리 어린시절 속에 낮게 가라앉아 있네." 낭만주의 시인 윌리엄 워즈워스(William Wordsworth)의 시다.[8] 아이들 역시 '타락'의 영향을 받아 본성 자체가 원죄에 의해 왜곡되었다는 성경적 개념은 사라져버렸다. 아이들이 잘못을 저지를 수 있으므로 도덕적 한계를 정해 주고 훈련시키는 것이 필요하다는 생각도 사라졌다. 그 결과 낭만주의자들은 아이들을 양육하고 교육하는 방식에 대해 급진적이고 새로운 개념을 만들어내었다.

예를 들어, 19세기 독일의 교육이론가인 프리드리히 프뢰벨(Friedrich Froebel)은 처음 유치원(kindergarten)을 세웠는데, 그 말은 문자 그대로 아이들의 정원(children's garden)을 의미하는 것이었다. 그곳에서 그는 교육에 대한 급진적으로 새로운 유토피아적 접근을 실천해 보았다. 고전적 교육의 목표는 문화적 유산을 전달하는 것인 반면, 프뢰벨의 유토피아적 비전으로는 교육이 진화의 다음 단계로 가는 인간성의 통과수단으로 간주되었다. 고전적 교육에서는 아이들에게 과거의 최선을 모방하라고 가르치지만, 유토피아적 교육에서는 과거를 거부하고 새로운 것을 창조하라고 가르친다. 또 고전적 교육은 아이들에게 영원한 원칙에 삶을 적용하라고 가르치지만, 유토피아적 교육은 아이들 자신의 경험으로부터 새로운 생각과 생활방식을 펼치고 발달시키도록 그들을 자유롭게 해주려고 애쓴다. 프뢰벨의 유치원은 아이를 하나의 식물로 그렸는데, 우리는 그것의 진화를 방해하지 않는 가운데 유기체 발달의 내적인 법칙에 따라 진보할 수 있게 성장시켜야 한다. 진리와 선에 대한 낡은 기준은 현재도 아이들을 통해 진화하는 과정에 있는 '신인간'에게 자유를 줄 수 있게 내던져버려야만 한다.[9]

또 다른 19세기의 교육가 프랜시스 웨일랜드 파커(Francis Wayland Parker)는 아이들이 신성하다고 하는 데까지 나아갔다. "아이들이 가지고 있는 자발적인 경향은 선천적인 신성함의 증거다."[10] 파커의 아동중심적 교육에 있어 가장 중요한 것은, 어른들이 아이들의 자연스러운 경향을 방해하지 않는 것이며, 학문적인 요구나 도덕적 요구를 함으로써 아이들을 질식시키는 일을 삼가야 하는 것이다.

프뢰벨이나 파커와 같은 교육가는, 아이들은 그냥 내버려두면 자발적으로 사랑과 무욕, 근면, 창조성, 그 밖의 모든 기독교적 덕목을 향해 나아간다고 가정하였다. 다시 말해, 그들은 인간의 본성이 본래 선하다고 가정함으로써 외부에서 부과되는 훈련이나 객관적인 기준을 없애는 데 따르는 위험성을 간과하였다.[11] 오늘날 동일한 유토피아주의가 비지시적인 가치교육 프로그램에서 운영되고 있다. 그 프로그램은 우리가 앞에서 살펴본 대로, 아이들은 선택사항을 평가할 수 있는 탐구과정만 가르치면 지혜롭고도 합리적으로 선택할 것이라는 가정에 기초를 둔 것이다.

'타락'에 대한 성경적 관점을 거부함으로써 아이들에겐 도덕적 방향 제시가 필요하다는 것을 전혀 보지 못하는 비현실적이고 비실제적인 교육방법이 등장하였다. 그러니 많은 아이들이 교실 안에서 커닝을 하고 훔치고 서로 폭행하기까지 하는 것이 어디 놀랄 일이겠는가?

만일 '타락'에 대한 교리를 잘못 이해한 것이 도덕교육을 잠식하였다면, '구속'에 대한 잘못된 교리가 낳은 결과는 무엇인가? '구속'은 오늘날 교실에서 확실히 존재하며 잘 다루어지고 있기는 하지만 그것은 좀더 큰 사회에서 발견되는 종류의 정치적인 구원이다. 많은 아이들이 셰익스피어나 조지 워싱턴보다는 산성비와 동성연애자의 권리에 대해 더 많이 알고 있다. 교육은 사회진화의 다음 단계로 사회를 들어올리는 수단으로 바뀌어가고 있다.

1930년대 영향력 있는 교육자인 조지 카운츠(George S. Counts)는 교사들에게 '사회의 진화를 통제하기' 시작하라고 분명하게 요구하였다. 그는 교사들에게 사회를 '구원하라'면서, 단지 문화의 전달자가 되는 것을 그만두고 '사회가치의 창조자'가 되라고 촉구하였다. 교육가들은 사회문제에 대한 학생들의 의식을 향상시키고 사회질서를 잡아가는 또 다른 대안을 따라가도록 격려하면서 '새로운 사회질서를 세우는' 힘에 도달하도록 의식적으로 노력해야 한다고 말한다.[12] 오늘날 학교들은 바로 그러한 일을 신나게 하고 있다.

점차 수업시간은 서구문화의 고전을 공부하는 일에서 떠났으며, 정치적으로 합치되는 주장에 헌신하고 있다. 그 주장이란 진리를 권력정치로 폄하하고, 모든 사상을 인종과 계급과 성의 표현으로만 취급하는 포스트모더니즘 철학에 근거한 것이다. 대부분의 교육자들은 더 이상 교육을 진리탐구를 촉진하고 가치 있는 유산을 전달하는 것으로 정의하지 않는다고 브랜다이스대학의 프레데릭 소머즈(Frederic Sommers)는 말한다. 그 대신에 그들은 교육을 "가부장제와 인종차별주의와 계급차별주의에 맞서 싸워야 할 필요를 깨우침으로써 학생들에게 힘을 부여하는" 수단으로 정의한다.[13] 낸시의 아들은 최근 한 주립대학에 입학하면서 이런 점을 발견하였다. 그가 듣던 고급영어수업은 커리큘럼을 몽땅 페미니스트들과 동성애 권리 운동가들의 작품으로 채운 급진적인 페미니스트가 가르쳤다. 덕분에 교실은 서로 갈등관계인 사상들을 공평하게 비교검토해 보는 학습의 장이 되지 못하고, 정치적 급진주의를 주입받고 문화전쟁에 지원하는 장소가 되고 있다.

동시에, 교육은 구속에 대한 치료모델의 영향을 크게 받아왔는데, 이 모델에서는 교사들이 아이들에게 ABC를 가르치는 동안에도 아이들의 정신을 다룬다고 생각한다. 이렇게 널리 확산된 풍조의 출처는 실존주의 철학인데, 이 철학은 모든 개인을 홀로 내던져진 '자율적인 자아'로 본다. 이 세계관에 따르면, 사람들은 선택을 함으로써 자신의 목적을 창조해야만 한다. 그들의 선택이 옳은지 그른지를 말해 줄 기준이 없더라도 말이다.[14] 이를 따르는 교육이론을 인본주의적 교육이라고 부르기도 하는데, 1970년대의 인본주의 심리학자들 - 칼 로저스(Carl Rogers), 롤로 메이(Rollo May), 에이브러햄 매슬로우(Abraham Maslow) - 을 좇아서 그렇게 부른다. 이 심리학자들은 학생들이 자율적으로 선택할 수 있는 사람이 되게 하기 위해 심리학적 장애를 없애주는 방편으로 교실에서 치료적인 기술을 사용하는 데 앞장섰던 사람들이다. 교사들은 참만남집단(encounter group)이나 감수성 훈련(sensitivity training)에서 빌려온 기술을 가지고 학생들의 성격을 탐색하는 아마추어 심리학자들이 되었다.

그렇지만 교육은 정신치료와 같은 것이 아니며 교실 안에서의 실존주의 영향은 그 피해가 막심하였다. 한때 칼 로저스의 동료였던 교육자 윌리엄 코울슨(William Coulson)은 인본주의 교육이 왜 실패하는지를 예시해 주는 아주 재미있는 개인적 경험담을 들려준다. 1967년에 코울슨과 로저스는 교실에서의 참만남집단의 효과에 대한 첫번째 대규모 연구를 체계적으로 수행할 보조금을 받게 되었다. 그들의 실험대상은 로스앤젤레스의 가톨릭학교 체제 안의 60개 정도 되는 학교들이었는데, 그들은 우선 학교에서 가르치는 수녀들(성모 마리아를 숭흠하는 자매들)을 위해 워크숍을 열었다. 코울슨이 대경실색한 것은 많은 수녀들이 그 훈련을 받고 자신들의 습관을 버리고 가톨릭 교회를 떠났다는 것이다. 그 워크숍에서 그들이 받은 메시지는 '진정한' 개인이 되기 위해서는 외부의 모든 권위에서 자신을 해방시켜야 하고 그들 자신의 선택을 해야 한다는 것이었다.

물론, 코울슨이 지적한 대로, 수녀들이 교회를 떠남으로써 외부의 권위로부터 자신을 해방시킨 것은 아니었다. 그들은 그저 한 가지 권위(가톨릭 교회)를 다른 권위(워크숍 인도자)로 바꾼 것이었다.[15]

코울슨의 경험이 유별난 것은 아니었다. 에이브러햄 매슬로우는 자신의 인본주의 심리학 이론을 교육의 현장으로 옮겼을 때, 학생들이 '자신의 절대적인 미덕과 정당성에 대해 거의 편집중적인 확신'을 발달시킨다는 것을 발견하게 되었다.[16] 개개인은 옳고 그른 것을 결정해야 하는 자율적인 자아라고 배움으로써 학생들은 가르칠 수 없는 사람이 되었다. 비지시적 결정 내리기를 도입한 '생활양식' 과목을 택한 학생들이 파괴적인 행동에 가담할 확률이 '더' 크다는 연구조사에 나타난 것은 놀랄 일이 아니다.[17]

자신의 감정만을 들여다보라고 배운 학생들은 이내 외부의 도덕적 기준에 대한 책임감을 모두 상실하게 된다. 한 교사가 성취도가 낮은 중학교 2학년 학생들에게 가치교육 프로그램을 사용하면서 이 사실을 발견하게 되었다. 그 프로그램에서는 학생들에게 좋아하는 일들을 열거하라고 했는데, '섹스, 마약, 음주, 결석' 등으로 그 결과가 나타났다. 그 교사는 충격을 받았지만 아무 힘이 없었다. 학생들은 자기들의 가치를 명료화하였으며, 그 비지시적인 프로그램으로는 교사가 학생들에게 좀더 높은 것을 지향하라고 도전할 방법이 없었다.[18]

미국의 공교육이 쇠퇴한 이유는 잘 가르치지 못했거나 재정이 부족해서가 아니다. 그 이유는 초월적인 진리와 도덕이 존재한다는 것을 부인하고, 탁월성의 기준을 포기하고, 궁극적으로 아이들을 가르칠 수 없는 상태로 만든 교육이론 때문이다. 만일 우리가 교육체제를 개편하기를 원한다면, 이러한 피해막심한 교수방법을 낳은 세계관을 분석하고 비평한 다음, 결정적으로 기독교적인 세계관을 제시해야 한다. 이 세계관이야말로 모든 학생들을 위해 학교를 발전시킬 수 있는 교육이론을 내놓을 것이다.

가르침에서의 진리

기독교적 관점은 무엇인가? 그것은 "위트니스"(Witness)라는 영화에서 극적인 순간에 포착되고 있다.[19] 대도시의 탐정과 새뮤얼이라는 여덟 살 난 암만파 소년이 나오는 멋진 장면에서, 소년이 서랍에서 탐정의 권총을 발견하고 꺼내려고 한다.

"새뮤얼!" 탐정은 단호하게 말한다. "총알이 든 총을 가지고 놀지 마라!"

탐정은 새뮤얼에게 그의 행동에 대해 어떻게 느끼고 있는지를 묻지 않는다. 장전된 총을 가지고 노는 것이 옳은 일인지 아닌지 생각할 여유도 주지 않는다. 그 대신, 식견 있는 어른은 지시적인 태도로 소년에게 총을 가지고 노는 것이 위험하다고 알려준다.

이 예는 지시적이고 객관적인 교수방법을 보여주고 있으며, 우리는 그것이 성경적인 모델도 반영하고 있음을 말하고 싶다. 기독교 교육은 유토피아적인 것이 아니므로, 아이들이(혹은 우리들이) 주관성이라는 진공 속에서 자신에 대한 궁극적 진리를 결정할 수 있다고 가정하지 않는다. 그 대신에, 하나님은 성경을 통해 우리와 의사소통을 하셨으며, 모든 사람들을 위한 진리와 도덕성의 객관적인 기준을 계시하셨다. 우리의 삶은 우리가 생각할 수 있는 그 어떤 것보다도 훨씬 더 큰 계시된 진리에 의해 인도되는 것이다.

그러한 진리는 무엇인가? 우선, 아이들은 단순히 환경에 적응하는 생물학적 유기체가 아니다. 그들은 하나님의 형상으로 창조되었으며 진선미를 인식할 수 있는 존엄한 존재이다. 교육의 목표는 이러한 객관적인 이상을 직접적으로 제시함으로써 아이들의 영혼을 살찌우는 것이 되어야 한다.

그렇지만 그것은 일부분일 뿐이다. 우리는 아이들이 이기적이고 고집이 세다는 것도 고려해야 한다. 도덕교육은 지시적인 것으로 성경의 미덕을 가르치고 지속적인 교실훈련으로 강화되어야 할 것이다.

결국, 교육이란 타락의 결과를 뒤집어 원래의 존엄성과 목적에 맞게 인간성을 회복시키고자 하는 방식 중 하나이다. 학습의 목표는 위대한 그리스도인 시인 존 밀턴(John Milton)이 썼듯이 "우리 최초의 부모의 몰락을 회복하는 것이다."[20] 교사들은 학생들의 영혼에 일어나는 도덕적이면서 영적인 드라마를 인식하여야 하며, 그 동일한 드라마가 어떻게 역사와 문학과 철학의 재료가 되는지를 학생들이 알도록 해주어야 한다. 교육은 세상에서 일어나는 영적 전쟁의 주요한 장(場)이며, 우리가 기독교적 세계관을 들여와야 하는 전쟁터이다. 적의 세력을 물리치고, 정신과 영혼의 전 영토를 그리스도께로 돌려야 하는 전쟁터인 것이다.

기독교 학교

성경은 끊임없이 그리스도인들이 자녀들에게 신앙의 위대한 진리를 가르쳐 이 세대에서 다음 세대로 전달하도록 명한다. 그러므로 역사적으로 그리스도인들이 교육에 큰 비중을 두고서 가는 곳마다 학교를 세우고 글을 가르쳐 온 것은 놀랄 일이 아니다. 미국 역사상 첫 2세기 동안의 주요 대학은 모두 그리스도인들이 세운 것이다(실제로 하버드와 프린스턴, 그 밖의 아이비리그 대학들은 목사를 양성하기 위해 설립되었다). 오늘날도 그리스도인들은 계속하여 학교를 세우고 있는데, 타락해 가는 문화에 손을 뻗기 위한 목적으로 세우는 경우가 많다. 도시 도시마다 기독교 학교와 교구 학교들이 대도시 중심부의 저소득층 거주 지역 학생들을 상당수 교육하고 있는데, 공교육 비용의 일부만으로도 좋은 성적을 내고 있다.[21]

기독교 교육은 단순히 성경읽기와 기도로 수업을 시작하고 나서 세속적인 교과서로 과목을 가르치는 그런 것이 아니다. 기독교 교육은 통합적인 성경적 세계관의 틀 안에서 과학과 수학에서부터, 문학과 예술에 이르기까지 모든 것을 가르치는 일로 구성되어 있다. 이 말은 학생들이 모든 학문적인 연구를, 하나님의 진리와 성경 속의 하나님의 계시와 연결시키도록 가르친다는 의미이다. 비기독교적 세계관의 가설을 탐지하고 비평하면서 말이다.

그 일을 바르게 할 수 있는 방법을 자문하는 사람들을 위한 훌륭한 모델들이 많다. 디트로이트에 사는 내 친한 친구 마이크 티미스(Mike Timmis)는 지역교회와 기업체와 지역사회 단체들의 지도자들로 구성된 연합모임을 이끌고 있다. 이 연합모임은 도시지역에 그리스도 중심의 초교파적인 학교를 4개 설립했다. 거의 700명의 학생들이 등록해 있는 "코너스톤"(모퉁이돌) 학교들은 일 년에 11개월을 운영하는데, 학부모들은 학교를 적극적으로 지원한다는 '서약'에 서명을 해야 한다. 모든 학생들이 예배에 참석하는 것은 필수이고 성경공부그룹에도 참여한다. 법인과 재단이 개인적으로 재정적 뒷받침을 하고 있는 이 학교들은 평범한 사람들을 '파트너'로 끌어들이기도 하는데, 그들은 한 학생을 지원하는데 1년에 2,000달러를 기부할 뿐 아니라 그 학생과 결연을 맺기도 한다. 학생들은 98퍼센트가 소수민족인데 표준화된 시험에서 국가평균을 훨씬 웃도는 점수를 받으며, 학칙위반의 수는 공립학교보다 훨씬 더 적다.[22]

최근 몇 년간 있었던 좀더 흥미있는 실험은 기독교 고전학교 운동의 성장이었다. 고전적인 교육은 어떤 과목에도 학습의 세 단계의 발달이 있다는 생각에 기초한 것이다. 학생들은 (1) 과목의 기초원리(고대 그리스인들이 '문법'이라고 부른)를 알아야 하고, (2) 그것에 대해 분명하게 추론할 수 있어야 하며('논리'), (3) 그것을 창조적이고 설득력 있는 태도로 적용해야 한다('수사학'). 고전적인 교육은, 학생들이 서구문화의 고전적 유산을 감상하는 데 이러한 학습의 기본도구를 어떻게 사용할 수 있는지를 가르친다. 학생들은 교향악을 듣고, 그림을 공부하며, 호머나 플라톤, 단테, 셰익스피어, 디킨스, 도스토예프스키의 위대한 문학작품을 읽는다. 이 접근법은 전국에서 학문적으로 우수한 기독교 학교들을 만들어내는 데 아

주 큰 효과를 거두고 있다.[23]

홈스쿨

그리스도인 부모들이 선택하는 가장 급진적인 대안은 자녀들의 교육을 스스로 맡음으로써, 빠르게 확산되는 홈스쿨운동에 참여하는 것이다. 금세기 초 미국의 탁월한 국가 지도자 중 많은 사람들이 가정에서 교육을 받았다. 패트릭 헨리(Patrick Henry), 윌리엄 펜(William Penn), 대니얼 웹스터(Daniel Webster), 윌버(Wilbur)와 오빌 라이트(Orville Wright), 에이브러햄 링컨(Abraham Lincoln), 토마스 에디슨(Thomas Edison) 등이 그렇다. 오늘날 170만의 미국 아이들이 홈스쿨을 하고 있는데, 1997년 ACT 테스트에서 홈스쿨을 하는 아이들의 평균이 전국 평균보다 높았다.[24]

버지니아 주 버크 시에 사는 메그와 스티브 가버 부부는 아홉 살 난 쌍둥이 자녀를 집에서 가르치고 있는데, 이들 부부는 학습효과를 좀더 높이기 위해 어떻게 하면 커리큘럼을 통합할 수 있는지를 보여준다. 지난 가을 쌍둥이들은 미국의 식민지시대에 대한 과목을 공부하면서 그 주제에 대한 책을 읽었으며 식민지시대 아이의 생활일기를 씀으로써 쓰기 연습을 하였고, 식민지시대의 음식을 요리하였으며, 영양학과 농사에 대한 책을 읽고, 식민지 스타일의 옷을 만들며, 식민지 윌리엄스버그로 현장학습을 갔다. 동시에 그들은 축구와 농구, 발레교습은 말할 것도 없고, 수학과 발음과 작문연습도 뒤처지지 않았으며, 뒤뜰에선 닭을 키웠다.

물론, 많은 기독교 가정에선 자녀들을 사립학교에 보낼 재정적 능력이 없거나 그들이 공립학교 체제 속에서 일하고 있기 때문에 자녀들을 공립학교에 보내고 있다. 그렇지만 이러한 가정들도 가정에서 해야 할 교육적 과제는 안고 있다. 그것은 그들의 자녀들에게 학교교육을 해석하고 비평할 수 있는 기독교 세계관을 가르치는 일이다. 이러한 의미에서 모든 그리스도인 부모는 가정학습지도를 해야 한다. 또한 모든 사람들은 교회의 지원을 받아야 하는데, 이 말은 지역교회들이 청소년 지도자들로 하여금 배구나 피자파티에서 그치지 않고 나아가 변증학과 세계관 이슈들을 가르치도록 격려해야 함을 뜻한다.

콜로라도 주의 "서밋 미니스트리"(Summit Ministry)가 그 길을 가리켜 보이고 있다. 서밋은 록키산맥 높이에 위치하고 있는데, 매년 여름 당대의 이념적인 경향에 대항하여 자신들의 신앙을 변호하는 방법을 배우고자 하는 고등학생들이 많이 찾아오고 있다. 설립자인 데이비드 뇌벨(David Noebel)은 그리스도인 학생들에게 변증학의 단기속성과정을 제공하는 커리큘럼을 개발하였는데, 그것은 고등학교나 대학교에서 직면하는 지적 도전을 어떻게 다룰 것인지에 대해 가르쳐준다. 그들은 뉴에이지 운동이나 인본주의, 마르크스주의, 페미니즘, 진화론, 현대 미국문화 속에서 발판을 얻고 있는 그 밖의 모든 '주의'들을 분석하고 비평할 수 있는 방법을 배운다. 교회와 기독교 학교들은 서밋의 책을 일부 인용하거나, 아니면 서밋에서 나온 책 「시대의 이해」(Understanding the Times)를 사용하여, 젊은이들이 점차로 적대적이 되어가는 문화에 직면하도록 준비시켜야 한다.[25]

공립학교 개혁하기

우리는 기독교 교육을 장려한다고 해서, 공교육을 개선해야 한다는 도전으로부터 물러설 수는 없다. 한 사회의 미래는 사회가 아이들을 가르치는 방식에 달려있다. 그것이 혁명정부가 수립하는 제1차 대책이 모든 교육기관들을 국가의 직접적인 통제하에 두어, 새로운 사회를 건설하는 데 학교가 중심적인 역할을 하도록 하는 이유이다. 그 때문에 오늘날의 '문화전쟁'에 있어서 가장 맹렬한 전투 중 하나는 교육에 관한 것이다. 만일 그리스도인들이 '소금'이 되고자 한다면, 또 우리가 문화 전반에 걸쳐 질서와 정의를 복구하고자 한다면, 우리는 높은 질의 교육을 회복해야 한다.

그것은 우리가 공립학교 교실에 객관적 관점을 회복시키는 교과과정 개혁을 지원하는 것에서부터 시작할 수 있다. 물론 공립학교 교육에 노골적인 기독교적 접근을 강요할 수는 없지만, 진리와 도덕의 일반원리를 가르치도록 촉구하는 데 적극적인 역할을 할 수는 있다. 그 원리란 궁극적으로 성경에서 나온 것이지만 합리적 근거로도 입증될 수 있는 것이다. 하나님의 일반은총으로 인해 이러한 원리들은 비신자들뿐 아니라 다른 신앙을 가진 사람들(유대인, 회교도, 몰몬교도 등등)도 인식하는 것이므로, 이 싸움의 동맹자로 함께 일할 수 있게 한다. 예를 들어, 우리는 대다수의 시민들이 동의하는 미덕을 가르치려고 애쓰는 "인성교육연대"(Character Education Partnership Inc.)와 같은 그룹을 지지해야만 한다.[26]

메인 주의 궁핍한 시골학교인 피스카타키스 고등학교의 예에서 드러나듯이 개혁을 위한 노력은 아주 효과적일 수 있다. 10년 전 주정부의 성취도 테스트에서 그 학교는 가장 낮은 점수를 받았지만, 오늘에는 최고수준을 기록하고 있다. 비결이 무엇일까? 훈련과 많은 것을 요구하는 커리큘럼이다. 또는 10년간 교장을 지낸 노먼 히긴스(Norman Higgins)가 말한 대로 '학생들에 대한 높은 기준, 교사들에 대한 높은 기준, 학교에 대한 높은 기준' 이 그 비결이다. 히긴스 교장은 대학에 진학할 학생들뿐 아니라 모든 학생들에게 대수, 화학, 물리학, 외국어를 필수적으로 배우게 하는 고전적인 커리큘럼을 도입하였다. "우리는 가난한 공립학교 건물에 들어선 뉴잉글랜드 사립학교지요"라고 히긴스 교장은 말한다.[27]

공립학교 체제 안에서 일하는 그리스도인들 역시 거대한 영향력을 가지고 있다. 바바라 모제스(Barbara Moses)라는 한 흑인여성은 30년간 필라델피아의 공립학교 교사를 지냈는데, 그녀는 그곳에서 하나님의 사랑을 아이들과 나눔으로써 수천 명의 아이들이 착실하게 살아가도록 이끌었다. 그녀는 아이들과 함께 기도하였고 그들이 그리스도를 영접하도록 초청하였으며, 그들의 가정을 방문하고 그들의 가족을 알게 되었다. 성령의 이끌림을 받는 신자가 어떤 일을 할 수 있는지를 보여준 그녀는, 그들의 지역학교에서 가장 영향력이 컸던 사람이었다.[28]

차터학교(Charter Schools)

공교육을 개선하는 가장 창조적인 수단 중 하나는 차터학교운동이다. 차터학교는 공립학교이지만, 차이점은 교사들이 종신직이 아니라 성과에 따라 자격을 유지하며, 대신 주의 커리큘럼을 가르칠 필요가 없다는 것이다. 이러한 자유를 누리는 대신, 차터학교는 엄격한 성적기준을 만족시켜야만 한다. 차터학교의 기본적인 생각은 학생들을 엄격한 학력기준에 맞추면서도 폭넓은 실험을 허용하는 것이다. 어떤 방법이 가장 효과적인지 주(州)에서 결정할 수 있도록 하기 위해서 말이다.

차터학교가 달성한 것의 예는 웨슬리 초등학교에서 찾아볼 수 있다. 그 학교는 폭력이 난무하고, 마약으로 찌든 텍사스 주 휴스턴 시의 에이커즈 홈즈 지역에 위치해 있다. 그 학교는 철조망 울타리와 판잣집들로 둘러싸여 있으며, 몇 년 전에는 3학년 학생 중 18퍼센트만이 읽기와 독해에서 제 학년에 맞는 수준의 능력을 보였다. 그렇지만 1975년 타데우스 롯(Thaddeus Lott)이 교장이 된 이후, 그 숫자는 85퍼센트로 치솟았다. 이러한 놀라운 결과를 얻기까지 롯 교장은 기본으로 돌아갔다. 그것은 엄격한 훈련, 높은 기대, 연습과 연속학습(직접적인 지시)을 강조한 커리큘럼이었다. 그의 접근방식은 매우 성공적이어서 다른 몇 개의 문제학교들을 맡아달라는 요청을 받기도 했다. 이 학교는 텍사스 주의 첫 차터학교가 되었으며, 이런 성공은 전국의 차터학교에서 반복되고 있다.[29]

보충 프로그램

그리스도인들은 공립학교 체제를 보충할 방안을 만들어낼 수 있다. 이것이 바로 아프리카 감리교 감독교회의 안수 목회자인 제리 맥닐리(Jerry McNeely)가 채택한 전략이었다. 그는 시카고 남부 윌리엄 디 힌튼이라는 공립 초등학교를 목표로 하였는데, 이곳은 총소리와 사이렌 소리가 끊이지 않고, 보도블록엔 빈 술병과 깨진 약병들이 흩어져 있는 곳이었다. 그런데 요즈음 놀랄 만한 일이 힌튼학교에서 일어나고 있다. 1주일에 두 번 마지막 종이 울리자마자 몇 명의 학생들이 뛰어가 빈 교실을 장악하고는 숙제를 꺼내 노트한 것을 비교하기 시작한다. 그리고 나서 제리 맥닐리가 와서 화학약품이 담긴 큰 상자를 열면, 학생들이 곧이어 과학 프로젝트에 몰두하게 된다.

이 아이들은 시카고에서 가장 열기가 높은 방과후 프로그램의 참여자들이다. 이 프로그램은 "도시의 개척자들"(Urban Pioneers)이라는 것으로, 시카고 도시연맹(Chicago Urban League)의 흑인교회 프로젝트의 한 부분이다. 맥닐리는 "도시의 개척자들"의 지도자인데, 도시의 아이들이 과학과 수학에서 대학원 학위를 취득하도록 돕는 것을 비전으로 삼고 있다. 그 결과, 5학년에서 8학년까지의 학생 수백 명이 실제 실험을 통하여 과학과 수학의 세계를 탐구하며 1주일에 4시간을 보내고 있다.[30]

학생들이 학업성취를 잘하도록 돕는 가장 훌륭한 프로그램은 "아이들의 희망 미국"(Kids Hope USA)으로, 이는 최저학년에서도 폭력과 갱단, 자살 등의 비율이 높아지는 것에 경악하게 된 버질 걸커(Virgil Gulker)가 만든 프로그램이다. 전국의 전문가들을 인터뷰하면서 그는 계속해서 같은 말을 듣게 되었다. "우리에게 필요한 것은 프로그램이 아닙니다. 우리가 필요로 하는 것은 좀더 많은 관심 있는 어른들이 말썽꾸러기 아이들을 안아주며 '사랑해'라고 말해 주는 것입니다."

그래서 걸커는 교회가 지역의 초등학교를 '양자로 삼아서' 교인들이 일 대 일 교습을 시키는 프로그램을 창안하였다. 각 자원봉사자들은 학교 운동장에서 자기 학생들을 만나고, 각 회기가 끝나면 교사에게 경과보고서를 보낸다. 학구적인 목표는 학생들이 읽기와 계산의 기본적인 기술을 획득하는 것이지만, 인격적인 목표는 그리스도인 자원봉사자와 가난한 학생 간의 장기간, 지속적인 신뢰관계를 유지하는 것이다. 이것은 아이들에게 필요한 소망을 주고 있다는 입증된 보고서가 딸린 유일한 관계이다.[31] "아이들의 희망 미국"은 현재 6개 주에서 60개 교회가 참여하고 있다.

학교 선택

우리의 공립학교를 개선하는 데 대한 최상의 소망은 바우처체제(voucher, 한 사람의 교육비에 해당하는 금액을 지방정부로부터 인환권으로 받아 자신이 선택하는 학교에 이를 대신 내고 학교에 다닐 수 있는 체제 - 역자 주)일 것이다. 그 체제는 저소득층의 가족들에게 자녀취학에 대한 선택권을 제공하는 것이다.

오하이오 주 클리블랜드에서, 델볼랜드 셰익스피어는 가을학기에 다섯 살 난 아들이 다닐 학교를 방문하고는 소름끼치게 놀랐다. 학교 바깥 교차로 한 귀퉁이를 마약상이 차지하고 있었고, 또 다른 모퉁이에는 알코올 중독자가, 또 한 군데에는 매춘부들이, 또 한 곳에서는 남자들이 노름을 하고 있었다. 학교 안에서는 학생들이 아무런 규율이 없이 이리저리 뛰어다녔고 겉장이 다 떨어진 교과서를 함부로 다루고 있었다. 남자 화장실에서는 한 남자가 그에게 마약을 팔려고 하였다. "[우리 아이는] 이 전쟁구역을 걸어가야 했을 뿐 아니라 학교 운동장에 들어가도 여전히 전쟁구역에 있는 것이었습니다"라고 셰익스피어는 말했다. "나는 도저히 우리 애를 그 학교에 보낼 수가 없었지요."[32] 결국 이 젊은 흑인 아버지는 아들을 사립 가톨릭 학교에 보낼 돈을 마련하기 위해서, 가족들을 다락방으로 이사시켰다. 그리고 2년 후 오하이오 주가 종교계통 학교에서 부모들이 인환권을 사용하도록 허용하는 바우처 프로그램을 시작할 때 셰익스피어 가족은 아들 둘을 위한 인환권을 얻게 되었다. 학비부담에서 해방된 그의 가족은 다락방에서 나와 그들의 집으로 이사갈 수 있었다.

인환권은 교육의 형평성을 이루는 최상의 길일 것이다. 저소득층 부모들이 문제가 많은 공립학교에서 자녀들을 빼내어 좋은 사립학교에 보낼 수 있는 동등한 기회를 주기 때문이다. 하버드대학이 위스콘신 주 밀워키의 학교선택 프로그램에 대해 연구한 바로는, 소수민족 아이들의 읽기 능력이 3-5퍼센트, 산수능력이 5-12퍼센트 향상되었다. 바우처 프로그램의 반대자들은 법정투쟁을 하지만, 1998년에 대법원은 8대1의 투표로 위스콘신의 바우처 프로그램 폐쇄를 기각시켰다.[33]

인환권은 공립학교를 위해서도 이로운데, 그 이유는 공립학교체제의 독점을 깨는 데 필요한 경쟁력을 만들어내며 학교가 개선되도록 압력을 가하기 때문이다. 그렇지만 학교선택의 방법은 강력한 교사노조와 교육 로비에 의해 정치적으로 방해받는 경우가 종종 있다. 그 결과, 혁신적인 사업가들이 사적인 인환권체제를 조직하고 있다. 인디애나 주에서는 골든룰 보험회사(Golden Rule Insurance Company)가 미국에서 최초로 사적인 바우처 프로그램인 "교육선택 자선기금"(Educational CHOICE Charitable Trust)을 만들었다. 이 프로그램은 개인이나 회사나 재단이 낸 사적인 기부금으로 기금을 마련하여, 저소득층 아동이 사립학교나 교회운영학교에 다닐 수 있게끔 등록금의 절반을 지원하고 있다.

CHOICE는 아주 성공적이었기 때문에 많은 후계자들이 생겨났다. 예를 들어, 금융업자 테드 포스트만(Ted Forstmann)과 월마트의 상속자인 존 월튼(John Walton)은 사적으로 장학금 프로그램인 "워싱턴 장학기금"(Washington Scholarship Fund)을 만들어 매년 1,300만의 아이들이 전국에서 최악의 학교체제 중 하나인 워싱턴 D. C.를 벗어나 사립학교에 다닐 수 있게끔 하고 있다. 그들은 또 전국 도시 어린이들에게 장학금을 주기 위해 1억 달러의 기금으로 아동장학기금을 출범시켰다.[34]

    *   *   *

 오늘 학교가 하는 일은 내일의 사회가 어떻게 될지를 결정한다. 이 때문에 유치원에서부터 대학교까지의 교육을 개선하는 것이 그리스도인들이 직면한 가장 중대한 문화적 과업인 것이다. 우리에게는 공립기관에 영향을 줄 뿐 아니라, 중세시대 수도원이 그랬던 것처럼 문화적 갱생의 근원이 될 기독교 교육센터를 만들 기회가 주어져 있다. 세속주의자들은 성경적 신앙을 비합리적이고 이성과 반대되는 것으로 비난하였지만, 아이러니컬하게도 기독교는 이제 가장 중요한 이성의 옹호자가 되었다.[35]

 그렇지만 학교마당에서 한 발짝 걸어나가면 지역사회가 존재한다. 이곳은 한 사람이 범죄와 타락의 한복판에서 회복을 위해 노력하는 중에 발견했던 것처럼 갱생의 기회가 무르익은 또 하나의 경기장이다.

제35장

이곳에서는 어떤 일도 일어날 수 있다

근무 첫 날, 브루클린 베드스튀의 데칼브 가(街) 1번 특별초소에서 살바토레 바르톨로메오(Salvatore Bartolomeo)는 눈을 크게 뜨고, 이리저리 살펴보며, 시간을 내어 자신의 순찰구역을 익히고 있었다. 이른 아침, 그는 코너의 잡화점, 빈민 아파트, 길거리 점포들이 아직 철문을 굳게 닫고 있는 곳을 지나왔다. 그는 그들이 우유를 팔고 있는 것이 아니라, 마약을 팔고 있는 것임을 확신할 수 있었다.

춥고 구름 낀 11월의 어느 날이었다. 길거리의 사람들이 손을 코트 주머니에 깊숙이 집어넣고 있었다. 그는 버려진 자동차를 지나가고 있었는데, 발가벗겨진 차체가 길가 쪽으로 반쯤 들어가 있었다. 동네 전체가 황폐해지고, 쓰레기로 가득하며, 마약 소굴인 20개의 블록이었다. 거리마다 타다 남은 껍질 같은 건물이 있었는데 이는 시커먼 종양과 같은 것이었다. 샐 순경은 왜 다른 사람들이 이 직업을 원하지 않으며, 이 자리가 왜 수개월간 비어 있었는지 잘 알고 있었다. 이곳에서는 어떤 일도 일어날 수 있다. 그것도 매일 무슨 일이든 말이다.

고층건물인 라피엣 타워즈가 멀리 눈앞에 보였다. 첫날의 신경과민 때문인지 그는 수천 명의 구경꾼들이 그의 일거수 일투족을 지켜보는 듯한 느낌이 들었다. 그때 군 작업복에 불룩한 바지를 입은 세 명의 십대들이 지나가고 있었다.

"안녕, 오늘도 좋은 날이지?"

아이들은 땅만 내려다보면서 계속 걸어갔다.

"급히 학교에 가야 하나 보구나?" 그가 물었다. "대수학을 아주 좋아하나봐."

그들이 멈춰 섰다. 다른 두 아이보다 덩치 좋게 생긴 한 아이가 눈썹을 치켜올리면서 그의 친구들에게 말했다. "우리는 그냥 길을 걷고 있는데, 이 경찰 아저씨가 왜 말을 거는 거야."

"난 그냥 인사한 거야." 샐이 말했다. "말하자면 안녕하세요 할 때처럼 말이지."

"아저씨, 나 알아요?" 마침내 한 아이가 그 이방인을 똑바로 쳐다보면서 말했다.

"난 새로 온 순찰경관이다. 난 그냥 이웃들을 알고 싶어서 그래. 너희들 타워즈에 사니?"

그중 대장 같아 보이는 아이가 다른 아이들에게 말했다. "이 아저씨가 우리를 아나 본데?"

"우리를 알 이유가 없잖아." 키 큰 아이가 말했다.

"아저씨, 우릴 모르면서 우리한테 안녕이라고 말하지 마세요." 리더격인 아이가 말했다. "우리는 경찰을 싫어하거든요. 특히 차에서 튀어나오는 순찰경관 말이에요. 아저씨는 무슨 일을 저질렀어요? 롱아일랜드에서 사람을 죽여서 이리로 쫓겨왔나요?"

"어이, 시장(市長) 아저씨. 난 이 자리를 지원해서 왔네." 샐이 말했다.

세 아이는 크게 웃었다. 그들은 그를 '멍청한 놈'이라고 부르면서 욕을 하더니 웃어제끼면서 사라져버렸다.

'나도 너희들처럼 브루클린 출신이야'라고 샐은 말하고 싶었다. '난 여기서 자랐어. 내 아버지도 이 거리에서 자라나셨지. 바로 이 데칼브와 마시 거리에서 말이야.'

오전 내내 그는 데칼브 거리를 인사하며 다녔고, 자신의 구역을 익혔다. 그는 스킬먼 가에 있는 복지관 뒤쪽의 화재지역을 걸었다. 거기에는 절반쯤 타버린 집 두 채가 서로 기대어 쓰러져 있었고, 지붕은 전화선에 얽혀 있었다. 그는 잡초와 쓰레기, 그리고 버려진 차로 가득 찬 주변 공터를 살펴본다. 이들 버려진 건물들은 길거리 잡화점처럼 마약 거래의 온상이 되고 있었다. 대부분은 혼자서이지만 때로는 쌍쌍이, 여자들은 아침 열 시에 파티에 가는 복장을 하고 나타난다.

샐은 라피엣 타워즈에 있는 핸드볼 구장 옆에서 검은 재킷을 입은 소년들을 항상 보곤 한다. 이들은 사방 수백 미터를 볼 수 있는 대단한 녀석들이다. 이 보초들은 지나가는 사람 모두에게 말을 건다. 누군가가 멈춰서서 말을 걸면 이들은 헤어지면서 악수를 한다. '출마하고 있는 사람이거나, 마약거래상일 거야'라고 샐은 생각했다. 그 구역 내의 여러 지역에 이런 사람들이 있다. 이들은 모두 멀리 내다보고 있어서 그가 이들에게 접근하기 전에 이미 사라져버린다.

그는 버려진 차를 건인하게 할 수도 있었다. 아마 이렇게 하면 이 지역을 깨끗하게 하는 출발점이 될 수 있을 것이다. 그가 여기에서 부여받은 임무는 뉴욕 시가 실험적으로 운영하고 있는 새로운 범죄감소이론의 일환이다. 그리고 그의 임무는 공공질서를 회복하기 위한 첫단계로 가장 단순한 일부터 시작하는 것이다. 마약거래자들을 줄이는 것은 나중에 생각할 문제다.

* * *

샐은 자신의 구역에 점차 익숙해지면서, 그 지역 사람들의 시간표와 리듬에 맞추어 활동하기 시작했다. 오전에 아이들이 학교에 갈 때는 학교 주변의 거리를 여기저기 걷는다. 초등학생들은 그와 친해지면서 그의 손을 잡고 '샐 경관님'이라고 그를 불렀다. 아이들은 그를 만나기를 좋아했다. 그는 덩치 큰 아이들과 아이들을 괴롭히는 녀석들을 쫓아보내곤 했다. 중학생들은 길가 코너에 숨어 있다가 그가 나타나면 교실로 줄지어 가곤 했다. 고등학생들은 때로 자신의 입장을 좀더 완고하게 지켰다. 그러나 이내 그들에게 다가가서 잘 지내냐고 물어볼 기회가 생겼다. 그는 금세 소문난 골치덩어리가 되었고, 험담가들이 좋아하는 표적이 되었다.

"이봐, 록키, 이탈리아산 종마(種馬)야. 여긴 모나리자가 없어. 그녀가 당신이 열병에 걸린 것을 알기 전에 아드리안한테 가는 게 좋을 걸."

"야, 이 미키 주둥이(mauth)야, 열병에 걸린 건 바로 너야. 그렇지만 너 같은 쥐새끼에게 맞는 미니(Minnie)는 없을 걸." 샐이 말했다. 샐은 언제나 자신이 받은 만큼 돌려주었다. 몇 주가 지나지 않아 그는 수십 명의 아이들 이름을 알게 되었고, 그가 인사하면 실제로 인사를 받게 되는 경우도 있었다.

아침에 상가들이 문을 열 시간이면, 그는 다시 데칼브 가로 가서 모든 가게를 들렀다. 가게 주인들은 침입자들과 강도들에 대해 할 얘기가 많았고, 그가 자신들의 얘기를 들어주는 것에 놀라곤 했다. 그는 배달시간과 일정한 시간에 은행에 가는지의 여부, 보안장치는 어떤지 등을 물었다. 그들의 냉소적인 태도에서 그는 "너라고 별수 있다고 생각해?" 하는 빈정거림을 느낄 수 있었다.

은행은 오전 11시 30분에 바빠지기 시작하여 1시 30분까지 계속 분주하다. 수표를 현금으로 교환해 주는 가게는 일과시간이 끝날 무렵 가장 바쁘다.

종이컵에다 커피를 마시면서 수표가게 앞에 서 있던 첫날, 그는 약 30

미터쯤 되는 곳에 무릎뼈가 청바지 사이로 빠져나올 것 같은 키 크고 마른 걸인 하나를 발견했다. 그 친구는 생계를 위해 일한 흔적도, 귀여운 애완동물과 같은 속임장치도 없었다. 그는 현관 입구에 쪼그리고 앉아 손을 내밀며 속삭였다. 그는 샐이 그에게 다가갈 때까지 그러고 있었다.

"안녕하세요?" 샐이 말했다.

그의 눈의 흰자위가 선명한 것으로 보아 그가 길거리에 있은 지 얼마 되지 않았거나, 아니면 구걸하는 것이 그의 직업은 아닌 듯했다.

"네." 그가 말했다. "햇볕을 쬐고 있는 중이에요." 그는 한쪽 눈을 치켜올려 잔뜩 구름 낀 하늘을 쳐다보며 씩 웃었다.

"운동하는 것이 나을 거예요. "난 당신이 지금 거기서 내려왔으면 좋겠는데요." 샐은 마치 그를 문으로 안내하려는 것처럼 팔을 내밀었다.

"앉아있다고 해를 끼치진 않아요." 그가 말했다.

"내려오세요." 샐이 거듭 말했다. "그렇지 않으면, 난 당신을 구걸행위로 체포하겠습니다."

"여기는 미국이에요. 내가 아무것도 하지 않고 있는데 왜 날 괴롭힙니까?" 그 남자의 납작한 얼굴이 굳어지며 말했다.

"여기서 어슬렁거리는 것도 불법이고, 구걸하는 것도 불법입니다. 당신이 노는 시간에 무얼 하든 난 상관없어요. 그러나 맘 먹으면 조사해 볼 수도 있어요."

그 남자는 천천히 일어서서 목을 길게 뽑았다. "당신은 게슈타포 같은 데 가입하는 게 좋을 뻔했어. 하지만 여기는 미국이야."

"맞습니다. 사람들이 가게에 들어갔다가 나올 때 강도 만날 두려움 없이 살 수 있는 곳이죠."

"내가 강도질했다는 거예요?"

"내가 당신 신원을 확인하는 상황이 되기만 하면, 금방 알 수 있죠. 그렇게 되면 당신을 잡아넣지 않을 수 없을 겁니다."

순간 그 남자의 얼굴이 심각해졌다. 그는 이쑤시개를 입안에서 돌리고 있는 것처럼 입을 비틀었다. 그리고 머리를 뒤로 젖히고 거드름피우듯 어슬렁거리며 걸어갔다.

샐은 다른 걸인도 쫓아냈다. 그리고 그 수표가게로 돌아왔다. 한 나이 많은 여자가 문을 나오면서 자기 지갑을 가지고 어쩔 줄 몰라하는 것을 보았다. 그 여자는 그 걸인이 간 방향으로 가려던 참이었다.

"아주머니." 샐이 말했다.

그녀는 자기에게 말을 거는 사람이 누군가 해서 움찔하며 재빨리 돌아보았다.

"제가 저 길까지 함께 가 드릴까요?"

그녀의 어깨가 편안해졌다. 그녀는 그에게 가까이 다가왔다. "무슨 문제가 있나요?"

"아니오. 오늘은 아무 문제도 없을 겁니다."

* * *

샐은 거리를 순찰할 뿐만 아니라, 걸어 올라가는 빈민 아파트의 계단을 '종단수색' 하기도 한다. 어떤 때는 성폭행을 당하고 머리 뒤쪽에 처형당하듯 총을 맞은 젊은 여자의 시체를 찾기도 하였다. 그녀는 샐의 구역에서 폭력으로 인해 죽어가는 많은 젊은이 중 하나일 뿐이다. 샐은 데칼브 가를 담당하고 있는 동안, 거의 매일 장례식장을 들르게 되었다. 그는 항상 그곳에서 기도를 하곤 했다. 죽은 젊은 여자나 남자가 어떤 사람이었는지는 상관이 없었다. 다만 잠시 무릎을 꿇고 기도를 할 뿐이었다.

샐은 또 사람들이 많이 모이는 곳에 가서 그곳 주민들을 만나곤 했다. 그는 이야기하기를 좋아했고, '그날의 농담'을 늘 준비하려 애썼다. 젊은 엄마들이 라피엣 공원의 놀이터 그네터에 모여들곤 했다. 처음 보는 엄마를 보게 되면 그는 그녀에게로 가서 아이의 손에 10달러짜리 지폐를 쥐어

주곤 했다. 농담도 하고 아이에게 입도 맞추는 그에게 사람들은 시장에 출마하려 하는 게 아니냐고 농담을 하기도 했다.

좀더 큰 아이들이 있는 엄마들은, 아이들이 아침에 학교 가는 길에 샐이 어떻게 아이들을 보호하는지, 또 나중에 공원에서는 어떻게 하는지를 알게 되었다. 어느 날 한 작은 식료품 가게 앞에서 데스틴의 어머니가 "샐 경관님, 수학 잘해요? 여기서 데스틴의 수학숙제를 좀 봐주실 수 있어요?"라고 물었다.

그 아이는 책의 해당 페이지를 손에 구겨 가지고 있었다.

샐은 방해받지 않고 그 아이와 함께할 수 있는 곳이 어딜까 생각했다. "가게로 들어갑시다." 그는 그들을 가게로 이끌면서 말했다.

"버니, 여기 구석에 잠깐만 앉아 있을게요. 데스틴의 숙제를 점검해 주려구요."

샐은 버니가 쳐다보는 것으로 승낙을 얻었다. 그런데 데스틴 말고도 다른 아이들이 더 늘어나면서 구석에 있는 그 작은 책상은 샐의 과외 교습소가 되었다. 샐은 샘에게 어떻게 하면 B를 받을 수 있는지를 가르쳤다. 또 모니끄에게는 나눗셈을 가르쳐 주었고, 살레샤에게는 발음을 가르쳐 주었다. 이제 아이들의 숙제를 점검해 주는 것은 그의 중요한 일과 중 하나가 되었다.

그는 '그 아이들'의 사진첩을 만들기 시작했다. 학교에서 사진을 찍게 되면, 엄마들이 그에게 와서 뒷면에 그 아이의 서명이 있는 사진을 주곤 했다. "당신이 데스틴의 숙제를 도와주었어요." "당신 덕분에 로더릭이 학교에 가게 되었어요." "클레이는 당신이 달을 매달고 있다고 생각해요." "나타샤도 이제 순경이 되기를 원해요."

* * *

길거리 농구경기는 일 년 내내 열린다. 샐도 살이 찌지 않으려고 경기에 참여한다. 그는 날마다 그 관할구역 사람들이 요구하는 대로 있는 힘을 다 쏟아 경기를 한다. 범인을 쫓아가 그들을 일 대 일로 굴복시켜 가면서 말이다. 주말에 근무가 있는 날은 공원과 경기장에서 시간을 보낸다.

여덟 살 난 던젤은 항상 그에게 와서 그의 모자와 야광막대를 자기가 지키겠다고 말한다. 그는 자신이 농구를 하고 있는 동안 그 아이가 모자를 쓰고 막대를 들고 이리저리 다니도록 허락한다. 샐과 대부분 십대인 그의 상대팀은 하프코트 게임을 진지하게 한다. 샐은 누구하고든 경기를 하고, 대부분의 경우 그의 승리로 끝난다. 그래서 그가 만일 경관이 아니었다면 경기에 진 애들이 한 대 먹였을 것임을 그도 잘 알고 있다. 그는 '버드 경관'이라는 별명을 갖게 되었는데, 이는 유명한 농구선수 래리 버드(Larry Bird)의 이름을 딴 것으로, 운동기술이나, 약간 갈색인 머리, 그리고 초록색 눈동자가 닮았기 때문이다.

한번은 숀이라고 하는 십대 아이가 '백인놈'들이 계속 점수를 올릴 때마다 그의 친구 데니스가 점점 더 조롱하는 것 같아 마침내 불끈했다. 그는 그의 친구를 난폭하게 밀쳤고, 그들은 서로를 때리기 시작했다. 샐은 던젤에게 맡겨 두었던 야광막대를 찾아오면서 그들이 몇 대 서로 갈기고 나면 조용해질 것이라고 생각했다. 그러나 그들은 멈추지 않았고, 이내 서로 피를 흘리기 시작했다. 그가 달려들었을 때, 대부분의 펀치는 그를 비켜갔지만 그의 몸으로 날아오는 것은 피할 수 없었다.

"너희들 뭣하는 거야? 무슨 짓이야?" 그는 소리질렀다. "숀, 데니스, 그만둬! 그만두지 못해?"

마침내 그들은 숨을 몰아쉬면서 서로 떨어졌지만, 쉬었다 다시 한 판 붙을 것처럼 방어자세를 취하고 있었다.

"야, 너희들, 이제 그만둬." 샐은 자기 주머니에 손을 넣어 5달러짜리 지폐를 꺼냈다. "자, 가서 음료수 사 먹고 정신차려. 그렇지 않으면 너희 모두를 체포할 테다. 너희들 그걸 원하는 거냐?"

샐은 그들이 자신의 제안에 대해 생각하고 있음을 알 수 있었다. 막판에는 그가 경찰인 걸 그들이 기억해 냈음을 그는 알아차렸다.

"가져가." 그가 재촉했다. "아니면 곧바로 감방으로 가든가."

그들의 호흡이 잦아들었다. 그들은 냉정을 찾으면서 방어적이 되었고, 팔짱을 끼고 발을 꼬고 있었다.

"야, 숀, 너 뭐 좀 마실래?" 데니스가 물었다.

"그래, 좋겠군."

그들은 서로 조심하는 듯 거리를 두고서 함께 걸어갔다.

* * *

마약거래 장소가 되었던 복지관 뒤 스킬만 가의 버려진 건물들은 샐의 첫번째 비밀작전의 기지가 되었다. 그 건물들이 다른 경관의 담당구역과 가까웠기 때문에, 샐은 죠이 프란시오소 경관을 설득하여 거기에서 무슨 일이 일어나고 있는지 파악해 달라고 했다.

그들은 1층에 있는 이중점포의 뒷방에 자리잡았다. 그 방은 쓰레기로 가득 찼고, 벽은 떨어져 나갔으며, 천장에는 못이 줄줄이 박혀 있었다. 너무 어두웠기 때문에, 특별히 숨을 필요도 없었다. 그들은 마루에 웅크리고 앉아 뒤쪽 점포 벽에 난 구멍을 통해 앞을 내다보았다. 처음 거기서 잠복근무를 했을 때는 시간이 어찌나 늦게 가든지 샐이 지나가는 버스나 트럭이 내는 붕 소리를 세고 있을 정도였다. 그는 쥐들이 마룻바닥을 재빨리 움직여 다니며 부스럭거리는 소리를 듣고 있었다.

그러나 얼마 지나지 않아 앞쪽 가게에 불빛이 환해졌다. 누군가의 마약 파이프에 불이 당겨졌다. 암모니아 냄새 같은 것이 그들을 덮쳤다. 그들은 가지고 있던 크고 무거운 플래시를 켜고, 그들이 미처 올려다보기도 전에 중독자를 덮쳤다.

그들은 그를 뒤로 데리고 나가서 인계한 다음 되돌아왔다.

여러 명의 마약중독자와 창녀들이 이런 방법으로 잡히게 되었다.

* * *

데칼브 가와 10번 가 도로가 만나는 곳에는 정지신호가 있어 운전자들이 양쪽을 다 살펴보도록 되어있다. 그리고 약 10미터 앞에 또 하나의 신호등이 있었고, 다음 세 블록을 가는 동안에는 신호가 하나도 없었다. 그래서 운전자들은 습관적으로 데칼브와 10번가 신호를 그냥 지나치곤 했는데, 심지어는 샐이 그곳에서 호루라기를 불어대도 그랬다.

어느 날 또 그런 일이 일어나자, 동네의 불량소년들이 가까이 있다가 즉시 샐을 놀려대기 시작했다. "헤이, 로보캅, 저 차를 잡을 만큼 빠르지 않아? 빨간불에 도망가는 사람도 못 잡으면 아무도 당신을 신경쓰지 않을 걸! 그 쬐끄만 당신 호루라기엔 아무도 신경쓰지 않아."

그들은 웃으면서 놀려댔고, 주변에 서 있던 사람들은 머리를 흔들며 언짢아했다.

그 다음에 또 신호를 무시하고 가는 차를 발견했을 때, 샐은 택시의 뒷좌석에 뛰어들었다. "당신 영화에서 어떻게 하는지 알죠!" 그는 기사에게 소리질렀다. "저 차를 쫓아가세요. 다음 신호에서 정지할 겁니다."

"경관님, 저는…"

"저 차보다 두세 차 앞 정도로 접근하세요. 그리고 내가 내릴 때쯤 긴급 정지하세요."

그렇게 해서 추격전이 시작되었다. 택시는 다음 신호에서 거칠게 왼쪽 차로로 들어섰고, 범칙자보다 세 대 정도의 간격을 두고서 그 앞에 정지했다.

샐은 차에서 내려 녹슨 셰비(미국 GM사의 자동차 모델 이름 - 역자 주)가 알코올 중독처럼 덜덜 떨고 있는 곳으로 천천히 걸어갔다. 그 운전자는 아무 데도 갈 수가 없었다. 그래서 그는 "경관의 호루라기 소리를 들을 수 없었기 때문에 아주 죄송하게 되었다"고 말했다. 그러나 그는 면허증 유효기간도 끝났고, 보험도 들지 않았으며, 벌과금을 여러 번 납부하지 않았기 때문에 이미 체포영장이 발부된 상태였다. 더욱 기가 막힌 것은 그가 차 밖으로 나오면서 차 바닥에 굴러다니는 마리화나 봉지를 본 것이었다.

오래지 않아, 샐은 가까이 있는 택시가 그의 낡은 차만큼이나 유용하다는 것을 알게 되었다. 신호를 무시하고 달리는 사람들을 잡다 보면 대부분 최소한 여러 장의 벌금통지서를 납부하지 않은 사람들이거나 마약거래자와 강도들이 걸려들곤 했다.

* * *

성공적으로 택시를 활용하는 법을 알게 되면서 샐은 핸드볼 코트 근방에 있는 마약거래자들을 어떻게 잡을지 아이디어를 얻게 되었다. 그는 "뉴욕 데일리 뉴스" 트럭 운전기사에게 좀 태워줄 수 있겠느냐고 묻는다. 트럭이 거리를 비틀거리며 내려갈 때 샐은 쇠로 된 뒷범퍼에 서서 뒷문을 여는 빗장에 매달려 있다.

트럭이 다른 차들 때문에 정지하게 되면 그는 그 틈을 이용하여 곧장 코트 앞으로 발을 뻗어 올라간다. 거래가 진행중이고, 마약 판매자의 눈은 고객의 손과 호주머니를 향해 있다.

샐은 그곳을 향해 달려간다. 판매자가 올려다본다. 그의 얼굴은 충격으로 멍해져 입술은 처지고, 눈은 왕방울만해진다. 고객은 그 지역의 다른 건물을 향해 잽싸게 튄다.

샐은 판매자를 뒤쫓아간다. 물약병이 떨어진 곳을 머릿속에 떠올리며, 그 아이를 잡은 후에 땅바닥에 몇 개라도 남아 있기를 바라면서 말이다.

판매자는 5번 건물로 달아났다. 그 아이가 아파트 안으로 들어가면 결코 찾아낼 수 없을 것이다. 뒤쪽 입구는 여러 개의 계단과 엘리베이터로 연결된다.

그들이 그 건물의 테라스처럼 생긴 입구에 도달했을 때, 판매자가 낮은 계단으로 뛰어내리다 굴렀다. 샐은 그가 문 쪽으로 막 뛰어가려 할 때 다이빙하듯 구르면서 그 녀석의 뒷다리를 잡았다. 그들은 함께 넘어졌고 샐은 자기 머리 옆쪽으로 판매자의 한쪽 팔꿈치를 잡았다. 판매자는 무릎을 꿇은 상태로 일어섰다. 샐은 그 아이의 윗도리를 왼손으로 잡고 오른손 스트레이트로 가격했다. 그제서야 꼼짝 못하게 되었지만, 아이의 입과 턱 위로 코피가 흘러내려서 볼성 사나운 체포가 되었다.

샐이 판매자를 일으켜 세우고 그에게 수갑을 채우는 동안 사람들이 몰려들었다. 사람들은 점점 더 많아졌고 시간이 갈수록 비우호적이 되어갔다. "걔가 뭘 했다구 그래? 지미 아냐. 지미는 그런 일을 할 리가 없어. 사람을 왜 저렇게 때리는 거야?"

샐은 자신이 타워즈 동네의 수천 명 흑인들과 히스패닉 중에 섞여 있는 유일한 이탈리아계 순경이라는 사실을 깨달았다. 그는 냉정해야만 했다. 폭동은 이렇게 해서 일어나는 법이다. 체포가 싸움이 되고, 싸움이 커지면 로스앤젤레스처럼 폭동이 일어난다.

그 건물의 경비요원이 나타났다. 그러나 그는 은퇴할 나이가 된 고용경비원이었기에 무서워서라도 판매자 편을 들 수밖에 없는 사람이었다.

"왜 지미를 그렇게 다루는 겁니까?" 한 사람이 다시 물었다. "봐요, 피를 잔뜩 흘리고 있잖아요. 체포될 사람은 바로 당신이요. 지미에겐 구급차가 필요해요."

샐은 군중을 향해 돌아섰다. "지미는 마약거래를 하고 있었습니다. 그와 함께 마약거래를 하고 있는 사람들이 여기 있다면, 나는 그 사람도 잡아갈 것입니다."

"아니, 지미가 무슨 마약거래를 했다는 거야? 그렇다면 그 마약은 어디 있어? 어디 있냔 말이야." 많은 사람들이 그 말을 따라했다. 거의 합창을 하듯이 말이다.

샐은 무선으로 협조를 요청했다. 그는 건물 앞에서 지원병력이 오기까지 기다릴 예정이었다. 길거리에서 위험을 당하는 것보다 그곳에 있는 것이 안전했다. 그는 마약판매자를 철로 된 자전거 거치대로 데려가서 한쪽 수갑을 풀고 그 거치대에 채웠다. 마약판매자를 그렇게 묶어두는 것은 다른 누군가가 그에게 덤벼들 확률을 높인다는 것을 알고 있었지만, 그는 군중을 향해 섰다.

"이제 말씀을 드리도록 하겠습니다. 제가 여기에서 제 임무를 수행할 수 없도록 하신다면, 저는 다른 사람을 잡아가도록 하겠습니다. 지원병력이 곧 도착할 것입니다."

구식 오버코트를 입고 발가락 끝이 위로 치솟은 커다란 구두를 신은 반백의 남자가 그에게로 다가와서 군중을 향해 돌아섰다. "무엇 때문에 지금 이 경관을 곤혹스럽게 하는 겁니까? 이 쓸모없는 녀석이 마약거래를 하고 있다는 건 여러분도 알지 않습니까? 난 일을 나갈 때마다 이 녀석을 봐요. 난 이놈이 무얼 하고 다니는지 압니다. 여러분도 다 알 겁니다. 여섯 살 먹은 내 아들 매티만 빼고요. 난 매티가 이 사실을 전혀 알지 못했으면 좋겠습니다. 물론 그애도 크면 알게 되겠지요. 그러나 매티가 그 사실을 모르고 하루라도 더 지낼 수 있다면 무엇이든 하겠습니다. 당신 자녀들, 형제자매들을 생각하는 사람이라면 나와 함께 이 자리를 뜹시다. 이 경관이 그렇지 않은 사람들을 모두 잡아가도록 내버려두잔 말입니다."

그 남자는 샐을 돌아보지도 않고 걸어가버렸다. 시민들도 그와 합류했다. 불량배들도 할 수 없이 그를 따랐다.

샐의 지원병력이 마침내 흩어지는 군중 사이로 걸어왔다. 왜 사람들이 다 떠나가는지 좌우를 살펴보면서.

***

시간이 지나면서 샐의 작전은 점점 더 정교해졌다. 그는 그 지역의 특성을 악한들만큼이나 아니 그들보다 더 잘 이용하는 법을 알게 되었다. 악당들은 항상 그의 움직임과 스케줄을 점검하곤 했다. 하루는 어떤 때보다도 구체적인 질문을 받은 적이 있었다.

써니라고 알려져 있는 한 마약판매자가 물었다. "경관님, 오늘 몇 시에 근무가 끝나요?"

"써니, 큰 건 하나 잡은 모양이지? 언제가 그 기횐지 알고 싶은 거야?"

"경관님, 바깥이 춥거든요. 전 단지 경관님 감기가 심해질까 걱정하는 겁니다."

"써니, 난 오늘 4시까지 근무네. 그렇다고 이곳에 근무자가 없는 것은 아니야. 알고 있지?"

"없기를 바라지 않죠. 이미 너무 많은 사람들이 죽었으니까요."

"맞아, 바로 그거야."

"좋은 하루 되세요, 경관님. 감기 빨리 나으세요."

써니에게 근무가 끝난다고 말한 4시가 가까이 되었을 때 샐은 데칼브 가와 스펜서 가의 교차점을 지나가고 있었다. 그리고 샐은 그 블록을 돌아 뒤로 복지관에 들어섰다. 그는 엘리베이터를 타고, 내부계단을 올라 써니의 작전지역을 잘 볼 수 있는 한 사무실에 잠복했다. 블라인드가 처진 그 복지관은 완벽한 은폐를 제공하고 있었다.

샐은 써니 일당이 준비하는 것을 보았다. 마약판매자들은 길 양쪽에 보초를 세우고, 교차점에 네 명을 더 세웠다. 그는 일상적인 거래 이상의 것을 준비하고 있음이 틀림없었다. 써니와 함께 또 다른 세 명이 나타났다. 그들 세 명이 출입구 쪽으로 가자 그는 도로 경계석 쪽으로 갔다. 그들 세 명은 제품을 운반하고 있고, 써니는 거래를 성사시키고 있음이 틀림없었다.

샐은 무전을 보냈다. "여기는 12구역, 본부 나와라. 지금 데칼브와 스펜서 사이에서 마약이 거래되고 있다. 마약단속반이 여기 포진하길 바란다. 물건을 살 사람들이 곧 올 것이다. 큰 건인 것 같다."

얼마 지나지 않아 마약단속반이 두 블록 떨어진 곳에 포진했다.

십여 명의 고객들이 두 시간 안에 온 걸 보니 써니가 할인판매하겠다고 말했음에 틀림없었다. 샐은 복지관에 앉아 마약거래를 지켜보고 있었고, 마약단속반은 마약거래가 이루어지는 곳에서 한 블록 이상 떨어진 곳에서 마약 구매자들을 체포하고 증거를 수집했다.

샐은 갑자기 보초들이 도망가기 시작하는 것을 보았다. "지금, 바로 지금이야." 그는 무전기에다 대고 소리질렀다. 마약단속반은 요란한 소리를 내며, 총을 꺼내들고 써니와 그 일당을 사방에서 덮쳤다.

* * *

전에 샐을 지원했던 남자가 아이들 사이에서 조용한 협력자들을 소개해 주기 시작했다.

"저기 전화박스 보이시죠." 키가 크고 머리를 면도한 소년이 말했다. "제가 거기에 쪽지를 남겨 두었습니다. 잘 읽어보세요."

동전 출구에 들어 있던 그 쪽지에는 장소와 시간들이 적혀 있었다. 샐은 그런 곳에는 항상 마약판매자가 있고, 새로 마약이 공급된다는 것을 알았다. 그는 그 아이에게 자기의 정보를 노출하는 위험을 감수하면서 마약단속반이 이 일에 배치되도록 했다.

마약은 정확히 스케줄대로 전달되었고, 다만 이번에 한 건 올린 것은 악당들이 아니라, 경관들이었다.

* * *

샐은 67번 구역의 형사로부터 전화를 받았다. "플랫부시에서 있었던 마약총격사건 신문에서 보셨죠? 그 가족 말입니다."

"본 것 같군요."

"그 가족의 아버지가 마약 동업자에게 바가지를 쓰게 했다더군요. 그래서 그를 잡으러 동업자들이 그 집으로 몰려간 거구요. 그가 집에 없을 때, 동업자들이 본때를 보여주겠다고 작정한 거죠. 여자와 아이들의 눈을 가리고, 테이프로 입을 막고, 총을 쐈어요. 탕, 탕, 탕! A.44 스페셜(총기 이름 - 역자 주)이었죠. 죽은 척하고 있던 장녀를 빼곤 모두 죽었습니다. 그녀는 그들이 떠난 다음 일어나 구조요청을 했습니다. 아버지가 나중에 집에 돌아왔을 때, 우리는 그를 잡았습니다. 그 사람 말로는 자기 전 보좌관인 스캔론이라는 사람의 소행이 틀림없다고 합니다. 스캔론은 당신 구역이지요, 79번 구역 말입니다."

"스캔론이라구요? 지역단체모임에서 스캔론이라는 사람을 만난 적이 있습니다. 그는 보험회사에 다니고 있는데, 혹시 친척 아닐까요?"

"그것 좀 알아봐 주시겠어요?"

샐이 기초조사를 해보니 그 보험 판매원은 혐의를 받고 있는 사람의 아버지였다. 샐은 스캔론 씨를 좋아했기 때문에 복잡한 심정으로 그의 집을 찾아가 노크하면서 혹 아들이 있을 것을 대비해서 한 손엔 총을 들고 있었다.

"샐 경관님, 들어오세요. 들어오세요." 스캔론 씨는 샐을 반가이 맞아들였다. 그는 샐에게 앉으라고 권하고 굳이 콜라 한 잔을 내오게 했다.

"사실 우리는 당신 아들 하비가 무언가에 개입되어 있다고 생각하고 있습니다. 아주 나쁜 일 말입니다. 요즘 집에 들른 적이 있습니까?"

"방금 나갔어요. 지난 밤 집에 돌아온 이후 계속 나돌아다니고 있죠. 저기 의자 옆에 있는 것이 그녀석 가방입니다. 꼭 앞날이 없는 사람처럼 가방을 꾸려놓았어요. 들어왔나 싶으면 나가고 항상 제맘대로 들락거리는 녀석이에요."

"스캔론 씨, 저 가방을 들여다봐도 되겠습니까?"

"그걸 물어봐야 합니까?"

"네, 그래야지요."

"그렇게 하세요, 그렇게 하세요."

샐은 가방을 뒤져보았다. 그는 거기서 양말 안에 싸둔 A.44 스페셜을 찾았다. 탄알도 많이 있었고, 콩, 옥수수, 완두콩, 당근 통조림 등이 함께 들어 있었다.

"스캔론 씨, 아들 방이 따로 있습니까?"

"저쪽입니다."

샐은 옷들이 침대 위에 쌓여있는 것을 보았다. 이 친구는 잠적해 버리려고 했음이 틀림없었다. 샐은 자기 구역 형사를 오게 해서 함께 감시를 했다. 그렇게 하는 동안 스캔론 씨 부부는 그들에게 음식을 대접하고 싶어했다.

하비는 결코 나타나지 않았다. 누군가가 그에게 정보를 흘린 모양이었다. 그래서 샐은 길에다 글을 써붙였다. "하비 스캔론이 어디 있는지 아는 사람 있습니까?"

이내 여러 사람들이, 샐이 하비의 여자 친구가 플랫부시에 살고 있는 것을 알고 있는지 은밀히 물어왔다. 그는 주소를 알아냈다. 아주 정확한 것이었다. 67번 구역의 형사들은 사건이 일어난 지점에서 한 블록 떨어진 곳에서 하비를 찾아냈다.

샐은 상장을 받았다. 그러나 그의 관심은 스캔론 씨 가족이었다. 그는 다시 그를 방문하러 갔다.

스캔론 씨는 예전이나 다름없이 그를 따뜻하게 맞이했다. 그는 자기 부인과 딸들을 불러왔다. "내 아들은 마약 때문에 통제불능이 되었습니다. 우리는 그가 우리를 다치게 할까봐 두려웠습니다. 그를 찾아내주셔서 감사합니다. 당분간 떨어져 있기는 하겠지만 적어도 살아는 있지 않겠습니까? 여러 가지 생각도 하게 되겠죠."

"그렇습니다. 그렇고 말고요." 샐이 말했다.

그 후, 샐이 거리에서 그 가족을 만날 때면 그 어머니와 딸들은 항상 그에게 입을 맞추곤 한다.

* * *

스킬맨 가의 버려진 건물에서 사람들을 아무리 많이 체포해도 그곳을 사용하는 뜨내기들은 항상 다시 오곤 했다. 심지어 총을 쏘기도 하고, 버려진 차 안에 변을 보기도 해서 그 빈 공간이 점점 늘어갔다.

샐의 임무 중 하나는 범죄를 옹호하는 환경을 파괴함으로써 범죄를 줄이는 것이었기 때문에 그는 시 위생과의 밥 톨리토와 함께 일하기 위해 그를 찾아갔다. 그는 지역사회에 관심이 많은 좋은 사람이었다. 하지만 그가 하는 일이 워낙 많았기 때문에 샐이 부탁한 일을 처리하는 데는 시간이 좀 걸렸다.

그러나 어느 날인가 주민들의 눈에 변화가 포착되기 시작했다. 시 위생과에서 중장비를 동반하고 그곳에 나타난 것이다. 크레인과 건물파괴용 쇠뭉치의 도움을 받아 거대한 불도저가 버려진 건물을 남김없이 무너뜨렸다. 동시에 버려진 차들도 끌고 갔다. 중서부에서 밀밭을 경작하는 기계만큼이나 커다란 존 디어(트랙터 상표명 - 역자 주) 트랙터가 전 지역을 평평하게 했다. 이번에는 굴삭기가 커다란 경계석을 가지고 와서 해당지역 경계선에 두었다. 그리고 나서는 그 둘레에, 윗부분에 철조망이 달린 허리케인 철망벽을 쌓았다. 이제 더 이상 마약복용자들과 폭행자들이 숨을 곳이라곤 없게 되었다.

이곳에서는 어떤 일도 일어날 수 있다! 샐은 생각했다.

* * *

교회에서, 학교에서, 구역위원회 모임에서, 노인회 모임에서 샐은 강연을 했다.

"관심이 있으시면, 전화하십시오." 그는 그들에게 말했다.

"저희들은 전화 건 사람의 이름을 묻지 않겠습니다. 알 필요도 없습니다. 당신의 전화번호가 우리 화면에 뜬다는 사실은 알고 계시지요. 그러나 우리가 체포하는 사람들에게 당신 이름을 말하지는 않겠습니다. 한 구역 감시자로 암호명을 원하시면 우리가 드리겠습니다. 그냥 '난 0573번입니다' 라고만 말씀하세요. 당신 이름을 말할 필요는 없습니다."

한 여인이 뒤에서 일어났다. 샐은 그녀를 기억하고 있었고 그녀가 무얼 말하려고 하는지 궁금했다.

"제 얘기는 지금의 이야기와 아무 관계가 없습니다." 그녀가 말했다. "그러나 저는 이 사람이 제 생명을 살렸다는 것을 여러분에게 말씀드리고 싶습니다."

그는 그날을 기억했다. 그때도 그는 복지관에 숨어 마약단속반을 검거하기 위해 마약거래를 지켜보고 있었다. 그때 그녀가 저 밑의 길가에서 졸도하는 것을 보았다. 그는 계단을 달려 내려가 건물 밖으로 나갔다. 맥박을 짚어보았지만, 맥박이 뛰질 않았다. 그는 그녀가 죽었다고 생각했다. 그는 무전으로 도움을 요청했고 구급소생술을 시도하기 시작했다. 그는 구급차가 올 때까지 이 일을 계속했다.

그런데 지금 여기에 그녀가 서 있다. 멀쩡히 살아서, 그 모든 일들을 말해 주고 있는 것이다.

모임이 끝날 무렵, 그는 많은 수의 암호명을 나눠주었다.

* * *

목요일 밤 늦게, 샐은 데칼브 가 복지관 맞은편에 있는 주류판매점에 들렀다. 그곳은 킹 씨 가게였는데, 가게 문을 닫을 시간이면 샐이 늘 이곳을 유심히 지키곤 했다. "안녕하세요, 킹 씨? 문제없습니까? 문 닫고 있어요?"

"이제 곧 나갈 겁니다, 샐."

"좋습니다. 저는 길에 있을게요."

샐이 문 쪽으로 뒷걸음질을 쳤다. 그때… 탕, 탕, 탕 소리가 났다. 그가 숨었던 곳에서 나와 보니까 한 젊은 남자가 총에 맞고 바닥에 쓰러져 있었다. 치명상이었다. 범인은 뛰지도 않고 걸어가고 있었다. 코너를 돌고 있었다.

샐 경관은 달리기 시작했다. 그의 신발바닥이 아스팔트를 때렸고, 열쇠뭉치와 수갑은 땡그랑거렸으며, 가해자에게 신호를 보내자 그도 뛰기 시작했다. "멈춰! 경찰이다. 움직이지 마!"

총을 쏜 사람은 돌아서서 샐이 있는 방향으로 9밀리 구경 권총을 쏘았다. 탄알이 전신주를 강타하고 차에 부딪힌 후 길에 튕기면서 떨어졌다.

샐은 머리를 숙이고 차 사이로 지그재그로 움직이면서 자신의 총을 꺼내 범인을 조준했다. 목표물 뒤로 사람들이 접의자에 앉아 있고, 유모차가 계단 앞에 있는 것이 보였다. 날은 어두웠다. 만일 빗나가면 행인을 다칠 염려가 있었다. 그는 자세를 늦추어 무기를 권총집에 넣고, 걸어가면서 계속 따라갔다. 그는 범인이 잡초와 관목이 무성한 버려진 땅으로 뛰어넘어가는 것을 보았고, 샐이 그곳에 도착했을 때는 이미 사라지고 없었다.

그는 도움을 청했고, 그와 그의 지원팀은 밤새 그 지역을 수색했다. 새벽 1시 30분까지 계속했는데, 기온이 영하 7도까지 내려가는 추운 날씨였다. 피곤하고 지쳐서 샐은 그냥 집으로 가고 싶었다. 그러나 사람 수색하는 일이 끝났다고 생각한 동네 주민들이 모두 흩어지자 네 명의 젊은이가 그에게 다가왔다.

"우리는 당신을 지켜보고 있었습니다." 그 중 대표격인 사람이 말했다. "하지만 사람들이 사라질 때까지 기다렸습니다. 초등학교에서 만납시다. 운동장에서요. 당신이 원하는 것을 줄 수 있어요."

"좋습니다, 여러분. 좋아요. 제가 그리로 가지요." 샐은 아무렇지도 않은 듯 차갑게 말했다. 혹시 누가 살펴보고 있을지도 모르므로 그는 잡담을 하는 것처럼 가장했다. 하긴 새벽 1시 30분에 범죄현장에서 그래봤자 그렇게 보이지도 않겠지만.

그들이 떠난 뒤, 샐은 엄호 경관들을 모으고 그들에게 이 사실을 알렸다. "여보게들, 무전기를 채널 10에 맞추고, 차를 타고 아주 조용히 오란 말일세. 불빛은 안돼. 내게 지원이 필요할 것 같으면, 내가 부르기 전에 와야 하네! 내가 속아넘어가고 있는 건지 아닌지 잘 모르겠네. 오늘은 충분히 많은 총알이 내게 날아왔지."

샐은 익숙한 길을 따라 학교로 갔다. 그는 엄호경관들이 뒤따라오고 있음을 느낄 수 있었다. 그는 자신의 무전기를 채널 10에 열어두었다. "여기는 샐, C-Pop 12."

"샐, 여기 있습니다. 당신이 잘 보여요."

그들 네 젊은이는 약속한 대로 운동장에서 기다리고 있었다. 그는 아무렇지도 않은 듯 그들에게 다가갔다.

"보세요, 우리는 그 사람을 압니다. 그는 스펜서에 있는 자기 아버지 집에 있어요." 그들 중 대표가 말했다.

"번지를 알아요?" 샐이 메모장을 꺼내면서 물었다.

"세탁소 바로 맞은편 황갈색 건물입니다." 아파트 호수와 그 사람의 이름을 주고 난 다음 그들은 "우리는 아무도 당신 일에 방해가 되기를 원치 않습니다. 당신은 괜찮을 거예요, 로보캅. 아무도 당신을 쏠 필요가 없어요."

샐은 그들에게 감사하며 천천히 걸어나갔다. 총을 쏜 사람을 잡을 가능성이 아주 많다고 확신하면서. 그는 이제 개인적인 도움까지 받고 있었다. 그 지역 사람들도 이제 그가 쏟아부은 시간과 정성을 느끼기 시작한 것이다. 뭔가 달라지고 있었다.

그 다음 날, 마침내 범인이 자기 아버지 아파트에 나타났을 때 잠복중이던 경찰들이 그를 보게 되었고, 형사들이 그를 체포했다.

* * *

어느 날 오후 늦게 샐은 데칼브 가를 걸어가다가, 숀과 데니스를 만났다. 농구장에서 싸우던 두 친구 말이다. 그들은 닉스팀의 패트릭 어윙(Patrick Ewing)이 챔피언이 될 만큼 기동성이 있는지에 대해 얘기하고 있었다.

갑자기, 길 건너 쪽에서 그들은 외치는 소리를 들었다. "저 사람 잡아요! 빨리 잡아! 내 지갑을 가지고 갔어. 누구 좀 도와줘요! 내 지갑을 가져갔어요!"

그들은 소매치기가 스펜서 가로 가고 있는 것을 보았다. 샐은 차가 다니고 있는 4개 차로를 가로질러 달려갔는데, 남쪽 차로에서 날카로운 브레이크 소리가 들렸다.

"정지, 경찰이다!" 그는 소매치기에게 소리질렀다.

뒤에서 다른 사람들이 달려오고 있는 소리가 들렸다. 건너편 도로 경계석에 도달할 무렵에는 숀과 데니스가 자기보다 앞서 있었으며 가젤영양처럼 빠르게 소매치기를 쫓고 있었다. 그들은 미처 길을 비켜줄 생각도 하지 못한 사람들 사이를 날쌔게 지나갔다. 데니스는 실제로 키 작은 사람을 뛰어넘어 가기도 했다.

샐은 엉치뼈가 아파 속도를 늦출 수밖에 없었다. 여러 해 동안 이 구역에 있으면서 샐의 양쪽 고관절은 고통스럽게 마모되고 있었다. 한 걸음씩 크게 내디딜 때마다 고통은 더욱 커졌다. 절뚝거리며 코너를 돌아가면서 그는 숀과 데니스가 한 팀이 되어 그 소매치기를 땅바닥에 납작 엎어지게 하는 것을 보았다. 와! 시민들이 당신을 위해 소매치기를 체포하다니!

* * *

1993년 봄, 샐은 한 구역주민들의 파티에 초대받았다. 자기네들 스스로가 "마시 가(街)의 전문가들"이라고 이름지은 범죄예방협회는 5월 26일에 동네 주민들을 위해 요리를 하고 있었다. 이는 이런 유의 행사를 위한 첫시도였는데, 샐은 그의 아버지가 살던 곳에서 이런 일이 있게 되어 아주 기뻤다.

한번 파티가 열리자 계속 파티가 이어졌다. 사람들은 이제 낮시간만큼은 길거리에 나가는 것이 두렵지 않았다. 생생한 지옥에서 최소한 천국의 경계선 정도까지는 가게 된 것 같았다. 이제 이곳에서는 정말 무슨 일이든지 일어날 수 있다! 동네 잔치를 포함해서 말이다.

* * *

1994년이 되자, 샐은 엉덩이와 다리 때문에 더 이상 길거리 근무를 할 수 없게 되었다. 그는 다시 순찰차 근무를 지원했고, 전근이 허락되었다. 하지만 그의 담당구역이 데칼브 근처였기 때문에 그는 계속 그의 친구들을 만날 수 있게 되었다.

마지막 근무 날, 그가 라피엣 타워즈를 순찰하고 있을 때, 일단의 사람들이 그에게 다가왔다. 그가 구급소생술을 실시했던 나이 많은 여자도 있었다. 근무 첫날 그에게 욕을 했던 거친 아이들도 있었다. 모두 약 40명 정도 되었다. 그들은 대부분 샐이 좋아하는 사람들이었는데, 샐은 이들이 어떻게 서로를 알게 되었는지 궁금했다.

타워즈의 경비원이 앞으로 나왔다. 그는 귀여운 트로피를 들고 있었다. "샐 경관." 그가 말했다. "우리는 당신이 전근하게 된 것을 알고 있습니다. 그래서 당신이 가기 전에, 당신에게 감사의 말을 전하고 싶습니다. 이 트로피를 당신에게 드립니다. 당신은 여기서 많은 전투를 이겨냈습니다. 당신은 우리 이웃을 회복시켜 주었어요."

모두들 환호하며 박수를 쳤다.

샐은 트로피에 새겨진 글을 보았다. "살바토레 바르톨로메오 경관께. '로보캅.' 6년간의 헌신적인 봉사." 라고 적혀 있었다.

공식적인 상장과는 또 다른 것이었다. 이것이 훨씬 좋았다. 샐은 전에 구역담당 경관이 트로피를 받았다는 얘기를 들어본 적이 없었다. "전 이것을 받을 자격이 없는데요. 그저 여러분을 조금 도왔을 뿐인데요." 그가 말했다.

모두들 웃었다. "맞아요. 그렇다고 해요." 그들이 중얼거렸다.

"아뇨, 진심입니다. 진심이라구요."

그렇다. 뭔가 좋은 일이 일어나고 있었다.

제36장

되살아나는 지역사회

> 질서의 붕괴와 공동체의 자기파괴는 부서진 유리창에서부터 시작된다. 그 다음에는 창녀들과 유랑자들이 어슬렁거리게 된다. 곧 이어 문제아들과 십대 갱들이 부끄러움 없이 활동할 수 있음을 알게 된다. 그때쯤이면 지역사회는 완전히 해체의 길에 올라 있게 된다.
>
> 앤드루 페이턴 토마스(Andrew Payton Thomas)

브루클린 거리에서의 살바토레 바르톨로메오의 경찰활동은 범죄예방에 대한 흥미로운 새 접근방식을 예시해 준다. 샐 경관은 자기 구역을 순찰하는 동안 살인, 마약거래, 강도와 같은 중범죄도 다루었지만 그 지역의 범죄요소들을 밝혀내기도 하였다. 그것들은 사회 무질서와 부패의 징조들로서 빈둥거리는 것, 길거리에서 구걸하는 것, 벽에 낙서하는 것, 버려진 차들, 빈 건물들, 쓰레기가 뒹구는 공터 같은 것들이다. 뉴욕 시에서 이런 식의 치안유지가 성공했다는 것은 이것이 범죄로 황폐해진 도시들을 개선하는 열쇠가 될 수 있다는 가능성을 제시해 준다. 더욱 의미심장한 것은, 시민의 평화는 정의롭고 책임있는 사회질서에서만 가능하다는 전통적인 기독교적 이해(우리의 문화에 대단히 필요한 통찰)에 기초하고 있다는 것이다.

지난 몇십 년간 범죄와 사회 무질서는 아주 심각해졌다. 주 요인은 베이비 붐 세대가 범죄를 일으키기 쉬운 십대가 될 때 생겨난 인구 통계학적 변화이다. 또 다른 원인은 1960년대와 1970년대의 잘못된 정책으로 (제3부에 설명된), 범죄의 원인이 빈곤이라는 가설에 의해 만들어진 것인데, 범죄를 일견 환경의 탓으로 돌리는 접근방식이다.[1] 그와 동시에, 마약 사용의 폭증으로 범죄의 도미노 현상이 일어났다. "위대한 사회" 복지 프로그램은 가족구조를 약화시켜, 부모의 지도를 잘 받지 못하는 청소년들이 떼지어 거리를 헤매고 다니게 만들었다. 이렇게 야기된 사회혼돈은 미국 도시들을 전투지역으로 바꾸어 놓았고, 이 내리막의 소용돌이를 멈추게 할 수 있는 것은 아무것도 없어 보였다. 폭력범죄는 10만 명당 1960년의 161건에서 1992년 758건으로 470퍼센트가 증가하였다. 대물범죄는 10만 명당 1960년 1,726건에서 1992년 4,903건으로 284퍼센트 증가하였다.[2]

우리가 범죄에 효율적으로 대처하지 못한 것은 경찰의 수가 적고 충분히 무장을 하지 않았기 때문이라는 비난이 많았다. 그러나 범죄가 번성하게 된 것은 인력이 부족하고 화력이 약해서만은 아니다. 그것 역시 잘못된 세계관을 반영하는 생각이다.

1970년대와 1980년대에 법원은 시민의 자유라고 하는 고상한 생각을 도입하여 무질서하고 파괴적인 공적 행위를 시민의 권리로 바꾸어놓았다. 이 중 가장 중요한 것은 2건의 대법원 판결이었는데, 하나는 1972년, 다른 하나는 1983년의 것으로 길거리 배회와 구걸을 금하는 법을 무너뜨려버렸다. 1972년의 판결에서 윌리엄 더글러스 판사는 '건달과 부랑자'들이 시골길을 배회할 수 있는 권리를 말할 때 이들을 '놀고 지내는 사람, 혹은 어지럽히는 사람' 정도로 표현하여, 술 취해 구걸하는 사람들을 낭만적인 방랑자처럼 취급했다. 법원은, 진짜 범죄자는 모든 이단자들로 하

여금 자신들과 동일하기를 강요하는 모범적인 중산층 도덕주의자들이라고 말했다.[3]

그러나 배회와 구걸을 금하는 법을 폐지함으로써 대법원은 중세에까지, 심지어는 고대 아테네까지 거슬러 올라가는 법의 전통과 결별했다. 역사적으로 볼 때, 이런 법들은 사회적 관습을 무시하고 사회질서를 파괴하는 사람들의 특징인 '극단적으로 개인주의적인 방종'을 억제하기 위해 만들어져 왔다고 토마스 변호사는 말하고 있다. 이 법은 특히 한때 '룸펜', '뜨내기', '부랑자'라고 불리던 사람들, 즉 '가정과 직업에 대한 헌신을 거부하고' 뿌리없이 떠돌아다니며, 공공장소에서 잠을 자며, 책임감 있는 시민들에게 구걸하여 연명하는 유랑자와 뜨내기들을 대상으로 한 법이었다. "배회금지법은 소득을 위한 고용을 장려하고 안정적인 가정생활과 이웃관계를 권장함으로써 공공질서를 지키고 개인의 책임감을 촉진하기 위한 것이었다."[4]

대법원은 두 개의 역사적인 판결을 통해 '공공질서를 유지하려는' 노력을 갑자기 중단시켜 버렸다. 이제 부랑자와 뜨내기들은 더 이상 사회안정에 위협이 되는 것으로 간주되지 않으며, 오히려 보호받아야 할 핍박받는 계층으로 간주된다. 대법원은 부적응자와 이단자들에 대한 의무를 회피했다는 이유로 문명화된 사회를 비난하고 있다.

이런 판결에서부터 도미노 현상이 뒤따랐다. 하급법원들은 주(州)나 시(市)가 법으로 경찰에게 공공장소에서 시민의 행동을 제한할 수 있는 권한을 부여한 것을 뒤엎었다. 얼마 지나지 않아 주요 도시의 거리, 공원, 지하철은 걸인들, 창녀들, 길에 방뇨하는 술주정뱅이들, 난방 쇠창살 위에 자는 사람들로 넘쳐났다.

시민의 자유라고 하는 이런 개념은 정신건강 분야에도 영향을 미쳤는데, 정신과 의사인 렝(R. D. Laing) 같은 사람은 일반적으로 적용될 수 있는 정상상태의 표준은 없으며 정신적으로 병들었다는 것은 단지 인생에 대해 다른 관점, 그러나 동등하게 유효한 관점을 가지고 있을 뿐이라고 주장하기 시작했다. 시민의 자유를 옹호하는 사람들은 정신적으로 병든 사람들을 억압받는 또 하나의 집단으로 묘사하면서, 정상이든 미친 사람이든 모든 사람이 자기 나름의 현실인식으로 살아갈 수 있는 절대권리를 주장하였다. "미국시민자유연합"(The American Civil Liberties Union)은 몇 건의 소송을 통해 이 점을 분명히 했다. 그 결과 정신병을 앓고 있는 사람들을 수용시설에서 내보내자는 대규모운동이 일어났고, 정신적으로 불안정한 사람들과 정신이상자들이 도시 거리에 넘쳐나게 되었다. 이들 중 많은 사람들이 노숙자가 되었고, 시민들에게 위협을 가하는 경우도 점차 많아졌다.[5]

이렇듯 범죄는 계속 늘어나고 정신병자들이 공원과 그 밖의 공공장소를 점거하는 판에, 법원은 경찰의 반사회적이고 질서를 파괴하는 행동을 억제할 수 있는 능력에 수갑을 채웠다. 그래서 이 시대의 상징은 '96번가의 난폭자'였는데, 그는 마약에 중독된 예비군으로 수년간 여자들을 쫓아다니고, 사람들을 차 앞으로 밀어버리며, 맨하탄의 어퍼 웨스트사이드 지역의 사람들을 공포에 떨게 하는, 그러나 경찰이 그를 교도소에 가두거나 입원시킬 수도 없는 그런 사람이었다. 이런 일들이 전국적으로 반복되면서 사소한 형태의 무질서마저도 막을 능력이 없는 당국이 어찌 큰 범죄를 막을 수 있겠느냐는 사회불신이 팽배해졌다. 그래서 법을 지키는 시민들은 시 외곽으로 나갔고, 법을 어기는 사람들은 시내로 몰려들었다.

만일 우리가 도시를 회복하려 한다면, 우리는 이런 무질서를 초래한 세계관을 이해하고 비판해야만 한다. 시민의 자유라는 이런 고상한 관점은, 인간이 공동체 속에서 살도록 창조되었다고 하는 성경의 창조교리를 거부하고, 에덴동산을 가설적인 '자연상태'(제33장 내용 참조)로 대체한 직접적인 결과이다. 인간의 기원에 관한 이런 세속화된 신화 속에서는 개인들만이 유일한 궁극적 실재이고, 개인의 권리야말로 다른 모든 것 중

으뜸이다. 따라서 공공의 질서는 개인의 자율성이라는 거대한 요구 앞에서 밀려나버린다. 시민의 자유 또한 그들의 가치를 유지하고 공적 행위의 기준을 주장하는 공동체의 권리를 부정하고, 극단적으로 개인주의적인 용어로 규정되었다. 시민단체들의 적극적인 노력으로 사회학자들도 이런 규정을 채택하였고, 법원판결에도 금과옥조가 되었으며, 심지어 경찰 자신들도 받아들이게 되었다.

따라서 그 해법은 교도소를 더 많이 세우고 범죄자를 더 많이 가두는 데 있는 것이 아니다. 사실 그런 방법은 여지껏 계속 시도해 왔다. 1970년대는 미국 역사상 가장 교도소 건설이 많았던 때였다. 선거운동에서도 '법과 질서', '범죄에 대해 단호하게' 라는 말들을 많이 사용하면 선거에서 확실히 이길 수 있었다. 체포 건수는 계속 증가하였고, 교도소는 만원이었으나… 범죄 역시 계속 증가했다.

그러다가 1980년대 초반, 사회학자 조지 켈링(George Kelling)과 제임스 윌슨(James Q. Wilson)이 '깨진 유리창' 이론을 개진하면서 어떤 개선의 전기가 마련되었다. 이들은 건물의 깨진 유리창 하나를 갈아끼우지 않고 방치하면 이내 모든 유리창이 깨지게 된다는 사실을 발견했다. 그 까닭은 무엇인가? 손상된 것을 돌보지 않고 방치하는 것은 아무도 관심을 갖지 않고 있다, 아무도 책임지는 사람이 없다, 의도적으로 파괴하더라도 아무런 벌을 받지 않을 것이라는 메시지를 보내는 것이 되기 때문이다. 하나의 깨진 유리창이 곧 더 많은 유리창을 깨고 싶어하는 사람들을 끌어모으게 되는 것이다. 마찬가지로 낙서와 쓰레기 같은 것에서 시작되는 무질서한 공공지역을 허용하게 되면, 이것은 관계당국이 시민들에게 표준적인 행동을 요구하거나 또 그들을 통제할 의사도 능력도 없다는 메시지를 보내는 것과 같다.

일단 시 당국이 이런 메시지를 전하게 되면, 법을 지키는 시민들은 떠나게 되고, 범죄요소들만 끌어들이게 된다. 이것이 바로 미국의 주요 도

시를 휩쓴 사이클이다.⁶

1990년대 초, 뉴욕경찰국장인 윌리엄 브래턴(William Bratton)은 깨진 유리창 이론을 가슴에 품고 뉴욕시장에 새로 당선된 엄격한 전직 검사출신 루돌프 줄리아니(Rudolph Guiliani)에게 이 이론을 시험해 볼 것을 권했다. 이 명령은 경찰 관할구역 69와 75, 그리고 샐 경관이 '깨진 유리창을 고치기 위해', 즉 사소한 범법자를 체포하고 이웃환경을 깨끗하게 하기 위해 배치되었던 브루클린에 떨어졌다. 경찰은 공공질서를 어기는 것을 전혀 용납하지 않는 정책을 취했으며, 그 과정에서 이들은 곧 사소한 범죄를 통제하는 것과 큰 범죄를 억제하는 것 사이에는 정말 '밀접한 관련'이 있음을 발견했다. 전에는 지하철에서 표를 내지 않고 뛰어나가는 것을 내버려뒀지만, 이제는 경찰들이 이들 범죄자들을 반드시 체포하는데, 이들은 폭력강도인 경우가 많다. 전에는 사소한 교통규칙위반은 못본 체했으나 이제는 모든 위반자를 정지시키는데, 그때마다 차 안에서 마약과 총기를 발견하는 경우가 많다. 배회자들과 구걸자들을 추격한 결과 이들 중 많은 이들은 마약거래자들이었다. 이렇게 해서 한때 미국에서 가장 위험한 지역이었던 75번 구역의 3년간 살인사건 수가 129건에서 47건으로 떨어졌다.⁷

시민 자유론자들은 브래턴의 범죄예방 프로그램을 줄기차게 공격했고, 심지어 과거의 대법원 판결을 인용하여, 이 프로그램이 사람들을 단지 가난하고 집이 없다는 이유만으로 통제의 목표로 삼는다고 주장하면서 뉴욕경찰국을 고소하기도 했다. 그러나 브래턴은 지위(예를 들어, 집이 없음)를 처벌하지 않고 행동을 처벌하도록 하는 조심스런 정책을 만들어 내었고, 법원도 시민자유론자들의 도전을 기각했다(어떤 이는 판사들이 혼란을 끝내고 싶은 대중의 심리에 영합했다고 말한다).⁸

미국 전역의 도시들이 뉴욕을 본받으려 하고 있으며, 뉴욕과 마찬가지로 성과를 거두고 있다. 정치가들은 카메라나 마이크가 있는 곳이면 어디서나 자신들의 성공을 재빨리 떠들어댔다. 그것은 마치 범죄문제에 대해 오랫동안 찾던 해답인 성배(聖杯)를 찾은 것이나 다름없었다. 그러나 줄리아니를 비롯한 사람들이 '발견한' 것은 이미 잘 알려진 성경의 근본진리이다.

진정한 평화

'깨진 유리창' 이론이 나오기 수천년 전에 유대인들은 이미 샬롬(shalom)이라는 개념을 가지고 있었다. 이 단어는 흔히 '평화'라고 번역되지만 실제로는 '적대감이 없다'는 것보다 훨씬 더 넓은 의미를 함축하고 있다. 샬롬은 바르게 질서가 잡힌 공동체의 결과라는 적극적 개념을 갖고 있다. 사람들이 하나님의 도덕법에 따라, 즉 샬롬 속에서 살게 되면 공공성(civility)과 조화가 존재하게 된다. 범죄를 줄이는 가장 좋은 방법은 어떤 사건이 일어난 다음에 벌을 주고 갱생프로그램을 실시하는 것이 아니라, 질서 있고 시민의식이 투철한 공동체생활을 창조함으로써 미리 예방하는 것이다.

이런 접근방법의 성경적 근거는 창조교리인데, 성경은 우리가 공동체를 위해 창조되었다고 말하고 있다. 만인에 대한 만인의 투쟁인 '자연상태'라는 개념과는 달리, 성경은 우리가 자율적인 개별존재가 아니라고 가르치고 있다. 오히려 우리는 그 자신의 본질이 공동체적인, 다시 말해 삼위일체이신 하나님의 형상을 따라 지어졌다. 하나님의 본질은 삼위 하나님 인에 있는 상호적인 사랑과 교제이다. 우리는 본질적으로 공동체적 존재로 창조되었으며, 하나님께서 사회라는 기관을 주셨다는 사실은 우리가 도덕적으로 성취해야 할 의무가 있음을 정당하고 규범적인 것으로 입증해 준다.

이런 기관은 우리가 임의로 만든 것이 아니라 우리가 본질적으로 사회적임을 나타낸다. "하나님은 인간을 서로 관련없는 개별적인 존재로 만드실 수도 있으셨다"고 카이퍼는 적고 있다. 그러나 그렇게 하지 않으시고 두 사람을 짝이 되게 만드심으로 우리 각자는 태어날 때부터 "모든 인류와 유기적으로 연합되어 있다."⁹ 이런 사회적 성격은 사회기관을 통해 나타나며, 이런 기관들은 공익추구의 활동구조를 가져야 한다. 따라서 정치적인 공동체를 만들고 질서를 유지하기 위해 하나님은 국가를 허락하셨다. 우리 모두는 올바른 권위에 순종하고 정의와 평화를 구축할 도덕적 의무가 있다.

4세기의 교부 성 어거스틴(Augustine)은 그의 고전적인 책 「하나님의 도성」(*The City of God*)에서, 평화(샬롬)는 '질서의 산물인 평온함'(tranquillitas ordinis)이라고 가르치고 있다. 정치적 공동체는 도덕명령에 따를 때에만 평화와 화합을 이룰 수 있다. 그는 이렇게 말한다. 질서 있는 시민생활을 통해서만 타락한 인간이 '함께 살고 함께 일할 수 있다고.' 따라서 국가의 첫째 의무는 범죄 발생 후 범인들을 쫓아다니는 것이 아니라, 국가 고유의 강제력을 이용하여 '질서의 산물인 평온함'을 장려하는 것이다. '질서의 산물인 평온함'을 추구하는 것은 모든 그리스도인들의 의무이기도 하다. 왜냐하면 우리의 궁극적인 목표는 '하나님의 도성'에 있지만, 우리가 '인간의 도성'에 살고 있는 동안에는 이 도시의 평화를 위해 일하는 것이 우리에게 주어진 도덕적 명령이기 때문이다. 이것은 선택적인 것이 아니다. 이것만이 악을 통제할 수 있는 유일한 방법이다.¹⁰

수세기 동안 공동체 질서에 관한 성경의 관점이 서구사상을 지배해 왔다. 19세기에 영국의 위대한 복음주의적 정치가였던 윌리엄 윌버포스(William Wilberforce)는 "큰 범죄를 예방할 수 있는 가장 효과적인 방법은 작은 범죄를 처벌하고, 모든 악의 근원이 되는 방탕한 기운이 보편화되는 것을 억제하는 것"이라고 말하고 있다.¹¹ 바로 이런 철학이 1829년 로버트 필(Robert Peel) 경이 수립한 최초의 치안정책에 영향을 미쳤다. 경찰의 첫째 임무는 범죄와 싸우는 것이 아니라, 평화를 지키는 것이라고 필은 말하고 있다.¹² 70년 후 최초의 뉴욕 시 헌장에서 이와 동일한 원칙이 반복되고 있다. "따라서 특히 공공의 평화를 유지하는 것,… 공공도로에서 남에게 폐를 끼치는 행위를 금하고,… 모든 불법적이고 무질서한 행동을 억제하는 등의 일을 경찰국의 임무로 한다."¹³ 그리하여 20세기가 시작될 무렵 음식물과 수프를 나눠주는 최초의 급식소를 만든 것은 경찰이었다. 그들은 경찰서를 넓찍하게 만들어 이민자들이 일자리를 얻을 때까지 머무를 수 있도록 했고, 걸인들을 자선단체에 소개해 주었으며, 심지어는 길 잃은 아이들의 집 찾는 것을 도와주기도 했다. 아마 샐 경관 같은 사람이 아주 적격이었을 것이다.

미국 주요 도시의 회복이라는 면에서 이런 접근방법이 보여주고 있는 성공은 고전적인 성경의 지혜를 재확인시켜 주고 있다. 성경의 지혜가 사실상 우리의 본성과도 일치하고, 우리 존재와도 일치하는 것임을 확실하게 증명해 주고 있는 것이다. 이와 대조적으로 지난 수십 년간의 혼란은 인간본성에 대한 잘못된 철학, 즉 성경의 가르침을 부정하고 우리의 기원과 본성을 세속적인 신화로 대체한 철학에 따라 살 때의 가공적인 결과를 확실하게 보여주고 있다. 세속적인 관점을 시험해 보았지만 결함이 있는 것으로 드러났고, 이에 따른 실패는 그리스도인들이 인간의 본질과 공동체에 대한 성경적 관점을 강하게 주장할 수 있는 아주 뛰어난 기회를 제공해 주고 있다.

깨진 유리창 고치기

성경적인 접근방법은 실제로 어떻게 나타나는가? 버지니아 주 뉴포트 뉴스 경찰은 중단된 주택단지 공사장에서 생긴 도난사고와 마약거래에 대한 계속적인 신고전화에 지쳐 마침내 그 전체 프로젝트를 없애기로 결정했다. 새로운 건축을 준비하면서 관리들은 그 지역을 깨끗이 정리하기로 결정했다. 그래서 쓰레기를 치우고, 버려진 차들을 없앴으며, 여기저기 패인 구멍들을 메웠다. 그러자, 놀랍게도 절도사건이 35퍼센트나 줄어들었다. 뜻하지 않게 '깨진 유리창' 이론이 맞아떨어진 것이다. 볼티모어 경찰도 지역기관들과 협력하여 주택건설현장을 깨끗하게 정리했다. 거리의 조명을 개선하고, 길가 관목을 다듬고, 골목길을 청소하며, 터를 닦고 놀이터를 만들었다. 그 결과 절도사건은 무려 80퍼센트, 차량절도는 무려 100퍼센트나 줄어들었다. 질서를 회복함으로써 '질서의 산물인 평온함'을 얻게 된 것이다.[14]

남캐롤라이나의 찰스턴에도 아주 성공적인 예가 있다. 경찰 책임자였던 루벤 그린버그(Reuben Greenberg)는 도시 중심부에 버려진 쓰레기와 주사바늘과 벽의 낙서 등을 치웠다. 비용을 줄이기 위해서 그는 그 지역 교도소에 수감되어 있는 죄수들을 고용했다. 얼마 지나지 않아 범죄로 들끓던 이 지역은 깨끗해졌을 뿐만 아니라 더 이상 파괴적이고 무질서한 행동은 용납될 수 없는 분위기로 바뀌었다.

그리고 나서 그린버그는 시 전역에서 이루어지고 있는 공공연한 마약거래를 추적했다. 그는 다만 마약이 팔리고 있는 지역마다 정복을 입은 경관을 배치했을 뿐이다. 경관들은 아무에게도 질문을 하지 않았다. 그냥 서 있기만 했다. 그러나 그 효과는 즉각적이었다. 아무도 마약 판매자에게 가까이 가지 않았고, 인사조차 하지 않았다. 마약판매상들은 그곳을 떠나거나, 그 일을 그만둘 수밖에 없었다.

그런 다음 그린버그는 1930년대에 처음 꿈꾸었던 비전, 즉 공공주택이 범죄자의 온상이 아니라 가난한 자들을 위한 피난처가 되는 그 꿈을 되살렸다. 주택관할국은 입주자를 선별하기 시작했고, 폭력 범죄자를 받아들이지 않았다. 오늘날 공공주택은 그 도시에서 가장 살기에 안전한 곳이 되었다.

마지막으로 그린버그는 점증하는 청소년 범죄와 싸우기 위해 무단결석 담당경관제를 도입했다. 그것은 만일 학교에 있어야 할 학생이 도시 어디에선가 발견되면 파견된 담당경관이 그 아이를 학교에 데려다주는 것이다. 그 결과는 즉각적이었다. 소매치기, 차량절도, 가게물건 훔치기 등의 주간 범죄가 24퍼센트나 줄어든 것이다.[15]

어떤 곳에서는 시민들 스스로가 주도적으로 지역사회를 회복하려는 움직임을 보이고 있다. 그 좋은 예가 뉴욕 시의 브라이언트 공원인데, 이곳은 한때 마약거래와 기타 많은 범죄의 온상이었고, 매년 평균 150건의 강도사건과 10건의 강간사건이 일어나던 곳이었다. 마침내 동네 주민들과 토지 소유자들은 협회를 구성하여 약 7,000평에 이르는 그 공원을 임대했다. 그들은 범죄자들이 숨을 곳을 만들어주던 철제 담과 높은 울타리를 제거했다. 화장실은 개조해서 깨끗하고 안전한 곳으로 만들었다. 또 그들은 무장하지 않은 경비원을 고용하여 공원을 순찰하게 했고, 분수대를 건넌다거나, 꽃밭에 들어가는 행위 등을 통제했다. 오늘날, 브라이언트 공원은 범죄도 거의 없을 뿐만 아니라, 수천 명의 뉴욕 주민들이 매주 와서 일광욕을 즐기고, 예술행사에도 참여하는 곳이 되었다.[16]

이런 활동에 아이들도 참여할 수 있다. 수년 전 앨라배마 몽고메리에서는 50명의 십대 그리스도인들이 울타리 가지치는 장비와 잡초 뽑는 장비를 가지고 노인들이 주로 살고 있던 동네로 내려갔다. 이들은 부랑자나 좀도둑, 폭력강도들의 숨을 장소를 제공하던 웃자란 관목을 정리하기로 결심한 후, 높이 솟은 울타리를 깎고, 낮게 드리워진 나뭇가지를 잘랐으며, 타버린 전등을 교체하고, 현관문에 밖을 내다보는 구멍을 설치했다. 이들은 이 프로젝트를 "범죄를 추방하는 청소년"(Youth Cutting Down on Crime)이라고 명칭했는데, 이는 범죄 피해자를 돕는 "교도소선교회" 사역의 하나인 "돌보는 이웃"(Neighbors Who Care)에서 조직한 것이다.

질서를 회복하는 일이 왜 범죄예방에 효과적인가? 이것은 밑바탕에 깔린 도덕질서를 표현하고 있으며, 지역사회가 그것을 집행할 의지가 있음을 보여주기 때문이다. 이것은 범죄와 비행의 원인에 관한 연구결과로 알아낸 것이다. 하버드대학 카이저연구소의 연구원들과 시카고대학의 연구원들은 인종, 문화, 경제적 특성 등이 서로 다른 시카고의 382개 지역에 대한 조사를 했다. 이들은 전통적인 인구분포로는 아무런 특징도 발견할 수 없었다. 어떤 소수민족 지역에서는 범죄률이 높았고, 다른 지역에서는 낮았다. 가난에 대해서도 마찬가지였다. 연구원들이 발견한 유일한 공통점은 지역사회 가치에 대한 강한 의식을 가지고 있고, 공공장소에서 그런 가치를 실현하려는 자세를 지닌 곳, 예를 들어 지역주민들이 수업을 빼먹거나, 벽에 낙서를 하거나, 길거리에서 배회하는 아이들에게 기꺼이 간섭하여 교육을 시키는 곳이 범죄률이 낮았다는 것이다. 다시 말해, 다소 불리한 지역이라 하더라도 공통의 가치관을 가지고 있고, 그 가치관을 특히 젊은이들에게 관철시키고자 하는 의지가 있는 곳에서는 역경의 상황들을 극복할 수 있다는 것이다.[17] "보스턴 글로브"의 기자가 말한 대로, 다소 모호한 표현이기는 하지만, 폭력의 정도는 "다른 사람들의 자녀를 기꺼이 돌보려고 하는 것과 다른 사람들의 일을 돌보고자 하는 태도"의 영향을 가장 많이 받는다.[18]

이것이 바로 우리 "교도소선교회"의 동료인 로베르토 리베라(Roberto Rivera)가 "미세스 그린 증후군"이라고 칭한 것이다. 리베라는 여러 인종이 섞여 있던 대도시 지역에서 자랐는데, 그곳에는 미세스 그린이라고 하는 대단한 여자가 있었다. 그녀에게는 세 자녀가 있었는데, 그녀는 다른 사람들의 자녀를 돌보는 것이 자기 일이라고 생각했다. "만일 누군가가 어리석거나 위험한 일을 하는 것을 보게 되면, 그녀는 즉각 그 문제로 그 사람을 불러낼 것이다"라고 리베라는 회상하고 있다. "더 심한 것은 그녀가 틀림없이 그들의 부모에게 그 사실을 이야기한다는 것이다. 미세스 그린이 가까이 있을 때 뭔가 딴 짓을 한다는 것은 거의 불가능하다."

사회과학은, 지역사회의 가치를 지켜가고 지역을 안전하게 만드는 것은 미세스 그린과 사람들의 역할임을 입증하고 있다. 그리고 그 가치들은 결국 성경적 세계관에서 나오는 것이다. 최근 연구들은 기독교 신앙과 범죄감소률 사이의 직접적인 연관성을 보여주고 있다. 개별적인 연구들을 보면, 술집과 술가게들이 많은 지역의 범죄률이 가장 높았고, 교회가 가장 많은 지역의 범죄률이 가장 낮았다.[19] 하버드대학의 리처드 프리맨이 실시한 기념비적인 연구결과는, 교회에서 활동적인 젊은이들이 학업을 모두 마치고, 혼외임신을 하지 않으며, 직업을 갖고, 법적으로 문제되는 일을 하지 않을 가능성이 가장 높음을 보여준다. 범죄예방에 있어 가정구조보다 교회출석이 더 중요한데, 아버지가 없는 가정에서 자라는 것이 아주 나쁜 부정적 영향을 미친다는 사실을 감안하면 이는 매우 중요한 발견이다. 종교의 힘은, 종교가 인생의 목적의식과 가치를 부여해 준다는 데 있다. 종교는 반사회적인, 또는 범죄적인 행동에 대해 억제작용을 하는 윤리적 기준을 가르쳐준다.[20]

이런 효과는 역사적으로도 입증되었다. 제임스 윌슨은 19세기 후반의 급격한 산업화에도 불구하고 범죄가 크게 줄었음을 발견했다. 그 원인을 추적해 본 결과 광범위하게 전개된 부흥운동(제2차 대각성 운동)이 그 배경이었다. 이때 그리스도인들은 아주 많은 협회를 조직하여 가난한 자, 어려움에 처한 자, 실업자, 버림받은 여자들을 돕는 일을 했다.[21] 사회를 변화시킨 이들의 업적은 오늘날의 그리스도인들도 같은 일을 할 수 있다는 설득력 있는 증거가 되고 있다.

사실, 지역사회 문제에 실행가능한 해답을 제시할 수 있는 세계관을 가진 것은 그리스도인들뿐이다. 따라서 우리는 최전선에 서서 사람들이 자기 지역사회를 책임지는 것을 도와야 한다. 보다 큰 사회문제와의 투쟁에 앞서 첫단계로 낙서한 곳에 페인트칠을 한다거나 유휴공간을 청소한다거나, 공공의 행동기준을 정하는 법을 통과시키도록 정치적 활동을 하는 등의 일을 통해 작은 지역에서부터 질서를 회복하도록 도와야 한다.

우리는 지역사회를 회복하는 데 적극적인 역할을 하고 있는 도심지 교회들의 놀라운 성공사례를 통해 방향을 주도할 수 있다. 보스턴의 빈민지역 도체스터에 있는 오순절교회 '아주사 그리스도인 공동체'(Azusa Christian Community)를 이끄는 유진 리버스(Eugene Rivers) 목사의 예를 들어보자. 전직 갱단 멤버로 하버드를 졸업하고 대학원에 진학했던 리버스는 충격적인 비극을 목격하고 나서 자신의 지역사회를 회복해야겠다는 생각을 갖게 된다. 1992년 봄, 갱단원들이 장례식을 거행하고 있는 교회에 난입하여 경쟁관계에 있는 갱단의 십대 한 명을 칼로 찌르고, 교회에 총을 쏘아댔던 것이다. 그후 리버스는 다른 40여 명의 목사들과 함께 도심지역의 아이들을 갱들과 마약으로부터 구출하는 일을 시작했다. 교회는 우선 방과 후 과외학습과 성경공부를 시작했다. 이들은 지역순찰대를 조직하여 아이들의 등하교길을 안전하게 지켰다. 그리고 집행유예중인 청소년들과 상담을 했다. 또 기독교 사업가들과 협의하여 십대들이 직업을 가질 수 있도록 했다.[22] 2년 동안 보스턴에서 십대들의 총기관련 살인사건이 한 건도 없게 되자, "뉴요커"와 같은 전국적인 잡지들이 이를 기사화했다. "보스턴은 목사들이 없으면 제대로 돌아가지 않는다"고 전직 보스턴 경찰국장인 윌리엄 브래턴이 이 잡지에서 말하고 있다. "우리의 성공은 교회들과 유진 리버스 같은 지도자들 덕분이다."[23]

프린스턴대학 교수인 존 다이율리오(John DiIulio)는 이러한 보스턴의 사역에 크게 감명을 받아, 자신의 강의시간을 줄이고서, 신앙에 바탕을 둔 프로그램을 연구하고 지원하기 위한 "종교와 위기의 청소년 연구를 위한 연대"(PRAY, Partnership for Research on Religion and At-Risk Youth)를 조직했다. 다이율리오는 이런 사역을 아주 극적인 언어로 표현하고 있다. "교회 자원봉사자들은 곧바로 길거리로 나가서 갱들에게 다가가, 즉시 행동으로 들어간다. 아이들은 깜짝 놀란다. 경찰도 그렇게까지는 하지 않기 때문이다." 그러나 헌신된 그리스도인들은 경찰이 발을 딛기 두려워하는 곳으로 가서, "하나님은 당신을 사랑하고, 당신을 위한 계획을 가지

고 있다"는 담대한 메시지를 전한다.[24]

서부 달라스에서 지역사회 회복을 위해 자기 남편과 함께 "희망의 소리"를 설립했던 캐티 듀들리(Kathy Dudley)는 "축구와 성경이 가장 효과적이었다"고 말하고 있다. "우리는 거리로 나가 아이들을 모은 후, 운동장으로 데리고 가서 공놀이를 하곤 했다. 그리고 나서 그들에게 성경 이야기를 해준다"고 그녀는 말한다. 축구경기로부터 시작한 "희망의 소리" 사역은 방과후 과외, 직업훈련, 주택개량, 치과의원, 벼룩시장, 선물가게 등의 프로그램을 갖춘 지역사회 개발 프로그램으로 성장했다.[25]

이와 비슷한 노력이 시카고 론데일교회에서도 진행되고 있다. 이 교회는 안락한 중산층 지역에서 담임목사를 하던 캐리 케이시(Carey Casey)가 그곳을 떠나 그 시에서 가장 험한 지역을 되살리라는 소명을 받고 시작한 교회이다. 론데일 기독교센터는 체육관과 방과후 과외 프로그램을 가진, 아이들을 위한 안전한 피난처가 되었다. "대학지원 프로그램"(College Opportunity Program)을 통해서는 중학교 2학년 학생들이 일 주일에 이틀씩 교회학습센터에서 공부하는 5년짜리 프로그램에 참여하기로 약속한다. 이들은 평점 2.5 이상을 유지하면 매년 3,000달러씩 4년간 대학 장학금을 받는다. 아이들이나 그 가족 중에 환자가 생기면 통합서비스로 운영되는 교회 의료시설에서 최소한의 비용으로 치료를 받을 수도 있다. 또 론데일의 직업훈련 프로그램은 실업자들의 취업을 돕고 있다. 교회는 버려진 건물을 재건하는 주택개량사역도 하고 있는데, 이로써 가난한 사람들이 자기 집을 가질 기회를 얻고 있다.[26]

볼티모어의 샌드타운 지역은 뉴송교회가 설립될 때까지는 판잣집이 줄지어 있고, 골목엔 쓰레기가 가득하며, 구석마다 마약상들이 들끓던 곳이었다. 이제 그 교회는 네 아이의 어머니이며, 마약중독자로 생활보호지원금을 받아 살아가는 토리 레이놀즈 같은 사람에게도 도움의 손길을 뻗치고 있다. 교회의 도움을 받아 그녀는 직업훈련을 받았고, 이제는 지역사회의 보건관련 상담사로 일하고 있다. 그녀의 아이들은 뉴송 학습센터에 다니고 있고, 이들이 아프기라도 하면 그녀는 아이들을 뉴송 가족 보건센터로 데리고 간다. 토리와 그녀의 남편은 판자촌에서 처음으로 그 지역 해비타트(1976년 국제적인 기독 민간단체로 발족한 사랑의 집짓기 운동연합회 - 편집자 주) 본부를 통해 개조된 집을 소유한 첫 가정이라는 사실에 자부심을 느끼고 있다.

테네시 멤피스에서도 사회질서와 도덕을 회복하고자 하는 이와 동일한 비전이 미시시피 불바드 기독교회 교인들의 마음을 사로잡았다. 이 교회는 주택개량사역, 기독교 학교, 가난한 사람들과 노인들에게 식품을 나눠주는 만나식품센터를 운영하며, 청소년 농구팀, 배구팀, 롤러스케이팅, 핸드볼 경기장, 볼링 경기장 등을 갖춘 가정생활센터 등을 가지고 있다. 이 교회는 또 의류저장소, 서점, 직업소개 프로그램과 상담실 등을 운영하고 있다.

이런 모든 예는 내 친구 존과 베라 메이 퍼킨스(John and Vera Mae Perkins)가 처음 마음에 품었던 기독교 지역사회개발 비전으로 인해 시작된 것이다. 존은 미시시피에서 목화를 따면서 자랐고, 민권운동시절에는 구타로 괴로움을 겪었으며, 미시시피 멘덴홀과 잭슨에서 "갈보리의 소리"(Voice of Calvary) 사역을 시작했다. 오늘날 이들 사역에는 주택개량, 벼룩시장, 직업훈련, 학교, 주간 탁아소, 식품은행, 의료센터 등이 추가되었다. 기독교 지역사회 개발을 위한 퍼킨스의 모델은 이제 전국적으로 확산되어 실시되고 있다.

최근 존과 베라 메이는 마약으로 찌든 캘리포니아 파사데나 북부지역에 자신의 비전을 펼쳐놓았다. 내가 처음 퍼킨스의 새 집을 방문했을 때, 마약판매상들이 쓰레기가 가득한 길거리에서 마약을 판매하기 위해 차안에서 준비하고 있는 모습이 보였다. 그때 나는 아직도 총을 쏜 흔적이 남아 있는 거실 창가에서 존과 베라 메이와 함께 기도했다.

그러나 몇 달이 지나지 않아 퍼킨스 내외는 자신들의 뒷마당을 놀이터로 만들어 이웃 아이들이 안심하고 놀 수 있고, 성경이야기를 들을 수 있는 곳으로 만들었다. 또 그들은 옆집을 사서 개조하여 청소년센터를 개설하고, 또 다른 가정사역을 시작했다. 또한 이들은 다른 그리스도인들이 그 부근의 집을 사서 관련된 공개사역을 시작하도록 격려했다. 시간이 지나자 마약판매상들이 사라졌고, 범죄가 줄어들었으며, 어린아이들이 다시 자기 집 앞마당에 나와서 놀 수 있게 되었다. 내가 두번째로 그곳을 방문했을 때, 나는 그 놀라운 변화를 믿을 수가 없었다.

보스턴, 달라스, 시카고, 볼티모어, 멤피스, 멘덴홀, 잭슨, 파사데나에서 일어나고 있는 일들은 그리스도인들이 어디서든 해야 하는 일이다. 한 번에 한 집씩, 한 번에 한 블록씩, 한 번에 한 이웃씩, 한 번에 한 지역씩 혼란을 '질서의 산물인 평온함'으로 바꾸는 일 말이다. 비록 우리의 시민권은 '하나님의 도성'에 있지만, 우리는 우리를 통해 하나님의 형상이 드러나도록, 그리고 타락한 세상 속에서 하나님의 공의로운 다스림을 회복하도록 하나님이 우리를 도시와 지역사회 속에 배치하셨음을 알고 있다. 우리의 사역은 먼저 개인생활과 습관으로부터 시작해서, 우리의 가정과 학교, 그리고 지역사회로, 거기에서 또 전 사회로 뻗어나가야 한다.

제37장

밝은 사회 만들기

> "아, 그러십니까? 만일 그가 정말 미덕과 악 사이에 아무런 구분이 없다고 믿는다면, 그가 자리를 뜨기 전에 숟가락 숫자를 세어봅시다."
>
> 새뮤얼 존슨(Samuel Johnson,
> 한 만찬 참석자가 도덕은 미신이라고 믿는다는 말을 듣고서)

아름다운 삶을 살기 위해서는 무엇을 해야 할까? 버드와이저 광고문의 '아름다운 삶'이 아니라 미덕이 있는 삶 말이다. 미국 헌법 제정자들은 미덕이 자유에 필수적인 것이기 때문에 어떤 사회에서도 이 문제가 중요한 것임을 이해하고 있었다. 기본적인 본능을 억제할 수 없는 사람들, 상대방을 교양으로 대할 수 없는 사람들은 자치능력이 없다. "미국 헌법은 도덕적이고 종교적인 사람들을 위해 만들어진 법"이라고 존 애덤즈(John Adams)는 말하고 있다. "미국 헌법은 그 외 다른 부류의 사람들을 위한 정부로는 아주 부적합하다."[1] 미덕이 없으면 사회를 공포로 다스릴 수밖에 없다는 사실은 폭군들이 너무나 잘 알고 있는 진리다.

이 질문은 우리가 가정과 이웃의 범위를 넘어서서 함께 사는 공동의 삶을 생각할 때 맞닥뜨리는 문제이다. 즉 아름다운 사회를 유지하고 자유를 지키기 위해서 필요한 미덕을 어떻게 이루어갈 것인가 하는 문제 말이다. 또 '창조, 타락, 그리고 구속'이라는 성경적 세계관의 범주를 어떻게 활용해야 오늘날의 문화 속에서 우리가 부딪치고 있는 잘못된 관점을 분석하는 데 도움이 될 수 있을까?

슬픈 일이지만, 오늘날의 상대주의문화 속에서는 그리스도인들마저도 옳고 그름에 대한 윤리적 기준을 상실하고 있다. 수년 전, 좋은 교회에 출석하고 있던 나와 친분이 있는 한 젊은이가 하버드 경영대학원의 4주 과정 윤리학 강의에 출석한 적이 있었다. 이 과정은 1980년대의 미국 소형은행 스캔들에 대한 대응으로 생겨난 것이었다. 그 과정을 마친 후, 그는 그 강의에 대해 떠들어댔다.

"어떤 종류의 윤리학 강의던가?" 하고 내가 물었다.

"글쎄요, 그 교수가 마지막 날 하던 말에 잘 요약되어 있는 것 같애요. '신문에 날 만한 일은 하지 말라. 사업에 좋지 않다' 고 그러던데요."

"너무 실용적인 걸." 나는 놀라서 대답했다. "'걸리지 말라. 회사를 골탕먹이지 말라' 이런 것이 윤리와 무슨 상관이 있지?"

"그렇지만 그게 가장 중요한 것 아닙니까?"라고 그 젊은이가 말했다. "말썽은 피해야죠."

불행하게도 이런 관점이 너무 보편적이다. 나도 이 일에 대해 떳떳한 사람은 아니다. 정치에 관여하고 있을 때, 나도 비슷한 원칙을 실천했다. 불법이라고 생각되는 일은 하지 않으려 했지만, 반대당의 집권시에는 적어도 그들의 행동에 대응할 권리가 있다고 생각했다(일종의 역황금률이다). 그런 이유 때문에 워터게이트 사건이 터졌을 때도 "모두 다 그렇게 한다"는 변명으로 그 사건을 옹호하던 일이 많이 있었다. 존슨 대통령이 1968년 닉슨의 선거운동용 비행기에 도청장치를 했던 사실을 다들 알고 있는데, 반대로 민주당사에 도청장치를 약간 해놓은 것이 뭐 그리 나쁜 일이겠느냐는 것이다. 클린턴도 1995년 불법 선거자금 문제가 대두되었을 때 이와 같은 식으로 변호를 했다.

미국이 지난 30년간 윤리적으로 끝없이 추락하고 있다는 것이 과연 놀랄 일인가? 한 세대 전, 워터게이트 사건은 온 나라를 흔들었다. 오늘날 수많은 '게이트'들이 있음에도 대중은 그런 스캔들을 당연한 것으로 받아들이고 있다.

문제는 상대주의가 안전하고 질서 있는 사회를 위한 확실한 기초를 제공하지 못하는 데 있다. 모든 사람들이 자기 나름대로 옳다고 생각하는 것을 선택할 수 있다면, 사회가 어떻게 최소한의 기준에 대해 합의하고 이를 집행할 수 있겠는가? 또 궁극적인 도덕법이 없다면 미덕을 가져야 할 아무런 동기가 없지 않은가? 그 결과는 공동체의 상실이다. 당신의 이웃이 옳고 그름에 대한 분명한 구분이 없다면, 밤에 편히 잘 수나 있겠으며 아이들이 마당에서 마음놓고 놀 수나 있겠는가?

서구역사의 대부분에 걸쳐, 도덕적인 합의는 주로 유대-기독교적 전통에 따른 것이었다. 그러나 계몽주의의 도래와 더불어 지성인들은 창조를 설명하는 데 더 이상 하나님이 필요하지 않기 때문에 도덕법을 세우는 데도 더 이상 하나님이 필요하지 않다고 주장하기 시작했다. 오로지 이성만이 도덕의 기초를 제공할 수 있다는 것이다. 그 이후로 서구사회가 직면한 가장 큰 문제는 러시아의 위대한 소설가 표도르 도스토예프스키가 제기한 '하나님 없이도 인간은 선할 수 있는가?'의 문제이다.

이성만으로 존속가능한 도덕체계를 세울 수 있는가? 그 대답은 '아니오'이다. 이성만으로 도덕규범을 만들어낼 수 없다는 것은 수십 년 전에 있었던 '과학, 철학, 종교회의'의 운명을 통해 잘 나타난다. 1939년 여름, 나치가 체코슬로바키아를 점령하고 나서 폴란드를 공격할 자세를 취하고 있을 때, 히틀러를 저지하려던 마지막 희망이 산산조각나면서, 세계는 또 다른 세계대전의 공포에 직면하고 있었다. 서구세계의 도덕적 결의가 좀

더 강화될 필요가 있음을 깨달은 뉴욕의 유대교신학교 총장 C. S. 루이스 핑켈스타인(Louis Finkelstein)은 각 분야의 위대한 학자들과 함께 민주주의의 도덕적 기초가 되는 보편적인 윤리체계를 만들어내기 위해 집단적인 지혜를 이끌어내려는 대규모 회의를 계획하기 시작했다. 그 회의는 1940년 6월 아인슈타인을 포함한 79명의 주요 지성인들이 서명한 성명을 통해 발표되었다. "뉴욕 타임즈"는 그 전문(全文)을 1면에 인쇄하고, 그것을 '지성의 독립선언문'이라고 숨가쁘게 찬양했다.² 일 주일 후 "타임즈"는 "민주주의를 수호하기 위해"라는 사설을 게재하고 "우리는 새로운 사회계약, 새로운 인권선언을 필요로 한다"고 결론내렸다.³

그해 말에 이들 집단이 모였을 때, 그 목표는 핑켈스타인의 표현에 의하면, '집단사고'(corporate thinking)였다. 다시 말하면, 민주사회를 위한 새로운 기초를 만들기 위해 유대-기독교적인 윤리와 계몽주의적 인본주의 및 현대과학을 융합하려는 노력이었다. 개막포를 쏘기도 전, 준비모임에서부터 전통주의자와 현대주의자 간에 분명한 전투선이 그어졌다. 전통주의자들 편에 있었던 "그레이트 북스 시리즈"의 편집자 모티머 애들러(Mortimer Adler)는 역사적으로 인정된 도덕적 진리를 포기해 버린 지성인들에 대해 언급하면서 "히틀러보다도 우리의 교수들을 더 무서워해야겠다"고 비꼬았다. 그의 반대편에 있던 시드니 후크(Sidney Hook)는 애들러가 '새로운 중세주의'를 고취하고 있다고 응수했다. 그는 "유일한 절대는 과학"이라고 주장하면서 도덕에 대해 실용적 접근을 할 것을 요구했다. 현대주의자(modernist)들은 모든 가치가 다 상대적이라고 주장했다. 물론 관용의 가치는 제외하고 말이다.⁴

첫 회의에 있었던 어려움에도 불구하고, 두번째 회담에 대한 희망은 여전히 높았다. 미국의 가장 뛰어난 지성들은 전쟁의 잿더미에서 새로운 희망의 나라를 이룰 보편적인 행동규범에 대해 합의할 수 있을 것이라 생각했다. 언론은 계속 이 문제를 전면적으로 다루었다.

세번째 회담에 가서 어떤 도덕률을 채택할 것이냐에 관한 토의가 교착 상태에 이르게 되자 낙관적인 열망이 사그러들기 시작했다. 논설위원들은 전국적으로 "학자들, 그들도 혼란스럽다고 고백하다" 등과 같은 제목을 내세우면서 기대감을 다소 낮추었다.[5]

'과학, 철학, 종교에 관한 회의'는 전쟁기간 동안, 그리고 전쟁이 끝난 후에도 계속 모여 원자탄, 세계공통정부, 서구 식민주의 종결 등의 문제를 토의했다. 1948년의 회의에서도 "대부분 대학 지성들의 가장 큰 두려움은 교조주의와 교리주입"이었다고 일리노이대학의 프레드 뷰틀러(Fred Beuttler)는 말하고 있다. 다시 말해, 상대주의자들이 그날 회의를 주도했다는 것이다. "모든 절대주의적 사고는 전체주의로 흐를 잠재성을 가지고 있다"고 그들은 말했다. 1960년대 초에 이 회의는 해체되었고, '문화적인 보편성'을 규정하겠다던 당초의 목표는 불가능한 것으로 판명되었다.[6]

생각해 보라. 20년 동안 세계의 가장 위대한 지성들이 모여서 흥미있는 논쟁을 하고 나서 아무것도 얻지 못했다는 사실을. 왜 그런가? 윤리적 지식의 출발점에 대한 합의가 없었기 때문이다. 애들러와 같은 전통주의자들은 객관적이고 보편적인 윤리원칙을 수립하려면 어떤 절대적인 원천, 초월적인 권위가 있어야 한다는 사실을 이해한다. 현대주의자들은 과학만이 확실한 지식의 원천이며, 초월적인 존재란 없고, 도덕성이란 다만 진화하는 세계 속에서 변화하는 환경에 따라 변해야 하는 인간의 발명품이라는 가정에서 출발한다. 이 두 진영은 서로 모순되는 세계관에서부터 출발했으며, 그들이 나눈 아무런 소득 없는 의견교환을 통해 잘못된 출발점의 논리적 결과만을 늘어놓았을 뿐이었다.

C. S. 루이스 핑켈스타인의 엄청난 노력은 결과적으로 이성만으로 윤리적 법칙을 찾아내려는 노력은 실패할 수밖에 없음을 명확히 해주고 있다. 오늘날 윤리학은 상대주의로 타락해 버렸다. 그 결과 각 개인은 자신

의 삶을 이어갈 개인적인 진리를 찾아야만 한다. 리처드 존 노이하우스 신부의 말을 인용하면, 우리는 "입으로는 제멋대로 악쓰듯 프랭크 시나트라의 '내 맘대로 했네'(I Did It My Way)를 부르면서 도덕적 망각을 향해 행진해 나가는 흩어진 생각들 떼거리" 이다.[7]

이런 분위기에서 서구문명이 유대-기독교 전통의 영향 아래서 도덕적 이점을 누려왔을지 모르며, 그 역사적 신념이 현재의 도덕적인 추락을 멈추게 할 수 있을지도 모른다고 주장하는 것은 아무리 점잖게 말해도 매우 공격적인 언사로 생각될 것이다. 텍사스의 배스 형제 중 한 사람이 그의 모교인 예일대학에 서구문명을 연구하는 데만 사용한다는 조건으로 2,000만 달러를 기증하려고 했을 때 대학당국은 망설였다. 교수들은 서구 전통을 선호하는 것이 아니라 다문화 교과과정을 원했고, 그래서 그들은 끝내 리 배스(Lee Bass)가 그 기금을 돌려달라고 말할 때까지 질질 끌었다.[8]

오늘날 미국 공립학교에서 전통적인 옳고 그름을 가르치기란 거의 불가능하고, 이는 끔찍한 결과를 가져왔다. 신학자 마이클 노박(Michael Novak)은 "여러 세대 동안, 미국 공립학교에 부여된 명백한 임무는 성격 형성이었다"고 말한다.[9] 그러나 이젠 더 이상 그렇지 않다. 몇 년 전, "뉴욕 타임즈"의 기자가 뉴저지 고등학교를 방문했는데, 그때 학생들은 1,000달러를 주워서 경찰에 갖다준 여인의 경우를 토론하고 있었다. 15명의 학생 모두가 그 여자는 바보라고 말했다. 그러나 그건 별로 놀랄 일도 아니었다. 기자기 교시에게 왜 학생들에게 그들의 생각이 잘못이라고 말해 주지 않는지 물었을 때, 그는 이렇게 대답했다. "만일 내가 무엇이 옳고 그른지를 판단하는 입장에 있다면, 전 그들의 상담자가 될 수 없습니다."[10]

이런 가치중립적인 교육이 어떤 결과를 낳을지 교육자들은 이해하지 못하고 있는 것일까? 미덕을 갖추지 못한 나라는 스스로를 다스릴 수 없다. "미국 국민들은 미덕을 잃어버리고 있습니다." 노박은 단호하게 말한다. "그렇기 때문에 자치능력을 상실해 가고 있습니다."[11] 만일 우리가 우리 자신을 다스릴 수 없다면, 우리는 다른 이들이 우리를 다스리도록 초청해야 할 것이다. 미덕의 상실은 우리의 인간으로서의 자유 자체를 위협하고 있다.

그 밑바닥에는 세계관들 사이의 커다란 갈등이 자리잡고 있으며, 그것은 이런 문제를 제기한다. 이제 우리는 어떻게 살 것인가? 즉 유대-기독교적 전통에 따라 살 것인가, 아니면 오늘날의 상대주의적이고 개인주의적인 문화 속에서 도덕적 허무주의에 따라 살 것인가?

2억 5천만 명의 경찰이 지키는 사회

'창조, 타락, 그리고 구속'이라는 분석틀을 통해 서로 상충하는 이들 세계관을 살펴봄으로써 우리는 우리의 윤리적 침체의 원인을 분명히 알게 된다. 창조론은 우리의 존재가 거룩하신 하나님으로 인한 것이며, 그분의 성품은 모든 의로움의 표준이 되고, 모든 도덕률의 척도가 된다는 것을 말해 주고 있다. "너희는 거룩하라 나 여호와 너희 하나님이 거룩함이니라"(레 19:2). 세속적 세계관의 분명한 실패는 우리가 임의로 작용하는 자연의 힘에 의해 존재하게 되었다고 한 점이다. 거기에는 도덕적 규범을 위한 어떤 궁극적인 원천도 존재하지 않는다.

두번째 범주도 아주 중요하다. 타락은 우리에게 악한 성향이 있으며, 사회가 정상적으로 작동하려면 우리에게 도덕적 제약이 필요하다는 것을 말해 주고 있다. "사람에게서 나오는 것이 사람을 '더럽게' 한다"(막 7:20). 그러나 세속주의는 우리가 처한 도덕적 딜레마의 본질을 이해하지 못하며, 사람들은 근본적으로 선하기 때문에, 올바른 사회적, 정치적, 경제적 구조를 갖추기만 하면 미덕 있는 사회를 만들 수 있다는 잘못된 가정을 세우고 있다.

그러나 사실 미덕 있는 사회는 양심이 스스로의 행동을 지켜, 책임감 있게 행동하는 사람들에 의해서만 만들어진다. 양심이 없으면 그 사회는 강제력을 통해서만 정상을 유지할 수 있다. 그러나 모든 국민을 감시할 만큼 충분한 경찰력이 없기 때문에 강제는 결국 실패하고 만다. "이 나라가 건강하고, 원하는 대로 굴러가려면 이 나라에 적어도 2억 5천만의 경찰, '양심'이라고 불리는 경찰이 있어야 한다"고 마이클 노박은 말하고 있다. "2억 5천만의 양심이 지키고 있으면, 거리에 경찰이 필요없다는 사실에 아마 놀라게 될 것이다."[12]

개인의 미덕을 희생하면서 사회정의를 강조하는 것은 잘못된 일일 뿐 아니라, 아주 위험한 일이기도 하다. 개인적인 도덕률이 없는 사람은 결국 공중도덕을 만들어내려는 노력에서도 실패하게 마련이다. "개인적인 죄가 없다면 사회적인 죄도 없다"고 조지타운대학 교수인 제임스 샬(James Schall)은 말하고 있다. "오늘날의 젊은이들은 그들이 세상을 바꾸어야 한다는 가르침은 듣지만, 자신의 영혼을 바꾸어야 한다는 말은 듣지 못한다. 그래서 그들이 세상을 바꾸게 되면 세상은 더 나빠진다."[13] 열정은 있지만 윤리적인 이해가 없는 도덕의 십자군들은 우리에게 문제 자체보다 더 나쁜 해답만 안겨줄 가능성이 많다.

더욱이 젊은이들의 도덕적 관심을 단지 공공의 문제나 목적에 둔다면, 이들은 자신의 개인적인 영역이 도덕적으로 그리 심각하다고 생각하지 않게 된다. 수년 전, 클라크대학의 철학 교수인 크리스티나 호프 소머즈(Christina Hoff Sommers)는 "미덕을 가르치기"(Teaching the Virtues)라는 제목의 논문을 썼는데, 여기에서 그녀는 윤리학을 개인의 예의범절과 정직의 문제로 가르치지 않고 사회정의의 문제라고 가르치는 고등교육을 비판했다. 소머즈의 동료 한 사람은 그녀가 여성에 대한 억압, 다국적 기업의 악함, 환경파괴와 같은 진짜 문제를 무시하고 부르주아 도덕을 옹호하고 있다고 맹렬히 비난했다. 그러나 학기가 끝날 무렵, 자기 학생들의 절반 이상이 집에 가서 푸는 문제를 표절했다는 사실에 혐오감을 느낀 그 교수가 소머즈의 사무실로 찾아왔다. 그들은 바로 윤리시험에서 부정을 저지른 것이었다!

"그래서 어떻게 하실 겁니까?" 소머즈가 물었다. 그 여교수는 쑥스러워하면서 개인 미덕의 중요성에 관한 소머즈의 논문을 한 부 달라고 요청했다.[14]

인간의 선이라고 하는 신화는 공공의 영역과 개인적인 영역 사이의 단절을 가져왔다. 그래서 오늘날 많은 미국인들은 "대통령이 사적으로 무슨 일을 하든 별 문제가 되지 않는다"는 등의 말을 그럴 듯하게 해대고 있다. 더 나쁜 것은 "내가 사적으로 무슨 일을 하든 아무 문제가 되지 않는다"고 말하는 것이다. 우리가 이 책의 앞부분에서 살펴본 바와 같이 미국인들은 신체와 '인격'이라고 하는 이원론에 사로잡혀 있다. 이는 특히 낙태를 옹호하는 논쟁에서 명백히 드러난다(태아는 생물학적으로는 인간이지만 '인격'으로서는 아니다).[15] 이런 이원론이 방탕을 완전히 합리화하고 있다. 만일 신체가 단지 우리가 원하는 것, 즉 쾌락이나 감정적인 만족감 같은 것을 얻는 도구라고 한다면, 사람의 행동은 도덕적 기준에 의해서가 아니라 순전히 공리적 기준에 의해서만 판단되어야 한다. 우리의 행동이 신체와 별개의 실체인 우리의 '인격'을 반영하는 것이 아니기 때문이다. 따라서 우리는 사생활에서 우리가 악당이 되든, 거짓말을 하든, 남을 속이든, 공적 생활에서는 신뢰를 받을 수 있다고 합리화하게 된다.

이는 인간본성에 대한 기독교적 관점과 아주 상치되는 것이다. 예수님은 좋은 나무가 좋은 열매를 맺는다고 하셨다. "지극히 작은 것에 충성된 자는 큰 것에도 충성되고 지극히 작은 것에 불의한 자는 큰 것에도 불의하니라"(눅 16:10). 성격은 공공생활이나 사생활 모두에 걸쳐 크고 작은 문제에 다 나타난다.

수년 전 내가 한국전 당시 보병 분대장으로 출발했던 노스캐롤라이나의 르쥔 부대(Camp Lejeune)에서 윤리학 강연을 할 때, 나는 이 원리에 대해 생각해 보았다. 과거에 대한 향수를 느끼면서 나는 2,000명의 해병 장교와 하사관들에게 연설하기 위해 그곳에 갔다. 그들은 풀 먹인 작업복에 침을 뱉아 닦은 구두를 신고 차렷자세로 앉아 있었다. 그런데 질의응답 시간이 되자, 아무도 질문을 하지 않았다. 적어도 키가 190cm나 되는 엄격한 장군이 뒤돌아서서 울리는 목소리로 '질문을 할 것'이라고 말을 할 때까지는 말이다. 갑자기 강당 곳곳에서 손들이 올라갔다(결코 변하지 않는 것이 있는 법이다).

마지막 질문은 상당히 어려운 문제였다. "콜슨 씨," 한 주임상사가 말했다. "무엇이 더 중요합니까? 충성심입니까, 성실성입니까?"

해병대는 '항상 충성하라'를 신조로 삼고 사는 사람들이다. 내가 해병이었을 때는, 충성이란 묻지 않고 복종하는 것이라고 배웠다. 그때 나는 백악관 근무시절 나도 저 젊은 주임상사의 질문을 생각해 봤더라면 하는 아쉬움이 들었다. 이제 나는 그 대답을 알고 있다.

"성실이 먼저입니다." 난 말했다. "충성은 아무리 존경받을 만한 일일지라도, 무가치한 일에 사용될 때는 위험할 수 있습니다."

성실(integrity)이라는 단어는 동사 '통합하다'(integrate)에서 파생되었는데, 이 단어는 어떤 완전하고 온전한 전체를 이루기 위해 합쳐지는 것을 의미한다.[16] 성경은 영혼과 마음과 몸이 모두 하나님의 손에서 나왔으므로 이들은 하나로 통합되어야 하고 함께 일하여 온전한 하나를 만든다고 가르치고 있다. 우리의 행동은 우리의 생각과 일관성을 유지해야 하며, 사적으로나 공적으로나 동일한 사람이 되어야 한다. 기독교적 세계관만이 이런 정직성의 기초를 우리에게 제공해 준다.

더군다나 기독교는 무엇이 옳고 그른지를 판단할 수 있게 하는 절대적인 도덕법을 제시해 준다. 세속적인 친구들에게 물어보라. 무엇을 '해야 하는지'를 어떻게 정하며, 어떤 윤리원칙을 따르고 있는지. 무엇을 근거로 해서 그런 원칙들이 옳다고 알고 있는가? 어떤 권위에 의존하고 있는가? 도덕적인 절대치가 없이는 진정한 윤리의 기초도 없다.

기독교 세계관만이 죄로부터의 구원을 제시해 주고 있어, 미덕을 갖추는 데 가장 큰 장애가 되는 것, 즉 반역적인 인간의 의지를 극복할 수 있는 힘을 준다. 도덕률은 궁극적인 기준, 또는 해야 하는 것에 대한 지적인 동의에 관한 문제가 아니다. 또 도덕률은 미덕을 개발하는 문제, 즉 좋은 성품을 형성하기 위한 어떤 습관과 기질의 문제도 아니다. 우리가 어떤 원칙에 대해 머리로 동의하는 것만으론 충분하지 않다. 우리는 의롭고, 용기 있고, 인내심이 있으며, 친절하고, 충성되고, 사랑하고, 끈기 있고, 의무에 충실한 사람들이 되어야 한다. 오직 기독교 세계관만이 어떻게 덕성 있는 성품을 개발하며, 도덕적인 사람이 될 수 있는지를 가르쳐주고 있다.

영화로 만들어진 톨스토이의 작품 「전쟁과 평화」(*War and Peace*)에서 주인공 피에르는 서글프게 묻는다. "무엇이 옳은지 잘 알면서도, 그른 일만 하는 것은 왜 그렇죠?" 이것이 인간이 처한 딜레마이다. 우리는 무엇이 옳은지는 알고 있다. 그러나 그렇다고 해서 우리가 그렇게 한다는 보장은 없다. 구약의 선지자 예레미야는 이렇게 한탄했다. "만물보다 거짓되고 심히 부패한 것은 마음이라 누가 능히 이를 알리요"(렘 17:9). 사도 바울 역시 이렇게 말한다. "내 속 곧 내 육신에 선한 것이 거하지 아니하는 줄을 아노니 원함은 내게 있으나 선을 행하는 것은 없노라 내가 원하는 바 선은 하지 아니하고 도리어 원치 아니하는 바 악은 행하는도다"(롬 7:18-19).

만일 C. S. 루이스 핑켈스타인의 거대한 비전이 성공해서 보편적인 도덕률이 합의에 도달했다면, 사람들이 그에 맞추어 살 수 있었을까? 과연 그들은 도덕적인 사람들이 될 수 있었을까? 낙관론자들은 그렇다고 말할지 모르지만, 성경과 우리의 경험은 그렇지 않음을 분명히 말해 준다. 세속적인 윤리관에는 구원도 없고, 인간의 마음을 바꿀 어떤 힘도 존재하지 않는다.

나는 개인적인 경험을 통해 이것을 간증할 수 있다. 나는 청교도적 정신이 살아있는 훌륭한 가정에서 자라났다. 나의 우상처럼 여겼던 아버지는 내게 의무와 명예와 정직이라는 원칙을 훈련시키셨다. 난 아직도 주일 오후마다 집 뒤쪽 계단에 앉아 속이고 훔치는 악에 대해 아버지의 강의를 들었던 기억이 난다.

1969년, 닉슨 대통령이 잘나가던 변호사 업무를 그만두고 자신의 특별 보좌관이 되어달라고 말했을 때, 비록 수입은 크게 줄어들겠지만 나는 그렇게 하는 것이 나의 의무라고 생각했다. 그리고 유혹으로부터 나 자신을 지키기 위해, 심지어는 부적절한 행동으로 보이는 것까지도 피하기 위해, 나는 법률회사에 대한 투자액과 그밖의 모든 자산을 투자내역을 알 수 없는 신탁회사에 맡겼고, 법률회사 동업자들이나 고객들(정부의 혜택을 얻으려는 사람들)도 만나지 않겠다고 맹세했다. 내가 받은 모든 선물, 심지어 크리스마스 때 받은 사탕상자까지도 나는 운전기사나 백악관 교환실의 교환원에게 주었다. 나는 결심했다. '아무도 날 더럽힐 수 없다'고.

그러나 나는 사법방해죄로 교도소에 갔다.

무슨 일이 일어났던가?

사람의 마음이 얼마나 믿을 수 없는 것인지를 알지 못했던 것이 내 문제였다. 대학 다닐 때, 나는 실제로는 황금률을 모방한 것으로 보편도덕의 원칙이라 말할 수 있는 이마누엘 칸트(Immanuel Kant)의 저 유명한 '절대 명제'를 포함하여 가장 뛰어난 세계의 도덕철학을 공부했다. 그래서 무엇이 옳은지는 너무 잘 '알고' 있었다. 그러나 문제는 그것을 실천할 의지가 부족했다는 사실이다. 우리 인간은 자기 자신을 합리화하는 데는 실로 무한한 능력을 가지고 있기 때문에 무엇이든지 합리화한다. 그것이 바로 내가 한 일이었다.

C. S. 루이스는 내가 좋아하는 그의 수필집 "가슴이 없는 남자"에서 이 딜레마를 설명하고 있다. 사람이 도덕적이기 위해서는 이성의 자리인 '머리'가 '위'(胃) 혹은 욕정을 다스려야 한다. 그러나 이 일은 C. S. 루이스의 비유에서 의지와 도덕적 상상력을 나타내는 것으로 표현하고 있는 '가슴'을 통해서만 가능하다. 오늘날의 문제는 근대 이성주의가 도덕률을 인식의 문제로 격하시킨 점이라고 C. S. 루이스는 말하고 있다. 의지나 도덕적 상상력의 역할을 무시하면서 도덕에 관한 추론에만 몰두하고 있다는 것이다. 우리에게서 '가슴'을 앗아갔다는 말이다. 그리고서는 왜 도덕이 타락하고 있는지 의아해한다. 잊을 수 없는 C. S. 루이스의 표현 하나를 빌자면, "가슴이 없는 사람을 만들어놓고 우리는 그들에게서 미덕과 모험심을 기대한다. 명예를 조롱하면서도 우리 가운데 배반자가 있으면 충격을 받는다. 우리는 말을 거세하고 나서 그 말이 새끼를 낳기를 바라고 있다"는 것이다.[17]

도덕적 추론과 지성적 지식만으로는 충분하지 않다. 타락한 인간은 그 의지가 변할 경우에만 도덕법을 완수할 수 있다. "율법이 육신으로 말미암아 연약하여 할 수 없는 그것을 하나님은 하시나니 곧 죄를 인하여 자기 아들을 죄 있는 육신의 모양으로 보내어 육신에 죄를 정하사 육신을 좇지 않고 그 영을 좇아 행하는 우리에게 율법의 요구를 이루어지게 하려 하심이니라"(롬 8:3-4)고 사도 바울은 말하고 있다. 우리가 하나님께 의지할 때, 성령은 우리 스스로는 할 수 없었던 일들을 할 수 있도록 힘을 주신다. 이것이 바로 '회심'(conversion)이라는 말의 핵심이다. 그 의지가 돌아서는 것, 의지가 변화했다는 뜻이다. 기독교의 중심에는 우리로 하여금 무엇이 옳은지 알게 할 뿐만 아니라 그것을 행하여 덕을 세우게 하는 초자연적 변화의 능력이 있다.

회심한 의지만이 일관된 방법으로 덕을 세우는 능력이 있지만, 로마서 2장에는 하나님의 형상에 따라 지어진 결과인 자연적인 미덕(양심)도 있다. 그리스도인들은 개인의 회심을 위해서도 일해야 하지만, 회심하지 않은 사람들 사이에서 윤리적 지식을 갈고 닦아 밝은 사회를 만드는 데 협력할 의무도 있는 것이다.

오늘날 가장 고치기 어려운 사회문제들은 공공정책에 의해 해결될 문제가 아니라, 미덕이 있는 행동을 통해 해결할 수 있다. 예를 들어, 범죄를 생각해 보자. 사회학자들과 정책 전문가들은 이 문제를 끝없이 토론한다. 무엇 때문에 범죄가 일어나는가? 그러나 마이클 노박이 말하는 것처럼, 우리가 이 질문에 대한 해답을 얻었다 하더라도 그게 무슨 도움이 되겠는가? 더 많은 범죄를 낳게 할 뿐이다. 우리가 정말 알아야 하는 것은 어떻게 하면 미덕을 실천할 수 있는가이다. 사회는 덕행을 격려하는 방법을 찾아내어 거기에 집중해야 한다. 그러면 범죄는 줄어들 것이다.[18]

역사적으로 여러 사회들이 덕행을 사회적 관습이나 풍습 등을 통해서는 권장했고, 사회적인 낙인, 금기, 수치심 등을 통해서는 억제해 왔다. 개인의 자존감을 손상시킬 위험이 있는 도덕적 오명을 금지하고 있는 문화 속에서 모욕적인 처벌을 실행하기 어렵다는 것은 인정한다. 그러나 그리스도인들은 이런 안개 속을 뚫고 사회적으로 해가 되는 행동은 도덕적으로 부인하는 건강한 사회를 만들 권리를 주장해야 한다.

법에만 의존할 수는 없다. 왜냐하면 모든 부도덕한 행동이 불법적인 것은 아니기 때문이다. 많은 경우, 옳은 행동은 용납될 수 없고 경멸할 만한 행동에 대한 비공식적인 사회적 합의에 의해 더 잘 실행된다. 이런 이유 때문에 음주운전이나 약물남용을 반대하는 캠페인이 이를 금하는 법보다 더 효과적인 경우가 많다. 사실 사회적 관행을 부과하는 데 실패하면 더 많은 법적 제재를 가하게 되고, 이 법이 대중의 지지를 받지 못할 경우, 형벌이 점점 더 강해질 수밖에 없다.

아름다운 삶을 창출하는 데 필요한 것은 무엇인가? 옳고 그름에 대한 확실한 인식과 그에 맞추어 삶을 살아가려는 개인의 결심이다. 냉혹한 의

무감 때문이 아니라, 우리에게 부여된 본성과도 잘 부합하므로 우리를 가장 행복하고, 온전하게 만들기 때문이다. 남녀가 자신의 진정한 본성에 따라 행동하게 되면, 조화를 이루고 만족과 기쁨을 느끼게 된다. 이것이 미덕의 열매인 행복이다. 사실 고대 철학자들은 성격훈련에 전 생애를 바친 후 인생의 끝에 가서야만 얻어지는 것이 행복이라고 생각했다.[19]

미국 헌법 제정자들이 우리에게는 양도불가능한 생명권, 자유권, 행복추구권이 있다고 선언할 때, 이것이 바로 그들의 마음 속에 있던 행복의 정의였다. 행복추구권은 오늘날 많은 사람들이 생각하는 것처럼 쾌락적인 즐거움의 권리를 의미하는 것이 아니라, 인간의 기본적인 욕구와 기호를 충족시키는 삶을 살며 미덕을 추구하는 것을 의미하는데, 바로 이런 추구가 행복한 개인과 조화로운 사회를 만들어낸다.[20]

진정한 행복의 비밀을 알게 되면, 경제학과 같이 순전히 기술적이고 공리주의적이라고 흔히 생각하는 영역을 포함한 모든 삶의 영역에서 우리는 미덕을 추구하게 된다. 그런 일이 일어날 때, 그리스도인의 세계관은 우리의 경제적 복리를 증진시키고, 우리가 하는 일에도 참된 의미를 부여하게 된다는 놀라운 발견을 하게 될 것이다.

제38장
우리가 세상에서 하는 일

> 교회가 현실에 대한 지배력을 상실한 일 중에서 세속직업을 이해하고 존중하는 일에 실패한 것보다 더한 실패는 없다. 교회는 일과 신앙이 별도의 것이 되도록 허락했다. …교회는 세속직업이 성스러운 것임을 망각했다.
>
> 도로시 세이어즈(Dorothy Sayers)

1992년의 미국 대통령 선거기간 중, 새로운 문구가 미국의 어휘에 첨가되었다. "문제는 경제야, 이 멍청아." 이 문구는 정치적으로 강력한 것임이 드러났다. 비록 인생에는 빵 이상의 것도 있지만, 우리 모두는 경제적인 수준향상에 관심을 갖는다. 결국 수입을 얻어 가족을 부양하는 것이 우리 삶에서 주된 일이고, 직장에서건 집에서건 우리가 깨어 있는 시간의 대부분은 일하면서 보낸다. 그렇지만 일이나 경제에 관한 성경적 견해에 대해 설교를 들어본 것은 몇 번이나 되는가? 교회는 대개 이런 주제를 포기하고 있으며, 그 결과 많은 신자들이 신앙은 자신들의 일과 아무 상관이 없는 것으로 생각한다고 영국의 수필가 도로시 세이어즈는 말하고 있다. 그런 상태에서 종교가 그들의 일상생활과 어떤 관련이 있는지 의문을 제기하는 사람이 있다는 것은 놀랄 일이 아니다. "자신의 삶의 대부분에 대해 아무런 관심이 없어 보이는 종교에 어떻게 계속 관심을 가질 수 있겠는가?"라고 세이어즈는 묻고 있다.[1]

그러나 사실, 하나님의 말씀은 일에 대해 아주 많은 부분을 할애하고 있다. 성경이 어떤 특정한 경제이론을 지지하고 있는 것은 아니지만, 자유롭고 번성하는, 정의로운 사회에 대한 기본적인 청사진을 제시하고 있다. 사실, 성경의 원칙들은 20세기의 마지막 10년간 극적인 승리를 거둔 민주 자본주의라고 하는 미국의 체제에 영감을 주었다. 세계 전역에서 사회주의의 사슬을 끊고 경제적 자유라고 하는 서구의 모델을 채택하고 있다. 그리고 서구에서는 자유주의와 좌파 정당들이 정치적 헤게모니를 다투고 있다. 심지어 가장 열렬히 사회주의에 동조하는 사람들도 자유경제체제가 사람들을 가난에서 벗어나게 하는 일뿐 아니라 인간의 존엄성을 높이는 데도 더 낫다는 것을 마침내 인정할 수밖에 없게 되었다.

아이러니컬하게도 소련체제의 붕괴와 마르크스주의에 대한 불신임은 오히려 우리로 하여금 서구 자유시장체제를 뒷받침하는 원리를 이해하는 것이 중요하다는 사실을 일깨워주고 있다. 지난 50년간 미국인들의 눈앞에는 자유시장체제와, 나치즘과 공산주의라고 하는 두 개의 공포정권 사이의 위협적인 대비가 놓여 있었다. 미국의 체제에도 많은 허점이 있었지만, 일부러 눈을 감고 있는 사람들을 제외하고는 자유시장체제가 그 대안보다 훨씬 더 우월하다는 것은 이제 누구에게나 명백해졌다. 그러나 오늘날 우리들은 더 이상 그런 대비만 쳐다보고 있을 수 없다. 그래서 자유사회를 뒷받침하는 원리들에 대한 적극적인 변론을 만들어내야 한다.[2] 우리들은 경제자유와 직업의식을 지탱하는 성경의 원리들을 분명히 해야 한다.

최초의 노동 임무(The first Job Description)

노동과 경제발전에 관한 기독교 세계관의 관점은 '창조, 타락, 그리고 구속'이라고 하는 기본적인 범주를 그대로 따르고 있다. 창세기 1장에서 우리는 인간이 하나님의 성품을 반영하여 하나님의 형상대로 만들어졌으며, 따라서 우리는 우리의 창조성을 통해 하나님의 창조활동을 반영하도록 부름받았음을 배웠다. 여기에는 우리의 잠재능력을 끌어내어 그 모양과 형태를 갖추도록 하여 이 세계를 경작하는 것을 포함한다. 모든 직업은 하나님의 형상을 표현하는 수단으로서의 위엄을 지니고 있다.

하나님은 최초의 커플을 에덴동산에 두셨을 때, 이들에게 최초의 직업임무를 부여하셨다. 그 땅을 다스리며 지키게 하셨다(창 2:15). 그렇다면 죄가 없는 이상적 상태인 낙원에서도 노동을 하는 것은 인간의 자연스런 활동이라는 말이 된다. 신학자 무어(T.M. Moore)의 말에 의하면, "손과 머리를 공동으로 사용하는 노동과 경제개발은 하나님으로부터 부여받은 기본명령의 일부이다."[3]

그러나 성경은 인간조건에 대해 결코 순진하거나 낭만적이지 않다. 하나님께서 창조하신 원래의 세상은 금세 '타락'에 의해 손상되었고, 노동, 즉 직업은 신학자들이 말하는 것처럼 '저주' 아래 놓이게 되었다. 창세기 3:16-17에는 동일한 히브리 단어가 잉태하는 '고통'이라는 단어와 일하는 '수고'에 동일하게 사용되고 있는데, 이 단어는 '노동하다' 혹은 '수고하다'를 뜻한다. 이것이 암시하는 바는 '타락'으로 인해 인간생활의 두 가지 중심활동, 즉 살아가는 것과 가족을 부양하는 것에 고통과 어려움이 따르게 된 것을 의미한다. 이것을 이해한다면 우리는 상처난 세상에서 사는 삶의 고통과 무질서에 대해 현실적 관점을 견지하게 된다.

그러나 죄가 피조물에 주입한 슬픔이 있다고 해서 우리의 원래 창조된 모습이나 일하라는 명령이 소멸된 것은 아니다. 그리고 '구속'은 직업의 원래 의미와 목적을 우리에게 회복시켜 준다. 구속은 우리의 창조 시에 부여된 임무, 즉 문화와 문명을 개발할 능력을 준다. 사실 우리는 직업을 통해 하나님과 협력하여 구속의 사역을 수행함으로써, 이 세상이 '타락'

의 영향으로부터 자유로워지도록 돕는 일을 하고 있다.

성경은 또 경제학의 기초원리들을 제시하고 있다. 여기에는 사적 소유에서부터 상업과 경제정의의 법칙에 이르는 것들이 포함된다. 경제자유의 첫번째 조건, 즉 재화와 재산의 사적 소유를 보호하는 것에 대해서도 분명하게 말하고 있다. 인간을 다른 동물과는 달리 아주 독특하게 구분하는 특성 중 하나는 우리의 기술과 재능을 사용하여 우리의 개성을 반영하는 물건들을 만든다는 것인데, 이렇게 할 때 재화가 생겨난다. 물질 자체가 저절로 재화가 되는 것은 아니다. 다만 인간이 이를 생산적으로 사용할 방법을 창조적으로 찾아낼 경우에만 그렇게 된다. 예를 들어, 인간이 정유기술을 개발해 내기까지 끈적끈적하고 검고 냄새나는 물건은 귀찮은 존재였을 뿐이었다. 그러나 갑자기 석유는 부의 원천이 된다. 이런 관점에서 보면, 재산권을 보호하는 것은 물질 자체를 보호하는 것이 아니라, 인간의 창조성, 재능, 그리고 창의력이라는 인간의 위엄을 보호하는 것이다.[4]

성경 전체에서도 사유재산권은 인정되고 보호되고 있다. 십계명 안에서도 이것은 도덕의 원칙으로 암시되고 있다. 도적질을 금하고 있는 여덟 번째 명령과 이웃의 것을 탐하지 말하는 열번째 명령이 그것이다. 모세의 법에서도 다른 사람의 재산을 훔친 사람은 회복시켜 주어야 한다(출 22장).

성경은 부의 축적 자체를 나쁘다고 말하지 않는다. 아브라함과 솔로몬 같은 이는 매우 부유했다. 때로 부(富)는, 욥이 재난을 당한 후, 갑절을 받은 것에서 보듯이 충실한 신앙에 대한 대가이기도 하다. 그러나 성경은 부 자체를 목적으로 보는 것, 또는 부를 축적하기 위해 억압하고 잔인해지는 것에 대해 경고하고 있다. 바울은 '돈을 사랑하는 것' (돈 자체가 아니더라도)이 '일만 악의 뿌리' (딤전 6:10)라고 말하고 있으며, 구약의 선지자들은 부가 영적인 자족감, 심지어는 하나님께 대한 불순종으로 이어진다고 경고하고 있다(예를 들어, 신 31:1-21, 왕하 20:12-18, 시 49편, 암 6:1-4을 보라). 다시 말해, 사적 재산권을 옹호하는 것이 재화를 우리 소유물로 취급하고 우리 마음대로 해도 된다는 뜻이 아니다.

물론 궁극적으로 보면 우리는 아무것도 소유하고 있지 않다. 우리는 하나님께서 우리에게 맡겨주신 것에 대한 청지기일 뿐이다. 모든 것을 소유하고 계신 분은 하나님이시다. "땅과 거기 충만한 것과 세계와 그 중에 거하는 자가 다 여호와의 것이로다"(시 24:1). 우리는 우리의 경제적 자원과 노동력을 하나님이 명하시는 대로, 하나님의 공의와 자비의 법대로 사용해야 한다. 그런 이유 때문에 성경은 공평한 추와 저울(잠 11:1; 20:23; 암 8:5)을 요구하고 있으며, 가난한 자들의 임금을 미루고 착취하는 억압자들에 대한 심판을 선포하신다(레 19:13, 암 5:11-12, 8:5-6). 성경은 자신의 죄된 목적을 위해 매점한다거나 탐욕, 나태, 그리고 속임수로 경제를 조작하는 행위를 저주하고 있다(잠 3:27-28, 11:26, 약 5:1-6). 성경은 채무를 지고 있는 사람을 이용하여 채무를 늘리는 것을 금하고 있으며, 또 채무를 진 사람은 반드시 이를 갚아야 한다는 정의의 원칙을 가지고 있다(출 22:14, 왕하 4:1-7, 시 37:21, 잠 22:7).[5]

그 바탕에 깔려 있는 원칙은, 개인재산은 사회정의를 실현하고 가난한 자와 약한 자를 돌보는 데 사용하도록 하나님이 주신 선물이라는 사실이다. 회개하고 있는 도적은 더 이상 도적질하지 말고, 자신의 손으로 일하여 "돌이켜 빈궁한 자에게 구제할 것이 있기 위하여 제 손으로 수고하여 선한 일을 하라"(엡 4:28)고 말씀하신다. 성경에 가난한 자들을 돌보라는 명령보다 더 분명하고 확실한 명령은 별로 없다. "옳은 일을 하는 것을 배우라!" 하나님은 우뢰와 같이 말씀하신다. "공의를 구하며 학대받는 자를 도와주며 고아를 위하여 신원하며 과부를 위하여 변호하라"(사 1:17). 이 이사야 선지자를 통해 하나님은, 진정한 금식은 헛된 종교적 의식이 아니라 "주린 자에게 네 식물을 나눠주며 유리하는 빈민을 네 집에 들이며 벗은 자를 보면 입히며 또 네 골육을 피하여 스스로 숨지 아니하는 것"(사 58:7)이라고 말씀하셨다. 예수님은 우리가 주린 자, 헐벗은 자, 병든 자, 갇힌 자를 돌볼 때 그것이 곧 주님을 섬기는 것이라고 말씀하심으로 우리의 책임감을 강화시켜 주고 계신다(마 25:31-46).

그렇다고 해서 가난한 자들을 단지 자선의 수혜자로 만드는 것은 아니다. 몸이 성한 사람은 혜택을 입은 대로 일을 하게 되어있다. 이런 원칙은 구약의 율법에 잘 반영되고 있는데, 토지 소유자들은 밭에서 추수할 때 넉넉하게 남겨두어 가난한 자들이 와서 먹고 살 만큼 거둘 수 있도록 하고 있다(레 19:9-10, 신 24:19-22). 신약에서 바울은 일하기를 거부하는 사람들에게 "종용히 일하여 자기 양식을 먹으라"(살후 3:12)고 권하면서 꾸짖고 있다. 가난한 자들은 스스로를 도울 수 있는 능력 있고 책임 있는 사람으로서의 존엄성을 유지해야 한다.

구약과 신약 모두는 노예제도를 가지고 있던 사회 속에서 기록되었는데, 비평가들은 성경이 이런 관습에 도전하지 않고 있음을 공격하는 경우가 많다. 그러나 성경이 기록된 시대를 생각하면 성경은 기록된 문서 중에서 가장 급진적인 문서이다. 구약에서 하나님은 노예들이 자유케 되는 방법을 기술하고 있고(신 15:12), 신약에서 바울은 노예들에게 "자유할 수 있거든 그렇게 하라"(고전 7:21)고 권하고 있다. 더 중요한 것은, 성경은 주인들뿐만 아니라 노예들에게도 그들의 일차적인 정체성은 하나님의 종이라는 점을 인식하도록 요구하고 있다. "주 안에서 부르심을 받은 자는 종이라도 주께 속한 자유자요 또 이와 같이 자유자로 있을 때에 부르심을 받은 자는 그리스도의 종이니라"(고전 7:22). 정말 중요한 것은, 경제적인 상태가 아니라 마음의 상태이며, 마음이 변화될 때, 외적 관계의 구조도 불가피하게 변하게 될 것이다. 바로 이런 이유 때문에 서구의 그리스도인들은 노예제도가 하나님이 주신 인간의 존엄성과 맞지 않는다고 생각했고, 많은 신자들이 노예폐지운동에 앞장섰다.

세속직업은 성스러운 것

역사적 증거를 살펴보면, 우리는 개인과 경제적인 직업에 존엄성을 부여하는 일이 점진적으로 발전되어 왔음을 알 수 있다. 1세기에, 초대교회는 직업과 경제개발에 대한 성경의 견해를 물질세계를 악과 무질서라고 생각했던 그리스문화를 배경으로 하여 정의하도록 강요받고 있었다. 그 결과 그리스인들은 육체노동을 포함하여 물질적인 것에 관련된 것은 모두 무시하게 되었다. 손으로 하는 모든 일은 노예나 장인들에게 맡겨졌으며, 이들의 노동으로 인해 지적인 엘리트들은 그리스인들이 보다 '고상하게' 생각하는 문화와 철학을 추구할 수 있게 되었다.

이런 배경에서 초대교회는 물질세계를 하나님의 피조물로 높게 평가했다. "히브리나 기독교 전통에서 물질세계는 도피해야 할 어떤 것이며, 그 안에서 일하는 것은 천한 것이라는 생각이 끼여들 여지가 없었다. 물질은 하나님의 영광과 인간의 유익을 위해 사용하게 되어있었다"라고 영국의 철학자 메리 헤스(Mary Hesse)는 말하고 있다. 그 결과, "서구유럽의 기독교 시대에서는 그리스시대같이 육체노동을 천하게 여기지 않았으며, 그런 일을 할 노예계급이 따로 있지도 않았고, 장인들은 존경을 받았다."[6]

그럼에도 불구하고, 많은 초기 신학자들이 그리스철학의 영향, 특히 플라톤주의의 영향을 받으면서 성스러운 영역과 속된 영역의 구분이 생겨나기 시작했다. 4세기의 유세비우스(Eusebius)는 '하나님을 섬기는 일에만' 헌신한 전임 종교사역자는 '완전한 그리스도인의 삶의 형태'이고, 농부들과 상인들은 단지 '이류 수준의 경건'을 이루는 사람들이라고 말하고 있다.[7]

이런 태도에 도전한 것은 토마스 아퀴나스(Thomas Aquinas)였다. 그는 기독교 사상 속에 있는 플라톤적 흐름에 반발하여 피조세계의 가치를 강조하였다. 그의 철학은 스콜라 철학자들에게 자극을 주어 오늘날 경제학의 일부라고 생각하는 재산, 무역, 부의 창조와 같은 주제들을 연구하도록 했다. 이런 연구결과는 위대한 경제학자 조셉 슘페터(Joseph Schumpeter)가 과학적 경제학의 '기초'라고 찬양한 스페인의 살라망카(Salamanca) 학파의 16세기 저작물에서 정점을 이룬다.[8]

종교개혁자들도 성과 속의 이분법, 그리고 그것이 암시하고 있는 피조세계에 대한 낮은 평가에 대해 격렬하게 반대했다. 우리가 하나님의 명령에 순종하여 직업을 수행해 나갈 때, 하나님은 우리를 통해 자신의 목적을 이루어 가신다고 마틴 루터(Martin Luther)는 말하고 있다. 이러한 하나님과의 동업에는 영적인 일뿐만 아니라 합법적인 모든 형태의 직업이 포함된다. 루터는 수도승과 목회자들이 가게 주인이나 가정주부보다 더 거룩한 일을 하는 것이라는 생각을 완전히 거부했다. 그는 '세속적인 일로 보이는 것이 하나님을 경배하는 것'이라고 적으면서, '이는 하나님을 기쁘시게 하는 순종'이라고 말하고 있다.[9]

성과 속을 구분하는 것은 세속직업을 이류로 만들었을 뿐만 아니라 세속직업을 가진 사람들을 헌신과 영성에 있어 낮은 수준에 머물게 만들었다. 종교개혁은 이런 개념에 도전하여, 어떤 신자도 가장 높은 수준의 영성에서 면제되지 않는다고 주장했다. 성경의 렌즈를 통해 보면, "모든 세계 교회뿐만 아니라 가정, 부엌, 지하실, 공장, 마을 사람들과 농부들이 일하는 모든 곳이 하나님께 대한 경배로 가득 차 있다"고 루터는 말하고 있다.[10]

마태복음 25:14-30에 나오는 예수님의 달란트 비유를 통해 종교개혁자들은, 이윤을 얻는 것은 부도덕한 것이라는 중세 사람들의 보편적인 생각을 물리쳤다. "이 비유에서 얻을 수 있는 가장 단순한 교훈은, 우리가 가진 자원과 재능과 노력을 통해 이윤을 얻는 것이 부도덕한 것이 아니라는 점이다"라고 로버트 시리코(Robert Sirico) 신부는 말하고 있다. 결국 이윤을 얻지 못하면 손해를 보게 되는 것이고, 제대로 하지 못해 손해가 난다면 "이는 좋은 청지기직이 되지 못한다."[11] 하나님은 우리가 하나님께 받은 달란트 - 우리의 능력과 재물 - 를 다른 사람들을 섬기는 생산적인 일에 사용하기를 원하신다.

직업과 기업적 재능의 가치에 관한 이런 믿음은 소위 개신교의 직업윤리를 형성했다. 이는 다시 전세계 수많은 사회에서 삶의 수준을 놀랍게 향상시킨 산업혁명의 주된 힘이 되었다.[12] 직업윤리가 끼친 영향은 기독교 세계관이 한 문화를 어떻게 바꿀 수 있는가 하는 것을 보여주는 아주 좋은 예이다.

* * *

그러나 기독교 직업관은 계몽주의 이래로 등장하기 시작한 여러 가지 세속적인 관점의 반대에 부딪혔다. 성경의 창조론을 거부하게 되면서 인간의 본성(인간학)에 관한 교리도 거부하게 되었다. 인간은 더 이상 하나님 사랑과 이웃 사랑의 높은 도덕적, 영적 목표를 위해 살아가는 하나님의 작품이라고 여겨지지 않게 되었다. 대신 사람들은 다만 자신의 이익과 편익을 위해 살아가는 자연의 일부분이라고 여겨졌다. 그 결과 개신교 직업윤리는 청지기직과 섬김이라고 하는 기독교적 문맥과 분리되었고, 개인적인 성공을 위한 신조로 타락해 버리고 말았다.

예를 들어, 18세기 후반에 자본주의의 아버지인 애덤 스미스(Adam Smith)는 직업을 개인의 이익을 성취하기 위한 수단으로 보았다. 그 누구도 자비심에서 일하지는 않으며, 개인의 발전이라는 계몽주의적 관심에서 일한다고 그는 주장했다. "우리가 저녁을 먹을 수 있는 것은 도축업자나, 양조기술자나 빵 굽는 사람들의 자비심 때문이 아니라, 그들이 자기 이익을 존중하기 때문이다. 우리는 우리 자신을 위해 일한다. 인간애에서 일하는 것이 아니라, 자기애(自己愛) 때문에 일한다."[13] 고전 윤리학과 기독교 윤리학은 이기심을 공동의 선을 위해 극복해야 할 악으로 본 반면, 스미스는 이기심이 사실 사회를 위해 좋은 것이라고 주장했다. 그의 자본주의 이론은 한때 악이라고 여겼던 것을 미덕으로 바꾸어놓았다. "참으로 역설적인 것은 높은 수준의 도덕적 결과(굶주림과 가난을 벗어나는 것)가 도덕적 목적을 덜 강조함으로써, 오히려 합리적 이기심을 강조함으로써 이루어진다는 사실이다"라고 신학자 마이클 노박은 말하고 있다.[14]

스미스에게 있어 경제란 법이나 교회, 또는 가정의 도덕적 영향을 받지 않고 따로 돌아가는 자치적이고 초도덕적인 메커니즘이다. 실제로 그는 경제를 위해 가장 좋은 것은 모든 사람들이 개입하지 말고 '보이지 않는 손'에 맡겨두어 공급과 수요가 항상 균형을 이루도록 하는 것이라고 주장했다. 생산과 교환의 자율통제 시스템의 비전은 섭리라고 하는 기독교 교리를 자연이 서로 연동하는 것으로 바꾼 것에 지나지 않는다.

이기심에 초점을 맞추는 것은 매우 효과적인 것으로 나타났다. 왜냐하면 '타락'한 세계 속에서 이기심은 가장 강력한 형태의 동기부여가 되기 때문이다. 스미스의 체제는 이기심을 뛰어넘게 하여 도덕적 수준을 높이는 대신 우리의 죄악된 상태를 그대로 받아들이는 것 같다. 이 체제는 기독교가 전통적으로 부도덕한 것으로 선언한 바로 그 충동을 요구하고 있다. 공동 선에 대한 관심보다는 이기심, 이타주의보다는 개인적인 야망, 자기 희생과 자비보다는 개인의 이익을 위한 충동 등이 그것이다. 스미스의 체제는 이런 충동이 건강한 경제의 원동력이 된다고 취급함으로써 이를 미화하고 있고, 그리하여 야망, 공격성, 자기발전이라고 하는 새로운 윤리를 향한 길을 준비하고 있다.

게다가 스미스는 자율적인 자유시장이 가장 유익하게 작동할 것이라고 잘못 생각했다. 그러나 정반대이다. 초기 산업주의시대가 증명하고 있는 것처럼, 자율적이고 세속화된 자본주의는 노동자와 환경 모두를 착취하여, 윌리엄 블레이크(William Blake)가 '어둠 속 사탄의 공장들'이라고 칭한 새로운 형태의 노예제도를 만들어냈다.[15] 자본주의는 놀라울 정도로 새로운 부를 창출해 내는 데 효과적이지만, 법과 문화로부터 오는, 궁극적으로 종교에서 오는 도덕적인 세력에 의해 시장이 형성될 경우에만 유익하게 작동한다.

오늘날의 경제에서 이런 도덕적인 세력들을 어떻게 불러올 것인가? 이것은 오늘날 이 분야에 있는 그리스도인들이 당면한 주요과제이다. 어떻게 하면 세속화되고 탈도덕적이 되어버린 자본주의를 도덕적으로 책임 있는 자유시장체제로 바꿀 수 있을까?

* * *

우리가 이해해야 할 가장 중요한 점은 경제가 자율적인 메커니즘이 아니라는 것이다. 경제는 무엇보다도 법적인 체계 위에 존재한다. 건전한 통화 흐름을 유지하고, 사기업을 보호하며, 계약을 이행하고, 부패를 방지하는 법적인 체계 말이다. 정부는 모든 사람들이 규칙을 지키고 공평하게 경기하는가를 감시하는 심판 같은 역할을 한다. 사람들이 서로 믿지 못하고, 뇌물과 부패가 규칙인 곳, 계약은 파기하기 위해 맺는다고 생각하는 사회에서는 사업적인 거래가 성립되지 않는다. 거래질서를 유지하기 위한 법적인 하부구조와 법의 규칙이 없이 자본주의가 도입될 때 무슨 일이 일어나는지는 러시아를 보면 이내 알 수 있다. '러시아 마피아'와 같이 무모한 사업가들이 나라를 약탈하고 있다. 이와 비슷한 예가 제3세계에 널리 퍼져 있는 '족벌 자본주의'인데, 여기서는 권력을 가진 자들이 아무런 처벌도 받지 않고 국민들의 것을 훔쳐간다.

인간적인 자본주의도 건전한 도덕적 문화에 그 성패의 여부가 달려있다. 왜냐하면 자유시장은 우리가 내리는 도덕적 선택, 소비자가 원하는 것은 성경에서 포르노비디오까지 무엇이든 즉각 공급해 주기 때문이다. 미덕을 갖춘 시민정신만이 비도덕적이고 파괴적인 제품을 만들어내거나 판매하는 것을 거부할 수 있다. 재미있는 것은 이런 과정을 거치지 않기 위해 만들어낸 중앙통제경제라고 하는 개념이다. 이것은 사회적으로 유익한 제품만을 생산케 하려면 그 결정을 사적인 시민의 손에 사적으로 맡겨둘 것이 아니라 정부의 손에 맡겨야 한다는 생각이다. 그러나 정부가 운영하는 경제는 돌아가지 않는다. 그리고 우리는 이제 지름길이 없다는 것을 알고 있다. 시장에서의 도덕성은 각 경제주체가 내리는 결정에 달려 있는데 바로 이런 이유 때문에 그리스도인들의 역할이 필수불가결하다. 그리스도인은 건강한 도덕적 풍토를 만드는 데 필요한 영적 자원을 가지고 있기 때문이다.

기업가 정신 자체도 도덕적인 미덕의 실천을 요구하고 있다. 투자에 대한 보상이 즉각 돌아오지 않는 기업에 투자한 사람들은 열심히 일하고, 자기를 희생하며, 자기만족을 미루어야 한다고 마이클 노박은 말하고 있다.[16] 이런 사람들은 또 다른 사람들에 대한 감수성과 예절을 개발해야 하는데, 고객을 만족시키지 않으면 사업이 불가능하기 때문이다. 맥도날드 사가 소련에 첫 점포를 열었을 때, 회사는 종업원들에게 웃으며 감사인사 하는 법을 가르쳐야 했다고 한다. 모든 점포를 정부가 운영할 때는 그런 예절이 필요하지 않았기 때문이다.

경제적으로 보수적인 사람들에게는 이상하게 들리겠지만, 이 모든 것을 종합하면 경제적 성공은 도덕성에 달려 있다는 결론이 나온다. 나는 공화당이 종교적인 보수주의자들과 기업이익을 한 정당 안에 유지하기 위해 많은 애를 쓴다는 말을 가끔 듣는다. 예를 들어, 종교적인 보수주의자들은 종교탄압을 하고 있는 나라에 대해 교역을 금지하라고 압력을 넣고, 사업가들은 거래에서 손실이 발생할까봐 그에 반대한다. 이럴 때 내 대답은 이 둘은 적이 아니라 서로를 필요로 하는 동맹군이라는 것이다. '사업은 아무 땅에서나 잘 자라는 식물'이 아니기 때문이라고 노박은 말하고 있다. 우리가 이미 살펴본 대로 기업은 정치적으로 자유롭고 도덕적으로 미덕을 갖춘 문화에서 가장 번영한다. 노박은 다리가 셋 달린 의자의 비유를 끌어온다. 건강한 민주주의는 정치적 자유, 경제적 자유, 도덕

적 책임으로 구성되며, 어느 한 다리를 약하게 하면 의자는 전복되고 만다.[17]

　세계의 여러 나라가 공산주의와 사회주의의 사슬을 벗고 있는 이때에 그리스도인들이 자유경제를 위해 도덕적, 영적 기초를 다지는 것은 그 어느 때보다도 중요하다. 만일 철저하게 세속화된 자본주의를 채택하게 되면, 자유에 이르는 것이 아니라 초기 자본주의가 '어둠 속 사탄의 공장'을 만들어냈던 것 같은 새로운 형태의 노예제도로 이어질 것이다. 자본주의가 사랑과 사회정의에 대한 존중으로 다져진다면 경제성장과 인간의 자유를 위한 가장 좋은 기회를 제공할 것이다.

이제 어떻게 일할 것인가?

　경제를 도덕과 관계없는 메커니즘의 경기장으로 보는 현대의 경향은 보통 사람들의 직업생활에 깊은 영향을 미쳤다. 기독교적 배경에서 떨어져 나온 후 직업의 의미는 왜곡되었다. 영원이라는 비전을 상실하고 항상 더 많이 소유하려는 문화의 영향으로 많은 사람들은 이제 곳곳에서 성공에 집착하게 되었고, 그 결과 사회적 우선순위에 많은 변화를 초래했다.

　많은 미국인의 경우, 가정과 교회의 연결고리가 약화된 대신 직장이 가장 중요한 사회적 환경이 되었다. 직장 동료들은 새로운 가족, 종족, 사회적 세계가 되었다. "우리는 월급과 연금과 의료보험이라고 하는 보호 속에 살아가고 있는, 회사의 시민이 된 것이나 마찬가지다"라고 "타임"지의 특파원 랜스 모로(Lance Morrow)는 말하고 있다.[18] 많은 회사들이 탁아시설, 운동시설, 마약과 알코올 상담소, 그 밖의 여러 사회적 서비스를 제공하면서 의식적으로 종업원들의 삶의 중심이 되려고 노력하고 있다. 사회학자 로버트 슈랭크(Robert Schrank)는 "직장은 공동체의 역할을 수행하고 있다"고 말한다.[19]

　사실 어떤 사람들은 실제의 공동체보다 직장을 더 선호한다. 사회학자 알리 혹스차일드(Arlie Hochschild)는 그의 도발적인 책 「시간의 구속」(The Time Bind)에서 실제로 많은 부모들이 가정생활로부터 도피하기 위해 늦게까지 일하는 것을 '선호한다'고 말한다. 19세기에는 가정이 직장에서 오는 스트레스와 압력의 도피처로 생각되었다. 그러나 혹스차일드가 면담한 많은 부모들은, 가정은 시끄러운 아이들의 끊임없는 요구와, 끝없이 쌓이는 빨랫더미, 그리고 눈에 띄는 보상이 별로 없는 일들로 가득 차 있는 반면, 직장에서는 어른들간의 교제를 즐길 수 있고, 열심히 하기만 하면 한 만큼 보상을 받는다고 느끼고 있다. 세 자녀를 둔 한 어머니는 혹스차일드에게 "나는 보통 집에서 빨리 나오고 싶어 직장에 일찍 출근한다"고 말한다.[20]

이와 동시에 질병 발병률이나 부적합한 행동의 관점에서 볼 때, 기관에서 아이들을 돌보는 것이 아이들에게 부정적인 영향을 미친다는 증거가 늘어나고 있다.[21] 그 결과 많은 미국인들은 직장에 나가기 위해 지불하고 있는 대가에 대해 속타는 불편함을 느낀다. 일반 언론들은 이를 재빨리 "질적인 시간의 신화"라는 제목으로 뽑아내고 있고, "뉴스위크"와 "유에스 뉴스 앤 월드 리포트"는 최근의 한 기사에 "부모들이 자기네가 일하는 이유에 대해 스스로에게 하는 거짓말들"이라는 제목을 달았다.[22]

그러나 이 모든 것들은 보다 근본적인 문제, 즉 미국인들은 직업에 대해 보다 높은 목적의식을 상실했다는 문제에서 파생된 증상일 뿐이다. 오늘날과 같은 물질주의적 문화에서 직업은 공리주의적 기능, 즉 그것이 물질적인 이익이든 자기 성취이든 이 세상, 현세의 삶에서 유익을 얻기 위한 수단이라는 것이다. 직업은 더 이상 하나님을 섬기고 사랑하기 위한 수단으로서의 초월적인 목적을 가지고 있지 않다. 많은 사람들이 직업의 의미 자체에 대해 의문을 갖는 것이 더 이상 놀라운 일이 아니다. 모로우가 말하고 있는 것처럼, 오늘날 사람들은 "직업에 어떤 본래적 가치가 존재하는가?"라고 묻고 있다.[23]

이는 그리스도인들에게 직업은 도덕적이고 영적인 정박지에 견고하게 묶여있을 경우에만 진정으로 충만해진다는 주장을 펼 수 있는 아주 좋은 기회를 제공한다. 이제는 교회가 직업과 경제에 관한 성경적 이해를 회복하여 인생에서 이런 중요한 요소들을 되찾아야 할 때이다. 직업을 갖는 것이 제자도에 있어 매우 중요한 요소라고 생각했던 종교개혁 때처럼 직업에 대한 성경신학이 설교에 자주 등장하는 주제가 되어야 한다.[24] 교회는 직장을 가지고 있는 사람들을 위해 기업윤리와 성경적 직업의 원칙을 가르치는 과정을 개설해야 한다.[25] 또 신체에 이상이 없는 가난한 이들이 정부보조에 의존하지 않고 자급자족할 수 있도록 도와주는 프로그램을 개설해야 한다.

이 기록은 사람들에게 가난에서 벗어나기 위한 목적의식과 직업윤리를 부여할 수 있는 것은 교회밖에 없음을 보여주고 있다. 앨런 에드몬즈 제화회사가 밀워키 중심부에 새로운 공장을 세웠을 때, 회사 사장인 존 스톨렌워크(John Stollenwerk)는 이웃에 있는 몇몇 교회의 목회자들을 만났다. 새로운 종업원을 구하기 위해 왜 주(州)나, 연방정부가 운영하는 직업훈련 프로그램을 접촉하지 않느냐고 물어보니까 스톨렌워크는 "우리는 한 번도 그런 생각을 해본 적이 없었다"고 대답했다. 정부의 훈련 프로그램은 특정한 기술을 제공할 수는 있지만, 신뢰성, 열성적인 작업, 가족에 대한 헌신 등 좋은 일꾼이 되는 도덕적 요건들은 부여해 주지 못한다. 그러나 교회는 바로 이런 근본적인 가치들을 부여해 준다.[26]

그뿐만 아니라, 많은 교회들은 경제적 자립을 가능케 하는 대표적인 프로그램의 예를 제시해 주고 있다. 이들은 가난한 사람들이 직장을 얻을 수 있도록 직업훈련 프로그램을 마련하고 있다. 그들은 협동조합, 직업은행, 사업전시회 등을 조직했다. 예를 들어, 뉴욕 브루클린에서 로날드 마리노(Ronald Marino) 신부는 이민자들에게 직업과 관리기술을 훈련시키기 위해 "자원주식회사"(Resources, Inc.)라는 프로그램을 만들었다. 그리고

나서 이들을 고용하기 위해 회사를 설립했다.²⁷

오레곤 주 포틀랜드에서는 "유니온복음선교회"(Union Gospel Mission)가, 유죄가 확정된 중죄인들과 마약중독자들을 위한 직업훈련 프로그램으로 "인생 바꾸기"(Life Change)를 시작했다. 마약을 복용하는 노숙자였던 24세의 한 젊은이는 지금 대학에서 전기공학을 전공하면서 높은 평점을 유지하고 있다. 창녀였던 38세의 여자는 이제 지하철 샌드위치 가게의 매니저가 되었다.²⁸

서부 달라스에 있는 기독교 지역개발 프로그램인 "희망의 소리"(Voice of Hope, 36장에 소개된 바 있다)는 빈민가의 십대들에게 직업기술을 가르치기 위해 가옥갱생 프로그램을 활용하고 있다. 젊은이들은 목공, 페인팅, 지붕덮기, 조경, 그리고 실제적인 돈 관리 등을 배우고 있다.²⁹ 테네시 주 멤피스에 있는 미시시피 불바드 기독교 교회는 교회 주차장에서 매주 소형 쇼핑몰을 개설하여 주변의 저소득층 이웃들에게 경제적 도움을 주고 있다. 소수민족의 기업들과 기업가들이 그들의 제품을 팔고 서로간에 네트워크를 형성한다. 교회는 또 매년 "트레이드 엑스포"(Trade Expo)를 개최한다.³⁰

서부 로스앤젤레스의 그리스도 안에 있는 하나님의 교회(West Los Angeles Church of God in Christ)는 가난한 주변 사람들의 '경제력 향상'을 목표로 하는 지역개발회사를 운영하고 있다. 그 프로그램에는 직업훈련과 기업가 개발이 포함되어 있으며, 지역주민의 고용을 위해 대기업, 소규모 사업체들과 제휴하고 있다.³¹

복지개혁에 따라 가난한 자들을 돕는 정부의 역할이 축소되면서 교회가 그 틈새로 한 발 들어갈 수 있는 많은 기회를 갖게 되었다. 많은 그리스도인들은 이미 다음의 성공사례들에서 알 수 있듯이 많은 복지 수혜자들이 복지혜택에서 벗어나 일을 할 수 있도록 돕는 일에 나서고 있다.³²

미시시피에서는 복지 수혜자 가정과 교회, 성도를 연결하는 "믿음과 가정"(Faith and Families) 프로그램을 통해 이미 350가정이 결연을 맺었다. 그중 반 이상이 현금 복지급여에서 벗어났으며, 이 프로그램은 다른 주에서도 그대로 시행하고 있다.

텍사스에서는 219개의 교회가 "개척하는 가족들"(Pathfinder Families)이라는 프로그램에 참여하여 주정부의 엄격한 시간제한 조건하에서 직업을 찾으려는 복지수혜자 230여 명을 돕고 있다.

미시간에서는 오타와 군(郡)의 60개 가까운 교회가 60개 가정을 도와 약 일 년 만에 이들이 복지수혜 상태에서 벗어나도록 했다. 이 지역은 미국에서 처음으로 복지혜택을 받는 모든 신체 정상자들이 직업을 갖도록 한 곳으로 아주 놀라운 성공을 거뒀다.

메릴랜드에서는 앤아런들 군(郡)의 21개 교회가 30개 가정을 도와 직업을 갖게 함으로 공적 지원을 벗어나게 했다.

플로리다에서는 70개 교회가 연합하여 복지개혁으로 어려움에 처한 나이 들고 몸이 불편한 합법 이민자 700명을 돕고 있다.

이와 비슷한 경제력 개발원리들이 제3세계의 가난과 싸우기 위해 그리스도인들에 의해 세계 여러 곳에서 적용되고 있다. 필리핀의 수도 마닐라에는 65,000명이 넘는 사람들이 나무에다 주름잡힌 함석판을 기대어 세워놓은 것에 불과한 오두막에 살고 있다. 이곳엔 상하수도나 도시급수 시설이 없어 냄새가 거의 토할 지경이다. 어린이들은 길거리에서 발가벗고 놀고 있고, 어른들은 공허한 눈빛으로 길가에 앉아 있다.

이런 처참한 상황 속에서 "국제교도소선교회"는 가까이에 있는 만탈루파(Mantalupa) 교도소로부터 사람들을 데려와 교회에서 그들을 가르치고, 120달러를 빌려주어 인력거(승객용 좌석을 뒤에 단 자전거로 승객과 짐을 실어 복잡한 거리를 다닌다)를 사게 하는 소규모사업 프로젝트를 시작했다. 이 대부(貸付) 프로그램은 놀라운 성공을 거두었다. 대부를 받은 사람의 95퍼센트가 9개월 내에 대부액을 다 갚았다.

나는 이 지부를 방문하여 "교도소선교회" 로고를 앞에 달고 새로 페인트칠을 한 30대의 인력거가 쇼룸 안에 있는 자동차처럼 햇빛 아래 반짝이며 주차장에 서 있는 것을 보았다. 우리를 맞이한 사람들은 인력거 소유자(모두 수감자였던 사람들)들과 그 가족들, 그리고 이들을 가르친 목사들이었다.

죄수 출신의 이들은 함께 음악회를 열었는데, 이들이 무대에 서서 노래하는 동안, 네 살쯤 된 갈색의 납작한 눈을 가진 한 작은 소녀가 무대 위로 기어올라가서 맨 앞줄에 서 있던 자기 아버지에게로 갔다. 그 아이는 아버지의 다리를 붙잡고 아버지를 존경하는 표정으로 쳐다보았다. 아버지는 아래를 내려다보고서 딸아이의 머리털을 만지작거렸다. 그 장면은 내 마음의 카메라에 정지된 화면으로 찍혔다. 나의 지난 25년간의 이 사역은 이 한순간만으로도 충분했다. 전직 갱단원이었던 전과자가 사랑스런 가족들과 함께, 일자리와 희망을 품고 살아가는 그 순간 말이다.

이런 모든 프로그램에서 교회의 목표는 단지 먹고 살기 위한 것이 아니라 그보다 더 깊은 욕구를 채우는 것이다. 이 프로그램은 창조주가 모든 인간의 마음 속에 심어주신 창조적 욕구를 다루고 있다. 알렉산더 솔제니친(Alexander Solzhenitsyn)은 수용소군도의 생활을 묘사하고 있는 고전적 소설 「이반 데니소비치의 하루」(*One Day in the Life of Ivan Denisovich*)에서 이 진리를 놀랍게 포착하고 있다. 거기에서 굶어 죽을 정도의 양식, 경비병들의 잔인함, 허리가 휘는 듯한 중노동에도 불구하고 주인공 슈코프는 인생에 있어 진정한 인간적 요소들이 아직도 살아있음을 발견한다. 우정, 관용, 믿음, … 그리고 일과 같은 것 말이다. 몸은 쇠약할 대로 쇠약해졌고 고통스러웠지만, 슈코프는 벽돌담을 아주 똑바르게 쌓을 수 있는 능력이 있음에 짜릿한 자부심을 느낀다. 경비병이 죄수들을 다시 수용소로 데리고 가려고 소집하는 동안, 슈코프는 그가 한 일을 마지막으로 다시 한 번 돌아다본다. "쓸 만하군" 하고 그는 생각한다. 그리고 나서 그는 "달려올라가 그 벽을 왼쪽, 오른쪽에서 살펴본다. 그는 벽돌공이 사용하는 수평계 같은 눈을 가졌다. 담은 아주 바르게 되었다. 그의 손은 아직도 기술을 가지고 있었다."[35] 가장 혹독한 환경에서도 일은 개인적인 성취감과 유용한 봉사의 느낌을 부여하는 하나님의 선물이다.

* * *

경제문제에 관한 오늘날의 염려들은 세속사회가 깊은 혼란에 빠져 있음을 반영하고 있다. 복지개혁문제, 일과 가정에 대한 헌신 사이의 갈등, 도덕성과 경제정책 사이의 관계 등 말이다. 기독교만이 이런 딜레마에 해결책을 제시한다. 기독교 세계관만이 자유경제체제를 보존하는 데 꼭 필요한 도덕적 기초를 제공할 수 있기 때문이다. 기독교 세계관만이 인간의 노동에 의미와 존엄성을 부여하는 높은 직업관을 제공한다. 다시 한 번 우리는 기독교만이 현실에 대한 진리를 제시하며, 일상생활의 혼란과 복잡성 속에서 방향을 찾게 해주는 지도 역할을 한다는 것을 알게 된다.

기독교는 또 정의롭고 공평한 법을 통해 국가를 운영하고, 자유롭고 질서잡힌 정치체제를 만들어내는 데 필요한 기본전제들을 우리들에게 제시하고 있다. 사실 기독교는 다음 장에서 보는 바와 같이 미국 정부의 성격을 정립해 가는 데 결정적인 역할을 했다.

제39장
궁극적인 호소

> 자유라는 개념 자체가 지배자나 피지배자 모두에게 미치는 객관적인 도덕법을 전제로 하고 있다. 가치에 대한 주관주의는 민주주의와 영원히 양립될 수 없는 것이다. 자연법이 없다면, 한 사회의 정신은 다만 지배자, 교육가 아니면 조작자들이 만들어낸 것일 뿐이다.
>
> 루이스(C. S. Lewis)

장소는 앨라배마 버밍햄, 때는 1963년. 부활절을 며칠 앞둔 어느 날. 로자 팍스(Rosa Parks)가 앨라배마 주 셀마에서 버스 뒷자리에 앉기를 거부한 지 이미 9년이 되었고, "자유의 기수"(Freedom Riders)들이 흑백 좌석분리에 항의하기 위해 그레이하운드와 트레일웨이 버스를 타고 가슴 아픈 여행을 한 지도 그 정도의 시간이 지난 때였다. 마틴 루터 킹 주니어(Martin Luther King Jr.), 랠프 애버너시(Ralph Abernathy), 앤드루 영(Andrew Young), 그리고 그 밖의 남부 기독교 지도자 회의에 소속된 일단의 민권운동 지도자들이 지금까지 이루어졌던 어떤 것보다 더욱 중요한 전략 결정을 하기 위해 시내 중심부에 있는 개스톤호텔의 스위트룸인 '전쟁실'에 모여들었다.

이들은 버밍햄에서 민권운동을 시작했으며, 수천 명의 젊은이들이 그들의 지도자들을 따라 평화시위에 돌입함으로써 출발에 박차를 가했다. 시내 가게들에 대한 보이콧 운동은 충격이었다. 그리고 비폭력 저항의 전략이 먹혀들어가서 교도소는 넘쳐흘렸지만, 오히려 이 운동을 무력으로 진압하는 것은 불가능해졌다.

버밍햄에서 이만큼이나 진전이 이루어진 것은 놀라운 일이었다. 이곳 사람들은 아주 심한 인종차별주의자들이어서 시 당국은 이들을 통합하려 하기보다는 공원과 시 야구 리그전을 폐쇄해 버리는 쪽을 택했다. 이 시의 지도자는 학교를 통합하라는 대법원의 판결을 따르려면 길거리에 피가 낭자하게 될 것이라고 선언했다. 이 시에선 아직도 같은 판매대에서 백인과 흑인에게 음식을 제공하는 행위가 법적으로 허용되지 않았다. 또 지난 6년간 흑인교회와 민권운동가들의 집에 17차례나 폭탄이 투하되었지만 아무것도 해결된 게 없었다. 인종차별주의자인 테러분자들이 한 남자를 거세하여 그 사체를 인적이 끊긴 도로에 버린 곳이기도 하다.

따라서 버밍햄의 관리들이 일 년 전 조지아 주 알바니에서 성공적이었던 전술을 사용하여 민권운동에 맞서 싸우기로 결정한 것은 결코 놀랄 일이 아니었다. 이들은 성 금요일에 행진할 계획을 발표한 킹 목사와 이 운동의 다른 지도자들에게 근신명령을 내려줄 연방판사를 찾아냈다. 알바니에서처럼 지도자들이 근신명령을 따를 경우, 이들은 행진에 참여할 수 없게 되고, 그 결과는 알바니에서와 같을 것이었다. 지도자가 없는 운동은 추진력을 잃고 실패하고 말 것이다. 그러나 그 명령을 어긴다면, 이들은 연방법원을 부인하는 것이 될 것이고, 시민 불복종 운동을 새로운 차원으로 올려놓는 계기가 될 것이다. 이것이 도덕적으로 정당화될 수 있는 일일까?

킹 목사의 자문위원들은 행진을 포기하고 교도소에 갇힌 다른 참가자들을 교도소에서 빼내기 위한 보석금을 모금할 것을 촉구했다. 그렇지만 킹 목사 자신이 기꺼이 참여하지 않으면서 어떻게 다른 사람들에게 교도소에 앉아 있으라 할 수 있겠는가? 게다가 성 금요일에 그는 행진에 참여하겠다고 공공집회에서 여러 번 맹세했다. 그가 나타나지 않는다면 지지자들의 사기는 저하되고, 적들은 그가 물러섰다고 생각할 것이었다.

어떻게 할 것인가? 킹 목사는 객실에 딸린 침실로 들어가서 기도를 통해 결심하고자 했다. 1시간 이상이나 지나 다시 나타난 그는 교도소에 입고 가기 위해 산 새 덧옷을 입고 있었다.

"행진에 참가하겠습니다." 그가 말했다. "우리는 어떤 일이 앞에 놓여 있는지 알 수 없습니다. 우리는 최선을 다해 우리가 약속한 바를 이루어야 합니다. 이제 우리는 하나님 손 안에 있습니다."

그의 아버지인 마틴 루터 킹 박사는 "아들아, 난 지금까지 네 결정에 반대한 적이 없었다. 그러나 이번에는 네가 집에 머물러 있는 것이 좋겠구나. 나 같으면 법원의 금지명령을 거스르지 않겠다"고 말했다.

잠시 고민하는 것 같더니 킹 목사는 고개를 저었다. "아닙니다. 전 결심했습니다."

"그렇다면 좋다." 그의 아버지가 고개를 끄덕이며 말했다.[1]

* * *

한 사진사가 킹 목사의 체포순간을 사진에 담았고, 이 사진은 이후 유명한 사진이 되었다. 위대한 민권 운동가가 수갑을 차고, 고뇌에 찬 표정으로 그의 지지자들을 뒤돌아보는 장면 말이다. 버밍햄 교도소에서 그는 수도승의 방 크기 정도로 좁고 창문도 없는 독방에 갇혔다. 그의 변호사가 8명의 백인 목사들이 킹 목사의 시민 불복종 전략을 비판하는 성명을 싣고 있는 버밍햄의 "뉴스"지를 가져다주었을 때, 그의 마음은 더욱 쓰라렸다.

갑자기 킹 목사는 영감을 받았다. 그는 모든 미국의 양심에 호소하는 민권운동 옹호의 글을 이들 목사들에 대한 공개 반박문 형식으로 작성하기로 했다. 한 장씩 몰래 들여온 편지지와 화장지에 킹 목사는 때론 법을 어기는 것이 왜 정당화될 수 있는가 하는 감동적인 편지를 썼다.

그는 민권운동이 사람들에게 공립학교에서 흑백분리를 불법화하는 1954년의 대법원판결을 지키라고 촉구하는 것에서 주된 힘을 얻고 있음을 인정했다. 따라서 "얼핏 보기에는 우리가 의식적으로 법을 어기는 것이 역설적으로 느껴질 것이다. 사람들은 이렇게 말할 것이다. '어떻게 한 가지 법을 어기면서 다른 법을 따르라고 말할 수 있는가?'라고 말이다. 그에 대한 대답은 이것이다. 법에는 두 가지 종류가 있다. 의로운 법과 불의한 법이 그것이다. 의로운 법에는 복종할 법적 의무와 도덕적 의무가 있다. 반대로, 불의한 법에 대해서는 불복종할 도덕적 책임이 있다. 나는 성 어거스틴이 말한 대로 '불의한 법은 전혀 법이 아니다'라는 것에 동의한다."

"자, 이 둘 사이에는 어떤 차이가 있는가? …의로운 법은 도덕법이나 하나님의 법과 일치하는 인간이 만든 법이다. 불의한 법은 도덕법과 조화를 이루지 못한다. 성 토마스 아퀴나스의 말을 빌면, '불의한 법은 영원한 법과 자연법에 뿌리를 내리고 있지 않은 인간의 법이다.'"[2]

킹은 시민 불복종의 전통이 구약시대로 거슬러 올라간다고 말한다. 유대의 세 젊은이 사드락, 메삭, 아벳느고는 자신들의 신앙을 지키기 위해 바벨론의 느부갓네살 왕의 명령을 거역한다. 이 전통은 마틴 루터에게로 이어진다. "제가 여기 있습니다. 다른 것은 할 수 없습니다. 하나님, 저를 도와주십시오." 자신의 신앙 때문에 감옥에 간 존 번연도 있다. "내 양심을 도살장으로 만들기보다 차라리 이 감옥에서 죽을 때까지 있겠다." 미국 혁명을 이런 아름다운 말로 정당화했던 토마스 제퍼슨(Thomas Jeferson)도 있다. "우리는 모든 사람이 평등하게 지어졌다는 진리를 자명(自明)한 것으로 주장합니다."

킹 목사는 자신의 신앙이 혹독한 시련에 처할 때마다 감옥에 갇혔던 시절을 기억했다. 킹 목사의 「버밍햄 감옥으로부터의 편지」(*Letter from Birmingham Jail*)는 킹 목사의 가장 위대한 신앙간증이 되었다.

모든 민권운동가들을 석방하기에 충분한 돈이 신속하게 모아졌다는 소식을 듣자 그는 그의 마음을 짓누르던 무거운 짐에서 해방되었다. 그는 놀라기도 했고, 안도하기도 했다. 나중에 그가 쓴 표현에 의하면, 그 순간 그는 '자신의 의식(意識) 아래에 항상 존재해 온 어떤 감정을 의식' 하게 되었다. "나는 한 번도 진정한 외로움에 갇혀 지냈던 적이 없었다. 하나님은 감방 안에서도 나와 함께하셨다. 나는 그 순간 태양이 빛나고 있는지는 알지 못했지만, 그 빛을 볼 수는 있었다."[3]

법 위의 법

마틴 루터 킹 목사가 이끈 대중운동이 마침내 전 미국으로 하여금 독립선언서의 원리가 모든 미국인들에게 진실로 적용된다는 사실을 확신시키게 되자 미국 역사에서 그의 위치는 확고해졌다. 그러나 그 운동의 성공도 중요하지만, 그 운동의 기초원리는 더욱 중요하다. 왜냐하면 이 원리는 미 연방공화국 정부의 가장 근본적인 기초이기 때문이다. 그 원리란, 정부는 국민과 통치자들 사이의 단순한 사회계약이 아니라, 보다 높은 법의 권위 아래 있는 사회계약이라는 것이다.

미국 역사에서 가장 심화되었던 도덕적 갈등인 노예제 폐지운동도 이와 동일한 원리에 바탕을 둔 것이었다. 노예제 폐지론자들은 도주노예법안(도망친 노예들을 돌려주어야 한다는 법안)이 비록 헌법에는 분명히 규정되어 있다 하더라도 '상위법' 에 어긋난다고 비난했다.[4] 링컨도 노예제도를 용납하는 대법원 판결에 반대함에 있어 이와 동일한 주장을 했다.[5] 링컨은 "국가로서, 또 인간으로서 하나님의 지고한 권세에 의지해야 할 의무가 있음" 에 대해 열렬하게 적고 있다.[6] 보다 높은 권세에 굴복해야 할 의무감에 대한 깊은 확신은 겸손한 시골 변호사를 강철같이 만들어 법적으로 확립된 노예제도에 반대할 수 있게 하였다.

오늘날의 가장 중요한 도덕적 논쟁, 즉 낙태, 안락사, 그리고 그와 관련된 생명문제의 논쟁도 이와 동일한 확신에서 추진력을 얻는다. 생명존중 운동은 상위법에 어긋나는 어떤 인간의 법도 무효라는 입장에서 현재의 낙태법을 반대하고 있다.

인간의 법(혹은 실정법) 위에 초월법이 있다는 생각은 자유와 정의의 보존에 아주 중요하다. 독립선언문에 기록되어 있는 것처럼 정부가 주거나 뺏을 수 없는 어떤 '양도불가능한 권리'가 존재한다. 실정법은 단지 그런 것이 이미 존재한다는 것을 인정할 뿐이다. 만일 정부가 그런 권리를 부여할 수 있다면 그런 권리를 빼앗을 수도 있음을 뜻하므로 양도불가능한 것이 될 수 없다. 다수에게서 혹은 적나라한 국가권력의 이해관계에서 눈밖에 난 집단은 짓밟히고 묵살될 수도 있는 것이다.

프린스턴대학의 로버트 조지 교수는 '민권 - 자유' 과목강의에서 독립선언서의 전문(前文)을 학생들에게 읽어주는 등 다양한 방법으로 이것을 강조하고 있다. 다음은 그 전문 가운데 일부분이다. "우리는 모든 사람이 평등하며, 모든 사람은 창조주로부터 어떤 양도불가능한 권리들을 받았다는 것이 자명한 진리라고 주장한다." 그리고 나서 그는 강의실에 가득 찬 학생들을 돌아보며 이렇게 말한다. "이것이 미국 시민의 자유의 기본원칙들이다. 그리고 독립선언서에 표현된 이 원칙에 비추어볼 때, 우리에게 이런 권리를 부여하신 창조주께 감사를 드림으로 토의를 시작하는 것도 좋을 듯싶다. 그러니 우리 각자 침묵 속에서, 자신의 전통과 나름대로의 방식에 따라 이 소중한 권리와 자유를 주신 창조주에게 감사하자." 그리고 나서 그는 장난꾸러기같이 덧붙인다. "아직 신앙을 갖지 않은 사람들은 이 기회를 통해 우리에게 가장 중요한 권리와 자유를 주신 근원 되신 분을 묵상해 보자. 나는 여러분이 그를 사모할 것이라고 믿는다." 말을 마치고 나서 그는 약 250명의 학부 학생들이 고개를 떨구고 있는 것을 보았다(그 곁으로는 여러 명의 조교들이 하얗게 질린 표정으로 서 있었다).[7]

　초월법 사상은 깊은 역사적 뿌리를 가지고 있는데, 잠깐 훑어보아도 금방 알 수 있다. 고대 유대문화에서 율법(토라)은 하나님의 계시로 경외되었다. 고대 헬라인들 중에 플라톤과 아리스토텔레스는 인간의 정의(正義)가 인간의 이성으로 접근할 수 있고, 자연법, 즉 우리 인간의 본질과 일치하는 도덕원리들을 통해 알 수 있는 높은 진리에 의해 정해진다고 주장하였다. 로마인들도 영원한 법의 근원에 대해 호소하였다. 키케로가 "법은 인간의 사상으로 만들어진 것이 아니며, 사람들이 제정해서 만들어진 것도 아니다. 법은 우주 전체를 다스리는 영원한 것이다"라고 말한 것처럼.[8] 주후 380년에 이르러 기독교는 로마제국의 국교가 되었고, 그때부터 서구의 법은 주로 창조교리에 근거한 기독교적 법개념에 따라 형성되었다. 어거스틴이나 아퀴나스 같은 신학자는, 인간의 법은 하나님이 창조하신 도덕법을 반영하는 것으로 신자나 비신자 모두 알 수 있는 것이어야 한다고 주장했다. 이 하나님의 법이란 '마음에 새겨진 법' 이기 때문이다. 킹 목사가 버밍햄의 감옥에서 쓴 글처럼 이런 자연법을 반영하지 못하는 법은 전혀 법이라고 말할 수 없는 불의한 법이다.

　따라서 서구정치의 전통에서는 인간의 법이 유효한 법이고자 한다면 하나님께서 피조물 안에 두신 자연법에 근거한 것, 다시 말해 그분의 영원한 법에 참여하는 것이 되어야 함을 전제로 하고 있다.[9] 이러한 생각이 왕이 자신의 권력에 대항한 귀족들의 권리와 특권을 보장해 준 획기적인 헌장이었던 1215년의 "마그나 카르타"(Magna Carta, 대헌장)에 반영되어 있다. 이 대헌장은 영국 불문법의 기초가 되었다.

　"하나님 그분이 직접 주신 자연법은 모든 시대 모든 나라에 해당된다"고 18세기의 위대한 법률가인 윌리엄 블랙스톤(William Blackstone)은 말했다. "이에 거스르는 인간의 법은 어떤 것도 유효하지 않으며, 유효한 법률의 그 모든 권위는 이 근원적인 권위로부터 직간접적으로 파생된 것이다." 블랙스톤은 서구 불문법의 비범성이 '그리스도의 영으로 가득 찬 사람들'에 의해 기록된 관습, 신앙, 그리고 전통들을 반영하고 있다는 점이라고 말하고 있다.[10]

그러나 민족주의의 대두와 함께, 국가의 통치권이나 정치적 절대주의, 예를 들어 왕은 하나님으로부터 직접 권위를 부여받았으므로 왕의 명령은 곧 법이라고 주장하는 왕권신수설 같은 사상들이 생겨났다. 많은 그리스도인들이 이런 사상에 반대하고 자연법의 우선권을 주장하기 위해 일어났다. 1500년대 말, 예수회 신학자 로버트 벨러마인(Robert Bellarmine)은 왕권신수설을 부인하고, 자연법과 국민의 통치권을 지지하는 몇 개의 소책자를 출판하였다. 그의 글들은 너무나 영향력이 있었기 때문에 제임스 1세는 자기 나름의 또 다른 소책자를 펴내 그에 대응하지 않을 수 없었다.[11] 1600년대에 스코틀랜드 목사인 새뮤얼 러더포드(Samuel Rutherford)는 「법이 왕이다」(Lex Rex, 'the law is king')라는 책을 통해 법은 왕보다 위에 있으며, 왕도 다른 시민들처럼 법에 복종해야 한다고 주장했다. 이 책은 이내 스코틀랜드에서 금지되었고, 영국에서는 공개적으로 불태워졌으며, 러더포드는 체포되었다. 그러나 그의 사상은 그대로 살아 남아 존 위더스푼(John Witherspoon)과 존 로크(John Locke)의 글들을 통해 미국 헌법 제정자들에게 깊은 영향을 미쳤다.[12] 새로운 공화국에서 시민들은 사람의 지배를 받지 않고, 법의 지배를 받게 되었다.

한편 정부도 법에 의해 지배될 뿐만 아니라, 사회에 대해 법이 갖는 권위의 범위에 의해서도 통제된다. 가톨릭 사회사상에서는 '보조성' (subsidiarity)의 개념을 통해 '제한된 정부'라는 사상이 발전되었으며, 개신교 사상에서는 영역주권(sphere sovereignty)이라는 개념을 통해 발전되었다.

보조성(라틴어 subsidium은 '조력, 지원, 원조' 등을 뜻한다) 개념은 국가와 같은 고등사회기관은 가족과 같은 하부기관을 돕기 위해서만 존재한다는 주장을 내포한다. 이것이 암시하는 바는, 만일 국가가 이들을 돕는 차원을 벗어난다면, 그것들을 파괴하고 그것들의 기능을 삼켜버린다면, 국가는 불법적으로 활동하며 사회질서를 어지럽히고 있다는 사실이다.[13]

영역주권이란 말은 종교개혁자들의 일치된 부르짖음이었던 코람 데오(*Coram Deo*, '하나님 앞에서' 라는 뜻의 라틴어)에서 생겨났는데, 이 말은 각 개인이 이제 더 이상 교회의 계급구조를 통한 중재로 하나님을 만나는 것이 아니라, 직접 하나님께 대해 책임을 지게 된다는 의미다. 그 결과, 전문직업 분야, 자발적인 집단은 물론이거니와 국가, 가족, 학교, 회사 등 사회의 모든 영역이 교회의 권위 아래 있지 않고, 직접적으로 하나님의 권위 아래 있음을 뜻한다. 이런 생각은 많은 것들을 자유롭게 하는 것이었는데, 그 이유는 어떤 한 영역이 다른 영역을 지배하는 것이 합법적이지 않다는 생각에서이다. 모든 영역은 그에 관련된 개인들의 양심에 따라 하나님께 직접적으로 책임을 진다는 것이다. 게다가, 각 영역의 권한은 다른 영역의 권한에 의해 제한된다. 19세기 네덜란드의 신학자 아브라함 카이퍼는 국가의 주권은 "그 기원에 있어 국가의 것과 동일하게 신성한 다른 주권"에 의해, 즉 사회의 다른 영역의 주권에 의해 제한된다고 설명한다.[14]

이렇게 하여 종교개혁의 전통은 국가가 하나님께서 세우신 것이지만 하나님께서 세우신 다른 신적기관에 의해 제한된다고 하는 균형잡힌 견해로 전수되었다. 국가의 기능은 '타락'에 의해 고삐가 풀린 죄의 세력을 제한하는 것이다. 창세기 3장 24절에는 하나님이 천사들로 하여금 화염검을 가지고 생명나무를 지키도록 하셨다고 말한다. 이는 담당구역을 할당받은 첫 경찰일 것이다. 이렇게 사회질서를 보존함으로써 국가는 자유가 신장하도록 만든다. 그러나 다른 영역의 자유는 국가를 제한한다. 그들의 자유는 이런 것이 없다면 전제정치로 타락해 버릴 "국가의 권세에

재갈 먹이시기 위해 하나님께서 부여하신 수단"이라고 카이퍼는 기록하고 있다.[15] 우리는 이런 균형잡힌 개념 속에서 미국 건국자들이 '질서를 가진 자유'라고 부른 것의 근원을 발견할 수 있다.

    기독교가 기여한 또 다른 개념은 '타락'의 교리에 기초한 '권력 분립'이라는 개념이다. 미국 건국자들은 모든 사람들이 죄를 짓기 쉽기 때문에, 어느 한 개인이나 집단에 너무 많은 권력을 부여하는 것은 치명적인 잘못이 될 것임을 깨닫고 있었다. 그래서 이들은 하나님이 우리의 재판관이시고, 법을 주시는 분이시며, 왕이시라는 성경의 가르침(사 33:22)에 따라 사법, 입법, 행정의 3권으로 나뉜 정부를 수립했다. 건국자들은 또 주 정부가 연방정부를 감시할 수 있도록 하는 연방체제를 만들었다. 이런 이유에서 미국 헌법은 원래 상원의원을 지명할 권리를 주(州)에게 주고 있었으며, 대통령 선거도 각 주를 대표하는 선거인(선거인단)의 임무로 정했다. 각 주는 연방정부의 행정단위로만 기능하는 것이 아니라, 진정한 권력을 가지도록 되어있었다.

    마지막으로 건국자들은 '국민의 소리가 하나님의 음성'이 되는 체제인 직접 민주주의로부터 보호받을 수 있는 체제를 수립했다. 제임스 매디슨은 그런 민주주의는 "항상 혼란과 말다툼으로 점철되었다"고 경고했다.[16] 그래서 건국자들은 덕과 공동선에 대한 관심이 있고, 순간적인 열정에서 벗어날 수 있는 선출된 대표들을 통해 국민의 뜻이 걸러지는 공화정 체제를 수립했다. 그와 동시에 대표들은 국민들에 대해 책임을 지게 됨으로, 놀라운 균형을 이루게 된다.

    얼마나 천재적인 계획인가! 나는 기독교 세계관이 이렇게 역사적으로 표현된 것에 대해 무한히 감사하면서 또 놀란다. 200여 년 동안 미국의 실험은 성경의 원리들이 질서와 자유 모두를 성공적으로 유지하는 방법임을 아주 극적으로 보여주는 것이다.[17] 그러나 최근 수십 년간 점점 더 심해져 가는 근대 세속주의 세력의 공격을 받아 위축되어, 법에 의한 지배와 미국 정치질서의 특성 자체가 위협받는 지경에까지 이르렀다.

사법 제국주의(Judicial Imperialism)

19세기 후반, 특히 다윈의 저작이 나온 이래로 인간의 법(혹은 실정법)은 보다 높은 법을 반영하는 것이라야 한다는 사상이 심각한 도전을 받게 되었다. 다윈의 진화론은 법의 근원이 되는 도덕질서 같은 것은 창조되지 않았음을 암시했다. 오히려 생명은 시행착오를 거친 결과이며, 유기체가 생존에 필요한 것을 얻는 데 도움이 되는 새로운 구조들만이 살아남아 보존되어 온 것이다. 과학으로부터 허가증을 발급받은 것처럼 보이는 이런 견해는 진리 자체도 시행착오를 통해 얻어지는 것이며, '진리인' 사상은 원하는 결과를 얻는 데 가장 효과적인 것이라고 암시하는 것 같다. 이렇게 해서 생겨난 것이 '실용주의' 철학(Pragmatism)이다.

실용주의는 몇몇 유명한 대학 교수들이 "케임브리지 형이상학 클럽"이라는 별난 이름으로 모임을 조직하면서 생겨났다. 이들 영향력 있는 지성인들 - 이들 중에는 올리버 웬델 홈즈, 찰스 피어스(Charles Pierce), 윌리엄 제임스(William James) 등이 있다 - 은 진리를 가장 잘 들어맞는 가설이라고 정의했다. 제임스가 간결하게 표현한 말에 의하면 "진리는 어떤 사상의 현찰가"(cash value)이다.[18]

법학에 있어 실용주의가 의미하는 바가 무엇인가는 1897년 홈즈가 법학대학원 학생들에게 도덕성의 관념을 던져버리고 법학을 단지 국가 강제력에 관한 과학이라고 생각하라고 대담하게 강의를 한 데서 알 수 있다.[19] 이것이 의미하는 바는 법이란 "다른 모든 것을 능가할 수 있는 국가 다수결"의 원리라는 그의 유명한 법언(法諺) 속에 요약되어 있다.[20] 다시 말해, 법이란 최종적인 도덕적 권위를 가진 신의 법 아래 있는 것이 아니라, 순전히 힘일 뿐이라는 것이다.

보다 최근에 이르러, 법의 권위는 '해체주의'(deconstructionism)로부터 타격을 받았다. 이는 원래 문학비평의 방법론으로 시작된 것이지만 이제는 법문서를 포함한 모든 종류의 텍스트에 적용되고 있다. 해체주의에 의하면 언어는 의미를 드러내는 것이 아니다(이는 초월적인 진리의 영역이 있음을 암시하는 것이 된다). 오히려 언어는 사회적 구조물이다. 어떤 텍스트든 궁극적으로는 특정 사회집단의 권력을 강화하고자 하는 목표를 가지고 있는 몇 가지 사회적, 문화적 힘을 반영한다(때로는 서로 상충됨). 해석이란 저자가 의미하는 바가 무엇인지를 알아내려는 것이 아니라, 바닥에 깔린 권력관계의 '가면을 벗겨내는 것'이다.[21]

최근에 이르러, 법에 대한 이런 과격한 견해가 실제의 법정 판결에 영향을 미치기 시작했다. 처음에는 종교적인 권리에 관계된 사건에서였다. 많은 그리스도인들은 여기에 반기독교적인 음모가 있는 게 아닌가 했으나 그런 것은 아니었다. 오히려 종교 관련 사건들이 가장 분명한 표적이 되었는데, 이들 사건들이 분명히 보다 높은 법의 권위(이제는 의혹을 받아야 하는)에 의존하고 있기 때문이다.

법정은 아주 빨리, 그리고 극적으로 변해 갔다. 1952년에만 해도 윌리엄 더글러스 법관은 미국을 '초월적 존재를 전제하고 있는 국가기관을 가진 종교적인 국민'들이라고 묘사했고, 따라서 국가는 "공공 서비스에 국민들의 영적인 필요도 포함해야 한다"고 판결했다.[22] 더글러스는 어떤 특정한 종교를 옹호하고 있는 것이 아니라, 그저 단지 종교는 국민에게 좋은 것이며 국가는 그것을 존중해야 한다는 것이었다. 그러나 불과 20년 정도 지난 1973년에 대법원은 국민들의 깊은 종교적·도덕적 관심을 슬쩍 지나쳐버리면서 헌법에는 여자가 낙태할 수 있는 권리를 보호할 '프라이버시' 권리가 암시되어 있다고 주장했다(로우 대 웨이드 판결). 대법원은 당시 50개 주의회에서 진행되고 있던 정치적인 논쟁, 즉 초기 단계의 인간 생명의 법적 지위라는 민감한 도덕적 문제를 둘러싼 정치적 논쟁을 일거에 가라앉히려 했다. 이는 법의 권위에 대해 의문을 품게 하는, 그리하여 낙태논쟁이 지속됨에 따라 점점 더 서로 원한을 갖게 될 것이 뻔한 사법부의 오만이었다. 그리고 그 결과는 그렇게 되고 말았다.

그러나 로우 사건의 경우는 기도, 종교적인 전시, 성적 권리 등에 관한 넘쳐나는 사건들 중에서 가장 영향력 있는 사건이었을 뿐이었으며, 이런 사건들을 통해 판사들은 용감하게 입법부의 입법과정을 찬탈하고 그간 역사적으로 미국 법에 반영되었던 종교적 도덕적 전통에 점점 더 적대감을 보이게 되었다. 심지어 어떤 판결에서는 판사들이 실제로 어떤 법의 배후에 종교적 동기가 있을 경우 법으로서의 자격을 상실하게 된다고 판시했다. 예를 들어 1987년의 대법원 판결은 창조론과 진화론을 병행해서 가르치라는 루이지애나 주법을 무력화시켰다.²³ 왜 그런가? 입법부가 주장한 세속적 목적(즉, 학문의 자유)은 실제로는 성경의 종교를 장려하기 위한 것임을 숨기려는 '미신'이라고 대법원은 판결했다. 이는 아주 놀라운 반전(反轉)이었다. 성경의 원리들은 한때 법을 뒷받침하는 권위라고 생각되었는데, 이제는 법을 무력화하는 근거가 되어버린 것이다.

최근의 것 중에서 가장 파괴적인 판결은 1992년의 '가족계획협회 대 케이시 판결'이었다.²⁴ 대법원은 일부 주에서 실시하고 있는 낙태에 대한 다소의 제약을 용인하면서 다른 한편으론 로우 사건에 나타난 낙태권리에 보다 견고한 헌법적 근거를 부여하고자 했다. 14차 수정헌법의 '모호한 조항'(penumbras)에 근거했던 '프라이버시'라고 하는 암시적 권리에 입각한 옛 전술을 버리고 그 대신 '자유'라는 명확한 권리로 가고자 했다.²⁵ 그리고서 대법원은 생명존중 지지자들이 뻔뻔스럽게도 그들의 판결에 도전하고 있다고 비난했는데, 이는 사실 이들에게 조용히 하고 집에나 가라는 훈계였다. 그래서 1973년의 낙태에 대한 민주적 논쟁을 간단히 무효화시킴과 동시에, 대법원은 그 판결 이후 불과 20년 만에 낙태에 대해 도전하는 것 자체가 법에 의한 지배를 모욕하는 것이라고 판결을 내렸다.²⁶

그리고서 대법관의 다수는 14차 수정헌법에 있는 '자유'를 깜짝 놀랄 만큼 포괄적인 언어로 정의했다. "자유의 핵심은 자기 자신의 존재, 의미, 우주, 그리고 인간 생활의 신비에 대해 나름대로의 개념을 정의할 수 있는 권리"라고 대법관 앤서니 케네디(Anthony Kennedy)는 적고 있다. 간단히 말해, 대법원은 자기 자신만의 의미를 만들어내는 고립된 개인을 헌법의 무게 중심에 두고 있다는 것이다. 공통의 도덕법에 따라 국민에 의해 세워진 집단적인 자치 정부는 "다수결주의에 의한 것으로, 용납할 수 없는 것"이라고 거부되었다.[27]

사실 대법원은 어떤 종류의 초월적인 윤리에 대한 신념도 '용납할 수 없는 것'이라고 했고, 그래서 대법원보다 위에 있는 고등한 법이라는 개념 자체를 거부했다. 1992년의 '리 대 와이즈맨'(Lee v. Weisman) 사건에서는 중학교 졸업식에서 랍비가 한 아무 해도 없고, 그저 해당되는 사람들만을 위한 기도의 경우에도 자기의 의견과 다른 종교적인 표현을 경청하지 않을 수 있는 15살짜리의 권리를 침해한 것이기 때문에 위헌이라고 판시했다.[28] 불과 한 세대 전만 해도 공손함의 징표라고 간주되던 것이 헌법적인 분규의 대상이 되었다. 그러나 더 불안한 것은 대법원에 의해 금지된 종교적 표현에는 전통적인 신앙뿐만 아니라, "인간이 만든 것을 초월하는 도덕과 윤리가 존재한다는 공유된 확신"까지도 포함된다는 것이다.[29] 다시 말해, 대법원은 공적인 영역에서는 어떤 초월적인 도덕도 허락될 수 없으며, 도덕을 '인간이 만든 것'으로 간주하는 포스트모던의 관점만 허용한다는 것이다.

초월적인 권위에 호소하는 것이 금지될 경우, 법원이 최고의 권위가 된다. 1995년의 로머 대 에반스(Romer v. Evans) 사건의 경우, 법원은 콜로라도 주민들이 '성적 기호'(이성애, 동성애, 양성애 등의 선호 - 역자 주)에 따라 특별한 민권보호나 우대를 금지하는 법을 민주적인 절차에 따른 주민투표를 통해 성립시켰으나 이를 무효화시켜 버렸다. 이 주민투표안이 아주 조심스럽게 기안되지 않았을 수도 있음을 인정하지만, 대법관 케네디는 다수설을 대표로 작성하면서 마치 그들의 마음을 그들 자신보다도 더 잘 알 수 있는 기괴한 능력이 있다는 듯이 투표자들이 내세운 목표를 깡그리 무시했다. 그는 "우리 앞에 있는 이와 같은 법들은 이 법에 의해 부과된 불이익에 영향을 받는 계층에 대한 적대감에서 생겨난 것이라는 불가피한 추론을 하게 한다"고 기록하고 있다.[30] 단 하나의 경멸적인 문장을 통해서 오랫동안 기독교, 유대교, 회교, 그 밖의 다른 종교들이 공유해온 기본적인 도덕적 입장, 더군다나 민주적인 절차에 따라 성립된 법의 입장이 그저 개인적인 '적대감'에 불과한 것으로 전락하고 말았다. 법원은 이제 성경적 윤리와 의견을 달리하는 정도가 아니라, 윤리로서 인정하지도 않고, 적대감이라고까지 말하고 있다.

이와 똑같은 태도가 이내 하급 법원에도 흘러내려갔다. 1996년의 제9차 순회 항소심에서 조력을 받는 자살을 금지시킨 주민발의 법안을 뒤엎으면서 스티븐 라인하트(Stephen Reinhardt) 판사는 '강한 도덕적 또는 종교적 신념을 가지고 있는' 사람들을 향해 법정의 문을 쾅 닫아버렸다. 그는 "그들은 자신들의 관점, 그들의 종교적 확신, 또는 그들의 철학을 민주사회 내에 있는 다른 사람들에게 강요할 자유가 없다"고 판결했다.[31] 그렇다면 비슷한 생각을 가진 시민들이 함께 모여 무엇이 옳은지 그른지에 대해 최선의 판단이라고 생각하는 것을 법으로 통과시키는 것이 민주적인 절차가 아니고 무엇이란 말인가? 또 판사는 어떤 근거로 '강한 도덕적 그리고 종교적 확신을 가진 사람들'을 제외한 나머지 사람들만이 이런 절차에 참여할 수 있다고 말한단 말인가?

사법부의 이런 쿠데타는 종교자유회복법(RFRA)에 대한 첫 도전이었던 1997년의 보언 대 플로레스(Boerne v. Flores) 판결에서 극치를 이룬다. 종교자유회복법의 목적은 그보다 3년 전 법원이 타격을 가했던 자유로운 종교활동을 보호하기 위한 엄격한 기준을 다시 수립하려는 것이었다. 중요한 것은 종교자유회복법이 하원에서 만장일치로 통과되었고, 상원에서는 다만 3표의 반대표만 나왔으며 클린턴 대통령이 열성적으로 이에 서명하였다는 점이다. 만일 입법부의 활동 중 국민의 뜻을 대표적으로 반영하는 것이 있다면 바로 이 법안이었다.[32] 그럼에도 불구하고 보언 판결에서 대법원은 종교자유회복법이 헌법에 위배된다고 판결했는데 그 이유는 제 14차 수정헌법에서 보장된 기본적인 민권을 집행하는 의회의 명백한 권한은 '본질적인' 부분에 관한 것이 아니라 '치료적인 것'이기 때문이라는 것이다. 다시 말해, 대법원에서 스스로 인정하는 권리침해를 바로잡기 위한 것이 아니라면 의회가 헌법의 보호를 확대하는 데 자신의 권한을 사용할 수 없다는 것이다. 이리하여 이 하나의 판결 속에 행동주의자 법원들이 가졌던 두 가지 성향이 합쳐지게 되었다. 그 하나는 종교적 자유라는 초월적인 권리에 반대하는 흐름이고, 다른 하나는 자치정부에 반대하는 흐름이다. 자유로운 활동조항이 삭제되었을 뿐만 아니라, 전 국민들이 만장일치로 동의한 것이나 다름없는 투표결과도 기각되었다.

뿐만 아니라, 대법원은 헌법적인 자유를 규정하고 그 범위를 정할 최고의 권위를 갖고 있다고 판결했는데, 이는 건국자들을 기겁하게 할 만한 아주 교만한 권력장악이다. 사법적인 검토권은 헌법에 나와 있지 않으며, 제퍼슨은 실제로 '사법적인 과두정치'의 가능성에 대해 경고했고, 그가 자주 자문을 구하던 알렉산더 해밀턴(Alexander Hamilton)도 제퍼슨처럼 무제한적인 사법권에 대해 반대했다.[33]

불행하게도 보수적인 판사들은 사법 제국주의의 신들과 씨울 능력이 없는 것 같다. 로버트 보크(Robert Bork), 에드윈 미즈(Edwin Meese), 그리고 대법관 안토닌 스칼리아(Antonin Scalia)등과 같은 저명한 보수주의자들은 자연법에 호소하는 것을 거부하는 여러 가지 형태의 법적 실증주의를 가지고 사법적 행동주의를 반대하려고 했다. 스칼리아는 판사들은 판결을 내림에 있어 도덕성, 관습, 심지어는 입법의도까지도 고려하지 말아야 하며 텍스트의 문자적 의미만 고려해야 한다고까지 주장했다. 예를 들어 스칼리아는 도덕성을 고려하는 것은 판사가 할 일이 아니며, 그것은 그들의 도덕적 신념을 법으로 만든 국민들이 할 일이라고 말했다. 그런데 바로 이렇게 만들어진 법률들을 진보적인 판사들이 불법이라고 때려 눕힌 것이다. 그리하여 우리는 딜레마에 빠져 있다. 보수적인 판사들은 법정은 도덕을 고려하지 말아야 하며 이는 도덕을 법으로 만드는 국민들에게 달려 있다고 말하고, 반면에 진보적인 판사들은 국민들의 도덕적 확신을 표현하도록 민주적으로 만들어진 그 법을 때려눕히고 있다. 심지어는 이런 확신들을 개인적인 '적대감'일 뿐이라고 격하시키면서 말이다.[34]

이러한 경향의 결과 상위법의 통제도 받지 않고, 다수의 뜻도 싫어하는 오늘날의 법정이 이제 미국 정치의 가장 지배적인 세력이 되었다. 법학 교수인 러셀 히팅거의 말처럼 케이시 사건을 통해 법원은 시민들에게 시민들 자신이 스스로 인생의 의미를 결정하고, 무엇이 옳고 그른지 결정하며, 원하는 대로 할 수 있도록 하는 '새로운 언약'을 수립해 놓았다. 이것을 보장해 주는 대가로 법원은 법원이 궁극적인 권력을 갖는다는 것을 국민들이 받아들이도록 요구하고 있다.[35] 노트르담 대학의 제라드 브래들리(Gerard Bradley)는 이렇게 표현한다. "우리(법원)는 당신의 법원이 될 것입니다. 당신들은 우리 백성이 되시오."[36]

그러나 법원과 맺은 이 새로운 언약은 본질적으로 불안정하여 시간이 지나면 무정부상태가 되거나 권력만 남게 될 것이다. 정부 3부(府)간의 세력 불균형은 항상 미국 체제의 가장 취약한 부분이 되어왔다. 때때로 저울이 불인정하게 기울어졌으나, 놀라운 섭리로 그때마다 균형이 회복되곤 하였다고 말할 수 있다. 오늘날까지도 그러하다. 사법 제국주의는 이제 우리의 자유를 보장해 주는 절묘한 힘의 균형을 파괴하려 위협하고 있다. 작고한 역사가 러셀 커크는 대법원이 미국의 공적생활에 있어 가장 지배적인 세력이 될 때 "재앙을 일으킬 수 있는 대법원의 권력은 거의 무한하다"고 경고한다. 그 이유는 그것이 "미국의 민주주의를 폐지할" 것이기 때문이다.[37] 바로 이것이다. 그렇기 때문에 그리스도인들이 법과 정의에 대한 성경적 세계관으로 무장하고 오늘날의 정부 체제가 직면하고 있는 심각한 위협에 대해 이웃들에게 경고해야 할 일이 아주 시급하다.

십계명 끌어내리기

상위 도덕법에 근거한 그리스도인들의 법이해는 대부분의 다른 역사 속 문명들에서도 이와 병행되는 사례가 발견된다. C. S. 루이스가 지적하는 것처럼 모든 주요 종교들과 도덕체계는 객관적인 도덕(이것을 그는 '길'이나 혹은 '도'라고 부른다)의 존재를 가정하고 있다.[38] 그리스도인이건 아니건 우리 모두는 직관적으로 법을 궁극적으로 옳은 것으로 만드는, 법에 대한 도덕적 정당성의 근거는 틀림없이 존재한다고 알고 있다. 그렇지 않다면 술집에서 건방지게 떠드는, "어떤 녀석이 그랬어?"라는 한마디 말로 법은 추락해 버릴 수도 있다. 작고한 예일 법대의 아서 레프(Arthur Leff) 교수는 1979년의 저명한 연설에서 그렇게 주장했다. 레프는 만일 선하고 의로우신 하나님이 존재하지 않는다면 법에 대한 궁극적인 도덕적 기반이 존재하지 않게 된다고 말했다. 하나님이 계시지 않다면, 아무것도 그의 자리를 대신할 수 없다. 어떤 인간의 기준도, 어떤 개인, 어떤 집단, 어떤 문서라도 도전을 받을 수밖에 없다.[39]

레프는 세속 세계관의 결과를 아주 노련하게 지적해 내고 있다. 계몽주의가 하나님의 창조와 계시라는 현실을 부인하기 시작하면서 이미 법의 기초는 잠식되었다. 계몽주의 사상가들은 인간의 이성과 경험에서 대안적인 기초를 발견할 수 있을 것이라고 낙관적으로 생각했다. 그러나 레프가 멋지게 지적해낸 것처럼 어떤 개인이나 집단이 가진 도덕적 신념이라도 결국은 도전받을 수밖에 없다. 인간의 법적 근거를 하나님의 초월적인 법 이외의 다른 것에 두고자 했던 모든 노력의 논리적인 결과는 도적 회의주의, 즉 소위 "어떤 녀석이 그랬어?"이다.

이 결과 오늘날 미국정부와 사회의 기초 자체가 흔들리고 있다.

'첫째, 법이 도덕적 권위를 잃게 됨으로써 개인의 행동을 통제할 장치를 제거해 버린 셈이 되었다.' 미국인들은 이상하게도 법의 도덕적 권위 상실과 그것의 결과로 야기된 범죄, 부패, 시민정신의 상실 등 사회적 혼란 간의 상관관계를 잊고 있다. 나는 수년 전 지역의 지도자들과 범죄와 정의 문제에 대해 토론하는 자리에 초청받았을 때, 사람들이 이를 얼마나 잘 잊어버리고 있는지 알 수 있었다.

점심을 먹으면서 서로 친교의 대화를 나누는 동안, 어떤 키 크고 유명한 사람이 자기네들은 종교적 자유에 대한 신념을 가지고 있다고 나에게 확신있게 말했다. 그는 "우리는 우리 도시에서 십계명을 교실 벽에서 떼어내도록 하는 캠페인을 이끌어 왔다"고 자랑스럽게 말했다.

"왜 그렇게 하셨습니까?" 내가 물었다.

"우리들은 모든 종교에 대해 배려해야 하니까요." 그가 자신 있게 말했다.

"그러나 그리스도인이나 유대교인, 회교도 모두 십계명을 믿고 있습니다. 불교도와 힌두교도도 십계명에 반대하지 않습니다"라고 내가 말했다.

"정치와 종교의 분리지요." 그가 말했다.

"물론입니다." 나는 고개를 끄덕였다. "그러나 십계명과 신법(神法, Lex Divina)은 미국 법체계의 역사적인 뿌리입니다. 그런 이유 때문에 모세는 위대한 법제정가에 포함되어 그의 얼굴이 프레스코 형태로 하원 회의실의 벽을 장식하고 있는 것이지요."

"관용 아니겠습니까? 시대는 변했습니다. 우리는 그것을 인정해야 합니다." 그는 그 모임의 견고한 중심인물로서 의자에서 몸을 일으켰다.

점심식사 후, 내가 사법개혁이라는 주제에 대해 연설하면서 오싹하는 통계들을 소개하자 많은 사람들이 이것을 받아 적었다.

그때 바로 그 사람이 내 말을 중단시키면서 학교 안에서의 범죄에 대한 최근 조사를 본 적이 있느냐고 물었다. "아이들 중 3분의 2는 학교 안에서 시험부정행위를 저지른다고 말합니다." 그가 말했다. "그리고 3분의 1은 자기가 훔친다는 사실을 시인하고 있습니다. 이에 대해 어떻게 하는 게 좋겠습니까?"

나는 미소짓지 않을 수 없었다. 이 사람은 바로 십계명을 교실 벽에서 떼어내야 한다고 주장하던 사람이다. 이것이 바로 포스트모더니스트들이 처한 난관이다. 우리는 초월적인 도덕의 원리와 지배로부터 자유롭기를 원한다. 그러나 그에 따르는 도덕적 혼란은 싫어한다는 것이다.

'둘째, 법의 도덕적 권위상실은 정부를 단지 공리주의적인 절차에 불과한 것으로 축소시킨다.' 아리스토텔레스는 정치의 핵심에는 우리가 우리 삶에 어떻게 질서를 부여하는가의 문제가 놓여 있다고 말한다. 이 질문은 이 세상에는 공동선이 있고 우리들은 이것을 중심으로 우리의 삶에 질서를 부여해야 하며, 이것이 정부에 적합한 도덕명령이라는 것을 전제하고 있다. 그러나 오늘날 케이시 사건의 논리에서 보는 것처럼 정부의 임무는 단순히 개인이 하고 싶은 대로 할 수 있는 권리, 즉 개인의 자율권을 보장해 주는 것이 되어버렸다. 제라드 브래들리는 법원의 새로운 비전이 '좋은 정부란 원자화된 개인들을 전통적 종교들이 지지하는 일반도덕의 제약으로부터 해방시켜 주는 것'이라고 말하고 있다.[40] 따라서 정부에게는 적극적인 도덕적 임무가 없다. 정부의 일은 개인들이 자기가 하고 싶은 것을 하면서 서로 부딪히지 않도록 교통순경의 역할을 하는 것에 지나지 않는다. 하버드의 마이클 샌들 교수는 정부는 '절차의 공화국'이 되어버려 이 정부의 법이란 사람들이 자기가 원하는 것을 획득하는 것을 도와줄 수 있는 절차들에 불과하다고 말한다.[41]

'셋째, 법의 도덕적 권위상실은 이제 더 이상 우리가 도덕에 관한 논쟁을 할 수 없게 되었음을 뜻한다.' 만일 정치가 누가 무엇을 갖느냐에 관한 문제라면, 정치는 그저 끊임없이 소리지르는 싸움이 되고 만다. 서로 경쟁하듯 권리를 요구하는 끊임없는 말싸움이 되어, 결국 목소리가 크거나 표를 많이 얻는 사람이 이기는 것으로 결말이 나고 만다. 문제들이 원칙에 의해 해결되는 것이 아니라 권력에 의해 해결된다. 이런 상황이 되면 개인들은 점점 더 무력감을 느끼고, 결국 정치체제를 포기하게 되는데, 이는 견식 있고 적극적인 시민참여를 바탕으로 하고 있는 민주주의 사회로서는 매우 위험한 경향이다.[42]

'마지막으로, 법의 도덕적 권위상실은 우리가 법에 의한 지배를 상실하고 임의적인 인간의 지배를 받게 되었음을 뜻한다.' 인간의 법률을 검증해 볼 수 있는 불변의 초월적 기준이 없다면 법에 의한 지배는 존립할 수 없다. 이런 것이 없다면 법이란 단지 입법가들이 만드는 것, 혹은 판사들이 그렇다고 말하는 것일 뿐이다. 이는 결국 자유정부의 붕괴를 가져올 것이다.[43] 포스트모더니스트들이 객관적인 도덕적 진리를 공격한 결과로 이제 우리는 전제정치의 길로 들어서고 있다.

그러나 희망을 버려서는 안 된다. 기독교 진리는 아직 포스트모더니스트들이 당한 곤경을 빠져나갈 방법을 제시하고 있기 때문이다. 그리스도인들은 법과 정치에 대한 성경의 관점들을 이행함으로 말미암아 미국의 정치문화를 되살리고, 법에 의한 지배를 다시 수립할 수 있도록 도울 수 있다.

설득의 기술

미국의 사법구조와 정치구조를 갱신하기 위해서 그리스도인들은 어떻게 해야 할까? 우리가 최근 수십년 동안 배운 것이 있다면 하나님과 국가라고 하는 진부한 얘기나 늘어놓는 고압적인 정치운동으로 우리의 세속 이웃들이 놀라 도망하게 만들지는 말아야 한다는 것이다. 그 대신, 우리들은 원칙을 가진 설득과 책임 있는 참여를 통해 행동해야 한다.

원칙 있는 설득

'법에 의한 지배.' 설득이란 우리의 첫 임무가 변증(辨證)임을 의미한다. 이는 기독교 세계관이 사회를 바로 잡는 데 최선의 길임을 우리 이웃들에게 확신시켜 주려고 노력하는 것이다. 대부분 이웃들은 법에 의한 지배라고 하는 가장 기본적인 것들의 필요성도 이해하지 못하고 있다고 봐야 한다. 내가 학교 다니던 시절에 윤리의 첫 수업에서 내내 그것을 배웠다. 오늘날 윤리 시간에는 유럽 이주자들이 미국 원주민을 착취한 것에 대해 배운다.

'공적인 선.' 우리는 공적인 선 혹은 공동선의 개념이 중요함을 강조할 필요가 있다. 정지신호의 예를 들어보라. 공적인 선을 위해서는 모든 사람들이 정지신호에 정지해야 한다. 그렇지 않으면 거리에는 혼란과 죽음이 있게 될 것이다. 이 법은 그리스도인, 불가지론자, 힌두교도, 뉴에이지 주창자 모두에게 적용된다. 이 법이 기분 나쁘든 어떻든 공적인 선을 위해 이 법에 복종해야 한다.

우리는 이와 똑같은 논리를 다른 법, 예를 들어 이성(異性)인 두 사람 사이의 결합만을 결혼으로 인정하는 것과 같은 법에도 적용할 수 있다. 이 사회를 위해 이성간의 결혼을 보호해야 할 중요한 이유가 있다. 이것은 모든 개화된 사회가 인류종족을 전파하고 자녀들을 양육하기 위해 채택해온 사회적 패턴을 인정하는 것이다. 그리스도인들은 이런 법들이 종교적인 신념을 '부과하는' 것이 아니라, 가족을 보호하는 것이 공공의 이익을 증진시키는 합리적인 도덕의 원칙과 역사적인 증거에 기초하고 있는 것임을 주장할 필요가 있다. 케이시 사건이나 로우 사건의 판결은 공적인 선을 결정할 수 없게 만들기 때문에 이런 판결은 큰 재앙이다. 마지막으로 우리는 기독교 세계관이 공동선을 결정하고 책임 있는 개인의 행동을 장려하는 데 가장 믿음직한 표준을 제시하고 있음을 확실히 말할 수 있다.

아마 오늘날 가장 어려운 부분은 사람들에게 공적인 선을 위해 개인의 행동을 통제해야 한다고 설득하는 것이리라. 개인주의가 너무 팽배해서 대부분의 사람들은 사회가 자기들을 섬기기 위해 존재한다고 생각하고 있으며, 사회에 대해서는 아무런 빚도 지고 있지 않다고 생각한다. 우리들은 개인들이 자발적으로 공적인 선을 위해 자신의 행동을 절제하지 않는다면, 정부가 개인의 자유에 대한 희생을 무릅쓰고라도 강제력으로 그들의 행동을 억제하게 될 것임을 주장할 필요가 있다.

이미 정치적인 방정함을 유지하기 위한 노력으로 특별히 시행되었던 강제력을 생각해 보라. 사람들이 시민정신과 사회적 관습의 억제력(예절이라고 하는 오래된 관습)에 따라 자발적으로 행동하는 것을 무시하게 되면, 국가는 점점 더 억압적인 법률을 통과시킴으로써 사람들의 행동을 세밀하게 관리하려 들게 된다. 예를 들어, 무엇이 성추행이고 무엇이 아닌지를 규정하려는 때로는 어리석어보이는 노력들을 생각해 보라. 안티오크 대학은 데이트하는 학생들이 신체접촉 수준이 올라갈 때마다 서로에게 구두로 동의를 구하고 얻을 것을 요구하는 규정을 만들었다.[44] 이보다 더 한심한 것은 여섯 살짜리 아이가 다른 여섯 살짜리 아이의 볼에 입을 맞추었다는 이유로 학교에서 징계를 받게 되었는데, 학교의 교장은 규칙 위반 아이의 어머니에게 학교의 성추행규칙 사본을 보여주었다고 한다.[45] 캔자스의 한 은행은 드라이브스루 레인(차에서 내리지 않고 필요한 볼일을 볼 수 있는 차선 - 역자 주)에 있는 자동지급기에 점자(點字) 안내서를 달아놓지 않았다는 이유로 벌금을 물었다.[46]

이런 일들을 보면서 그저 일시적으로 이 나라가 정신이 없어진 모양이라고 생각해 버릴 수도 있지만, 이것이 완전히 말이 안되는 것은 아니다. 이것들은 자발적인 억제가 상실된 불가피한 결과이다. 인종차별적인 어휘를 사용하는 것은 시민정신이 부족한 것으로 간주되어 사회적인 비승인이나 사회로부터의 소외 등을 통해 억제되던 때가 있었다. 오늘날, 그런 비공식적인 억제장치가 없어지면서 이것들은 기소할 수 있는 혐오죄가 되어버렸다. 행동이 반듯한 젊은 남성들이 '보다 아름다운 성'(여성)을 '이용'하려 들지 않았던 적이 있었다. 그러나 오늘날에는 이런 사회적 관습이 사라지면서 여자들은 성추행에 대비하여 법으로 보호받아야만 한다. 우리는 과거의 예의범절과 도덕으로부터 '자유로워'졌지만 그 결과 법에 의해 부과된 새로운 규칙들에 둘러싸이게 되었다. 자유가 침해당하는 이런 경향을 되돌리려면 정치적인 의미에서의 자치(自治)는 개인적인 의미에서의 자치에 달려 있음을 주장해야 한다. 즉 우리 자신의 말과 행동을 시민정신과 존경이라는 규범으로 통제하는 것 말이다.

'자유 지키기.' 성경은 정치적인 문서가 아니다. 그러나 성경에는 모든 시민들의 전반적인 복지에 대한 아주 심오한 정치적 의미들을 함축하고 있다. 예수와 그의 제자들이 정치를 무시했다고 말하는 사람들은 "가이사의 것은 가이사에게, 하나님의 것은 하나님에게"라는 격언(마 22:21)이 가지고 있는 정치적 의미를 깨닫지 못하고 있다. 1세기의 그리스도인들은 이 말씀이 무엇을 의미하는지 정확하게 알고 있었다. 그리고 이들이 십자가에 못박히고, 고문당하며, 사자들에게 던져진 것은 바로 정치적인 이유에서이다("가이사가 주님이라"고 말하려 하지 않았으므로).

국가에 대해 성경이 말하는 근본적인 가르침은 무엇인가? 한편으로 우리는 국가에 순종하면서 살아야 한다. 우리들의 유익을 위해 하나님은 임금과 통치자들을 세워 국가에 부여된 임무를 수행하도록 했다. 즉 악을 억제하고, 질서를 유지하며, 정의를 증진시키는 일 밀이다. 그래서 우리는 "왕들을 존경하고" 우리 자신을 "다스리는 권세자들에게 순복한다… 왜냐하면 모든 권세는 하나님에게서 난 것이기 때문이다"(롬 13:1, 단 2:21, 롬 13:1-7, 딛 3:1, 벧전 2:13-14, 17).

어떤 사람들은 이것을 권한의 절대적인 위임, 즉 어떤 환경에서든지 항상 정부에 순종해야 한다는 것으로 해석한다. 그러나 순종하라는 명령은 관료들과 다스리는 자들이 하나님께서 정부에 부여하신 목적을 수행한다는 조건에서 주어진 말씀이다(롬 13:4에서 다스리는 자들은 '하나님의 종'이라고 표현되어 있다). 그래서 만일 다스리는 자가 권한 대리자의 직무에 반하여 행동하고, 하나님의 종으로 행동하지 않을 경우, 그리스도인들은 순종할 필요가 없다. 사실 신자들은 도덕적으로 그들에게 저항할 의무가 있다. 예를 들어 국가가 복음선포를 금지시킨다면 이는 정부에게 권한을 주신 하나님의 명령에 어긋나는 행동을 하고 있는 것이 분명하다. 국가가 유대인을 학살한다든지 전제정치로 백성을 압제하는 등의 불의를 행한다면 신적 권위를 주장할 수가 없게 된다.

오랜 세월 동안 어거스틴, 아퀴나스, 칼빈, 녹스, 그리고 우리가 살펴본 마틴 루터 킹 주니어 같은 사람들이 이런 원칙을 확인시켜 주곤 했다. 교회는 국가가 하나님의 초월적인 심판 앞에서 도덕적인 책임을 지도록 해야 한다. 그러나 이런 원칙은 그리스도의 몸인 공동체가 함께 성령의 인도함을 구하는 가운데 아주 사려 깊게 이루어져야 한다.

국가의 어떤 행동들이 그 합법성을 잃게 하는 일인지를 결정하는 것은 매우 어렵고도 예민한 문제이다. 히틀러 정권 초기에, 독일의 그리스도인들은 이 문제로 씨름했으며, 그 결과 마침내 1934년에 나치가 교회를 통제하려는 시도에 항의하며 교회의 독립성을 주장하는 문서인 바르멘 선언문(Barmen Declaration)을 내놓게 된다. 이 선언문에 동의하는 교회들은 자신들을 '고백교회'라고 불렀으며, 히틀러의 억압적인 정책에 점점 더 강하게 저항해 나갔다. 이들의 지도자 중 유명한 많은 사람들은 감옥에 가고 처형되었다.

기독교는 역사적으로 인간의 자유를 가장 잘 지켜왔다는 것이 증명되었다. 상위법에 대한 헌신이 의미하는 바는 그리스도인들은 이 법에 어긋나는 법이나 행동에 저항하는 최전선에 서 있다는 것이다. 영국의 정치가 에드먼드 버크(Edmund Burke)는 1788년 인도 총독의 탄핵문제를 두고 영국 상원에서 일어난 논쟁에서 성경의 관점을 웅변적으로 잘 주장했다. 총독은 말을 잘 듣지 않는 국민들은 결국 전제정치에 익숙해 있는 사람들이기 때문에, 이들에 대해 자의적으로 권력을 행사할 권리가 있다고 주장하였다. 버크는 다음과 같은 멋진 말로 이를 논박했다. "경(卿)들이여, 동인도주식회사는 그(총독)에게 자의적인 권한을 줄 수 없습니다. 왕 자신에게도 그에게 줄 자의적인 권한이 없습니다. 여기 계신 경들도 그러하고, 하원도 그렇습니다. 입법부 전체로도 그렇습니다. 아무도 임의로 권한을 줄 수는 없습니다. 임의적인 권한을 줄 수 있는 인간은 세상에 없습니다. 우리 모두는 높은 자건 낮은 자건, 다스리는 자이건 다스림을 받는 자이건, 이미 존재하는 위대한 불변의 법에 순종하여 태어났습니다. … 이 위대한 법은 우리의 어떤 단체나 계약에서 생겨나는 것이 아닙니다. 오히려 이 위대한 법은 다른 모든 법들이 가질 수 있는 권한을 부여합니다."[48]

그렇다. 왕도 의회도 영국의 가장 낮은 백성들에게라도 절대적인 권력을 행사할 수는 없다. 그리스도인들의 이러한 기본적인 확신은 이 세상의 권세자들이 불의할 때 이에 저항할 수 있는 근거를 우리들에게 부여하고 있다. 이런 이유 때문에 자유를 지키기 위해서 자신의 목숨을 버린 사람들의 명단이 주로 신자들로 구성되어 있다.

독재자들은 이것을 아주 분명하게 잘 알고 있다. 그래서 중국 정부는 신자들을 그렇게 격렬하게 핍박하여, 목사들을 감옥에 가두고, 교회를 태우며, 가정에서의 모임도 금지시킨다. 공산주의자들이 무신론자들이고 종교를 없애버리려고 해서만은 아니다. 이 세상의 왕보다 위에 있는 왕이신 하나님을 섬기는 사람을 용납할 수 없는 것이다. 보다 높은 자에 대한 충성은 이 세상의 왕들로부터 자유와 권리를 요구하게 하는 기초가 된다.[49]

법에 의한 지배, 공동선의 진흥, 자유의 수호 - 이런 것들은 우리가 친구들과 함께 고기를 구워 먹으면서 "뒷마당 변증론"을 펴고 있을 동안, 기독교적 정치관을 주장하면서 명확히 이야기해 주어야 할 원리이다. 그러나 우리의 신념이 결국 성경에서 나오긴 했지만, 다원화된 사회 속에서 우리들은 이것을 비신자들이 이해할 수 있는 용어로 설명해야 한다. 예를 들어 낙태법을 개정하려고 노력할 때, 우리들은 신적 계시에만 의존하지 말고, 정부의 가장 근본적인 의무는 연약한 자를 지키는 것임을 지적해야 한다. 자살지원이나 인종개량을 합법화하려는 것을 반대하려면 정부의 목적은 치명적인 힘을 사적으로 사용하지 못하게 막는 것임을 주지시킬 필요가 있다(정부가 칼의 힘을 사용하는 것은 바로 개인이 이를 사용하지 못하도록 하기 위해서이다.) 우리들은 이성과 증거에 호소하는 공개적이고 설득력 있는 주장을 펴나가야 한다.[50]

걸음을 걷기

우리는 또 우리가 살아가는 방법을 통해 주장을 펴나가야 한다. 우리가 가진 확신대로 우리가 속한 지역사회에서 책임 있는 시민으로 살아나갈 때 다른 사람들은 우리가 믿는 진리를 깨달을 수 있게 될 것이다.

'첫째, 그리스도인들은 선량한 시민들이어야 한다.' 어떤 사회든 가장 중요한 것은 그 시민들이 책임 있게 행동하고, 법에 순종하며, 시민적 의무를 다하는 것이다. 그리스도인들은 가장 훌륭한 시민들이 되어야 하는데, 그 이유는 어거스틴이 말하는 것처럼 사람들은 법에 강요되어 행동하지만 그리스도인들은 하나님에 대한 사랑에서 행동하기 때문이다. 이는 우리가 투표에 참여하고, 세금을 내며, 이웃들을 돌보고, 다른 사람들과 평화롭게 산다는 것을 의미한다. 우리는 지도자들과 다스리는 자들을 존경하고 순종하며 권세를 잡은 자들을 위해 기도한다. 우리는 또 종교적인 자유를 보호하기 위한 활동을 하는 단체들, 예를 들면 베케트 재단(Beckett Fund), 미국 법과 정의 센터(ACLJ, American Center for Law and Justice), 러더포드 연구소(Rutherford Institute), 그리고 연대수호기금(Alliance Defense Fund) 등을 지원해야 한다.[51]

'둘째, 그리스도인들은 삶의 모든 영역에서 시민적 의무를 다해야 한다.' 알렉시스 드 토크빌이 19세기 초 미국에 왔을 때, 그는 시민들이 이웃을 돕고, 여러 가지의 자원봉사단체를 만들어 사회적인 필요를 채워주고 공동선을 위한 프로젝트를 수행해나가는 것을 보고 놀랐다. 그는 보통의 미국 사람들이 마치 당연한 듯이 하는 그런 일을 프랑스 사람이 하는 경우는 10명도 만나보지 못했다고 말했다.[52] 이 프랑스 정치가에게 깊은 인상을 심어준 대부분의 협회들은 이웃을 사랑하라는 명령에 따라 그리스도인들에 의해 설립되고 운영되었다.

오늘날에도 이 말은 사실이다. 사람들은 도움의 집이나 무료 급식소에 걸려 있는 "예수 구원하시네"라는 플래카드를 우습게 생각할지 모르지만 이런 장소들이야말로 가난한 자들에게 자비와 사랑을 베푸는 장소라는 것을 부인할 수는 없을 것이다. 도심지에 가보라. 구세군, 신교단체들, 가톨릭 자선단체들이 민간구호사업의 대부분을 차지하고 있음을 알게 될 것이다. 가난에 찌든 지역에서 해비타트와 같은 자원봉사자단체들은 가난한 자들에게 집을 지어주고, 그 밖의 다른 구호활동을 펼치고 있다. "교도소선교회"를 통해 수천 명의 자원봉사자들이 감옥에 갇혀 있는 이 사회의 추방자들을 섬기고 있다. 또 "교도소선교회"의 "엔젤 트리 프로젝트"를 통해 수십만의 사람들이 성탄절에 수감자들의 자녀들에게 선물을 사서 전달해 주고 있다.

우리가 영향을 미칠 수 있는 범위에서 우리에게 주어진 임무를 다하는 것만으로도 놀라운 결과를 가져올 수 있다. 1998년 초, 바바라 보겔(Barbara Vogel)은 콜로라도 오로라에 있는 하이라인 초등학교의 4학년생들에게 수단에서 벌어지고 있는 내전에 대해 얘기해 주었다. 그곳에서는 회교도 노예들이 남쪽에 사는 그리스도인들을 검거하여 북쪽에다 노예로 팔고 있었다. 보겔 선생의 아이들은 울기 시작했다. "우리는 노예제도가 다시 있어선 안된다고 생각했어요"라고 그들은 말했다.

아이들은 무엇인가 해야겠다고 결정했다. 이들은 "스탑 - 사람들을 억압하는 노예제도"(STOP, Slavery That Oppresses People)라는 단체를 만들었다. 이들은 노예를 구원하는 "기독교 연대"(Christian Solidarity)라는 단체를 알게 되었는데, 이 단체는 글자 그대로 노예들을 다시 돈으로 사서 가정으로 돌아가게 해주고 있었다. 보겔의 아이들은 공공주택에 사는 경우가 많았지만, 이들은 용돈을 절약하고, 레모네이드, 티셔츠, 오래된 장난감 등을 팔았다. 얼마 지나지 않아 이들은 150명의 노예들을 해방시킬 만큼의 돈을 모았다!

그러나 학생들은 거기에서 멈추지 않았다. 이들은 편지 쓰기 운동을 벌여 신문사와 공직자들에게 1,500통의 편지를 보냈다. 이 이야기는 점점 퍼져나갔다. 차에서 살아가는 노숙자 한 사람은 자기가 가지고 있던 마지막 100불을 보냈다. 장애아반은 과자판매로 돈을 모았다. 한 트럭 운전기사는 전국을 다니면서 이 이야기를 전했고, 기금을 모금했다. 9개월 만에 5만 달러가 넘는 돈이 모아졌고, 5,000명이 넘는 노예들이 해방되었다.

미국 의회는 바바라 보겔 선생의 아이들을 미국의 "어린 노예해방 운동가"로 인정하고, 이들을 기념하여 의사당 꼭대기에 깃발을 달아 주었다. "공립학교 교사인 나로서는 수업시간에 그리스도가 내 인생에 가장 중요하다는 말을 할 수는 없다. 그러나 그렇다고 해서 내 신앙도 나타낼 수 없는 것은 아니다"라고 그녀는 말하고 있다.

우리가 시민문제에 참여하게 되면, 우리는 우리 신앙을 뚜렷이 표현할 수 있다. 그 과정에서 우리의 자치능력을 향상시키고 국가를 통제하게 된다. 왜냐하면 중간구조가 활발하게 움직이면, 정부가 끼어들 여지가 줄어들기 때문이다.

'셋째, 그리스도인들은 직접 정치에 참여해야 한다.' 이미 언급한 것처럼, 이는 투표에서부터 시작된다. 그리고 나서는 시민단체나 정치조직에 참여하거나, 심지어는 출마할 수도 있다. 이렇게 할 때, 우리는 우리의 우선순위가 항상 제대로 되어있도록 조심해야 한다. 그리스도에 대한 헌신을 희생해서도 안되고, 계파의 이익을 앞세워서도 안 된다. 정치에 활발히 참여하고 있는 기독교단체들은 아주 분명한 기독교적 목표를 세울 필요가 있으며, 성경적인 충실성에 양보가 없어야 하고, 다른 정당의 뒷주머니에 들어가 있어서는 안된다. 아주 좁은 길이지만, 우리는 그렇게 할 수 있다.

아주 좋은 예가 "교도소선교회"의 공공정책 담당기구인 "사법선교회"(Justice Fellowship)인데, 이들은 성경에 기초한 범죄 - 사법 체계의 개혁을 위한 태스크포스 팀을 조직했다. 사법 선교회의 접근방법은 기독교 세계관의 개요를 그대로 따르고 있다. '창조' 교리에 근거하여 거룩하신 하나님이 계시기 때문에 정의에 대한 초월적 표준이 존재한다고 말한다. 따라서 공정하다는 말을 들으려면 모든 법은 하나님의 법에 기초해 있어야 한다. 이런 이유 때문에 사법선교회는 종교의 자유를 수호하고 법에 표현되어 있는 초월적인 원칙들을 보호하려고 한다. '타락'의 교리에 근거해서, 이들은 우리가 도덕적으로 책임 있는 존재들이기 때문에 정의는 우리의 양심에 호소하는 것이라야 한다고 말한다. 우리는 범죄가 도덕적이고 영적인 해결을 필요로 하는 도덕의 문제라고 정의한다. 이런 이유 때문에 "교도소선교회"는 창살 뒤로 돌아가서 성경공부와 그 밖에 신앙에 기초한 프로그램을 갖는다. '구원'의 교리에 근거해서, 이들은 범죄자들이 자신들의 죄를 회개하도록 부름받았으며, 가능한 한 그들이 손해를 끼친 것을 회복시켜 주라고 요구한다. 사회는 범죄자들과 범죄의 피해자들 모두를 사회로 회복시키도록 돕는 역할을 해야 한다. 또 범죄에 의해 손상된 시민질서를 어떻게 다시 회복시킬 것인가? "사법선교회"는 '회복적인 사법체계'라고 알려진 것을 주장하는데, 여기에는 법적 절차에 있어 희생자의 권리를 증진한다거나, 가해자가 피해자와 화해하도록 장려하고, 가해자들이 일을 해서 피해자들의 손해를 보상하도록 하는 등의 원리를 포함하고 있다. 회복적인 사법체계의 목표는 하나님께서 우리들에게 그렇게 살라고 하신 도덕질서와 사회질서를 회복하는 것이다. "사법선교회"의 주장은 때론 정당의 노선과 대립한다. 그러나 이 조직은 성경의 원리들에 있어서는 타협함이 없이 놀라운 성공을 거두고 있다.

그리스도인들도 정치적인 자리를 추구할 수 있다. 그리고 가장 좋은 전략은 뻔한 고정관념을 탈피하는 것이다. 나는 주정부와 연방정부에서 아주 성공적으로 일하고 있는 이런 사람들을 많이 알고 있다. 예를 들어 마크 얼리(Mark Earley)는 복음을 있는 대로 전하는 복음주의자로 전직 선교사였는데, 버지니아 주의 주 상원의원으로서 그는 도덕적인 문제에 대해서는 타협이 없으나 다른 여러 문제들에 대해서는 아주 조심스런 일처리로 존경을 받고 있다. 1997년 그가 주정부 검찰총장으로 출마하겠다는 발표를 했을 때, 워싱턴 주변의 남 말하기 좋아하는 사람들은 유권자들이 이 '종교적 열성당원'을 낙선시킬 것이라고 예측했다. 그러나 얼리는 이슈들에 대해 강한 선거운동을 펼쳤으며, 그 결과 이겼을 뿐만 아니라 주 역사상 가장 큰 표 차이로 당선되었다.

'넷째, 지배권력의 오용을 막는 장치로서 교회는 사회의 양심 역할을 해야 한다.' 교회는 하나의 공동체로 열심을 다해 독립성을 지켜야 하며, 예언자적 목소리를 분명하게 해야 하고, 세상권세의 유혹을 물리쳐야 한다. 교회는 하나님께서 권한을 위임해 주신 바에 따라 정부가 도덕적으로 책임 있는 행동을 하도록 해야 한다(뿐만 아니라 사회의 다른 영역들도 하나님께서 그들에게 부여하신 기능을 수행함에 있어 책임 있는 존재가 되도록 해야 한다).

이 말은 그리스도인들이 자기들의 신념을 내켜하지도 않는 사람들에게 '부과' 한다는 것을 의미하는 것이 아니다. 교회가 공적인 이슈들에 대해 말할 때, 어떤 세속주의자들은 그리스도인들이 정말 원하는 것은 그들이 책임을 지고 하려는 신정(神政)정치라고 뒤에서 떠들어 댈 것이다. 그것은 사실이 아니다. 역사적으로 교회와 정치의 분리라는 원칙을 만들어 낸 것은 하나님의 도성과 사람의 도성을 구분한 어거스틴 같은 그리스도인들이었다. 그리스도인들은 하나님이 정부를 자기 나름의 분명한 목적을 가진 별개의 기구로 정하셨음을 인정한다. 정부는 교회적 기능이 아니라, 시민적 기능을 수행한다. 그렇기 때문에 그리스도인들은 그 종류에 관계없이 모든 종교의 자유를 아주 충실하게 수호해왔다. 역사적으로 기독교에 의해 형성된 서구의 정치체제와, 교회와 국가간의 구분이 없고 때로는 종교적 소수자들을 무자비하게 억압하고 핍박하는 이슬람의 정치체제와 비교해보면 금방 알 수 있는 일이다.[54]

국가의 문제에 언급함에 있어 우리는 특별 이익집단이 그러는 것처럼 권력에 근거해서 말하는 것이 아니라 원칙에 입각해서 말해야 한다. 이것은 매우 중요한 구분인데도 세속 정치가들과 언론인들이 쉽게 잊곤 하는 부분이다. 예를 들어 1998년 "포커스 온 더 패밀리"를 이끄는 제임스 돕슨은 워싱턴에서 공화당 의회 지도자들을 만나 그들이 지지하기로 약속했던 사회적 이슈들을 제대로 처리하지 못한 것에 대해 정치인들에게 항의하려고 했다. 돕슨으로서는 이것은 매우 정당한 원칙의 문제였다. 그러나 기자들은 돕슨의 행동을 권력놀음으로 해석하여 계시록의 어조로 종교적 보수주의자들이 '워싱턴으로 행진하여' 자기들의 몫을 요구하고 있다고 경고했다. 신문기사들은 공화당이 의회를 휩쓴 1994년의 선거에서 그리스도인들이 45퍼센트를 차지하는 강력한 선거권 집단이었다고 묘사하면서 이제 그들은 '식탁에서 자기들의 자리'를 요구하고 있다고 경고했다. 그리스도인들이 노동조합이나 그 밖의 다른 특별이익집단에게 적용되는 용어로 묘사되고 있었다.[55]

물론 우리는 다른 집단이 그런 것처럼 식탁에서 자리를 차지할 권리가 있다. 그리고 우리들은 정치적인 영향력도 있다. 그러나 그것은 수백만의 미국인들이 우리와 같은 도덕적인 관심을 가지고 있기 때문이다. 그러나 이런 사실들은 우리의 정치적 입장의 기초가 될 수 없다. 우리가 정치영역에서 어떤 진리를 주장하는 것은 이것들이 자유와 공공의 정의에 필수적이기 때문이다. 우리가 투표율의 45퍼센트를 점하든 5퍼센트뿐이든 이 일을 계속할 것이다.

그렇기 때문에 우리의 메시지는 '우리가 당신을 자리에 앉게 해주었으니 이제 갚아야 한다'가 아니다. 오히려 우리들은 "이것이 이루어져야 한다. 그것이 옳기 때문이며 이는 모든 질서잡힌 시민사회의 밑바탕이 되는 원칙이기 때문에, 또 하나님께서 세우신 국가의 목적에 합당한 의무이기 때문에"라고 말해야 한다.

*　*　*

이 모든 것은 가장 최선의 형태인 기독교적 애국주의라는 말로 요약될 수 있다. 우리 자신의 국토를 잘 보존하고 그것을 신적 정의의 표준에 따라 세워나가는 것 말이다. 미국은 모든 결함과 결점에도 불구하고 도덕적으로 질서 있는 자유의 성취를 바라보는, 역사상 최선의 희망이다. 또 미국은 종교적, 정치적, 경제적 자유가 가져다 준 놀라운 복을 지켜본 신생 국가들에게 희망의 표지가 되고 있다. 그러나 계속 그런 자리에 있으려면 우리는 토마스 모어(Thomas More)가 헨리 8세에 반대하여 형장으로 끌려갈 때 한 말처럼 "왕의 선량한 시민이나 주님이 먼저"인 우리들의 자리를 잘 지키고 있어야 한다.[56] 우리는 항상 우리 동료 시민들에게 미국의 법과 정치에 진리와 도덕적 권위를 회복할 방법을 보여줄 준비를 하고 있어야 한다.

그리고 우리는 기독교 세계관의 기초, 즉 창조의 교리로 돌아감으로써 시작해야 한다. 이미 우리가 살펴본 바대로 법 위에 존재하는 영원한 법이라는 개념을 상실하게 된 것은 창조라는 사상을 거부했기 때문이다. 그리고 이것은 지식의 정의 자체를 뒤집는 새로운 과학관의 결과였다.

제40장

진정한 과학의 기초

> 물질주의는 우주 전체에 있는 모든 것을 설명하는 이론을 우리에게 제공했지만 우리의 사고가 옳은 것임을 믿을 수 없게 만들었다.
>
> 루이스(C. S. Lewis)

최근에 출간된 책 「다윈의 위험한 생각」(*Darwin's Dangerous Idea*)은 동네 책방에서 아무런 의심없이 띄엄띄엄 읽는 사람을 아주 쉽게 속이는 책이다. 사람들은 이 책의 저자 터프스대학 교수 대니얼 데넷(Daniel Dennett)이 다윈주의의 위험성을 사람들에게 알리려 한다고 생각할 것이다. 그러나 사실 데넷은 독자들이 다윈의 이론 속에 들어있는 '위험한' 함축적 의미를 '수용' 하도록 설득하고 있다. 그는 다윈주의를 제대로 이해하면 이는 모든 전통적인 도덕, 형이상학, 그리고 종교적인 신념을 녹여 없애는 '만능 산'(酸)이 될 것이라고 주장한다. 만일 인간이 물질에 의해서 아무런 목적도 없이 진화했다면, 우리를 창조하시고 도덕적 진리를 계시한 신을 믿을 근거가 없게 된다. 데넷은 심지어 전통적인 교회와 의식(儀式)들을 '문화 동물원'으로 보내서 보는 사람들을 즐겁게 해주어야

한다고 말한다.¹

이 책은 흔히 사용되는 수법의 현란한 한 예이다. 과학을 무기삼아 종교적 신념을 무너뜨리는 것 말이다. 흔히들 과학은 객관적인 지식으로 구성되어 있고, 종교는 주관적인 욕구를 표현하는 것이라고 말한다. 따라서 종교는 자기 주장을 과학이 말하는 것에 합치시켜야 한다는 것이다. 이런 방식으로 과학은 종합철학의 지위로 격상되어 때로는 '과학주의' 혹은 '과학적 자연주의'라고도 불리게 되었는데, 과학은 경험과 관측에 의해 측정되고 알 수 있는 것만이 실재라고 가정한다. 그 밖의 모든 것, 예를 들어 사랑, 아름다움, 선과 악, 하나님과 양심 같은 것들은 주관적인 환상의 산물일 뿐 실재하지 않는 것이라고 말한다.

19세기 스코틀랜드의 철학자이며 기독교에 대한 비평가인 데이비드 흄(David Hume)은 극적인 산문을 통해 과학주의의 진정한 목적을 드러냈다. 그는 서가에 꽂힌 책 중에서 종교, 윤리, 형이상학 등 경험적인 사실이 될 수 없는 것들을 다루는 모든 책을 없애버리라고 권했다. 손에 책을 들고 '이 책은 수학에 기초한 논리를 포함하고 있는가?'라고 물어보라고 그는 촉구하고 있다. 만일 대답이 '아니오'라면 '불 속에다 처넣으라' 덧붙이면서. 책이 수학이나 혹은 경험적인 사실들을 다루지 않는다면, 즉 과학을 다루지 않는다면, '그 책은 궤변과 환상뿐이다'라고 말한다.²

흄처럼, 오늘날의 많은 지성인들은 과학이 모든 진정한 지식의 원천이라고 생각한다. 과학주의의 깃발을 들었든, 혹은 실증주의, 물질주의, 혹은 자연주의의 깃발을 들었든 이것은 오늘날 서구문화의 지배적인 세계관이다. 원래 자연세계에 대한 연구를 의미했던 과학은 이제 존재하는 모든 것은 자연세계뿐이라고 말하는 과학적 자연주의와 혼합되었다. 체스터턴은 이미 1922년에 과학주의가 모든 기관들을 점령한 '신조'가 되었는데, "이는 진화론과 더불어 시작되어 인간개량의 우생학으로 끝마치는 사고의 체계"라고 경고했다.³ 또 1955년에 한 교육가는 미국의 공립학교가 겉으로는 중립적이지만, 사실은 "특정한 교조적 신앙, 즉 과학적 자연주의를 전파하고 있다"고 경고했다.⁴

이 '교조적 신앙'은 아주 공격적으로 다른 모든 것들을 자연주의 범주에 포함시키려 하고 있다. 인간도 검사와 실험의 대상이 될 수 있고, 그래서 마침내는 통제의 대상이 될 수 있는 '대상들'이나 '물건들'로 취급된다. 철학자 아더 케스틀러(Arthur Koestler)는 이것이 인간을 실험실의 생쥐 종류인 것처럼 다루고 있다고 주장하면서 이를 '생쥐형상의 오류'라고 부르고 있다.⁵ 위대한 기독교 변증학자인 C. S. 루이스도 과학적 자연주의의 등장은, 이것이 우리 인간성에 핵심인 실재들, 즉 선악에 대한 생각, 목적의식, 아름다움과 신의 실재를 부인하기 때문에 결과적으로 '인간의 폐지'로 이어지게 될 것이라고 경고하고 있다.

사람을 사람답게 만드는 것들을 부인하게 되면, 문자 그대로 비인간의 문화를 만들어내게 될 것이다. 만일 도덕을 주관적인 느낌으로 취급한다면, 도덕적인 이상들은 사적인 영역으로 강등될 것이고, 그런 덕들은 위축되어 사람을 결국 짐승의 수준으로 격하시키게 될 것이다. 그렇기 때문에 기술적 진보가 삶을 좀더 편하고 건강하게 만들기는 했지만, 삶을 살 만한 가치가 있게 만드는 것들은 파괴하고 있다. 우리는 우리 영혼을 팔아 자연세계에 대한 통제를 얻은 셈이다.

C. S. 루이스는 이런 곤경을 분명히 예견했다. "과거의 현자들에게 가장 중요한 문제는 어떻게 하면 영혼을 실재에 일치시키는가 하는 문제였고, 그 해답은 지식, 훈련, 그리고 덕성이었다"고 그는 말하고 있다. 인생의 목적은 영혼의 성장이라는 관점에서 정해졌으며, 따라야 할 분명한 도덕규범이 있었다. 그러나 오늘날 기술적인 사고의 틀을 가진 사람들에게는 "현실을 인간의 욕구에 어떻게 굴복시키느냐가 문제이며 그 대답은 기술이다." 이런 사고방식은 어떤 구속력 있는 기준도 용납치 않는다. 그래서 인간의 욕망을 통제하거나 다스리라는 제어장치가 전혀 없게 된다.⁶

뛰어난 텔레비전 앵커들이 오늘날의 과학자들과 대담하는 것을 보면 윤리적 주관주의가 많은 과학자들에게서 그들 자신이 하고 있는 일의 의미조차도 평가할 능력을 빼앗고 있음을 이내 알 수 있다. 이들이 가지고 있는 윤리적 이해력은 그들이 이루어낸 뛰어난 발견에 상응하지 못하고 있다. 그 결과 과학기술은 뚜렷한 도덕적 기준 없이 좀더 정교한 장치들을 만들어내고는 있지만 이런 장치들이 어떤 목적, 목표, 혹은 가치들에 기여하게 될 것인지에 대해서는 오히려 혼란스럽기만 할 따름이다.[7]

그러나 이런 불길한 약점에도 불구하고, 지성사회를 지배하고 있는 현재의 위치에서 과학적 자연주의를 제거해 내기는 쉽지 않다. 왜냐하면 이것은 이미 과학자들에게 거대한 힘을 부여했기 때문이다. 만일 과학이 유일한 지식의 원천이라면 과학은 다른 모든 것들에 앞서게 되고, 과학만이 문화 전반에 대해 권위를 가지고 말할 수 있게 된다. 따라서 과학이라는 이름으로 이루어지는 기독교 신앙에 대한 공격을 이겨내려면 우리의 첫 번째 목표는 다윈의 진화론 같은 특정한 이론들이 아니라 그 밑에 깔려 있는 과학적 자연주의의 철학이어야 한다.

그리스도인들은 과학적 자연주의가 일관성이 없고 자기 모순에 빠져 있다는 사실을 갈파해야 한다. 왜냐하면 과학자들은 다른 모든 사람들에게 제시해 주고 있는 바로 그 틀에서 자기들은 제외시켜야 하기 때문이다. 모든 인간들은 자연적인 이유로 인해 움직이는 메커니즘으로 전락해 버렸다. 과학자들 자신만을 제외하고는. 왜 그런가? 자신들의 실험을 수행해 나가기 위해서는 적어도 '자기들만큼은' 물질적인 인과의 그물망을 초월할 수 있으며, 이성적인 생각을 할 수 있고, 자유로운 사색을 할 수 있으며, 이론을 만들어내고, 객관적인 진리를 인식할 능력이 있다고 가정해야만 한다. 그들 자신만이 그들 이론의 유일하고 빛나는 예외가 되어야만 한다는 것이다. 이것이 바로 자연주의의 치명적인 자기 모순이다.

C. S. 루이스는 이에 못지않게 치명적인 또 하나의 모순을 지적하고 있

다. 자연주의자들은 존재하는 모든 것들은 자연의 힘으로 설명할 수 있다고 가정한다. 그러나 그러한 가정 자체가 자연력의 결과일 수 없으며, 혹은 진정한 진리라고 내보일 자격도 없다. 왜냐하면 어떤 사상도 우리 뇌 속에서 이리저리 부딪히는 입자들이 만들어낸 것이라면, 그것은 진리냐 아니냐를 떠나 다만 자연현상일 뿐이기 때문이다. 예를 들어, 만일 어떤 사람이 자기 방에 불이 났다고 말하는데, 그가 방금 환각제를 복용한 것을 알고 있다면, 우리는 아마 소방서에 전화를 하지는 않을 것이다. 만일 어떤 사상이 우리의 뇌 속에서 이루어지는 물리화학적인 작용의 산물이라면, 우리는 그것을 무시할 것이고 이성적인 생각이라는 신뢰를 부여하지 않을 것이다.

이제 과학적 자연주의는 '모든' 사상이 뇌 속에서 이루어지는 자연적인 작용의 산물이라는 결론을 내려야만 한다. '과학적 자연주의라는 사상 자체를 포함해서 말이다.' 따라서 그것이 사실이라면, 과학주의는 이성적인 생각이 아니며, 무시되어야 하는 생각에 지나지 않는다. "인간의 생각이 불합리한 이유들의 결과라고 결론을 내리는 어떤 우주이론도 받아들일 수 없는 이론이 되어버린다"고 C. S. 루이스는 말하고 있다. "생각하기 위해서는 우리의 논리가 타당하다는 주장을 해야 하는데, 만일 우리의 생각 자체가 그저 뇌의 기능일 뿐이고, 뇌는 불합리한 물리적 과정의 결과라고 한다면 우리의 논리는 타당성이 없게 된다."[8]

그렇다면 그리스도인들의 임무는 분명하다. 과학에 궁극적인 지적 권위를 부여하고 있는 과학적 자연주의의 결함을 드러내는 것이다. 우리가 이렇게 하는 것은 우리가 과학에 반대하기 때문이 아니라 과학이 하나님의 세상을 탐구하고 인간의 고통을 줄여주는 수단으로서 자기의 본래 역할을 회복하게끔 하려는 것이다. 또 그리스도인들이 이 일에 앞장서야 하는데, 왜냐하면 원래 과학이 탄생하게 된 것은 성경적 세계관의 틀에서였고, 또 그런 틀 속에서만 과학이 제 역할을 할 수 있기 때문이다. 사실 많은 사람들이 놀라겠지만, 기독교가 없다면 과학은 없다.

자연의 본질

근대과학이라고 알려진 탐구방법은 성경의 신앙을 토대로 한 기독교화된 유럽문화에서 시작되었고, 과학혁명의 주요 인물들 대부분은 신앙을 토대로 연구하던 신자들이었다. 사실 현대 과학사가(科學史家)들은 신자와 비신자를 불문하고, 무엇보다도 먼저 근대과학을 가능하게 했던 저변의 태도와 지적 전제조건들을 기독교가 제공했다는 사실에 동의한다.[9] 기독교 세계관의 가장 중요한 요소 몇 가지를 다른 세계관과 비교해서 생각해 보도록 하자.

'물질세계는 환상이 아니라 실재이다.' 대부분의 동방문화는 범신론을 채택하고 있어, 물질세계는 환상(마야)이라고 가르친다. 그러나 성경은 하나님께서 물질세계를 창조하셨다고 말한다. 그것은 실재하는 것이며 우리가 알 수 있는 것들이다. 이러한 가정은 서구 사상가들이 물질세계를 소중하게 여기도록 만들었으며, 연구할 가치가 있는 것으로 생각하게 하였다.

'자연은 선한 것이지만 신성한 것은 아니다.' 많은 이방 문화들은 이 세상이 신의 거주지, 혹은 하나님 자신의 본질이 방출된 것이라고 가르치는 물활론(애니미즘)을 주장한다. 따라서 이들은 태양신, 강의 여신, 별의 신 등 자연이 살아있는 것이라고 믿는다. 이러한 고대의 믿음이 오늘날에 부활하고 있다. 예를 들어, 디즈니의 영화 "포카혼타스"에서 어린 인디언 소녀, 지구는 '그저 죽어있는 것일 뿐'이라고 생각하는 백인 남자를 꾸짖으며, '모든 돌, 나무, 그리고 모든 피조물도 생명이 있고, 영혼이 있으며, 이름을 가지고 있다'고 훈계한다. 이것은 애니미즘을 아주 놀랍도록 분명하게 표현한 예이다.[10]

그러나 창세기 1장은 이 모든 것들과 전혀 반대되는 입장을 가지고 있다. 자연은 신성한 것이 아니라고 가르친다. 그저 하나님의 손으로 지으신 것임을 말한다. 역사학자들은 이런 교리의 효과를 자연에 대한 '탈신성화'라고 묘사하고 있는데, 이는 과학의 아주 중요한 전제 조건이다. 만일 자연이 종교적인 숭배를 요구하고 있다면, 자연의 비밀을 너무 깊이 파헤치는 것은 불경한 것이 되겠기 때문이다. 자연을 '탈신성화' 함으로 말미암아, 기독교는 자연을 공포와 경배의 대상에서 과학적인 연구의 대상으로 만들었다.

'자연은 질서 있고 예측가능하다.' 기독교의 또 다른 분명한 공헌은 자연법칙이라는 사상이다. 동서양의 어떤 종교나 문화도 자연에 대해 법칙이라는 말을 사용하지 않았다. 사실 근대 이전의 사람들은 대개 자연을 신비스럽고, 위험하며, 혼란스러운 것으로 보았다. 그 결과, 역사가 칼 베커(Carl Becker)가 말하는 것처럼 자연법칙 사상은 일상적인 경험에서 나온 것이 아니라, 하나님은 창조주시며 동시에 법칙을 제정하는 분이시라는 성경의 가르침으로부터 나온 것이다.[11] 초기의 과학자들은 그들이 자연의 질서를 증명할 만한 충분한 증거를 모으기도 전부터 자연이 질서 있는 것이라는 믿음을 가지고 행동했다.

인간은 자연의 질서를 발견할 수 있다

뿐만 아니라 초기의 과학자들은 인간정신으로 자연의 질서를 발견할 수 있다는 믿음을 전제로 행동했다. 이 확신은 우리가 하나님의 형상을 가지고 태어났다는 성경의 가르침에 근거한 깃이었다. 각 문화들을 비교해 보면 이런 확신이 얼마나 독특한 것인지를 알 수 있다. 고대 중국인들은 자연에 어떤 질서가 있다고 믿었으나, 인간의 정신으로는 탐색할 수 없는 내재적인 필요성이라고 생각했다. 이런 이유 때문에, 중국인들은 위대한 기술적 업적에도 불구하고, 스스로를 수정해 가는, 실험으로 입증되는 과학(오늘날의 과학처럼)을 발달시키지 못했다. 반면에 하나님의 형상이라는 성경의 가르침은 적어도 부분적으로는 인간의 이성이 천지를 만드신 하나님 자신의 이성을 반영하고 있다는 것을 의미하는 것으로 해석되었다. 따라서 우리는 '하나님을 따라서 하나님처럼 생각을 할 수 있게' (초기 과학자들이 널리 사용하던 언어로 말한다면) 되었고, 하나님께서 피조물에 부여하신 질서를 발견할 수 있다.

실험의 필요성

그러나 우리가 '어떻게' 하나님의 생각을 하는 것일까? 과학에 있어 이 질문에 답하는 것은 매우 중요하다. 고대 그리스인들은 과학을 물질에 본원적으로 존재하는 합리적인 구조에 대한 직관으로 이해했다. 이는 이 세계가 이런 상태인 것은 그것이 합리적으로 필요한 것이기 때문임을 의미한다. 따라서 이 세계에 대한 진정한 지식은 주로 논리적인 분석을 통해 얻어진다.

그러나 중세 말경, '주의주의'(主意主義, voluntarism)라는 일종의 기독교 신학이 생겨났는데, 이는 합리적인 질서는 자연 안에 본원적으로 존재하는 어떤 것이 아니라, 하나님의 의지와 계획에 의해 자연에 부과된 것이라는 주장이었다. 주의주의는 과학에 있어 실험적 방법론을 고취시켰다. 만일 이 세계가 합리적 필요성에 의해 조성된 것이 아니고 하나님의 자유로운 선택에 의해 창조된 것이라면 헬라인들처럼 상아탑에 가만히 앉아 논리적 분석만 해서는 지식을 얻을 수 없겠기 때문이다. 그 대신 우리는 밖으로 나가서 하나님이 실제로 하신 일들을 보아야 한다. 우리는 관찰하고 실험해야 한다.

초기 과학자들 중 많은 이들이 주의주의 신학과 과학적 방법론을 분명하게 연결하고 있었다. 예를 들어, 아이작 뉴턴의 친구인 로저 코츠(Roger Cotes)는 이 세계가 '하나님의 완전히 자유로운 의지'에 의해 창조되었으며, '따라서' 우리는 이 세계를 '관찰과 실험'으로 연구해야 한다고 적고

있다.[12]

갈릴레오(Galileo)도 이와 비슷한 주장을 했고, 이것이 의미하는 바가 무엇인지 기억에 남을 만한 예를 보여주었다. 4.5킬로그램짜리와 450그램짜리 중 어느 것이 먼저 떨어지는지 알고자 했을 때, 그는 철학적인 질문을 하지 않았다(당시 그는 '무게의 본질'에 대해 충분히 숙고하지 않았다고 비판을 받았다). 대신 그는 피사의 사탑에서 두 개의 공을 떨어뜨려 무슨 일이 일어나는지 관찰했다.

'자연의 질서는 수학적으로 정밀하다.' 근대과학은 자연의 질서가 정밀하기 때문에 수학의 공식으로 표현될 수 있다는 사상에 근거하고 있다. 이것도 기독교의 공헌 가운데 하나이다. 다른 종교들에서 이 세상의 창조는 신들도 마음대로 통제할 수 없었던 이미 존재하던 물질들에서부터 시작된다. 예를 들어, 서구에서 그리스인들은 물질이 영원 선부터 존재해 왔으며, 창조자(다소 열등한 신)에 의해 부여된 합리적인 질서에 저항할 수 있다고 믿었다. 그 결과 그리스인들은 자연에는 정밀성이 부족하여 가장자리에서는 희미해지고, 자주 이상현상과 불규칙한 일이 일어날 것이라고 기대하고 있었다.

그와 대조적으로 성경은 하나님만이 영원하시며, 하나님이 통제하실 수 없거나 하나님께 저항할 수 있는 선재(先在)하는 '물질'이란 없다고 가르치고 있다. 이 세계는 완전히 하나님의 손에서부터 나왔으며(무로부터의 창조), 완전히 하나님의 지휘 아래 있다. 그 결과, 그리스도인들은 자연의 질서가 하나님이 원하시는 그대로라고 생각히며, 그래서 수학적으로 정확하다고 생각한다.

예를 들어, 코페르니쿠스(Copernicus)가 행성들이 지구가 아니라 태양을 도는 것이라고 말했을 때, 그는 사실 이 새로운 가설에 대한 경험적인 증거를 가지고 있지 못했다. 망원경을 발명하기 전에 행성을 관측하면 태양중심의 체계로 보일 뿐 아니라 지구중심의 체계로 볼 수도 있었기 때문이다. 태양중심의 체계를 선호하는 단 한 가지 요소가 있다면 태양중심체계가 수학적으로 더 단순하다는 것이다. 태양중심의 체계는 공식(公式)에 별다른 변형을 가하지 않아도 되었다. 코페르니쿠스는 하나님이 이 세상을 수학적으로 정확하게 만드셨다고 믿었기 때문에, 그로서는 더 나은 공식을 얻는 것이 좋았다. 물론 망원경이 발명되었을 때, 코페르니쿠스가 옳다는 것이 입증되었다. 그러나 과학혁명의 문턱에 서 있었던 코페르니쿠스는 그가 얻을 수 있는 과학적 사실들에 입각한 것이 아니라 그리스도인의 신앙으로 영감을 받았다.

이와 동일한 신앙이 당시 사람들이 믿고 있던 바와는 달리, 행성의 궤도는 원이 아니라 타원이라는 사실을 발견한 요하네스 케플러(Johannes Kepler)에게도 영감을 주었다. 케플러는 화성궤도의 계산치와 실제 관측한 값이 약간 다른 것에 주목했다. 그 차이는 너무 작아서 다른 과학자들은 무시해 버렸지만, 케플러는 모든 피조물은 하나님이 원하시는 방법대로 존재한다고 믿었다. 하나님이 궤도가 원이기를 원하시면 정확히 원일 것인데, 원이 아니기 때문에 정확히 다른 무엇일 것이라고 믿었다. 케플러는 관찰된 내용과 공식을 일치시키려 노력했으나, 마침내 그 궤도가 타원이라는 사실을 발견했다. 이런 어려운 시절 동안, 그를 지속하게 해준 것은 신앙이었다. 즉 성경의 하나님이 물질에 대한 완전한 통제를 하고 계시기 때문에, 결국 수학적으로도 정밀할 것이라는 믿음 말이다.[13]

"자연과학에 관련된 응용수학의 가능성은, 자연은 전능하신 하나님의 피조물이라는 기독교 신앙의 표현이다"라고 역사학자 콜링우드(R. G. Collingwood)는 말하고 있다.[14]

변증학으로서의 과학

우리는 과학이 기독교를 논박했다는 소리를 여러 곳에서 듣는다. 그러나 오늘날 역사적인 증거들이 우리에게 분명히 답해 준다. 오히려 이와 반대로 과학을 가능케 만든 것은 기독교였다. 과학이라는 이름으로 이루어지는 공격에 위협받았다기보다는 과학적 방법의 존재 자체, 그리고 과학이 성취한 모든 것은 오히려 기독교 진리의 편에 선 위대한 변증이 되고 있다.

역사적으로 많은 신자들이 바로 이런 일들을 해왔다. 초기 과학자들 중 가장 위대한 인물로 생각되는 아이작 뉴턴은 자신의 신앙을 옹호하기 위한 욕구에서 열심히 과학을 추구했던 경건한 그리스도인이었다.[15] 그는 이 세상에 대한 과학적인 연구가 곧바로 이 세계를 창조하신 하나님께로 연결될 것이라고 굳게 믿었다. 뉴턴은 "과학은 제일 원인이 무엇이고, 하나님이 우리에 대해 어떤 힘을 갖고 계시며, 우리가 그에게서 어떤 유익을 얻을 수 있을지 알려주어, 그분에 대한 우리의 의무와 서로에 대한 의무가 자연의 빛을 통해 우리에게 나타나게 될 것"이라고 기록하고 있다. 과학이 왜 이런 모든 것을 보여준단 말인가? 과학의 일은 '결과에서 원인을 끄집어내어 마침내 기계적인 것이 아님이 분명한 제일 원인을 알게 하는 것이기 때문'이다. 다시 말해, 이 세계가 기계적인 원인으로 움직여진다고 하지만, 이들을 거꾸로 추적해 보면 제일 원인은 어떤 지능을 가진 합리적인 존재일 수밖에 없다는 것이다.[16]

"태양, 행성, 그리고 유성이라고 하는 가장 아름다운 체계는 지적이고 능력 있는 존재의 지혜와 다스림에서만 생겨날 수 있다"고 뉴턴은 적고 있다.[17] 그의 친구 로저 코츠가 뉴턴의 작업은 "무신론자들의 공격으로부터 가장 안전한 보호막이 될 것이며, 이 화살통에서부터 가장 훌륭한 화살을 꺼내어 신을 부정하는 무리들을 향해 날릴 수 있을 것이다"라고 기록하고 있는 것은 별로 놀랄 일이 아니다.[18] 바로 이것이 우리가 오늘날 회복해야 할 접근방법이다.

오늘날 학교의 표준교재에서는 아직도 과학의 등장을 종교의 사망원인으로 취급하고 있어 교실 안에 있는 어린 그리스도인들을 수세적인 입장으로 몰고 있다. 이렇게 정형화된 사고방식은 기독교를 욕하고 싶었던 계몽주의 합리론자, 볼테르(Voltaire)나 기븐(Gibbon)과 같은 초기 근대 사학자들의 유산이다. 그 결과, 이들은 종교를 과학과 진보의 적으로 묘사하는 서구문명의 역사를 만들어내었다.[19] 이것이 전통적인 지혜 속에 너무 깊이 각인되었기 때문에 오늘날 훈련된 과학자들이 아닌 그리스도인들조차도 이 장 안에 있는 주장을 알아채야만 하고, 이런 정형화된 것들 사이를 비집고 진실을 봐야 하고, 우리 신앙을 지키기 위해서는 스스로 변호를 할 수 있어야 하게끔 되었다.

나의 대학성적은 그런대로 괜찮은 편이지만 물리학에서는 거의 낙제점을 받았고, 따라서 과학분야에서 전문가라 주장할 수 없는 상태임을 고백해야겠다(그러나 낸시는 이 주제에 대해 많은 글을 써왔다). 그러나 나는 과학적 변증학의 논리를 따라갈 수 있으며, 대부분의 보통 그리스도인들도 그럴 수 있을 것이라 생각한다. 우리의 변론은 매우 강력한 것이고, 현재 지배적인 자연주의적 정통이론에 대해 도전할 수 있는 도구를 우리에게 부여해 주고 있으며, 설득력 있는 변증학을 제공하고 있다.

많은 그리스도인들이 바로 이런 일을 하고 있다. 1960년대 급진주의의 온실이었던 버클리대학의 법학과 교수 필립 존슨의 경우를 생각해 보라. 1987년 영국에서 안식년을 보내던 그는 다윈의 진화론에 대한 책을 몇 권 샀다. 법률가의 날카로운 눈으로 그 책을 보고서, 그는 그 논리가 얼마나 엉성하며 그 증거가 얼마나 보잘것 없는 것인지를 알고서 놀랐다. 다윈주의가 오늘날 지배적이 된 것은 과학적인 증거의 힘 때문이 아니라, 다윈주의가 하나님을 거부하고 인간을 도덕적으로 자율성이 있는 존재라고 묘사하는 세계관 때문임을 알게 되었다. 하나님의 설계냐 다윈주의냐 하는 문제의 핵심은 서로 상반되는 세계관 사이의 전투라는 것을 깨달았다.

그래서 이제 그는 품이 넉넉한 트위드를 입고, 테 없는 안경을 쓰고서, 강의계획도 취소하고 잦은 초청을 받아들여 세계의 가장 유명한 과학자들로 가득 찬 강의실에서 하나님의 설계를 주장하고 있다. 그의 책은 베스트셀러가 되었고, 하나님의 설계를 주장하는 자세한 과학적 내용을 밝혀내는 젊고 유능한 과학자들에게는 멘토 역할을 하고 있다.[20]

꼭 교수가 되어야만 이런 주장을 할 수 있는 것은 아니다. 1996년 콜로라도에서는 열다섯 살 난 대니 필립스가 한 강의에서 인간의 생식에 대한 PBS방송의 NOVA시리즈 비디오를 보여줄 때 항의하고 나섰다. 이 시리즈는 생명이 수십 억 년 전 '강한 바람이 대기 중에 흩어진 분자들을 모음으로써' 시작되었다는 놀라운 진술로부터 시작되고 있었다. 대니는 학교 당국에 가서 이 비디오는, 교사들이 진화론을 사실이 아니라 하나의 이론으로 제시해야 한다는 학교의 정책을 위반한 것이라고 주장했다. 그는 비디오의 첫 진술이 불필요한 것이며 교조적이라는 자신의 주장을 아주 공손하고 설득력 있게 제시했다. 즉 비디오는 아무런 증거도 없이 지구상의 생명이 순전히 우연으로만 작동하는 자연법칙의 산물이라고 주장하고 있다고 말했다. 학교 이사회의 검토위원회는 이 비디오 사용을 중지하기로 동의하였다. 그러자 먹이를 잡으려고 쏜살같이 내려오는 독수리처럼 미국시민자유연맹(ACLU)는 즉각 이사회로 와서 소송을 걸겠다고 위협하였고, 그러자 학교당국은 자신의 결정을 뒤집었다.[21]

대니는 단호한 반대 앞에 서 있는 한 어린 학생이었고, 그래서 결정이 뒤집어지는 것은 예상할 수 있는 일이기도 했다. 그러나 문제를 제기하는 것 자체가 아주 중요한 출발점이 된다. 이에 대해 그가 취한 행동은 공립학교의 관리들에게 접근하는 좋은 모델이 되고 있다. 대니는 완전히 자기 혼자 행동했으며, 따라서 비판자들도 그를 외부세력의 앞잡이라고 말할 수 없었다. 그는 과학적 사실이라고 제시되는 자연주의 철학의 분명한 사건에 대해서만 자신의 불평을 제한했다. 그리고 그는 교실에서의 교육용 비디오로 "다윈주의: 과학인가, 자연주의 철학인가?"(Darwinism: Science or Naturalistic Philosophy?)를 제안했는데 이 비디오는 스탠포드대학에서

나무랄 데 없는 학자들 사이에 있었던 토론을 담고 있다.[22]

만일 그리스도인들이 교실에서나 미디어에서 이성과 증거를 가지고 지적으로 문제를 제기하게 되면 우리는 결국 무게중심을 바꿀 수 있게 될 것이다. 이미 기존 과학계가 점점 신경이 날카로워지고 있다는 징표가 있다. "워싱턴 포스트"지는 "창조론이 돌아오고 있다"라는 제목의 기사에서 최근 학교에서 벌어지는 논쟁을 소개하고 있다.[23] "사이언스"지는, 더욱 나쁜 것은 그들이 '치밀한 새로운 전략'을 가지고 돌아오고 있다는 사실이라고 경고하고 있다.[24] 이 새로운 전략에는 과학이라고 위장하고 가르치고 있는 자연주의 철학과 진정한 과학을 구분할 수 있도록 사람들을 돕고, 비판적인 사고를 할 수 있는 기술을 배우는 것도 포함된다. 비디오에 대해 대니가 항의했던 것처럼 말이다.

문제는 진화론의 구체적인 사실들이나 창세기의 구체적인 사실들이 아님을 말할 필요가 있다. 문제는 생명이 비인격적인 힘의 산물이라고 보는 세계관이냐, 아니면 어떤 지적인 존재에 의해 설계된 것이라고 보는 세계관이냐 하는 것이다. 우리는 세계관에 대해 세계관으로 대항해야 한다.

전형적인 학교 교과서에 사용되는 교리적인 주장을 생각해 보자. "당신은 동물이다. 그래서 흙벌레와 동일한 유산을 가지고 있다."[25] "진화는 임의적인 것이며, 방향이 없다… 아무런 계획이나 목적도 없다."[26] 미국의 공립학교는 종교에 대해 중립이어야 한다. 그러나 이런 진술들은 분명히 중립적인 것이 아니다. 이것들은 유신론적인 종교에 대해 적대적이다. 또 이것들은 경험적인 증거(진화가 아무런 목적이 없다는 것을 어떻게 증명하겠는가?)의 범위를 넘어서고 있고, 따라서 과학적이라기보다는 철학적이다.

그렇다면 우리가 학교를 다룰 때 첫번째 목표는 교육자들이 철학적 주장과 과학적 이론을 구별하도록 하는 것이다. 다시 말해, 이들이 철학적 주장을 마치 과학인 것처럼 말하는 것을 중단하도록 해야 한다. 이 문제를 지성적이고 공손하게 제기한다면 대부분의 교사들은 공정한 정신을 가지고 있어, 이에 대해 반응할 것이다.

둘째, 우리는 과학을 정직하게 가르치도록 압력을 행사해야 한다. 즉 교육가들은 진화를 입증하는 예를 가르칠 뿐만 아니라, 이에 모순되는 것, 예외가 되는 것, 또 해결되지 않은 의문들도 가르쳐야 한다. 과학교육가 노리스 앤더슨(Norris Anderson)은 그의 책「교육인가 교리화인가」(*Education or Indoctrination*)에서 교과서에서 자연주의가 얼마나 교조적으로 전달되고 있는지를 보여주고 있다. 예를 들어, "다윈은 생물 다양성의 원인이 초자연적인 창조가 아니라 자연적인 원인에 의한 것이라고 말함으로써 생물학의 과학적 기초를 튼튼하게 하였다."[27] 또는 "오늘날 진화의 증거는 너무 많다… 진화는 더 이상 하나의 이론이 아니다" 등의 예이나. 또 이 교과서에는 골치아픈 비평가들을 부식한 사람들이라고 말함으로써 선제공격을 가하고 있다. "진화론에 반대하는 사람들은 항상 있어 왔다. 그리고 이들은 기회가 있을 때마다 이를 공론화시켜 무언가 이득을 얻고자 하여 '다윈이 틀렸다'고 선언하는데, 대개는 그들이 다윈주의에 대해 무식하다는 것을 드러내고야 만다."[28]

그러나 앤더슨 자신은 다른 어떤 사람들보다 다윈주의를 잘 이해하고 있는 사람이다. 교과서 집필자였던 그는 현재와 같은 교조적 진화론 교육 방법을 채택한 저 악명 높은 "생물과학 커리큘럼 연구"(BSCS, Biological Sciences Curriculum Study) 시리즈 준비에 참여했던 사람이었다. "난 사실 진화론의 전도사였다"라고 그는 찡그리며 말한다. 그러나 그의 한 동료가 사적으로 "나는 인간의 진화가 이루어졌다고 믿지만, 눈꼽만큼의 증거도 없다"고 하는 말을 들었을 때 회심을 경험하게 되었다. 앤더슨은 깜짝 놀랐고 증거의 실제현황을 반영하여 새로 책을 쓰자고 제안했다. 그러나 그의 제안은 격렬하게 거부되었다.

"그 때문에 자신의 이상주의가 무너졌다"고 앤더슨은 말한다. "나는 과학자들이 굳게 결속하여 과학적 확실성에 대한 잘못된 이미지를 제시하고 있음을 보았다."[29] 그의 반응은 자신의 고향 앨라배마 주에서 성공적인 캠페인을 벌여 마침내 생물학 교과서 표지 안쪽에 진화론의 예외와 모호한 것의 목록을 간지로 붙여넣는 데 성공했다. 다른 주에서도 이와 비슷하게 간지를 넣을 생각을 하고 있다.

이것은 아주 좋은 출발이다. 왜냐하면 이제 우리들은 그들이 말하는 바가 완전히 일방적이 되도록 음모를 꾸몄다는 것을 사람들이 알 수 있도록 도와주어야 하기 때문이다. 우리들은 '과학적 확실성이라는 잘못된 이미지'를 깨뜨리게 될 정직한 접근을 하도록 압력을 가해야 하고, 생명과 우주에 대한 완전히 자연주의적인 설명을 입증하는 증거와 반대의 증거를 모두 공개적으로 견주어보아야 한다.

아마 우리가 할 수 있는 가장 중요한 일은 젊은 그리스도인들이 과학을 전문직업으로 택하여 성경적인 과학의 틀이 실제로 아주 유용한 것임을 보여주는 일일 것이다. 대부분의 그리스도인들은 과학을 선교의 장으로 생각하지 않는다. 나는 이 사실을 미국 대륙횡단 비행기에서 한 친절한 젊은이가 나에게 자신을 소개할 때 알게 되었다. 그는 나의 저서들이 자신의 영적 성장에 얼마나 큰 의미가 있었는지를 얘기하고 나서 자신은 분자생물학을 전공한다고 설명했다. 그러나 학위를 끝내고 나면 그는 남아메리카의 선교현장으로 갈 계획을 세우고 있었다.

"그렇게 되면, 내 책은 자네의 영적 성장을 바르게 인도하지 못하게 되는 것 같네"라고 나는 말했다.

그 젊은이는 놀라서 나를 쳐다보았다.

"왜 자네는 하나님을 섬기기 위해 남미로 가야 한다고 생각하는가?" 나는 물었다. "그리스도인 분자 생물학자가 몇 명이나 된다고 생각하는가?"

"많지 않습니다." 그가 대답했다.

비행기가 착륙하기 전, 그는 한번 더 내 옆자리로 왔다. "생각을 해 보았는데요, 분자생물학자로도 선교사가 될 수 있을 것 같습니다"라고 그는 말했다.

바로 그렇다. 그리스도의 주재권을 삶의 모든 영역에서 확대하기 위한 성공적인 전략을 만들어내려면, 우리는 과학뿐 아니라 다른 전공분야와 직업에서도 선교사들이 필요하다.

지금이 바로 그때이다. 비록 과학적 자연주의가 종교와 과학을 서로 적대하는 범주로 갈라놓았지만 이 세상을 통합적으로 이해하길 원하는 인간의 욕구는 이런 인위적인 경계선을 넘쳐흐르고 있다. 시애틀에 있는 디스커버리 연구소(Discovery Institute) 내 "과학과 문화갱신센터"(The Center for the Renewal of Science & Culture)는 물리학, 우주학, 생물학 등과 같은 분야에 있어 하나님의 실재에 대한 증거를 발견하는 연구를 지원하고 그 결과를 공표하고 있다. "템플턴 재단"(The Templeton Foundation)은 과학과 종교의 관계를 연구하고, 이 둘 사이의 가교 역할을 하는 연구를 장려하고 있다. 그 결과 종교적인 문제들이 과학자들 모임에서도 활발하게 논의되고 있다.

중요한 문제는 이것이다. 즉, 어떤 종교가 과학의 공식적인 인증을 받게 될 것인가? 1993년 "미국과학발전협회"(AAAS, American Association for the Advancement of Science)의 연례회의에서 주일날 아침에 모였을 때, 그들은 분명히 위에서 들려오는 달콤한 찬송 소리를 듣고 좀 놀랐다. 노래를 부르는 사람은 우주학자인 조엘 프리맥(Joel Primack)의 아내인 낸시였고, 찬송은 빅뱅으로부터 생겨난 넓은 대우주 속에서 발산되는 빛을 찬양하는 "하나님의 손으로 쓰신 것(Handwriting of God)"이라는 찬송이었다. "하나님의 비밀은 처음 빛에 기록되어 있지요"라고 후렴은 말하고 있었다. "우리는 이제 곧 첫날에 대한 하나님의 일기를 읽을 수 있을 거예요."

모임의 하이라이트는 과학과 종교의 관계에 대한 회의였는데, 참가자들이 모여 '빅뱅 우주론의 종교적 중요성'이나 '세계 종교신화의 과학적 근거' 등에 관해 토론하였다. 이 시대가 스스로 조립하는 '신의 조립상자' 시대인 것을 감안한다면, 많은 연사들이 전통적인 신앙은 '과학에 기초한 신화'에 자리를 내주어야 한다고 주장한 것이 결코 놀랄 일이 아니었다. 그들은 청중들에게 우주의 진화를 "멋진 '종교적' 이야기"의 수준으로 고양시켜 "새로운 세계질서 속에서 인간을 연합시킬 능력을 갖도록" 해야 한다고 주장했다.[30]

이런 제사장적인 선언이 놓치고 있는 것은 서구 과학이 '과학에 기초한 신화'를 전제로 하거나 거기에서 생겨난 것이 아니라, 우리가 이 장에서 이미 살펴본 대로 기독교에서 나온 것이라는 사실이다. 과학자들이 이런 질문에 점점 더 관심을 갖게 되면, 그리스도인들은 이 기회를 포착하여 과학의 진정한 기초가 무엇인지를 보여주는 것이 중요하다.

하나님은 "모든 이론을 파하며 하나님 아는 것을 대적하여 높아진 것을 다 파하고 모든 생각을 사로잡아 그리스도에게 복종케"(고후 10:5) 하도록 우리를 부르셨다. 만일 우리가 이런 부르심에 주의하지 않는다면, 과학자들이 깊은 영적 갈망을 가지고 있는 이 사회에 어떤 '멋진' 그러나 잘못된 새 신화를 만들어 공급할는지 알 수 없는 일이다.

과학, 그리고 우리가 현실을 인식하는 방법에 대한 개혁은 상아탑 속의 학자들만의 문제는 아니다. 그것은 우리의 세계관 전체에 영향을 미친다. 다음 장에서 살펴볼 것처럼 종교에 대한 사상이나 윤리뿐만 아니라, 예술, 음악, 대중문화 등에도 영향을 미친다.

제41장

축복받은 사람이여

그 젊은 영화 제작자가 말리부 북쪽에 있는 그의 어머니 집을 향해 태평양연안고속도로를 달리고 있을 때, 카폰 벨 소리가 낮게 울렸다. 그는 전화기를 들어 공포에 사로잡힌 상대편의 목소리를 들었다.

"아닙니다." 그는 말했다. "아뇨… 아뇨… 제가 이미 그들에게 말씀드렸습니다… 보세요. 우리가 이 영화를 제대로 끝내려면 쓸 만한 스타가 필요해요… 아닙니다. 그건 우리가 말할 수 있는 게 아니죠. 대본은 그리 중요한 게 아니에요. 흥행에 실패하면, 우린 길거리에 나앉게 될 거에요… 그렇습니다. 그렇습니다. 우린 그렇게 할 수 있습니다. 우리는 멋진 여자들에게 얘기할 준비가 되어있습니다. 아닙니다. 난 그녀의 대리인을 원하는 게 아닙니다. 난 그녀가 직접 그 모임에 나오길 원하고 있습니다. 난 그녀가… 알겠습니다… 알겠습니다… 하지만 바로 지금 좀 그렇게 해주세요, 아시겠죠? … 좋습니다. 나중에 다시 말씀드리죠."

"프리티 우먼"이라는 영화가 성공한 이후, 모든 할리우드 스튜디오에서는 마음 착한 창녀 시나리오를 재생산하느라 바빴다. 이들은 여성들의 관점에서 '위생처리된' 것들로 가득 채운 영화를 내놓을 준비를 하고 있었다. 잔인한 남자들, 혼자 애를 키우는 여성들의 외로운 투쟁, 그리고 여성들이 자신의 생활방식을 선택할 수 있는 신성한 권리 등과 같은 것들 말이다. 그러는 동안 남자들은 그들의 몽상을 부추기는 간지러운 매력을 즐기면서 이 영화들이 전하는 '메시지'를 간과하고 있다. 이는 할리우드 스타일의 성 정치학이다.

'내가 어쩌다 여기까지 왔나?' 그 젊은 제작자는 의아해했다. 그는 높은 이상을 품고 시작했다. 성인전용의 싸구려 영화가 아니라 성인들을 위한 진지한 영화대본을 쓰고 제작하리라 생각했다.

그는 자신의 삶이 부조화를 이루면 흔히 하던 습관대로 자기가 좋아하는 클래식 음악방송에 라디오 주파수를 맞췄다. 희미한 더블베이스 소리가 고동치듯 멀리서 들려왔다. 창문 밖으로는 태평양을 볼 수 없게 가로막고 있던 집들이 점점 더 아스라이 멀어지고, 그 집들 사이로 갈색 낭떠러지로 포근히 감싸안긴, 초록빛 물거품이 이는 만(灣)을 쳐다볼 수 있었다.

더블베이스로 시작된 테마가 점점 더 커지고 강해지더니 다른 현악들이 가세하여 서로 뒤섞여서 장송곡 같은 진행으로 낮고 기다란 긴장을 만들어내고 있었다. 어쩐 일인지 그 음악은 그의 관심을 왼쪽에 있는 요람 같은 만(灣)으로 향하게 했다. 마치 바다가 땅에 대해 불평하면서 점차로 그의 눈을 들어올려 구름이 얇게 깔린 하늘을 쳐다보도록 말하는 것 같았다. 그것이 그로 하여금 무엇인가를 갈망하게 만들었다. 무엇일까?

소프라노가 갑자기 노래하기 시작했다. 그녀의 목소리는 자기를 기다리고 있을 어머니를 생각나게 했다. 지금쯤 그녀는 그가 늦어지는 것으로 인하여 뾰로통해져 있을 것이다. 그때 그는 어린시절 내내 자신이 어머니를 기다려왔음을 생각했다. 그는 어머니가 스튜디오에서 돌아오기를 기다렸다. 야외촬영지에서 돌아오기를 기다렸다. '너무 어려서 이해하지 못할 것이라'는 얘기와 함께 비행기 사고로 돌아가신 아버지의 장례식에서 어머니가 돌아오기를 기다렸다.

그러나 그는 아버지를 잃게 된 것을 너무나 잘 알고 있었다. 그가 아직도 이해할 수 없는 것은 왜 그의 어머니가 그 순간에 자신을 떨쳐냈는가 하는 것이다. 그리고 그 이후 그녀가 여러 명의 사람들과 바람을 피는 동안 그는 기숙학교로 멀리 보내졌다.

이제 둘은 무엇인가를 다시 붙잡으러 노력하고 있다. 하지만 그는 매주 저녁식사를 하러 가면서도 늘 가져왔던 경계하는 듯한 태도를 떨쳐버릴 수가 없었다.

그는 소프라노가 부르고 있는 노래의 가사를 알아들을 수가 없었다. 그러나 음악이 고조되면서 그는 그녀의 갈망하는 듯한 멋진 노래에 매료되었다. 갑자기 음악의 정점에서 음악이 밝아지고 달콤쌉쌀해진 순간, 자기도 모르게 그의 눈에서 눈물이 흘렀다. 그는 자기도 알지 못하는 어떤 것을 갈망하고 있었다.

사람들은 음악을 통해 '황홀경'에 빠지는 것에 대해 말하곤 한다. 그에게 이런 일이 일어났음이 틀림없다. 음악은 거대한 감정의 저장물들을 풀어놓고 있었고, 그는 완전히 음악에 맡겨진 채였다. 그는 길가로 차를 세우고, 운전대에 머리를 숙이고 그 음악이 불러일으키는 비탄과 황홀경에 자신을 완전히 맡기고 있었다. 자기 옆으로 차들이 지나가는 것을 그는 듣고 있었다. 그러나 이상한 음악의 힘이 그를 사로잡아 그를 꼼짝 못하게 했고, 그는 그가 겪었던 모든 상실의 아픔 하나하나에 대해 그의 마음을 털어내며 울고 있었다.

음악의 선율이 가라앉고 원래의 선율로 돌아가면서 슬픔을 가라앉혔다. 그는 그의 오른쪽에 있는 늙은 호박색의 낭떠러지를 쳐다보았다. 그리고 고속도로 저편의 바다를 쳐다보았는데, 거기에는 산호로 삐죽삐죽한 표석들이 파도를 맞으려고 행진해 나가고 있었다. 그는 지금 이 자리를 기억하리라 생각했다. 이 거룩한 부재(不在)의 땅 말이다. 저 바다에서 행진하는 표석들을 볼 때마다, 그는 이 강력한 음악을 기억하게 될 것이다.

'이제 음악이 끝났구나' 생각할 정도로 음악이 조용해졌을 때, 그는 볼륨을 올려 곡명과 작곡가를 알려고 했다. 그러나 또 다른 악장이 시작되었다.

그는 그 음악에 대한 정보를 알 수 있을 때까지 아무 데도 가지 않겠다고 생각했다. 그 음악은, 그의 내면에 있는 진정한 예술가가 항상 영화 속에서 창조해 내려 했던 바로 그것을 표현하고 있었다. 이 시대의 경험에 충실하면서도 동시에 인간의 가장 깊은 감정을 건드리는 그런 능력을 가진 것 말이다. 제2악장이 채 끝나기도 전에 그는 휴대폰을 들어 전화번호 안내에 전화했다. 그리고서 KMCB 방송국에 전화했다.

"이 음악의 곡명이 무엇입니까? 지금 방송되고 있는 곡 말입니다."

"고레츠키 3번입니다." 그가 물었다.

"뭐라구요? 스펠링이 뭡니까?"

"발음대로는 아닙니다. 폴란드인이거든요. 헨릭 고레츠키입니다. 고레츠키라고 발음합니다만 스펠링은 G-O-R-E-C-K-I입니다."

"CD를 구할 수 있습니까?"

"이 노래 처음 들어보십니까?"

"네, 그렇습니다. 차에서 전화를 걸고 있습니다만, 이런 노래는 정말 처음 들어봅니다."

"당신뿐 아니라 다른 사람들도 마찬가지입니다. "빌보드" 차트 클래식 부문 톱입니다. 팝송 차트에서도 7번째입니다. 하나의 사건입니다."

* * *

헨릭 고레츠키와 그의 교향곡 제3번 "슬픔의 노래"(Symphony of

Sorrowful Songs)는 1993년에 전세계적으로 알려졌는데, 이 음악은 이미 15년 전에 작곡된 것이었다. 우리 이야기 속에 있는 영화제작자는 가상의 인물이지만 그가 보인 반응은 라디오 방송국 담당국장들이 뉴스에 소개한 기사에 기초하고 있다. 이들에 의하면, 방송국마다 시청자들의 전화가 빗발쳤으며, 그 중 많은 사람들은 이 음악에 사로잡혀 길가에 차를 세워놓고 울었다고 한다.

실험적인 음악의 부조화와 삐걱거림이 진지한 현대음악을 압도하는 그런 세상에서 어떻게 이 음악은 현대적이면서도 그리 격정으로 가득 차 있을까? 왜 "슬픔의 노래"는 그렇게 많은 청중들에게 호소력이 있는 것일까? 더욱 신비한 것은, 고레츠키는 인간 영혼의 이름 모를 어떤 부분에 말하고 있다는 것이다. 이 작곡가는 누구이며, 그는 이 노래를 어떻게 작곡했는가?

헨릭 미콜라지 고레츠키(Henryk Mikolaj Górecki)는 1933년 폴란드에서 태어났다.[1] 그의 어머니는 피아노를 연주했고, 철도 노동자로 일한 그의 아버지는 아마추어 음악가였다. 그가 두 살 때 어머니가 돌아가셨는데, 아버지의 재혼 후, 고레츠키는 음악에 대해 어떤 격려도 받지 못했으며, 어머니의 피아노를 연주하는 것까지도 금지당했다. 그래서 그는 몰래 독학으로 연주를 하다가 마침내 본격적으로 공부할 수 있게 해 달라고 졸랐다. 그러나 음악적으로 아주 많이 뒤떨어진 상태에 있었기 때문에, 처음 리브닉에 있는 일종의 공연예술 고등학교인 중급음악학교에 지원하였을 때, 그는 낙방하고 말았다.

그러나 1955년, 고레츠키가 카토비체에 있는 고등음악학교에 입학하였을 때, 그는 이미 이름 있는 작곡가였고, 졸업도 하기 전에 그의 음악은 국가적인 주요 행사에 등장했다. 1960년대 초, 그는 파리에서 열린 국제 음악축제에서 입상하였고, 카토비체 고등음악학교의 교장이 되었다. 그러나 헨릭 고레츠키의 천재성을 가장 잘 입증하는 것은 20세기 후반의 결정적 순간에 그가 한 역할이었다.

1977년, 크라코프의 추기경 카롤 보이티야(Karol Wojtyla)는 고레츠키에게 성 스타니슬라브(St. Stanislaw)의 순교 900주년을 기념하는 작품을 작곡하라는 임무를 맡겼다. 애초부터 이 임무는 공산국가인 폴란드 작곡가에겐 위험스런 일이었다. 스타니슬라브는 세속 지배자에 대한 기독교 신앙의 도덕적 권위를 상징하는 인물이었기 때문이다. 1079년, 성 스타니슬라브는 볼레슬라우스 2세(Boleslaus II)의 간음과 불의한 전쟁을 지적함으로써 그의 분노를 샀다. 처음에 왕은 회개하였으나, 나중엔 다시 옛날 방식으로 돌아가고, 측근을 시켜 스타니슬라브를 죽이도록 했다. 그러나 이들이 거부하자, 왕은 자신이 직접 그 일을 했다. 어느 날 스타니슬라브 주교가 예배를 드리고 있을 때, 왕은 이 거룩한 사람의 머리를 칼로 두 동강 내었다.

순교한 스타니슬라브는 폴란드의 수호성자가 되었고, 교회의 도덕적 권위에 대한 상징이 되었으며, 폴란드를 지배했던 폭군들에겐 하나의 꾸짖음이 되었다. 공산국가 폴란드에서 성 스타니슬라브를 기념하여 음악을 작곡한다는 것은 정부에 반대한다는 것을 공개적으로 선언하는 일이나 마찬가지였다.

그러나 고레츠키가 이 임무를 받아들인 것이 당국을 놀라게 하는 것은 아니었다. 폴란드의 가장 이름 있는 교육기관의 수장이었던 고레츠키는 이미 수년 동안 이 학교의 운영에 끊임없이 간섭하고자 했던 '쨍알거리는 강아지들' - 공산당 관료들을 그는 이렇게 불렀다 - 과 계속 싸우고 있었기 때문이었다. 서방에서는 예술을 비정치적 세력이라고 생각하는 경우가 많다. 그러나 공산주의자들은 항상 예술에 정치적 의미가 함축되어 있다고 생각해 왔다. 그래서 이들은 예술가들이 마르크스-레닌주의에 대한 충성을 표현하기를 '선호해 왔다.'

고레츠키는 아주 신실한 로마 가톨릭 신자였다. 그는 그의 학생들에게 교회음악의 위대한 카논을 역사의 유물로서가 아니라, 살아있고 생동력 있는 전통으로 가르쳤다. 그의 작품들도 이러한 확신을 반영하여 그의 작품 중 많은 것들이 전통적인 성가 멜로디에 바탕을 두고 있다. 공식적인 공산주의 이데올로기는 기독교를 과거의 것, 즉 이제 곧 죽어 없어질 늙은이들의 것이라고 주장했다. 그러나 여기에 국가 기관의 수장이며 이미 폴란드에서 가장 유명한 작곡가가 된 고레츠키가 있어, 말라버렸다고 생각되던 우물에서부터 영감을 얻고 있었다. 그의 작품은 성 스타니슬라브가 900년 전에 그랬던 것처럼 하나의 꾸짖음이 될 것이었다. 이제 그는 이 성자에게 합창으로 드리는 멋진 헌정곡을 만들어낼 참이었다. 그런데 바로 그때 자유노조운동이 시작되어 공산주의 폴란드의 기초를 흔들기 시작했다. 이들의 불만에 크렘린의 정치 지진학자들은 아주 예민하게 반응하고 있었다.

고레츠키가 새로운 작품을 작곡하고 있던 와중에, 어떤 놀라운 일이 일어났다. 1978년 작곡 임무를 부여한 지 1년 만에, 크라코프의 추기경 카롤 보이티야는 교황 요한 바오로 2세가 되었다. 그 다음 해 교황은 자기 고국을 방문하여 성 스타니슬라브 기념일을 집전하도록 되어있었고, 공산당국은 그의 방문을 온 세계가 지켜볼 것임을 알고 있었다. 그러자 공산당국은 고레츠키에게 부과된 임무를 중단하도록 압력을 넣었다.

싸움이 계속 이어졌다. 고레츠키의 전화는 도청당했고, 그의 편지는 전달되지 않았으며, 그가 사람들을 만나면 녹음되곤 했다. 그의 가르침을 받은 학생들은 일자리를 얻을 수 없었고, 그 뛰어난 젊은 작곡가를 교수로 임명할 수도 없었다. 교수들 중 공산당원들은 그에 대한 음모를 꾸미도록 지시받았다. 음악학교의 주요 기념행사에서도 그의 사진은 사라져버렸다. 이 기념행사에 대한 텔레비전 뉴스에서도 그에 대해선 아무것도 언급되지 않았다. 고레츠키는 사람이 아니었다. 공식적으론 존재하지 않는 것이나 마찬가지였다. 언제쯤 되면 체포될 것인가… 아니면 더 나쁜 일이 일어날 것인가?

결국 당은 고레츠키가 카토비체의 고등음악학교 교장직을 더 이상 수행할 수 없게 만들었고, 1979년 그는 그 자리에서 사임했다. 그는 이제 음악만으로 사는 모험을 해야 했다.

요한 바오로 2세가 그해 6월 2일 도착했을 때, 폴란드 정부는 이에 대한 어떤 뉴스도 나가지 않도록 최선을 다했다. 관리들은 교황이 지나가는 길로 이어지는 모든 길목에 검문소를 설치하고 그 인근지역의 TV방송에 뉴스가 나가지 않도록 하며, 수많은 군중이 집회에 참여한 모습이 방영되지 않도록 조치했다. 군중들을 위협하기 위한 제트기들이 낮게 비행했으며, 그밖의 모든 방법을 동원하여 교황 방문의 영향을 최소화하려고 노력했다. 그러나 폴란드 전역에서, 심지어는 교황이 등장한 곳에서 아주 멀리 떨어진 곳에서도 사람들은 그들의 투사의 포스터를 창문에 걸어놓고, 그의 사진이 나오는 신문판매대에 화환을 걸어두기도 했다. 인간 정신에 필요한 본질적인 자유는 기나긴 어둠 속 냉전의 기간 동안 수용소 군도, 비밀경찰, 경제적 빈곤에도 불구하고 없어지지 않았다. 그 자유는 항상 살아있는 기독교 신앙에 정박하고 있었다. 이제 바로 그 신앙이 정력과 희망과 기쁨을 가지고 다시 등장했다.

고레츠키의 작곡 또한 진척되어 "베아투스 비르"(Beatus Vir, 축복받은 사람이여)란 제목으로 완성되었고, 요한 바오로 2세가 폴란드에 방문하는 며칠 후에 연주될 계획이었다. 공산당은 고레츠키를 점점 더 강하게 압박했고, 심지어 다른 음악가들이 그 연주회에 참석하지 못하도록 압력을 행사했다. 그 결과, 아무도 "베아투스 비르"를 지휘할 사람이 없었다.

"좋다." 고레츠키는 말했다. 그는 자기 자신이 합창곡을 지휘할 것이었다. 마지막 수단으로 공산당은 신체적 위협을 가했다. 그들은 암살단을 고용하여 고레츠키의 집 앞에서 '시위' 하도록 했다. 이들 '시위대'는 고레츠키의 집 앞에서 '반프롤레타리아 작곡'을 반대하는 플래카드를 흔들며 왔다갔다했다. 고레츠키가 이에 굴복하는 기미가 없자 이 폭력단원들은 집으로 침입하여 약탈했다.

고레츠키와 그의 가족들은 흔들리지 않고 크라코프로 여행했다. 그리고 6월 9일 저녁, 프란시스칸 바실리카 성당에서 요한 바오로 2세 교황과 수많은 회중들 앞에서 "베아투스 비르"를 초연하였다. 작곡가 자신이 멋진 오케스트라와 합창단을 지휘하면서.

"도미누스" 합창단은 노래불렀다. "도미누스! 도미누스! 도미누스!" (주님! 주님! 주님!)

도입부 내내 합창단은 제창으로 하나님을 부르고, 부르고 또 불렀다. 이 모임을 계기로 기도하는 수백만 명의 간절한 탄원을 소리로 내고 있었다. 이들은 900년 전, 왕의 칼이 성 스타니슬라브의 머리를 둘로 가를 때, 그의 목 인에 님아 있었을 기도를 울려내고 있었다.

"주님! 주님! 주님!" 합창단은 한번 부를 때마다 침묵 속으로 빠져들면서 다시 반복해서 부르고 있었다. 여기에서는 반주 없이 노래를 부르고 있었다.

하나님은 어디 계신가? 침묵은 그렇게 묻고 있었다. 성자가 외쳐 부를 때 하나님은 어디 계셨는가? 모든 폴란드 국민이 외치고 있을 때 하나님은 어디 계신가?

"주님!" 합창단은 외쳤다. 폴란드의 고통받고 있는 수천만 명의 사람들과 다른 동유럽 국가의 동료들, 그리고 그 밖의 지역, 더 나아가서는 하나님의 자비를 갈망하는 인간의 긴박한 외침으로.

보다 긴 침묵이 이어졌고, 오케스트라는 이상하게도 그 주간에 있었던 어떤 사건을 생각나게 하는 길고 낮은 선율을 연주하기 시작했다. 수요일에 교황은 아우슈비츠와 비르케나우에 있는 강제수용소를 방문했었다. 거기서 교황은 콜베 신부(Father Maximilian Kolbe)와 에디트 슈타인(Edith Stein)이라는 두 그리스도인의 죽음을 기념했는데, 이들의 순교는 20세기 전체주의자들의 손에 살육당한 모든 사람들을 대표하는 죽음이었다.

바리톤의 목소리가 노래하기 시작했다. "오 주님, 내 기도를 들으소서. 들으소서. 들으소서."

흔들리는 리듬은 반복적으로, 심지어 단조롭기까지 한 도움의 탄원을 암시하고 있었다. "오 주님, 내 기도를 들으소서. 당신의 의 가운데서, 들으소서." 성가대는 노래했다.

합창단과 바리톤이 합쳐져서 악보의 중간 클라이맥스로 가고 있었다. "오 주님! 당신은 나의 하나님입니다."

여기서 터벅거리던 음정이 갑자기 올라갔다. 마치 이 세상이 다시 한 번 제대로 된 것같이, 반복되는 역사의 움직임이 이제 더 이상 단조로운 죽음의 종소리가 아니라 '그리스도께서 우리와 함께 계신다'는 기쁨에서 울려나는 커다란 울림같이.

우리가 당신의 자비에 마음을 기울이게 하소서.
당신의 뜻 행하기를 가르치소서.
당신은 나의 하나님이십니다.
당신의 영이 나를 의의 땅으로 인도하소서.

이런 영광의 찬양 뒤에 잠시 쉼이 있었고, 다시 바리톤이 처음의 낮은 선율로 돌아왔다. 그러나 이제는 다음과 같은 지식의 변화가 생겨난다.

오 주님, 당신은 나의 하나님이십니다.
내 운명은 당신의 손 안에 있습니다.
내 주 하나님, 당신은 나의 구원이십니다.

도대체 무엇이 변한 것일까? 정치권력은 그저 손만 바뀌었을 뿐이다.

소련과 폴란드측의 협력자들이 나치당을 승계했다. 구원은 권력에의 의지 이외의 다른 것에서부터 시작되어야만 했다. 음악은 주장한다. 폭력의 무기들이 그들의 손 안에 있음에도 불구하고 우리들의 운명은 하나님의 손 안에 있다고.

그리고 나서 음악은 놀랍게도 아름다워진다.

"여호와의 선하심을 맛보아 알지어다."

결국 모든 국가 권력 너머에서 세상 모든 곳의 억눌린 사람들의 희망을 자유롭게 드러낼 수 있는 이는 요한 바오로 2세가 아니었던가? 진리는 변하지 않는다는 사실을 기꺼이 자유롭게 드러낼 수 있으며, 폭력의 무기 저편에 남녀의 마음 속에서 일어나고 있는 중요한 투쟁, 즉 선과 악 사이의 투쟁이 있음을 이 세상에게 다시 알리는 것 말이다.

인류 역사에서 언제나 그리스도는 진리의 투사들을 일으켜 세웠다는 사실을 인식시켜 주는 오케스트라의 종이 울려 퍼졌다. 그 종들은 그리스도는 항상 궁극적인 권위가 어디에 있는지 이 세상이 알 수 있도록 진리의 투사들을 일으켜 세울 것임을 뇌성처럼 울려주고 있었다.

"그를 믿는 자는 복이 있도다."

영적 승리의 오늘은 지나갈 것이다. 그리고 많은 어려운 날들이 올 것이다. 그러나 헨릭 고레츠키가 그의 강렬한 음악을 통한 간증 속에 담은 희망은 결코 잊혀지지 않을 것이다.

* * *

이런 역사적인 순간이 지나간 후, 고레츠키는 개인생활에 몰두했다. 아마 그의 "슬픔의 노래"가 아니었다면 세상으로부터 잊혀졌을 것이다. 1976년에 작곡된 그의 제3번 교향곡은 세 번 녹음되었으나 별 영향을 미치지 못했다. 그러다가 1993년, 런던 신포니에타가 "슬픔의 노래"를 다시 한 번 취입했는데 이번에는 소프라노 돈 업쇼(Dawn Upshaw)가 불렀다.

이 취입은 국제적인 사건이 되었다. 어쩌면 주님은 헌신과 용기를 가졌던 이 사람에게 보상해 주기를 원하셨는지도 모르겠다.

길가에 차를 세웠던 영화 제작자는 그의 어머니와 소원해진 관계에 대해 생각했다. 헨릭 고레츠키도 교향곡 제3번을 작곡할 때 자기 어머니를 생각하고 있었을지 모를 일이다. 소프라노가 부른 노래의 전문은 세 개의 노래로 구성되어 있는데, 그 중 첫번째 것은 십자가 밑에서 탄식하는 마리아에 대한 15세기 수도원의 애가였다. 두번째 곡은 폴란드 게슈타포 사령부의 한 감방 벽에 갈겨 쓴 기도문이었다. 이 기도문은 18세 소녀가 자기 어머니에게 자기를 위해 울지 말도록 촉구하며, 그리스도의 어머니가 자기를 기억해 주기를 구하는 기도문이었다. 세번째 슬픈 노래는 한 어머니가 군대 간 아들을 잃고 슬퍼하는 폴란드 민요에서 가사를 빌려왔다. 고레츠키 자신이 어린시절 어머니를 여의었기 때문에 우리는 그가 인간 실존의 슬픔을 작곡으로 표현하기 전에 이미 그의 슬픔과 갈망을 위로해 줄 그분께 의지했다고 생각해 볼 수 있을 것이다.

개인적인 것에서 보편적인 것으로 간 헨릭 고레츠키는 한 사람의 용기가 거대한 악에 대해 어떤 일을 할 수 있는지 잘 보여주고 있다. 그는 우리에게 쇠약한 세계의 영혼들에게 미치는 음악의 놀라운 힘을 보여주었다. 그리스도는 고레츠키의 음악을 통해 우리 눈에 눈물이 있을지라도 노래해야 할 것을 가르치고 계신다.

제42장
오직 하나님께만 영광을

> 복음전도자들뿐만 아니라, 예술가인 그리스도인들은 그들 안에 성령의 능력을 가지고 있기 때문에, 모든 것을 그리스도를 위한 포로로 만드는 이들은 그들의 삶에서 뿐 아니라, 그들의 작품에서도 성령의 인도하심을 받는다… 그들의 시는 사적인 것이 아니다. 그 시는 그들 자신들뿐 아니라 그들이 살고 있는 공동체를 위해 몸을 입고 태어나는 이미지들이다.
>
> 존 릭스(John Leax)

헨릭 고레츠키의 교향곡 제3번은 아마 클래식 분야와 팝 분야 모두에서 정상에 오른 첫 음악일 것이다. 클래식 음악 전문점의 근엄한 점원들은 머리를 삐쭉 세우고 오렌지색으로 물들인 펑크 록음악 팬들이 들어와서 이 음악을 찾는 데 놀라곤 한다. 나이와 배경에 관계없이 많은 사람들이 고레츠키의 중세음악과 민요에서 따온 숨막히게 아름다운, 거의 예배 음악 같은 소리에 이끌리고 있다.

그러나 고레츠키 작품에 있어 가장 으뜸가는 중요성은 이제 음악이 장조와 단조에 기초를 둔 음조음악으로 돌아가고 있음을 나타낸다는 점이다. 20세기 후반에 작곡된 거의 모든 클래식 음악에서는 그런 음조들을 버리고 비(非)음조 음악을 작곡하고 있다(아놀드 쉰베르그의 12음계나 존 케이지의 '우연의 음악' 같은 것에 바탕을 둔 것). 문제는 이런 무조 음악은 그 불쾌함 때문에 처음부터 대중으로부터 거부당하고 있었다는 것이다. 예를 들어, 해리슨 버트위슬 경(Sir Harrison Birtwistle)의 불협화음 스타일은 평론가들로부터 '지독하게 폭력적'이어서 '신체적인 고통'을 줄 정도라는 평을 들었다.[1]

왜 현대의 작곡가들은 그렇게 거친 불협화음의 곡을 작곡하는가? 그 대답은 예술 자체에 대한 정의가 바뀌었다는 데 있다. 음조라고 하는 음악의 언어는 전통적으로 자연의 음향법칙에 따르고 있는 것이라고 생각되었다(자연적으로 발생하는 소리의 배음(倍音)에 기초한). 이는 현(弦)을 아주 단순한 수학적인 길이의 비, 예를 들어 2:1, 3:2, 혹은 4:3으로 나누면 '순수한' 소리의 간격(공명)을 얻을 수 있다는 사실을 발견한 고대 그리스인들에게까지 거슬러 올라간다.[2] 그러나 현대 작곡가들은 음조란 임의로 만든 것이어서 버려도 되는 것이고, 또 새로운 음악적 언어를 만들어 낼 수 있다고 생각했다. 이와 마찬가지로 다른 분야의 예술가들도 예술이 어떤 형태로든 자연이나 객관적 실재를 나타낸다고 하는 전통적인 개념들을 포기하고, 예술가들이 스스로 자율적이고 추상적이며, 인위적인 세계를 창조해 내어 그곳으로부터 일반 대중들에게 번개를 내려칠 수 있을 것이라는 생각으로 대체했다. 사실 많은 현대예술은 주로 전통과 관습을 파괴하고 충격을 주기 위한 목적을 가진 것 같다.

몇 년 전 CBS의 "60분"이라는 프로그램에서 몰리 세이퍼(Morley Safer)는 현대예술에 대해 신랄한 비평을 하고 있었다. 이 프로그램의 하이라이트는 소변기 같은 조각품을 만든 로버트 고버(Robert Gober), 캔버스 전체를 흰색으로 칠한 로버트 라이만(Robert Ryman), 어항에 떠 있는 농구공 두 개를 그린 제프 쿤스(Jeff Koons) 등이었다. 세이퍼는 "이것이 예술입니까?"라고 물었다.[3]

그것은 아주 중요한 질문이었다. 왜냐하면 우리가 예술을 어떻게 정의하느냐가 우리 문화의 모습을 형성하기 때문이다. 고레츠키의 작품을 통해 알 수 있는 것처럼 예술은 우리 영혼의 가장 깊은 곳에 영향을 미친다. 예술은 우리의 사상을 형성할 수 있고, 감정을 움직일 수 있으며, 우리의 상상력을 확대시킬 수 있다. 우리가 듣는 음악, 우리가 우리 정신에 새기는 이미지, 우리가 들려주는 이야기들은 모두 우리 같은 사람들에게는 큰 영향력을 가지고 있다. 이것들은 우리의 신념과 가치를 표현하기도 하고 형성하기도 한다.

예수님이 얼마나 이미지와 이야기들을 잘 사용했는지 생각해 보라. 예수님은 그저 "다친 사람과 희생된 사람들을 돌보라"고 말씀하실 수 있었다. 그러나 예수님은 선한 사마리아 사람의 이야기를 해주셨다. 예수님은 단지 "하나님이 너의 죄를 사해 주신다"라고 말씀하실 수 있었다. 그러나 예수님은 돌아온 탕자의 비유를 말씀하셨다. 왜 그런가? 이야기에는 교훈적인 가르침의 능력을 뛰어넘는, 진리의 여러 측면들이 있기 때문이다. 상징, 은유, 풍유, 그리고 이미지들은 전인격, 즉 지성뿐만 아니라 감정과 의식 전체를 드러낸다. 풍부하고 생기 있는 문학의 언어는 사실의 묘사보다 훨씬 더 강력하다.

그리스도인들에게는 예술도 하나님과 그의 피조물을 이해하는 중요한 수단이 된다. 예술은 보다 분명하게 들을 수 있는 귀와 볼 수 있는 눈을 준다. 우리는 성경을 통해 모든 피조물이 하나님의 손으로 지으신 것이며 하나님의 영광을 나타낸다고 알고 있다. 그러나 우리의 귀는 이 계시에 대해 닫혀 있을 때가 많고, 우리의 눈은 멀어 있을 때가 많다. 예술가들은 피조물 안에 있는 영광을 감지하는 특별한 감수성을 가진 사람들이고, 그들의 작품을 통해 이런 영광들을 다른 사람들이 좀더 잘 볼 수 있도록 해준다.[4] 바흐의 음악, 렘브란트의 회화, 미켈란젤로의 조각을 생각해 보라.

그렇다면 왜 오늘날 예술은 그렇게 저급해졌는가? 우리는 어떻게 해서 바흐로부터 버트위슬의 불협화음으로 옮겨왔는가? 렘브란트에서 라이만의 텅 빈 캔버스로 옮겨왔는가? 미켈란젤로에서 고버의 소변기로 옮겨왔는가? 어떻게 해서 우리는 예술의 높은 품위와 목적의식을 상실하게 되었는가?

영역간의 조화

그 대답은 철학이 객관주의에서 주관주의로 옮겨왔다는 데 있다. 이제 우리가 예술 사상사를 살펴보면, 세계관에 있었던 이런 변화가 어떻게 재앙적인 결과를 가져왔는지 알게 될 것이다.

예술은 실재에 대해 뭔가 중요한 것을 전달하는 아주 강력한 수단, 그리고 진리를 나타내는 수단이라는 것이 고전적인 예술 이해였다. 예술작품이 어떤 사건을 사진처럼 포착해야 한다는 뜻은 아니다. 예를 들어, 회화는 천사같이 보이지 않는 것을 묘사할 수도 있고, 저울을 들고 있는 눈을 가린 여인으로 묘사되는 정의(正義)와 같이 어떤 추상적인 사상을 묘사할 수도 있다. 소설은 가상적인 것이지만 인간이 처한 상황에 대한 심오한 실재를 나타낼 수도 있다. 음악은 예술 중에서 가장 추상적이다. 그러나 이제 우리가 살펴보겠지만 전통적인 음계는 객관적인 실재에 바탕을 두고 있는 것으로, 자연 속에서 발견되는 소리의 주파수 사이의 수학적 관계에 기초를 두고 있다.

고대 그리스시대부터 음악은 우주 자체에 내재된 질서 있고 수학적인 구조를 반영하고 있다고 생각되었다. 기독교가 등장하면서 이런 사상들은 성경적 세계관으로 흡수되었다. 예술은 하나님께서 창조하신 우주의 질서 있는 구조와 조화에 뿌리박고 있는 것으로 이해되었다. 따라서 예술의 기본적인 근거는 창조교리 안에 있었다.

더군다나 하나님께서 세상을 창조하실 때, 그는 이 세계가 아름답도록 충분히 관심을 기울이셨다. 하나님 자신이 그 아름다움을 기뻐하셨다는 것은 흑록색 이끼를 배경으로 한 야생화의 미묘한 색깔, 몬타나 주의 넓은 창공, 스위스 알프스산의 날카로운 윤곽만 보아도 확실히 믿을 수 있는 일이다. 게다가 하나님께서 자신의 말씀을 우리에게 전하실 때, 그분은 여러 가지 문학적인 스타일로 말씀하셨다. 역사, 시, 예배형식, 윤리의 원칙, 찬송, 편지, 교훈과 격언, 심지어는 사랑의 노래까지 말이다.

하나님이 인간을 자신의 형상으로 만드셨기 때문에, 미적인 즐거움을 누릴 수 있는 인간의 능력은 하나님께서 우리에게 부여하신 선물의 하나로 그분이 우리를 창조하신 방법 중의 일부이다. 재미있는 이야기, 장엄한 교향곡, 아름다운 풍경화, 이런 예술작품들은 우리에게 예술적인 즐거움을 주고, 우리로 하여금 하나님께서 창조하신 세계의 아름다움뿐만 아니라 하나님 자신의 영원한 아름다움에 대해 생각하게 만든다. 시편 기자는 "내가 여호와께 청하였던 한 가지 일 곧 그것을 구하리니 곧 나로 내 생전에 여호와의 집에 거하여 여호와의 아름다움을 앙망하며 그 전에서 사모하게 하실 것이라"(시 27:4)고 노래하고 있다. 성경에서 우리는 성전을 아름답게 만들고, 그곳에서 음악이 울려 퍼지도록 하라는 명령을 찾아볼 수 있다. 하나님은 우리가 하나님을 경배함에 있어 최고의 예술적 기능을 발휘하기를 원하신다.

역사를 통해 보면, 신자들은 하나님을 영화롭게 하고 서로를 세워주기 위해 예술을 사용하여 이런 일을 해왔다. 초대교회는 찬양의 목소리를 높여 다양한 영창조로 노래했다(이들 중 일부는 베스트셀러 대열에 오르는 CD로 제작되었다). 중세기는 우리들에게 경외심을 불러일으키는 성당을 신사했다. 프랑스의 뛰어난 성 데니스(St. Denis) 성당을 건축한 20세기의 건축가 애보트 슈거(Abbot Suger)의 말을 빌면, 이들 건물들은 인간의 정신을 하나님의 진리에까지 고양시키고 "하나님의 집의 아름다움에 기뻐할 수 있도록" 지어진 것이다.[5] 사실, 서구역사의 모든 시기에 걸쳐 많은 뛰어난 예술적 보물들은 그리스도인들에 의해 만들어진 것이다.

음악

음악에 있어 르네상스시대는 성스러운 다성부음악이라는 장엄한 보물을 생산해 내었다. 팔레스트리나(Palestrina)의 고요한 하모니, 존 태버너(John Taverner), 토마스 탤리스(Thomas Tallis), 윌리엄 버드(William Byrd)의 매끄러운 구성 등이 그것이다. 이 음악들은 사람이 마치 성당에 서 있을 때 소리가 머리 위 높은 곳에 있는 둥근 천장처럼 솟아오르는 느낌을 준다.

바로크시대에는 성직자였으며 흐트러진 붉은 머리로 인해 '붉은 사제'라는 별명이 붙었던 안토니오 비발디(Antonio Vivaldi)가 있다. 요한 세바스티안 바흐(Johann Sebastian Bach)는 루터교인으로 복음전도에 대한 강한 헌신을 가지고 있었으며, 대부분의 그의 작품에 '솔리 데오 글로리아'(오직 하나님께만 영광을)라는 서명을 기입했다. 바흐는 그리스도의 고난과 죽음을 묘사한 저 장엄한 "마태수난곡"을 작곡할 때, 마음에 큰 감동을 받아 한없이 눈물을 흘렸다. 이 작품은 그리스도의 고난에 대한 작곡가 자신의 깊은 슬픔과 감사를 쏟아 부은 경건의 아리아로 마지막을 끝내고 있다.

게오르그 프리데릭 헨델(George Frideric Handel)도 루터교인으로, 그는 56세 되던 해 인생의 위기가 닥치자 스스로를 자기 방에 가두고 저 유명한 "메시야"를 작곡했다. 작곡기간 동안 그는 어마어마한 영적 체험을 하여 감정에 북받쳐 흐느꼈고, 나중에 놀란 하인에게 "난 하늘나라와 위대하신 하나님 그분을 내 눈앞에서 정말 보았다고 생각한다"고 말한 것으로 전해진다.[6]

고전주의시대의 프란츠 요제프 하이든(Franz Joseph Haydn)은 가톨릭 신자로, 작곡활동이 벽에 부딪힐 때마다 기도하곤 했다. "악보가 진전이 없으면, 나는 내게 뭔가 잘못된 게 있는 게 아닌가, 그래서 은혜를 잃은 것이 아닌가 생각하곤 한다. 그리고 내가 용서함을 받았다는 느낌이 들 때

까지 기도한다"고 그는 말한다.[7]

낭만주의 작곡가들 가운데 펠릭스 멘델스존(Felix Mendelssohn)은 깊은 개인적 신앙을 가진 루터교인이었다(그의 아버지는 유대교에서 개종한 사람이다). 멘델스존은 기독교 신앙을 기념하는 많은 작품을 작곡했으며, 그중에는 1830년에 작곡한 "종교개혁" 교향곡도 있는데, 이 곡의 마지막에 마틴 루터의 "내 주는 강한 성이요" 찬송이 울려 퍼진다.[8] 생생한 슬라브적 멜로디를 가지고 있는 안토닝 드보르작(Antonin Dvorak)은 그의 기도를 악보에 옮겨 적은 신실한 신자였다. 이 악보들은 '하나님과 함께'로 시작하여 '하나님께 감사'로 끝을 맺는다.[9]

문학

서구문학에 있어 위대한 작가들 중 다수는 기독교 시인이었다. 예를 들어, 단테의 「신곡」(*Divine Comedy*)은 영혼이 죄(지옥)를 만나고, 고통(연옥)을 만나고, 영광(천국)을 접하는 것을 풍성한 벽화로 그려내고 있다. "죽음은 자랑할 것이 못 된다", "아무도 고립된 섬은 없다", "누구를 위하여 종이 울리는지 알려고 하지 마라. 그 종은 당신을 위해서 울린다" 등의 기억에 남을 만한 글을 쓴 존 단을 생각해 보라. 혹은 '하나님께서 인간에게 하시는 일을 찬양하기 위해' 저 장엄한 서사시 「실락원」(*Paradise Lost*)을 지은 존 밀턴을 생각해 보라.

금방 떠오르지 않는 그런 사람들도 있다. 예를 들어, 새뮤얼 테일러 코울리지(Samuel Taylor Coleridge)는 마약의 영향 아래서 지은 환상시로 인해 1960년대 마약문화 속에서 우상의 자리를 차지하고 있었다. 문학 교과서들이 거의 언급하지 않고 있는 사실은 코울리지가 예수 그리스도를 의지함으로 마약중독으로부터 해방되기를 갈구하였다는 사실이다.[10]

서구문화의 전통적인 이야기들이나 동화 중 많은 것들이 비겐 규로이언(Vigen Guroian)이 「유덕한 마음 돌보기」(*Tending the Heart of Virtue*)에서 보여주고 있는 것처럼 그리스도인들에 의해 쓰여졌거나 혹은 적어도 기독교 문화의 정신을 반영하고 있다. 예를 들어, 널리 알려진 「피노키오」(디즈니판이 아닌 원본) 이야기는 한 목각인형이 거짓말하려는 성향과 방탕한 성향을 극복하고 진짜 사람이 되는 이야기를 담고 있다. 이 이야기는 그 마음이 죄로 인해 '나무'와 같이 굳어진 사람이 도덕적으로 중생함으로 말미암아 '육신'이 된다는 기독교의 깊은 진리를 표현하고 있다.[11]

이와 마찬가지로 많은 고전문학 작품들은 분명히 기독교적인 세계관을 반영하고 있다. 알렉상드르 뒤마(Alexandre Dumas)의 「몽테 크리스토 백작」(The Count of Monte Cristo)은 복수와 용서라고 하는 복합적인 주제를 다루고 있다. 요한 비스(Johann D. Wyss)의 「스위스의 로빈슨 씨 가정」(The Swiss Family Robinson)은 스위스 목사와 그 가족의 모험을 그리고 있는 책으로, 풍성한 기독교적 경건을 보여주고 있다. 「납치」(Kidnapped), 「보물섬」(Treasure Island)과 같은 로버트 루이 스티븐슨(Robert Louis Stevenson)의 소설도 성경적인 세계관을 드러내고 있다. 표도르 도스토예프스키처럼 기독교적인 주제와 인생에 있어 중요한 도덕적 질문을 뛰어나게 제기한 사람은 없다.

시각예술

시각예술로 가면, 우리는 기독교적 비전을 표현하기 위해 다양한 스타일을 사용해 왔음을 역사 속에서 찾아볼 수 있다. 많은 중세의 회화들은 아름답고 상징적이며, 2차원의 이미지로 표현되어 있고, 금색의 평면을 배경으로 정형화된 인물들을 그려내고 있다. 르네상스의 시작과 더불어 회화는 좀더 자연스러워졌다. 13세기에 신학자 토마스 아퀴나스는 "은혜는 자연을 거부하는 것이 아니라 완전하게 한다"고 주장하면서 중세의 '내세 지향'을 거부하고, 하나님의 피조물인 자연세계의 중요성을 강조했다. 아퀴나스의 철학은 예술에서 즉각 표현되어 치마부에(Cimabue)와 지오토(Giotto)는 경직된 중세의 성상들을 살아있는 개인들로 변환시키면서 보다 현실적으로 그림을 그렸다.[12]

종교개혁은 일상생활과 노동을 크게 강조하였다. 이제 화가들은 실제의 풍경에서 자기 일들을 열심히 하는 농부나 가정주부와 같은 보통 사람들을 그리기 시작했다. 알브레히트 뒤러(Albrecht Durer)나 야콥 반 뤼스델(Jacob van Ruisdael), 그리고 렘브란트는 누구와도 비교할 수 없을 정도로 신앙적인 주제를 일상생활을 다룬 걸작품 속에 깊이 직조해 놓았다.

반종교개혁은 성육신, 즉 그리스도 안에서 하나님이 육신으로 나타나신 것에 대한 재해석의 결과로 영감받아 잘 꾸며진 웅장한 바로크 예술을 탄생시켰다. 이는 피조물, 특히 인간의 신체를 하나님의 계시로 높게 평가하는 길로 나아갔다. 플랑드르의 화가 페테르 파울 루벤스(Peter Paul Rubens)는 하나님이 자신을 물질의 세계 속에 나타내셨기에 물질이 영적인 영광을 가지고 있음을 표현하려 육중하고 근육질이며 단단한 사람을 묘사했다.

최근의 화가들 중에는 네덜란드의 화가 빈센트 반 고흐(Vincent van Gogh)가 있다. 그가 그린 강렬하게 소용돌이치는 나무, 별이 반짝이는 하늘, 그리고 해바라기에 친숙하지 않은 사람이 거의 없을 것이다. 그러나 개신교 목사의 아들이었던 반 고흐가 처음에는 자기가 신앙적인 부르심을 받았다고 믿고 있었던 사실을 아는 사람은 별로 없다. 그는 런던의 슬럼가에서 신교사로 일했고, 벨기에의 광산에서도 일했다. 그가 그림을 그리게 된 것은, 그가 정신적 불안증세를 보이고 그 결과 그의 선교에 대한 재정지원이 중단되면서부터였다. 어떤 멋진 작품에서 그는 자기 자신을, 죽음에서 다시 살아난 나사로로 묘사하고 있는데, 이는 자신의 신앙에 대한 분명한 간증이다.

* * *

　이렇게 간단하게 역사를 살펴본 것만으로도 우리는 서구문화의 위대한 예술품들을 창조하고 유지해 온 데 있어 그리스도인들이 얼마나 중요한 역할을 했는지 알 수 있다. 그러나 대부분의 세속서적에서는 예술가의 종교적 신앙에 대한 언급을 지워버리기 때문에 이런 내용을 찾아볼 수 없다. 그래서 세속 비평가들은 잘못 생각하고 그리스도인들을 깔보고 예술적으로 무식한 사람들로 취급한다.

　심지어 어떤 역사가들은 교회가 예술에 반대하고 있다고까지 말한다. 이런 비난에 대답하려면 우리는 역사의 증거를 다시 들여다보아야 한다. 그리스도인들이 역사 속에서 여러 가지 형태의 예술에 대해 반기를 든 적이 있는 것은 사실인데, 이는 예술 자체에 반대하기 때문이 아니라, 예술을 잘못 사용하는 것에 반대하기 때문이다. 예를 들어, 교회는 언제나 음란하고, 천박하거나 부도덕한 내용의 예술에 대해 반대해 왔다. 또 교회는 전시와 위세를 목적으로 하는 거대한 예술 프로젝트에도 반대해 왔다.

　교회 내의 이미지 사용에 대해서도 반복적으로 논쟁이 이어져 왔다.[13] 예를 들어, 종교개혁기간 동안에 극단적인 개신교도들이 성당을 습격하여 성상과 스테인드글래스를 모두 부순 일도 있었다. 그래서 어떤 역사가들은 종교개혁을 비판한다. 케네스 클라크는 그의 영향력 있는 텔레비전 시리즈 "문명"에서 이 사건을 예술에 대한 '완전한 재앙'이라고 비난했다.[14] 그러나 성상파괴주의자들도 그들이 처한 역사적 상황에서 이해해야 한다. 중세 사람들은 이미지에 대해 큰 영적 권위를 부여하고 있었다. 성상을 숭배하고, 입맞추며, 거기에다 기도하곤 했다. 성자상이 피를 흘리고, 눈물을 흘리며, 기적을 행한다는, 심지어는 사유(赦宥)를 베풀어 죄인들을 연옥의 고통으로부터 해방시켜 준다고 말하곤 했다.[15] 이것들을 우상이라고 생각한 성상파괴주의자들은 성자 숭배를 그만두게 하려면 성자들의 상(像)을 없애버려야 한다고 잘못 생각했다.

그러나 이것은 종교개혁의 진정한 정신이 아니었다. 종교개혁의 진정한 정신은 마틴 루터가 몸소 보여주었는데, 그는 황제에게 파문을 당한 상태에서 성상들을 태우고 파괴하는 난동을 중지시키기 위해 목숨을 걸고 은신처에서 나왔다. 루터가 가장 좋아하는 예술형태는 음악이었고, 그가 작곡한 "내 주는 강한 성이요"를 비롯한 여러 찬송가들은 오늘날까지 널리 사랑받고 있다. 루터는 "언어의 재능과 노래의 재능을 사람에게 주셔서 음악을 통해 하나님의 말씀을 전파하게 하신다"고 말했다.[16] 존 칼빈도 일부 예술형태는 높게 평가하고 있다. "조각과 회화는 하나님의 선물이므로, 나는 이것들을 순수하고 합당하게 사용하려고 한다."[17]

예술에서 반(反)예술로

왜 예술이 그 고상한 목적을 상실하게 되었는지를 이해하려면 보다 광범한 세계관의 변화(제40장 참조)라는 상황 속에서 이해해야 한다. 이때 근대과학은 우상의 자리를 차지하게 되어 지식의 유일한 원천으로 생각되었다. 과학이 탐지할 수도 계량할 수도 없는 것은 실재가 아닌 것이라는 생각이 뿌리를 내리게 되었고, 그 결과 종교뿐만 아니라 예술을 통해 표현되는 상상력과 직관의 세계도 공격하게 되었다.

그 공격은 시인들과 화가들이 아주 좋아하던 신화 속의 생물들에 대해 혐오를 느끼던 합리주의 비평가들에서부터 시작되었다. 이들이 말하는 것은 "정신 좀 차리세요. 과학은 이제 일각수(一角獸, 뿔 하나 달린 전설 속의 동물 - 역자 주)나, 켄타우로스(그리스 신화에 나오는 반인반마의 괴물 - 역자 주), 마녀나 요정, 용이나 퀴클롭스(그리스 신화에 나오는 애꾸눈의 거인 - 역자 주) 같은 것은 없습니다. 제발 이런 신화와 미신을 버리세요!" 같은 것이다. 합리주의자들의 결론은 결국 예술이란 그 본질상 실재의 왜곡이라는 것이다. 문학이란 가상적인 이야기로 구성되어 있는 것이 아닌가?

시(詩)도 은유와 과장을 사용하지 않는가? 예술가는 일몰(日沒)을 멋진 색깔로 표현하지만, 과학자들은 일몰이란 '사실을 파헤쳐 보자면' 백색광이 밀도가 다른 공기층 속의 먼지를 통해 굴절되는 현상일 뿐이라고 이해한다.[18] 이제 과학이 사실이라면 예술은 거짓이며, 기껏해야 개인적인 감정을 표현한 것뿐이라고 생각하는 사람이 많아졌다.

이런 전면적인 공격으로 인해 예술가들이 수비적인 태세가 되었고, 이들이 자신이 하고 있는 일의 의미와 목적에 대해 생각하기 시작했음은 별로 놀라운 일이 아니다. 만일 예술이 어떤 형태로든 진실을 표현하고 있는 것이 아니라면, 그렇다면 뭘 '하고 있었다'는 말인가? 어떤 예술가들은 과학 제국주의에 항복하여, 과학이 우리가 보고 듣는 모든 것의 저변에 있는 것이라고 말하고 있는 일반적인 원리들을 그들의 작품 속에 나타내려 했다. 그래서 점점 더 추상적인 경향을 가지게 되었다. 예를 들어, 기하학적인 형상과 각도를 가지고 있는 큐비즘(Cubism)은 물리적인 세계의 바닥을 이루고 있는 수학적인 구조를 표현하려는 노력으로 이해할 수 있다. 건축에 있어서도 독일의 바우하우스(Bauhaus)나 네덜란드의 스티즐(de Stijl) 운동은 자신의 예술작품을 '숫자, 계량, 그리고 추상적인 선' 위에 두고자 하여 황량한 상자 같은 건물을 만들어냈다.[19]

그러나 대개의 예술가들의 반응은 물리적인 세계를 과학에 양도하고, 예술은 전혀 다른 세상, 예술 자신만을 위해 만들어낸 세상으로 스스로를 좌천시켰다. 사실 바로 이때부터 예술가들이 자신의 작품에 대해 '창조'라는 단어를 사용하기 시작하였다. 오늘날 우리는 이 단어를 이렇게 사용하는 것이 너무 당연한 일이라고 생각하기 때문에, 불과 4세기 전만 해도 시인이나 화가가 '창조'라는 말을 사용하는 것이 매우 충격적인 일이었음을 상상하지도 못한다. 그런 단어들은 예술가를 창조주로서의 독특한 역할에 있어 하나님과 동일시하는 것이다.

물론 성경적인 배경에서 이해한다면 인간의 창조성이 우리를 그분의 형상으로 만드신 하나님의 창조성을 반영하는 것이라는 주장에 잘못된 것은 없다. 그러나 이런 맥락에서 벗어나게 되면, 이런 생각은 금세 우상숭배가 되어버린다. 예술가들은 자신들의 작품을 변호하기 위해 예술이 과학보다 우월하다는 과도한 주장을 하고 있다. 이들은 하나님과 가장 닮은 것은 과학적인 이성이 아니라 상상력이라고 주장한다. 또한 이들은 고도의 예술형태는 실재를 드러내는 것이 아니라, 전혀 새롭고 상상력이 풍부한 것을 만들어내는 것이라고 주장한다. 모든 시나 그림을 통해 예술가들은 그들이 절대적인 결정권을 가지고 있는 우주 또는 소우주를 창조한다고 생각하고 있다. 문학자 에이브럼스(M. H. Abrams)는 예술가의 창조성이 '창세기에 있는 하나님의 절대 명령'을 모델로 하고 있다고 말한다.[20]

19세기에 시작된 낭만주의운동을 통해 예술가들은 우상이 되었으며, 예술 자체가 종교의 대리인이 되어버렸다. 조지 버나드 쇼(George Bernard Shaw)의 1908년 희곡 「의사의 딜레마」(The Doctor's Dilemma)에서 임종을 맞고 있는 한 화가는 이런 신조를 암송한다. "나는 미켈란젤로, 벨라스케스, 렘브란트를 믿는다. 그들의 디자인의 힘과, 색의 신비와, 영원한 미(美)를 통한 구원을 믿는다… 아멘, 아멘."[21] 만일 예술이 종교였다면, 예술작품은 비평될 수 없다. 왜냐하면 '신성에 대한 바른 태도는 경배하는 것이기 때문'이라고 에이브럼스는 말하고 있다.[22] 보통 사람들은 더 이상 예술작품이 좋은지 나쁜지 말할 자격이 없게 되었고, 예술은 이제 엘리트의 영역이 되어버렸다.

이리하여 "예술은 교회가 하던 모든 임무를 상속했다"고 역사가 자크 바전(Jacques Barzun)은 말하고 있다.[23] 예술가들은 두 가지 의미에서 선지자의 자리로 들려 올려졌다. 첫째는 독특한 통찰력을 가지고 있어 이상세계의 비전을 제시할 수 있는 사람들이고, 둘째는 실제세계의 죄를 비난하는 사람들로서이다. 첫번째 기능으로서, 예술가들은 다른 사람들보다 더 멀리 볼 수 있는 사회의 전위(前衛)로 알려지고 있다. 이런 태도는 상징주의, 추상, 표현주의 등과 같은 양식을 만들어냈는데, 이런 것들은 예술을 일상세계에 의해 오염되지 않도록 지켜, 이상적이고, 자율적이며, 유사한 영적 세계를 만들어내려는 노력들이다. 두번째의 예언자적 기능으로서, 예술가들은 그들의 역할을 그리 불확실하게 만든 부르주아적이고, 물질주의적인 산업사회의 추악한 모습을 비난하는 역할을 스스로 떠맡았다. 이런 태도는 예술에 있어 자연주의를 낳았다. 이는 냉혹하고 가차없는 정확성으로 사회의 병리현상을 드러내려는 노력이다.

한편 이 두 가지 예언자적 기능, 즉 이상(理想)에 대한 비전과 실제세계에 대한 비난은 공통의 주제로 묶여 있는데, 이는 실제세계에 대한 적대감이다.[24] 그리고 결국 이런 접근방법이 기성 도덕과 사회구조에 대한 항의, 비평과 공격이 되어가면서 적대감은 지배적인 테마가 되어버렸다. 이상주의 예술가들이 만들어내고자 노력하는 자율적인 세계는 그들의 능력 범위 밖에 있었다. 악으로부터 선을 끄집어내고, 마지막 것을 처음 것으로 만들고, 지배자들을 끌어내리고 겸손한 자를 들어올리려면 '전지한 하나님' 이 필요하다고 바젼은 기록하고 있다. 따라서 "신이 없는 세상에서는 이런 도치(倒置)의 부정적인 면만이 위력을 발휘하고 있다."[25] 남아 있는 것이라곤 공격하고, 파괴하며, 전복하고 '침범하는 것' 뿐이었다. 혹은 시인 보들레르(Baudelaire)의 말에 의하면, '부르주아에게 충격을' 주어야 했다.

그러나 모든 표준을 공격한 예술은 결국 자기 자신을 망가뜨렸다. 결국 예술적인 표준 자체가 공격을 받아 내팽겨쳐졌기 때문이다. 그렇기 때문에 20세기에 들어와 마르셀 뒤샹(Marcel Duchamp)이 상업적으로 생산된 소변기를 전시하고, 그것을 예술이라고 칭할 수 있게 된 것이다. 잭슨 폴록(Jackson Pollock)은 캔버스 위에 페인트를 제멋대로 떨어뜨렸다. 앤디 워홀(Andy Warhol)은 캠벨의 수프 통조림을 그대로 만들어냈고, 로이리히텐스타인(Roy Lichtenstein)은 만화에 나오는 인물을 그렸다. 오늘날 예술가들은 벽돌, 깨진 유리조각, 찌그러진 알루미늄 깡통 등을 캔버스에 붙이거나, 조각품으로 만드는 '쓰레기 예술품', 혹은 '발견예술'(found art - 자연에 있는 것을 이용한 예술)을 전시하고 있다. 이런 예에 공통적인 주제는 일상세계 속의 사물과 예술을 구분하는 특별한 표준이 없다는 것이다.

음악에서 발견되는 이와 유사한 경향은 주사위를 던지거나, 또는 다른 우연한 메커니즘에 따라 작곡한 존 케이지의 '우연 음악'(chance music)이다. 케이지는 심지어 소리가 없는 '음악' 악보를 제시하기도 했다. 그의 작품번호 '4-33'을 연주할 때, 피아니스트는 피아노에 앉아 열려 있는 악보를 쳐다보면서 손은 마치 연주를 시작할 준비가 되어있다는 듯이 건반 위에 올려놓은 채로 있었다. 그는 4분 33초 동안 그러고 있다가 악보를 닫고, 무대를 떠나버렸다.

'발견예술'에 대응되는 음악은 '소음 음악'(noise music)인데, 도시의 배경소음을 녹음한 것이다. 예를 들어, 루이지 러슬로(Luigi Russolo)는 "밸브가 헐떡거리는 소리, 피스톤이 왕복하는 소리, 기계톱이 웅웅거리는 소리, 기차가 레일 위에서 덜컹거리는 소리" 등을 녹음하고서 그 소음 위에다 자신의 서명을 적어 넣었다.[26]

예술비평가 로버트 휴즈(Robert Hughes)는 오늘날의 많은 예술가들이 품질이나 표준의 개념을 '가부장적인 허구'로 거부하고 있다고 말한다.[27] 표준을 도매금으로 넘긴 결과는 1993년 뉴욕 시의 위트니 미술관에서 "천한 예술"(Abject Art)이라는 주제로 열린 전시회의 예에서 보는 바와 같은 반예술운동으로 이어졌다. 이 전시회는 카탈로그에 "먼지, 머리털, 대변, 죽은 동물들, 여성의 하혈, 썩고 있는 음식물 등 천한 물건들"을 전시하고 있었다. 이 전시회에는 인공 대변을 1미터나 쌓아 올린 것, 두 여자가 성행위를 하고 있는 사지가 절단된 조각품, 예수 그리스도를 발가벗은 여인으로 묘사한 영화 등도 전시되었다.

이 모든 것의 목적은 무엇이었는가? 카탈로그에 의하면, '보수적인 지배 문화가 부적절하다고 생각하는' 주제들이나 문화적인 성(gender)과 생식적인 성(性)의 터부문제에 대항하기 위한 것이라고 말하고 있다.[28] 거기에는 이미 공공연한 논란을 불러일으킨 작품들도 있었다. 안드레스 세라노(Andres Serrano)의 오줌통 안의 십자가 사진, 로버트 매플소프(Robert Mapplethorpe)의 동성애 사진, 포르노 스타 애니 스프링클의 "말괄량이와 여신: 쉽게 섹스 여신이 되는 101단계"라는 영화도 포함되었다. 다시 말해, 예술가들이 가진 목적은 단지 보통 사람들, 특히 과거에 감히 도덕적인 항의를 하던 사람들의 신념과 표준을 비난하고자 하는 것이었다. 결국 20세기 후반 예술에 있어 영향력 있는 하나의 분야가 지저분한 농담을 하며 깔깔대는 여덟 살짜리 아이들 수준에서 반항을 표현하는 것으로 전락했다.

저명한 미술관도 반예술을 전시하고 있는 상황에서, 이제 아무도 무엇이 진정한 예술인지 말할 수 없게 되었음은 분명하다. 만일 예술을 정의할 수 없다면 예술은 파괴되고 말 것이다. 수년 전 맨체스터 미술학교의 미술대회에서 "나무의 리듬"이라고 하는 수채화 작품에 상이 돌아갔다. 이 작품이 '상당한 수준의 색의 균형, 구성과 기술적인 기능'을 보여주고 있다고 심사위원들은 결정했다. 이들에게는 참 아쉬운 얘기지만, 그 예술가는 네 살짜리 아이였으며, 그 어머니가 장난삼아 그 작품을 출품했던 것으로 알려졌다.[29] 예술의 표준이 완전히 무너져내렸기 때문에 미술 비평가들도 훈련받은 미술가들의 작품과 어린아이의 물장난을 구분하지 못하게 되었다는 것이 정직한 말이다.

이제 우리는 몰리 세이퍼의 질문으로 돌아간다. "이것이 예술입니까?" 세속세계에서 이에 대한 대답은 "아무도 모르지요"이다. 예술을 정의할 수 있는 기준조차 없기 때문이다.

예술이 쇠퇴하고 있는 것은 '창조', '타락', '구속'에 대한 잘못된 세계관의 엄청난 영향을 설명해 주고 있다. 그 과정은 예술가들이 과학만이 유일한 참된 지식의 원천이라는 과학적 자연주의 교리를 받아들이고 아름다움을 주관적 영역으로 후퇴시키면서 시작되었다. 이를 옹호하기 위해, 예술가들은 그 예술의 영역 자체가 그들의 창조적인 능력으로 인해 하나님처럼 다스릴 수 있는 경기장이라고 주장했다. 예술은 대리종교가 되었고, 예술가들은 '죄인들'에 대해 예언자적인 비난을 퍼붓고 있다. 그러나 그것은 구원의 능력이 없는 종교이며, 그래서 결국 사회 주류의 신념과 가치에 대한 공격에 지나지 않는 수준으로 타락해 버렸다.

영광을 위해, 아름다움을 위해

기독교만이 예술을 석설한 위치로 놀려놓을 수 있는 자원을 가지고 있다. 왜냐하면 기독교는 인간의 창조성을 인정하면서 동시에 적절히 겸손해야 한다는 것을 알고 있는 세계관이기 때문이다. 창조주의 형상으로 만들어진 인간은 자신의 영역에서 창조성을 발휘하게 되면서 성취감을 느낀다. 그러나 하나님과는 달리, 인간 예술가는 무에서 유를 창조하지는 않는다. "인간의 창조성은 하나님께서 설정하신 범위 안에서 이루어지는 파생적이고 반영적인 것이다"라고 오스 기니스(Os Guinness)는 말하고 있다.[30] C. S. 루이스가 말한 대로 "작가는 자기가 그전에는 존재하지 않던 아름다움이나 지혜를 만들어내고 있다고 생각해서는 안된다. 다만 자기 예술을 통해서 영원한 아름다움과 영원한 지혜이신 분의 어떤 요소들을 반영하려고 노력한다고 말해야 한다."[31] '타락'으로 인해 우리들은 '아름다움'이나 '지혜'에 대해 분명히 보지 못한다. 우리들은 흐릿한 반사(反射)상을 볼 뿐이다. 그러나 그리스도의 구원으로 인해, 예술은 회복될 수 있다.

성경은 예술을 하나님의 부르심으로 취급하고 있다. 진 에드워드 베이스(Gene Edward Veith)는 그의 책 「예술의 역사: 브살렐로부터 매플소프까지」(State of the Arts: From Bezalel to Mapplethorpe)에서 구약시대의 위대한 예술가 브살렐에 대해 말하고 있다. 하나님은 브살렐을 택하셔서 '그에게 성령과, 재능과 모든 지식과 여러 가지 재주' (출 31:3)를 부어주셨다. 우리는 하나님이 사람을 택하셔서 성령을 부어주신다고 하면 목회현장이나 선교현장으로 보내실 것이라고 흔히 생각한다. 그러나 브살렐은 예술가로 일하도록 부름받았으며, 성령충만하여 히브리인들의 초기 예배장소인 성막을 아름답게 꾸미기 위해 각종 재주를 다해 금, 은, 동으로 예술적인 작품들을 만들도록 부름받았다(출 31:4-5). 그리고 브살렐만이 아니었다. 출애굽기는 반복해서 '하나님께서 재능을 주셔서' 장인(匠人)으로 부르신 사람들에 대해 언급하고 있다.[32]

이와 마찬가지로, 주님은 모세에게 제사장들을 위한 옷을 '영광과 아름다움을 위해' 만들 것을 명하신다(출 28;2, 40). '하나님의 영광과 아름다움의 창조를 위해' 이 명령은 모든 그리스도인 미술가, 음악가, 작가들에게 해당되는 슬로건이라야 한다.

이런 성경의 원칙들이 주어져 있기 때문에, 그리스도인들은 예술가들을 지원하고 예술을 진흥시킬 책임이 있다. 슬픈 일이지만 많은 그리스도인들은 그들이 낸 세금이 예술진흥기금을 통해 신성모독적인 혹은 비루한 프로젝트에 지원되는 것을 알고 나서야 예술에 대해 생각하기 시작한다. 이를 깨닫고 나서도 우리들의 반응은 경제적인 혹은 정치적인(거부 운동이나 항의시위) 것일 뿐 미적인 것이 되지 못한다. 그래서 비평가들은 우리들을 반지성적, 반문화적인 반동주의자들이라고 말하기 쉽게 된다.[33]

그러나 하나님은 그의 백성들이 세속세계가 불을 지른 후에 불을 끄러 다니도록 부르시진 않았다. 그분은 우리 자신의 불을 켜서, 문화를 새롭게 하도록 부르셨다. 나쁜 예술을 몰아내기 위한 가장 좋은 방법은 좋은 예술을 진흥시키는 것이다. "좋은 책을 읽지 않으면, 나쁜 책을 읽게 될 것이다"라고 C. S. 루이스는 말하고 있다. "만일 당신이 미적인 만족을 거부한다면, 당신은 관능적인 만족에 빠지고 말 것이다."[34] 인간은 하나님의 형상으로 만들어졌기 때문에, 그들은 여러 가지 종류의 문화를 만들어 낼 것이다. 단 하나의 질문은 그 문화가 퇴폐적인 것이냐 아니면 경건한 것이냐이다.

경건한 문화를 만들기 위해 우리는 우리 자신의 문학과 예술의 유산으로 다시 연결되는 길을 찾는 것에서부터 시작해야 한다. 콘서트에 가고, 고전문학을 읽으며, 미술관을 찾아가라. 기독교 신앙의 영감을 가졌던 작곡가, 작가, 화가들을 알도록 노력하라. 예술을 예술로서 뿐 아니라, 영적으로 우리에게 메시지를 전달하는 통로로서 즐기도록 하라. 「클래식에의 초대」(*Invitations to the Classics*)의 공동편집자인 루이즈 코완(Louise Cowan)은 그녀가 대학의 종교과목을 수강하던 중 어떻게 어렸을 때 가졌던 신앙을 잃게 되었는지, 그랬다가 나중에 문학과목을 수강하면서 회복하게 되었는지를 이야기해 주고 있다. 셰익스피어의 작품에 나타난 기독교적 주제들을 추적하다 보니까, 산만한 신학논문들이 할 수 없었던 방법으로 그녀의 마음에 감동이 왔다.[35]

고전이 너무 멀게 느껴지면, 세속문화의 조류에 맞서 싸워 우리 시대에 매우 강력한 간증을 제시하고 있는 현대 예술가들에서부터 시작해도 좋다. 예를 들어, 기독교 신앙을 반영하여 음악의 대작을 만들어낸 작곡가로는 프란시스 풀렝(Francis Poulenc)이 있다. 그는 프랑스 음악에 있어 재치 있는 플레이보이였지만, 친구의 죽음을 겪으면서 절망에 빠지고, 깊은 신앙적 체험을 했는데, 후에는 이 체험이 그의 음악에 영감을 불어넣었다. 이고르 스트라빈스키(Igor Stravinsky)는 그의 기괴하고 불협화음의 음악으로 세상을 놀라게 했지만, 나중에 종교적인 회심을 체험한 후, 니케아 신조를 음악으로 표현한 '사도신경'(Credo) 같은 작품을 작곡했다. 현대 작곡가 중에서는 존 태브너(John Tavener, 앞서 언급한 르네상스시대의 작곡가 태버너와 혼동하지 말 것)나, 정교회 교인으로 교회의 고대음악적 유산을 근대적인 언어로 풀어내고 있는 아르보 패르트(Arvo Part)와 친해지도록 하는 것이 좋다. 오늘날 널리 유행하는 고대와 중세의 교회음악을 현대적으로 바꾼 것도 들어보라. 많은 교회들이 세속 스타일을 모방하여 이 시대에 부합하려 하는 이 때, 교회 자신의 음악적 전통이 세속을 강타하고 있음은 얼마나 아이러니인지.[36]

문학에 있어 20세기는 문학 교과서에서 최초의 모더니즘 시인이라 칭하고 있는 엘리어트(T. S. Eliot)를 우리에게 선사했다. 그러나 엘리어트가 중년에 그리스도인이 되었고, 그후에 "성회 수요일"이나 「네 개의 사중주」(Four Quartets)와 같은 작품을 썼다는 사실을 말하는 교과서는 거의 없다. 예수회 사제이면서 시인인 제랄드 맨리 홉킨스(Gerard Manley Hopkins)의 빛나는 언어는 우리로 하여금 하나님을 경배하게 한다. "세상은 하나님의 위엄으로 충만해 있다. 그것은 활활 타오르리라, 흔들리는 금박이 빛나듯이."[37] 그리스도인들은 루시 쇼(Luci Shaw), 존 릭스, 폴 마리아니(Paul Mariani) 그리고 이리나 라트쉰스카야(Irina Ratushinskaya)와 같은 현대 시인들과 친숙해질 수도 있을 것이다.[38]

소설가들 중에서는 C. S. 루이스의 풍성함에 꼭 접해 보아야 한다. 특히 그의 3부작과 나르니아 이야기는 빼놓을 수 없다. 조지 맥도날드(George Macdonald, C. S. 루이스의 스승), 도로시 세이어즈의 탐정소설, 찰스 윌리엄스(Charles Williams)의 초자연적 소설, 톨키엔(Tolkien)의 판타지 소설, 특히 다른 어느 것과도 비교할 수 없는 「반지의 제왕」(Lord of the Rings) 3부작 역시 탐험해 봐야 할 것이다. 대서양의 이쪽 편에서는 워커 퍼시(Walker Percy), 플래너리 오코너(Flannery O' Connor), 그리고 앨런 테이트(Allen Tate)의 작품들이 1940년대의 가톨릭 문학 르네상스기를 대표한다. 현대작가 중 몇 사람만 이름을 댄다면 래리 워이워드(Larry Woiwode), 프레데릭 뷰크너(Frederick Buechner), 론 핸슨(Ron Hanson), 애니 딜라드(Annie Dillard), 월터 완저린 2세(Walter Wangerin, Jr.), 스티븐 로헤드(Stephen Lawhead) 등이 있다. 또 알렉산더 솔제니친의 위력적인 소설들도 무시할 수 없다. 이들 작품들은 소련 교도소 체제의 무서움을 묘사하고 있을 뿐 아니라, 말할 수 없는 고통에 대한 인간의 반응을 드러내고 있다.

시각 예술가들도 고전적인 기독교 신앙을 현대적 형태로 표현하고 있다. 20세기에는 가장 아름답고 멋진 작품들이 어른이 되어 복음적 가톨릭 신자가 된 조르쥬 루오(Georges Rouault)와 같은 작가에 의해 만들어졌다. 그는 현대예술의 언어를 사용하여 스테인드 글래스 창을 연상케 하는 이미지들을 아주 검은 선과 밝은 색깔로 그려내어, 전통과 혁신의 이례적인 조화를 이루고 있다. 하나님의 은혜의 드라마를 강력한 이미지로 표현하고 있는 현대 미술가로는 산드라 보우넨(Sandra Bowden), 테드 프레스코트(Ted Prescott), 윌리엄 콩돈(William Congdon) 등이 있다.

교회는 협력하여 예배에 예술가들을 포함시킴으로써 예술을 지원하는 일에 일정 역할을 감당할 수 있다. 음악가들에게 작곡이나 연주를 요청할 수도 있고 특별한 날을 위해 시인이나 작가들에게 시나 희곡을 써 달라고 말할 수도 있다. 미술가들이 현수막이나 팜플렛을 디자인하거나 성전 장식을 위해 다른 작품들을 창작하도록 격려할 수도 있다. 내 동료 중 한 사람인 체사피크신학교 총장 무어는 어느 성탄절날 존 밀턴의 송시(頌詩) "그리스도 탄생의 아침"을 멋지게 극화했다. 이 기획에는 합창단과 다른 음악가, 화가(무대와 배경 준비), 무대 요원, 댄서와 배우들이 참여했다.

어떤 교회들은 매년 워크샵, 전시회, 독서회, 그리고 콘서트를 포함하는 예술제를 개최하여 예술에 초점을 맞추고 있다. 다른 교회들은 어떤 방이나 복도를 화랑으로 지정하여 교회 성도들의 그림을 전시하거나 순회전시회를 개최한다. 또 "램즈 플레이어즈"(Lamb's Players)나 "워싱턴 공연예술그룹" 같은 기독교 예술가 단체를 지원하는 것을 강조해야겠다.

마지막으로 모든 기독교 가정은 가정을 문화와 예술이 양육되는 장소로 삼을 수 있다. 어린아이들이 최고의 음악, 미술, 문학에 둘러싸여 있을 때, 최고의 것을 감상하는 법을 배우며 자랄 것이다. 가정에서 고전음악을 연주해 보라. 벽에 역사적인 예술작품을 접할 수 있는 복제화들을 걸어두라. 어린아이들에게 도덕적 상상력을 키워주는 문학작품을 읽게 해 보라. 꾸짖고 강의해서는 결코 할 수 없는 것들을 좋은 이야기가 대신해 준다. 이야기들은 우리가 좋은 사람이 되기를 원하게 만들어준다. 아동심리학자 브루노 베텔하임(Bruno Bettelheim)이 말하는 것처럼 어린이들의 도덕적 선택은 추상적인 옳고 그름의 표준에서 나오는 것이 아니라, 그들이 존경하고 닮고 싶어하는 사람들에게서 나온다. "어린이들의 질문은 '나는 좋은 사람이 되기를 원하는가? 가 아니라, '난 누구를 닮고 싶은 거지? 이다"라고 베텔하임은 말하고 있다.[39] 아이들이 책을 읽게 되면 그들은 그들이 존경하고 동일시할 만한 인물을 만나게 되고, 이들 인물들의 선택을 본받게 되면서 그들의 성격이 형성된다.

　예술을 접하지 않고 자라나게 해서는 안된다. 예술은 우리에게 인식기능만을 부여하는 것이 아니라 전인격적으로 자라나게 한다. 나는 그리스도인이 되고 나서야 모든 진리의 형태에서 갈증을 느끼게 되어 고전문학의 기쁨을 발견하게 되었다. 내가 항상 좋아하는 소설은 표도르 도스토예프스키의 「까라마조프의 형제들」인데, 이 책은 세대를 내려오면서 철학자들이 논쟁하는 도덕적 딜레마를 다루고 있고, 이런 딜레마를 결코 잊을 수 없는 하나의 격언, 즉 '하나님이 안 계시다면, 무엇이든 할 수 있다'로 요리해 내고 있다. 최근 나도 고전음악을 배우기로 결심하고, 우선 유명한 대작들의 CD세트를 샀다. 난 비록 둔한 귀를 가지고 있지만, 이 음악들은 나에게 새로운 세계를 열어주었다.

　음악, 문학 그리고 미술은 하나님의 진리를 보다 온전하게 감상할 수 있는 창문을 우리에게 제시해 주고 있다.

* * *

수년 전, 검은 복장을 한 수녀가 TV에 나와서 유명한 예술작품에 대해 말하고 있었다. 처음엔 시청자들이 깜짝 놀랐다. 그러나 오늘날 「웬디 수녀의 나를 사로잡은 그림들」(Sister Wendy's Odyssey)는 매우 인기 있는 시리즈가 되었다. 수녀가 예술 비평가가 되지 말란 법이 어디 있는가? 그리스도인들보다도 더 예술을 감상하고 창조할 충분한 이유가 있는 사람들이 어디 있단 말인가?

이제는 교회가 예술적 전통을 다시 회복하고, 이 시대의 예술가들이 문화에 감동을 주고 문화를 고상하게 만드는 '영광과 아름다움을 위한' 작품을 창조하고자 할 때 필요한 영적인 방향제시를 해주어야 할 때이다. 고급문화에서 일어나고 있는 일은 이내 하부문화로 흘러 내려가 대중문화를 형성하게 된다. 고전예술과 음악이 타락하게 되면 이와 병행하여 TV와 대중음악도 타락하게 된다. 그러나 여기, 도덕적 황무지 같아 보이는 이곳에서도 그리스도인들은 갱신과 구원을 이뤄갈 수 있다.

한 그리스도인이 이 일을 시작한다면, 놀라운 결과를 보게 될 것이다.

제43장

기적의 손길

마사는 어느 날 내가 위기감시조(In Extremis Watch)에 배속되면서 천사들의 관심을 끌게 되었다. 장면은 캘리포니아 교외의 한 집 부엌이었고, 거기에 젊은 여자가 멕시코 타일 위에 널부러져 있었는데, 그녀의 얼굴은 바닥에 닿아 있었고, 그녀의 팔은 겸손과 참회로 벌어져 있었으며, 그녀는 하나님께 자신의 앞길을 맡기고 있었다. 영적인 깊은 갈망으로 행동하고 있었기 때문에, 이 갈망들은 이런 극적인 제스추어에 대한 자의식을 넘어서고 있었고, 그 젊은 여자는 그녀의 온 몸으로, 그녀의 전 존재로 그 갈망을 표현하고 있었다. 그녀는 하나님이 그녀를 보고, 듣고, 대답하시기를 원하는 것이 분명했다.

"이 사람은 진지합니다." 글로리가 선언했다. "주의 깊게 보도록."

영원 속의 단 한순간이 기적이 되는 순간이었다. 어쩌면 그것 자체가 기적인지도 몰랐다. 난 아직도 잘 모르겠다.

이 기적에 대해 말하기 전에, 내가 누구인지 밝혀야 할 것 같다. 나를 수호천사라고 생각해다오. 아주 충실한 수호자. 마사의 경험을 영원이라는 망원광각렌즈로 보기도 하고, 동시에 이 땅에서의 삶에 대한 클로즈업 렌즈로 보기도 하는.

기적에 대해 말할 때 나를 혼란스럽게 하는 것은 인간적 요소이다. 그렇지 않다면 나는 기적이 무엇인지 잘 알 수 있다. 기적은 하나님이 인간 역사에 개입하실 때 일어나고, 영원으로부터 시간 속으로 경계를 넘어설 때 일어나며, 다른 방법으로는 이루어지지 않는 것을 가능케 한다. 수천 년 동안 나는 기적에서 내가 맡은 부분을 보아왔고, 때로는 너무 어두운 시대와 장소여서 하나님의 빛이 있어야만 그들에게 도달할 수 있었다. 그러나 하나님이 어떤 방법을 사용하여 인간의지로 하여금 이런 행동들을 하게 하시는지에 대해서는 혼란스럽고 당황스럽다. 그래서 내게 마사를 지켜보라는 명령을 하신 것 같다. 하나님이 인간을 통해 일하시기 위해 어떤 방법을 선택하시는지를 배우도록 말이다.

마사는 그리스도인의 삶에서 비교적 일찍, 즉 회심한 지 삼 년 만에 이런 완전한 항복의 몸짓을 하고 있었다. 아마 그녀의 이런 필사적인 태도는, 하나님의 목소리가 광야에서 우짖는 소리같이 들리는 할리우드에서 그녀가 일하고 있다는 사실에서 비롯된 것 같다. 아마 그녀는 일에 대한 아무런 보장도 없고, 정규적인 급여도 없고, 회사의 복지혜택도 없으며, 건강보험도 없고, 아무것도 없는 '영화산업'의 자유낙하 조건들에 따라 사는 데서 오는 압력 아래서 부서져가고 있었던 것 같다. 세상에 그렇게 혹독한 산업은 없다.

그래서 마사는 아주 깊은 평안과 환상이 없는 확신을 필요로 하고 있었다. 이 우주를 운행하고 계시는 하나님만이 그녀를 구원하실 수 있다는 사실을 깨달은 그녀는 그날 밤 할리우드조차도 성스러운 땅으로 만드실 수 있는 하나님께 자신을 온전히 드렸다.

* * *

마사 윌리엄슨(Martha Williamson)은 대학을 나오자마자 바로 할리우드로 들어갔다. 그녀는 여러 제작자의 개인 조수로 활동하면서 수많은 대가를 치르고 있었다. 그녀는 커피를 타는 것에서부터 프로듀서의 세탁물을 찾아오는 것, 탤런트를 좇아다니는 일, 지망생들을 쫓아내는 일까지 다 하며 지냈다. 컴퓨터가 발명된 지 아주 오랜 후에도 마사는 매우 성공적이었던 주간 버라이어티 쇼 원고를 옛날 타자기로 여러 부를 타이핑하고 있었다.[1]

1981년에 그녀가 그리스도인이 될 때까지, 그녀는 아주 신임 받는 부제작자가 되어있었고, 실제로 제작상의 결정을 돕는 일을 하고 있었다. 그녀의 회심은 일터에서 바로 나타났다. 그녀를 감싸주던 회사 책임자는 그녀를 "예수 소녀"라고 부르기 시작했다.

1980년대 초, 마사는 그리스도인의 교제와 격려를 나누기 위해 정기적으로 모이는 할리우드 감독과 작가들의 '전문직업인협회'에 가입했다. 이 협회는 하나님이 할리우드에 기적을 행해 달라고, 오락산업 중심부에서부터 분명한 기독교적 간증을 할 수 있게 해달라고 정기적으로 기도하고 있었다.

기도회 도중 사람들은 실제로 대본을 손에 들고 일어섰다. 이들은 C. S. 루이스의 「마술사의 조카」(The Magician's Nephew)나 다른 기독교적 풍자물의 대본 판권을 획득했고, 이 모임이 영화를 제작하고 전체 영화산업의 방향을 바꿀 수 있게 해달라고 기도하기를 원했다. 그리고 나서 이 모임은 프로젝트의 성공을 위해 기도했다.

마사는 비록 이런 기도에 "아멘"이라고 말했지만, 그녀는 사실 가망성이 없다고 생각하고 있었다. 그녀는 이미 할리우드의 인사이더가 되어있어서 그 내용도 거의 기억하지 못한 채로 "피치 미팅"(스트레스가 많은 판매를 위한 회의 - 역자 주)을 재빨리 해치우고 있었다. 그녀는 스튜디오를 운영하는 사람들을 알고 있었고, 또 그들은 선한 의도를 가진 친구들이 원하는 대로 일하지 않는다는 것을 알고 있었다. 할리우드를 움직이는 사람들이 기독교적 메시지가 담긴 영화를 만들려면 보다 큰 문화에서 그런 메시지를 담은 프로젝트가 먼저 성공해야 한다. 예를 들면, 믿음의 차원을 강조하는 민권운동을 다룬 영화를 제작할 수도 있다. 그러나 결코 「마술사의 조카」는 안된다. 권한을 가진 사람들은 선교에 대해 아무런 생각도 없다. 그들은 단지 돈을 벌려고 거기에 있는 것이다.

사실 마사도 그랬다. 다른 사람들이 할리우드의 문화를 바꾸어야 한다고 말하고 있을 때, 그녀는 대부분의 시간을 월급받는 일만 생각하고 있었음을 인정하지 않을 수 없었다. 이 동네에서 그건 너무 어려운 일이었다.

그러나 그녀는 자기 나름의 꿈이 있었다. 그녀는 자신이 재미있고 아이러니한 코미디와 드리미 대본을 쓸 재간을 가지고 있다고 믿었다. 그녀는 또 유선방송망을 위한 대본도 쓸 수 있다고 믿었다. 그녀는 기독교 영화사에 가서 일하고 싶은 생각은 없었다. 그녀는 성경의 인물에 대해 글을 씀으로써 죽어버린 주일 아침 TV시간대를 때울 영화를 만들고 싶은 생각도 없었다. 그녀는 기독교적 관점으로 황금시간대의 쇼를 쓰고 싶었다.

그녀는 한번 해보기로 결심했고, 부제작자에서 작가로 변신했다. 작가가 되고 나서 얼마 되지 않아 그녀는 마루에 얼굴을 대고 널부러져, 하나님에 대한 절대적인 의존을 인정하고 있었다. 그녀는 이내 자신의 인생을 계획하는 것은 결국 미친 짓임을 깨닫고, 하나님께 다시는 일을 쫓아다니기 위해 비정상적인 노력을 하지 않겠다고 맹세했다. 그녀는 이제 복잡한 전략을 세우지 않겠다고 했다. 그녀는 하나님께서 그녀 앞에 두는 것을 하기로 했고, 하나님께서 그녀가 가야 한다고 정하시는 곳에 가기로 결심했다. 그녀는 하나님께서 그녀 마음의 가장 깊은 곳을 알고 계시고 하나님께서 그녀에게 원하시는 것이 무엇인지도 알고 계심을 믿었다. 그녀는 모든 것을 하나님께서 돌보시도록 맡겼다.

* * *

우리 하늘의 천사들이 보건대, 진짜 기적은 마사의 내면의 변화였다. 그러나 사람이 보기에 일어난 기적은 CBS 텔레비전 방송이 마사에게 "천사의 다락방"(Angel's Attic)이라는 쇼의 총괄 제작자로 일할 기회를 준 것이었다. 마사는 이를 거절했다. CBS가 다른 프로젝트에서 그녀를 거절한 적이 있었는데, 그녀는 이에 대해 아직도 화가 나 있었기 때문이었다.

마사는 지난 몇 주간을 "한 지붕 아래서"(Under One Roof)라고 하는 텔레비전 파일럿(방영 여부를 결정하기 위해 시리즈물의 샘플로 제작된 텔레비전 드라마 - 역자 주)의 '수리공' 역할을 하고 있었다. 그 드라마는 큰 잠재력을 가지고 있었다. 여기에는 유명한 제임스 얼 존스(James Earl Jones)가 등장하고 있었고, 시애틀에 사는 한 가정의 실제 문제를 다루고 있었다. 마사가 항상 일하고 싶어했던 종류의 연속극이었다. 이 파일럿 작업은 결과가 좋았고, 방송국의 경영자들이 항상 찾고 있었다고 말하는 바로 그런 수준 높은 프로그래밍이었다.

그런데 믿을 수 없게도 CBS는 그것을 거절했다. 그러더니 바로 4시간 후에, 그들은 마사에게 "천사의 다락방"의 파일럿을 보냈다.

방송국은 "천사 쇼"를 방송하기로 결정한 것이다. 여론조사에 의하면, 미국인의 70% 이상이 천사의 존재를 믿고 있으며, 천사에 관한 어떤 방송도 성공적으로 팔릴 것임을 보여주고 있었다. 그러나 마사가 CBS가 보내준 테이프를 보니 전능자에게 불평을 늘어놓고 자기들끼리 말다툼하는 것을 특징으로 하고 있었다. 그 쇼는 경찰 이야기나 다름이 없었는데, 여기서 하나님은 머리가 둔한 상관으로 나오고, 천사들은 관료적인 규칙을 어겨야만 자기 임무를 완수하게 되는 배교자로 등장한다. 말하자면, 옛날의 공식이 그대로 적용되고 있었다. 천사들이 공중을 날아다니는 특수효과, 날개 등등. 게다가 천사들은 진짜 천사도 아니었다. 이들은 알 수 없는 이유 때문에 최근에 지구로 보내진 죽은 사람들이었다.

마사는 CBS의 경영자들을 존경했다. 그들은 오랫동안 그녀를 키워주었다. 그녀의 마음 속에 있는 것을 쓰도록 도전을 주었고, 그녀의 작품 핼린든 주연의 "잭의 자리"(Jack's Place)를 지지해 주었다. 그래서 그녀는 어떻게 그들이 "한 지붕 아래서"와 같은 고급물을 거절하고, 진부하고 뻔한 스토리인 "천사의 다락방" 같은 것을 하기로 했는지 이해할 수가 없었다.

그날 저녁 약속된 식사장소로 가는 길에 마사는 자기 자신과 격렬한 정신적인 토론을 벌이고 있었다. 그녀는 CBS와의 관계를 다시 생각해야겠다고 다짐했다. 다른 방송국에서 그녀에게 일자리를 제안해 왔기 때문에 일은 이미 확보한 셈이었다. 그렇지만 그녀는 자신이 하고 싶은 "한 지붕 아래서"가 채택되어 CBS와 계속 일을 하는 것에 미련을 두고 있었다.

마사는 카폰을 집어들고 자기에게 "천사의 다락방" 테이프를 보내준 부사장에게 전화를 걸었다. 그녀는 그에게 방송국의 제안은 그녀를 미치게 한다, 그 문제는 이제 잊어버리고 싶다고 말했다. 그리고 나서 그녀는 CBS에 미래가 있는지 아니면 (아마도 이렇게 될 것 같은) 다른 방송국에서 일해야 하는지를 생각할 수 있었다.

"죄송합니다." 그녀는 부사장에게 말했다. "방송국에서 많은 투자를 했고, 유망한 배우들을 확보했다는 것 또한 알고 있습니다. 그러나 이것은 제가 하고 싶은 일이 아닙니다."

"그래서 우리가 그걸 자네에게 보낸 것이지, 마사. 그 프로그램은 마사 같이 재능 있는 사람들이 하고 싶어할 만한 것으로 바꿀 필요가 있거든."

"아닙니다. 죄송합니다만 거절하겠습니다. 다음 주에 함께 점심식사할 때, 부사장님이 고용할 사람에게 전해 줄 만한 얘기가 있으면 전해 주겠습니다."

그 다음 주에 마사는 그녀의 에이전트와 얘기했는데, 에이전트는 그녀가 다른 방송국에서 집필하는 일은 이미 성사된 것이나 다름없다고 확인시켜 주었다. 물론 이 분야에서는 돈이 실제로 자기 구좌에 입금되고 나서야 모든 게 확실해지는 것이긴 하지만 말이다. CBS와의 관계를 청산하기 위해 그녀는 그곳 경영자들과 함께 점심을 했다. 그렇게 좋았던 관계를 끝낼 생각을 하니 좀 낙심이 되었다. 그리고 그녀는 차에 올라 CBS동료들과 마지막 인사를 하는 순간까지도 천사가 등장하는 그 프로에 대해 조언을 해주었다.

그날 오후 그녀의 에이전트가 전화해서 다른 방송국에서 할 일을 자세히 말해 주었고, 제작자가 제목을 바꾸기를 원한다는 것을 전해 주었다. 이는 그들이 약속했던 창작권을 다소 제약하겠다는 신호였다. 그러나 원고료는 같았다. 어쩌면 더 줄지도 몰랐다. 이는 늘 그래왔던 것이었다.

그 다음 날 아침, 모든 것이 바뀌었다.

＊　＊　＊

만일 내가 진짜 천사가 아니고 TV에 나오는 천사였다면 이야기의 바로 이 시점에서 나는 극적인 등장을 하고 싶다. 나는 마사에게 "나는 하나님이 보내신 천사야"라고 말하고, 하나님이 그녀에게 지금 무얼 원하고 계신지 말해 줄 것 같다. 그러나 항상 그랬듯이 그녀는 내가 자기를 지켜보고 있다는 사실조차도 몰랐다. 그녀는 다만 갑작스럽게, 그러나 확신 가운데 하나님께서 자신이 천사 드라마에서 일하기를 원하신다는 것을 알게 되었다.

그리스도인으로서 살던 12년 동안 마사는 점점 더 주님의 목소리에 귀를 기울였고, 자신이 원하는 것과 하나님이 인도하시는 것을 대체로 구분할 수 있다고 생각하는 정도에까지 이르렀다. 그녀의 경우, 하나님께로부터 오는 말씀이 점진적으로 오지는 않았다. 직관이나 통찰처럼 시간을 두고 오는 것도 아니었다. 그녀에게 하나님의 말씀은 갑자기 오곤 했다…
그리고 큰 노력이 필요한 순종을 요구했다. 즉각 순종하지 않는다면 비참
해질 것임을 그녀는 알고 있었다. 마사의 신앙생활에서 진전이 있었다고
한다면, 그것은 하나님의 지시하심을 듣는 것과 이를 행동으로 옮기는 것
사이의 시간 간격을 줄이는 법을 배웠다는 것이다.

바로 이 아침에 이런 결정적인 일이 일어났다. 침대에서 나와 모닝커
피를 마시고 이를 닦다가 그녀는 하나님께서 "천사의 다락방"을 하길 원
하신다는 것을 그냥 알았다. 심지어는 그 천사 쇼가 하나님께서 그녀를
위해 준비하신 다시 없는 기회라는 생각마저 들었다.

그제서야 그녀는 자신이 그 쇼를 거절하기 전에 기도하지 않았음을 깨
달았다. 항상 실수투성이다. 그래서 하나님께 자신이 잘못했다고 말씀드
리고, 이제 그 소리를 듣게 되었다고 말씀드렸다.

이런 게 진짜 기적일까? 팡파레도 없는데? 멋진 소리도, 빛도 없는데?
특수효과도 없는데? 그러나 기적이 아니라면 무엇으로 이 상황을 설명하
겠는가? 파일럿은 형편없었지만, 대중들이 천사를 원하고 있고, 방송국에
서도 열성을 가지고 있었으며, 마사는 방송국과 좋은 관계를 가지고 있었
고, 하나님과도 좋은 관계였으니 이 모든 것이 일치하는 것을 어떻게 설
명하겠는가?

마사는 에이전트에게 전화를 했다. 그러나 어제까지만 해도 말만 하면
되는 일이었지만 이제는 '후보자'가 되어야 한다는 말을 들었다.

"좋아요, 회의를 주선해 주세요." 그녀는 말했다.

그녀의 에이전트가 다시 전화했다. "마사, CBS 사람들은 수요일까지
당신을 만날 수 없대요. 그런데 당신은 이미 다른 방송국과 합의가 이루
어졌고, 내일까지는 서명을 해야만 해요. 이제 24시간밖에 여유가 없어
요. 당신은 그걸 잡아야 해요."

"그럴 수 없어요."

"당신, 정신 나갔어요? 모든 사람들이 실패작일 거라고 말하고 또 할 수 있을지 확실치도 않은 일을 하려고 큰 쇼와 엄청난 보수를 거절한단 말이에요? 당신답지 않아요. 현명한 결정이 아니에요."

"CBS와 회의를 주선해 주세요. 난 그 일을 틀림없이 할 수 있을 거에요."

"마사, 당신은 그들의 면전에서 그 쇼를 던져버렸어요. 그런데 왜 그들이 이제 그걸 당신에게 맡기겠어요?"

"미친 소리로 들릴 줄 알아요. 그러나 하나님께서 하시는 일이에요. 그냥 회의를 주선해 주세요."

마사는 CBS와의 회의가 있는 날 아침까지도 "천사의 다락방"을 어떻게 고칠지 아무런 노트도 작성하지 않았다. 그러나 그녀는 아주 큰 확신을 가지고 회의에 나갔다. 만일 하나님께서 그녀에게 이 드라마 제작의 후보자가 되라고 말씀하신 것이라면, 하나님께서 그녀에게 그 일을 주실 것이라고 그녀는 생각했다.

그 회의에서 임원들은 반원형 탁자에 앉아 있었는데, 그들 중에는 당시 오락부문 사장이던 피터 토토리치(Peter Tortorici)도 포함되어 있었다. 이 사람들은 영적인 것과는 거리가 먼 사람들이었다. 그들이 그녀가 말하고자 하는 것과 어떻게 가까워질 수 있을까?

"마사, 우리는 놀랐습니다. 그렇지만 당신이 이 프로젝트에 참여하는 것을 재고하겠다고 결정을 내려서 매우 기쁩니다. 당신 같으면 이 드라마를 어떻게 하시겠습니까?"라고 토토리치가 말했다.

"모든 성공적인 드라마에는 나름대로 극의 원칙이 있습니다. 그런데 그 파일럿은 그런 원칙을 보여주지 못하고 있습니다. 있다 해도, 맞지 않는 원칙들뿐입니다. 예를 들어, 하나님의 명령에 반대하는 천사는 없습니다. 천사는 하나님의 메신저일 뿐입니다. 그들은 단지 하나님이 말씀하시는 것만 합니다."

그녀는 임원들이 그녀의 확신 있는 목소리, 천사가 무엇을 하는지 알고 있다는 태도에 긴장하고 있음을 느낄 수 있었다.

"하나님께서 천사들에게 명령을 내리시는 것을 볼 수 있을까요?" 한 임원이 불확실한 태도로 질문했다.

"아닙니다. 아무도 하나님을 보지 못합니다. 그런 이유 때문에 하나님은 누군가가 천상의 존재를 봐야 한다고 생각하시면 천사를 보내시는 것입니다. 그리고 천사들은 최근에 죽은 사람들이 아닙니다. 애초부터 천사들입니다"라고 마사가 말했다.

"사람이 천사와 같은 존재가 될 수 없다면 사람들은 왜 천사에 관한 드라마를 보기를 원하는 것입니까?" 탁자 주변의 사람들은 이런 생각이 거슬리는 것 같았다.

"왜냐하면 이 드라마가 천사에 관한 것이 되어서는 안되기 때문입니다. 이게 바로 문제입니다. 이 드라마는 천사가 나타난 그 사람이 하나님이 원하시는 것을 하려고 하느냐의 여부에 관한 것이라야 합니다. 이것이 바로 드라마가 가져야 할 위치입니다." 그녀는 단호하게 말했다. "그리고 우리는 골치아픈 문제들도 다루어야 합니다. 하나님은 왜 우리 아이가 죽게 내버려두었는가? 치명적인 질병을 앓고 있을 때 하나님은 어디 계신가? 하나님은 왜 가난한 자들을 돌보지 않으시는가? 하나님은 왜 연약한 사람들이 악한 사람들에게 희생되는 것을 막지 않으시는가? 하는 문제들 말입니다."

"당신은 이런 문제를 우리가 다룰 수 있다고 생각합니까?" 그들은 놀라서 물었다.

"그래야 합니다." 그녀가 말했다. "그리고 우리는 하나님은 모든 사람들을 사랑하시고 그들에게 최선의 것을 주려고 하신다는 관점에서 해야 합니다. 하나님은 천사와 같은 메신저를 통해 개입하셔서 위험에 처해 있는 우리의 등장인물들이 하나님의 사랑을 알게 되고, 하나님이 그들에게 옳은 일을 하길 원하신다는 것을 알게 한다는 것이죠. 아시는 바와 같이 저는 그리스도인입니다. 하지만 이것을 기독교 드라마로 만들자고 말하는 것은 아닙니다. 다만 극의 원칙은 주요 종교들이 하나님에 대해 믿는 바를 따라야 한다는 것입니다. 즉 하나님은 우리를 사랑하시고, 우리를 돌보신다는 것 말입니다."

그녀는 이제 성공하고 있었다. "물론 이것을 볼 시청자도 충분히 있을 것입니다. 종교를 가진 사람들은 이제 더 이상 자신들이 몽상주의자, 돈만 아는 사람, 연쇄 살인범, 아니면 그저 멍청이로 비춰지는 데 넌더리가 났습니다. 이 드라마의 시청자는 기분전환으로 진짜 영감을 얻을 수 있을지 모릅니다."

임원들이 갑자기 구체적인 문제로 들어갔다. 좋은 징조일까, 나쁜 징조일까? 마사는 궁금했다.

"일부 장면을 다시 찍어 원래의 파일럿을 개작할 수 있겠습니까?"

"아니오."

그녀는 200만 달러의 손해를 감수하려고 노력하는 그들의 얼굴을 지켜보았다.

"등장인물은요?"

"그 점이 바로 CBS의 강점입니다. 로마 다우니(Roma Downey)와 델라 리스(Della Reese)는 아주 뛰어납니다. 그러나 로마의 진지함과 델라의 권위를 잘 활용하여 그 나름의 새로운 화학작용을 일으키도록 해야 합니다. 매우 강한 연민과 멘토링의 관계가 있어야 합니다. 서로 적대적이어서는 안됩니다."

"마사, 옆방 사무실에서 잠시 기다려주시겠습니까? 우리가 여기서 몇 가지 논의할 게 있어서 그렇습니다." 피터 토토리치가 말했다.

그가 다시 마사를 회의에 참석시켰을 때, 그는 말했다. "우린 당신이 지금 말한 모든 것대로 하기를 원합니다. 하지만 3주 내에 첫 장면이 나와야 합니다. 당신은 사무실도 있고, 주차장도 있지요? 바로 시작하는 게 좋겠군요. 이의 없지요?"

*　*　*

CBS의 임원들이 하나님의 영향을 받았는지 아닌지는 말할 수 없다. 마사는 이들의 열린 태도를 이들이 가지고 있는 간절한 마음 때문이라고 생각했다. 그들에게는 이 드라마가 필요했는데, 이에 대한 실제의 비전을 갖고 있는 사람이 없으면 안된다는 것을 알고 있었다. 그러나 마사가 이전에 이것을 알 리 없었다. 그래서 아마 이 일에 있어 진정한 기적은 코앞에 다가온 고용의 기회를 포기하고 결심하여 순종한 것과, 별로 가능성이 없는 일에 기꺼이 하나님과 함께한 것이라고 말할 수 있다. 나는 나중에 바뀐 제목처럼 마사가 "천사의 감동을 빚아"(Touched by an Angel) 일하게 된 데는 내 공로도 다소 있다고 주장한다. 그러나 솔직히 말해, 이 경우엔 하나님이 나를 단지 관찰자로 보내셨을 뿐이다.

일 년 이상이나 "천사의 감동을 받아"는 별 가망이 없는 채로 남아 있었다. 참혹했던 원래의 파일럿이, 마사의 노력이 TV 수상기에 등장하기도 전에 언론에 소문이 났고, 그것은 사망선고가 내려진 것이나 다름없었다. 그런 상황에서 CBS는 이 드라마의 적당한 시간대를 찾지 못하고 있었다. 한 시즌 내내 TV시간표의 이곳 저곳을 옮겨다녔고, 그 결과 순위는 절망적이었다.

마침내 드라마가 다른 시즌으로 넘어가는 때에 이르자 "천사의 감동을 받아"는 한 시즌만 채우고 취소될 것 같았다. 마사는 대본, 등장인물, 스탭들을 끌어모으느라 몹시 지쳤고, 이제 다만 좀 쉬고 에너지를 재충전하기만을 바랐다. 그런데 그녀는 주님으로부터 다른 말씀을 들었다. 그녀는 동원할 수 있는 모든 에너지를 동원하여 이 드라마가 재생되도록 노력할 필요가 있었다.

동료들과 할리우드 친구들의 도움을 받아, 마사는 전국을 비행기로 누비며 미디어들을 공략하여 아직 방영되지 않은 마지막 두 이야기를 방영할 수 있도록 노력했다. 이 두 이야기에 대한 시청률은 그다지 올라가지도 않았지만, 떨어지지도 않았다. TV에서 일하는 사람들은 이것을 좋은 징조로 본다. 이 드라마의 시청자들은 언제 어디서나 이 드라마가 스케줄에 있는지를 찾는 사람들이었다.

그러나 "천사의 감동을 받아"는 가장 좋았을 때에도 닐슨 TV시청률 조사에서 12위밖에 하지 못했다. 마사와 그녀의 충실한 지지자들 이외에는 아무도 이 드라마가 다시 한 시즌을 갈 수 있을 것이라고 생각지 않았다.

마지막으로 마사는 뉴욕으로 가서 방송국의 여러 방들을 다니며 이 드라마의 운명에 대해 이야기할 사람이면 누구나 붙잡고 이야기했다. 마침내 그녀는 그 방송국의 사장을 만날 수 있었고, 다른 곳에서는 가장 중요한 것에 대해 호소했지만, 여기에서는 그 사람의 영혼에다 대고 말했다.

"사장님이 죽음을 앞두고 있을 때, 사장님은 워커(Walker)나 텍사스 레인저(Texas Ranger)를 살려낸 것을 기뻐하지 않을 것입니다. 그러나 사장님은 사장님 자신이 "천사의 감동을 받아"를 살려낸 것은 결코 잊지 못할 것이고, 항상 기쁜 마음이 들 것입니다"라고 그녀는 감히 말했다.

사장은 아무런 약속도 하지 않았다. 그리고 오늘까지도 마사는 무엇 때문에 무게중심이 옮겨졌는지 알지 못한다. 기적의 이 부분은 다른 사람의 마음 속에 감춰져 있다. 그러나 이 방송국이 한 시즌 더 "천사의 감동을 받아"를 방영하기로 뜻밖의 결정을 하게 되어 오늘날과 같은 엄청난 인기를 누리는 데 필요한 기회를 얻게 되었다.

마사 윌리엄슨의 삶은 기적으로 물들었다. 그리고 그녀의 작품을 매주 시청하는 수백만의 사람들도 그러하다.

　　　　　　　＊　　＊　　＊

　이 천상의 관찰자는 이 모든 것으로부터 무엇을 배우고 있는가? 하나님이 인간에게 자신의 사랑을 알리고자 하시는 끝없는 결심이다. 하나님은 참 이상한 문화적인 힘, 심지어는 천사 유행까지 사용하셔서 자신의 뜻을 이루신다. 그분은 별로 가망 없어 보이는 기회, 심지어 나쁘다고 생각되던 TV 드라마까지 자신의 사랑을 선포하기 위해 사용하신다.

제44장
악마들만이 좋은 음악을 가지고 있는가?

> 모든 세대의 그리스도인들은 나름대로의 도전을 받고 있다… 대중문화 속에서 살아야 하는 도전은 현대 그리스도인들에게는 옛날의 성도들이 겪었던 박해나 전염병과 비슷한 정도의 심각한 것이 될 것이다.
>
> 케네스 마이어즈(Kenneth A. Myers)

수년 전 나는 전국방송인협회 대회기간 동안 조찬기도회의 연사로 초청된 적이 있었다. 그때 내 옆에 앉은 젊은 여성은 유쾌하고도 매력적이었는데, 그녀는 자신을 기독교적 주제를 다룬 황금시간대 TV 드라마를 제작하겠다고 결심한 작가라고 소개했다. 나는 미소지으면서 그녀가 참 고상하기도 하지만 한편으론 순진하다고 생각했다. 그리고 얼마나 많은 똑똑하고 순진한 중서부 젊은이들이 그들의 이상주의를 할리우드라는 바위 위에 박살내고 말았는지 궁금해졌다.

"네, 계속 노력해 보십시오." 나는 그녀가 포기하고 보다 안전한 기독교출판사로 후퇴하기 전에 그 희망을 다소 누그러뜨리려는 의도를 가지고 말했다.

"네, 그렇게 할 겁니다." 그녀는 즐겁게 대답했다. "사실 전 제가 쓴 드라마 대본을 시험방송한 적이 있어요. 그리고 나서 방송국에서 쫓겨났죠. 그러나 저는 그것이 다시 방송되도록 문을 두드리고 있어요. 하나님께서 이 일에 함께하신다는 것을 알고 있기 때문이죠."

갑자기 그녀가 내 관심을 끌었다. "댁의 이름이 뭐라고 했죠?"

"마사 윌리엄슨입니다." 그녀는 미소지었다. "그리고 전 그것을 해내고 말 겁니다. 정말로요."

오, 믿음이 적은 나여.

많은 그리스도인들이 쓰레기 같은 TV방송에 대해, 또 가족들을 위한 건전한 프로가 없는 것에 대해 불평한다. 그러나 마사 윌리엄슨은 거기에 그치지 않고 팔을 걷어붙이고 무언가를 해냈다. 할리우드의 수많은 창조적 재주꾼들과 그녀를 구분지을 수 있는 것은 그녀의 끈질긴 믿음이다. 이것이 그녀의 이야기를 더욱 빛나게 한다. 그녀는 그리스도인들이 이렇게 주어진 재능을 사용하여 미국 대중문화를 변화시킬 수 있는지를 보여주는 아주 좋은 예이다.

매체가 바로 메시지이다

대중문화를 구원하라는 부르심은 오늘날 그리스도인들이 대면하고 있는 가장 어려운 도전이다. 오늘날의 통신기술 발달로 대중문화는 지나치게 넓은 영향을 미치고 있다. 광고, 테이프, CD, 텔레비전, 라디오, 영화, 잡지, 컴퓨터 게임, 비디오 가게, 그리고 인터넷을 통한 문화의 영향력을 회피하는 것은 거의 불가능하다. 대중문화는 어디에나 존재하며, 우리의 기호와 언어, 가치를 형성한다.

내가 어릴 적에는 대중문화를 접할 기회가 적었다. 가끔 토요일 저녁에 동네 영화관에서 서부영화를 보거나, 그린 호넷 라디오 연속극, 하디 보이즈 모험 연속극, 그리고 "토요 이브닝 포스트"지 등을 접하는 것이 전부였다. 그뿐이었다. 그러나 오늘날의 대중문화는 모든 광고판에서 손

짓하고, 24시간 내내 방영되는 무수한 채널을 가진 텔레비전에서 울려 퍼지며, PC에서도 튀어나오고, 자동차 라디오에서 폭발적으로 쏟아져나오며, 우리가 입는 티셔츠와 테니스 신발에도 장식되어 있다. 이것을 피할 수 있는 사람은 아무도 없다.

대중문화가 확산되면서 그 내용은 충격적일 정도로 거칠어졌다. 지난 30-40년 동안 영화, 텔레비전, 심지어 만화에서까지 섹스와 폭력의 수위가 놀랄 정도로 높아졌다는 사실은 두말할 필요도 없다. 물론 그리스도인들은 항상 천박하고 외설적이며, 거친 것들을 다뤄야만 했지만, 대개의 경우 그저 피하는 정도였다. 하지만 오늘날 그것은 거의 불가능하다.

우리 자신을 부도덕한 내용에 노출시키는 것이 얼마나 위험한지는 대개 잘 알고 있지만, 대중문화의 형식도 이에 못지않은 영향을 미친다는 것을 아는 사람은 별로 없다. 다시 말해, 내용뿐만 아니라 그것을 전달하는 방법도 중요하다는 말이다. 이것이 바로 교육가 마샬 맥루한(Marshall McLuhan)이 "매체가 바로 메시지다"라고 한 말의 내용이다.[1] 이것을 이해하는 가장 좋은 방법은 고급문화와 비교해 보는 것이다. 소네트나 교향곡은 이해하려면 다소의 노력이 필요한 복잡한 구조를 가지고 있다. 이들은 우리에게 도전을 준다. 감상하려면 노력해야 한다. 그래서 우리는 영어시간에 셰익스피어를 배우고, 음악감상 시간에 모차르트를 배운다. 그러나 마돈나를 이해하기 위해 강의를 들을 필요가 있는가? 꼭 그렇게 해야 할 사람이 있는가? 연속극을 이해하기 위해 강의를 듣는 사람이 있는가? 할리퀸(할리퀸 연애소설 시리즈 - 편집자 주)을 이해하기 위해 해설을 봐야 하는 사람이 있는가?

이런 것들은 어떤 지적 훈련이나 노력을 거의 필요로 하지 않는다. 대중문화는 청중들이 애쓰는 것을 피하려고 노력한다. 단순해야 하고, 즐거워야 하며, 이해하기 쉽고, 즉각적인 만족감을 주어야 한다. 대중문화는 기억에 남는 글, 시끄러운 음악, 관능적인 시각효과 등 우리의 정신을 우회하여 직접 감각과 감정에 호소하도록 고안된 것들로 우리의 주의를 사로잡는다. 더군다나 대중적인 책들과 텔레비전 드라마는 예측할 수 있는 구성과 전형적인 인물설정을 가진 어떤 공식에 따라 쓰여지고 우리 모두는 무슨 일이 일어날지 미리 알고 있다. 독자들과 시청자들은 그들이 어디로 가고 있는지 별로 생각할 필요도 없이 미끄러져 들어간다. 이들은 그저 가는 길에 나오는 장면들을 즐길 따름이다. 이는 정신을 위한 솜사탕에 불과하다.

다른 식사들이 영양의 균형을 이루고 있다면 작은 솜사탕 하나는 문제될 것이 없다. 그러나 정크 푸드(인스턴트 식품 같은 가공된 질 낮은 식품 - 역자 주)를 자꾸 섭취하면 위험해진다. 초보자들의 경우, 보다 온전한 음식에 대한 입맛을 잃을 수 있다. 정신의 솜사탕의 경우 그렇게 되는 것은 아주 위험할 정도로 쉽다. 대중문화는 쉽게 중독이 되고, 우리의 입맛을 파괴시켜 큰 대가를 치르게 만든다. 자녀들에게 만화영화나 비디오를 보게 하는 것이 너무 간편하기 때문에 우리는 더 이상 그들에게 고전문학을 읽어주지 않는다. 우리는 라디오에서 늘상 접하게 되는 대중음악에 너무 익숙하여 더 이상 바흐나 모차르트의 CD를 넣고 고전음악을 감상하지 못한다.

더 심각한 것은, 대중문화가 보다 어려운 정신적 과제와 씨름하는 우리의 능력을 무력화시킨다는 것이다. 대중문화는 즉각적인 경험에만 초점을 맞추기 때문에, 지속적으로 관심을 갖는 데 필요한 기술을 상실케 한다. 쉬운 소비와 감정적인 만족을 제시함으로써 대중문화는 우리가 듣고 보는 것을 분석하는 일을 방해한다. 각 매체는 닐 포스트맨(Niel Postman)이 「죽도록 즐기기」(*Amusing Ourselves to Death*)에서 말하고 있는 것처럼 서로 다른 종류의 정신적 과정을 자극한다는 사실을 우리는 이해하고 있어야 한다. 예를 들어, 독서의 경우, 인쇄된 페이지는 한 줄 한 줄씩 이야기를 전개해 나가고 있어 통일되고, 직선적이며, 합리적인 사고를 훈련시킨다. 반면에 텔레비전은 복잡한 사건을 빠른 움직임의 이미지로 축소시켜 주의 집중 시간을 짧게 하기 때문에 사고와 감정적인 반응을 흩어놓는다.² 대중문화는 마약과도 같다. 시간이 지나면 실제로 뇌의 능력을 손상시킨다.

그러나 가장 문제가 되는 것은 대중문화가 우리의 영적 생활에 미치는 영향이다. 영적인 영역에 집중하는 것은 대중문화가 쉽게 정신을 산만하게 하는 것과는 전혀 다른 종류의 기능과 감각을 필요로 한다. 하나님의 말씀을 연구하는 것은 정신적인 집중과 훈련을 필요로 한다. 기도와 묵상은 집중된 기억력과 일상적인 사건들의 소음을 차단하는 능력을 필요로 한다. 따라서 대중문화는(비록 기독교적인 형태라 하더라도) 건전한 영적 생활을 위한 훈련과 기술을 침식할 가능성이 있다.

성경은 두번째 계명에서 이런 원칙을 제시하고 있다. 새긴 우상을 만들지 말라는 것이다. 포스트맨은 젊어서 성경을 읽을 때, 왜 하나님이 그의 백성들에게 신성을 가시적인 이미지로 만들지 못하게 했는지 궁금했다고 기록하고 있다. "이는 명령을 내리시는 분이 인간 의사소통의 형식과 문화의 질 사이의 관계를 생각하지 않았다면 윤리체계의 일부로 집어넣기에는 매우 이상한 삽입구절이다."³ 바로 그것이다. 고대세계에 있어 각 국가는 자기 나름대로의 형상이나 이미지로 표현된 부족신을 가지고 있다. 그러나 성경은 보편적인 신이 존재함을 가르친다. 이는 너무 추상적인 개념이어서 구체적인 이미지로 표현할 수가 없다. "유대인의 하나님은 말씀 속에, 말씀을 통해 거하시는데, 이는 가장 높은 수준의 추상적 사고력을 요구하는 전례 없는 개념이다." 포스트맨은 이런 과격한 신 개념은 하나님에 대한 구체적 표현이 금지된 경우에만 문화 속에 들어올 수 있었을 거라고 추측하고 있다.⁴

다시 말해, 한 문화의 의사소통 형식은 그 사람들의 사고방식, 심지어는 하나님에 대한 사고방식을 형성하는 데 영향을 미친다.

이것이 의미하는 바는 그 내용이 부도덕한 것이 아닌 한, 대중문화 자체는 해로울 것이 없다는 것이다. 좋은 텔레비전 드라마를 보거나, 최근의 기독교 팝 음악을 들으며 발로 박자를 맞추거나, 혹은 가벼운 여흥을 위해 소설에 몰두하거나 하는 것들은 즐거운 기분전환이 될 수 있다. 나중에 살펴보겠지만, 대중문화의 많은 작품들은 진정한 도덕이나 영적인 진리를 표현하고 있기도 하다. 그러나 계속해서 대중문화만을 섭취하면 해가 된다. 이는 훈련된 사고와 분석을 격려하는 대신 인생에 대해 단순히 감정적 반응만을 불러일으키고, 이는 다시 극적으로 단순화된 영적 생활로 이어지게 된다. 대중문화는 사도 바울이 "모든 것이 가하나 모든 것이 유익한 것이 아니요"(고전 10:23)라고 말하는 범주에 들어가는 것이다. 우리 자신이 선택적일 수 있도록 훈련된 범위 안에서, 도피주의와 주의산만의 습관에 빠지지 않는 범위 안에서, 대중문화에 대한 감성이 우리의 성격을 형성하지 않는 범위 안에서만 우리는 문화적 '정크 푸드'를 즐길 수 있다.

현대 대중문화의 위험성에 대해서는 이미 올더스 헉슬리가 그의 고전적인 반유토피아 소설 「멋진 신세계」(*Brave New World*)에서 말한 바 있다. 이 소설은 또 다른 반유토피아 소설인 조지 오웰(George Orwell)의 「1984년」과 대비를 이루고 있다. 오웰은 책을 금지시키는 공산정권에 대해 경고하고, 헉슬리는 사람들이 더 이상 심각한 책을 읽지 않을 것이기 때문에 책을 금지할 필요도 없는 서구정부를 경고한다. 오웰은 정부의 검열로 인해 정보를 상실하게 된 사회를 예견하고, 헉슬리는 전자매체로 인해 정보가 과잉되어 사람들이 보고 듣는 것을 분석할 능력조차 상실하는 사회를 예견한다. 오웰은 정부의 선전과 거짓말로 인해 진리가 가려진 체제를 두려워하고, 헉슬리는 즐거움만 생각하고 진리에 대해 더 이상 관심이 없는 사람들로 구성된 체제를 두려워한다. 오웰은 사람들에게 고통을 줌으로써 통제하는 사회를 묘사하고, 헉슬리는 사람들에게 쾌락을 줌으로써 통제하는 사회를 상상한다.⁵ 이 두 소설은 모두 섬뜩할 정도로 정확하다. 오웰은 20세기에 있었던 전체주의의 전염병을 묘사하고, 헉슬리는 풍요한 자유사회의 병리를 묘사한다.

헉슬리는 또 외부적으로 부과된 폭정에 대해서는 늘 경계하고 있으면서 우리가 얼마나 쉽게 아무 생각 없이 기술에 의한 압제의 유혹에 넘어가고 있는지에 대해서는 깨닫지도 못하는 자유주의자들을 혹평한다. 그는 이런 자유 수호자들은 "인간이 거의 무한할 정도로 주의산만을 선호하고 있다는 사실을 고려하지 못하고 있다"고 말한다.⁶ 그리고 미국만큼 천박하고 아무 생각도 없는 대중문화의 오락이 주의산만에 대한 기호를 더 유혹적으로 자극하고 있는 곳은 없다.

그렇다면 이제 어떻게 우리 자신과 자녀들을 이런 부드러운 압제로부터 보호할 수 있는가? 대중문화가 어떻게 생겨났으며, 어떻게 발전되어 왔고, 어떤 세계관을 표현하고 있는지, 그리고 그 밑에 깔린 사상과 경향은 무엇인지 이해함으로써만 해결에 이를 수 있다.

정신적인 정크 푸드

대중문화 뒤에 있는 세계관을 점검하는 첫 단계는 이 용어에 대한 유효한 정의를 내리는 것이다. 많은 사람들은 대중문화를 현대적 형태의 민속문화라고 이해한다. 그러나 이는 정확한 것이 아니다. 민속문화는 특정한 사람들의 생활양식에서 우러나오는 이야기와 신화, 동화와 노래들로 구성되어 있다. 미국의 진정한 민속문화는 식민지시대로 거슬러 올라가며, 스퀘어 댄싱(한 쌍씩 짝을 지어 네 쌍이 마주 보고 추는 춤 - 역자 주), 영가, "내 사랑 클레멘타인"과 같은 반조 음악, 데이비 크로켓(Davy Crockett)과 폴 번연(Paul Bunyan)에 대한 재미있는 이야기, 예술품과 공예품 등을 포함한다. 반면 대중문화는 인종적인 혹은 민속적인 뿌리를 갖고 있지 않은 비교적 새로운 것으로 대량생산되고 표준화되어 있으며, 사람들의 경험을 자발적으로 표현한 것이라기보다는 시장조사에 의해 만들어진 것이다.

케네스 마이어즈는 「모든 하나님의 자녀들과 파란 수에드 신발」(*All God's Children and Blue Suede Shoes*)에서 문화를 요리에 비유하여 아주 유용한 통찰을 제공해 주고 있다.[7] 노래와 이야기를 갖추고 있는 민속문화는 토속음식과 비슷하다. 예를 들어, 독일의 소시지, 노르웨이의 루트피스크(훈제 대구요리), 러시아의 보르쉿(크림을 곁들인 쇠고기수프)과 같이 전통적인 생활방식에서 나온 것들이다. 그러나 대중문화는 소금, 설탕, 인조향료와 안료를 잔뜩 넣은 패스트푸드 같다. 코카콜라나 맥도날드 햄버거 같은 패스트푸드는 미국의 독특한 문화유산에 뿌리박고 있는 것이 아니라 기존의 어떤 문화에도 도매금으로 부과될 수 있는 것이다. 그리고 실제로 이미 전세계에 이식되었다. 이에 비유컨대 대중문화는 특정한 인종집단에만 속하는 것이 아니라, 모든 문화에 침투하고 있는 것이다. 예를 들어, 중국 남부의 상어떼가 우글거리는 바다에서 피난민들이 미국 해안경비대에 의해 구출되었을 때, 그들이 알고 있는 유일한 영어단어는 MTV(미국의 음악 전문 케이블 채널 - 역자 주)였다.

이렇게 대량생산되고 표준화된 새로운 형태의 대중문화는 어디에서 시작된 것일까? 이는 대체로 제42장에서 추적해 본 이론과 동일한 이유에서 나온 결과이다. 거기에서 설명한 것처럼, 과학만이 진리에 이르는 유일한 길(과학주의)로 기름부음을 받았을 때, 예술은 주관적인 환상으로 치부되었고, 예술가들은 수세에 몰리게 되었다. 이들은 결국 예술을 전복의 도구, 기성사회를 조롱하는 수단으로 삼았다. '반역으로서의 예술'이라는 철학은 유럽에서 미국으로 건너와 미국의 민속전통에 침투했다. 예를 들어, 음악에서 미국의 민속문화는 재즈, 블루스, 포크, 그리고 가스펠 음악을 만들어냈지만, 전위적인 철학이 침투하면서 그 결과는 로큰롤, 엘비스, 비틀즈, 롤링 스톤즈 등의 대중음악과 여타 장르음악의 역사로 이어졌다. 그리고 새로운 예술철학이 우세를 점하게 되자 주류 가치에 대한 끊임없는 공격은 신성모독과 도착증으로 점철된 광적인 열광상태를 만들어내어 오늘날 우리는 죽음과 폭력을 찬양하는 노래들을 갖게 되었다.

중요한 것은 세속문화의 쇠퇴는 그들의 기호가 쇠퇴해서 그런 것이 아니란 점이다. 그것은 세계관의 변화가 가져온 결과이다. 현대에 와서 예술은 계몽주의와 과학에 반대하는 모든 것을 옹호하기 시작했다. 예술은 이성보다는 감정, 합리성보다는 본능, 사고보다는 감각, 문명보다는 원시주의를 찬양했다. 미술대학에서 전파되기 시작한 이 전위사상은 녹음실로 스며들어갔다. 사실 영향력 있는 영국의 일부 록 음악가들은 처음에 미대 학생으로 공부를 시작했던 이들이었다. 이들 중에는 키스 리처드, 피터 타운센드, 에릭 클랩톤, 그리고 존 레논 등이 있다. 그 결과 비틀즈, 롤링 스톤즈, 후, 크림, 그 밖의 많은 영국 밴드들은 낭만주의적 영웅으로서의 예술가라는 철학을 음악으로 표현하고자 했는데, 이들은 기존의 문화를 깨부수고 도덕적 자유와 감정적 해방, 동물적 에너지와 생생한 감각이라고 하는 새로운 문화를 창조해 내었다. 록 음악의 충만한 에너지, 즉 쿵쿵 울리는 박자, 비명 소리, 그리고 현란한 구경거리는 정신을 우회하여 곧바로 감각과 감정에 호소하려는 의도를 가지고 있다.[8]

그래서 록 음악은 가사가 어떠하든지 간에 그 형태 자체가 주관적이고 감정적이며 감각적인 정신을 고양시키고 있다. 이런 이유로 인해 그리스도인들은 대중문화의 내용뿐만 아니라 예술형태 자체, 표현방법을 분석하는 법을 알아야 한다.

기독교 일반문화가 내용만 바꾸면서 주류문화의 스타일을 흉내내는 것은 위험한 일이다. 음악시장에는 기독교 록과 랩, 기독교 블루스와 재즈, 기독교 헤비메탈로 넘쳐나고 있다. 서점의 서가는 어린아이의 모험 이야기에서부터 도색소설이나 다름없는 연애소설에 이르는 '기독교 소설'로 가득 차 있다. 기독교 테마파크에는 디즈니와 비슷한 것들이 제공되고 있고, 어린이들과 운동하는 사람들을 위한 기독교 비디오도 잘 팔려 나간다. 이것은 여러 가지 의미에서 건전한 발전이다. 그러나 우리는 항상 이런 질문을 던져야 한다. 우리는 진정 기독교적인 문화를 만들어내고 있는 것인가, 아니면 단지 기독교적인 장식을 갖춘 유사문화를 만들어내고 있는 것인가? 우리는 이미 존재하는 형식에 기독교적 내용을 부과하고 있는 것은 아닌가? 왜냐하면 형식과 스타일 자체가 자기 나름의 메시지를 보내고 있기 때문이다.

수년 전 낸시는 "타임" 지에서 아주 놀라운 비디오 평을 읽었다. "도발적인 이미지가 TV화면을 채우고 있다. 정력적이고 분절된 록 비트 위에 한 여자의 다급하고 유혹적인 목소리가 귀신에 사로잡힘과 구원에 관한 이야기를 전해 준다." 이건 새로 나온 마돈나 비디오가 아니다. 이는 군대라고 하는 마귀를 쫓아내는 예수에 관한 성경의 이야기를 현대적으로 다시 들려주는 비디오이다.[9]

낸시는 이 비디오를 하나 주문해서 보고는 "타임" 지의 평이 과장이 아님을 알 수 있었다. 거의 초현실에 가까운 스타일이 너무 생생하여 모든 실제적인 목적을 감안하더라도 그 표현들은 성경의 가르침을 익사시키고 있었다. "메시지는 매체에 의해 압도되었다"고 "타임" 지가 평하고 있었는데, 그 말이 진실이었다. MTV를 보며 자라난 젊은이들에게 복음을 전한다는 제작자의 목표는 존경할 만한 것이다. 그러나 세속의 평론가조차 성경의 메시지와 이 메시지가 전해지는 스타일 간의 괴리를 느낀다면 우리는 더더욱 그런 사실에 민감해야 하지 않을까?

기독교적인 일반문화를 창조할 때, 우리는 현재 시장에 나돌고 있는 아무 스타일에나 기독교적인 메시지를 삽입하지 않도록 조심해야 한다. 그 대신 우리는 내용과 형식에 있어 분명히 기독교적인 요소들을 개발해 내야 한다.[10] 여러 가지 예술형태를 비판하기 위해서는 그 안에 표현된 세계관을 분별해 내고 건전한 성경적 대안을 만들어내는 것을 배워야 한다.

무엇에든지 참되며 무엇에든지 경건하며

　대중문화의 질적 저하를 되돌리기 위한 방법은 이제 다시 예술을 진리에 연결하는 일이다. 우리는 진리를 오직 과학적인 방법론에 의해서만 알 수 있다고 하여 진리를 폄하시킨 과학주의에 도전하여 기독교 세계관의 첫 강령이 되는 '창조'를 주장해야 한다. 이 세계는 진리와 선(善)과 미(美)이신 하나님이 직접 손으로 지으신 것이다. 따라서 미(美)란 과학자들이 말하는 물질의 입자만큼이나 객관적이고 실재적인 것이다. 그래서 일반문화를 구원하는 첫 단계는 성경에 근거한 예술관을 정립하는 일이다(이에 대한 개요는 42장에서 다루었다).

　둘째로 우리 모두가 할 수 있는 실제적인 단계로 우리 자신을 훈련시켜 가장 나쁜 형태의 세속문화에 대해서는 거부하는 습관을 기르는 것이다. 세속문화는 우리 가정, 학교, 그리고 교회에 깊숙이 침투해 있어 이제 우리는 이에 고삐를 매기 시작해야 한다. 이 시대의 음악을 주로 예배에 사용하는 교회들은 고전적인 신앙의 찬송가를 무시하고 단순한 합창과 팝 스타일의 예배음악을 지속적으로 사용하는 효과에 대해 생각해 보아야 한다.

　가정에서 부모들은 자녀들에 대해 확신을 가지고 용기를 내어 텔레비전을 끄고, 이어폰을 빼며, 십대들이 최근에 나온 형편없는 밴드의 이미지를 새긴 티셔츠를 입고 다니지 않도록 권면해야 한다. 나는 심지어 손자들이 한 달 동안 TV를 보지 않으면 대학갈 때 사용할 돈 100불을 주겠다고 '뇌물'까지 제공했다. 세계적인 소아 신경외과 의사인 존스홉킨스 대학의 벤 카슨(Ben Carson) 박사는 한때 무작정 떠도는 성난 슬럼가의 아이였다. 그는 자신이 놀랍게 회심하게 된 것은 하나님을 만난 것과 자기 어머니의 훈련 덕분이라고 말하고 있는데, 그 어머니는 TV를 끄고 고전을 읽게 했으며 그에 대한 독후감을 쓰도록 했다. "당신 어머니가 그 일을 어떻게 하셨습니까?" 그는 자주 이런 질문을 받는다. 이에 대해 그는 넘처나는 재치로 이렇게 말하곤 한다. "아, 그때는 부모들이 아직 가정을 통제할 수 있었던 옛날이지요." 그리스도인 부모들도 이런 관계를 회복해야 한다.[11]

그리스도인들은 또 시장에 나오는 상품에 대해 재정적 영향력을 행사함으로써 변화를 이끌어내야 한다. 외설적이거나 노골적인 가사를 담고 있는 음악은 구매하지 않도록 하자. 부도덕을 찬양하는 영화는 관람하지 말고, 저질 비디오는 빌리지 않도록 하자. 남녀관계를 싸구려로 만드는 연애소설이나 포르노에 가까운 소설들은 사지 말도록 하자. 개인적이든 집단적이든 불매운동이 항상 그 제품을 완전히 시장에서 밀어낼 수 있는 것은 아니지만 중요한 도덕적 진술은 된다.

예를 들어, 현재 내가 속한 남침례교 교단을 포함한 일부 그리스도인 집단들은 디즈니 제품에 대해 불매운동을 벌이고 있다. 이 불매운동이 디즈니에 심각한 경제적 타격을 줄지 어떨지는 모르지만 그리스도인들과 일반인들 양자를 상대로 매우 중요한 교육적 기능을 하고 있는 셈이어서 나는 이들의 결정을 지지한다. 이러한 불매운동이 공개적으로 이루어지기 전까지, 그리스도인들을 포함한 많은 사람들은 디즈니가 가지고 있는 가정중심적인 이미지 뒤에 기독교에 대해 적대적인 세속적이고 자연주의적인 철학을 가지고 있다는 사실을 알지 못했다. 이 회사는 직원 중에 동성애자가 있으면 그 파트너에게 배우자 혜택을 주고 있고, 디즈니의 테마파크에서는 특별한 "동성애자의 날" 행사를 벌인다. 디즈니는 미라맥스 영화사를 소유하고 있는데, 이 영화사는 "프리스드"(Priest), "사이렌즈"(Sirens)와 같이 기독교를 악랄하게 공격하는 영화를 제작했다. 디즈니는 또 ABC방송을 소유하고 있는데, 이 방송은 "엘렌"이라는 프로를 통해 동성애를 공개적으로 옹호하고, 시트콤 "성스러운 것은 없다"(Nothing Sacred)에서는 기독교를 조롱하고 있다. 부모들은 그 자녀들이 디즈니 영화를 보게 할 수 있고 가족들을 데리고 디즈니월드에 갈 수도 있다. 그러나 적어도 자녀들이 반기독교적인 세계관에 노출될 것을 인식하고 이에 바르게 대처할 수 있어야 한다.

불매운동을 벌이는 것은 시작에 불과하다. 진부함을 극복하는 가장 좋은 방법은 더 나은 것을 개발하는 것이다. 우리는 사도 바울이 빌립보서에서 말하고 있는 것을 추구해야 한다. "무엇에든지 참되며, 무엇에든지 경건하며, 무엇에든지 옳으며, 무엇에든지 정결하며, 무엇에든지 사랑할 만하며, 무엇에든지 칭찬할 만하며, 무슨 덕이 있든지, 무슨 기림이 있든지, 이것들을 생각하라"(빌 4:8). 바울이 이런 원칙을 영적인 일에만 제한하고 있지 않음에 주의하라. 그는 무엇에든지라고 말한다. 바울은 우리 자신의 기호를 훈련시켜 보다 좋은 것, 우리의 정신에 도전을 주고 우리의 인격을 심화하고, 탁월한 사랑을 만들어내는 그런 것들을 사랑하라고 말하고 있는데, 이것에는 우리가 듣는 음악, 우리가 읽는 책과 잡지, 우리가 보는 영화, 우리가 드리는 예배형식도 포함된다.

우리가 주의깊게 선택한다면 비록 그 이야기의 주제가 명백하게 기독교적인 것이 아니라 하더라도 깊은 도덕적 딜레마를 다루면서 흥미있는 이야기를 통해 우리에게 선과 악에 대한 새로운 차원을 가르쳐주는 고품질의 일반문화를 발견할 수 있을 것이다. 예를 들어, 스티븐 스필버그의 "라이언 일병 구하기"는 보는 이로 하여금 2차대전 때 피의 희생을 드린 그들의 부모나 조부모에 대한 감사의 마음을 갖게 한다. 스필버그의 "쉰들러 리스트"는 악의 실재를 깨닫게 하고 그에 저항해야 함을 결단케 한다. "데드맨 워킹"은 기독교적인 사랑과 참회를 강력하게 제시하고 있다. 최근에 좋았던 영화로는 진취적인 일단의 수녀들이 제작한 "스핏파이어 그릴"(Spitfire Grill)로, 이는 구원과 새로운 삶에 대한 감동적인 이야기이다. 경건한 가톨릭 교도인 멜 깁슨은 기독교적인 선악, 명예와 용기의 개념을 반영하는 영화를 제작하기 위해 아이콘 프로덕션(Icon Production)이라는 영화사를 설립했다. 이 영화사에서 만든 가장 성공적인 영화 중 하나는 "브레이브 하트"(Braveheart)로 그 대본은 듀크신학교에 다니다가 강단에서보다는 사람들에게 이야기를 해줌으로써 더 큰 영향을 미칠 수 있으리라 생각하고 작가가 된 랜들 윌리스(Randall Wallace)가 썼다.[12]

좀 오래된 영화로는 "불의 전차"(Chariots of Fire)가 있는데, 이 영화는 올림픽 금메달보다 하나님을 먼저 생각하는 스코틀랜드 운동선수의 실화에 근거한 영화이다. 이탈리아의 영화제작자 프랑코 제피렐리(Franco Zeffirelli)는 교통사고를 당해 죽음 직전까지 갔다가 회생한 뒤 다시 기독교신앙에 헌신하였다. 그는 아시시의 성 프란체스코를 다룬 "브라더선 시스터문"(Brother Sun, Sister Moon), 브론테의 고전소설에 기초한 "제인에어", 그리고 텔레비전 미니시리즈인 "나사렛 예수" 같은 영화를 만들었다. 비그리스도인 영화제작자 우디 앨런(Woody Allen)과 같은 사람도 죄의식의 문제를 탐색하는 "범죄와 비행"(Crimes and Misdemeanors)과 같이 진지하고 사려 깊은 방식으로 도덕적 주제를 다루는 영화를 만들었다[13](위에 언급된 영화 중 일부는 거친 언어나, 폭력, 음란성을 가지고 있으므로 자녀들에게 보여주기 전에 당신이 먼저 보도록 하라).

가족들이 함께 보려면 비디오 가게의 클래식 모음을 살펴보라. 수십 년 된 영화도 있다. 이들 중 많은 것들은 당신이나 당신 자녀들에게 새로운 세상을 열어줄 것이다. 왜냐하면 이들 영화는 숨막히게 하는 특수효과보다는 인물과 구성을 더 중요시하고 있기 때문이다. 널리 사랑받는 영화인 프랭크 카프라(Frank Capra)의 "멋진 인생"(It's a Wonderful Life)이나 "스미스 워싱턴에 가다"(Mr. Smith Goes to Washington)는 아무리 봐도 질리지 않는다.[14] 카프라는 정직, 용기 그리고 희생과 같은 전통적인 도덕적 가치를 옹호하는 인물들, 마치 숨쉬는 것처럼 기도를 자연스럽게 하는 인물들을 성공적으로 묘사해 내고 있다. 실천적인 가톨릭 교도인 카프라는 "나는 사람들의 사소한 의심, 자신과 이웃, 그리고 하나님에 대한 믿음의 상실을 다룬다"고 말한다. 그리고 나서 "그런 의심을 극복하고 용기 있게

믿음을 회복하는 과정을 보여준다"고 말한다.¹⁵

결국 일반문화를 구원하는 세력이 되고자 한다면, 우리는 그리스도인들이 비판만 할 게 아니라 창조적이 되어야 한다고 격려해 주어야 한다. 놀랄 정도로 많은 그리스도인들이 이런 일을 하고자 한다. 마사 윌리엄슨 혼자만 할리우드에서 일하면서 시련을 겪고 있는 것이 아니다. 그녀는 거기에서 일하고 있는 신우회그룹의 격려를 받고 있다. 그런 그룹 중 하나가 "인터미션"(Inter-Mission)인데 이 단체는 작가, 제작자, 감독, 그리고 배우로 구성되어 있으며, 일 년에 네 번씩 만나고, 뉴욕과 할리우드에 사무실을 두고 있다. 또 다른 그룹으로는 '가톨릭스 인 미디어'(Catholics in Media)가 있다.¹⁶ "기독교대학위원회"가 제공하는 프로그램의 하나인 "로스앤젤레스 영화학센터"는 유수한 영화회사 사무실에 기독교대학 학생들인 인턴들을 배치한다. 이들은 제작조수와 사무요원들로 일하면서 이 광맥을 항해하려면 어떻게 해야 하는지를 배운다. 이 프로그램은 성공적으로 진행되고 있다. 이 센터를 거친 270명의 학생 중 70명 이상이 지금 할리우드에서 일하고 있고 일부는 전략적인 지위에서 일하고 있는데, 이는 아주 놀라운 비율이다.¹⁷

어떤 사업가들은 그들의 재산을 이러한 변화의 사역에 기꺼이 투자하고 있다. 인터스테이트 배터리회사에서 기업가적 천재성을 드러낸 노만 밀러(Norman Miller)는 기독교적 주제를 교묘하게 짜 엮은 고급의 건전한 영화를 만들기 위한 영화제작사를 새로 만들었다. 그의 첫 영화는 "조이라이더"(Joyriders)이다.

"월스트리트 저널"에 글을 쓰고 있는 데이브 쉬플렛(Dave Shiflett)에 의하면, 종교적인 요소를 강하게 가지고 있는 대중문화 중 하나는 컨트리 음악이라고 한다. "우리 세대 대부분의 연주자들은 교회출신이다"라고 만돌린 대가인 리키 스캑스(Ricky Skaggs)는 말하고 있는데, 그는 곡을 연주하는 중간중간에 짧은 설교를 하는 것으로 알려져 있다. "우리는 보통

연주를 중단하고 블루그래스(미국 남부의 백인 민속음악에서 생긴 컨트리 음악 - 역자 주)는 교회음악에서부터 탄생했다고 말하곤 한다."[18]

어떤 분야에서든 마찬가지지만 일반문화에서도 불신자인 청중들에게 접근할 수 있는 가장 좋은 방법은 기독교를 명백하게 설교하는 일보다는 기독교 세계관을 간접적으로 표현하는 것이다. "예를 들어, 우리는 약 30분 동안 사람들이 기독교적 관점에 귀를 기울이도록 할 수는 있지만, 우리의 강의에서 떠나거나 글을 손에서 놓는 순간, 그들은 그 반대가 당연한 것으로 받아들여지는 세상으로 다시 빠져든다"고 C. S. 루이스는 말하고 있다. 따라서 "우리에게는 기독교에 대한 책 몇 권이 더 필요한 것이 아니라, 다른 주제에 대해 그리스도인이 쓴 책, 기독교가 잠복되어 있는 책이 필요하다."[19]

그리스도인 음악가가 작곡한 대중음악이 시장에서 가장 잘 팔리는 음악이라면 어떤 일이 일어나겠는가? 서점에서 가장 잘 팔리는 책이 기독교 작가가 쓴 책이라면? 가장 인기 있는 텔레비전 드라마가 암암리에 기독교적 세계관을 전달하고 있다면? 불신자들은 기독교를 '종교'라는 이름으로 삶에서 동떨어진 한 부분으로 치부할 것이 아니라, 그들이 관심 갖고 살아가는 모든 것들에 대해 보다 잘 이해하게 만들어주는 적합한 세계관을 가지고 있음을 이내 알게 될 것이다.

악마들만이 좋은 음악을 모두 가지고 있단 말인가? 우리의 선택에 따라서, 우리는 그렇게 되지 않도록 할 수 있다.

제45장

그리스도인, 이제 어떻게 살 것인가?

> 그는 우리의 화평이신지라 둘로 하나를 만드사 중간에 막힌 담을 허시고 … 이는 이 둘로 자기의 안에서 한 새사람을 지어 화평하게 하시고 또 십자가로 이 둘을 한 몸으로 하나님과 화목하게 하려 하심이라 원수된 것을 십자가로 소멸하시고.
>
> 에베소서 2:14-16

에콰도르에 있는 호르헤 크레스포에서부터 뉴욕의 샐 경관, 폴란드의 헨릭 고레츠키, 할리우드의 마샤 윌리엄슨에 이르기까지, 한 가지 공통적인 패턴이 존재한다. 즉 성경의 진리를 이해하고 그 말씀을 살아내려는 용기가 있는 사람은 문화를 구원할 수 있고, 심지어는 새로운 문화를 창조할 수도 있다는 것이다. 이것이 새천년을 사는 우리 모두에게 도전을 준다.

앞에서 설명해 왔듯이 기독교 세계관은 다른 어떤 신념체계보다 일관성이 있고, 합리적이며, 현실적이다. 기독교 세계관은 세계관이라면 반드시 대답해야 하는 중요한 질문들에 대해 어떤 경쟁적인 다른 세계관보다 신뢰할 만한 대답을 제시한다. 그 질문들이란, 우리는 어디에서 왔는가?(창조), 인간의 문제는 무엇인가?(타락), 그리고 이 문제를 해결하기 위해 우리는 무엇을 해야 하는가?(구속)이다. 그리고 이 세상을 이해하는 방법은 이 세상을 변화시키기 위해 일하는 방식으로 우리를 안내해 준다(회복).

세계관이 단순히 철학이론인 경우는 없다. 세계관은 우리의 삶의 방식과 우리 주변의 세상에 우리가 영향을 미치는 방법에도 실제적으로 큰 영향을 미친다. 우리가 잘못된 세계관을 갖게 되면 우리는 불가피하게 이 우주의 본성에 맞지 않게 될 것이고, 결국은 현재 수백만 명의 미국인들이 알고 있는 것처럼 우리가 더 이상 살기 어려운 결과를 가져오게 될 것이다. 반면에 우리의 삶을 실재에 일치시키게 되면 목적과 의미를 발견하게 될 뿐 아니라 우리의 삶이 보다 건강하고 보다 성숙하게 되리라는 사실을 알게 될 것이다. 기독교는 실제에 대한 정확한 지도이며, 우리는 점차 다른 모든 세계관이 헛되다는 사실을 알아가고 있는 사람들에게 이를 전할 준비를 하고 있어야 한다.

그러나 지구상에는 50억의 사람들이 끝이 없어 보이는 고통과 갈등과 전쟁 속에서 살고 있다. 국가간에 전쟁을 하게끔 만드는 난제들을 해결하도록 돕는다는 희망을 가질 수 있을까? 우리가 살고 있는 이 세계는 수세기를 이어온 적대감과 불신의 세대이며, "우리를 쉽게 사로잡는 죄"(히 12:1)들로 인해 사람들 사이엔 불신의 골이 깊어졌다. 이런 사건들은 우리가 무엇인가를 할 수 있는 한계를 벗어나는 광범한 국제적 역학관계에 의해 형성된 것이 아닌가?

이에 대한 대답은, 이런 경우에도 하나님은 우리의 신앙과 사역을 통하여 추악한 상처를 고치시고, 민족과 국가 간의 깊은 갈등까지도 회복케 하신다는 것이다.

* * *

워싱턴 D. C. 몰(Mall)에 가면 베트남전에서 전사한 군인들을 추모하는 '벽'(The Wall) 앞에 항상 사람들이 모여 있는 것을 볼 수 있다. 일 년 내내, 24시간 내내, 사람들은 거기에 모여 있다. 어머니와 아버지들, 이제 할아버지가 된 이들이 오래 전에 죽은 아들과 딸들의 이름을 찾아본다. 이제 어른이 된 아이들은 그들이 겨우 기억하는 아버지의 이름을 찾아본다. 참전용사들은 자기 동료들을 애도하고, 관광객들은 아무런 의미가 없었던 전쟁에 대해 어이없어한다. 개인적인 슬픔을 가진 사람들이 해답 없는 의문을 가진 채 연마된 까만 대리석에 새겨진 죽은 자들의 이름 앞에 애도의 마음과 경외심을 가지고 서 있다.

물론 풍상에 이지러진 기념물들은 전국 곳곳에 흩어져 있다. 남북전쟁의 전사자, 미국 - 스페인 전쟁의 전사자, 제1차 세계대전, 제2차 세계대전, 한국전의 전사자들을 기념하는 기념물들 말이다. 그러나 미국인들에게 가장 기억에 남는 것은 베트남전이다.

우리는 아직도 왜 우리의 많은 젊은이들이 호치민로(trail)를 따라 행진해야 했으며, 왜 그렇게 많은 이들이 죽어야 했는지 분명하게 대답할 수 없다. 우리 중 나이 든 사람들은 사이공 공항의 검은 시체운반용 자루, 끊임없는 병력 증파, 군인들이 상관에게 총을 쏘았다는 얘기, 국내에서 있었던 반전 데모대와 경찰간의 추악한 대치 등을 아직도 기억하고 있다. 그리고 나서 미국인들에게 수치심을 불어넣어 주었던 장면, 즉 사이공 대사관의 지붕에서 탈출하는 군인들이 헬기에 뛰어오르는 마지막 장면을 기억한다.

1996년, 이런 질문들에 대한 대답을 찾기 위한 노력의 일환으로 전쟁 기간 중 정책결정에 책임을 지고 있던 당시 미국 고위 공직자들과 베트남의 상대역들이 모인 적이 있었다. 케네디와 존슨 행정부에서 국방장관을 지냈던 로버트 맥나마라(Robert McNamara)가 주도한 회의가 하노이에서 열리도록 되어있었다.[1] 그보다 2년 전, 맥나마라는 「회상: 베트남의 비극과 교훈」(In Retrospect: The Tragedy and Lessons of Vietnam)이라는 책을 출판했는데, 이 책에서 그는 27년간 침묵을 지킨 후에 그와 다른 백악관 관리들이 베트남에 대해 내린 결정은 '잘못되어도 아주 잘못된 것'이라고 인정했다. 그러나 그는 아직도 미국의 비극적 오류를 이해하려고 애쓰는 것이 분명해 보였다. 아마 이 회의는 오랜 세월 동안 많은 사람들이 회피하던 대답을 제시하는 자리였을 것이다.[2]

하지만 전혀 그렇지 못했다. 개회 순간부터 베트남 사람들은 비록 점잖게 미소짓고 있었지만, 자기네가 통일을 위해 노력하고 있었던 일에 왜 간섭했냐고 미국인들을 단호히 꾸짖고 있었다. 그들은 "월맹"은 분리된 나라였던 적이 한 번도 없었다고 주장했다. 또 자신들은 미국 북부가 남북전쟁 때 남부의 문제에 개입하고 있다는 생각을 하지 않았던 것처럼 '베트남'의 문제에 '개입'하고 있다고 생각해 본 적이 없었다고 주장했다. 미국인들은 할 말을 잃었고, 좌절감을 느꼈다.

여러 날 동안 참석자들은 열띤 토론을 벌였다. 심지어 맥나마라는 자기 나라에서 프랑스와 미국군을 패퇴시킨 보 응우엔 잡 장군을 개인적으로 만나고자 했다. 그러나 그 장군은 베트남의 참 역사에 대해 그에게 쉬지 않고 강의했으며, 맥나마라는 끼여들 수가 없었다.

마지막에 전 CIA 분석가였던 체스터 쿠퍼(Chester Cooper)가 지친 듯이 연단으로 나아갔다. 넥타이는 풀어헤치고, 어깨는 축 늘어뜨린 채로. 그는 베트남측의 양보없는 자세를 다음과 같이 냉소적으로 요약했다. "1954년 제네바 협정 이후 우리가 한 모든 일은 잘못되고 부도덕한 것이며, 당신들(베트남)이 한 모든 일은 옳고 도덕적이란 말이군요." 그리고 나서 그는 한숨을 지었다. "우리가 모든 것을 잘못했다고 말하는 데 질렸습니다."[3] 나중에 신문에 난 사진은 쿠퍼와 맥나마라가 하노이 공항에서 귀국하는 비행기를 기다리고 있는 모습이었다. 내리쬐는 열기 속에서 그들의 옷은 구겨져 있었고, 지치고 낙심된 그들의 얼굴은 일그러져 있었다. 그들의 임무는 완전한 실패였다.

문제는 맥나마라가 복잡한 인간의 영적 딜레마에 기술적 해결책을 적용하려 했다는 것이다. 그는 본질적으로 기술관료였다. 그는 포드 자동차 회사에서 작은 기적들을 연출함으로써 유명해진 뛰어난 경영자였고, 나중에 국방장관이 되어서는 통계에 기초한 계획통제기법을 도입함으로써 유명해졌다. 그는 계획을 잘 세우고 관리를 잘하면 무슨 문제든 다 해결할 수 있다고 믿었다. 특히 계량화될 수 있는 항목과 수학적 공식으로 만들어질 경우 그렇게 된다고 믿었다.

그러나 전쟁의 상처는 수학적 분석과 통계로 치료되지 않는다. 진정한 치료는 아주 다른 방법으로 이루어진다.

* * *

나 자신 베트남전에 대한 공포를 가지고 있고, 그 해결책에 대한 갈망도 잘 이해하고 있다. 닉슨 행정부의 일원으로, 나는 수년 동안 장군들과 제독들이 당시 국가안보 보좌관이던 키신저에게 하던 브리핑과, 닉슨 대통령이 밤늦게까지 베트남에 관해 내뱉던 독백들을 들을 수 있었다. 때로 나는 대통령이 가장 힘든 결정, 예를 들어 1972년 5월 하노이 항에 기뢰를 설치하고 폭격을 가하는 결정을 내릴 때 보좌한 적도 있었고, 바로 그해 선거 후에 있었던 비밀협상에도 개입했었다. 나는 대통령의 측근 중 한 사람이었으며, 그의 입장을 전폭적으로 지지해 왔다. 그러나 전쟁의 고통은 여러 모습으로 나에게 다가왔다. 나는 우리의 결정이 나 자신의 전 해병대 전우를 위험에 빠뜨리는 것임을 알고 있었다. 더욱이 그 전쟁의 처참한 모습은 아직도 내 기억에 상처로 남아 나를 고통스럽게 한다.

1972년 6월 9일 해가 뜨기 전, 나는 백악관으로 출근하기 위해 리무진에 올랐다. 도중에 나는 아침에 있을 수석회담 준비를 위해 정보뉴스를 요약하고 브리핑할 내용을 메모하려고 먼저 "워싱턴 포스트"지를 펼쳐

제목을 훑어보았다.

    갑자기 나는 한 대 얻어맞은 느낌이 들었다. 접힌 상단 첫 페이지에 베트남전 폭격현장 사진이 있었다. 뭔가 크게 잘못되었다. 부상을 입은 사람들은 군인이 아니라 어린이들이었다. 한 아이가 검은 반바지를 입고 울고 있었다. 두 아이는 손을 잡고 도망가고 있었다. 그리고 사진 중앙에는 옷이 다 타버려 벌거벗은 몸을 한 한 어린 소녀가 팔을 벌리고 카메라 쪽으로 달려오고 있었다. 그 아이의 피부는 네이팜탄으로 검게 그을렸고, 팔은 힘없이 축 처졌으며, 입은 고통으로 부르짖고, 눈은 그녀의 뒤에서 폭발하고 있는 검은 하늘의 공포를 반영하고 있었다.

    본능적으로 두려움에 사로잡힌 나는 마음 속으로 이 아이를 돕기 원했다. 그리고 본능적으로 내 소중한 딸 에밀리를 생각하게 되었다. 에밀리가 이렇게 다친다면 어떨 것인가?

    그런데 슬프게도 이 어린 소녀의 고통에 대한 내 자신의 책임감이 약해지고 있음을 피할 수 없었다. 그 아이의 조용한 부르짖음이 나를 위축시켰다. 내 자신의 피부도 죄책감과 수치심으로 타고 있었다.

*　*　*

    그 사진을 찍던 날, 신문기자인 영국인 크리스 웨인과 베트남인 닉 우트는 사이공과 캄보디아를 연결하는 1번 고속도로의 짱 방 마을 외곽을 순찰중인 지상군 부대와 함께하고 있었다. 북베트남(월맹)의 공격군이 잠깐 동안 이 마을을 점령했고, 그 후 남베트남이 또 사흘 동안 이 지역에 맹렬한 폭격을 퍼부었다. 주민들은 짙푸른 산을 배경으로 오아시스처럼 야자나무가 우거지고, 두 개의 뾰족탑이 있는 곳에 피신하고 있었다. 그 사원은 거룩한 곳으로 간주되어 어떤 군인도, 심지어는 미군도 그곳을 목표로 한 적은 없었다.

    갑자기 사격이 강화되더니 유색신호가 하늘에서 탑 쪽을 향해 날아왔다. 그 탑이 목표물임이 틀림없다. 지상의 베트남 군인들은 그 신호를 보았고, 즉각 마을 사람들에게 살려면 뛰라고 말하고 그 사원에서 내보내기 시작했다. 크리스와 닉은 비행기 두 대를 올려다보았다. 한 대가 선회하더니 탑 앞쪽으로 가서 도망하는 주민들 바로 위로 날았다.

비행기가 낮게 내려오면서 네 개의 깡통이 떨어졌다. 기자들은 숨을 죽였다. 그들은 멀리서 굴러다니는 반점들이 엄청난 양의 젤리형 휘발유로 가득 차 있다는 것을 알고 있었다. 네이팜탄이었다. 깡통들이 부딪치기 직전의 순간은 마치 모든 것이 얼어붙은 것 같았다.

그때 갑자기, 불의 파도가 도로를 휩쓸었고, 그 가운데 있던 모든 것을 연소시켰다. 탑 쪽으로 가는 길의 아스팔트는 녹으면서 불이 붙었다. 불길로 인해 생겨난 바람은 너무 강해서 사원 주변에 있던 종려나무 잎들을 모두 잘라버렸다.

그리고서 죽음의 행렬이 시작되었다. 불길 속에서 몇몇 여자들과 어린 아이들이 튀어나왔다. 이상하게 조용했다. 한 늙은 여자는 죽어가고 있는 세 살짜리 소년을 안고 있었는데, 아이의 살덩이가 넝마처럼 너덜거렸다. 한 남매는 손을 잡고 뛰고 있었다. 그때 한 어린 소녀가 벌거벗은 채 팔을 벌리고 나타났다. 그 아이 옆에서 뛰고 있던 아이들은 비명을 지르기 시작했다. "도와주세요! 도와주세요!"

재빨리, 본능적으로 사진기자 닉 우트는 이 장면을 찍었다. 그리고 나서 두 사람은 그 아이를 팔에 안고 물을 주었다. "뜨거워요." 그 아이는 계속해서 뜨겁다고 울부짖었다. 물 한 통을 그 아이의 화상입은 어깨에 붓고 나서 그들은 비옷을 아이의 몸에 가볍게 걸쳐주고, 지프차에 태워 병원으로 데려갔다. 가는 도중에 그 아이는 실신했다.

크리스와 닉은 둘 다 오랫동안 종군기자를 해왔었지만 이런 모습을 본 것은 처음이었다. 그 다음 날, 크리스와 비디오 카메라맨 마이클 블레이키는 병원에 있는 이 어린 소녀를 방문했다. 그 아이는 얼굴을 바닥에 대고, 의식을 잃은 채, 등 전체와 팔, 특히 왼쪽 팔에 3도 화상을 입고 누워 있었다. 그 아이의 검은 머리카락은 잘려나갔고, 상처에는 붕대가 감겨져 있었다. 화장실용 두루마리 휴지 같은 것이 입가에 튀어나와 있었다. 그 아이의 엄마는 침대 끝에 앉아 부채질을 하고 있었다. 그 소녀의 이름이 낌 푹이라는 것을 알게 되었는데, '황금빛 행복'이라는 의미였다.[4]

크리스는 남자 간호사에게 그 소녀의 상태에 대해 물었다.

"그 애 말예요?" 간호사는 무심하게 말했다. "죽을 겁니다. 아마 내일이나 그 다음 날쯤에요."

그 전날 있었던 끔찍한 폭격을 목격한 크리스는 간호사의 무뚝뚝한 어조를 참을 수 없었다. 그는 남성적인 행운의 부적으로 총검을 가지고 다녔는데, 그것을 꺼내 칼집으로 남자 간호사의 손을 눌렀다. "왜 좀더 친절하게 지금 당장 죽이지 그래!" 그가 말했다. "이걸 가지고 당장 죽여봐. 그게 당신이 지금 하는 짓보다는 더 자비로울 거야. 이렇게 천천히 죽게 내버려두는 것보다는 말이야!"

간호사는 급히 의사를 찾으러 달려나갔고, 크리스는 쉬지 않고 큰 소리로 윽박질렀다. 마침내 그들은 이 소녀를 사이공에 있는 바스키 병원으로 옮기기로 합의했다. 그 병원은 히로시마 희생자들을 치료하는 외과기법을 처음 개발한 미국 의사들이 세운 시설이었다. 이 병원은 이제 아동 성형수술 전문이었다.

바스키에서 그날 담당 의사였던 마이 리 박사는 그녀의 수간호사가 병원에는 화상을 입어 위독한 환자를 돌볼 인원이 없다며 반대하는 것을 무릎쓰고 낌 푹을 맡았다. 마이 리 박사는 굽히지 않았고, 마침내 이겼다.

*　*　*

그 병원에서 14개월 동안 17차례의 수술을 받은 끝에, 낌 푹은 퇴원하여 집으로 돌아가게 되었다. 그후 수년간 그녀는 뒤틀린 화상흔적을 감추기 위해 항상 긴 팔 옷을 입고 다니는 이름 모를 십대 소녀가 되었고, 그 상처가 너무 흉해 아무도 그녀와 결혼하려 하지 않으면 어쩌나 하고 걱정하며 지내게 되었다.

그러나 닉 우트의 사진은 전설을 남겼다. 그 사진에 충격을 받은 사람은 나뿐만이 아니었다. 그 사진은 풀리처상을 받았으며, 왜 베트남에 미국이 있어야 하는지 그 이유를 묻는 하나의 상징이 되었다. 그래서 1980년, 세계가 베트남 종전 5주년을 기념하던 해, 기자들은 그 유명한 사진에 등장하는 어린 소녀가 어떻게 되었는지 묻기 시작했다. 베트남 정부관리들은 이에 주목하고 낌 푹을 선전용으로 이용할 수 있으리라 생각하여 그녀를 찾아 나섰다. 그때 그녀는 사이공에서 의학을 공부하고 있었다. 그러나 관리들은 그녀를 학교에서 끌어내어 그녀의 고향 테이 링 지역의 관청에서 직원으로 일하게 해서 언론이나 높은 사람들이 방문할 때 즉각 내세울 수 있도록 했다. 정기적으로 그들은 그녀에게 소매를 걷어올려 상처를 보여주도록 요구했으며, 그렇게 하여 그녀가 미국침략의 공포를 표현하는 포스터 인물이 되도록 했다.

낌은 이런 선전역할을 싫어하여 사이공으로 다시 도망가서 그녀가 좋아하는 의학을 다시 공부했다. 정부는 그녀의 학교성적을 없애는 것으로 복수했다. 그래도 낌은 몰래 빠져나가 사이공으로 되돌아가 영어를 공부했다.

마침내 그녀의 이야기에 관심이 있던 기자들이 그녀를 찾아내었다. 그들 중에는 독일잡지 "슈테른" 지의 페리 카츠와 영국의 윌리엄 쇼크로스가 있다. 그들은 그녀의 부모가 운영하는 식당에서 그녀의 사진을 찍었고, 그 유명한 사진에서 그녀가 도망쳐 나온 두 개의 뾰족탑이 있는 사원에서 절하고 기도하는 모습을 촬영했다. 그녀의 가족은 카오다이교를 섬기고 있었는데, 이는 세계종교가 혼합된 것으로, 죽은 사람들에게서 메시지를 구하는 강신회를 포함한 영매활동을 한다.

기자들과 인터뷰를 하는 동안, 낌은 항상 웃고 있었다. 그러나 그녀의 내면에선 자신의 삶을 살 수 있기를 바라는 간절함이 있었다. 그녀의 가족을 보호하기 위해 그녀는 아무 얘기도 하지 않았다. 왜냐하면 정부는 학교성적을 없애는 것보다 훨씬 더한 일을 할 수 있기 때문이었다. 이를 입증이라도 하듯, 관리들은 그녀 가족의 모든 소유, 즉 식당, 큰 집, 그밖에 생명을 제외한 모든 것을 빼앗아 갔다. 그들의 목숨도 얼마나 지속될지 누가 알겠는가?

＊　＊　＊

낌은 점점 우울해졌다. 그러나 책임이 별로 없는 '전시용 직업'을 갖는 것에는 한 가지 보상이 따랐다. 그녀는 많은 시간을 도서관에서 보낼 수 있었고, 그래서 그녀는 엄청난 독서를 했다. 그리고 거기에서 그녀는 생전 처음으로 신약성경을 읽었다. 성경에 나타난 예수의 모습은 그녀가 카오다이교에서 배운 것과는 아주 달랐고, 결국 그녀는 어려서부터 믿던 것에 의문을 가지기 시작했다. 그녀는 사원에서 매일 네 번씩 기도했지만, 카오다이교는 그녀의 우울증을 해소시키는 데 별 소용이 없어보였다.

마침내 그녀는 신실한 그리스도인이었던 그녀의 형부에게 함께 침례교회에 출석하자는 초청을 받았다. 그녀는 기독교 신앙에 많은 관심이 있었지만 가족의 종교를 떠나기가 싫었다. 결국 어느 주일날 교회 앞에서 그녀는 생전 처음으로 예수 그리스도께 작지만 아주 중요한 것을 청하는 기도를 드렸다. "함께 이야기를 나눌 여자친구가 필요합니다. 교회 안에 혼자 앉아있는 소녀를 보게 되면, 그녀가 내 여자친구가 될 것이라고 믿겠습니다."

낌이 교회 문을 열고 들어가자 한 여인이 혼자 앉아 있는 것이 보였다. 그녀는 그 여인에게 다가갔고, 그들은 곧 친구가 되었다. "난 참 행복합니다." 낌이 말했다. "방금 시도해 보았는데, 하나님이 금방 기도를 들어주셨어요!"

얼마 지나지 않아 낌은 예수 그리스도를 자신의 구주로 영접했다. "내 몸을 태운 것은 폭탄의 불길이었습니다. 그리고 제 피부를 고친 것은 의사의 솜씨였습니다. 그러나 제 마음을 고치는 데는 하나님의 능력이 필요했습니다."

* * *

1986년에 그녀는 마침내 베트남의 형제 공산주의 국가인 쿠바에서 의학공부를 다시 할 수 있도록 허락을 받았다. 학생들은 물도 나오지 않고 엘리베이터도 운행되지 않는 고층건물의 24층에 살고 있었다. 낌에게는 이것이 문제였다. 그녀는 아직도 매일 상처부위를 씻어주고 약을 발라야 하기 때문이었다. 뚜안이라는 동료 베트남 학생 하나가 물 한 양동이를 그녀의 아파트로 날라다주겠다고 제안했는데, 오래지 않아 그는 낌의 영혼의 사랑스러움에 감동을 받았다.

그러나 낌은 아무런 약속도 하지 않았다. 뚜안은 담배를 피우고, 술을 많이 마셨으며, 그가 어려서부터 배워온 공산주의 이데올로기에 젖어있었다. 그녀는 그에게 예수 그리스도에 대해 간증했다. 그러나 신앙에 대한 그의 장벽은 넘을 수 없는 것처럼 보였다. 그러나 점차 뚜안은 담배와 술을 끊고 결국 낌에게 청혼하였다. 낌은 자신의 상처 때문에 아이를 낳을 수 없을지도 모른다고 말했다. 그럼에도 그는 진정으로 낌과 결혼하기를 원한다고 거듭 말했다. 더 나아가 그는 그녀의 신앙을 이해하고 존중한다는 것을 확인시켜 주었다. 그들은 6년간 데이트를 했고, 마침내 1992년에 결혼했다.

낌과 뚜안은 모스크바로 신혼여행을 갔다. 쿠바로 돌아오는 길에 그들이 탄 아에로플로트 여객기는 캐나다의 뉴파운드랜드에서 재급유를 하도록 되어있었다. 이들 부부는 전에 망명에 대해 얘기한 적이 있었는데, 뚜안은 공산당국에 붙잡히는 것과 그의 가족에게 가해질 보복을 두려워했다. 비행기가 뉴파운드랜드의 갠더 국제공항에 도착하자 낌은 기도하기 시작했다.

"뭘 하고 있는 거요?" 뚜안이 물었다.

"뚜안, 하나님께서 길을 여시면 우리는 캐나다에서 살아야 해요. 그렇지만 난 두렵기보다 평안해요." 그녀가 속삭였다.

"낌, 안돼. 결코 그럴 수 없을 거요."

"뚜안, 저는 믿음으로 행동해요. 당신이 나를 사랑한다면 나를 따르세요. 왜냐하면 나는 하나님을 따르니까요."

"그들이 우리를 붙잡으면, 우리를 다시 베트남으로 보낼 거요. 그렇게 되면 어떻게 되는지 알고 있지 않소. 우리를 죽일 거요." 그는 너무 걱정이 된 나머지 징 그렇다면 그녀만 망명하게 할 생각까지 했다.

"위험한 거 알아요. 그리고 당신을 사랑해요, 뚜안. 그러나 전 하나님도 사랑해요. 그래서 그분을 따르는 거예요."

비행기가 착륙하자 승객들은 급유를 하는 동안 기다리기 위해 공항으로 들어갔다. 그녀는 어떻게 망명해야 하는지 몰랐다. 게다가 몹시 흥분된 상태였다. '화장실에 숨어버릴까? 아니야, 함께 여행하고 있는 비밀경찰이 승객의 숫자를 세게 되면, 우리가 없어진 것을 알고 다시 찾으러 올 거야. 오 하나님, 어떻게 하면 여기 머물 수 있을까요?' 그녀는 간절히 기도했다. "저에게 징조를 보여주십시오. 더 이상 쿠바나 베트남으로 돌아가고 싶지 않습니다."

눈을 떴을 때, 그녀의 시선은 중앙 대합실 옆에 있는 작은 방으로 향하고 있었다. 살짝 열린 문틈으로 여러 사람이 보였는데, 그중에는 쿠바에서부터 알고 있는 사람도 있었다. 그녀는 그리로 걸어가서 머리를 들이밀고, 스페인어로 물어보았다. "여기서 뭐하고 있어요?"

"우리는 여기 머물기 원해요."

"저도 그런데… 어떻게 하면 되죠?"

"방 앞쪽, 저기 있는 관리에게 당신 여권을 주세요."

하나님의 섭리로 낌은 곧바로 이민국 사무실로 갔다! 그녀는 급히 뚜안을 불렀고, 그들은 여권을 관리에게 내밀었다.

"우리는 캐나다에 머물고 싶습니다." 그들이 말했다.

"알겠습니다, 좋습니다."

그렇게 쉽게? 낌은 놀랐다. 찬양받으실 하나님!

그런데 그 관리가 말했다. "10분만 기다리세요. 다른 관리가 와서 당신들을 인터뷰할 것입니다."

10분이라… 짧은 시간이었지만 이 부부에겐 생사가 달린 시간이었다. 급유가 거의 끝나가고 있었고, 시간은 점점 다가오고 있었다. 낌과 뚜안은 복도에서 살피며 기다리고 있었다. 마침내 다른 관리가 도착하여 다시 사무실로 들어오라고 말했다. 자유의 문턱을 넘으려고 하는 순간, 그들은 탑승안내 방송을 들었다.

그들의 소지품은 아직 비행기 안에 있었다. 그들은 옷 몇 벌만 가지고 있을 뿐이었다. 그러나 문제가 되지 않았다. "난 그저 '안녕'이라고 말했지요." 낌은 말한다. "저는 무척 행복했고, 자유를 느꼈습니다."[6]

낌과 뚜안은 토론토에서 번성하고 있는 베트남 이민자 동네에 정착했는데, 곧이어 또 다른 축복이 그들을 기다리고 있었다. 낌이 임신을 하게 된 것이다. 정말 기적이었다! 그리고 이들은 건강한 사내아이의 자랑스런 부모가 되었다.

낌의 일생을 다룬 최근의 영화에서 낌과 두 살 먹은 토마스가 식탁에 마주앉아 있다. 낌은 토마스의 얼굴을 여기저기 만지고 있다. "뺨" 하고 그들은 함께 말한다. "입술," "귀." 그리고 나서 그들은 얼굴을 가까이 대고 코를 비벼댄다.[7] 사랑스런 엄마와 아이, 행복하고 충만한 기쁨. 1972년 네이팜탄이 비 오듯 쏟아지던 그 참혹한 날로부터 멀리 떨어져 누리는 이 행복.

그러나 낌 푹의 영혼의 치료는 결국 그녀의 가정을 넘어서서 훨씬 널리 퍼졌다.

1996년 낌은 수도 워싱턴의 '벽'(The Wall)에서 열리는 재향군인의 날 기념식에서 연설하는 데 동의했다. 그녀는 미군의 고위 인사들과 함께 수많은 재향군인들을 마주하며 연단에 앉아 있었다. 제복이 물결치는 인파를 마주하는 것이 그녀에게 그 무서웠던 전쟁의 기억들을 생각나게 하는 아주 힘든 일이라는 것을 아는 사람은 아무도 없었다.

"여러분이 아는 바와 같이, 저는 네이팜탄을 피해 도망치던 작은 소녀였습니다. 전 역사를 바꿀 수 없기 때문에 전쟁에 대해서는 말하고 싶지 않습니다. 전 다만 여러분이 전쟁의 비극을 기억하여 전세계에서 일어나는 전쟁과 살인을 중단시키기 위해 노력하시기를 바랄 뿐입니다."

그녀의 목소리는 낮아졌다. "저는 육체적으로 뿐 아니라 정서적으로도 큰 고통을 겪었습니다. 살 수 없다는 생각을 한 적도 많았습니다. 그러나 하나님께서 제 생명을 구원하시고 믿음과 소망을 주셨습니다."

그리고 나서 그녀는 은혜와 용서 속에서 치유의 말을 던졌다. "저는 그 폭탄을 투하한 조종사와 대면할지라도 우리는 역사를 바꿀 수 없다고 말할 것입니다. 그러나 우리는 현재와 미래의 평화를 위해서 선한 일을 하도록 노력해야 합니다."

그녀가 짧은, 감동의 말을 끝냈을 때, 재향군인들은 자리에서 일어나 뜨겁게 박수를 쳤고, 많은 사람들은 눈물을 흘렸다. 한 재향군인은 "그녀가 여기에 온 것은 우리에게 매우 중요합니다. 그녀가 우리를 개인적으로 용서한다는 것은 우리에게 큰 의미가 있습니다"라고 말했다.

감정에 사로잡힌 한 남자가 순찰요원에게 달려가서 쪽지를 건네주며 낌에게 전해 달라고 부탁했다. 그 쪽지에는 "제가 바로 당신이 찾고 있는 사람입니다"라고 쓰여 있었다.[8]

사람들은 그녀에게 그를 만날 것이냐고 물었다. 그녀는 사람이 많은 장소가 아니라면 그렇게 하겠다고 대답했다. 관리들이 그를 그녀의 차로 데려왔다.

기자들이 비켜선 다음, 낌은 그를 향해 돌아앉아 그의 눈을 쳐다보면서 팔을 내밀었다. 그녀가 피부가 타는 고통 속에서 들고 뛰던 바로 그 팔이었다. 그녀는 그 남자를 껴안았고, 울기 시작했다.

"죄송합니다. 정말 죄송해요!" 그가 말했다.

"괜찮습니다. 전 용서합니다. 용서합니다." 낌 푹은 말했다. 그녀가 좋아하는 "용서하라 그리하면 너희가 용서받을 것이라"(눅 6:37)는 말씀을 기억하면서.

* * *

그날, 30년 전의 그 유명한 사진, 공포에 질린 한 작은 베트남 소녀가 네이팜탄의 화염을 피해 달아나던 사진은 이제 국민들의 의식 속에 한 젊은 엄마가 희미하게 반짝이는 검은 기념물을 배경으로 전직 군인을 껴안고 있는 사진으로 대체되었다. 그 재향군인의 날에 낌이 한 용서의 말은 거기에 모인 수천 명의 재향군인의 양심을 치유하는 데 도움을 주었다. 그리고 신문기사들이 이를 심층 보도하면서 그녀의 말과 아름다운 사진은 미국의 상처를 고치는 데 도움을 주었다. 그녀는 그리스도의 부활의 능력을 58,000명의 미국인들을 추모하기 위한 장소로 옮겨왔고, 전쟁의 아픔들이 이렇게 사랑으로 극복될 수 있는지를 보여주었다.

나는 낌 푹의 화해의 메시지와, 로버트 맥나마라와 다른 많은 사람들이 전쟁에 대한 기술관료적인 해답을 찾으려고 쓸데없는 노력을 계속하는 것을 비교하지 않을 수 없다. 그들은 간절히 보기를 원하지만 그들의 눈은 멀어있다. 유일한 해결책은 영적인 것이다. 전에 원수였던 사람을 위해 적극적으로 선한 일을 추구하면서 용서, 참회, 그리고 회복하는 일이다. 기독교만이 이 세상을 변화시킬 힘을 공급해 준다.

그래서 이제 우리는 완전히 한 바퀴 돌아, 우리가 처음 이 책을 시작할 때 던졌던 질문으로 돌아왔다. 그리스도인들은 이 세상에서 진정한 변화를 만들어낼 수 있을까? 기독교 세계관은 우리가 살아가는 데 필요한 지도를 제공해 줄 수 있을까? 문화를 재건하여 모든 세계가 하나님 나라의 영광과 광채를 볼 수 있도록 할 수 있을까? 우리는 정말 이 세상을 '새로운 피조물'로 만들 수 있을까? 낌 푹, 그리고 이 책에서 우리가 만난 다른 모든 사람들은 그 대답이 분명히 '그렇다'는 것을 보여주고 있다.

매일 당신과 나는 어떤 한 종류의 세상을 만들어가는 결정을 내리고 있다. 우리들은 우리 시대의 변덕스런 세계관에 공조하고 있는가, 아니면 새로운 평화, 사랑, 용서의 세계를 만들어 가는 일에 협력하고 있는가?

이제 우리는 어떻게 살 것인가?

하나님의 진리를 받아들이고, 하나님이 창조하신 물리적 도덕적 질서를 이해하며, 우리 이웃들을 위해 사랑의 마음으로 진리를 주장하며, 모든 생활에서 진리에 따라 살아나가는 것.

담대하게, 그리고, 즐겁게.

감사를 드리며

우리는 이 책이 '이제 우리는 어떻게 살 것인가?'라는 질문에 대답을 할 수 있도록 해주었다고 믿는다. 우리의 목표는 독자들이 잘못된 세계관을 분석하고 이에 대응하며, 기독교 신앙의 영광된 진리를 수호하고 그에 따라 살 수 있도록 해주는 도구를 제공하는 데 있다.

이 책은 내 인생에서 1980년대 초에 갖게 된 확신과 낸시 피어시의 인생에서 1971년의 회심 이후에 갖게 된 확신의 결과물이다. 우리는 기독교가 인생의 모든 면을 포괄하는 온전한 세계관으로, 인간의 모든 노력에 대한 바른 틀을 제공하고 있다고 믿는다. 나는 1985년 이래, "크리스천 투데이"(Christianity Today) 지에서 세계관에 관한 칼럼을 쓰고 있으며, 낸시는 1994년 이래 나와 이 칼럼을 함께 쓰고 있다. 그리고 1991년에 나는 기독교 세계관의 관점에서 시사문제에 대해 비평하는 "브레이크포인트"(Breakpoint)라는 프로그램으로 방송을 시작했는데, 낸시는 당시 이 프로그램의 편집장이었다. 우리는 긴밀한 동역의 관계를 발전시켜 왔고, 우리의 생각이 매우 유사한 과정을 겪고 있음에 놀라곤 했다. 이 책은 성경의 원칙을 현재 일어나고 있는 일과 경향에 적용하고자 매일매일 씨름하는 과정에서 나온 것으로, 그 과정에서 기독교만이 지성적인 이해와 실제적인 삶의 기초를 제공해 준다는 확신이 점차 깊어져 갔다.

우리는 이 프로젝트에 기여한 사람들에게 많은 감사의 빚을 지고 있다. 해롤드 피켓(Harold Fickett)은 중요한 동역자로(「하나님을 사랑하기」(Loving God)에서도 그랬다) 이야기를 다루고 있는 장들의 초안을 이야기꾼으로서의 비범한 재능으로 다루어 추상적인 원칙들에 생기를 부여했다. 또 해롤드는 재능 있는 작가이며 또 정밀한 개념 사상가로 이 책의 전반적인 구조를 짜는 데도 도움을 주었다.

블루워터 잉크 사의 쥬디스 마크햄(Judith Markham)은 아무리 칭찬을 해도 지나치지 않을 사람이다. 그녀의 편집재능으로 투박했던 산문이 분명해지고 은혜로워졌다. 이 책은 쥬딧이 편집한 나의 일곱번째 책으로, 항상 그랬던 것처럼 이번에도 그녀와 일한 것은 큰 즐거움이었다. 그녀는 편집자로서 어느 누구보다도 뛰어날 뿐 아니라, 은혜롭고 사랑스런 그리스도인이기도 하다.

체사피크신학교 총장인 무어는 자신의 신학논문들을 빌려주고, 이 본문을 정통신학의 세밀한 그물로 걸러내었다. 그분은 수년간 나에게 이런 책을 쓰도록 촉구해 오던 분이다.

우리는 자신의 이야기를 이 책에 싣도록 허락하여 기독교 세계관의 중요 원칙들을 설명할 수 있게 해준 분들에게 감사한다. 그들 중에는 호르헤 크레스포, 케네스와 테레사 맥개러티, 케네스 스완 박사, 버나드 네이선슨 박사, 대니 크로스, 살바토레 바르톨로메오 경관, 그리고 마사 윌리엄슨이 있다. 많은 분들이 바쁜 가운데서 시간을 내어 인터뷰에 응해 주었고, 그 밖의 다른 도움을 주었다. 우리는 또 네덜란드 TV회사가 찜 푹과의 인터뷰 필름을 제공해 준 데 대해 감사한다.

감사하게도 시간을 내서 이 책의 여러 장을 읽고 비평해 주신 분들께 감사한다. 제이 버지제프스키, 도널드 드루, 체스터 핀, 로버트 조지, 패트릭 글린, 러셀 히팅거, 데이비드 라슨, 조우 로콘트, 스티브 마이어, 폴 넬슨, 앨버트 퀴, 로버트 시리코 목사, 진 에드워드 베이스 등 여러 분이다. '과학, 철학, 종교회의'(37장에 다뤄진)에 관한 놀라운 연구를 우리들에게 일깨워준 프레드 뷰틀러에게 특별한 감사를 드린다. 또 이 프로젝트의 초기에 유용한 정보를 제공해 주었던 더그 그리핀에게도 감사드린다.

연구조수 킴 로빈스에게 아주 특별한 감사를 드려야 한다. 그녀는 지치지 않고 도서관과 넥시스(NEXIS, 미국의 정보검색 서비스망 - 역자 주)를 뒤져서 원전과 정확한 인용을 찾아내는 작업을 했다. 그녀의 헌신과 끈질긴 노력은 그 무엇에도 비길 수 없다.

"브레이크포인트"의 스탭들에게도 감사를 드린다. 이들이 한 여러 가지 주제에 대한 연구와 라디오원고 작성 등으로 인해 세계관의 문제를 더 잘 이해하게 되었다. 편집장 앤 모스, 부편집인 로베르토 리베라와 에릭 메탁사스, 연구조수 더글러스 민슨 등이다. 또 조심스럽고 사려 깊게 내 원고 수정판을 반복해서 타이핑해 준 내 비서진 낸시 니마이어와 다이애나 롱네커에게 감사드린다. 이들은 한 번도 빠뜨리거나 헷갈림 없이 기적같이 타이핑을 해주었다.

"교도소선교회"에서 놀라운 사역을 하고 있는 우리 모든 동료들께 감사드린다. 그들은 우리들의 창조적인 일탈을 이해하고 인내해 주었다. 특히 내가 집필에 전념하는 동안 이 사역을 궤도에서 이탈하지 않게 지켜준 탐 프랫에게 감사한다.

문자산업에서 아주 중요한 것이 바로 출판사이며, 그중 틴데일의 켄 피터슨은 최고의 수준이다. 그는 처음부터 이 책의 아이디어에 지대한 관심을 가지고, 끈기 있게 편집과정을 이뤄냈으며, 마감시간이 지난 마지막 순간의 어려움까지도 특별한 은혜로 견뎌주었다. 책의 메시지에 대해 진정한 열정을 가진 출판인을 만나는 것은 큰 위로가 된다. 또 틴데일에서 본문을 편집하는 과정에 보여준 린 밴더잠의 날카로운 안목과 섬세한 관심에도 많은 빚을 지고 있다.

무엇보다도 우리 가족들에게 감사한다. 이들의 지지와 사랑이 그 노력을 가치 있게 만들었다. 패티는 항상 그래왔던 것처럼 나의 든든한 반석이고, 모든 면에서 나의 동역자이며, 아내가 없다면 나는 내 사역에서 아무것도 할 수 없었을 것이다. 낸시의 남편 릭은 그녀의 아들들인 디터, 마이클과 함께 그녀에게 가장 큰 영감을 주는 사람들이다. 기독교는 타락한 세상이라는 그릇 속에서 살아내야 하는 세계관이며, 우리가 매일 매일 그것을 적용하려고 씨름하는 관계 속에서 가장 생생하게 나타난다.

모든 진리의 저자이신 하나님께는 어떤 말로도 우리의 모든 감사를 표현할 길이 없다. 우리들은 하나님이 구원을 주셨을 뿐 아니라 우리의 모든 삶을 그분의 함께하시는 은혜로 살도록 기초를 제공하셨다는 엄청난 놀라움에 사로잡힌다. 하나님의 말씀은 '진리' 일 뿐 아니라 그것은 동시에 '선' 이고 '미' 이다.

후주

글머리에 – 그리스도인, 이제 어떻게 살 것인가?

1. 에스겔 33:10

2. Richard John Neuhaus, "The Religious Century Nears," *Wall Street Journal*, 6 July 1995.

3. Richard Nadler, "Glum and Glummer: Positive Change in U.S. Culture Helped by Conservatives," *National Review* 50, no.18 (September 26, 1998): 26.

4. 아브라함 카이퍼의 1898년 프린스턴에서 행한 '스톤 강좌' 중에서. 지금은 *Christianity: A Total World and Life System* (Marlborough, N.H.: Plymouth Rock Foundation, 1996), 46에 나와있다.

5. 카이퍼가 제기하는 도전, 특히 그의 '스톤 강좌'에서 행한 칼빈주의에 관한 명강의는 이 책을 쓰는 이 년 동안 우리 마음의 가장 높은 곳을 차지하고 있었다. 그리스도인들은 "잠시 동안이라도 자신을 신학과 묵상의 범주에 국한시키고, 다른 과학들은 질이 낮은 것이라 생각하여, 불신자들의 손에만 맡기고 있어서는 안된다"고 카이퍼는 적고 있다. 오히려

"하나님께서 지으신 모든 것을 통해 하나님을 아는 것으로 보아야 한다고 말함으로써 그는 자기가 가지고 있는 모든 지성으로 하늘의 일뿐 아니라 지상의 일도 생각하도록 부르심을 받았다고 주장했다."(Christianity: A Total World and Life System, 84). 카이퍼가 말하는 대로, 이 우주의 1센티미터도 그리스도의 주재권 밖에 있어서는 안된다. 이는 사도 바울이 고린도 교회에 한 말 "모든 생각을 사로잡아 그리스도에게 복종케 하니"(고후 10:5)의 의미이다.

제1장 새로운 피조물

1. 가르시아 모레노 교도소를 방문한 것 이외에, 호르헤 크레스포 데 토랄 박사와의 인터뷰를 통해, 그리고 그가 제시한 자료를 통해 이 장에 수록된 정보를 얻었다. 이 이야기의 추가적인 배경은 "교도소선교회"의 스탭들과 엘렌 산틸리 본의 에콰도르에서의 사역에 관한 팜플렛, Lights in the Darkness: The Church behind the Wall in South America ("교도소선교회" 간)에서 얻은 것이다.

제2장 기독교는 세계관이다

1. 나의 회심에 관한 이야기는 Born Again (Old Tappan, N.J.: Chosen, 1976)을 읽을 것.

2. Abraham Kuyper, Christianity: A Total World and Life System (Marlborough, N.H.: Plymouth Rock Foundation, 1996), 39-40.

3. 위의 책, 41.

4. Cornelius Platinga Jr., "Fashions and Folly: Sin and Character in the 90s," (presented at the January Lecture Series, Calvin Theological Seminary, Grand Rapids, Michigan, January 15, 1993), 14-15.

5. Richard M. Weaver, Ideas Have Consequences (Chicago: University

of Chicago Press, 1984).

제3장 갈등 속의 세계관

1. Samuel Huntington, "The Clash of Civilizations," *Journal of Foreign Affairs* (summer 1993): 22. 헌팅턴은 주요 세력권으로 서구, 이슬람, 중국, 힌두, 정교회, 일본 그리고 잠재적 가능성으로 아프리카를 꼽고 있다.

2. James Kurth, "The Real Clash of Civilization," *Washington Times*, 4 October 1994.

3. Jacques Toubon, "Living with America," *Calgary Herald*, 6 October 1993에서 인용.

4. William Orville Douglas, *Zorach v. Clauson*, 343 US 306 (1952).

5. Antonin Scalia, 다음에서 인용 John Pickering, "Christian Soldier in a Secular City," *Washington Post*, 12 May 1996.

6. 다행스럽게도 이 결정은 보수적인 워싱턴의 Human Events 저널에 게재된 후, 미시간 출신의 공화당 상원의원 스펜서 아브라함을 주축으로 한 의회의 압력으로 번복되었다. 1997년 9월 23일자 Breakpoint 주석을 읽을 것.

7. George Weigel, "John Paul II in America," *Crisis* (December 1995).

8. Stanley Fish, "There's No Such Thing As Free Speech and It's Good Thing, Too," in *Debating P.C.: The Controversy over Political Correctness on College Campuses*, ed. Paul Breman (New York: Delta, 1992), 244.

9. 이 다음 단락에 나오는 내용은 다음의 연구자료에 근거를 두고 있다. Paul H. Ray in "The Emerging Culture," *American Demographics* (February 1997):28. 이 연구는 Fetzer Institute와 아주 정교한 뉴에이지 재단인 Institute of Noetic Sciences가 후원한 것이다.

제4장 불신시대 속의 기독교 진리

1. 이 연구내용들은 제18장 "우리는 지금 모두 유토피아주의자이다"에 보다 자세히 나와 있다.

2. 이 사건이 있은 후 얼마 되지 않아, 1997년의 정치적 혼란 중에 법무장관은 이 자리에서 물러났다. 니콜라이 신부와 다른 그리스도인들이 계속해서 그를 섬기고 있다. 이 이야기는 아직 완료된 것이 아니다.

3. J. Gresham Machen, "Christianity and Culture," *Princeton Theological Review* 13, no.3 (July 1913): 7.

4. Harry Blamires, *The Christian Mind: How Should a Christian Mind Think?* (Ann Arbor, Mich.: Servant, 1963), 80.

5. 위의 책, 3.

6. 교회에 대해 깊은 의미를 갖고 있는 이 주제를 전개할 수 있게 된 것에 대해 커비넌트대학교의 프랭크 브록 총장에게 감사드린다. 목회자가 교회 내에서 가장 교육을 많이 받은 사람이었던 시절이 있었다. 1940년대까지만 하더라도 소수의 사람들만이 대학을 다녔고, 대학을 다닌 사람들도 기독교적 전통이 강한 대학을 다닌 사람들이 많았는데, 이는 대부분의 전통있는 대학들을 그리스도인들이 설립했기 때문이었다. (오늘날에는 놀랄 일이겠지만 내가 1950년대에 브라운대학을 다닐 때만해도, 의무적으로 예배에 참석해야 했다.) 한두 세대 전에도 회의론자들이 있었지만, 이들은 대부분의 교회에서 별로 영향력이 없었다. 그래서 목회자들은 주로 양들의 영성을 개발하는 데 초점을 맞출 수 있었다. 설교는 주관적이고 감정적일 때가 많았는데, 특히 근본주의자들과 오순절 교회에서 그러했다. 이 모든 것이 제2차 세계대전 이후 변하기 시작했다. 제대군인 원호법은 보편적인 고등교육의 기회를 제공했고, 그후 수년 동안 전에는 대학가는 것을 꿈도 꾸어보지 못하던 사람들이 미국 고등교육 기관에 넘쳐 났다. 전국에 초급 대학들이 들어섰고, 여러 가지 정부 프로그램으로 다양한 장학금이

생겨났다. 그 결과 오늘날 대부분의 교회 구성원들이 대학교육을 받은 사람이 되었다.

7. Machen, "Christianity and Culture," 14.

8. Abraham Kuyper, *Christianity: A Total World and Life System* (Marlborough, N.H.: Plymouth Rock Foundation, 1996), 3.

9. 성경에 따른 교회의 주임무는 문화를 회복하거나 창조하는 일이 아니라, 하나님을 섬기는 일에 충실한 것이다. 카이퍼가 말하는 것처럼, "교회는 오직 하나님을 위해서만 존재한다"(*Christianity: A Total World and Life System*, 38). 그러나 하나님을 섬김에 있어, 교회는 선택받은 이들의 거듭남을 위해 일하게 되며, 모든 사람들 사이에서 그 일을 통해 하나님의 영광을 증거 한다. 따라서 교회가 충실할 때, 모든 생명에게 영향을 미친다. 그래서 실제로 문화의 원기를 회복시킨다. 찰스 콜슨과 엘렌 샌틸리 본(Ellen Santilli Vaughn)의 *The Body* (Dallas: Word, 1992)를 참조할 것.

10. Russell Kirk, "Civilization with Religion," The Heritage Foundation Report (July 24, 1992). 특히 정치 철학자 에릭 포에겔린과 역사가 아놀드 토인비는 이런 견해를 가지고 있다.

11. Kirk, "Civilization with Religion."

제5장 데이브와 캐티의 형이상학적 모험

1. 데이브와 캐티 멀홀랜드는 이 책을 위해 지어낸 가장의 인물이다. 그러나 그들의 이야기는 실제 있었던 일에 근거하고 있다. 디즈니월드와 엡콧 센터 전시관에서 일어나는 일은 1997년의 방문을 기초로 정확하게 묘사되고 있다. 어떤 의미에서 데이브는 누구나가 될 수 있고, 캐티는 그 누구의 딸도 될 수 있다.

제6장 그물망을 부수며

1. 이어지는 논의는 Norman Geisler의 책 *Cosmos: Carl Sagan's Religion for the Scientific Mind* (Dallas: Quest, 1983)을 참조할 것.

2. Carl Sagan, *Cosmos* (New York: Random, 1980), 4.

3. Carl Sagan, *Broca's Brain* (New York: Random, 1979), 282.

4. 위의 책, 287.

5. Sagan, *Cosmos*, 242.

6. 위의 책, 5.

7. 위의 책, 243.

8. 위의 책.

9. 위의 책, 345.

10. Sagan, *Broca's Brain*, 271-275.

11. 칼 세이건은 SETI(외계지능 탐색)연구소를 설립한 사람 중 한 사람이었다. 세이건은 영화의 대본이 된 소설 *Contact*를 썼다.

12. Sagan, *Broca's Brain*, 275.

13. Stan and Jan Berenstain, *The Berenstain Bear's Nature Guide* (New York: Random, 1984), 11.

14. 위의 책, 10.

제7장 처음으로 거슬러 올라가다

1. Ludwig Büchner, 다음의 책에서 인용. Gordon H. Clark, *The Philosophy of Science and Belief in God* (Nutley, N.J.: Craig Press, 1964), 50.

2. Lincoln Kinnear Barnett, *The Universe and Dr. Einstein* (New York: William Morrow, 1968), 114(원본에도 강조부분 있음).

3. Paul C. Davies, *The Edge of Infinity: Where the Universe Came From and How It Will End* (New York: Simon & Schuster, 1982), 169.

4. Arthur Eddington, 다음의 책에서 인용. Hugh Ross, "Astronomical Evidences for a Personal, Transcendent God," *in The Creation Hypothesis*, ed. J.P. Moreland (Downers Grove, Ill.: InterVarsity Press, 1994), 145-146.

5. Robert Jastrow, *Until the Sun Dies* (New York: Norton, 1977), 51.

6. Carl Sagan, *Cosmos* (New York: Random, 1980), 259.

7. 여기에서 묘사된 에너지는 전체 에너지가 아니라 일을 위해 필요한 에너지이다.

8. William Lane Craig and Quentin Smith, *Theism, Atheism, and Big Bang Cosmology* (New York: Oxford University Press, 1993), 135.

9. M.A. Corey, *God and the New Cosmology: The Anthropic Design Argument* (Lanham, Md.: Rowman & Littlefield, 1993), 105.

10. Paul C. Davies, *The Accidental Universe* (Cambridge: Cambridge University Press, 1982), 90.

11. Heinz Pagels, "A Cozy Cosmology," *The Sciences* (March/April 1985): 38.

12. George Wald, 다음의 책에서 인용. Dietrick E. Thomsen, "A Knowing Universe Seeking to Be Known," *Science News* (February 19, 1983): 124.

13. Freeman Dyson, 다음의 책에서 인용. Martin Gardner, "Intelligent Design and Phillip Johnson," *Skeptical Inquirer* (November 21, 1997): 17.

14. George Greenstein, *The Symbiotic Universe: Life and Mind in the Cosmos* (New York: William Morrow, 1988), 197.

15. Patrick Glynn, "The Atheistic Assumptions of Modern Society Are Being Challenged by the New Science," *National Review* 48, no.8 (May 6, 1996): 32. 또 Patrick Glynn, *The Evidence: The Reconciliation of Faith*

and Reason in a Postsecular World (Rocklin, Calif.: Prima, 1997)을 보라.

16. William A. Dembski, *The Design Inference: Eliminating Chance through Small Probabilities* (Cambridge: Cambridge University Press, 1998), 제2장.

제8장 시험관 속의 생명?

1. *The Land Before Time* 비디오 시리즈. Universal Pictures (1988).

2. 이후의 논의는 주로 Charles B. Thaxton, Walter L. Bradley, and Roger L. Olsen, *The Mystery of Life's Origin: Reassessing Current Theories* (Dallas: Lewis & Stanley, 1992)에 기초한 것이다. 또 Stephen C. Meyer, "Explanatory Power of Design," in *Mere Creation: Science, Faith, and Intelligent Design*, ed. William A. Dembski (Downers Grove, Ill.: InterVarsity Press, 1998), 113을 보라.

3. Stanley L. Miller, *From the Primitive Atmosphere to the Prebiotic Soup to the Pre-RNA World* (Washington, D.C.: National Aeronautics and Space Administration, 1996).

4. Fred Hoyle, *The Intelligent Universe* (New York: Holt, Rinehart, and Winston, 1983), 11.

5. Dean H. Kenyon and Gary Steinman, *Biochemical Predestination* (New York: McGraw-Hill, 1969).

6. Nancy R. Pearcey and Charles B. Thaxton, *The Soul of Science: Christian Faith and Natural Philosophy* (Wheaton, Ill.: Crossway, 1994), 230에서 인용된 인터뷰.

7. Michael J. Behe, *Darwin's Black Box: The Biochemical Challenge to Evolution* (New York: Free Press, 1996), 210-216를 보라.

8. Arthur Fisher, "New Search for Life in Space," *Popular Science* 225

(October 1984): 44.

9. Reunion in France, MGM (1942).

10. Thaxton, *The Mystery of Life's Origin*; Pearcey and Thaxton, *The Soul of Science*; and Stephen C. Meyer, "The Origin of Life and the Death of Materialism," *Intercollegiate Review* 31, no.2 (spring 1996)를 보라.

11. Richard Dawkins, *The Blind Watchmaker: Why the Evidence of Evolution Reveals a Universe without Design* (New York: Norton, 1996), 150.

12. Stuart A. Kauffman, *At Home in the Universe: The Search for Laws of Self-Organization and Complexity* (London: Penguin, 1996), 150.

13. Nancy R. Pearcey, "DNA: The Message in the Molecule," *First Things*, no. 64 (June/July 1996): 14.

제9장 피고석의 다윈

1. Douglas Futuyma, *Evolutionary Biology* (Sunderland, Mass.: Sinauer, 1986), 3.

2. "NABT Unveils New Statement on Teaching Evolution," *The American Biology Teacher* 68, no. 1 (January 1996): 61. NABT의 성명은 커다란 소동을 일으켜서 결국 "감독되지 않은" 이라든가 "비인격적인" 등의 단어를 삭제했다. 그러나 이런 변화는 결국 허울뿐이었다. 왜냐하면 이와 동일한 뜻으로 사용되고 있는 "예측할 수 없는" 이라는 말과 "자연적인" 이라는 단어가 그대로 남아 있었기 때문이다.

3. 전문용어로 말한다면, 다윈주의는 소진화가 대진화를 일으키는 동력장치라고 가정한다.

4. Charles Darwin, *The Origin of Species* (New York: Penguin, 1958),

41-47.

5. Rick Weiss, "Mutant Moniker: A Tale of Freaky Flies and Gonzo Genetics," *Science News* 139, no.2 (January 12, 1991): 30; and Dan L. Lindsley and Georgianna Zimm, "The Hard Life of a Mutant Fruit Fly," *Harper's Magazine* 284, no. 1703 (April 1992): 24.

6. 다윈 진화론의 단순성에 비추어볼 때, 고생물학자들이 화석이 제공한 명백한 증거들로부터 생명의 연결선과 한 종에서 다른 종으로 점차적으로 변화해 가는 것을 보여줄 수 있을 것이라고 믿는 것은 납득할 만한 일이었다. 비록 고생물학자들은 오랜 시간에 걸친 점진적 변화의 모습을 보여주는 일련의 화석을 발견했다고 주장했지만, 실제로는 거의 대부분의 주요 유기체 집단의 기원에 대해 전혀 모르고 있다. 마치 제우스의 머리에서 아테네 여신이 나온 것 같이 온전히 자란 상태이고 떠나려고 애쓰는 그런 모습의 화석 기록을 가지고 있다. 이는 다윈이 무수히 많은 작은 변화들이 점진적으로 누적되어온 결과라고 하고, 또 그렇다면 그 끊임없이 이어지는 중간단계의 화석이 있어야 한다는 다윈의 진화론 설명과 모순된다. Jeffrey H. Schwartz, *Sudden Origins: Fossils, Genes, and the Emergence of Species* (New York: Wiley & Sons, 1999), 3을 참조할 것.

7. Phillip E. Johnson, *Reason in the Balance: The Case against Naturalism in Science, Law, and Education* (Downers Grove, Ill.: InterVarsity Press, 1995). 또한 Nancy R. Pearcey, "Naturalism on Trial," *First Things*, no. 60 (February 1996): 64.

8. Jerry A. Coyne, "Not Black and White," *Nature* 396 (November 5, 1998): 35-36; Jonathan Wells, "Second Thoughts about Peppered Moths," http://www.trueorigin.org/pepmoth1.htm.

9. Luther Burbank, 다음 책에서 인용. Norman Macbeth, *Darwin Retried* (New York: Delta, 1971), 36.

10. Michael J. Behe, *Darwin's Black Box: The Biochemical Challenge to Evolution* (New York: Touchstone, 1996), 40-48. 부분들의 기능적 통합은 다윈주의를 반대하는 고전적 주장이다. 이는 19세기에 조지 퀴러(George Cuirer)가 처음 주장했다. Michael Denton, *Evolution: A Theory in Crisis* (Bethesda, Md.: Adler and Adler, 1985)을 보라.

11. Charles Darwin, *The Origin of Species*, (New York: New York University Press, 1988), 154.

12. Behe, *Darwin's Black Box*, 18-21, 36-39.

제10장 다윈의 위험한 생각

1. Stephen Gould, 다음 책에서 인용. Phillip E. Johnson, *Reason in the Balance: The Case against Naturalism in Science, Law, and Education* (Downers Grove, Ill.: InterVarsity Press, 1995), 31. Stephen J. Gould, *Rocks of Ages: Science and Religion in the Fullness of Life* (New York: Ballantine, 1999)도 볼 것.

2. William B. Provine and Phillip E. Johnson, "Darwinism: Science or Naturalistic Philosophy?" (스탠포드대학에서 1994년 4월 30일에 있었던 토론을 녹화한 테이프). 다음 주소로 연락하면 구할 수 있음. Access Research Network, P.O. Box 38069, Colorado Springs, CO 80937-8069, 전화: (888)259-7102.

3. Johnson, *Reason in the Balance*, 46-47.

4. Calvin Coolidge, 다음에서 인용. *The Journal*, (a Summit Ministries newsletter), 7.

5. Richard Rorty, "Trotsky and the Wild Orchids," *Wild Orchids and Trotsky: Message from American Universities*, ed. Mark Edmundson (New York: Viking, 1993), 38.

6. Richard Rorty, "Untruth and Consequences," *New Republic* (July 31, 1995): 27.

7. Richard Rorty, 다음에서 인용. Roger Lundin, *The Culture of Interpretation: Christian Faith and the Postmodern World* (Grand Rapids: Eerdmans, 1993), 15.

8. Richard Dawkins, *The Blind Watchmaker: Why the Evidence of Evolution Reveals a Universe without Design* (New York: Norton, 1987), 6.

9. 다윈과 그의 동시대인들에 대한 이어지는 논의는 Nancy R. Pearcey, "You Guys Lost," in *Mere Creation: Science, Faith, and Intelligent Design*, ed. William A. Dembski (Downers Grove, Ill.: InterVarsity Press, 1998): 73.

10. Nora Barlow, ed., *The Autobiography of Charles Darwin 1809-1882 with Original Omissions Restored* (New York: Norton, 1958), 87.

11. 위의 책.

12. William Darwin, 다음의 책에서 인용. John Durant, "Darwinism and Divinity: A Century of Debate," in *Darwinism and Divinity: Essays on Evolution and Religious Belief*, ed. John Durant (New York: Basil Blackwell, 1985), 18.

13. Francis Darwin, ed., *Life and Letters of Charles Darwin*, vol. 2 (New York: D. Appleton, 1899), 155.

14. David Duncan, *Life and Letters of Herbert Spencer*, vol.2 (New York: D. Appleton, 1908), 319.

15. Leonard Huxley, *Life and Letters of Thomas Henry Huxley*, vol. 1 (New York: Macmillan, 1903), 246.

16. Thomas Henry Huxley, "Science and Religion," *The Builder* 17 (1859): 35.

17. Charles Hodge, *What Is Darwinism? And Other Writings on Science and Religion*, ed. Mark A. Noll and David N. Livingstone (Grand Rapids: Baker, 1994), 85, 155.

18. Richard Lewontin, "Billions and Billions of Demons," *New York Review of Books* (January 9, 1997): 31.

19. 위의 책.

20. William Steig, *Yellow & Pink* (New York: Farrar, Straus & Giroux, 1984).

21. Carl Sagan, "In the Valley of the Shadow," *Parade* (March 10, 1996): 18.

제11장 생명의 문제

1. 이 이야기는 켄과 테레사 맥개러티, 케네스 스완 박사와의 인터뷰뿐만 아니라, 다음에 기록되어 있는 자료에 근거한 것이다. Peter MacPherson, "The War Surgeon's Dilemma: Confronting His Vietnam Past: Was the Life He Saved Worth Living?" *Washington Post*, 7 January 1992; Colonel Kenneth G. Swan, MC USAR, "Triage: The Path Revisited," *Military Medicine* 161 (August 1996): 448-452. "Doubt Gone, Doctor Glad He Saved GI," *Chicago Tribune*, 28 November 1991; Joan Sanchez, "Army Doctor Tracks Down His Patient," *Los Angeles Times*, 8 December 1991.

2. 케네스 스완 박사는 켄 맥개러티와 계속해서 접촉하고 있었고, 그들이 처음 만난 이후 놀라운 뉴스를 가지고 전화를 했다. 스완 박사는 맥개러티의 기록이 유실되어 받을 수 없었던 훈장을 받을 수 있도록 조치를 한 것이었다. 1992년 1월 30일, 조지아 주 베닝 기지에서 케네스 맥개러티는 마침내 공군 훈장인 '퍼플 하트'를 받았고, 그 밖의 다른 네 가지 상

을 받았다.

3. 테레사와 아이들은 1992년 집으로 돌아왔다. 한 가족으로서 이들은 각자가 감당해야 할 분노와 고통을 이겨내면서 살았고 그 다음해 맥개러티는 훨씬 좋아졌다.

제12장 인간생명의 가치, 어떻게 변해 가고 있는가?

1. 전 미국 공중위생국장이던 조이슬린 엘더스는 1992년 1월에 있었던 낙태권 찬성집회에서 생명존중주의자들이 "태아들과 연애를 하고 있다"고 비난했다.

2. 중세 철학자들은 하나님의 존재에서부터 이 세상의 실제라는 순서로 사상을 펼쳤다. 데카르트는 이를 뒤집었고, 이때부터 철학자들은 자아의 획실성에서 시작하여 하나님과 세계의 존재에 대해 말했다. 철학자들은 인간의 이성만으로 모든 진리를 발견할 수 있을 것이라 생각했다. 이것이 인간이성의 자율성의 탄생이었다.

3. Friedrich Nietzsche, *The Gay Science*, trans. Walter Kaufmann (New York: Random, 1974), 125.

4. Peter Kreeft, "The World's Last Night," *Crisis* (July/August 1994): 39.

5. Robert P. George가 "Why Integrity Matters"란 제목으로 1998년 2월 7일 국가조찬기도회에서 한 연설. 조지 교수는 성도덕에 관한 자연주의 사상을 그의 새로운 책 *In Defense of Natural Law* (New York: Clarendon Press, 1998), 8, 9, 15, 16장에서 철학적 비평의 대상으로 삼고 있다.

6. *Roe v. Wade* 410 US 113 (1973).

7. 약 10년 전, 예일-뉴헤이븐 병원에 근무하는 유명한 소아과 의사 두 명은 심한 장애를 가지고 있는 자녀가 그냥 죽도록 내버려 둘 권리가 부모에게 있음을 지지하였고, 만일 부모들 스스로가 이 문제를 끄집어내지

않으면 의사들이 그럴 선택권이 있음을 알려줄 것을 제안하였다. Raymond S. Duff and A.G.M. Campbell, "Moral and Ethical Dilemmas in the Special-Care Nursery," *New England Journal of Medicine* 289, no. 17 (October 25, 1973): 890-894를 참조할 것.

8. Richard A. Gross, Alan Cox, Ruth Tatyrek, Michael Polly, and William A. Barnes, "Early Management and Decision Making for the Treatment of Myelomeningocele," *Pediatrics* 72, no. 4 (October 4, 1983): 450-458.

9. Tucker Carlson, "Eugenics, American Style," *The Weekly Standard* 2, no. 12, (December 2, 1996): 20.

10. Nat Hentoff, "Abortion as Self-Defense," *Washington Post*, 1 February 1997.

11. Carlson, "Eugenics, American Style," 20.

12. Christopher Scanlan, "Elders: I'm Willing to Be a Lightning Rod," *Houston Chronicle*, 17 December 1992.

13. Carlson, "Eugenics, American Style," 20.

14. C. Everett Koop, "Life and Death and the Handicapped Unborn," *Issues in Law & Medicine* 5, no. 1 (June 22, 1989): 101을 보라.

15. Steven Pinker, "Why They Kill Their Newborns," *New York Times*, 2 November 1997. 또 Andrew Ferguson, "How Steven Pinker's Mind Works," *The Weekly Standard* (January 12, 1998): 16도 참조할 것.

16. Cal Thomas, "Who Cares about Living When the Good Times Are Rolling," *Naples Daily News*, 16 July 1998에서 인용.

17. Eileen I. McDonagh, *Breaking the Abortion Deadlock: From Choice to Consent* (New York: Oxford University Press, 1996), 7.

18. *Planned Parenthood v. Casey*, 112 S Ct 2791 (1992).

19. *Compassion in Dying v. Washington*, 850 F Supp 1454 (WD Wash 1994).

20. 이 결정은 1997년에 넘겨졌다. 대법원은 제9차 순회법원의 결정을 만장일치로 뒤집었지만, 일부판사들은 시간을 기다리며 조력받은 자살로 사건에서 낙태권을 부여한 경우처럼 하나의 권리로 만들 기회를 엿보고 있을 충분한 이유가 있었다. Robert P. George, "The Supreme Court's 1997 Term," *First Things*, no. 77 (October 1997)을 볼 것.

21. *Compassion in Dying v. Washington*, 79 F 3d 790 (9th Cir 1996).

22. Charles Colson and Russell Hittinger, "Private Liberty… Public Chaos," *Washington Times*, 22 April 1996. 1991년 "뉴잉글랜드 저널 오브 메디신"의 조사에 의하면 네덜란드에서는 매년 약 1,000명의 환자가 환자의 동의 없이 안락사 당한다고 한다. 또 4,500건은 환자의 동의 없이 과잉 약물투여로 죽게 된다고 한다. 그러나 최근 조사에 의하면 이 숫자는 실제로 이루어지는 안락사의 극히 일부만을 반영하는 것이라고 한다. 1991년 네덜란드 정부가 발행한 보고서에 의하면 1990년 그 외에 약 8,100명의 사람들을 의사들이 의도적으로 모르핀을 과잉 투약하여 죽였다고 한다. 1999년 2월, 영국의 의학잡지는 네덜란드에서 이루어진 안락사나 조력받은 자살 중 59퍼센트는 보고되지 않았음을 밝혀냈다. Wesley J. Smith, "Suicide Pays," *First Things* (June/July 1999): 14-16.

23. Tony Mauro, "Disabled Plan Protest against Assisted Suicide," *USA Today*, 6 January 1997.

24. Eric Zorn, "'Brave New World' Awaits Debaters of Abortion Rights," *Chicago Tribune*, 9 March 1997.

25. "Michael Has Four Parents: The Politics of Childbearing," *BreakPoint* commentary, June 21, 1995.

26. Richard John Neuhaus, "The Return of Eugenics," *Commentary*

(April 1988): 18-26.

제13장 누구의 형상인가?

1. Steve Weizman, "Copenhagen Zoo Displays the Most Dangerous Animals," 12 September 1996, on-line Reuters North American Wire.

2. 위의 문헌.

3. Mike Samuels and Nancy Samuels, 다음 책에서 인용. Robert D. Orr and Walter L. Larimore, "Medical Abortion Is Not Just a Medical Issue," *American Family Physician* 56, no. 2 (August 1997): 351.

4. 스탠리 피쉬는 나중에 그가 보스턴에서 한 말, 아니면 대부분의 참석자들이 그가 말한 내용이라고 생각하는 것의 상당부분을 부인했다. 피시는 결코 낙태찬성을 말한 적이 없다고 주장했고, 따라서 그가 말한 것은 자기 입장의 변화가 아니라고 말했다. 그는 단지 생명존중론이 종교적인 것이며, 낙태권 주장은 이성적인 것이라는 말을 잘못한 것이라고 인정했다. 그후 나와 나눈 서간을 통해, 그는 자기 자신의 견해를 지독하게 반박하는 성격을 보여주었다. 그는 어떤 도덕적 입장도 합리적으로 지지될 수는 없다고 주장하였다. 물론 그는 합리적으로 생각하고 나서야 이런 결론에 도달한 것이다. Stanley Fish, "Why Can't We All Get Along?" *First Things*, no. 60 (February 1996): 18도 참조할 것.

5. C.S. Lewis, *Mere Christianity* (New York: Touchstone, 1996), 73.

6. Abraham Kuyper, *Christianity: A Total World and Life System* (Marlborough, N.H.: Plymouth Rock Foundation, 1996), 14.

7. Alvin J. Schmidt, *The Menace of Multiculturalism: Trojan Horse in America* (Westport, Conn.: Praeger, 1997)의 제4장을 보라.

8. Ted Turner, 다음에서 인용. Pat Buchanan, "Sermon from Ted Turner," *Washington Times*, 2 April 1997.

9. *The River*, Universal Pictures (1984).

10. Douglas Sadownick, "Choosing Sides," *LA Weekly*, 20 December 1996.

11. 칼 세이건도 바로 이와 동일한 갈등을 겪었다. 확실한 죽음을 택할 것인가, 아니면 동물연구를 통해 완전해지는 생명구원의 치료를 받을 것인가 하는 것 사이의 선택 말이다 (제10장을 보라).

12. "A New Medical Ethics," *California Medicine* 113 (1970): 67-68.

13. 마브 밀러(Marv Miller)가 한 연구에 의하면 노인들의 공허한 내면 상태는 놀랄 정도의 자살로 이어지는 것, 특히 은퇴한 후의 남자 노인들 사이에 그러하다는 것을 보여준다(미국 평균보다 4배나 많다). Marv Miller, *Suicide after Sixty: The Final Alternative* (New York: Springer, 1979), 11-12, 19.

14. Elizabeth Kolbert, "Frank Talk by Clinton to MTV Generation," *New York Times*, 20 April 1994.

15. Albert Camus, "Absurd Reasoning," *The Myth of Sisyphus*, trans. Justin O' Brien (New York: Alfred A. Knopf, 1969), 3.

16. Saint Augustine, *Confession*, book 1, paragraph 1, trans. R.S. Pine-Coffin (New York: Penguin, 1961), 21.

제15장 우리가 당하는 고통

1. Harold S. Kushner, *When Bad Things Happen to Good People* (New York: Schoken Books, 1980).

2. Edward T. Oakes, "Original Sin: A Disputation," *First Things* (November 1998): 21.

3. William F. Buckley Jr., *Nearer My God: An Autobiography of Faith* (New York: Doubleday, 1997), 232.

제16장 좀더 나은 삶의 방식?

1. David U. Gerstel, *Paradise, Incorporated: Synanon* (Novato, Calif.: Presidio Press, 1982), 36. 1977년에, AA의 고참들은 젊은이들이 마약문화에서 나오는 것이 아닌가 의심했다. 오늘날 AA는 NA(Narcotics Anonymous, 익명의 마약 중독자 모임) CA(Cocaine Anonymous, 익명의 코카인 중독자 모임)라는 지부들을 설치하고 있다.

2. 시나논은 "샌프란시스코 이그재미너"와 법정 외 화해를 통해 60만 불을 받았다. Betsy Carter, Michael Reese, and Martin Kasindorf, Newsweek (November 20, 1978): 133을 보라. 허스트 중재건뿐만 아니라, 타임 사는 시나논의 비방죄 소송에 대해 자신을 변호하기 위해 200만 불을 지출했다. Fred Barbash, "Alton Telegraph Libel Judgment Sends Fearful Message to Press," *Washington Post*, 25 August 1981을 보라. 1970년대에 시나논은 (그들의 라디오 프로그램에 대한) 명예훼손죄로 'ABC방송'에 대해 소송을 제기했다. ABC는 시나논에게 소송을 취하하는 대가로 125만 불을 지불했다. Nanette Asimov, "Life after Synanon for Radio Veteran Dan Sorkin," *San Francisco Chronicle*, 1 May 1990을 참조할 것.

3. William F. Olin, *Escape from Utopia: My Ten Years in Synanon* (Santa Cruz, Calif.: Unity Press, 1980), 209-211.

4. Gerstel, *Paradise*, 185.

5. Olin, *Escape from Utopia*, 247.

6. Gerstel, *Paradise*, 211. "진"은 디더리치가 발표했을 당시 임신 5개월이었다가 낙태를 하게 된 실제 여인에 근거하고 있다.

7. Gerstel, Paradise, 216-224.

8. 어떤 주에서는 주가 운영하는 교정시설에 보내는 대신 범죄자들을 시나논에 보냈다.

9. "더 와이어"에서 녹음된 것으로 디더리치는 이런 그리고 다른 폭력적인 의도를 선언하였고, 이는 나중에 시나논에 대한 재판에서 결정적으로 중요한 증거가 되었다. Gerstel, *Pardise*, 268을 보라.

10. Gerstel, *Paradise*, 244.

11. 디더리치의 '감정적 수술'을 비판했던 일부 '빚쟁이'들은 모하비 사막으로 쫓겨나 내리쬐는 태양 아래서 일륜차에 돌을 싣는 일을 했었다. 밤이 되면 저체온을 방지하기 위해 이들은 텐트 안에 함께 붙어 있곤 했다. 다행스럽게도 9일이 지난 다음, 많은 상속재산을 시나논에 기증한 한 여인이 이 캠프를 방문하고서 이런 악조건에 반대했다. 그 결과 작업일수가 줄어들었고, 그런대로 좋은 시설이 들어섰으며, 그곳이 강제노동수용소라는 사실에 대해서는 침묵하도록 요구받았다. Gerstel, *Paradise*, 236-237을 참조힐 깃.

12. "Kenton Son Sought in Snake-Bite of Anti-Synanon Lawyer," *Washington Post*, 13 October 1978.

제17장 시나논과 죄

1. Glenn Tinder, *Political Thinking: The Perennial Questions* (New York: HarperCollins, 1995), 199.

2. Ralph Waldo Emerson, 다음 책에서 인용. Roger Lundin, *The Culture of Interpretation: Christian Faith and the Postmodern World* (Grand Rapids: Eerdmans, 1993), 111.

3. Glenn Tinder, "Birth of a Troubled Conscience," *Christianity Today* (April 26, 1999): 37.

4. Karl Menninger, *Whatever Became of sin?* (New York: Hawthorn Books, 1973).

5. Jean-Jacques Rousseau, *The Social Contract* (Boston: Charles E.

Tuttle, Everyman's Classic Library, 1993), 181.

6. Jean-Jacques Rousseau, 다음 책에서 인용. Robert Nisbet, *The Quest for Community: A Study in the Ethics of Order and Freedom* (San Francisco: ICS Press, 1990), 127. 니스벳이 설명하고 있는 것처럼 루소는 "국가는 사회를 구성하고 있는 억압적인 폭군으로부터 개인들을 자유케 하는 수단"이라고 생각했다 (*The Quest for Community*, 128).

7. Tinder, *Political Thinking*, 200.

8. Nisbet, *The Quest for Community*, 127.

9. 역사가 글렌 틴더는 이를 잘 묘사하고 있다. "정치 지도자들은 구약 성경이 하나님께만 있다고 말하는 그 권력을 주장하고 있다. 즉 모든 불의를 없애고 그에 보복하고 인간을 원래 정해진 일로 인도하는 것 말이다" (Tinder, *Political Thinking*, 201).

10. Rousseau, *The Social Contract*, 275.

11. 위의 책, 195.

12. Friedrich Nietzsche, *The Birth of Tragedy and the Genealogy of Morals*, trans. Francis Golffing (New York: Doubleday, 1956), 277-278.

13. Edward T. Oakes, "Original Sin: A Disputation," *First Things* (November 1998): 16.

14. Paul Johnson, *Intellectuals* (New York: Harper & Row, 1988), 22-23.

15. Jean-Jacques Rousseau, *Confessions*, vol. 1 (New York: Dutton, 1904), 314.

16. 위의 책, 316.

17. Rousseau, 다음 책에서 인용된 것. Paul Johnson, *Intellectuals*, 22.

18. Will Durant and Ariel Durant, *Rousseau and Revolution: A History of Civilization in France, England and Germany from 1756, and in the Remainder of Europe from 1715 to 1789*, vol. 10 of *The Story of*

Civilization (New York: Simon & Schuster, 1967), 886.

제18장 우리는 지금 모두 유토피아주의자이다

1. Alexis de Tocqueville, *Democracy in America*, trans. George Lawrence, Great Books of the Western World, ed. Mortimer Adler (Chicago: Encyclopedia Britannica, 1991), 374-377.

2. Nancy R. Pearcey and Charles B. Thaxton, *The Soul of Science: Christian Faith and Natural Philosophy* (Wheaton, Ill.: Crossway, 1994), 71-73.

3. 프로이트, 페히너, 파블로프에 대해 이어지는 토의는 Willem J. Ouweneel이 1985년 8월에 National Creation Conference에서 발표한 "Evolution and the Humanities"에 기초한 것이다.

4. B.F. Skinner, *Walden Two* (New York: Macmillan, 1976).

5. J.B. Watson, *The Way of Behaviorism* (New York: Harper, 1928), 35ff.

6. John B. Watson, *Behaviorism* (New York: The People's Institute, 1924), 248. 미국의 철학자이자 교육가인 존 듀이는 좀더 강한 유토피아적 용어를 사용했다. 그래서 이 사람을 "진정한 하나님의 선지자요, 진정한 하나님 나라의 안내자"라고 말했다. (John Dewey, *My Pedagogic Creed* [Washington, D.C.: The Progressive Education Association, 1929], 17).

7. Dean Koontz, 다음 책에서 인용. Nick Gillespie and Lisa Snell, "Contemplating Evil: Novelist Dean Koontz on Freud, Fraud, and the Great Society," *Reason* 28, no. 6 (November 1996): 44.

8. Mike Swift, "Raising Hopes by Razing Housing," *Hartford Courant*, 19 March 1995.

9. Ramsey Clark, *Crime in America: Observations on Its Nature,*

Causes, Prevention, and Control (New York: Simon & Schuster, 1970), 17-18.

10. Clarence Darrow, *Attorney for the Damned*, ed. Arthur Weinberg (New York: Simon & Schuster, 1957), 3-4.

11. Myron Magnet, *The Dream and the Nightmare: The Sixties' Legacy to the Underclass* (New York: William Morrow, 1993), 197-198. 더군다나 사회과학에서의 증거를 보면, 이런 접근법이 틀리다는 것을 말해 준다. 1950년대에 정신과 의사인 새뮤얼 요첼슨과 심리학자 스탠던 샘나우는 범죄가 가난과 인종차별과 같은 환경적인 힘에 의해 발생한다는 전통적인 견해를 입증하기 위해 연구를 시작했다. 그러나 17년의 연구가 끝난 후, 이들은 범죄가 사회적 또는 경제적 이유 때문이 아니라는 결론을 내렸다. 오히려 범죄행위는 '고의적인 행위'였다. 간단히 말해, 그 사람이 그런 '선택'을 한 것이다. 그들의 책「범죄적인 인격」(*Criminal Personality*)에서 그들은 범죄와 범죄적인 인격의 해답은 "전혀 새로운 삶의 방식으로 전환"하는 것이라고 말한다. (Samuel Yochelson and Stanton E. Samenow, *The Criminal Personality: A Profile for Change*, vol. 1[New York: Jason Aronson, 1982], 19-20, 36).

12. John Leo, "The It's-Not-My-Fault Syndrome," *U.S. News and World Report* 108, no. 24 (June 18, 1990): 16.

13. George Flynn, "Woman Sues Houston Nightclub over Hot-Dog Eating Contest," *Houston Chronicle*, 25 March 1997. Victoria Franks Rios는 1997년 12월 나이트클럽에 대한 소송을 취하했다. George Flynn, "Woman Drops Her Lawsuit over Hot-Dog Eating Event," *Houston Chronicle*, 23 December 1997.

14. C. S. Lewis, "The Humanitarian Theory of Punishment," *God in the Dock* (Grand Rapids: Eerdmans, 1970), 292.

15. 위의 책.

제19장 악의 얼굴

1. Tammy Busche, "Parents Question Security in Wake of Student Arrests in Shooting Plot," *St. Louis Post-Dispatch*, 28 May 98.

2. "Police Seek Onlookers Who Cheered Killer," *Naples Daily News*, 15 August 1993.

3. Ed Hayward, "Second Teen Suspect to Be Tried," *Boston Herald*, 25 September 1994.

4. Karl Vick, "Delaware Seeks Death Penalty against Teens in Infant's Death," *Washington Post*, 19 November 1996.

5. Arianna Huffington, "Amy and Brian's Shameful Excuse Factory," *New York Post*, 14 July 1998.

6. Ron Rosenbaum, "Staring into the Heart of the Heart of Darkness" *New York Times Magazine* (June 4, 1995): 36.

7. *The New England Primer* (Hartford, Conn.: John Babcock, 1800).

8. Benjamin Spock, 다음의 책에서 인용. Dana Mack, *The Assault on Parenthood: How Our Culture Undermines the Family* (New York: Simon & Schuster, 1997), 33.

9. Haim G. Ginott, *Between Parent and Child: New Solutions to Old Problems* (New York: Macmillan, 1965); and Thomas Gordon, *P.E.T., Parent Effectiveness Training: The No-lose Program for Raising Responsible Children* (New York: P. H. Wyden, 1975).

10. 스포크는 "'좋은' 부모는 아이들이 단정하게 행동하게 하는 부모가 아니라, 아이들이 왜 단정하게 행동하지 않는지 이해하는 부모라고 말한다." (Mack, *The Assault on Parenthood*, 33).

11. "Seven Deadly Sins," MTV (August 1993).

12. Alan Bullock, 다음 책에서 인용. Charles Maier, a review of *Hitler and Stalin: Parallel Lives*, by Alan Bullock, *New Republic* (June 15, 1992): 42.

13. Thomas Harris, *The Silence of the Lambs* (New York: St. Martin's Press, 1988), 19 (원본에 강조되어 있음).

14. Bruno Bettelheim, *The Uses of Enchantment: The Meaning and Importance of Fairy Tales* (New York: Alfred A. Knopf, 1977).

15. Susan Wise Bauer, "Stephen King's Tragic Kingdom," *Books & Culture* (March/April 1997): 14.

16. Nick Gillespie and Lisa Snell, "Contemplating Evil: Novelist Dean Koontz on Freud, Fraud, and the Great Society," *Reason 28*, no. 6 (November 1996): 44.

제20장 동산의 뱀

1. 낸시 피어시와의 개인적인 대화 (1997년 5월 22일)

2. 마니교라고 하는 고대 페르시아 종교는 선과 악은 모두 영원한 원리이며, 이 둘은 영원한 갈등관계에 있어 결코 어느 한 쪽이 승리하지 못하도록 얽혀 있다고 주장하였다.

3. 예를 들어, 욥기 1-2장과 31장 35절을 보라. 신약에서부터 사탄은 '악마'로 통용된다.

4. Francis A. Schaeffer, *Genesis in Space and Time* (Downers Grove, Ill.: InterVarsity Press, 1972), 80-83.

5. C. S. Lewis, *The Discarded Image: An Introduction to Medieval and Renaissance Literature* (Cambridge: Cambridge University Press, 1994), 155.

6. Dennis Prager, 다음 책에서 인용. "Religious Right Takes Heat for

Salting and Lighting Cultural Debate," *Orlando Sentinel*, 26 August 1995.

7. James Madison, *The Federalist*, no. 48 (February 1, 1788).

제21장 고통은 이해될 수 있는가?

1. 아인슈타인, 헤르첸, 맥노턴, 그리고 하트만에 관한 이 이야기는 가상적인 드라마 형태로 되어있으나, 아인슈타인의 공개된 견해를 아주 정확하게 드러내고 있다. 이 이야기의 중심적인 생각은 두 권의 책에 근거하고 있다. Albert Einstein, *Out of My Later Years: The Scientist, Philosopher, and Man Portrayed through His Own Words* (Princeville, Ore.: Bonanza Books, 1990), 30-33; and Albert Einstein, *The World As I See It*, trans. Alan Harris (New York: Citadel Press, 1995), 24-29.

2. 스피노자는 하나님이라는 말을 단순히 우주 속의 질서원칙을 의미하는 말로 사용한 17세기 철학자이다. Robert Jastrow, *God and the Astronomers* (New York: Warner Books, 1980), 17을 보라.

3. 이 생각은 Einstein, *Out of My Later Years*, 30-33과 *The World As I See It*, 24-29를 보라.

4. 위의 책.

5. 위의 책.

6. Albert Einstein, *Science, Philosophy, and Religion: A Symposium*, (New York: The Conference on Science, Philosophy, and Religion in Their Relations to the Democratic Way of Life, Inc., 1941).

7. Gerald Holton and Yehuda Elkana, *Albert Einstein: Historical and Cultural Perspectives* (Princeton, N.J.: Princeton University Press, 1982), 209.

8. Albert Einstein, 다음 책에서 인용. Ronald W. Clark, *Einstein: The Life and Times, An Illustrated Biography* (New York: Wings Books, 1995), 19.

9. Einstein, *The World As I See It*, 27-29.

10. 위의 책, 24-29.

11. Jastrow, *God and the Astronomers*, 17.

12. Stephen Crane, 다음 책에서 인용. James W. Sire, The Universe Next Door: A Basic Worldview Catalog, 3rd ed. (Downers Grove, Ill.: InterVarsity Press, 1997), 13.

13. Glenn Tinder, "Birth of a Troubled Conscience," Christianity Today (April 26, 1999): 30.

14. Paul Helm, "Faith and Reason: Stained with the Blood of Suffering," *The Independent*, 23 April 1994.

15. Harold S. Kushner, *When Bad Things Happen to Good People* (New York: Schoken Books, 1981), 42-43.

16. John Hick, *Evil and the God of Love* (London: Collins, 1968).

17. Archibald MacLeish, *J. B.: A Play in Verse* (Boston: Houghton Mifflin, 1958), 126.

18. Fyodor Dostoyevsky, 다음 책에서 인용. Peter Kreeft, *Making Sense out of Suffering* (Ann Arbor, Mich.: Servant, 1986), 8.

19. 위의 책, 9.

20. Norman Geisler and Ronald Brooks, *When Skeptics Ask: A Handbook of Christian Evidence* (Wheaton, Ill.: Victor, 1998), chapter 4.

21. *The Martyrdom of the Holy Polycarp*, 다음 책에서 인용. Eberhard Arnold, *The Early Christians: After the Death of the Apostles* (Rifton, M.Y.: Plough, 1972), 66.

22. Friedrich Nietzsche, 다음 책에서 인용. Melvin Tinker, *Why Do Bad Things Happen to Good People?: A Biblical Look at the Problem of Suffering* (Fearn, UK: Christian Focus, 1997), 4.

23. Saint Augustine, *Enchiridon*, 27, 다음 책에서 인용. *The Book of Catholic Quotations*, ed. John Chapin (New York: Farrar, Straus and Cudahy, 1956), 313.

제22장 선한 의도

1. 이 이야기는 실제로 일어났던 일을 극적으로 재구성한 것이다. 네이선슨 박사는 자기 아이 하나를 낙태했고, 그와 인터뷰하는 동안 그는 내내 냉정하고, 임상적인 태도로 얘기하였다. 그의 책 「하나님의 손」(*The Hand of God*)에서 그는 이렇게 기록하고 있다. "그 절차는 아무런 사고 없이 지나갔고, 나는 내가 능률적으로 아주 잘한 것에 대해 덧없는 감사를 느끼면서, 아직 그녀가 마취에서 깨어나지 못하고 있는 수술실을 나섰다. 그렇다. 당신은 내게 이렇게 질문할 것이다. '이것은 당신이 한 일에 대한 아주 간단한 보고서이다. 그런데 당신은 무얼 느끼는가? 슬프지 않은가? 한 생명을 죽였기 때문이 아니라 당신 자신의 아이를 죽였기 때문에 말이다.' 맹세컨대, 나는 전문가로서의 긍지나 성취감 이외에는 아무것도 느끼지 못하였다. 봉지 속의 내용물을 점검해 보고서 나는 단지 내가 완전하게 처리했음을 알고 만족감을 느꼈다. 당신은 이렇게 추궁할지도 모른다. '덧없는 순간만큼만이라도 어떤 후회나 눈꼽만큼의 참회를 느낀 적이 없는가?' 절대 없었다. 사랑하는 독자들이여, 그것이 바로 낙태론자들의 정신상태이다. '일을 또 한 번 잘해냈구나. 부도덕한 사람의 손에 쥐어진 첨단기술의 도덕적 중립성을 나타내는 예에 불과하다는 생각.'" (Bernard N. Nathanson, *The Hand of God: A Journey from Death to Life by the Abortion Doctor Who Changed His Mind* [Washington, D.C.: Regnery, 1996], 58-61).

2. 이 초음파 장면은 네이선슨 박사가 했던 많은 초음파 검사 경험의 복합물이다. 이 내용은 처음의 초음파가 네이선슨에게 미친 영향을 정확

하게 묘사하고 있는 것이지만, 최신 기술도 포함되어 있다. 네이선슨은 자신의 첫 초음파 기기로는 이만큼 자세히 볼 수 없었을 것이다.

3. Bernard N. Nathanson, "Sounding Board, Deeper into Abortion," *New England Journal of Medicine* 291, no. 22 (November 28, 1974): 1188-1190.

4. 이 수술을 시행한 동료는 나중에 그 테이프를 보고서 다시는 낙태를 하지 않겠다고 맹세했다.

5. "조용한 비명"은 http://www.silentscream.org에서 온라인으로 볼 수 있다. 혹은 다음의 주소에서 주문할 수도 있다. American Portrait Films, 503 East 200th Street, Cleveland, OH 44119, phone: (216) 531-8600.

6. Bernard N. Nathanson, *Why I'm Still Catholic*, ed. Kevin and Marilyn Ryan (New York: Riverhead Books, 1998), 281.

7. Augustine, *Confessions* (New York: Penguin, 1961), 151, 170.

8. Nathanson, *The Hand of God*, 187-188, 195-196.

9. 위의 책, 193.

10. Nathanson, *Why I'm Still Catholic*, 282.

제23장 구원을 찾아서

1. Dorothy L. Sayers, *Creed or Chaos* (Manchester, N.H.: Sophia Institute Press, 1974), chapter 3.

2. James B. Twitchell, *Adcult U.S.A.: The Triumph of Advertising in American Culture* (New York: Columbia University Press, 1996), 38.

3. 위의 책.

4. 위의 책, 45.

5. Jennifer Harrison, "Advertising Joins the Journey of the Soul,"

American Demographics (June 1997): 22.

6. John Updike, 다음 책에서 인용한 것. Twitchell, *Adcult U.S.A.*, vii.

7. Calvin Coolidge, 다음 책에서 인용. Twitchell, *Adcult U.S.A.*, vii.

제24장 그것이 해방인가?

1. Mary Midgley, *Evolution as a Religion: Strange Hopes and Stranger Fears* (New York: Methuen, 1985), 30-35.

2. Thomas Sowell, *Marxism* (New York: William Morrow, 1985), 17.

3. Vladimir Lenin, 다음 책에서 인용. Francis Nigel Lee, *Communism versus Creation* (Nutley, N.J.: Craig Press, 1969), 28.

4. Robert Wesson, *Why Marxism? The Continuing Success of a Failed Theory* (New York: Basic Books, 1976), 30.

5. 그들의 일생 동안 마르크스와 그의 동료 엥겔스는 그들이 '분노의 날'(Dies Irae)이라 칭한 그 날 보기를 갈망했다. 이 날은 강한 자들이 버림 받는 날이었다. '분노의 날'은 심판의 날에 관한 중세의 라틴 찬송가였으며, 진혼 미사 때 불려지곤 했다.

6. Klaus Bockmuehl, *The Challenge of Marxism* (Leicester, England: InterVarsity Press 1980), 17.

7. 근대 역사가들은 마르크스의 사회경제 진화단계, 즉 원시공동체로부터 노예상태, 농노제, 자본주의를 거쳐 공산주의에 이르는 단계론을 받아들이지 않는다.

8. Paul Johnson, *Intellectuals*, (New York: Haper & Row, 1988), 53, 56.

9. Karl Marx and Frederick Engels, "Private Property and Communism," in *Collected Works*, vol. 3 (New York: International Publishers, 1975), 304.

10. 위의 책.

11. Karl Marx, 다음 책에서 인용. Thomas Sowell, *Marxism* (New York: William Morrow, 1985), 166.

12. Bernard-Henri Levi, 다음 책에서 인용. Ronald Nash, *Social Justice and the Christian Church* (Milford, Mich.: Mott Media, 1983), 102.

제25장 성을 통한 구원?

1. Madison Jones, *An Exile* (Savannah, Ga.: Frederic C. Beil, 1990), 56.

2. Margaret Sanger, *The Pivot of Civilization* (New York: Brentanos, 1922), 238-239.

3. 위의 책, 232.

4. 위의 책.

5. 위의 책, 233.

6. 위의 책, 270-271.

7. Alfred C. Kinsey, *Sexual Behavior in the Human Male* (Philadelphia: W.B. Saunders, 1948); and Alfred C. Kinsey, *Sexual Behavior in the Human Female* (Bloomington, Ind.: Indiana University Press, 1998).

8. Kinsey, *Sexual Behavior in the Human Male*, 59.

9. Alan Wolf, review of *Alfred C. Kinsey: A Public/Private Life*, by James H. Jones, *New Republic* 217, no. 21 (November 24, 1997): 31.

10. Paul Robinson, *The Modernization of Sex* (New York: Cornell University Press, 1988), 83-86.

11. Wilhelm Reich, 다음 책에서 인용. Eustace Chesser, *Salvation through Sex: The Life and Work of Wilhelm Reich* (New York: William Morrow, 1973), 44.

12. Wilhelm Reich, *Ether, God and Devil: Cosmic Superimposition* (New York: Farrar, Straus and Giroux, 1973), 9.

13. Chesser, *Salvation through Sex*, 67.

14. Robert Rimmer, *The Harrad Experiment* (Amherst, N.Y.: Prometheus Books, 1990), 13, 46, 145.

15. 위의 책, 157, 167.

16. 위의 책, 264.

17. Mary Calderone, "Sex Education and the Roles of School and Church," *The Annals of the American Academy of Political and Social Sciences 376* (March 1968): 57.

18. Mary S. Calderone and Eric W. Johnson, The Family Book about Sexuality (New York: Harper & Row, 1981), 171.

19. Calderone, "Sex Education," 59.

20. Madeline Gray, *Margaret Sanger: A Biography of the Champion of Birth Control* (New York: Richard Marek, 1979), 416-418.

21. James H. Jones, "Annals of Sexology," *New Yorker* (August 25, 1997): 98.

22. Judith A. Reisman and Edward W. Eichel, *Kinsey, Sex, and Fraud: The Indoctrination of a People* (Lafayette, La.: Huntington House, 1990), 29-30.

23. Chesser, *Salvation through Sex*, 71.

제26장 과학은 우리의 구세주인가?

1. *Independence Day*, Twentieth Century Fox (1996).

2. *War of the Worlds*, Paramount Pictures (1953).

3. Daniel Quinn, *Ishmael* (New York: Bantam Books, 1992).

4. Francis Bacon, 다음 책에서 인용. John Herman Randall, *The Making of the Modern Mind* (New York: Columbia University Press, 1976),

204.

5. Auguste Comte, *Religion of Humanity: The Positivist Calendar of Auguste Comte, and other Tables* (London: The London Positivist Society, 1929); and Auguste Comte, *The Religion of Humanity: Love, Order, Progress, Live for Others, Live Openly* (Liverpool, England: Church of Humanity, 1907)를 보라. 또 T. R. Wright, *The Religion of Humanity: The Impact of Comtean Positivism on Victorian Britain* (Cambridge: Cambridge University Press, 1986)을 보라.

6. Mary Midgley, *Evolution as a Religion: Strange Hopes and Stranger Fears* (New York: Nethuen and Co., 1985), 34. 아이러니하게도 다윈 자신은 "점진적인 발전에 대한 내재적인 경향을 볼 수 없었다"고 말하고 있다.

7. Ian Barbour, *Issues in Science and Religion* (New York: Harper Torchbooks, 1966), 94.

8. J. D. Bernal, 다음 책에서 인용. Mary Midgley, *Evolution as a Religion*, 35.

9. H. J. Muller, 다음 책에서 인용. Mary Midgley, *Evolution as a Religion*, 34.

10. Francis Crick, *Life Itself, Its Origin and Nature* (New York: Simon & Schuster, 1981), 118.

11. Oliver O'Donovan, *Begotten or Made?* (London: Oxford University Press, 1984).

12. 이뿐 아니라 소위 진화과정이 작은 변화라도 이루어지려면 수백만 년이 걸린다는 것을 감안할 때, 앞으로 어떻게 될는지 전혀 알 수 없다고 하는 말은 앞뒤가 맞지 않는다. 이것은 정말 맹목적인 신앙이다.

13. Stephen Hawking, *A Brief History in Time* (New York: Bantam Books, 1988).

14. Frank Drake, Bob Arnold와의 인터뷰. "Frank Drake Assesses the NASA Search," *SETI News* (first quarter, 1993).

15. Carl Sagan, *Broca's Brain* (New York: Random, 1979), 276.

16. 위의 책.

17. 다음에서 인용. Terence Dickinson, "Critics Scoff but Cool ET Hunt Carries On," *Toronto Star*, 24 August 1997.

18. Sagan, *Broca's Brain*, 276.

제27장 절망의 드라마

1. Steven Weinberg, *The First Three Minutes: A Modern View of the Origin of the Universe* (London: André Deutsch, 1977), 155.

2. 위의 책, 1-2.

3. Jean-Paul Sartre, *No Exit and Three Other Plays* (New York: Random, 1949).

4. Albert Camus, The Myth of Sisyphus and other Essays (New York: Alfred A. Knopf, 1955).

5. Lord Balfour, 다음 책에서 인용. John Herman Randall, *The Making of the Modern Mind* (New York: Columbia University Press, 1940), 581-582.

6. Randall, *The Making of the Modern Mind*, 581-582 (강조 필자 추가).

7. Bertrand Russell, 다음 책에서 인용. Randall, *The Making of the Modern Mind*, 582.

8. Jacques Monod, *Chance and Necessity*, trans. Austryn Wainhouse (London: Fontana, 1974), 160.

9. Michael T. Ghiselin, *The Economy of Nature and the Evolution of Sex* (Berkeley, Calif.: University of California Press, 1974), 247.

10. Mark Ridley, *The Origins of Virtue: Human Instincts and the

Revolution of Cooperation (New York: Viking, 1996).

11. 위의 책.

12. Richard Dawkins, *The Selfish Gene* (London: Oxford University Press, 1976), 2-3.

13. Edward O. Wilson *Sociobiology: The New Synthesis* (Cambridge, Mass.: Harvard University Press, 1975), 3.

14. Dawkins, *The Selfish Gene*, 2-3.

15. 위의 책, 2, 64 (강조 필자 첨가).

16. Mary Midgley, *Evolution as a Religion: Strange Hopes and Stranger Fears*, (New York: Nethuen and Co., 1985), 131, 140.

17. Edward O. Wilson, 다음 책에서 인용. Howard L. Kaye, *The Social Meaning of Modern Biology* (New Haven: Yale University Press, 1986), 169-179.

18. 위의 책.

19. Brendan I. Koerner, "Extreeeme," *U.S. News and World Report* (June 30, 1997): 50.

20. Kristen Ulmer, 다음 글에서 인용. Koerner, "Extreeeme," 50.

21. "NBC Nightly News" (June 19, 1998).

22. "Hero of the Code," *Time* (July 14, 1961): 87.

23. Colson의 *Kingdoms in Conflict* (New York: William Morrow; Grand Rapids: Zondervan, 1987)의 제2장을 참조할 것.

24. Saint Augustine, *Confessions*, book 1, paragraph 1, trans. R. S. Pine-Coffin (New York: Penguin, 1961), 21.

제28장 뉴에이지 종교

1. R. Ascher-Walsch, et al., "October," *Entertainment Weekly* (August

22, 1997).

2. K.K. Campbell, "Getting Your Kicks on the Net," *Toronto Star*, 29 May 1997.

3. 1967년에 오프 브로드웨이에서 처음 공연. 후에 1968년에 브로드웨이에 데뷔한 *Hair*.

4. Ken Wilber, 다음의 책에서 인용. Robert Burrows, "New Age Movement: Self-Deification in a Secular Culture," *Spiritual Counterfeit Project Newsletter 10* (winter 1984-1985).

5. John Herman Randall, *The Making of the Modern Mind* (New York: Columbia University Press, 1976), 419.

6. Alfred, Lord Tennyson, *In Memoriam*, LV-LVI.

7. 이런 생각에 관한 보다 자세한 논의는 Randall, *The Making of the Modern Mind* and Ian Barbour, *Issues in Science and Religion* (New York: Harper Torchbooks, 1966).

8. Robert Lindsey, "Spiritual Concepts Drawing a Different Breed of Adherent," *New York Times*, 29 September 1986.

9. Martha M. Hamilton and Frank Swoboda, "Mantra for a Company Man: New Age Approaches Increasingly Popular in Management Training," *Washington Post*, 30 June 1996.

10. 예를 들어, 요가는 이제 긴장해소와 운동의 방편으로 알려지고 있다. 그러나 요가라는 단어는 문자 그대로 '멍에'(yoke)를 뜻하는데, 이 운동의 실제 목적은 개인의 영혼을 우주적 영혼(Cosmic Spirit)과 합치고, 하나 되며, 멍에를 씌우는 것이다.

11. Jill Anderson, *PUMSY in Pursuit of Excellence* (Eugene, Ore.: Timberline Press, 1987).

12. 위의 책.

13. 데보라 로즈만은 「아이들과 명상하기」(Meditating with Children)에서 "명상은 우리를 모든 생명의 근원으로 인도한다. 우리는 '모든 것'과 하나가 된다"고 말하고 있다. 펌시가 수줍은 듯 말하는 것을 로즈만은 공공연하게 가르치고 있다. 우리 모두는 하나님이며, 구원은 우리 신적인 본성을 깨달음으로 이루어진다는 것이다. 그녀는 심지어 아이들에게 "나와 아버지는 하나이니라"라든가, "아브라함이 있기 전에 내가 있었다" 혹은 "나는 스스로 있는 자니라" 등과 같은 말을 자기 자신에게 적용하라고 권하고 있다. Deborah Rozman, *Meditating with Children: The Art of Concentration and Centering* (Boulder Creek, Calif.: Planetary Publishing, 1994), 143.

14. James Redfield, *The Tenth Insight: Holding the Vision* (New York: Warner Books, 1996). 이와 동일한 견해가 레드필드가 전에 쓴 베스트셀러 *The Celestine Prophecy: An Adventure* (New York: Warner Books, 1993)에 나와 있는데, 여기에서 하나님은 "우주적인 에너지원"으로 묘사되거나 "보다 높은 의지"(Higher Will)로 묘사되고 있다.

15. Frances Hodgson Burnett, *The Secret Garden* (New York: Dell, 1987), 230.

16. 위의 책, 233.

17. 위의 책, 230.

18. 위의 책, 229.

19. 위의 책, 233.

20. 또 "Creating the Good Society"의 제37장을 보라.

21. Peter Kreeft, *Fundamentals of the Faith: Essays in Christian Apologetics* (San Francisco: Ignatius Press, 1988), 90.

22. *Spiritual Counterfeit Project Newsletter 10* (winter 1984-1985).

23. 1987년에 방영된 Shirley 맥클레인의 텔레비전 미니시리즈 "궁지

에 빠져서"(Out on a Limb)는 그녀의 책(New York: Bantam Books, 1983)을 극화한 것이다.

24. C. S. Lewis, *Miracles: A Preliminary Study* (London: Fount, 1974), 86-87.

25. Jennifer Caternini, "Feminists Still 'Re-Imagining' God," *Faith and Freedom 16* (fall 1996): 6.

26. Kreeft, *Fundamentals of the Faith*, 93.

제29장 진정한 구원

1. Ronald Knox, 다음 책에서 인용. Peter Kreeft, *Fundamentals of the Faith: Essays in Christian Apologetics* (San Francisco: Ignatius Press, 1988), 74.

2. 그리스도가 십자가에 못박힌 해를 정확하게 말하기는 힘들지만, 대부분의 학자들은 주후 30년이나 29년이라고 말한다. 예수 탄생의 연도에 대한 정보는 William Hendriksen, *The Gospel of Luke* (Grand Rapids: Baker, 1993), 139-141을 참조할 것.

3. 워터게이트 사건 보도와 관련, 이 주장에 대한 완전한 설명은 "Watergate and the Resurrection," chapter 6 in *Loving God* (Grand Rapids: Zondervan, 1983)을 참조할 것.

4. Mahatma Gandhi, "Address on Christmas Day, 1931" 다음 책에서 인용. A. R. Vidler, *Objections to Christian Belief* (London: Constable, 1963), 59.

5. J. Gresham Machen, *Christianity and Liberalism* (New York: Macmillan, 1923), 121.

6. William F. Albright, 다음 책에서 인용. Norman L. Geisler, "Toward a More Conservative View," *Baker Encyclopedia of Christian Apologetics*

(Grand Rapids: Baker, 1999), 529.

7. Paul Johnson, "A Historian Looks at Jesus," (1986년에 처음 달라스신학교에서 한 연설), *Sources*, no. 1 (1991).

8. Joseph P. Free, "Archaeology and Biblical Criticism," *Bibliotheca Sacra* (January 1957): 23. 또 Joseph P. Free, *Archaeology and Bible History* (Grand Rapids: Zondervan, 1992)를 참조.

9. Charles R. Pellegrino, *Return to Sodom and Gomorrah: Bible Stories from Archaeologists* (New York: Random, 1994).

10. John Noble Wilford, "From Israeli Site, News of House of David," *New York Times*, 6 August 1993.

11. Johnson, "A Historian Looks at Jesus," *Sources*, no. 1 (1991).

12. C. S. Lewis, *God in the Dock: Essays on Theology and Ethics* (Grand Rapids: Eerdmans, 1970), 58.

13. 위의 책, 67.

14. Al Wolters, Creation Regained: Biblical Basics for a Reformational Worldview (Grand Rapids: Eerdmans, 1985), 58 (강조부분 원문대로임).

제30장 케이오 펀치

1. 대니 크로스의 놀라운 이야기는 실화이다. 그러나 이 이야기의 배경인물들은 복합해 낸 인물이거나 가공의 인물이다. 이 이야기는 대니 크로스와의 인터뷰를 기초로 한 것이다.

제31장 무엇을 위한 구원인가?

1. 캘리포니아 북부의 모든 교도소를 상대로 한 두 주간의 복음전도 모임이 끝난 후, 규칙위반은 현저히 감소했으며, 대부분의 교도소장들은 긴장이 완화되었고, 수감자들의 행동이 좋아졌다고 보고하고 있다. 수개월

이 지난 후에도, 성경공부에는 사람들이 몰렸고, 생활은 계속 변화되었다. 뉴욕 주 교도소의 경우, 일 년에 "교도소선교회" 프로그램에 10회 이상 참석한 사람들의 재수감률은 41퍼센트에서 14퍼센트로 크게 떨어졌다. B.R. Johnson, D.B. Larson, and T.C. Pitts, "Religious Programs, Institutional Adjustment, and Recidivism among Former Inmates in Prison Fellowship Programs," *Justice Quarterly* 14, no.1 (March 1997): 145 참조.

2. 비평가들은 창세기에는 두 개의 창조 이야기가 있다고 주장한다. 두번째 것은 창세기 2장 4절에서 시작한다는 것이다. 그러나 이는 문학구조에 대한 오해에서 비롯된 것이다. 창세기의 제1장과 제2장의 처음 몇 구절은 우주적인 무대를 설정하고 커튼을 들어올리는 서막과 같은 역할을 한다. 드라마 자체는 최초의 남편과 아내인 아담과 하와가 사회생활을 시작하는 제2장에서 시작된다. 동산을 돌보고, 짐승들의 이름을 짓는 행위가 문화생활의 시작을 의미한다. 아담과 하와가 어떻게 지어졌는가를 자세히 설명하기 위해 '회상기법'을 사용하고 있는 것이다. 그러나 그렇다고 해서 이것이 두번째 창조 이야기는 아니다. 오히려, 이 구절들은 문화명령이 어떻게 실제 역사 속에서 이루어져가는지를 보여주고 있다.

3. Al Wolters, *Creation Regained: Biblical Basics for a Reformational Worldview* (Grand Rapids: Eerdmans, 1985), 36. 이에 이어지는 논의는 네덜란드의 철학자 헤르만 도예벨트(Herman Dooyeweerd)를 대중화시킨 월터스에게 많이 의존하고 있다. Dooyewcerd, *A New Critique of Theoretical Thought* (Lewinston, N.Y.: Edwin Mellen Press, 1997) 참조.

4. C. S. Lewis, *The Abolition of Man* (New York: Touchstone, 1975).

5. 네덜란드의 신학자이자 정치가인 아브라함 카이퍼는 주권영역이라는 주장을 전개했다. Abraham Kuyper, *Christianity: A Total World and Life System* (Marlborough, N.H.: Plymouth Rock Foundation, 1996)을 참고.

하나님의 창조질서가 가장 잘 드러나는 성경구절 중 하나는 이사야 28장 23-29절인데, 여기에서 주님은 농부들에게 자신의 일을 가르쳐주고 계시다. 농부가 경작하는 곡물의 종류에 따라 쟁기질, 씨뿌리기, 탈곡의 방법이 각각 다르다. 좋은 농부는 이것을 알고 있고, 이런 지식은 하나님께로부터 온다. 하나님께서 그에게 가르치시기 때문이다. 이는 성경에서 얻는 특별계시에 의한 지식은 아니다. 피조물의 구조라는 일반계시로부터 얻는 것이다. 그리고 이것은 우리가 땅, 씨앗, 쟁기질을 경험하면서 알게 된다.

6. 앨 월터스는 "농부들이 농사에 관한 지혜를 얻는 것은 그분의 손으로 지으신 것 속에서 하나님의 음성을 들음으로써이다"라고 말하고 있다 (Wolters, *Creation Regained*, 28). 이는 경제학, 정치학, 예술, 의학, 통신과 교육 등 사회 모든 분야에서도 마찬가지이다. 우리는 피조물의 구조에 익숙해지면서 하나님의 피조물을 돌보고 그와 조화를 이루며 사는 법을 배우게 되며, 이런 지식을 기독교 세계관 안에서 공식화하게 된다.

7. Wolters, *Creation Regained*, chapter 4; and Charles Colson with Ellen Santilli Vaughn, *Kingdoms in Conflict*, (New York: William Morrow; Grand Rapids: Zondervan, 1987), 7장 참조.

8. Tertullian, 다음 책에서 인용. Henry Chadwick, *The Early Church* (New York: Penguin, 1993), 65.

9. Justin Martyr, 다음 책에서 인용. Henry Chadwick, *The Early Church*, 74-83.

10. 이 재미있는 이야기는 크리스토퍼 도슨의 *Religion and the Rise of Western Culture* (New York: Doubleday, Image Books, 1991)과 토마스 카힐의 *How the Irish Saved Civilization: The Untold Story of Ireland's Heroic Role from the Fall of Rome to the Rise of Medieval Europe* (New York: Doubleday, 1995)에 있는 내용이다.

11. Saint Patrick, 다음의 책에서 인용. Thomas Cahill, *How the Irish Saved Civilization*, 102.

12. Cahill, *How the Irish Saved Civilization*, 105.

13. Kenneth Clark, *Civilisation: A Personal View* (New York: Harper & Row, 1969), 8.

14. John Henry Newman, 다음의 책에서 인용. Christopher Dawson, *Religion and the Rise of Western Culture*, 53-54. 뉴맨은 수사들이 이 모든 것을 어떻게 이루었는지 설명하고 있다. "시골이나 숲속에서 말없이 땅을 파고, 청소하고, 무언가를 세우고 있는 사람들이 목격되었다. 보이지는 않았지만 말없이 일하는 또 다른 이들이 수도원에서 피곤한 눈을 무릅쓰고 긴장하고 주의를 집중하여, 자신들이 구출한 필사본을 베껴쓰고 또 베껴썼다."

15. Dawson, *Religion and the Rise of Western Culture*, 126.

16. 한 목격자는 스칸디나비아 문화의 변화를 이렇게 묘사하고 있다. "그러나 그들이 기독교를 받아들인 후, 그들은 더 나은 원칙들을 갖게 되었으며, 평화와 진리를 사랑하고 가난에도 만족할 줄 아는 것을 배웠다… 모든 사람들 중에서 이들은 가장 음식과 습관을 절제하며, 무엇보다도 검약과 겸손을 사랑하는 사람들이 되었다"(Dawson, *Religion and the Rise of Western Culture*, 98).

17. Pope John Paul II, *Redemptoris Missio*, Encyclical Letter on the Permanent Validity of the Church's Missionary Mandate (December 7, 1990).

18. Timothy George, "Catholics and Evangelicals in the Trenches," *Christianity Today*, 38, no. 6 (May 10, 1994): 16.

19. Kuyper, *Christianity*, 69, 110. 카이퍼는 요즘 진행되는 가톨릭과 복음주의자들 간의 공동노력과 같은 종류의 협력을 열렬히 추구하고 있

다. "삼위일체와 그리스도의 신성, 구원을 위한 희생제물로서의 십자가, 하나님의 말씀으로서의 성경, 하나님께서 주신 삶의 규칙으로서의 십계명을 인정하고 주장하는 한, 로마 가톨릭은 반대자가 아니라 우리 편에 서 있다"(Kuyper, *Christianity*, 110).

20. 존 칼빈이 1541년 5월 11일, 래티스본에서 윌리엄 파렐에게 보낸 편지. John Calvin, *Letters of John Calvin*, ed. Jules Bonnet, vol. 1 (Philadelphia: Presbyterian Board of Publication, 1858), 260.

제32장 염려 말고 믿음을 가져라

1. 예를 들어, 1996년의 여론조사에 의하면 미국인의 59퍼센트는 '미국의 윤리 도덕의 수준'에 대해 걱정하고 있다. (James Davison Hunter, *The State of Disunion: 1996 Survey of American Political Culture*, vol. 2, [Ivy, Va.: In Medias Res Educational Foundation, 1996], table 46 F).

2. Berkeley Breathed, "Outland," 17 October 1993.

3. Christopher Jencks, 다음 기사에서 인용. William Voegel, "Poverty and the Victim Ploy," *First Things* (November 1991): 37.

4. David Larson, 낸시 피어시와의 개인적인 인터뷰(1999년 3월). 우리는 국가가 고통받고 있는 가정들에게 안전망을 제공하는 데 일정한 역할을 하고 있다는 사실을 부인하고 있는 것이 아니다. 우리가 반대하는 것은 모든 가족형태가 도덕적으로 동일하고, 정부의 역할은 모든 면에서 이것들이 동일하도록 만드는 것이라는 생각이다.

5. Louis W. Sullivan, "Foundation for Reform," (Washington, D.C.: Department of Health and Human Services, 1991): 15.

6. Judy Mann, "Going Up in Smoke," *Washington Post*, 26 February 1993.

7. 위의 주 3 참조.

8. 이어지는 연구의 대부분은 교회출석을 객관적으로 측정한 것에 기초를 두고 있다(대답의 범위는 '매일'에서부터 '전혀'까지를 전부 포괄한다). 어떤 연구에서는 종교가 그들에게 얼마나 중요한가 하는 것도 있었다(대답의 범위는 '아주 중요'에서부터 '전혀 중요하지 않다'까지 있었다). 어떤 연구에서는 그리스도인들만 대상으로 했고, 다른 연구에서는 신앙을 가진 사람들을 모두 포함했다(그러나 미국 인구통계를 보면 대부분은 자신이 그리스도인이라고 생각한다고 한다.).

9. D.B. Larson and W.P. Wilson, "Religious Life of Alcoholics," *Southern Medical Journal* 73, no. 6 (June 1980): 723-727.

10. David B. and Susan S. Larson, *The Forgotten Factor in Physical and Mental Health: What Does the Research Show?* (Rockville, Md.: National Institute for Healthcare Research, 1992), 68-69. 라슨 씨 내외는 정신건강 및 신체건강에 미치는 종교의 영향에 대한 일련의 연구를 수집하거나 직접 실시했다.

11. Joseph A. Califano Jr., *Behind Bars: Substance Abuse and America's Prison Population* (New York: The National Center on Addiction and Substance Abuse at Columbia University, 1998), 27.

12. Joseph A. Califano Jr., (1998년 1월 8일, 워싱턴 D.C.의 전국 기자클럽에서 한 연설).

13. Richard R. Freeman and Harry J. Holzer, eds., *The Black Youth Employment Crisis* (Chicago: University of Chicago Press, 1986), 353-376.

14. B.R. Johnson, D.B. Larson, and T.C. Pitts, "Religious Programs, Institutional Adjustment, and Recidivism among Former Inmates in Prison Fellowship Programs," *Justice Quarterly* 14, no. 1 (March 1997): 145-166.

15. Larson and Larson, *The Forgotten Factor*, 76-78.

16. George Gallup Jr., "Religion in America," *Public Perspective* (October/November 1995).

17. Armand Nicholi Jr., "Hope in a Secular Age," *Finding Got at Harvard: Spiritual Journeys of Thinking Christians*, ed. Kelly K. Monroe (Grand Rapids: Zondervan, 1996), 117.

18. Larson and Larson, *The Forgotten Factor*, 64-65.

19. 위의 책, 72.

20. Howard M. Bahr and Bruce A. Chadwick, "Religion and Family in Middletown, USA," *Journal of Marriage and the Family* 47 (May 1985): 407-414.

21. N. Stinnet, et al., "A Nationwide Study of Families Who Perceive Themselves as Strong"; and Velma McBride Murry, "Incidence of First Pregnancy among Black Adolescent Females over Three Decades."를 볼 것. 이들 두 연구는 Patrick Fagan, "Why Religion Matters," *The Heritage Foundation Report*, no. 1064 (January 25, 1996): 8에 인용되고 있다. 페이건의 뛰어난 연구보고서는 건강한 사회를 만드는 데 있어 종교의 중요성을 보여주는 연구들을 집대성한 것이다.

22. 이들 두 연구는 Larson and Larson, *The Forgotten Factor*, 73에서 인용.

23. Robert T. Michael, et. al., *Sex in America: A Definitive Survey* (New York: Little, Brown & Co., 1994), 127.

24. Larson and Larson, *The Forgotten Factor*, 73-79, 109-123.

25. 위의 책, 110. 이런 발견들은 종교에 대한 헌신과 신체 건강 사이의 밀접한 관련을 보여주고 있다. 이는 단순한 상관관계가 아니라, 실제적인 인과관계를 보여준다. 라슨 내외는 종교적으로 열심인 흡연자들이 혈압이 낮음을 말하면서 다음과 같이 지적한다. "이런 발견은 놀라운 것이다.

왜냐하면 종교가 건강에 유익하다고 하는 것은 대개 보다 건강한 방식의 생활을 하기 때문이라고 알려져 왔다. 예를 들어, 담배를 피우지 않는다거나, 술을 잘 마시지 않고, 유해한 음식을 잘 먹지 않는 것 등이다. 그러나 이 연구에 의하면, 흡연자들 사이의 혈압 차이는 종교를 중요시하는지의 여부에 따라 다르게 나타났다. '따라서 종교적인 열심이 건강에 주는 유익은 건강에 위협이 되는 행동을 하지 않는 것보다 더 뛰어나다' (116, 강조부분 원본대로임). 그렇다면 어떻게 해석할 것인가? 라슨 내외는 그 연구자들의 말을 인용하고 있다. "아주 긴장된, 그리고 신경이 예민한 사람들 가운데, 그래서 담배를 피울 가능성이 많은 사람들 가운데 종교가 갖는 혈압 조절효과가 아주 뛰어남을 반영하고 있는 것인지도 모른다" (116). 간단히 말해, 종교적 열심 자체가 건강의 유익을 주는 이유인 것 같다는 말이다.

26. Patrick Glynn, *God: The Evidence: The Reconciliation of Faith and Reason in a Postsecular World* (Rocklin, Calif.: Prima Publishing, 1997), 67.

27. Guenter Lewy, *Why America Needs Religion: Secular Modernity and Its Discontents* (Grand Rapids: Eerdmans, 1996), 112.

28. Dale A. Matthews with Connie Clark, *The Faith Factor: Proof of the Healing Power of Prayer* (New York: Viking, 1998), 77-80.

29. Herbert Benson, *Timeless Healing* (New York: Scribner, 1996), 197, 208.

30. Larson and Larson, *The Forgotten Factor*, 86.

31. 위의 책.

32. David B. Larson, "Physician, Heal Thyself!" *Guideposts* (March 1993): 41-43.

33. Daniel Goleman, "Therapists See Religion As Aid, Not Illusion,"

New York Times, 10 September 1991.

34. 그 밖의 다른 비용분담 그룹에는 인디애나 주 그린필드의 "사마리아 사역"(Samaritan Ministries), 오하이오 주 바버튼의 "그리스도인 형제회 소식지"(Christian Brotherhood Newsletter), 텍사스 주 타일러의 "모든 성자들"(All Saints), 오클라호마 주 오클라호마 시의 "도움의 손길"(Helping Hands) 등이 있다. Joe Maxwell, "Medical Cost Sharing," *Philanthropy, Culture and Society* (June 1996)을 보라.

제33장 하나님의 훈련장

1. David Blankenhorn, "Where's Dad?" *Atlanta Journal and Constitution*, 19 March 1995; and Barbara Dafoe Whitehead, "Dan Quayle Was Right," *Atlantic Monthly* 271, no. 4 (April 1993): 47. 우리는 이혼가정의 아이들을 진정으로 돕고 있는 책을 비판하고 있는 것이 아니다. 이혼을 도덕적으로 별것 아닌 것으로 취급하는 책들을 말하는 것이다.

2. Norval D. Glenn, *Closed Hearts, Closed Minds: The Textbook Story of Marriage* (New York: The Institute for American Values, 1997).

3. 위의 책, 5.

4. Candice Bergen, 인터뷰 기사. "Candy is Dandy, but Don't Mess with Murphy," *TV Guide* (September, 19, 1992): 8.

5. 위의 책.

6. Robert N. Bellah, *Habits of the Heart: Individualism and Commitment in American Life* (Berkeley, Calif.: University of California, 1985)을 보라.

7. Barbara Bush, (1992년 8월 19일 공화당 전당대회에서 한 연설).

8. Pierre Manent, "Modern Individualism," *Crisis* (October 1995): 35.

9. Michael Medved, "Hollywood Chic," *Washington Post*, 4 October 1992.

10. John Stuart Mill, *On Liberty* (Indianapolis: Hackett, 1978), 12.

11. Michael J. Sandel, *Democracy's Discontent: America in Search of a Public Philosophy* (Cambridge, Mass.: Belknop Press, 1996), 113.

12. Stanley Greenspan, 다음에서 인용. Don Feder, "Day-Care Study Defies Common Sense," *Boston Herald*, 8 March 1999.

13. Steven Mintz and Susan Kellogg, *Domestic Revolutions: A Social History of American Family Life* (New York: Free Press, 1988), 117. 이러한 역사적인 경향과 남성성과 아버지 됨에 대한 정의에 관해서는 Nancy R. Pearcey, "Rediscovering Parenthood in the Information Age," *The Family in America* 8, no. 3 (March 1994)를 참조.

14. Barbara Ehrenreich, *The Hearts of Men: American Dreams and the Flight from Commitment* (New York: Doubleday, 1983), 47에서 인용. 또 Pearcey, "Rediscovering Parenthood in the Information Age"를 참조.

15. David Blankenhorn, *Fatherless America: Confronting Our Most Urgent Social Problem* (New York: HarperPerennial, 1996).

16. Shere Hite, "The Case against Family Values," *Washington Post*, 10 July 1994.

17. Elayne Bennett, "If She's Facing Adolescent Girls Today," (1995년 2월 헤리티지 재단에서 한 연설).

18. 최근 동성애자들에게 '결혼'을 허용한 하와이 대법원의 판결은 단순히 동성애자들에게 결혼을 허용한 것으로만 비쳐진다. 그러나 이 판결은 전통적인 결혼을 확대한 것이 아니라, '결혼'이라는 것을 순전히 법적으로 보호받아야 하는 경제적인 혜택에 관계된 것으로만 다시 정의를 내림으로써 전통적인 결혼의 존재를 근본적으로 부인하고 있다. 그리하여

이런 혜택은 생물학적 성(sexuality)과 문화적 성(gender)에 관계없이 누구에게나 부여해야 한다는 논리적인 결론이 나온다. 이와 동일한 방식으로, 가정의 정의는 희석되어 이제 더 이상 전통적인 개념과 유사성이라곤 전혀 없다. 뉴저지의 판사가 여름 휴가를 떠난 6명의 대학생들이 가정을 구성한다고 판시한 것처럼 말이다. Gerard Bradley, "The New Constitutional Covenant," World & I (March 1994): 374.

19. Bonnie Angelo and Toni Morrison, "The Pain of Being Black," Time (May 22, 1989), 120.

20. William R. Mattox, "Split Personality: Why Aren't Conservatives Talking about Divorce?" Policy Review, no. 73 (summer 1995): 50에서 인용.

21. 위의 책.

22. Whitehead, "Dan Quayle Was Right," 47.

23. Michael McManus, "Voters Should Care about Divorce Reform," Detroit News, 19 September 1996.

24. David Popenoe, Life without Fathers: Compelling New Evidence That Fatherhood and Marriage Are Indispensable for the Good of Children and Society (New York: Free Press, 1996), 63.

25. Whitehead, "Dan Quayle Was Right," 47.

26. Judith S. Wallerstein and Sandra Blakeslee, Second Chances: Men, Women, and Children a Decade after Divorce (New York: Ticknor & Fields, 1989), 21-31.

27. James J. Lynch, The Broken Heart: The Medical Consequences of Loneliness in America (New York: Basic Books, 1977), 69-86, 87-90, 41-50, appendix B.

28. David Larson, 다음 책에서 인용. Mattox, "Split Personality," 50.

29. 앨런 칼슨은 "가족, 종교와 사회를 위한 하워드 센터"(Howard Center for the Family, Religion, and Society)의 회장인데, 이 모임은 오늘날 가정의 위치를 분석하고, 결혼이 건강한 사회의 기초가 된다는 것을 경험적으로 확인하는 연구를 반포한다. 연구결과는 "미국의 가족"(The Family in America)으로 발간되고 있고, 다음의 주소에서 구할 수 있다. Howard Center for the Family, Religion, and Society, 934 North Main Street, Rockford, IL 61103, phone: (815)964-5819.

30. Karl Zinsmeister, "The Humble Generation," *American Enterprise* 9, no. 1 (January/February 1998): 4.

31. Elisabeth D. Dodds, *Marriage to a Difficult Man: The "Uncommon Union" of Jonathan and Sarah Edwards* (Philadelphia: Westminster Press, 1971), chapter 14.

32. Michael J. McManus, *Marriage Saves: Helping Your Friends and Family Avoid Divorce* (Grand Rapids: Zondervan, 1995).

33. "The National Survey of Family Growth," 다음 책에서 인용. McManus, *Marriage Savers*, 93. 교회가 교인들에게 절제를 위한 전략을 가르치는 것을 돕기 위한 많은 좋은 프로그램들이 있다. 보다 자세한 정보는 True Love Waits, 127 Ninth Avenue North, Nashville, TN 37234, phone: (800) LUV-WAIT or (800) 588-9248로 연락할 것. 또 Josh McDowell, *Why Wait? What You Need to Know about the Teen Sexuality Crisis* (Nashville: Nelson, 1994); and Josh McDowell, *Why Say No to Sex?: The Case for Teaching Sexual Abstinence outside Marriage* (Eastbourne, England: Kingsway, 1995)를 참조.

34. "The National Survey of Families and Households," 다음에서 인용. McManus, *Marriage Savers*, 39.

35. PREPARE, P.O. BOX 190, Minneapolis, MN 55440-0190.

36. ENRICH, P.O. BOX 190, Minneapolis, MN 55440-0190.

37. Retrouvaille, 231 Ballantine, Houston, TX 77015, phone: (713) 455-1656.

38. http://www.marriagesavers.org/fourchurches.htm, (March 10, 1999)을 보라.

39. Roger Sider, "Grand Rapids Erects a Civic Tent for Marriage," *Policy Review* (July/August 1998): 6.

40. James Sheridan, 다음의 책에서 인용. Michael J. McManus, "Judge Makes Sure Couples Are Prepared for Marriage," *Fresno Bee*, 12 April 1997. 테네시 주 채터누가에서는 다양한 분야의 시민 지도자들이 "우선되는 것을 먼저"(First Things First)라고 하는, 도시를 재건설하고 갱신하며, 다시 생기를 불어넣기 위한 범지역적 기구를 만들었다. 채터누가의 이혼율은 미국 다른 지역보다 50퍼센트가 높았다. 그래서 이 기구는 이혼문제에 대해 제일 먼저 손을 대었다. 일 년이 채 되지 않아, 해밀턴 카운티의 이혼신청 건수는 14퍼센트가 감소했다. 또 다른 프로그램으로는 "아버지가 되는 모임"(Fathering Summit)이 있는데, 이는 아버지의 중요성을 가르치는 프로그램이고, "읽기, 쓰기, 책임감"(Reading, Writing, and Responsibility)이라는 프로그램에서는 지역 지도자들과 학교 요원들이 학생들에게 9가지 덕목을 가르친다. 존경, 책임, 인내, 관심, 자율, 시민정신, 정직, 용기, 그리고 공평성이 그것이다.

41. Mel Krantzler, *Creative Divorce* (New York: M. Evans, 1973); and Esther Oshiver Fisher, *Divorce: The New Freedom* (New York: Harper & Row, 1974).

42. Diane Medved, *The Case against Divorce* (New York: Ivy Books, 1990); Michele Weiner-Davis, *Divorce Busting: A Revolutionary and Rapid Program for Staying Together* (New York: Simon & Schuster, 1993);

and William A. Galston, *Rethinking Divorce* (Minneapolis: Center for the American Experiment, 1996).

제34장 아직도 위험한 상태

1. 전국 교육통계센터, 미시간 주립대학, 보스턴대학, 과학재단, 그리고 국제 교육능력 평가협회가 주최한 제3차 수학, 과학연구회 (1998년 2월 24일).

2. 전국 교육통계센터가 실시한 조사보고서 (워싱턴 D.C., 1993). http://www.nces.ed.gov./timms 참조.

3. Josephson Institute of Ethics, "1998 Report Card on the Ethics of American Youth" (Marina del Ray, Calif.: Josephson Institute of Ethics, 1998).

4. Rita Kramer, "Inside the Teacher's Culture," *Public Interest* (January 1997): 64.

5. John Dewey, *Democracy and Education* (New York: Macmillan, 1992); and John Dewey, *Quest for Certainty* (New York: Putnam, 1929).

6. Catherine T. Fosnot, "Constructivism: A Psychological Theory of Learning," in *Constructivism: Theory, Perspectives, and Practice*, ed. C. Fosnot (New York: Teachers College Press, 1996), 8-13. 또 James R. Gavelek and Taffy E. Raphael, "Changing Talk about Text: New Roles for Teachers and Students," *Language Arts*, 73, no. 3 (1996): 182를 보라.

7. Sidney B. Simon, *Beginning Values Clarification: A Guidebook for the Use of Values Clarification in the Classroom* (San Diego: Pennant Press, 1975); and Sidney B. Simon, Leland W. Howe, and Howard Kirschenbaum, *Values Clarification : A Handbook of Practical Strategies for Teachers and Students*, rev. ed. (Sunderland, Mass.: Values Press, 1978) 을 보라.

8. William Wordsworth, "Ode: Intimations of Immortality from Recollections of Early Childhood."

9. Friedrich Froebel, *The Education of Man* (New York: Appleton, 1891).

10. Francis Wayland Parker, 다음에서 인용. Richard Hofstadter, *Anti-Intellectualism in American Life* (New York: Random, 1963), 366.

11. 아마 근면과 도덕적 탁월함을 추구하는 기독교적 분위기에서 자라난 1800년대의 아이들에게 다소 자율의 자유를 준다면, 아주 잘 자라났을 것이다. 그러나 자기몰두와 도덕적 상대주의라는 오늘날의 환경에서 자라나는 아이들에게는 그 결과가 확연히 다를 것이다.

12. J. Crosby Chapman and George S. Counts, *Principles of Education* (Boston: Houghton Mifflin, 1924), 598; and George S. Counts, *Dare the Schools Build a New Social Order?* no. 11 (New York: John Day Pamphlets, 1932).

13. Frederic T. Sommers, "A Campus Forum on Multiculturalism," *New York Times*, 9 December 1990.

14. 실존주의가 교육에 미친 영향에 관해서는 George R. knight, *Philosophy and Education: An Introduction in Christian Perspective* (Berrien Springs, Mich.: Andrews University Press, 1980)를 보라.

15. William R. Coulson, "We Overcame Their Traditions, We Overcame Their Faith," *Latin Mass*, 3, no. 1 (January/February 1991): 14-22. 칼 로저스의 마지막 책 「80대를 위한 배움의 자유」(*Freedom to Learn for the Eighties*, Columbus, Ohio: Merrill, 1983)에 그는 "실패의 유형"(A Pattern of Failure)이라는 제목의 장을 삽입하여 그의 교육방법이 갖고 있는 이런 문제들과 다른 문제들을 다루고 있다.

16. A.H. Maslow, *The Journal of A.H. Maslow*, ed. Richard J. Lowry,

2 vols. (Monterey, Calif.: Brooks-Cole, 1979).

17. 스탠포드대학의 리처드 블룸은 마약교육과정을 거친 학생들이 통제집단에 비해 알코올, 담배, 마리화나 등을 훨씬 더 많이 사용한다는 것을 발견하였다. Richard H. Blum, et. al., *Drug Education: Results and Recommendations* (Lexington, Mass.: Lexington Books, 1976); and Richard H. Blum, et. al., "Drug Education: Further Results and Recommendations," Journal of *Drug Issues* 8, no. 4 (fall 1978): 379-426. 1986년에 "가족계획협회"가 루 해리스 여론조사기관에 의뢰해 조사한 바에 의하면, 성교육과정을 밟은 십대들은 그런 과정을 거치지 않은 학생들에 비해 성적 활동이 더 활발하다는 것을 발견하였다. Louis Harris and Associates, "The Planned Parenthood Poll," *American Teens Speak-Sex Myths, TV, and Birth Control* (New York: Louis Harris and Associates, 1986).

18. William Kilpatrick in *Why Johnny Can't Tell Right from Wrong* (New York: Touchstone, 1993), 81.

19. "Witness", Paramount Pictures (1985). 지시적인 접근방법을 설명하기 위해 이 장면을 인용하는 것은 William R. Coulson, "Sex, Drugs, and School Children: What Went Wrong," *Adolescent Counselor* (September 1991): 27-31에서 따온 것임.

20. John Milton, "Of Education," *Complete Poems and Major Prose*, ed. Merritt Y. Hughes (New York: Macmillan, 1957), 631.

21. 예를 들어, 1996년 이스트 가톨릭 고등학교의 코네티컷 주 수학능력 시험성적은 전국 평균보다 월등히 높았다. 언어영역에서 이스트 가톨릭 고등학교 545점, 전국 평균 504점, 수학에서는 517점 대 508점이었다. ("East Catholic High School's Scholastic Assessment Test Scores," *Hartford Courant*, 6 September 1996). 메릴랜드대학 경제학부의 교수들이 1995년에 조사한 바에 따르면 시내 거주 학생들이 가톨릭 고등학교에

다니면 고등학교를 졸업하고 대학에 갈 확률이 17퍼센트나 높아진다고 한다. 주변에 가톨릭 학교가 있는 것이 일반 공립학교에도 도움이 된다. 하버드의 경제학자 캐롤린 혹스비는 가톨릭 학교로 인한 경쟁으로 주변 공립학교의 성적이 실제로 향상되었다고 한다. 이들 두 연구는 Nina Shokraii, "Catholic Schools Hold the Key to the Future for At-Risk Students," *News and Record* (Greensboro, N.C.), 28 September 1997에서 인용되고 있다.

22. 1997년, "모퉁이돌 학교협회"의 학생들은 스탠포드 학업 평가에서 전국 평균보다 훨씬 높은 점수를 받았다. 독해에서는 전국 평균이 50퍼센트인데 비해 60퍼센트를, 수학에서는 전국평균이 50퍼센트인데 비해 52퍼센트를 받았으며, 언어에서는 전국평균이 50퍼센트인데 비해 61퍼센트를 받았다.

23. 많은 학교들이 더글러스 윌슨의 책「잃어버린 학습도구 되찾기」 (*Recovering the Lost Tools of Learning: An Approach to Distinctively Christian Education*, Wheaton, Ill.: Crossway, 1991)에서 영감을 얻었다고 한다. 이 책은 도로시 세이어즈가 쓴 논문으로 이 분야의 기초를 제공하고 있는 "The Lost Tools of Learning"에 경의를 표하고 있다. Gene Edward Veith and Andrew Kern, *Classical Education: Toward the Revival of America's Schooling* (Washington, D.C.: Capitol Research Center, 1997)를 참조.

24. 1999년 3월, 홈스쿨링을 하는 학생들에 대한 공정한 최대규모 연구를 한 메릴랜드대학 교수인 로렌스 루드너는 한 보고서를 내놓았다. 자신의 자녀들이 공립학교에 다니고 있는 루드너는 21,000명의 학생들의 성적을 추적해 보았는데, 홈스쿨링을 한 학생들의 성적이 공립학교에 다니는 또래보다 훨씬 더 좋다는 사실에 충격을 받았다. 초등학교 수준에서는 홈스쿨링을 하는 아이들이 공립학교나 사립학교에 다니는 아이들에 비해 한 학년 정도 앞서 있었다. 8학년이 되면 4개 학년 수준 정도나 차이

가 난다 (Philip Walzer, "Home Schooling Passes Test," *Virginia-Pilot*, [24 March 1999]).

25. David A. Noebel, *Understanding the Times: The Story of the Biblical Christian, Marxist/Leninist and Secular Humanist Worldviews* (Manitou Springs, Colo.: Summit Press, 1991); and Summit Ministries, P. O. Box 207, Manitou Springs, CO 80829, phone: (719) 685-9103; fax: (719)685-5268.

26. The Character Education Partnership, 918 16th Street, NW, Suite 501, Washington, D.C. 20006, phone: (202) 296-7743.

27. 노만 히긴즈가 킴 로빈스와 인터뷰한 내용(February 26, 1999); Susan Young, "The Right Direction," http://www.bangornews.com/ Innovative/day1.html (February 26, 1999) 참조.

28. 바바라 모제스는 현재 필라델피아 시내 메노나이트 고등학교의 교장이다.

29. Tyce Palmaffy, "No Excuses," *Policy Review* (January/February 1998): 18. '직접지시'는 오늘날 인기를 누리고 있는 "건축주의"(constructivist) 교육방식에 대한 대안이다. 건축주의적 방법은 아이들이 스스로 학습과 실험, 탐구를 책임지도록 허용한다. '직접지시' 방법은 교사가 학생들의 학습에 책임을 진다. 아이들은 "내용을 이해하기 위한 기초를 제공하는 일련의 학습으로 안내받는다. 과거에 배운 것을 강화하기 위해 반복학습이 이루어지며, 따라 읽기에서는 잘못을 즉시 교정받는다." 웨슬리 교장 타데우스 롯은 '직접지시'에 대해 논평하면서 "우리는 '어떻게'를 가르친다. '무엇'과 '왜'는 나중에 따라올 것이다"라고 말하고 있다. "그들에게 기초를 제공해 줌으로써 우리가 그들을 풀어주었을 때 그들이 독립적으로 일하는 것이 가능하다"고 덧붙이고 있다. (Lott, "Direct Instruction/Constructivist: Models for Learning," *Daily Report Card*

[March 1, 1995]).

30. Margaret Bonilla, "Be Faithful and Multiphy," *Policy Review* (summer 1994): 73-76.

31. Virgil Gulker, *A World without Welfare*, ed. David M. Wagner (Washington, D.C.: Family Research Council, 1997), 107를 보라. 또 Amy L. Sherman, *Restorers of Hope: Reaching the Poor in Your Community with Church-Based Ministries That Work* (Wheaton, Ill.: Crossway, 1997), 151-154. 여기에는 많은 특별한 지식이 필요한 것이 아니다. 한나 호킨스가 자신이 속한 저임금지역인 워싱턴의 아나코스티아 지역에서 아이들에게 해주었던 것 같은 사랑과 자발성이 주요인이다. 이 지역에서 은퇴한 흑인인 호킨스는 이웃 수십 명의 아이들을 위해 방과후 프로그램을 운영하였다. 저녁마다 이들은 그녀의 집에 모여서 그녀의 감독하에 숙제를 하곤 했다. 단순하고 간단한 일이지만 이런 프로그램들은 성적을 향상시키고, 비행을 감소시킨다.

32. Amity Shales, "A Chance to Equip My Child," *Wall Street Journal*, 23 February 1998.

33. Cal Thomas, "Milwaukee's 'School Choice' Experiment Shows That Competition Works," *Wisconsin State Journal*, 13 November 1998.

34. "In Defense of School Vouchers," *The Hill*, 6 May 1998; and Robert Holland, "Free Markets and Technology Will Transform K-12 Education," *Richmond Times Dispatch*, 2 December 1998. 장학금 하나에 지원자는 평균 8명이 된다. 이는 저소득 가정의 자녀들이 부유한 가정의 아이들과 동일한 기회를 갖기를 얼마나 원하고 있는지 보여주고 있는 지표이다. 1999년 1월 26일, 애리조나 주 대법원은 사립학교에 장학금을 기증하는 사람들에게 세금을 감면해 주도록 했다("Can You Spare a Million?" *Washington Times*, 18 January 1998).

35. Pope John Paul II, *Fides et Ratio*, Encyclical Letter to the Bishops of the Catholic Church (October 1998).

제35장   이곳에서는 어떤 일도 일어날 수 있다

1. 살바토레 바르톨로메오 경관 이야기는 여러 차례 그와 함께한 인터뷰와 에디 코오딜리어와 존 스튜어트의 도움을 받은 것이다. 여기에 등장하는 다른 인물들은 샐 경관이 자신의 구역에서 알고 있던 실제인물들을 복합한 인물들이다. 지역순찰에 관한 배경정보는 다음과 같은 글에서 얻었다. James Q. Wilson and George L. Kelling, "Making Neighborhoods Safe," *Atlantic Monthly* (February 1989): 46-52; Myron Magnet, "Saving the Homeless from Some Bad Ideas," *San Diego Union-Tribune*, 18 February 1990; John Leo, "A New Fight against Urban Decay," *Courier Journal*, 2 February 1992; and William D. Eggers and John O'Leary, "The Beat Generation: Community Policing at Its Best," *Policy Review*, no. 74 (fall 1995):4.

제36장   되살아나는 지역사회

1. 린든 존슨 대통령 시절 검찰총장이었던 램지 클라크는 "가난한 수백만의 사람들이 풍요하고 기술적으로 발전된 도시의 게토지역으로 모여 그 약점들이 누적되면 범죄적인 행동을 할 기회가 많아질 뿐 아니라, 실제 범죄의 원인이 된다"고 말하고 있다(Clark, *Crime in America: Observations on Its Nature, Causes, Prevention and Control* [New York: Simon & Schuster, 1970], 29). 이와 유사하게 1970년대 말 뉴욕 시의 정전으로 인해 대규모 약탈이 일어났을 때, 당시 대통령이던 지미 카터는 이것이 가난의 결과라고 설명했지만, 나중에 조사해 보니 약탈자의 대부분은 직업을 가지고 있는 사람들이었고, 자기에게 필요없는 것들을 약탈한 것으로

나타났다.

2. 연방수사국(FBI), 알코올-담배-총기국(局), 국립보건통계센터에서 나온 이 숫자들은 Ted Gest, Gordon Witkin, Katia Hetter, and Andrea Wright, "Violence in America," *U.S. News and World Report* 116, no. 2 (January 17, 1994): 22에서 인용한 것.

3. George L. Kelling and Catherine M. Coles, *Fixing Broken Windows: Restoring Order and Reducing Crime in Our Communities* (New York: Free Press, 1996), 55-56.

4. Andrew Peyton Thomas, "The Rise and Fall of the Homeless," *Weekly Standard* 1, no. 29 (April 8, 1996): 27. 또 Andrew Peyton Thomas, *Crime and the Sacking of America: The Roots of Chaos* (Washington, D.C.: Brussey's 1994) 참조.

5. 이에 대해 좀더 자세히 알고 싶은 사람은 다음 책을 참고하라. Rael Jean Isaac, *Madness in the Streets: How Psychiatry and the Law Abandoned the Mentally Ill* (New York: Free Press, 1990).

6. James Q. Wilson and George L. Kelling, "Broken Windows," *Atlantic Monthly* (March 1992): 29.

7. John Carlin, "How They Cleaned Up Precinct 75," *The Independent*, 7 January 1996.

8. Kelling and Coles, *Fixing Broken Windows*, 4장을 참조.

9. Abraham Kuyper, *Lectures on Calvinism* (Grand Rapids: Eerdmans, 1983), 79.

10. Saint Augustine, *The City of God* (New York: Modern Library, 1950), 690. 중세 때, 토마스 아퀴나스는 어거스틴의 통찰에 대해 좀더 적극적인 해석을 가해 국가는 죄를 억제하기 위해 세워진 교정적 기구일 뿐만 아니라 그 자체로 우리의 사회적 본성의 표현으로 좋은 것이라고 주장했다.

사회조직 안에서 사는 것은 우리의 본성을 온전케 하는 데 반드시 필요한 것이다.

11. William Wilberforce, 다음 책에서 인용. Garth Lean, *God's Politician: William Wilberforce's Struggle* (London: Darton, Longman & Todd, 1980), 74.

12. Robert Peel, 다음 책에서 인용. Fred Siegel, *The Future Once Happened Here: New York, D.C., L.A., and the Fate of America's Big Cities* (New York: Free Press, 1997), 192.

13. Eric Monkkonen, *Police in Urban America: 1860-1920* (Cambridge: Cambridge University Press, 1981), 다음에서 인용. Siegel, *The Future Once Happened Here*, 192.

14. James Q. Wilson and George L. Kelling, "Beating Criminals to the Punch," *New York Times*, 24 April 1989.

15. Reuben Greenberg, "Less Bang-Bang for the Buck," *Policy Review* (winter 1992): 56.

16. Andrew Heiskell, with Ralph Graves, "Soupbox: Struggling to Save Bryant Park," *New York Times*, 13 September 1998.

17. Robert J. Sampson, "Neighborhoods and Violent Crime: A Multilevel Study of Collective Efficacy," *Science* 277, no. 5328 (August 15, 1997): 918.

18. Delores Kong, "Study Shows Cohesiveness Curbs Neighborhood Violence," *Boston Globe*, 15 August 1997.

19. John J. DiIjlio, "Broken Bottles: Liquor, Disorder, and Crime in Wisconsin," Wisconsin Policy Research Institute Report 8, no. 4 (May 1995).

20. Richard R. Freeman and Harry J. Holzer, eds., *The Black Youth*

Employment Crisis (Chicago: University of Chicago Press, 1986), 353-76.

21. James Q. Wilson and Richard J. Herrnstein, *Crime and Human Nature* (New York: Simon & Schuster, 1985), 432. 1980년대에 윌슨은 왜 19세기 중반에 범죄가 줄었다가 약간의 기복이 있은 뒤 (1920년대에는 증가, 1930년대에는 감소), 1960년대에 급격히 증가했으며 그후로 계속 증가하고 있는지 알고자 했다. 그는 범죄행동에 관한 표준적인 모든 설명을 대입해 보았지만 아무것도 역사적인 패턴과 일치하지 않았다. 가난의 예를 들어 보자. 가난이 범죄를 유발한다고 하면, 전체 인구의 4분의 1이 수입이 전혀 없던 대공황기에는 왜 범죄가 줄었는가? 그리고 풍요로운 1960-1970년대에는 왜 범죄가 증가했는가?

그러다가 윌슨은 19세기에 범죄가 줄어든 것은 제2차 영적 대각성운동에 잇따른 것임을 알게 되었다. 회개와 갱신이 전국을 휩쓸면서, 교회 출석이 급격히 증가했고, 그리스도인들은 자발적으로 단체를 조직하여 교육과 도덕개혁에 헌신하였다. 미국 사회 전체가 절제와 근면, 술취하지 않음의 가치를 존중하는, 즉 사회학자들이 개신교 윤리라고 말하는 그런 분위기로 흘렀던 것이다. 개신교 윤리가 주도하게 되자 범죄도 줄어들었다.

그러나 1920년대에 시작되어 1930년대에 이르면서 개신교 윤리는 교육받은 사람들 사이에서 인기를 잃기 시작했다. "프로이트의 심리학 이론이 유행하였다"고 윌슨은 설명하고 있다. 교육받은 사람들은 종교와 윤리를 억압적인 것으로 보기 시작했다. 이들의 목표는 미국의 전통적인 자유개념인 종교의 자유가 아니라, 종교로부터의 자유가 되었다.

교육받은 계층의 이런 태도는 대공황과 양차대전으로 억제되었다가 1960년대에 이르러 일반인들의 의식에 침투하여 자기훈련의 윤리에서 자기표현의 윤리로 가는 광범한 문화적 전이가 일어났다. 그 결과 갑자기, 극적으로 범죄가 증가하였다. James Q. Wilson, "Crime and

American Culture," *Public Interest* (winter 1983): 22.

22. John Leland, with Claudia Kalb, "Savior of the Street," *Newsweek* (June 1, 1998): 20.

23. Joe Klein, 다음에서 인용. "The Bully and the Pulpit: A New Model for Church-State Partnership," *Policy Review* (November/December 1998): 28.

24. Leslie Scanlon, "From the PEWS to the Street: More Churches Are Going beyond Their Walls to Fight Drugs and Crime," *Courier-Journal*, 27 July 1997.

25. Roy Maynard, "Voice of Hope," *Loving Your Neighbor: A Principled Guide to Personal Charity*, ed. Marvin N. Olasky (Washington, D.C.: Capital Research Center, 1995), 57.

26. 시카고에 관한 이 이야기와 볼티모어, 멤피스, 몽고메리에 관한 이야기는 John Perkins, with Jo Kadlecek, *Resurrecting Hope: Powerful Stories of How God Is Moving to Reach Our Cities* (Ventura, Calif.: Regal Books, 1995)에 있다.

제37장 밝은 사회 만들기

1. 존 애덤즈 대통령이 1789년 10월 11일, 군대에 한 연설. 다음 책에서 인용. *The Works of John Adams-Second President of the United States*, Charles Francis Adams, ed., vol. 9 (Boston: Little, Brown & Co., 1854), 229.

2. "79 leaders Unite to Aid Democracy," *New York Times*, 1 June 1940.

3. "To Defend Democracy," *New York Times*, 9 June 1940.

4. Fred W. Beuttler, "For the World at Large: Intergroup Activities at the Jewish Theological Seminary," in *Tradition Renewed: A History of*

the Jewish Theological Seminary - Beyond the Academy, vol. 2 (New York: The Seminary, 1997), 667. 또 New Republic, 2 (October 28, 1940): 684에 나오는 시드니 후크의 연설도 참조.

5. "Scholars Confess They Are Confused," New York Times, 1 September 1942.

6. Beuttler, "For the World at Large," 667. 우리는 이 협회의 역사를 연구하는 큰 업적을 남긴 뷰틀러 씨에게 큰 빚을 진 셈이다. 우리는 그의 연구에서 많은 것을 인용하였다. 연구과정에서 그는 아주 흥미진진하고 뜻깊은 역사적인 각주들을 발견해 냈다. 1956년에 넬슨 록펠러는 미국의 장래를 위한 국가목표를 결정하는 야심에 찬 특별연구 프로젝트를 시작하였다. 록펠러는 젊은 하버드 교수 헨리 키신저에게 이 프로젝트를 위한 인선을 맡겼다. 키신저는 국가적인 목표를 위해서는 도덕적인 틀이 반드시 필요하다는 것을 예리하게 알아챘다. 키신저는 당시 뉴욕신학교의 윤리연구소 소장이던 핑켈스타인을 초청하여, 특히 제한적으로 핵무기를 사용하는 것을 어떻게 정당화할지에 관한 의견을 듣고자 했다. 키신저가 내놓은 질문은 '가치 문제에 있어 우리가 기꺼이 그것을 위해 죽을 것' 이 무엇인가 하는 것이었다. 그 연구소는 핑켈스타인의 지휘 아래 광범위한 토론을 시작했으나, 이내 벽에 부딪혔다. 그전의 회의들이 그러했던 것처럼. 토론 참가자들은 키신저가 그들에게 종교와 자연법칙의 역할을 다뤄 달라고 끈질기게 요구하는 것을 재빨리 피해 나가기 시작했다. 결국 핑켈스타인의 토론회는 합의에 도달하려는 노력을 포기했고, 록펠러와 키신저에게 다만 그들의 가치를 명료화하는 것만을 도와줄 수 있다고 말했다.

7. Richard John Neuhaus, "The Truth about Freedom," Wall Street Journal, 8 October 1993.

8. Dan Shine, "Yale OKs Return of Gift to Billionaire Lee Bass: Clash over $20 Million for Program," Dallas Morning News, 15 March 1995.

9. Michael Novak, *Character and Crime: An Inquiry in to Causes of the Virtue of Nations* (Notre Dame, Ind.: Brownson Institute, 1986), 107.

10. Johathan Friendly, "Public Schools Avoid Teaching Right and Wrong," *New York Times*, 2 December 1985.

11. Michael Novak, "The Conservative Momentum" (미국 실험연구센터에서 한 연설, March 24, 1993).

12. Michael Novak, "The Causes of Virtue" (워싱턴에서 한 연설, January 31, 1994, reprinted by Prison Fellowship in *Sources*, no. 6 [1994]).

13. James Schall, "Personal Sin and Social Sin," *Crisis* (June 1997): 57.

14. Christina Hoff Sommers, "Teaching the Virtues," *Chicago Tribune*, 12 September 1993.

15. Robert P. George, "Why Integrity Matters" (국가 조찬기도회에서 한 연설, Washington, D.C., February 7, 1998).

16. 'integrate'에 대한 웹스터 사전의 정의는 "하나의 전체를 만들도록 (부품 또는 요소들을) 합치는 것, 또 (부품 또는 요소들을) 다른 무엇, 특히 보다 수용적인 어떤 것으로 합치는 것"이다(*Webster's New International Dictionary*, 2nd ed.).

17. C.S.Lewis, *The Abolition of Man* (New York: Macmillan, 1947), 35.

18. Michael Novak, *Character and Crime*, 38. 노박은 경제학에서 아주 주요한 병행구를 끌어와 비교한다. 오랜 세월 동안 사람들은 가난의 이유를 알려고 했다. 그러나 이 세계의 경제적 진보에 관한 가장 심오한 변화는 18세기 경제학자 애덤 스미스가 이 질문을 거꾸로 하여 '무엇이 부를 만드는가?'를 질문하면서부터였다. Adam Smith, *The Wealth of Nations: An Inquiry into the Nature and Causes Of* (New York: Modern Library, 1994)를 참조.

19. Deal W. Hudson, *Happiness and the Limits of Satisfaction*

(Lanham, Md.: Rowman & Littlefield, 1996).

20. 위의 책.

제38장   우리가 세상에서 하는 일

1. Dorothy L. Sayers, *Creed or Chaos?* (Manchester, N.H.: Sophia Press, 1949), 77.

2. Richard John Neuhaus, *Doing Well and Doing Good: The Challenge to the Christian Capitalist* (New York: Doubleday, 1992).

3. 신학자 무어가 "Economic Aspects of the Biblical Worldview"라는 제목으로 쓴 메모 (August 12, 1998).

4. Robert A. Sirico, "The Enterpreneurial Vocation," 다음의 주소에서 구할 수 있다. The Acton Institute for the Study of Religion and Liberty, 1611 Ottawa NW, Suite 301, Grand Rapids, MI 49503, phone: (616) 454-3080. 다른 책에서 시리코는 이렇게 말한다. "멋진 아이디어라고 해서 저절로 인류에게 봉사하게 되는 것은 아니다. 그러기 위해서는 설계와 생산이라고 하는 복잡한 과정을 거쳐야 한다. 이러한 변화를 일으키는 재능은 다른 분야의 재능과 마찬가지로 아주 드물고 귀한 것이다"(Sirico, *Toward the Future: Catholic Social Thought and the U.S. Economy* [New York: American Catholic Committee, 1984], 28).

5. 신학자 무어는 사유재산과 사회정의 사이의 균형은 잠언 31장에 나타난 경건한 아내에게서 찾을 수 있다고 말한다. 그녀는 그녀 자신을 부하게 할 일터로 자유롭게 들어가 자신과 가족의 필요를 공급한다(13, 16, 19, 24절). 그녀는 가난한 사람들에게 너그러우며(20절), 그러면서도 자신의 가정에 필요한 것을 충족시키기 위해 노력한다(21, 27절). 그녀가 노력한 결과로 그녀는 옷을 잘 입으며, 다른 사람들에게 괄시를 받지 않는다(22절). 그녀의 근면과 생산성은 마을 어른들이 보기에 그 남편에게서 잘

나타난다(23절). 그녀의 성공비결은 하나님을 경외하는 것이고, 하나님을 위해서 살려는 결심이다(30절). 그녀는 그녀가 하는 모든 일에 대해 보상을 받을 만하다(31절)!

6. Mary Hesse, *Science and the Human Imagination: Aspects of the History and Logic of Physical Science* (New York: Philosophical Library, 1955), 263. (강조부분 원문대로임)

7. Eusebius, 다음 책에서 인용. Leland Ryken, *Work and Liesure: In Christian Perspective* (Portland, Ore.: Multnomah, 1987), 66.

8. Robert A. Sirico, "The Late-Scholastic and Austrian Link to Modern Catholic Economic Thought," *Markets and Morality 1*, no. 2 (October 1988): 122-29.

9. Martin Luther, 다음 책에서 인용. Ryken, *Work and Leisure*, 95, 97. 이 원칙은 돈을 받고 일하는 것뿐 아니라 모든 형태의 일에 적용된다. 부모로서 혹은 시민으로서 우리의 모든 일과 임무는 하나님의 부르심이라고 루터는 생각하고 있다.

10. Luther, Ryken, 135에서 인용.

11. Robert A. Sirico, "The Parable of the Talents," *Freeman* 44, no. 7 (July 1994): 354.

12. 이 문제에 대한 보다 자세한 논의는 다음 책을 참조하라. Chuck Colson and Jack Eckerd, *Why America Doesn't Work* (Dallas: Word, 1991).

13. Adam Smith, *The Wealth of Nations* (New York: Modern Library, 1994), 15.

14. Michael Novak, *The Spirit of Democratic Capitalism* (New York: Simon & Schuster, 1982), 79 (강조부분 원문대로).

15. William Blake, "*Milton*".

16. Michael Novak, *Business as a Calling: Work and the Examined Life* (New York: Free Press, 1996).

17. Michael Novak, "Profits with Honor," *Policy Review* (May/June 1996): 50. 또 다음의 기사를 참조. "Sweet Vindication: Award of 1994 Templeton Prize to Michael Novak for Progress in Religion," *National Review 46*, no. 6 (April 4, 1994): 22; and Walter Isaacson, "Exalting the City of Man," *Time* (May 10, 1982): 38.

18. Lance Morrow, "What Is the Point of Working?" *Time* (May 11, 1981): 93.

19. Robert Schrank, 다음에서 인용. Morrow, "What Is the Point of Working?" 93.

20. Arlie Hockschild, *The Time Bind: When Work Becomes Home and Home Becomes Work* (New York: Metropolitan Books, 1997), 37. 1997년 7월 2일자 월스트리트 저널 기사는 "오늘날의 아버지들은 자신의 일터에서 얻는 이기적인 것들 때문에 자녀들을 소홀히하고 있는가?"라고 묻고 있다.

21. Maggie Gallagher, "Day Careless," *National Review* (January 26, 1998): 37; Karl Zinsmeister, "The Problem with Day Care," *American Enterprise 9*, no. 3 (May/June 1998): 26; and William Dreskin and Wendy Dreskin, *The Day Care Decision: What's Best for You and Your Child* (New York: M. Evans, 1983).

22. Laura Shapiro, etl. al., "The Myth of Quality Time," *Newsweek* (May 19, 1997): 42; and Shannon Brownlee, et. al., "Lies Parents Tell Themselves about Why They Work," *U.S. News and World Report* (May 12, 1997): 58.

23. Morrow, "What Is the Point of Working," 93. 심지어 그리스도인

들도 일에 대해 세속적인 견해를 수용하고 있다. 기독교 대학과 신학교에 등록한 젊은이들의 태도에 대한 방대한 조사에서 이들은 일에 대해 놀랄 정도의 세속적인 견해를 가지고 있음이 드러났다. 이 연구를 주관한 제임스 데이비스 헌터는 "일은 이제 영적이고 불변하는 중요성을 상실했으며, 일이 인격의 어떤 특성에 도움을 주는 경우에만 의미 있는 것이 되었다"고 결론내리고 있다(James Davison Hunter, *Evangelicalism: The Coming Generation* [Chicago: University of Chicago Press, 1987], 56).

24. Os Guinness, *The Call: Finding and Fulfilling the Central Purpose of Life* (Nashville: Word, 1998), chapter 4.

25. 이런 생각의 많은 부분들은 다음 책에서 논의되었다. Chuck Colson and Jack Eckerd, *Why America Doesn't Work* (Dallas: Word, 1991)

26. John Stollenwerk, 다음에서 인용. Spencer Abraham and Dan Coats, "Hard-Working Churches," *American Enterprise 8*, no. 4 (July/August 1997): 13.

27. Ronald Marino (가족연구협회가 주최한 복지 관련 심포지엄에서 발표한 연설), *A World without Welfare*, ed. David M. Wagner (Washington, D.C.: Family Research Council, 1997), 86-91.

28. Don Michele (가족연구협회가 주최한 복지 관련 심포지엄에서 발표한 연설), *A World without Welfare*, ed. David M. Wagner (Washington, D.C.: Family Research Council, 1997), 91-93.

29. Marvin N. Olasky, ed., *Loving Your Neighbor: A Principled Guide to Personal Charity*, (Washington, D.C.: Capital Research Center, 1995), 64.

30. John Perkins, with Jo Kadlecek, *Resurrecting Hope* (Ventura, Calif.: Regal Books, 1995), 95-97.

31. Virgil Gulker (가족연구협회가 주최한 복지에 관한 심포지엄에서 발표

한 연설), *A World without Welfare*, ed. David M. Wagner (Washington, D.C.: Family Research Council, 1997), 107.

32. 다음의 예는 Amy L. Sherman, "Little Miracles," *American Enterprise 9*, no. 1 (January/February 1998): 64에서 발췌.

33. Alexander Solzhenitsyn, *One Day in the Life of Ivan Denisovich* (New York: Dutton, 1963), 100.

제39장 궁극적인 호소

1. 킹 목사에 관한 자세한 내용은 주로 다음에서 발췌했다. Stephen B. Oats, *Let the Trumpet Sound: A Life of Martin Luther King, Jr.* (New York: HarperPerennial, 1994).

2. Martin Luther King Jr., *Why We Can't Wait* (New York: Harper & Row, 1964), 84-85.

3. 위의 책, 75.

4. Russell Hittinger, Introduction to *Rights and Duties: Reflections on Our Conservative Constitution* by Russell Kirk (Dallas: Spence, 1997), xxvii.

5. 이 판결은 *Dred Scott v. Sandford*, 60 US 393 (1857)이다.

6. Abraham Lincoln, "Proclamation for Appointing a National Fast Day" (March 30, 1863), 다음 책에서 인용. Mark Noll, *One Nation Under God?: Christian Faith and Political Action in America* (San Francisco: Harper San Francisco, 1988), 98.

7. Robert P. George, *A Preserving Grace: Protestants, Catholics, and Natural Law*, ed. Michael Cromartie (Washington, D.C.: Ethics and Public Policy Center; Grand Rapids: Eerdmans, 1997), 94.

8. Marcus Tullius Cicero, *The Great Legal Philosophers: Selected*

Readings in Jurisprudence, ed. Clarence Morris (Philadelphia: University of Pennsylvania Press, 1971), 50.

9. Willmoore Kendall, *The Conservative Affirmation in America* (Chicago: Henry Regnery, 1963), chapter 5를 보라. 교회는 이런 전통을 명확하게 만드는 데 중요한 역할을 했다. 11세기에 교황 그레고리 7세는 유럽의 원시부족사회들을 성경에서 유래한 법률로 개혁하려 했다. 1220년에 쓰여진 첫 독일법전은 "하나님 그분이 법이다. 따라서 법은 하나님께서 기뻐하시는 것이다"라고 기록되어 있다(H. J. Berman, "Religious Foundations of Law in the West: An Historical Perspective," *Journal of Law and Religion 1*, no. 1 [summer 1983]: 3-43).

10. William Blackstone, *Commentaries on the Laws of England*, vol. 1 (Chicago: University of Chicago Press, 1979), 41.

11. John C. Rager, *The Political Philosophy of St. Robert Bellarmine: An Examination of Saint Cardinal Bellarmine's Defense of Popular Government and the Influence of His Political Theory upon the Declaration of Independence* (Spokane, Wash.: Apostolate of Our Lady of Siluva, 1995).

12. John Whitehead, *The Second American Revolution* (Elgin, Ill.: David C. Cook, 1982), 28-30.

13. John Finnis, *Natural Law and Natural Rights* (New York: Oxford University Press, 1980), 146; Robert P. George, *Making Men Moral* (New York: Oxford University Press, 1993), 47; and Robert A. Sirico, "Subsidiarity, Society, and Entitlements," *Notre Dame Journal of Law, Ethics and Public Policy* 11, no. 2 (1997): 549.

14. Abraham Kuyper, *Christianity: A Total World and Life System* (Marlborough, N. H.: Plymouth Rock Foundation, 1996), 60.

15. 위의 책, 46. "칼빈은 사회영역들이 상호 통제하에 협력하는 공화국을 개인적으로 선호했다"고 카이퍼는 기록하고 있다. 그는 또 "국민들이 그들의 지배자를 스스로 선출하는 것"이 이상적이라고 생각했고, 자신들의 지도자를 선택하는 의무를 진지하게 받아들이도록 훈계했다. "가장 명예로운 자리에 하나님의 원수인 악당을 선출함으로써 은혜를 저버리지 않도록 조심하라"고 말하고 있다(49-50).

16. James Madison, "Federalist No. 10," *New York Packet*, 23 November 1787.

17. 역사가들은 재빨리 미국 헌법 제정자들 중에는 제퍼슨이나 매디슨처럼 그리스도인이 아니라 계몽주의 이신론자들이 있었다고 지적한다. 그러나 이신론자나 그리스도인이나 모두 법에 의한 지배는 제퍼슨이 '자연의 법칙과 자연의 하나님'이라고 칭한 객관적으로 진리이고 구속력이 있는 상위법에 뿌리박고 있음에 동의하고 있다.

헌법 제정자들 가운데 소수는, 인간은 천부적인 권리를 가지며, 그런 개인들이 모여서 정치적인 계약을 맺고 이에 따라 지배받을 것을 동의하게 된다는 로크의 사상을 주장하기도 했다. 그러나 대다수는 정치적인 계약은 상위법의 문맥 속에서 이루어져야 한다는 것과 하나님께서 세우신 사물의 자연질서를 반영하는 것이어야 한다는 것에 동의하여 이를 전제로 법이 만들어졌다.

18. William James, 다음에서 인용. R.C. Sproul, *Lifeviews: Understanding the Ideas That Shape Society Today* (Old Tappan, N.J.: Revell, 1986), 89.

19. Phillip E. Johnson, *Reason in the Balance: The Case against Naturalism in Science, Law, and Education* (Downers Grove, Ill.: InterVarsity Press, 1995), chapter 7.

20. Oliver Wendell Hlmes, "Natural Law," *Harvard Law Review*, 30-32

(1918): 40.

21. Gene Edward Veith, *Postmodern Times: A Christian Guide to Contemporary Thought and Culture* (Wheaton, Ill.: Crossway, 1994).

22. William Orville Douglas, *Zorach v. Clauson*, 343 US 306 (1952). 또 Richard John Neuhaus, *The Naked Public Square* (Grand Rapids: Eerdmans, 1995), introduction and chapter 3 참조.

23. *Edwards v. Aguillard*, 482 US 578 (1987).

24. *Planned Parenthood v. Casey*, 505 US 833 (1992).

25. 이런 판결을 내릴 때, 미국 역사에서 법원이 14차 개정헌법에 의해 보호받고 있는 권리를 뒤집은 적은 단 한 번밖에 없었다는 것을 법원이 몰랐을 리가 없다.

26. 케이시 사건 이후 법원은 이해할 수 없는 일련의 거친 판결을 내렸다. 예를 들어, 생명존중 지지자들은 낙태병원을 둘러싸고 있는 일정 구역 안에서는 데모를 할 수 없게 하면서 낙태지지자들에게는 이를 허용하는 판결을 내렸다(*Madsen v. Women's Health Center, Inc.*, 512 US 753 [1994]).

27. Gerard V. Bradley, "The New Constitutional Covenant," *World & I* (March 1994): 361. 케이시 사건에서 자유를 확대 정의하면서 법원은 여성이 스스로를 엄마로 정의할지 그 여부를 결정할 자유에 대해 언급했다. 그러나 이것의 논리적 귀결을 보면, 이렇게 스스로 정의할 수 있는 자유는 결국 모든 법을 무너뜨리게 될 것이다. 모든 법은 누군가의 행동을 제약하며, 모든 행동은 어떤 형식으로든 이 우주와 존재의 의미에 대한 신념체계인 세계관을 반영하고 있다.

28. *Lee v. Weisman*, 505 US 577 (1992).

29. 위의 책.

30. *Romer v. Evans*, 517 US 620 (1996).

31. *Compassion in Dying v. Washington*, 79 F 3d 790 (9th Cir 1996). 정말 놀라운 것은 사법부가 그런 결론에 이르기까지의 주장이다. 1997년에 일어난 저 악명높은 조력자살 사건인 죽음의 동정 대 워싱턴 사건은 워싱턴 주의 유권자들이 주민투표에 의해 만들어진 조력자살을 금지한 법을 항소심이 뒤집으면서 대법원에 올라가게 되었다. 항소법원은, 자기 자신을 위해 인생의 의미를 결정할 수 있는 권리를 자유라고 정의한 '가족계획협회 대 케이시' 사건에 관한 대법원 판결에 기초하여 주민투표 법안을 뒤집었기 때문에, 일관성을 가지려면 대법원이 이 하급법원의 판결을 지지해 주어야 한다는 것이다. 그러나 외부와 격리된 대법원 판사들이라 하더라도 이것이 가져올 도덕적인 난폭행위에 대처할 준비를 하지 못하고 있었던 것 같다(일반인들의 생각과는 달리, 법관들은 신문도 보고 여론조사도 읽고 있다.) 그래서 이들이 한 일은 무엇인가? 헌법이나 법률을 검토해 보는 것? 입법역사를 연구하는 것? 전혀 그렇지 않았다. 대신 이들은 판사석에 앉아 묵상하며 큰 소리로 말하며, 자신들의 의견을 기록했는데, 미국은 국가로서 조력자살, 혹은 안락사에 대해 충분한 경험을 갖고 있지 않아 이에 대해 충분히 준비가 안돼 있다는 그런 얘기였다.

이 법관들은 법률용어로 말하고 있는 것이 아니다. 이들은 사회과학자들의 용어를 사용하고 있다. 이 판결은 원칙에 입각한 반대를 말하고 있는 것이 아니라, 미국은 이를 대면할 준비가 되어있지 않을지도 모른다는 사회학적 사실에 입각해 판결을 내리고 있다. 이들이 가지고 있는 유일한 도덕적 관심은 순수하게 실용주의적인 것이다. 이제 일이 어떻게 돌아갈지 두고 보자. 정말 두고 봐야 한다.

32. *Boerne v. Flores*, 521 US 507 (1997); *Employment Division v. Smith*, 494 US 872 (1990). 문제가 된 것은 텍사스 주 샌안토니오 교외의 보언에 있는 가톨릭 교회의 확장에 관한 것이었다. 시 당국은 교회는 역사적인 조형물이고 교회의 교묘한 매력은 관광을 위해 재개발하는 지역

에 매우 중요하다고 주장하며 확장에 반대했다. 그래서 모래에 줄을 그었다. 교회는 관광객을 유치하기 위한 박물관인가, 아니면 예배를 위한 성전인가? 법원이 내린 결정은 관광이 더 중요하다는 것이었다.

33. 대부분의 미국인들은 모르고 있지만, 사법적 검토권이란 것은 헌법 어디에도 존재하지 않는다. 법원은 1803년의 판결에서 이 권리를 획득했지만, 이는 매우 한정된 범위에서만이었다(*Marbury v. Madison*). 1997년의 보언 대 플로레스 사건을 통해 법원은 헌법을 해석할 수 있는 도전할 수 없는 권리를 주장했다(이와 유사한 주장을 1958년의 쿠퍼 대 아론 사건에서 한 바 있기는 하다.).

더군다나 만일 보언 판결이 19세기에 지배적인 법률이었다면 이 나라에는 아직도 노예제도가 있을 것이다. 왜냐하면 노예를 갖는 것은 드레드 스코트 판결이 주장한 것처럼 헌법적 권리일 뿐 아니라, 의회는 연방지역 내에서도 노예제도를 제한할 권한이 없기 때문이다(사실, 링컨은 드레드 스코트 판결이 입법부와 연방정부의 집행기관에 대해 구속력 있는 법이 되는 것을 승인하기를 거부했다.).

34. Antonin Scalia, "Of Democracy, Morality, and the Majority," *Origin* 26, no. 6 (June 27, 1996). 1996년 로마 그레고리안 주교 대학에서 한 연설에서 스칼리아는 자신은 자연법을 믿지만, 자연법은 사법적 판결에서 설 자리가 없다고 말했다. 헌법에 대한 판결에서 그는 판사들은 본문단어들의 문자적 의미에 제한된다고 말했다. 헌법이 보장하는 효력을 발생시키기 위해서는 도덕적인 진리를 고려하지 말아야 한다고 말했다. 그래서 만일 "사람들이 낙태를 원한다면, 민주주의체제의 국가는 이를 허용해야 한다"고 말하고 있다.

만일 우리가 스칼리아의 말 중에서 낙태를 노예제도나 근친상간, 반유대주의로 대체한다면 결론은 달라질까? 논리적으로는 그렇지 않다. 왜냐하면 스칼리아의 견해에 의하면, 다수는 항상 이기고 "다수가 소수에게 권리를 부여하기로 결정하는 경우만을 제외하고, 소수는 항상 지기" 때문이다(스칼리아는 그가 생각하기에 민주주의의 다수는 정의를 위해 낙태에 반대하는 법적인 보호장치를 만들어야 하는데, 그러나 그렇다고 해서 자신의 사법적 실증주의를 약화시키지는 못한다고 분명히 말했다.).

35. 케이시 판결에서 법원은 실제로 헌법을 언약이라고 표현했다. Russell Hittinger, "A Crisis of Legitimacy," *Loyola Law Review* 44 (1998): 83.

36. Bradley, "The New Constitutional Covenant," 374.

37. Russell Kirk, "The 'Original Intent' Controversy," *The Heritage Foundation Report*, no. 138, (October 15, 1987).

38. C.S. Lewis, *The Abolition of Man* (New York: Touchstone, 1975)과 *Mere Christianity* (New York: Touchstone, 1996).

39. Arthur Leff, "Unspeakable Ethics, Unnatural Law," *Duke Law Journal* (듀크대학 법대에서 한 연설, April 2, 1979): 1229.

40. Bradley, "The New Constitutional Covenant," 359.

41. Michael Sandel, *Democracy's Discontent: America in Search of a Public Philosophy* (Boston: Harvard University Press, 1996).

42. 미국 정치문화에 관한 1996년의 갤럽 여론조사에 의하면, 32퍼센트의 미국인들은 연방정부 전반에 대해 '아주 큰 믿음'을 가지고 있다고 말했으나, 대통령과 의회에 대해서는 각각 13퍼센트와 5퍼센트만이 그런 대답을 했다(1966년에는 대통령에 대해 41퍼센트, 의회에 대해 42퍼센트였다). 80퍼센트는 "미국은 긴밀한 특별이익 집단의 네트워크, 공무원과 언론이 지배하고 있다"고 믿고 있다. 5명 중 1명만이 정치논쟁의 질에 대해 만족하고 있다. 전체 4분의 1은 미국 정부가 시민들의 이익과 상치되게 운영되고 있다고 믿고 있다. 4분의 3은 정부는 '자신의 이익만을 추구하는 소수의 이익집단'에 의해 운영되고 있다고 믿고 있고, 미국인의 5분의 1은

미국 정부기구를 운영하는 사람들은 '음모에 개입되어 있다!' 고 믿고 있다. 이 숫자는 헌터가 수행한 연구에 기초한 것이다. Hunter, *The State of Disunion: 1996 Survey of American Political Culture*, vol.2 (Ivy, Va.: In Medias Res Educational Foundation, 1996).

43. 이런 이유 때문에 교황 요한 바오로 2세는 "도덕적 상대주의는 민주주의와 맞지 않는다"고 말했다. 도덕법을 무시하고서는 권리가 존재할 수 없기 때문이다(바티칸에서 미국 주교들에게 한 연설, 1998년 10월).

44. Clarence Page, "On Today's Campus: consent for a Kiss Is Romance 101," *Orlando Sentinel*, 16 September 1993. 또 Martin Gross, *The End of Sanity: Social and Cultural Madness in America* (New York: Avon Books, 1998); and James Hannah, "Applications Up after College Enacts Sex Rules for 'Every Step of the Way,'" *Rocky Mountain News*, 15 January 1995를 보라.

45. Meg Greenfield, "Sexual Harasser?" *Washington Post*, 30 September 1996.

46. George F. Will, "The Popcorn Board Lives!" *Newsweek* (October 13, 1997): 88.

47. 나는 다른 포럼에서 이에 관해 긴 글을 썼다. *Kingdoms in Conflict* (New York: William Morrow; Grand Rapids: Zondervan, 1987); *Against the Night* (Ann Arbor, Mich.: Servant, 1991); *End of Democracy* (Dallas: Spence, 1997); and *We Hold These Truths* (a pamphlet of "A Statement of Christian Conscience and Citizenship," drafted by forty-four people on July 4, 1997; distributed by Prison Fellowship) 등을 참조.

48. Daniel Ritchie, ed., *Edmund Burke: Appraisals and Applications* (New Brunswick, J.J.: Transaction Publishers, 1990), 222.

49. 1997년 말, 중국 국가 주석 장쩌민은 중국정부가 동유럽에서 그랬

던 것처럼 기독교인들이 자유를 위한 운동을 부추기는 것을 허락할 수 없다는 것을 이유로 기독교인들에 대한 핍박을 옹호하였다. Diane Knippers, "How to Pressure China," *Christianity Today* (July 14, 1997): 52.

50. 예를 들어, Robert P. George, "God's Reasons," (1998년 미국 정치학협회 전국대회에서 한 연설; "교도소선교회"[Reston, Virginia]에서 발행). 예를 들어, 모두 사법제도의 과잉에 대해 비판적인 다섯 명의 동료와 나는 한 심포지엄에서 법의 위기에 대해 글을 썼고 이는 커다란 논쟁을 불러일으켰다. "The End of Democracy?" *First Things* (November 1996): 18-42. 대법원이 이 글을 읽었고 최근의 조력자살 사건에 대해 토의했다고 전해진다.

51. Beckett Fund for Religious Liberty, 2000 Pennsylvania Ave., NW, Suite 3580, Washington, D.C. 20006, phone: (202) 955-0095; American Center for Law and Justice, P.O. Box 64429, Virginia Beach, VA 23467, phone: (757) 226-2489; The Rutherford Institute, P.O. Box 7482, Charlottesville, VA 22906, phone: (804) 978-3888; Alliance Defense Fund, 7819 East Greenway Rd., Suite & Scottsdale, AZ 85260, phone: (602) 953-1200.

52. Alexis de Tocqueville, *Democracy in America* (New Rochelle, N.Y.: Arlington House, 1966), 114. 19세기에 그리스도인들이 운영한 광범한 사회 봉사활동에 관한 추가적인 자료는 다음을 참조. Gertrude Himmelfarb, *Victorian Minds* (Chicago: I.R. Dee, 1995); and Marvin N. Olasky, *The Tragedy of American Compassion* (Washington, D.C.: Regnery Gateway, 1992).

53. Barbara Vogel, 브레이크의 편집장인 앤 모스와의 인터뷰에서 (1999년 1월).

54. 제도적인 분리라는 말은 종교가 공공정책에 결코 영향을 미쳐서는 안된다는 뜻이 아니다. 이것이 기독교적인 교회와 국가의 분리 개념이 자유주의자의 개념과 다른 점이다.

55. 대표적인 예가 Andrew Marshall, "Christians Out to Reclaim GOP Agenda," *Arizona Republic*, 5 July 1998.

56. Sir Thomas More, 다음 책에서 인용. Peter Ackroyd, *The Life of Sir Thomas More* (New York: Doubleday, 1998), 405.

제40장 진정한 과학의 기초

1. Daniel Dennett, *Darwin's Dangerous Idea: Evolution and the Meaning of Life* (New York: Simon & Schuster, 1995), 520.

2. David Hume, 다음 책에서 인용. John Herman Randall Jr., *The Making of the Modern Mind* (New York: Columbia University Press, 1940), 273.

3. G.K. Chesterton, *Eugenics and Other Evils* (New York: Dodd, Mead, 1927), 98.

4. Philip H. Phenix, 다음에서 인용. Michael D. Aeschliman, *The Restitution of Man: C.S. Lewis and the Case against Scientism* (Grand Rapids: Eerdmans, 1983), 50.

5. Arthur Koestler, 다음에서 인용. Aeschliman, *The Restitution of Man*, 55.

6. C.S. Lewis, *The Abolition of Man* (New York: Touchstone, 1975), 83.

7. 기독교 사회학자 자크 엘룰은 현대인의 정신은 완전히 기술적 가치에 사로잡혀 있어 다른 가치들에 대해 낯설어지고 있다고 경고하고 있다. Jacque Ellul, *The Technological Society* (New York: Alfred A. Knopf, 1976)를 보라.

8. C.S. Lewis, *God in the Dock: Essays on Theology and Ethics* (Grand Rapids: Eerdmans, 1970), 136.

9. 이어지는 논의는 다음의 책에서 많이 인용하였다. Nancy R. Pearcey and Charles B. Thaxton, *The Soul of Science: Christian Faith and Natural Philosophy* (Wheaton, Ill.: Crossway, 1994).

10. *Pocahontas*, Walt Disney Productions (1995).

11. Carl Becker, *The Heavenly City of the Eighteenth-Century Philosophers* (New Haven: Yale University Press, 1932), 55.

12. Roger Cotes, preface to the second edition of Newton's *Principia*, in Newton's *Philosophy of Nature: Selections from His Writings*, ed. H.S. Thayer (New York: Hafner, 1953).

13. Pearcey and Thaxton, *The Soul of Science*.

14. R.G. Collingwood, *An Essay on Metaphysics* (Chicago: Henry Regnery, 1972), 253-57.

15. 뉴턴의 신학은 완전히 삼위일체를 인정하는 것이 아니었다. 그러나 역사가들 중 그가 자신의 신앙에 열심이고 진지한 사람이었으며, 어느 모로 보나 그의 믿음으로는 온전한 그리스도인이었음을 부인하는 사람은 없다.

16. Isaac Newton, 다음의 책에서 인용. Pearcey and Thaxton, *The Soul of Science*, 72.

17. 위의 책, 91.

18. Cotes, preface to Newton's *Principia*, 134.

19. Becker, *The Heavenly City*, 55.

20. 존슨의 책으로는 *Darwin on Trial, Reason in the Balance*, and *Objections Sustained* 등이 있다. Michael J. Behe (*Darwin's Black Box*) 와 William A. Dembski (*The Design Inference*)는 창조가 보다 엄격하게 과학

적인 개념이라고 말하고 있다. 폴 넬슨이 편집하는 전문잡지 "Origins and Design"은 여러 과학 분야의 증거를 합쳐 창조는 경험적으로 알 수 있는 것임을 보여주고 있다.

21. 우리가 이 책을 쓰고 있는 동안에도, NOVA비디오는 계속 콜로라도 덴버에 있는 위트리지 고등학교(제퍼슨 카운티)에서 사용되고 있다. 기자의 말에 의하면 차이는 다만 "전에 승인된 자료는 위원회의 검토 없이 폐지되지 않도록" 한 것이라고 한다. Cate Terwilliger, "Words of Controversy: Changes in Biology Teachers' Platform Rekindles Evolution vs. Creationism Fire," *Denver Post*, 29 January 1998.

22. William B. Province and Phillip E. Johnson, *Darwinism: Science or Naturalistic Philosophy?* (스탠포드대학에서 1994년 4월 30일 있었던 토론회의 비디오자료). 비니오 주문, Access Rescarch Network, P.O. Box 38069, Colorado Springs, CO 80937, phone: (888)259-7102.

23. Jessica Mathews, "Creationism Makes a Comeback," *Washington Post*, 8 April 1996.

24. Karen Schmidt, "Creationists Evolve New Strategy," Science 273, no. 5274 (July 26, 1996): 420.

25. Johnson, *Biology* (New York: Holt, Rinehart, and Winston, 1994), 다음의 책에서 인용. Norris Anderson, *Education or Indoctrination?: Analysis of Textbooks in Alabama* (Colorado Springs, Colo.: Access Research Network, 1995), 6.

26. Miller and Levine, *Biology* (New York: Prentice Hall, 1995), 다음 책에서 인용. Anderson, *Education or Indoctrination?*, 7.

27. Campbell, *Biology* (Reading, Mass.: Addison-Wesley, 1993), 다음 책에서 인용. Anderson, *Education or Indoctrination?*, 12.

28. Arms and Camp, *Biology*, 4th ed. (New York: Holt, Rinehart and

Winston, 1995), 다음 책에서 인용. Anderson, *Education or Indoctrination?*, 22.

29. Norris Anderson, 다음 책에서 인용. Nancy R. Pearcey, "The Evolution Backlash: Debunking Darwin," *World* 11, no. 38 (March 1, 1997): 12.

30. 1993년 2월, 보스턴에서 열린 미국 과학발전협회 전국 연례회의의 프로그램과 요약집에서 인용.

제41장 축복받은 사람이여

1. 고레츠키의 삶과 업적에 대한 내용은 다음의 자료에 근거하고 있다. Adrian Thomas, *Górecki* (Oxford: Clarendon Press, 1997); Joseph McLellan, "Górecki's Symphonies and Sympathies," *Washington Post*, 5 March 1995; John Rockwell, "Górecki: A Trendy Symphony and Beyond," *New York Times*, 30 August 1992; "Top of the Pops: A Symphony?" *Time* (March 8, 1993): 64; and Karen L. Mulder, "Move Over, Madonna: Composer Henryk Górecki Has Found Top 40 Status, but Defers Accolades to God," *Christianity Today* 39, no. 8 (July 17, 1995): 66.

제42장 오직 하나님께만 영광을

1. Norman Lebrecht, "The Arts," *Daily Telegraph*, 10 April 1996.

2. Martha Bayles, *Hole in Our Soul: The Loss of Beauty and Meaning in American Popular Music* (New York: Free Press, 1994), 39.

3. Morley Safer, "Yes… But Is It Art?" *60 Minutes* (September 1993).

4. Calvin Seerveld, Nancy Pearcey와의 인터뷰. "Christianity and the Arts," *Perspective* 18, no. 3 (June 1984). Calvin Seerveld, *A Christian*

Critique of Art and Literature (Toronto: Tuppence Press, 1995) 참조.

5. Abbot Suger, *The Book of Suger, Abbot of St. Denis*, 다음 책에서 인용. Elizabeth Gilmore Holt, ed. *A Documentary History of Art*, vol. 1 (Princeton, N.J.: Princeton University Press, 1981), 30.

6. Christ Pasles, "Music/Dance: Hallelujah Appeal of 'Messiah' Is Enduring," *Los Angeles Times*, 26 December 1991; Nan Robertson, "A Messiah' Cast of Thousands," *San Diego Union-Tribune*, 14 December 1987; and J. Lee Anderson, "'Messiah' a Religious Experience," 5 December 1985. 루이스빌 바흐 협회의 교육 감독인 존 헤일의 말에 의하면, 헨델은 그가 '메시야'를 작곡한 후 사람들에게 자신이 할렐루야 합창을 작곡하고 있을 때 환상을 보았다고 얘기했다고 한다… 그는 하늘이 열리고 하나님 자신이 가운데 앉아 계시며, 그의 천사가 그분 주위에서 서 있는 모습을 보았다고 생각했다. ("All Church Music All the Time?" *Courier-Journal* [Louisville, Ky.], 24 December 1995).

7. Franz Joseph Haydn, 다음에서 인용. Patrick Kavanaugh, *Spiritual Lives of the Great Composers* (Grand Rapids: Zondervan, 1996), 39.

8. Derrick Henry, "Arts and Entertainment," *Atlanta Journal and Constitution*, 27 July 1995; and "Columbia Orchestra Takes Up Mozart, Mixes in Mendelssohn," *Baltimore Sun*, 29 January 1999.

9. Antonin Dvorak, 다음에서 인용. Kavanaugh, *Spiritual Lives of the Great Composers*, 153.

10. 코울리지는 자신의 중독문제로 고생하던 중 그리스도인이 되었다. 그가 회심했을 때 실제로 중독에서 해방되었는지는 알 수 없지만, 적어도 영적으로는 자유로웠다. 그리고 나서 그는 의학적인 치료를 받았다(*State of the Arts: From Bezalel to Mapplethorpe* [Wheaton, Ill.: Crossway, 1991]의 저자인 진 에드워드 베이스로부터 받은 개인 서신).

11. Vigen Guroian, *Tending the Heart of Virtue: How Classic Stories Awaken a Child's Moral Imagination* (New York: Oxford University Press, 1998).

12. Thomas Aquinas, 다음에서 인용. Jade A. Hobbs and Robert L. Duncan, *Arts, Ideas, and Civilization* (Englewood Cliffs, N.J.: Prentice Hall, 1989), 274. 또 Francis A. Schaeffer, *Escape from Reason* (Downers Grove, Ill.: InterVarsity Press, 1968), 9-13 참조.

13. 8세기와 9세기의 소위 성상파괴 논쟁을 통해 교회는 예배 속에서 성상을 어떻게 사용하여야 하는지에 대해 토론하였다. 비잔틴(동방교회) 인들에게 성상은 그림이나 모자이크 이상의 것이었다. 성상은 인간이 신성을 이해하는 '창문'이었다. 그래서 성상 자체에 어떤 신성한 임재가 있다고 믿는 경우가 많았다. 신실한 성도들은 성상 앞에 꽃과 양초, 그리고 향을 가져다 놓았다. 이들은 행진할 때 성상을 내세웠으며, 의식(儀式)의 일부로 성상에 입을 맞추었다. 어떤 이들에게 이는 우상숭배와 다름없는 것이었다. 726년, 레오 2세는 모든 성상들이 우상이라고 선언하고 이를 파괴하라고 명령하였다. 그러나 다마스커스의 성 요한과 같은 신학자들은 성상들은 성육신 원리에 의해 용납될 수 있는 것이라 주장했다. 그것은 영이신 하나님의 아들이 인간의 형태를 가지시고, '보이지 않는 하나님의 살아있는 성상'이 되신 것과 마찬가지라고 했다. (Carl A. Volz, *The Church of the Middle Ages: Growth and Change from 600 to 1400* [St. Louis, Mo.: Concordia, 1970], 134-145).

14. Kenneth Clark, *Civilization: A Personal View*, 13 videocassettes (New York: Ambrose Video Publishing, 1969).

15. Gene Edward Veith, *State of the Arts: From Bezalel to Mapplethorpe* (Wheaton, Ill.: Crossway, 1991), 58-63.

16. Martin Luther, 다음에서 인용. Donald J. Drew (1996년 8월 미네소

타 로체스터에서 열린 라브리 회의에서 한 강의), 21. 루터는 문학을 매우 소중하게 생각했다. 그는 "가능한 한 시인과 작가가 많아야 한다. 문학연구를 통해 사람들은 신성한 진리를 파악하는 능력을 기를 것이며 그 진리를 능숙하고 즐겁게 다룰 수 있게 될 것이다"라고 말했다(Veith, *State of the Arts*, 62).

17. John Calvin, 다음 책에서 인용. Veith, *State of the Arts*, 59.

18. Jacques Barzun, *The Use and Abuse of Art* (Princeton, N.J.: Princeton University Press, 1975), 53.

19. Bayles (드 스티즐의 창립자 말을 인용), *Hole in Our Soul*, 39.

20. M.H. Abrams, *The Mirror and the Lamp: Romantic Theory and Critical Tradition* (New York: Oxford University Press, 1953), 285. 미술 비평가 클레멘트 그린버그는 이와 비슷하게 "전위파 시인과 미술가들은 사실상 자기 자신에게만 의미가 있는 무엇인가를 만들어냄으로써 하나님을 흉내내고 있다"고 말하고 있다(Greenberg, *Art and Culture: Critical Essays* [Boston: Beacon Press, 1961], 6).

21. George Bernard Shaw, 다음에서 인용. Barzun, *The Use and Abuse of Art*, 46.

22. Abrams, *The Mirror and the Lamp*, 275.

23. Barzun, *The Use and Abuse of Art*, 39.

24. 위의 책, 38.

25. 위의 책, 51.

26. Luigi Russolo, 다음 책에서 인용. Bayles, *Hole in Our Soul*, 43.

27. Robert Hughes, 다음 책에서 인용. Thomas Ewens, "Rethinking the Question of Quality in Art," *Arts Education Policy Review* (November 1994): 2.

28. Joyce Price, "Art Turns Heads, Stomachs," *Washington Times*, 6

July 1993.

29. John Simon, "Art or Child's Play? A Four-Year-Old Could Do It," *Sunday Telegraph*, 14 February 1993.

30. Os Guinness, "The Purpose of Invitation to the Classics," in *Invitation to the Classics: A Guide to Books You've Always Wanted to Read*, eds. Louise Cowan and Os Guinness (Grand Rapids: Baker, 1998), 14.

31. C.S. Lewis, 다음에서 인용. *Invitation to the Classics*, 15.

32. Veith, *State of the Arts*, 106-13.

33. 켄 마이어즈는 "건강한 문화적 힘이 될 수 있는 창조적 작품활동에 기금을 지원하자는 얘기보다는 예술진흥기금에 돈을 내지 말자는 얘기가 더 많다"고 말하고 있다 (킴 로빈스와 개인적으로 가진 대화, May 1999). 마이어즈는 현대미술과 기독교적 신념에 관한 격월간 오디오 잡지 "마르스 힐"(Mars Hill)을 주관하고 있다. Mars Hills, P.O. Box 7826, Charlottesville, VA 22906, phone: (800) 331-6407.

34. C.S. Lewis, "Learning in War Time," *The Weight of Glory and Other Addresses* (New York: Macmillan, 1980), 23.

35. Louise Cowan, "The Importance of Classics," in *Invitation to the Classics*, eds. Cowan and Guinness, 19-20.

36. 고대 비잔틴의 찬송을 풍부하고 허스키한 목소리로 노래하는 레바논의 수녀 소이어 마리 케루즈(Soeur Marie Keyrouz)를 들어보라. 교회가 중동문화에서 나온 것임을 분명하게 상기시킨다. 고요한 암브로시안 찬송이나, '그리스 비잔틴 성가대'가 부르는 성 요한 크리소스톰의 고상하고 울림이 많은 예배찬송을 들으면서 4세기의 소리를 재창조해 보라. 일부 음악그룹들은 그레고리안 성가와 12세기의 예언자 힐데가르트 폰 빙겐의 생생한 노래를 리바이벌했는데, 놀랄 만한 인기를 얻고 있다. 또 네

명의 여성으로 구성되어 맑은 음색과 가벼운 목소리를 섞어 중세 음악을 노래한 "익명의 4인"(Anonymous 4)의 상업적인 성공은 참 놀라운 것이었다.

37. Gerard Manley Hopkins, "God's Grandeur."

38. 이리나 라트쉰스카야가 러시아 죄수 수용소에서 회심한 얘기는 아래 책에 기록되어 있다. Charles Colson with Ellen Santilli Vaughn, *The Body: Being Light in Darkness* (Dallas: Word, 1992), chapter 6.

39. Bruno Bettelheim, *The Use of Enchantment: The Meaning and Importance of Fairy Tales* (New York: Alfred A. Knopf, 1976), 10.

제43장 기적의 손길

1. 필자는 1998년 1월 마사 윌리엄슨이 개인 인터뷰에 응해 준 것에 대해 감사를 드린다. 그 밖의 좀더 자세한 이야기는 Martha Williamson and Robin Sheets, *Touched by an Angel: Stories from the Hit Television Series* (Grand Rapids: Zondervan, 1997)에서 빌려온 것이다.

제44장 악마들만이 좋은 음악을 가지고 있는가?

1. Marshall McLuhan, *The Medium Is the Massage* (New York: Simon & Schuster, 1967).

2. Neil Postman, *Amusing Ourselves to Death* (New York: Penguin, 1985), 10, 62, 86.

3. 위의 책, 9 (강조부분 원본대로임).

4. 위의 책, 9.

5. 위의 책, 제 11장 참조.

6. Aldous Huxley, *Brave New World Revisited* (New York: Harper & Brothers, 1958), 44.

7. Kenneth A. Myers, *All God's Children and Blue Suede Shoes: Christians and Popular Culture* (Westchester, Ill.: Crossway, 1989), 89.

8. 위의 책, 134-135.

9. "Short Takes," *Time* (December 7, 1992): 83.

10. 켄 마이어즈는 기독교 방송국이 기독교 연속극을 제작하려는 시도에 대해 묘사하고 있다. 그 프로그램은 세속적인 연속극처럼 멜로드라마적인 음악과, 뻔한 등장인물, 눈물을 쥐어짜는 설정 등에서 조금도 다를 바 없다. 다만 한 가지 차이가 있다면 '등장인물 중 몇 명이 그리스도인들인데, 이들은 가끔씩 극중의 위기 때에 신앙이 어떤 역할을 하는지를 말하는 정도'이다. 기독교적인 메시지는 별로 없고, 실제의 목소리는 연속극과 다름이 없다. "여러분은 기독교 연속극에 나오는 악역을 사랑하게 될 것이다… 왜냐하면 그녀는 다음 시즌에서 구원을 받을 것이기 때문이다. 그러나 그렇게 될 때까지는 그녀는 다만 '세속의' 인물들처럼 치사한 사람일 것이다." 마이어즈는 연속극 형식 자체가 '잡담을 극적인 형태로' 만든 것이기 때문에 기독교적 가치와 맞지 않는다고 결론을 내리고 있다(Myers, *All God's Children and Blu Suede Shoes*, 21).

11. 벤 카슨의 드라마 같은 이야기는 그의 자서전에서 더 자세히 읽을 수 있다. *Gifted Hands* (Grand Rapids: Zondervan, 1996).

12. *Saving Private Ryan*, Paramount Pictures (1998); *Schindler's List*, Universal Pictures (1993); *Dead Man Walking*, Gramercy Pictures (1995); *The Spitfire Grill*, Columbia Pictures Corporation (1996); John Meroney, "'Live' with TAE, Randall Wallace," *American Enterprise*, (May/June 1998): 21.

13. *Chariots of Fire*, 20th Century Fox (1981); *Brother Sun, Sister Moon*, Luciano Perugio, producer (1973); *Jane Eyre*, Miramax Films (1996); *Jesus of Nazareth*, Sir Lew Grade (1977); *Crimes and*

Misdemeanors, Orion Pictures (1989).

14. *It's a Wonderful Life*, Liberty Films (1946); *Mr. Smith Goes to Washington*, Columbia Pictures (1939).

15. Frank Capra, *Frank Capra: The Name about the Title: An Autobiography* (New York: Macmillan, 1971). 기독교 가정마다 「가족을 위한 새 미디어 가이드」(*The Family New Media Guide*)를 사야 할 것이다. 이 책을 통해 저자는 영감 있는 이야기를 전해 주는 영화, 아이들에게 고전을 생생하게 들려주는 오디오북, 피를 보여주지 않으면서도 상상력을 자극하는 컴퓨터 게임들을 안내해 주고 있다. William Kilpatrick and Gregory and Suzanne Wolfe, *The Family New Media Guide: A Parent's Guide to the Very Best Choices in Values-Oriented Media, Including Videos, CD-Roms, Audiotapes, Computer Software, and On-Line Services* (New York: Touchstone, 1997). 테드 베르는 기독교적 관점에서 현재 상영 중인 영화를 비평하는 소식지를 발간하고 있다. 이 소식지를 주문하려면 다음의 주소로 연락하라. Movieguide, 6695 Peach Tree Industrial Blvd., Suite 101, Atlanta, GA 30360, phone: (770) 825-0084.

16. Inter-Mission, First Presbyterian Church of Hollywood, 1760 North Gower Street, Hollywood, CA 90028, phone: (323) 462-8460; Catholics in Media Message Line, phone: (818) 907-2734.

17. Los Angeles Film Studies Center, 3800 Barham Blvd., Suite 202, Los Angeles, CA 90068, phone: (323) 882-6224.

18. David Shiflett, "God, What a Hit," Wall Street Journal, 21 August 1998.

19. C.S. Lewis, *God in the Dock: Essays on Theology and Ethics* (Grands Rapids: Eerdmans, 1970), 93.

제45장 그리스도인, 이제 어떻게 살 것인가?

1. 1996년 6월에 열린 이 회의는 "상실한 기회들? 미국과 월남의 전(前) 지도자들과 학자들이 1961-1968의 월남전을 다시 되돌아보는 모임"이라는 이름이 붙여졌다.

2. Robert S. McNamara with Brian VanDeMark, *In Retrospect: The Tragedy and Lessons of Vietnam* (New York: Vintage Books, 1996).

3. Norman Boucher, "Thinking Like the Enemy," *Brown Alumni Monthly*, (November/December 1997): 36-45.

4. 낌 푹에 관한 이야기 출처는 다음과 같다. David Usborne, "Veterans of Vietnam Weep as the Girl Who Became a Symbol of Suffering Comes to Forgive 22 Years Later," *Independent*, 14 November 1996; "Portrait of Forgiveness," *Sarasota Herald-Tribune*, 14 November 1996; Elaine Sciolino, "A Painful Road from Vietnam to Forgiveness," *New York Times*, 12 November 1996; Elaine S. Povich, "A Prayer for Peace," *Newsday*, 12 November 1996.

배경이 되는 보다 구체적인 이야기는 린 보와 로날드 팀벌레이크 소령과의 개인적인 편지와 전화통화를 통해 입수한 것이다. 이들 두 사람은 처음 들은 이야기의 잘못된 부분들을 많이 수정해 주었다.

5. 네덜란드의 EO 텔레비전이 1998년 12월 6일 가졌던 인터뷰.

6. 위의 인터뷰.

7. 비샤리 영화제작사(Bishari Films Inc.)가 제작한 다큐멘터리 영화 "낌의 이야기" (Kim's Story, 1997).

8. 낌 푹에게 다가갔던 남자는 존 플러머(John Plummer)였다. 나중에 조사해 보니까 그는 사실 그가 주장한 것처럼 그 폭탄을 투하한 조종사도 아니었고, 공습을 명령한 지휘관도 아니었다. 낌의 마을에 대한 당시의 공격은 미군이 개입되지 않은 월남군만의 작전이었다. 그러나 그는 직접

적으로, 혹은 간접적으로 책임감을 느끼고 있는 우리 모두를 대표하고 있으며, 그가 그날 껨과 나눈 교류는 국가간의 갈등에 대한 진정한 해결책이 무엇인지 날카롭게 제시하고 있다.

추천도서

세계관

Bellah, Robert. *The God Society.* New York: Alfred A. Knopf, 1991.

Berger, Peter and Brigitte Berger, and Hansfried Kellner. *The Homeless Mind: Modernization and Consciousness.* New York: Random, 1974.

Blamires, Harry. *The Christian Mind.* Ann Arbor, Mich.: Servant, 1978.

Carson, D. A., and John D. Woodbridge, eds. *God and Culture: Essays in Honor of Carl F. H. Henry.* Grand Rapids: Eerdmans, 1993.

Colson, Charles, with Anne Morse. *Burden of Truth: Defending Truth in an Age of Unbelief.* Wheaton, Ill.: Tyndale House, 1997.

Colson, Charles, with Nancy Pearcey. *A Dance with Deception: Revealing the Truth Behind the Headlines.* Dallas: Word, 1993.

Colson, Charles, with Ellen Santilli Vaughn. *The Body.* Dallas: Word, 1992.

Dawson, Christopher. *Religion and the Rise of Western Culture*. New York: Doubleday, 1991.

Dockery, David S., ed. *The Challenge of Postmodernism: An Evangelical Engagement*. Grand Rapids: Baker, 1997.

Dooyeweerd, Hermann. *Roots of Western Culture: Pagan, Secular, and Christian Options*. Toronto: Wedge, 1979.

_____. *In the Twilight of Western Thought: Studies in the Pretended Autonomy of Philosophical Thought*. Lewiston, N.Y.: E. Mellen, 1999.

Eliot, T. S. *Christianity and Culture*. New York: Harcourt, Brace and Jovanovich, 1968.

Geisler, Norman L., and Ronald M. Brooks. *When Skeptics Ask: A Handbook of Christian Evidence*. Wheaton, Ill.: Victor, 1998.

Glover, Whillis B. *Biblical Origins of Modern Seclar Culture: An Essay in the InterPretation of Western History*. Macon, Ga.: Mercer University Press, 1984.

Grisez, Germain G. *The Way of the Lord Jesus*. Vol. 1, *Christan Moral Principles*. Chicago: Franciscan Herald Press, 1983.

_____. *The Way of the Lord Jesus*. Vol. 2, *Living a Christan Life*. Quincy, Ill.: Franciscan Press, 1993.

_____. *The Way of the Lord Jesus*. Vol. 3, *Difficult Moral Questions*. Quincy, Ill.: Franciscan Press, 1997.

Gunton, Colin, *Enlightenment and Alienation: An Essay Toward a Trinitarian Theology*. Grand Rapids: Eerdmans, 1985.

Halton, Eugene. *Bereft of Reason: On the Decline of Social Thought and Prospects for Its Renewal*. Chicago: University of Chicago Press, 1995.

Henry, Carl F. H. *The Christian Mind-set in a Secular Society: Promoting Evangelical Renewal and National Righteousness.* Portland, Ore.: Multnomah, 1978.

Heslam, Peter S. *Creating a Christian Worldview: Abraham Kuyper's Letures on Calvinism.* Grand Rapids: Eerdmans, 1998.

Hoffecker, W. Andrew, and Gary Scott Smith, eds. *Building a Christian Worldview.* Vol. 1, *God, Man, and Knowledge.* Phillipsburg, N.J.: Presbyterian and Reformed, 1986.

Holmes, Arthur. *All Truth Is God's Truth.* Grand Rapids: Eerdmans, 1977.

Holmes, Arthur, ed. *The Making of a Christian Mind: A Christian World View & the Academic Enterprise.* Downers Grove, Ill.: Inter Varsity Press, 1985.

Kuyper, Abraham. *Christianity: A Total World and Life System.* Marlborough, N.H.: Plymouth Rock Foundation, 1996.

Machen, J. Gresham. *Christanity and Liberalism.* Grand Rapids: Eerdmans, 1990.

Moreland, J. P. *Love Your God with All Your Mind: The Role of Reason in the Life of the Soul.* Colorado Springs: NavPress, 1997.

Noll, Mark. *The Scandal of the Evangelical Mind.* Downers Grove, Ill.: Inter Varsity Press, 1994.

Runner, H. Evan. *The Relation of the Bible to Learning.* Toronto: Wedge, 1970.

Schaeffer, Francis. *The Complete Works of Francis A. Schaffer: A Christian Worldview.* Westchester, Ill.: Crossway, 1982.

____. *25 Basic Bible Studies: Including Two Contents, Two Realities.*

Wheaton, Ill.: Crossway, 1996. Also in *The Complete Works of Francis A. Schaeffer: A Christian Worldview*. Vol. 3, *A Christian View of Spirituality*. Westchester, Ill.: Crossway, 1982.

_____. *Art and the Bible*. Downers Grove, Ill.: Inter Varsity Press, 1973. Also in *The Complete Works of Francis A. Schaeffer: A Christian Worldview*. Vol. 2, *A Christian View of the Bible as Truth*. Westchester, Ill.: Crossway, 1982.

_____. *Back to Freedom and Dignity*. In *The Complete Works of Francis A. Schaeffer: A Christian Worldview*. Vol. 1, *A Christian View of Philosophy and Culture*. Westchester, Ill.: Crossway, 1982.

_____. *Basic Bible Studies*. In *The Complete Works of Francis A. Schaeffer: A Christian Worldview*. Vol. 2, *A Christian View of the Bible as Truth*. Westchester, Ill.: Crossway, 1982.

_____. *A Christian Manifesto*. Wheaton, Ill.: Good News, 1982. Also in *The Complete Works of Francis A. Schaeffer: A Christian Worldview*. Vol. 5, *A Christian View of the West*. Westchester, Ill.: Crossway, 1982.

_____. *The Church at the End of the Twentieth Century: Including, the Church Before the Watching World*. Wheaton, Ill.: Crossway, 1994.

_____. *Death in the City*. In *The Complete Works of Francis A. Schaeffer: A Christian Worldview*. Vol. 4, *A Christian View of the Church*. Westchester, Ill.: Crossway, 1982.

_____. *Genesis in Space and Time*. Downers Grove, Ill.: Inter Varsity Press, 1972.

_____. *The Great Evangelical Disaster*. Wheaton, Ill.: Good News, 1984.

_____. *He Is There and He Is Not Silent*. Wheaton, Ill.: Tyndale House,

1972. Also in *The Complete Works of Francis A. Schaeffer: A Christian Worldview*. Vol. 1, *A Christian View of Philosophy and Culture*. Westchester, Ill.: Crossway, 1982.

____. *How Should We Then Live?* Westchester, Ill.: Crossway, 1983. Also in *The Complete Works of Francis A. Schaeffer: A Christian Worldview*. Vol. 5, *A Christian View of the West*. Westchester, Ill.: Crossway, 1982.

____. *Joshua and the Flow of Biblical History*. In *The Complete Works of Francis A. Schaeffer: A Christian Worldview*. Vol. 2, *A Christian View of the Bible as Truth*. Westchester, Ill.: Crossway, 1982.

____. *The Mark of the Christian*. In *The Complete Works of Francis A. Schaffer: A Christian Worldview*. Vol. 4, *A Christian View of the Church*. Westchester, Ill.: Crossway, 1982.

____. *The New Super-Spirituality*. In *The Complete Works of Francis A. Schaeffer: A Christian Worldview*. Vol. 3, *A Christian View of Spirituality*. Westchester, Ill.: Crossway, 1982.

____. *No Final Conflict*. In *The Complete Works of Francis A. Schaeffer: A Christian Worldview*. Vol. 2, *A Christian View of the Bible as Truth*. Westchester, Ill.: Crossway, 1982.

____. *No Little People*. In *The Complete Works of Francis A. Schaeffer: A Christian Worldview*. Vol. 3, *A Christian View of Spirituality*. Westchester, Ill.: Crossway, 1982.

____. *True Spirituality*. Wheaton, Ill.: Tyndale House, 1979. Also in *The Complete Works of Francis A. Schaeffer: A Christian Worldview*. Vol. 3, *A Christian View of Spirituality*. Westchester, Ill.: Crossway, 1982.

Schaeffer, Francis A., and C. Everett Koop. *Whatever Happened to* the Human Race? Westchester, Ill.: Crossway, 1983. Also in *The Complete Works of Francis A. Schaeffer: A Christian Worldview*. Vol. 5, *A Christian View of the West*. Westchester, Ill.: Crossway, 1982.

Schaeffer, Francis A., and Udo Middelmann. *Pollution and the Death of Man*. Wheaton, Ill.: Crossway, 1992. Also in *The Complete Works of Francis A. Schaeffer. A Christian Worldview*. Vol. 5, *A Christian View of the West*. Westchester, Ill.: Crossway, 1982.

Sire, James W. *The Universe Next Door: A Basic Worldview Catalog*. 3rd ed. Downers Grove, Ill.: Inter Varsity Press, 1997.

Smart, Ninian. *Worldviews: Crosscultural Explorations. of Human Beliefs*. 2nd ed. Englewood Cliffs, N.J.: Prentice Hall, 1995.

Sproul, R. C. *Lifeviews*. Grand Rapids: Baker, 1990.

Vander Goot, Henry. *Life Is Religion: Essays in Honor of H. Evan Runner*. St. Catherines, Ontario: Paideia, 1981.

Veith, Gene Edward. *Postmodern Times: A Christian Guide to Contemporary Thought and Culture*. Wheaton, Ill.: Crossway, 1994.

Walsh, Brian J., and Richard Middleton. *The Transforming Vision: Shaping a Christian World View*. Downers Grove, Ill.: Inter Varsity Press, 1984.

Wells, David F. *No Place for Truth, or, Whatever Happened to Evangelical Theology?* Grand Rapids: Eerdmans, 1993.

Wolters, Albert M. *Creation Regained: Biblical Basics for a Reformational Worldview*. Grand Rapids: Eerdmans, 1985.

변증론

Chapman. Colin, *The Case for Christianity*. Grand Rapids: Eerdmans,

1984.

Craig, William Lane. *Reasonable Faith: Christian Truth and Apologetics.* Wheaton, Ill.: Crossway, 1994.

Evans, C. Stephen. *Why Believe? Reason and Mystery as Pointers to God.* Rev. ed. Grand Rapids: Eerdmans, 1996.

Geisler, Norman. *Christian Apologetics.* Grand Rapids: Baker, 1976.

Kreeft. Peter, and Ronald K. Tacelli. *Handbook of Christian Apologetics.* Downers Grove, Ill.: Inter Varsity Press, 1994.

Lewis, C. S. *God in the Dock: Essays on Theology and Ethics.* Grand Rapids: Eerdmans, 1970.

____. *Mere Christianity.* New York: Touchstone, 1996.

____. *Miracles: A Preliminary Study.* Hammersmith, London: Fount, 1974.

McCallum, Dennis, ed. *The Death of Truth: What's Wrong with Multiculturalism, the Rejection of Reason, and the New Postmodern Diversity.* Minneapolis: Bethany, 1996.

McDowell, Josh. *Evidence That Demands a Verdict: Historical Evidences for the Christian Faith.* Vols. 1 and 2. San Bernardino, Calif.: Here's Life Publishers, 1990.

Moreland, J. P. *Scaling the Secular City.* Grand Rapids: Baker, 1987.

Novak, Michael. *Will It Liberate?: Questions about Liberation Theology.* Mahwah, N.J.: Paulist Press, 1986.

Phillips, Timothy R., and Dennis I. Okhom, eds. *Christian Apologetics in a Postmodern World.* Downers Grove, Ill.: Inter Varsity Press, 1995.

Pinnock, Clark. *Set Forth Your Case: Studies in Christian Apologetics.* Chicago: Moody Press, 1971.

Schaeffer, Francis. *Escape from Reason*. Downers Grove, Ill.: Inter Vasity Press, 1968. Also in *The Complete Works of Francis A. Schaeffer. A Christian Worldview*. Vol. 1, *A Christian View of Philosophy and Culture*. Westchester, Ill.: Crossway, 1982.

_____. *The God Who Is There*. Downers Grove, Ill.: Inter Varsity Press, 1968. Also in *The Complete Works of Francis A. Schaeffer: A Christian Worldview*. Vol. 1, *A Christian View of Philosophy and Culture*. Westchester, Ill.: Crossway, 1982.

Sproul, R. C. *Objections Answered*. Glendale, Calif.: Regal Books, 1978.

Sproul, R. C., John H. Gerstner, and Arthur Lindsley. *Classical Apologetics: A Rational Defense of the Christian Faith and a Critique of Presuppositional Apologetics*. Grand Rapids: Zondervan, 1984.

창조론

Aeschliman, Michael D. *The Restitution of Man: C. S. Lewis and the Case against Scientism*. Grand Rapids: Eerdmans, 1983.

Behe, Michael. *Darwin's Black Box: The Biochemical Challenge to Evolution*. New York: Touchstone, 1996.

Corey, M. A. *God and the New Cosmology: The Anthropic Design Argument*. Lanham, Md.: Rowman & Littlefield, 1993.

Craig, William Lane, and Quentin Smith. *Theism, Atheism, and Big Bang Cosmology*. New York: Oxford University Press, 1993.

Davis, Percival, and Dean Kenyon. *Of Pandas and People: The Central Question of Biological Origins*. 2nd ed. Dallas: Haughton, 1993.

Dembski, William A. *The Design Inference: Eliminating Chance *through Small Probabilities*. Cambridge: Cambridge University Press, 1998.

Dembski, William A., ed. *Mere Creation: Science, Faith, and Intelligent Design*. Downers Grove, Ill.: Inter Varsity Press, 1998.

Denton, Michael. *Evolution: A Theory in Crisis*. Bethesda, Md.: Adler & Adler, 1985.

Johnson, Phillip E. *Darwin on Trial*. 2nd ed. Downers Grove, Ill.: Inter Varsity Press, 1993.

_____. *Defeating Darwinism: By Opening Minds*. Downers Grove, Ill.: Inter Varsity Press, 1997.

_____. *Objections Sustained: Subversive Essays on Evolution, Law, and Culture*. Downers Grove, Ill.: Inter Varsity Press, 1998.

_____. *Reason in the Balance: The Case against Naturalism in Science, Law, and Education*. Downers Grove, Ill.: Inter Varsity Press, 1995.

Macbeth, Norman. *Darwin Retried*. New York: Delta Books, 1971.

Moreland, J. P. *Christianity and the Nature of Science*. Grand Rapids: Baker, 1990.

Overman, Dean. *The Case against Accident and Self-Organization*. New York: Rowman and Littlefield, 1997.

Percey, Naney R., and Charles B. Thaxton. *The Soul of Science: Christian Faith and Natural Philosophy*. Wheation, Ill.: Crossway, 1994.

Polanyi, Michael. Science, *Faith and Society*. Chicago: University of Chicago Press, 1964.

Thaxton, Charles B., Walter Bradley, and Roger Olsen. *The Mystery of Life's Origin: Reassessing Current Theories*. Dallas: Lewis and Stanley, 1992.

생명존중

Burtchaell, James. *Rachel Weeping and Other Essays on Abortion.* Toronto: Life Cycle Books, 1990.

Crutcher, Mark. *Lims 5: Exploited by Choice.* Denton, Tex.: Life Dynamics, 1996.

Grisez, Germain G. *Abortion: The Myths, the Realities, and the Arguments.* New York: Corpus Books, 1970.

Jacoby, Kerry. *Souls, Bodies, Spirits: The Drive to Abolish Abortion Since 1973.* Westport, Conn.: Praeger, 1998.

Larson, Edward, and Darrel Amundson. *A Different Death: Euthanasia and the Christian Tradition.* Downers Grove, Ill.: Inter Varsity Press, 1998.

Lee, Patrick. *Abortion and Unborn Human Life.* Washington, D. C.: Catholic University Press, 1996.

Marshall, Robert, and Charles Donovan. *Blessed Are the Barren: The Social Policy of Planned Parenthood.* San Francisco: Ignatius, 1991.

Massè, Sydna, and Joan Phillps. *Her Choice to Heal: Finding Spiritual and Emotional Peace after Abortion.* Colorado Springs: Chariot Victor, 1998.

Olasky, Marvin. *Abortion Rites: A Social History of Abortion in America.* Wheaton, Ill.: Crossway, 1992.

개인적 선택

Glynn, Patrick. *God the Evidence: The Reconciliation of Faith and Reason in a Postsecular World.* Rocklin, Calif.: Prima Publishing, 1997.

Larson, David B., and Susan S. Larson. *The Forgotten Factor in*

Physical and Mental Health: What Does the Research Show?. Rockville, Md.: National Institute of Healthcare Research, 1994.

Lewy, Guenter. *Why America Needs Religion: Secular Modernity and Its Discontent*. Grand Rapids: Eerdmans, 1996.

Matthews, Dale. *The Faith Factor: Proof of the Healing Power of Prayer*. New York: Viking, 1998.

Tournier, Paul. *The Whole Person in a Broken World*. New York: Harper & Row, 1981.

결혼과 가족

Blankenhorn, David. *Fatherless America: Confronting Our Most Urgent Social Problem*. New York: HarperCollins, 1995.

Carlson, Allan C. *Family Questions: Reflections on the American Social Crisis*. New Brunswick, N.J.: Transaction, 1988.

Christensen, Bryce J. *Utopia Against the Family. The Problems and Politics of the American Family*. San Francisco: Ignatius, 1990.

Dobson, James C. *Coming Home: Timeless Wisdom for Families*. Wheaton, Ill.: Tyndale House, 1998.

_____. *Children at Risk: The Battle for the Hearts and Minds of Our Kids*. Dallas: Word, 1994.

Gallagher, Maggie. *The Abolition of Marriage: How We Destory Lasting Love*. Washington, D.C.: Regnery, 1996.

Horn, Wade. *The Fatherhood Movement: A Call to Action*. Lanham, Md.: Lexington Books, 1999.

Larson, David B. *The Costly Consequences of Divorce: Assessing the Clinical, Economic, and Public Health Impact of Marital Disruption in the*

United States: A Research-Based Seminar. Rockville, Md.: National Institute for Healthcare Research, 1995.

Mack, Dana. *The Assault on Parenthood: How Our Culture Undermines the Family.* New York: Simon & Schuster, 1997.

McManus, Michael J. *Marriage Savers: Helping Your Friends and Family Avoid Divorce.* Rev. ed. Grand Rapids: Zondervan, 1995.

Popenoe, David. *Disturbing the Nest: Family Change and Decline in Modern Societies.* New York: A. de Gruyter, 1988.

____. *Life Without Father: Compelling New Evidence That Fatherhood and Marriage Are Indispensable for the Good of Children and Society.* Cambridge, Mass.: Harvard University Press, 1999.

Satinover, Jeffrey. *Homosexuality and the Politics of Truth.* Grand Rapids: Baker, 1996.

Satnton, Glenn T. *Why Marriage Matters: Reasons to Believe in Marriage in Postmodern Society.* Colorado Springs: Pinon Press, 1997.

Wallerstein, Judith S., and Sandra Blakeslee. *Second Chances: Men, Women, and Children a Decade After Divorce.* New York: Ticknor and Fields, 1989.

교육

Finn, Chester, Diane Ravitch, and Robert Fancher, eds. *Against Mediocity: The Humanities in America's High Schools.* New York: Holmes and Meier, 1984.

Garber, Steven. *The Fabric of Faithfulness: Weaving Together Belief and Behavior During the University Years.* Downers Grove, Ill.: Inter Varsity Press, 1996.

Knight, George R. *Philosophy and Education: An Introduction in Christian Perspective*. Berrien Springs, Mich.: Andrews University Press, 1998.

Kramer, Rita, *Ed School Follies: The Miseducation of America's Teachers*. New York: Free Press, 1991.

Malik, Charles Habib. *A Christian Critique of the University*. 2nd ed. Waterloo, Ont.: North Waterloo Academic Press, 1987.

Marsden, George M. *The Outrageous Idea of Christian Scholarship*. New York: Oxford University Press, 1998.

_____. *The Soul of the American University: From Protestant Establishment to Established Nonbelief*. New York: Oxford University Press, 1994.

Nash, Ronald. *The Closing of the American Heart: What's Really Wrong with America's Schools*. Dallas: Word, 1990.

Veith, Gene Edward, and Andrew Kern. *Classical Education. Towards the Revival of American Schooling*. Washington, D.C.: capital Research Center, 1997.

Wilson, Douglas. Recvering the Lost Tools of Lerning: An Approach to Distnctively Christian Eduation. Wheaton, Ill.: Crossway, 1991.

이웃사회

Bennett, William J., John J. DiIulio, and John P. Walters. *Body Count: Moral Poverty-and How to Win America's War against Crime and Drugs*. New York: Simon & Schuster, 1996.

Kelling, George L., and Catherine M. Coles. *Fixing Broken Windows: Restoring Order and Reducing Crime in Our Communities*. New York:

Free Press, 1996.

Kunstler, James Howard. *The Geography of Nowhere: The Rise and Decline of America's Man-Made Landscape*. New York: Touchstone, 1993.

Magnet, Myron. *The Dream and the Nightmare: The Sixties' Legacy to the Underclass*. New York: William Morrow, 1993.

Olasky, Marvin, ed. *Loving Your Neighbor: A Principled Guide to Personal Charity*. Washington, D.C.: Capital Research Center, 1995.

Perkins, John, with Jo Kadlecek. *Resurrecting Hope: Powerful Stories of How God Is Moving to Reach Our Cities*. Ventura, Calif.: Regal Books, 1995.

Sherman, Amy L. *Restorers of Hope: Reaching the Poor in Your Community with Church-Based Ministries That Work*. Wheaton, Ill.: Crossway, 1997.

Van Ness, Daniel W. *Crime and Its Victims: What We Can Do*. Leicester, England: Inter Varsity Press, 1989.

Van Ness, Daniel W., and Karen H. Strong. *Restoring Justice*. Cincinnati: Anderson Publishing, 1997.

일과 경제

Bernbaum, John, and Simon Steer. *Why Work? Careers and Emplyment in Biblical Perspective*. Grand Rapids: Baker, 1987.

Colson, Chuck, and Jack Eckerd. *Why America Dosn't Work*. Dallas: Word, 1991.

Gay, Craig M. *With Liberty and Justice for Whom?: The Recent Evangelical Debate over Capitalism*. Grand Rapids: Eerdmans, 1991.

Goudzwaard, Bob. *Idols of Our Time*. Downers Grove, Ill.: Inter Varsity Press, 1984.

Guinness, Os. *Winning Back the Soul of American Business*. Burke, Va.: Hourglass, 1990.

Kuyper, Abraham. *The Problem of Poverty*. Grand Rapids: Baker, 1991.

Middelmann, Udo. *Pro-Existence*. Downers Grove, Ill.: Inter Varsity Press, 1974.

Nash, Ronald. *Poverty and Wealth: The Christian Debate over Capitalism*. Westchester, Ill.: Crossway, 1986.

Neuhaus, Richard John. *Doing Well and Doing God: The Challenge to the Christian Capitalist*. New York: Doubleday, 1992.

Novak, Michael. *Business as a Calling: Work and the Examined Life*. New York: Free Prss, 1996.

_____. *The Spirit of Democratic Capitalism*. New York: Simon & Schuster, 1982.

_____. *Toward a Theology of the Corporation*. Washington, D.C.: American Enterprise Institute, 1981.

Roepke, Wilhelm. *A Humane Economy: The Social Framework of the Free Market*. Wilmington, Del.: Intercollegiate Studies Institute, 1998.

Ryken, Leland. *Redeeming the Time: A Christian-Approach to Work and Leisure*. Grand Rapids: Baker, 1995.

Schumacher, E. F. *Economic Development and Poverty*. London: Afria Bureau, 1996.

Sirico, Robert A. *A Moral Basis for Liberty*. London: Institute of Eonomic Affairs, Health and Welfare Unit, 1994.

윤리

Bellah, Robert. *Habits of the Heart: Individualism and Commitment in American Life*. Berkeley, Calif.: University of California Press, 1985.

Eberly, Don, ed. *The Contert of America's Character: Recovering Civeic Virtue*. New York: Madison Books, 1995.

Finnis, John. *Fundamentals of Ethics*. New York: Oxford University Press, 1983.

Grisez, Germain G. *Beyond the New Morality: The Responsibilites of Freedom*. Notre Dame, Ind.: University of Notre Dame Press, 1988.

Himmelfarb, Gertrude. *The De-Moralization of Society: From Victorian Virtues to Modern Values*. New York: Alfred A. Knopf, 1995.

Kreeft, Peter. *Back to Virtue*. San Francisco: Ignatius, 1992.

Lewis, C. S. *The Abolition of Man*. New York: Simon & Schuster, 1996.

MacIntyre, Alasdair. *After Virtue: A Study in Moral Theology*. 2nd ed. Notre Dame, Ind.: University of Notre Dame Press, 1997.

Neuhaus, Richard John. *Ameica Against Itself: Moral Vision and the Public Order*. Notre Dame, Ind.: University of Notre Dame Press, 1992.

Plantinga, Cornelius, Jr. *Not the Way It's Supposed to Be: A Breviary of Sin*. Grand Rapids: Eerdmans, 1995.

Plantinga, Theodore. *Learning to Live with Evil*. Grand Rapids: Eerdmans, 1982.

Sproul, R. C. *Christian Ethics*. Orlando: Ligoiner Ministries, 1996.

Thielicke, Helmut. *Theological Ethics*. Vol. 1, *Foundations*. Grand Rapids: Eerdmans, 1996.

법과 정치

Alison, Michael. *Christianity and Conservatism*. London: Hodder and Stoughton, 1990.

Arkes, Handley. *First Things: An Inquiry into First Priniciples of Morals and Justice*. Princeton, N.J.: Princeton University Press, 1986.

Bloesch, Donald. *Crumbling Foundations*. Grand Rapids: Zondervan, 1984.

Budziszewski, J. *Written on the Heart: The Case for Natural Law*. Downers Grove, Ill.: Inter Varsity Press, 1997.

Canavan, Francis. *The Pluralist Game: Pluralism, Liberalism, and the Moral Conscience*. Lanham, Md.: Rowman & Littlefield, 1995.

Colson, Charles, with Ellen Santilli Vaughn. *Kingdoms in Conflict*. New York: William Morrow; Grand Rapids: Zondervan, 1987.

Cromartie, Michael, ed. *A Preserving Grace: Protestants, Catholics, and Natural Law*. Grand Rapids: Eerdmans, 1997.

_____. *Caesar's Coin Revisited: Christians and the Limits of Government*. Grand Rapids: Eerdmans, 1996.

Ellul, Jacques. *The New Demons*. New York: Seabury, 1975.

_____. *The Political Illusion*. New York: Vintage, 1972.

Finnis, John. *Natural Law and Natural Rights*. New York: Oxford Univerisity Press, 1993.

Fitzpatrick, James K. *God, Country, and the Supreme Court*. Washington, D.C.: Regnery, 1985.

George, Robert P. *In Defense of Natural Law*. New York: Oxford University Press, 1999.

_____. *Making Men Moral: Civil Liberties and Public Morality*. New

York: Oxford University Press, 1996.

Goudzwaard, Bob. *Capitalism and Progress: A Diagnosis of Western Society*. Grand Rapids: Eerdmans, 1979.

Grant, George Parkin. *English-Speaking Justice*. Sackville, New Brunswick: Mount Allison University, 1974.

Hittinger, Russell. *A Critique of the New Natural Law Theory*. Notre Dame, Ind.: University of Notre Dame Press, 1989.

Kendall, Willmoore. *The Conservative Affirmation in America*. Chicago: Regnery Gateway, 1985.

Kirk, Russell. *Rights and Duties: Reflections on Our Conservative Constitution*. Dallas: Spence, 1997.

Manent, Pierre. *An Intellectual History of Liberalism*. Trans. Rebecca Balinski. Princeton, N.J.: Princeton University Press, 1994.

_____. *The City of Man*. Trans. Marc A. LePain. Princeton, N.J.: Princeton University Press, 1998.

Murray, John C., and Walter Burghardt. *We Hold These Truths: Catholic Reflections on the American Proposition*. Kanssas City, Mo.: Sheed and Ward, 1985.

Nash, Ronald. *Social Justice and the Christian Church*. Milford, Mich.: Mott Media, 1983.

Neuhaus, Richard John. *A Strange New Regime: The Naked Public Square and the Passing of the American Constitutional Order*. Washington, D.C.: The Heritage Foundation, 1997.

_____. *The Naked public Square: Religion and Democracy in America*. 2nd ed. Grand Rapids: Eerdmans, 1984.

Neuhaus, Richard John, and Michael Cromartie, eds. *Piety and*

Politics: Evangelicals and Fundamentalists Confront the World. Washington, D.C.: Ethics and Public Policy Center, 1987.

Nisbet, Robert. *The Quest for Community: A Study in the Ethics of Order and Freedom.* San Francisco: Institute for Contemporary Studies, 1990.

____. *Twilight of Authority.* New York: Oxford University Press, 1975.

Noland, James, Jr. *The Therapeutic State.* New York: New York University Press, 1998.

Noll, Mark. *One Nation Under God? Christian Faith and Political Action in America.* San Francisco: Harper San Francisco, 1988.

O' Donovan, Oliver. *The Desire of Nations: Rediscovering the Roots of Political Theology.* Cambridge: Cambridge University Press, 1999.

Olasky, Marvin. *The Tragedy of American Compassion.* Washington, D.C.: Regnery, 1995.

Sandel, Michael. *Democracy's Discontent: America in Search of a Public Philosophy.* Boston: Harvard University Press, 1996.

Skillen, James W. *The Scattered Voice: Christians at Odds in the Public Square.* Grand Rapids: Zondervan, 1990.

Smith, Gary Scott, ed. *God and Politics: Four Views on the Reformation of Civil Government.* Phillipsburg, N.J.: Presbyterian and Reformed, 1989.

Thielicke, Helmut. *Theological Ethics.* Vol. 2, *Politics.* Philadelphia: fortress Press, 1969.

Tinder, Glenn. *The Political Meaning of Christianity: An Interpretation.* Baton Rouge, La.: Louisiana State University Press, 1989.

Voegelin, Eric. *From Enlightenment to Revolution.* Ed. John H.

Hallowell. Durham, N.C.: Duke University Press, 1975.

예술

Cowan, Louise, and Os Guinness, eds. *Invitation to the Classics: A Guide to Books You've Always Wanted to Read.* Grand Rapids: Baker, 1998.

Gallagher, Susan V., and Roger Lundin. *Literature through the Eyes of Faith.* San Francisco: Harper San Francisco, 1989.

Guroian, Vigen. *Tending the Heart of Virtue: How Classic Stories Awaken a Child's Moral Imagination.* New York: Oxford University Press, 1998.

Jeffrey, David Lyle. *People of the Book: Christian Identity and Literary Culture.* Grand Rapids: Eerdmans, 1996.

Kavanaugh, Patrick. *Spiritual Lives of the Great Composers.* Grand Rapids: Zondervan, 1996.

_____. *A Taste for the Classics.* Nashville: Sparrow Press, 1993.

Lundin, Roger. *The Culture of Interpretation: A Christian Encounter with Postmodern Critical Theory.* Grand Rapids: Eerdmans, 1993.

Lundin, Roger. *The Culture of Interpretation: A Christian Encounter with Postmodern Critical Theory.* Grand Rapids: Eerdmans, 1993.

Lundin, Roger, ed. *Disciplining Hermeneutics: Interpretation in Christian Perspective.* Grand Rapids: Eerdmans, 1997.

Ritchie, Daniel E. *Reconstructing Literature in an Ideological Age: A Biblical Poetics and Literary Studies from Milton to Burke.* Grand Rapids: Eerdmans, 1996.

Rookmaaker, H. R. *The Creative Gift: Essays on Art and the Christian*

Life. Westchester, Ill.: Cornerstone Books, 1981.

_____. *Modern Art and the Death of a Culture*. Downers Grove, Ill.: Inter Varsity Press, 1970.

Ryken, Leland. *The Liberated Imagination: Thinking Christianly about the Arts*. Wheaton, Ill.: Harold Shaw, 1989.

_____. *Realms of Gold: The Classics in Christian Perspective*. Wheaton, Ill.: Harold Shaw, 1991.

Sayers, Doroth. *The Mind of the Maker*. San Francisco: Harper San Francisco, 1987.

Schaeffer, Franky. *Sham Pearls for Real Swine*. Brentwood, Tenn.: Wolgemuth and Hyatt, 1990.

Seerveld, Calvin. *Rainbows for the Fallen World: Aesthetic Life and Artistic Task*. Toronto: Tuppence Press, 1980.

Veith, Gene Edward. *Reading Between the Lines: A Christian Approach to Literature*. Westchester, Ill.: Crossway, 1990.

_____. *State of the Arts: From Bezalel to Mapplethorpe*. Wheaton, Ill.: Crossway, 1991.

Walhout, Clarence, and Leland Ryken, eds. *Contemporary Literary Theory: A Christian Appraisal*. Grand Rapids: Eerdmans, 1991.

Wolterstorff, Nicholas. *Art in Action*. Grand Rapids: Eerdmans, 1980.

대중문화

Bayles, Martha. *Hole in Our Soul: The Loss of Beauty and Meaning in American Popular Music*. New York: Free Press, 1994.

Drew, Donald. *Images of Man: A Critique of the Contemporary Cinema*. Downers Grove, Ill.: Inter Varsity Press, 1974.

Gelernter, David. *Mirror Worlds: The Day Software Puts the Universe in a Shoebox ⋯ How Will It Happen and What Will It Mean?* New York: Oxford University Press, 1991.

Jones, E. Michael. *Dionysius Rising. The Birth of Cultural Revolution Out of the Spirit of Music.* San Francisco: Ignatius, 1994.

Kilpatrick, William, Gregory Wolfe, and Suzanne Wolfe. *The Family New Media Guide: A Parents' Guide to the Very Best Choices in Values-Oriented Media, Including Videos, CD-Roms, Audiotapes, Computer Software, and On-Line Services.* New York: Touchstone, 1997.

Myers, Ken. *All God's Children and Blue Suede Shoes: Christians and Popular Culture.* Westchester, Ill.: Crossway, 1989.

Schultz, Quentin J. *Redeeming Television: How TV Changes Christians-How Christians Can Change TV.* Downers Grove, Ill. Inter Varsity Press, 1992.

____. *Dancing in the Dark: Youth, Popular Culture, and the Electronic Media.* Grand Rapids: Eerdmans, 1990.